改訂第6版　はしがき

　今まさに、ＡＩ時代到来。人の世は正に目まぐるしく時の流れによって、悪戯に人を惑わせる。明日のことは、誰にも知り得ないところである。

　法もこの世に合わせて変化せざる負えない。紙の登記簿から電磁的記録簿に、そして先の法改正による電子申請も定着しつつあると聞く。

　登記方法、申請方法が変わっても、個々の不動産の範囲を現地でしっかり定め、不動産を特定する専門家が土地家屋調査士である。土地家屋調査士の仕事が理解できていれば、将来においてもＡＩにとって代わられることはない。

　今回の改訂した点は、次のとおりである。

改正点
1. 共有土地の分筆又は合筆の登記の申請は，共有持分の過半数を有する者から申請することができる。
2. 所有権の登記名義人に相続が開始したときは，相続人に移転の登記の申請義務が課せられた（法76条の2）。
3. 登記簿の附属書類（添付書類）の閲覧の請求には，正当な理由（利害関係を改正）が必要となった。
4. 刑法の種類について，懲役及び禁錮は拘禁刑に変更（令和7年6月1日施行）される。令和7年度の土地家屋調査士試験では例年同様4月1日施行の法令に基づき実施されることから，本書内では，現行のままの表示とした。

　最後に，本書を利用されて，土地家屋調査士試験を突破されることを，心から願ってやみません。

令和6年12月

　　　　　　　　　　　　　　　　　　　早稲田法科専門学院　学院長　深　田　静　夫

改訂第5版　はしがき

　人の世の流れを支配する法は，その流れに従って流れに合うよう進化する。そして，不動産に関するその方向を示す中核の法は，民法と不動産登記法である。
　世は宇宙時代となって，その変化は留まることを知らない。表示登記においても，電子申請が推進され，いかに速く・正確に登記することができるかが求められている。
　今回の改訂5版の作成にあたり，改正点の要点を示せば次の事項のとおりである。

民法に関して
　1　18歳をもって成年とする（民法4条，令和4年4月1日から施行）。
　2　遺留分の減殺の請求（旧民法1031条）は，遺留分侵害額に相当する金額の請求に変更された（新民法1046条1項）。
不動産登記法について
　1　配偶者居住権が制定され（民法1028条），登記できる権利となった（登記法3条）。
　2　表示に関する添付情報の特則（令13条）において，申請人が作成した委任状を電磁的記録に記録して添付情報とすることができるとされた（通達）。
　3　土地家屋調査士が代理して電子申請する場合において，一定の要件の下（調査士報告方式）令13条の電磁的記録とした添付情報の基となった書面を，登記所に提示する必要がなくなった。
　4　会社法人等番号を申請情報の内容としたときは，記名押印した者の印鑑証明書の添付を省略できることになった（規則48条等）。
筆界特定制度について
　1　筆界未定とされている地図があるときは，地方公共団体は同意を得て筆界特定の申請ができることになった（法131条2項）。
土地家屋調査士法について
　1　土地家屋調査士の使命が調査士法第1条で定められた。
　2　調査士及び調査士法人の懲戒権者は，法務大臣に変更された（同法42条等）。
　3　戒告処分であるときでも，聴聞を行うことになった（同法44条3項）。
　4　調査士法人は，一人でも設立できることになった（同法26条以下）。

　学問は時代の流れと共に進化する。受験者はこの時代の流れを把握して，表示に関する本質をしっかり理解して下さい。
　最後に，本書を利用されて土地家屋調査士試験の栄冠を勝ち取られることを願います。

令和3年12月

早稲田法科専門学院　学院長　深　田　静　夫

はしがき

　時代が変わり，登記がコンピュータ化されても，表示に関する登記は，登記法その他の法令に従い正確に現況の登記をするかが重要である。その一躍を担っているのが，土地家屋調査士である。単なる登記屋ではない。弁護士と共に裁判外紛争解決手続きもする法律家なのである。

　土地家屋調査士の試験は，民法，不動産登記法その他の細かい規定から出題され，益々難易度の高い試験になった。初版から数多くの改正がなされてきたが，その難解な理論を事例を用いて図表化して，わかりやすくしたいというその目的は，ほぼ達することが出来たと自負している。

　さて，今回の改訂では，次の内容を見直すと共に，出来るだけ読みやすいように推敲を重ねた。

1．民法改正による非嫡出子の相続分
2．一般社団法人及び一般財団法人に関する法律に関連する事項
3．登録免許税の非課税
4．登記官による本人確認（準則33条）
5．不動産工事の先取特権
6．審査請求の改正について
7．会社法人等番号について

　学問は時代の流れとともに進歩する。受験者はこの時代の流れを把握して，表示に関する本質をしっかり理解して下さい。

　最後に，本書を利用されて土地家屋調査士試験の栄冠を勝ち取られることを願います。

平成29年10月

学院長　深　田　静　夫

はしがき

　本書が発刊されて実に30年の歳月をむかえる。そして早稲田法科専門学院の卒業生が試験委員として本試験の出題をになうようになった。実に感慨深いものがある。その出題の基盤が本書を前提とされている事を思うと，著者としては，時代の流れを感じるとともに，より完成度の高い教科書を作成する責任を負わされていることを実感せざるを得ない。

　さて今回の受験100講改訂3版にあたって，次の部分を加筆した。

　　①会社法の変更により権利の主体として清算法人の内容
　　②登記すべきでないとき（登記令20条）の解説の追加
　　③オンライン庁という前提での解説
　　④合筆登記の制限の特例（信託登記）の追加（規則107条①4条）
　　⑤敷地権の登記を抹消する場合の承諾情報（規則125条）
　　⑥調査士法の依頼に応じる義務等（法22条，規則25条）

　最近は，登記法，調査士法以外に民法と判例から3問が出題されている。ぜひ，受験100講〔Ⅱ〕も併せて学習してほしい。平成22年度の試験問題では，ここから判例がそっくり出題されている。第1問の無権代理の問題は無権代理人が本人を相続した場合と本人が無権代理人を相続をした場合（改訂2版100講〔Ⅱ〕，153P～154P）で，これを記憶していた受験生は，完全に解けたと思われる。又，第3問の囲繞地通行権の問題は100講〔Ⅱ〕の240P～241P。第2問の登記の効力に関しては100講〔Ⅱ〕の209P～211Pから出題されている。本書の〔Ⅰ〕理論編と併せてよく学習してほしい。
　いずれにしても，これからの調査士の業務は民法の知識なくては業務としてなり立たないものとして，しっかり理解して欲しい。
　試験はいい加減な知識は何の役にも立たない。しっかりとその本質を理解してほしい。それには，受験100講〔Ⅰ〕〔Ⅱ〕〔Ⅲ〕を何回もくりかえして学習することによってその本質が何であるかをつかむことができるだろう。とにかく自信をもって継続してほしい。
　なお本書の改正等の分類・指摘については，早稲田法科専門学院の専任講師である松元隆先生の協力を得ましたことを心より感謝の意を表します。

平成22年11月

　　　　　　　　　　　　　　　　　　　　　　　　　　　　学院長　深　田　静　夫

はしがき

　制作にあたり1冊の本で，土地家屋調査士試験に必要な表示に関する登記の理論が完全に，しかもわかりやすく理解できるものができないか，との思いで，「土地家屋調査士教室」が産声を上げてから，実に38年の時がながれた。

　もともと早稲田法科専門学院の土地家屋調査士科の授業や通信教育の基本書として発刊されたものであるが，全国の受験生の8割の方が何らかの形で本書を利用していると聞いて，著者としてうれしい限りであるが反面，重い責任を感じている。

　法は時代とともに流れ変わる。それに応じて本書の内容もきちんと対応しなければならない。多少のミスも許されないのである。

　しかし，時代が変わり，登記申請がコンピュータ化されても「法の基本理念」は変わることはない。受験生のみなさんはこの意味ではその基本的理念をしっかりととらえていれば，何も恐れることはありません。

　受験生のみなさん，本書を信頼して本書とともに一歩ずつ前進して行けば，必ずや合格という栄冠を手中にできることを信じています。

　また，最近出題されるようになった民法の申請人に関するものとして出題される相続については，本書にて解説しているが，判例を中心とした民法総則，物権，担保物権に関しては本書で説明することは困難なため，「受験100講II理論編」に出版することにした。民法に関しては，民法の判例を充分取り入れて理論を構成している「受験100講II理論編」を理解すれば対策は充分であるので，こちらも引き続き学習して頂くことをお薦めする。

　なお，本書の校正については早稲田法科専門学院の専任講師である松元隆君にお願いした。ここに心から感謝する次第である。

平成19年9月　　　　　　　　　　　　　　早稲田法科専門学院研究室にて
　　　　　　　　　　　　　　　　　　　　　　深　田　静　夫

はしがき

　不動産登記法が全面的に改正になり，平成17年3月7日より施行された。

　改正登記法は，全てコンピュータによるオンライン指定によって行うことを前提として，当分の間，紙による申請を認め，それまでの間登記簿を残すことにしている。いずれにしろ登記簿はコンピュータ化により登記記録に変わり，順次登記所はオンライン庁化されることになる。

　土地家屋調査士の今年度の試験は，平成17年4月1日に有効な改正新法を基準にして出題されることになるため，全国の受験生より本「受験100講」の改訂新版の発行の督促が毎日のようにあり，著者としては，心をいため日夜努力の限りをつくした積りであるが，短期間の間に新法の改正の趣旨を読みとり，新条文がどのような形で位置を変え又存続するかについては正直頭の痛いところではあった。

　新法の特色としては，従来登記法で定めた登記事項と添付書類については，その基本的な申請人適格と登記事項のみを残し，その他の申請情報と添付情報についてはほとんどが「不動産登記令」の方に移って規定されたことである。特に申請情報や添付情報のほとんど「別表」として規定された。

　また従来登記手続準則で規定した重要な部分，例えば地図の訂正や地図の記録事項及び表示に関する重要な登記手続が「不動産登記規則」の方に規定された事に注意を要する。

　今回の改正の主要なものとしては
① 　登記の種類
② 　登記の申請と出頭主義の廃止
③ 　申請情報の提供
④ 　登記済証の廃止と登記識別情報の提供の新設
⑤ 　保証書制度の廃止と事前通知
⑥ 　登記官による本人確認義務
⑦ 　登記原因証明情報の提供
⑧ 　登記官の職権更正
⑨ 　登記完了通知制度
⑩ 　不動産特定番号の新設と予告登記の廃止
⑪ 　要役地地役権の消滅承諾の適用
等多数にわたる。

　なお本書が「誰にでも理解できる表現」という基本的立場で著作したものであるが，最近の添付情報については例外規定が多いため，わかりにくい面もあると思われる。その場合は，何回もくり返し図を書きながら読まれることをお勧めする。

　本書の校正については，特に改正条文については間違いないよう神経を使った。この点については，早稲田法科専門学院の専任講師である松元隆君に念を入れた校正をお願いした。ここに心から感謝の意を表する次第である。

　平成17年6月

早稲田法科専門学院研究室にて

深 田 静 夫

はしがき

　平成15年に土地家屋調査士法が改正され，土地家屋調査士法人，試験制度等の変更があり，その政令（施行規則）の改正を待っていたが，でないのでとりあえず，本法のみの改正を試みた。当然不十分であるが，1次試験の択一には出題されていないので，次回再改訂することとする。なお，平成15年の口述試験では土地家屋調査士法から多くの質問がなされている。
　昭和62年からいわゆるコンピュータによって登記手続きがはじまり，全国の登記所の半数が実施していると聞いている。従来の登記手続きとの違いも，その箇所に記述しておいた。
　登記事項証明書，登記事項要約書，河川区域たる旨の記録箇所，共同人名票などである。
　また今後はインターネット等を使って登記の申請が可能とする方向にあり，出頭主義の例外規定がおかれている。
　本書は，不動産登記法その他の法令，判例を充分研究して記述したものであるが，最近の本試験では，通達にも示していないような，実務上で行われている事柄が正しいものとして，一部の問題が出題されるような傾向にある。そこで，理論構成と矛盾があるが，意に反して改訂した。
　多くの合格者から，100講を10回読んで合格しました。といった体験記を毎年いただき，出版する意義を再確認させていただいている。
　土地家屋調査士の業務もこれからは複雑化して，測量ができるから申請書が書けるからでは，依頼者の期待には充分応えることはできない。100講Ⅱも併せて研究してもらえば，試験にも実務についてからも応用力のある土地家屋調査士になれるものと信じております。

平成16年2月10日

深　田　静　夫

はしがき

　土地家屋調査士の第1次試験の内容が，従来表示に関する事項と調査士法の中から出題されたものが，不動産の表示に関する事項でその業務を行うのに通常必要なものに変わった。同時に択一式の問題が15問から20問に増加した。書式2問については，単なる求積の問題からその理論的な根拠を書き入れる問題が加味された。

　この事から，表示に関する不動産登記法の基礎的問題から権利に関する登記の接点，つまり民法の代理や復代理，権利の主体，債権者代位，弁済及び相続等かなりの広範囲で必要な部分が出題されるようになった。特に代理人については株式会社や有限会社の代表者や共同代表の商法等の知識が必要となる。

　その他仮差押や仮処分の登記ある土地の分筆，公有水面埋立法による埋立地の表示登記，地方自治法による町内会館の表示登記，土地区画整理法の換地処分による登記，河川法による河川区域たる旨の登記等，表示に関する周辺法は限りなく出題されている。

　本来これ等周辺法の事項は表示登記と一体となって存すべきものであるが，他の法理論によって構成されているためその理解が困難を極める。

　これ等の問題を解決するためにはこれ等周辺法と登記法とのかかわりを具体的事例をあげて説明する必要がある。

　そこで，従来，土地家屋調査士受験100講が，理論編と書式編の2冊であったものを，理論編に追加して，民法及び周辺法と不動産登記法の関連をまとめることにした。したがって，新訂受験100講は，［Ⅰ］不動産表示登記法，［Ⅱ］不動産登記法と周辺法，［Ⅲ］書式編の3冊となった。

　まず，不動産の表示登記法の理論を理解し，その上で試験に出題されるその周辺法を読んで完結するように作られている。

　なお，表示登記法の理論が本書のみでは充分でない方又地方在住で学校へ通学できない方の為に，ビデオによる「民法ビデオ」と「受験100講Ⅱライブビデオ」との題名で解説をしたものを作製した。是非こちらの方も併せて通信教育により学習されることをお薦めする。

　又理論編については「受験100講Ⅰ」として通学部ライブビデオが製作されている。続いて御見聞される事をお薦めする。

　この受験100講［Ⅰ］不動産表示登記法と100講［Ⅱ］不動産登記法と周辺法及び100講［Ⅲ］書式論の理解ができれば，土地家屋調査士の受験はほぼ完全なものとして栄冠は手中にできると確信している。

平成14年1月

早稲田法科専門学院学院長室にて

深　田　静　夫

改訂新版　はしがき

　本書は，もともと，早稲田法科専門学院の授業及び通信教育用の基本書として，昭和44年に発刊したものであるが，多くの先例を取り入れ，これ1冊で充分合格し得る内容のものとして書き直した。

　今は，全国の土地家屋調査士受験生の9割の方々が利用していると出版の方より聞かされ，著者として喜びとともに，一層の責任を痛感している。

　ところで，本書も発刊以来25年の歳月を迎える。その間幾多の法改正が行われ，その都度多くの先例が出された。それに沿う形で本書も部分的な書き直しをしてきたが，細部の部分で理論の一貫性を欠くところが目立ってきた。そこへ平成5年10月の施行の不動産登記の大幅な改正が行われたため，思い切って全体を見返し，全面的に書き改めることにした。

　特に今回の改正では，土地家屋調査士が，建物合体の場合において表示に関する登記と同時に権利に関する所有権の保存登記も同一申請書でなす等，従来の考えでは到底考えられないような規定が設けられた。改正点の主要な部分は，

① 建物を合体した場合の登記
② 合筆における地役権の登記ある場合
③ 保証書の保証人資格の改善
④ 申請代理権の不消滅
⑤ 地図等作成の際の職権による分・合筆
⑥ 地図に準ずる図面の新設及び地積測量図に関するもの

　等の多数にわたる。

　建物合体の場合における所有権の保存登記の場合は，基本的な権利に関する登録免許税の問題が出題されることになるため，この部分も充分な知識が必要となる。

　なお本書の全般的な校正については，早稲田法科専門学院の専任講師である松元隆君にお願いした。ここに心から感謝の意を表する次第である。

　平成6年2月　　　　　　　　　　　　　　　　　早稲田法科専門学院研究室にて

　　　　　　　　　　　　　　　　　　　　　　　　　　　　深　田　静　夫

改訂版序

　建物の区分所有等に関する法律及び不動産登記法の一部を改正する法律が，昭和58年5月21日法律51号で公布され，59年1月1日から施行された。
　特に不動産登記法の改正は表示に関する登記を中心に75項目余に及ぶ大改正となった。
　改正の基本は，区分建物と敷地の一体化を計り，本来土地の登記用紙にすべき敷地に関する権利の種類，持分の割合等を表題部の登記用紙に表示することになったためである。
　この結果，法定敷地権，規約敷地権の発生，変更，消滅の問題を主として，区分建物の全部を所有する原始的取得者の区分建物表示登記の一括申請，権原に基づいて区分建物を新築した場合の表示登記と表示変更登記の一括申請，通常の建物に附属の区分建物がある場合の敷地権の表示方法，建物の区分，合併に伴う敷地権の変更，表題部の所有者以外の者からなす所有権の保存登記，共同担保の関係にある不動産の合併の緩和，団地共用部分の新設，建物番号のある場合の一棟の建物の記載の省略等，の新設改正が行われた。
　これ等改正事項につきできる限り簡潔な説明を心掛けた積りであるが，なお抽象的で判然としない部分については登記簿及び申請書の記載例（書式編）等を併せて読まれることをお奨めする。

　　　　　　　　　　　　　　　　　　昭和59年1月20日　　　著　者

再改訂版序

　土地家屋調査士法及び規則が大幅な改正をみた。その内容は，① 調査士の登録事務の移譲，② 公共嘱託登記の法人化，③ 会則の認可手続の合理化　を中心としてその他細部にわたり改正された。そして，その施行は二段階になって居り，公共嘱託登記土地家屋調査士協会の関係は，昭和60年7月18日から施行され，その他の部分は昭和61年6月1日から施行される。その改正部分は本法及び規則を含めて，実に150項目強に及ぶものである。これ等につき簡潔な解説をなしたものである。

　　　　　　　　　　　　　　　　　　昭和61年1月10日　　　著　者

序

　表示に関する登記に関しては，早稲田法科専門学院の授業のため15年も長期にわたって研究した成果を，昭和44年に「土地家屋調査士教室」（大研社版）としてまとめ世に送った。これが不完全であるにも拘わらず意外な反響を呼び著者としてかなり自信を得るにいたった。

　特に昭和53年には，私の担当した教室から，全国の調査士受験者の二割強にも及ぶ合格者を出すに及んで，その内容を一般に公開しようと決意した次第である。

　本書は上の著書を基本としてさらに，

1　まず誰にでも理解できるよう図解を基本としたこと(例図—300を挿入)。
2　できる限り多くの例題を取入れたこと。
3　記述をやさしくしたこと。
4　全ての問題点をあますことなく取り入れたこと(登録免許税から相続まで)。
5　土地家屋調査士試験の受験生のため過去の問題を挿入したこと。
6　問題点を整理しやすくするため横書きとしたこと。

　等の特長を有する。

　多くの図例挿入については，著者としては，図解がその学問的な体系を崩す危惧も多少あったが，本書が「誰にでも理解できる表現」という基本的立場から，あえてこころみたが，結果として，必ず読者諸兄の賛同を得られるものと確信している。

　本書の内容校正については大研社会科学研究所の助手をしている大野弘憲君に多大な努力を願った。ここに感謝の意を表したい。

　　　　　　　　　大研社会科学研究所にて　　昭和53年2月

　　　　　　　　　　　　　　　　　　　　　　　深　田　静　夫

土地家屋調査士受験 100 講

［Ⅰ］・理論編　［不動産表示登記法と調査士法］

目　次

第1章　登記総論 ……………………………………………………………… 1
第1講　登記制度と表示に関する登記の意義 ………………………………… 1
　1．登記制度の変遷 ………………………………………………………… 1
　　（1）土地台帳制度 ……………………………………………………… 1
　　（2）登記制度の発祥 …………………………………………………… 1
　　（3）登記制度の問題点 ………………………………………………… 2
　2．新登記制度（平成17年3月7日施行） ……………………………… 3
　　（1）登記所の種類 ……………………………………………………… 3
　　（2）登記の申請と出頭主義 …………………………………………… 3
　　（3）申請情報の提供と登記の順序 …………………………………… 3
　　（4）登記済証と登記識別情報 ………………………………………… 4
　　（5）保証書制度の廃止と事前通知 …………………………………… 5
　　（6）登記官による本人確認義務 ……………………………………… 6
　　（7）登記原因証明情報の提供 ………………………………………… 6
　　（8）登記官の職権更正 ………………………………………………… 6
　　（9）登記完了通知制度 ………………………………………………… 7
　　（10）不動産番号と予告登記の廃止 …………………………………… 7
　3．表示に関する登記 ……………………………………………………… 7
　　（1）権利の客体 ………………………………………………………… 7
　　（2）表示に関する登記の分類 ………………………………………… 8
　　（3）その他の表示に関する登記 ……………………………………… 9
　4．権利に関する登記 ……………………………………………………… 10
　　（1）甲区の登記 ………………………………………………………… 10
　　（2）乙区の登記 ………………………………………………………… 11
　　（3）相続による所有権の移転登記の申請義務 ……………………… 11

第2講　登記の対抗力と公信力 ………………………………………………… 13
　1．対抗力 …………………………………………………………………… 13
　2．公信力 …………………………………………………………………… 14
　3．登記がないことを主張することができない第三者 ………………… 15
　4．表題登記の効力 ………………………………………………………… 16

第3講　登記の管轄 ……………………………………………………………… 19
　1．管轄登記所 ……………………………………………………………… 19

（１）　建物の表題登記と管轄 …………………………………………… 19
　　（２）　建物の増築及び附属建物新築と管轄 ………………………………… 19
　　（３）　建物の合併と管轄区域の変更 ………………………………………… 20
　　（４）　管轄区域の変更とえい行移転 ………………………………………… 20
　　（５）　建物の合体による登記と管轄 ………………………………………… 20
　２．管轄の転属による関係書類の移送と実地調査 ……………………………… 21
　３．管轄登記所の指定 …………………………………………………………… 21

第4講　登記記録 ……………………………………………………………… 23
　１．登記記録 ……………………………………………………………………… 23
　　（１）　表題部の登記事項 ……………………………………………………… 23
　　（２）　権利部の登記事項 ……………………………………………………… 27
　２．登記官による移記・転写等 ………………………………………………… 27
　３．行政区画の変更等 …………………………………………………………… 27

第5講　地図及び建物所在図 ……………………………………………… 29
　１．地図に準ずる図面 …………………………………………………………… 29
　２．地図の作成 …………………………………………………………………… 29
　　（１）　地図の作成の基準 ……………………………………………………… 29
　　（２）　地図の作成 ……………………………………………………………… 31
　　（３）　地籍図 …………………………………………………………………… 31
　３．建物所在図 …………………………………………………………………… 32
　　（１）　建物所在図の備付 ……………………………………………………… 32
　　（２）　建物所在図の作成 ……………………………………………………… 33
　４．地図・建物所在図の電磁的記録 …………………………………………… 33
　５．地図の訂正 …………………………………………………………………… 33
　　（１）　申出人の適格 …………………………………………………………… 34
　　（２）　地図訂正と地積更正 …………………………………………………… 34
　　（３）　地図訂正の申出の方法 ………………………………………………… 34
　　（４）　地図訂正の方法 ………………………………………………………… 34
　　（５）　地図訂正の却下 ………………………………………………………… 35

第6講　登記の申請代理権の不消滅 …………………………………… 37
　１．申請代理人 …………………………………………………………………… 37
　　（１）　制限行為能力者 ………………………………………………………… 37
　　（２）　法人の代理権 …………………………………………………………… 37
　２．代理権の不消滅 ……………………………………………………………… 38
　　（１）　本人が死亡した場合 …………………………………………………… 38
　　（２）　委任による登記申請の代理権の不消滅 ……………………………… 38

第7講　登記の申請人 ……… 41
- 1．申請人の行為能力 ……… 41
  - （1）行為能力が必要か ……… 41
  - （2）意思能力 ……… 41
- 2．申請人の意思と合致しない登記 ……… 42
- 3．表示に関する登記の申請人 ……… 42
  - （1）表題部所有者又は所有権の登記名義人 ……… 42
  - （2）一般承継人からの申請 ……… 43
  - （3）債権者からの申請 ……… 43
- 4．権利の主体 ……… 44
  - （1）権利能力なき社団 ……… 44
  - （2）認可地縁団体 ……… 44
  - （3）法人の種類と代表者 ……… 44
  - （4）外国法人 ……… 45
  - （5）清算法人 ……… 46
  - （6）胎児 ……… 46
- 5．登記の保存行為と軽微変更 ……… 46
  - （1）保存行為 ……… 46
  - （2）分割協議があった場合 ……… 47

第8講　電子申請と書面申請 ……… 49
- 1．電子申請 ……… 49
  - （1）登記事項証明書に代わる情報の送信 ……… 49
  - （2）電子署名 ……… 49
  - （3）表示に関する登記の添付情報の特則 ……… 49
  - （4）電子証明書の送信 ……… 49
  - （5）住所証明情報等の省略 ……… 50
  - （6）電子申請における添付情報の提供方法の特例 ……… 50
  - （7）調査士報告方式（令和元.10.7 民二第187号依命通知の概要） ……… 50
- 2．書面申請 ……… 51
  - （1）添付情報の提供方法と文字の記載 ……… 51
  - （2）申請情報を記載した書面への記名押印等 ……… 51
  - （3）申請書に印鑑証明書の添付が不要の場合（規則48条） ……… 52
  - （4）委任状への記名押印（代理申請） ……… 52
  - （5）登記事項証明書等の有効期間 ……… 53
  - （6）承諾書の記名押印等 ……… 53

第9講　申請情報と添付情報 ……… 57
- 1．申請情報（登記令3条） ……… 57
  - （1）共通の申請情報 ……… 57
  - （2）土地に関する登記 ……… 58

（3）　建物に関する登記 ……………………………………………………… 58
　　（4）　その他の申請情報 ……………………………………………………… 58
　2．共通の添付情報 ……………………………………………………………… 58

第10講　登録免許税と申請書の様式 …………………………………………… 61
　1．登録免許税 …………………………………………………………………… 61
　　（1）　表示に関する登記で登録免許税を課す場合 ………………………… 61
　　（2）　建物合体の場合の登録免許税 ………………………………………… 61
　　（3）　課税標準と計算方法 …………………………………………………… 62
　　（4）　登録免許税の納付方法 ………………………………………………… 63
　　（5）　登録免許税の還付（取下げ） ………………………………………… 63
　　（6）　登記申請が却下になった場合 ………………………………………… 64
　　（7）　職権登記の場合 ………………………………………………………… 65
　　（8）　非課税となる場合 ……………………………………………………… 65
　2．申請書の様式 ………………………………………………………………… 66
　　（1）　趣旨 ……………………………………………………………………… 66
　　（2）　登記申請書に記載する文字 …………………………………………… 66
　　（3）　その他の留意事項 ……………………………………………………… 66
　　（4）　申請書の記載事例 ……………………………………………………… 66

第11講　代位登記 …………………………………………………………………… 75
　1．代位登記の意義 ……………………………………………………………… 75
　　（1）　金銭債権を有する場合 ………………………………………………… 75
　　（2）　代位の条件 ……………………………………………………………… 75
　2．代位登記をなし得る事例 …………………………………………………… 76
　　（1）　土地の分筆登記 ………………………………………………………… 76
　　（2）　建物の区分・分割の登記 ……………………………………………… 77
　　（3）　抵当権者，仮差押権者等のなす変更，更正登記 …………………… 77
　　（4）　表題登記 ………………………………………………………………… 78
　3．代位登記をなし得ない事例 ………………………………………………… 78
　　（1）　共有持分の譲受人の分筆の登記 ……………………………………… 78
　　（2）　代位による合筆の登記 ………………………………………………… 79
　　（3）　共用部分である旨の登記 ……………………………………………… 79
　　（4）　未登記建物の買主がなす代位登記 …………………………………… 80
　4．代位原因を証する情報（代位原因証書） ………………………………… 80
　　（1）　売買契約書 ……………………………………………………………… 80
　　（2）　抵当権設定契約書 ……………………………………………………… 81
　　（3）　債権証書と既に登記がある場合 ……………………………………… 81
　　（4）　共有物分割の確定判決 ………………………………………………… 81
　5．法定代位 ……………………………………………………………………… 82
　　（1）　法48条2項代位 ………………………………………………………… 82

（2）　法48条4項代位 …………………………………………………… 82
　　（3）　法52条2項代位 …………………………………………………… 82
　　（4）　法52条4項代位 …………………………………………………… 82
　6．弁済期前の代位登記 …………………………………………………… 82
　7．所有権の確認判決による代位 ………………………………………… 83
　8．代位登記の代位 ………………………………………………………… 83
　9．債務者に弁済の資力がある場合 ……………………………………… 84

第12講　登記の一括申請 …………………………………………………… 87
　1．意義 ……………………………………………………………………… 87
　2．表示に関する登記の一括申請 ………………………………………… 87
　3．登記の目的，原因及びその日付の等しい場合（規則35条9号） …… 90
　　（1）　権利に関する登記の一括申請 …………………………………… 90
　　（2）　表示に関する登記の一括申請 …………………………………… 91
　4．表示に関する中間省略登記 …………………………………………… 93
　5．区分建物の一括申請と合体登記の一の申請 ………………………… 94

第13講　登記申請の受付と却下及び取下 ………………………………… 97
　1．登記申請の受付と受領書の交付 ……………………………………… 97
　2．登記申請の却下事由（法25条） ……………………………………… 97
　　（1）　事件がその登記所の管轄に属しない場合（1号） ……………… 97
　　（2）　事件が登記事項以外の事項の登記を目的とするとき（2号） … 97
　　（3）　申請に係る登記が既に登記されているとき（3号） …………… 98
　　（4）　申請権限のない者の申請（4号） ………………………………… 98
　　（5）　申請書が方式に適合しない場合（法25条5号） ………………… 98
　　（6）　申請書に必要なる書面または図面を添付しない場合（法25条9号） …… 98
　　（7）　法23条1項の期間内に同項（事前通知）の申出がない場合（法25条
　　　　10号） …………………………………………………………………… 98
　　（8）　土地または建物の表示に関する登記の申請書に掲げたる，土地または
　　　　建物の表示に関する事項が，登記官の調査の結果と符合しない場合
　　　　（法25条11号） ………………………………………………………… 99
　　（9）　登録免許税を納付しないとき（法25条12号） …………………… 99
　　（10）登記すべきものでないとき（法25条13号） ……………………… 99
　3．却下の手続き …………………………………………………………… 100
　4．登記申請の取下（規則39条） ………………………………………… 100

第14講　登記識別情報と事前通知 ……………………………………… 103
　1．登記識別情報 …………………………………………………………… 103
　　（1）　登記識別情報の通知 ……………………………………………… 103
　　（2）　登記識別情報の通知を要しない場合 …………………………… 104
　　（3）　登記識別情報の失効の申出 ……………………………………… 104

（4）　登記識別情報を提供する方法 …………………………… 105
　（5）　登記識別情報に関する証明 ……………………………… 105
　2．旧法の登記済証 ……………………………………………… 106
　（1）　登記済証の添付 …………………………………………… 106
　3．登記識別情報を提供できない場合 ………………………… 107
　（1）　事前通知の方法 …………………………………………… 107
　（2）　前住所への通知 …………………………………………… 108
　4．資格者代理人等による本人確認情報の提供 ……………… 108
　（1）　資格者代理人による本人確認情報の提供 ……………… 108
　（2）　公証人による本人確認 …………………………………… 109
　5．登記官による本人確認 ……………………………………… 109
　（1）　確認方法 …………………………………………………… 109
　（2）　疑うべき事由 ……………………………………………… 110
　（3）　不正登記防止の申出（準則 35 条） ……………………… 110

第15講　中間省略登記と職権登記 ……………………………… 113
　1．出頭主義の廃止 ……………………………………………… 113
　2．中間省略登記 ………………………………………………… 113
　（1）　権利に関する登記の中間省略登記 ……………………… 113
　（2）　表示に関する登記の中間省略登記 ……………………… 114
　3．職権登記 ……………………………………………………… 115
　（1）　職権登記の意義 …………………………………………… 115
　（2）　催告と登記の時期 ………………………………………… 115
　（3）　分筆地目変更と職権登記 ………………………………… 116
　（4）　分筆，区分，分割登記と職権登記 ……………………… 117
　（5）　合併，合体と職権登記 …………………………………… 118
　（6）　共用部分である旨の登記と職権登記 …………………… 119
　（7）　地図作成の際の職権による分・合筆の登記 …………… 120
　（8）　職権による表題部所有者の登記 ………………………… 120
　4．表題登記の重複 ……………………………………………… 122
　5．地図及び地図に準ずる図面の訂正 ………………………… 122
　6．登記官による実地調査 ……………………………………… 123
　（1）　実地調査の省略 …………………………………………… 123
　（2）　実地調査の方法 …………………………………………… 123
　（3）　官公署の嘱託 ……………………………………………… 123
　7．職権調査と地積 ……………………………………………… 124

第2章　表示登記通則 …………………………………………… 127
第16講　申請義務ある登記と申請義務者 …………………… 127
　1．申請義務のある登記 ………………………………………… 127
　（1）　土地の表題登記 …………………………………………… 127

（2）　地目の変更登記 …………………………………………………… 127
　（3）　地積の変更と滅失登記 ………………………………………… 128
　（4）　建物の表題登記 ………………………………………………… 128
　（5）　建物の合体による登記等 ……………………………………… 128
　（6）　建物の表題部の変更登記 ……………………………………… 129
　（7）　建物の滅失登記 ………………………………………………… 130
 2．区分建物の変更 ……………………………………………………… 130
　（1）　区分建物の変更登記の申請義務 ……………………………… 130
　（2）　区分建物の増築と敷地権 ……………………………………… 130
 3．申請義務のない登記 ………………………………………………… 131
　（1）　表題部所有者の更正登記 ……………………………………… 131
　（2）　土地および建物の登記事項の更正登記 ……………………… 131
　（3）　形成登記 ………………………………………………………… 131
　（4）　家屋番号の変更 ………………………………………………… 133
 4．共用部分である旨の登記 …………………………………………… 133
　（1）　共用部分である旨の登記の義務 ……………………………… 133
　（2）　共用部分である旨の登記ある建物の変更 …………………… 134
　（3）　共用部分である旨の登記がある場合の所有者証明書 ……… 134

第17講　表題部所有者に関する登記 …………………………………… 137
 1．表題部所有者の変更登記 …………………………………………… 137
 2．表題部所有者の更正登記 …………………………………………… 137
 3．表題部所有者の持分変更登記 ……………………………………… 138
 4．表題部所有者の持分更正登記 ……………………………………… 138
 5．表題部所有者の表示の変更登記 …………………………………… 139
 6．表題部所有者の表示の更正登記 …………………………………… 139
 7．表題部所有者に関する登記の添付情報 …………………………… 140

第18講　共同相続と申請人 ……………………………………………… 141
 1．遺産分割協議による土地分筆 ……………………………………… 141
　（1）　相続人からの分筆登記の申請 ………………………………… 141
　（2）　共有物を単独所有する登記 …………………………………… 141
 2．家庭裁判所の審判による分割登記 ………………………………… 142
　（1）　遺産分割の遡及効 ……………………………………………… 142
　（2）　他の共有者が協力しない場合 ………………………………… 142
 3．共同相続人中に制限行為能力者がいる場合 ……………………… 143
 4．相続人のなす建物の表題登記 ……………………………………… 143

第19講　登記の申請人と相続分 ………………………………………… 145
 1．相続の順位と相続分 ………………………………………………… 145
　（1）　相続人の範囲 …………………………………………………… 145

（２）　順位 …………………………………………………………………… 145
　　（３）　相続分 ………………………………………………………………… 145
　　（４）　兄弟姉妹が数人いる場合 ………………………………………… 146
　　（５）　相続分の事例 ………………………………………………………… 146
　　（６）　孫の相続分 …………………………………………………………… 147
　　（７）　尊属の相続分 ………………………………………………………… 148
　２．相続人でない者 ……………………………………………………………… 148
　　（１）　養子の子 ……………………………………………………………… 148
　　（２）　特別縁故者等 ………………………………………………………… 148
　３．胎児の相続 …………………………………………………………………… 148
　４．特別養子制度 ………………………………………………………………… 149

第20講　代襲相続 ………………………………………………………………… 151
　１．代襲相続 ……………………………………………………………………… 151
　　（１）　子の代襲 ……………………………………………………………… 151
　　（２）　兄弟姉妹の代襲 ……………………………………………………… 151
　　（３）　代襲相続分 …………………………………………………………… 152
　２．代襲原因 ……………………………………………………………………… 152
　　（１）　子が相続開始前に死亡した場合 ………………………………… 152
　　（２）　相続欠格（民法891条）………………………………………… 153
　　（３）　推定相続人の廃除（民法892条）……………………………… 155
　　（４）　養子縁組前の子 ……………………………………………………… 156
　３．例題 …………………………………………………………………………… 157

第21講　遺留分と特別受益者 …………………………………………………… 159
　１．遺留分 ………………………………………………………………………… 159
　　（１）　意義 …………………………………………………………………… 159
　　（２）　遺留分権利者と範囲 ………………………………………………… 159
　　（３）　遺留分侵害額の請求 ………………………………………………… 159
　　（４）　遺留分の算定（民法1043条）………………………………… 160
　　（５）　遺留分の放棄と相続の放棄 ………………………………………… 161
　２．特別受益者 …………………………………………………………………… 162
　　（１）　特別受益者の相続分 ………………………………………………… 162
　　（２）　遺留分を侵害していない場合 ……………………………………… 162
　３．寄与分 ………………………………………………………………………… 163
　４．例題 …………………………………………………………………………… 164

第3章　土地に関する登記 ………………………………………………………… 167
第22講　土地の登記事項と表題及び変更登記 ………………………………… 167
　１．土地の表題登記 ……………………………………………………………… 167
　　（１）　土地が新たに生じる場合 …………………………………………… 167

（2）　土地の所属 …………………………………………………………… 167
　（3）　土地の表題登記の申請 ……………………………………………… 168
 2．土地の所在の変更，更正の登記 ……………………………………………… 168
 3．地目の変更，更正の登記 ……………………………………………………… 169
　（1）　地目の種類 …………………………………………………………… 169
　（2）　一般的定め方（準則68条） ………………………………………… 169
　（3）　宅地と雑種地の区別 ………………………………………………… 172
　（4）　地目の変更（更正）の登記 ………………………………………… 173
 4．地積の変更，更正の登記 ……………………………………………………… 174
　（1）　地積の定め方 ………………………………………………………… 174
　（2）　地積の許容誤差 ……………………………………………………… 175
　（3）　地積の変更，更正の登記 …………………………………………… 176
 5．地番の変更，更正の登記 ……………………………………………………… 177
　（1）　地番区域 ……………………………………………………………… 177
　（2）　地番の定め方 ………………………………………………………… 178
　（3）　地番等の変更，更正の登記 ………………………………………… 180

第23講　土地分筆の登記 …………………………………………………… 181
 1．土地分筆の意義 ………………………………………………………………… 181
 2．分筆の登記の申請人 …………………………………………………………… 181
 3．制限的権利の存する土地の分筆 ……………………………………………… 182
　（1）　抵当権者の承諾 ……………………………………………………… 182
　（2）　留置権が存する土地 ………………………………………………… 182
　（3）　担保権者の消滅の承諾がある場合（法40条，規則104条） …… 183
　（4）　共同担保目録の作成 ………………………………………………… 183
　（5）　分筆後の全ての消滅承諾と抵当証券 ……………………………… 184
　（6）　地上権等を目的とする担保権の存する土地の分筆 ……………… 184
　（7）　用益的権利の存する土地の分筆 …………………………………… 185
 4．地役権の存する土地の分筆及び合筆 ………………………………………… 185
　（1）　地役権図面について ………………………………………………… 185
　（2）　地役権証明書（登記令別表8項，9項） …………………………… 187
　（3）　合筆における地役権の登記手続 …………………………………… 187
　（4）　承役地の分合筆登記 ………………………………………………… 188
　（5）　要役地の分筆と権利消滅の承諾（規則104条6項） ……………… 188
 5．所有権以外の権利の消滅承諾 ………………………………………………… 189
　（1）　所有権の仮登記 ……………………………………………………… 189
　（2）　買戻の特約の登記 …………………………………………………… 190
 6．消滅承諾できない場合 ………………………………………………………… 190
　（1）　仮差押等の登記の存する場合 ……………………………………… 190
　（2）　処分禁止の仮処分の登記 …………………………………………… 191
　（3）　競売申立の登記 ……………………………………………………… 191

7．権利消滅の承諾と登記方法（規則104条2項） ………………………… 192
　　　（1）分筆後の乙地の承諾 ……………………………………………………… 192
　　　（2）分筆後の甲地の承諾 ……………………………………………………… 192
　　8．分筆地目変更の登記 …………………………………………………………… 192
　　9．地積測量図と求積 ……………………………………………………………… 193

第24講　区画整理その他 ……………………………………………………… 195
　　1．土地区画整理事業の施行と登記 ……………………………………………… 195
　　　（1）認可 ……………………………………………………………………… 195
　　　（2）換地計画と仮換地 ……………………………………………………… 195
　　　（3）代位登記 ……………………………………………………………… 195
　　　（4）届出等 ……………………………………………………………… 196
　　　（5）換地の登記 ……………………………………………………………… 196
　　　（6）建物の登記 ……………………………………………………………… 197
　　2．境界の確定 ……………………………………………………………………… 198
　　　（1）私法上の合意と公法上の確定の相違 ………………………………… 198
　　　（2）境界確定の訴と訴訟上の和解 ………………………………………… 198
　　　（3）境界標の誤認設置と時効取得 ………………………………………… 199
　　3．共同担保目録 …………………………………………………………………… 199
　　　（1）共同担保目録の意義 …………………………………………………… 199
　　　（2）共同担保目録の記載の範囲 …………………………………………… 201
　　　（3）担保権が付記登記されている場合の共同担保目録 ………………… 202
　　　（4）登記の優先順位 ………………………………………………………… 202

第25講　地積測量図 …………………………………………………………… 205
　　1．地積測量図の作成 ……………………………………………………………… 205
　　2．分筆登記の地積測量図 ………………………………………………………… 205
　　3．境界標 …………………………………………………………………………… 206
　　4．精度区分 ………………………………………………………………………… 207
　　5．その他の作成要領 ……………………………………………………………… 208

第26講　土地所在図と地役権図面 …………………………………………… 217
　　1．土地所在図 ……………………………………………………………………… 217
　　2．地役権図面 ……………………………………………………………………… 218
　　　（1）地役権図面を添付する場合 …………………………………………… 218
　　　（2）地役権図面の内容 ……………………………………………………… 219
　　3．電子申請における土地所在図等 ……………………………………………… 220

第27講　土地合筆の登記 ……………………………………………………… 221
　　1．土地合筆登記の申請 …………………………………………………………… 221
　　　（1）登記識別情報の提供と合筆の登記 …………………………………… 221

（2）　登記識別情報の提供の理由 …………………………………… 221
　2．合筆の登記の制限 …………………………………………………… 222
　（1）　接続しない土地の合筆（法41条1号） ………………………… 222
　（2）　地目又は地番区域を異にする場合（法41条2号）…………… 222
　（3）　所有名義人の異なる合筆（法41条3号） ……………………… 223
　（4）　持分が異なる共有土地の合筆（法41条4号）………………… 224
　（5）　所有権の登記ない土地と所有権の登記がある土地の合筆（法41条5号） 225
　（6）　制限的権利の存する土地の合筆（法41条6号）……………… 225
　3．当然の合筆禁止事由 ………………………………………………… 228
　（1）　権利者の承諾のある合筆 ………………………………………… 228
　（2）　抵当財団を組成する土地の合筆 ………………………………… 228
　（3）　敷地権の登記がある土地 ………………………………………… 228
　（4）　追加の抵当権 ……………………………………………………… 228
　4．合筆の登記の制限の特例（規則105条） …………………………… 229
　（1）　承役地についてする地役権の登記のある場合………………… 229
　（2）　担保権の登記であって登記の目的，申請の受付の年月日及び受付番号
　　　　並びに登記原因及びその日付が同じである場合（規則105条2号）…… 230
　（3）　信託の登記がある場合（規則105条3号）……………………… 230
　（4）　鉱害賠償登記令に関する登記であって登録番号が同一のものである土地
　　　　（規則105条4号）……………………………………………… 230
　5．合筆登記の手続 ……………………………………………………… 231
　（1）　権利部の記録方法 ………………………………………………… 231
　（2）　合併後全部に及ぶ旨の付記 ……………………………………… 231
　6．土地分合筆登記 ……………………………………………………… 232
　（1）　意義 ………………………………………………………………… 232
　（2）　申請 ………………………………………………………………… 232
　（3）　分筆及び分合筆登記 ……………………………………………… 232
　（4）　一部消滅承諾と分合筆 …………………………………………… 233

第28講　土地滅失登記と河川区域である旨の登記……………………… 235
　1．土地の滅失登記 ……………………………………………………… 235
　2．河川区域内の土地の登記 …………………………………………… 235
　（1）　河川区域内の土地である旨の嘱託 ……………………………… 235
　（2）　高規格堤防特別区域等の登記 …………………………………… 235
　（3）　土地の一部が指定を受けた場合 ………………………………… 236
　（4）　河川区域内の土地の滅失 ………………………………………… 236
　（5）　河川区域内の土地の一部滅失 …………………………………… 236

第4章　建物に関する登記 ………………………………………………… 239
第29講　建物の表示に関する登記 ………………………………………… 239
　1．建物の表題登記 ……………………………………………………… 239

（1）建物とみなされるもの …………………………………………………… 239
　（2）建物として取り扱うもの …………………………………………………… 240
　（3）建物として取り扱われないもの（準則77条（2））………………………… 240
　（4）建物の個数 …………………………………………………………………… 241
　（5）建物の表題登記の申請 ……………………………………………………… 242
 2．家屋番号の変更，更正の登記 …………………………………………………… 244
　（1）家屋番号 ……………………………………………………………………… 244
　（2）家屋番号の定め方 …………………………………………………………… 244
　（3）家屋番号の変更，更正の登記 ……………………………………………… 248
 3．種類の変更，更正の登記 ………………………………………………………… 249
　（1）種類の区分 …………………………………………………………………… 249
　（2）その他の種類 ………………………………………………………………… 249
　（3）種類の定義 …………………………………………………………………… 249
　（4）種類の変更，更正の登記の申請 …………………………………………… 251
 4．構造の変更，更正の登記 ………………………………………………………… 251
　（1）構造の区分 …………………………………………………………………… 251
　（2）その他の構造の定め方 ……………………………………………………… 251
　（3）構造の変更，更正の登記 …………………………………………………… 254
　（4）建物の表題部の変更（更正）登記の申請 ………………………………… 255
 5．不動産工事の先取特権 …………………………………………………………… 255

第30講　床面積の変更と滅失登記 …………………………………………………… 257
 1．床面積と各階平面図 ……………………………………………………………… 257
 2．床面積の定め方（昭和46.4.16民甲第1527号回答）………………………… 258
　（1）木造の場合 …………………………………………………………………… 258
　（2）鉄骨造の場合 ………………………………………………………………… 258
　（3）鉄筋コンクリート造の場合 ………………………………………………… 259
　（4）建物の一部に凹凸がある場合 ……………………………………………… 260
 3．その他の床面積の範囲 …………………………………………………………… 261
 4．床面積の変更，更正の登記の申請 ……………………………………………… 265
　（1）床面積の変更登記の申請 …………………………………………………… 265
　（2）床面積の更正登記の申請 …………………………………………………… 266
 5．建物の名称の変更 ………………………………………………………………… 266
 6．附属建物の新築の登記 …………………………………………………………… 266
 7．不動産の付合 ……………………………………………………………………… 267
　（1）増築部分が構造上，利用上の独立性を有するとき ……………………… 267
　（2）増築部分が構造上，利用上の独立性を有しない場合 …………………… 267
 8．建物の滅失の登記 ………………………………………………………………… 268
　（1）建物の滅失 …………………………………………………………………… 268
　（2）登記記録の閉鎖 ……………………………………………………………… 268

第31講 建物を合体した場合の登記 ……… 269
1．合体の形態と申請手続 ……… 269
（1）表題登記がない建物（未登記）と表題登記がある建物の場合（法49条①1号） ……… 269
（2）表題登記がない建物と所有権の登記ある建物の場合（法49条①2号） … 269
（3）いずれも表題登記がある場合（法49条①3号） ……… 269
（4）表題登記がある建物と所有権の登記ある建物の場合（法49条①4号） … 270
（5）いずれも所有権の登記がある場合（法49条①5号） ……… 270
（6）合体前の3個以上の建物が，表題登記がない建物（未登記），表題登記がある建物，所有権の登記ある建物である場合（法49条①6号） ……… 270
（7）いずれも表題登記のない建物を合体した場合（法49条②） ……… 270
（8）主である建物と附属建物を合体した場合 ……… 270
2．合体による登記手続 ……… 270
（1）合体による所有権の登記 ……… 270
（2）所有権の保存の登記 ……… 271
（3）合体前の建物に抵当権等の登記がある場合 ……… 271
3．合体登記の申請情報の内容 ……… 272
（1）持分の記載 ……… 272
（2）合体前の所有権の登記 ……… 273
（3）合体後の建物に存続する登記（存続登記） ……… 273
4．合体登記の添付情報 ……… 273
（1）登記名義人の登記識別情報と印鑑証明書 ……… 273
（2）合体に伴う承諾書の提供 ……… 274
（3）所有権証明書 ……… 275
（4）区分建物の合体と共同担保目録 ……… 276
5．登録免許税 ……… 276

第32講 建物の所在の変更登記 ……… 279
1．建物の所在の変更登記を必要とする場合 ……… 279
（1）行政区画の変更による場合 ……… 279
（2）地番整理，土地区画整理による場合 ……… 280
（3）建物のえい行移転による場合 ……… 280
（4）敷地の分合筆による場合 ……… 280
（5）既存の主である建物と別地番に附属建物を新築した場合 ……… 282
（6）主である建物及び附属建物の増築及び滅失による場合 ……… 282
2．建物の所在の記録 ……… 283
（1）都道府県名の記録（準則88条1項） ……… 283
（2）二筆以上にまたがる建物の所在 ……… 284
（3）建物が土地上にない場合の所在 ……… 285

第33講　附属建物に関する問題点 ……………………………………… 287
　1．附属建物の意義 ……………………………………………………… 287
　（1）附属建物の記録 …………………………………………………… 287
　（2）登記の及ぶ範囲 …………………………………………………… 287
　（3）附属建物とできない場合 ………………………………………… 287
　（4）附属建物が主である建物と離れている場合 …………………… 288
　2．附属建物の登記の申請 ……………………………………………… 288
　（1）登記の目的 ………………………………………………………… 288
　（2）建物の名称・家屋番号 …………………………………………… 288
　（3）附属建物の符号 …………………………………………………… 288
　（4）附属建物の図面の添付 …………………………………………… 289
　3．附属建物の区分 ……………………………………………………… 290
　（1）建物の分割と区分 ………………………………………………… 290
　（2）附属建物の区分（法54条①2号） ……………………………… 290
　（3）附属建物の区分合併 ……………………………………………… 290
　4．附属建物の態様と申請書の記載方式 ……………………………… 291
　（1）主である建物も附属建物も通常の建物の場合 ………………… 291
　（2）主である建物が通常の建物で，附属建物が区分建物である場合 ………… 293
　（3）主である建物が区分建物で，附属建物が通常の建物の場合 ………… 294
　（4）主である建物も附属建物も，双方が区分建物の場合 ………… 296

第34講　建物図面及び各階平面図 …………………………………… 299
　1．建物図面 ……………………………………………………………… 299
　（1）建物図面の内容 …………………………………………………… 299
　（2）特殊な場合 ………………………………………………………… 300
　（3）区分建物の建物図面 ……………………………………………… 300
　2．各階平面図 …………………………………………………………… 302

第35講　建物の分割登記 ……………………………………………… 305
　1．分割登記の性質と必要性 …………………………………………… 305
　（1）附属建物の意義 …………………………………………………… 305
　（2）分割登記の必要性 ………………………………………………… 305
　（3）分割の手続 ………………………………………………………… 305
　2．2個の附属建物を一個の建物とする分割 ………………………… 306
　3．制限的権利の登記の存する建物の分割 …………………………… 306
　（1）抵当権，質権，先取特権の登記の存する場合 ………………… 306
　（2）留置権の存する場合 ……………………………………………… 307
　（3）所有権移転請求権仮登記の存する場合 ………………………… 307
　（4）競売申立の登記（差押の登記），仮差押，仮処分の登記の存する場合 … 308
　（5）共用部分である旨の登記ある場合 ……………………………… 309
　4．建物の分割登記の申請 ……………………………………………… 309

5．建物分割による所有権の登記 ………………………………………………… 310
　　6．建物の分棟の登記 ………………………………………………………………… 310
　　（1）主である建物と附属建物に分棟する場合 ………………………………… 310
　　（2）主である建物と主である建物に分棟・分割する場合 …………………… 311

第36講　建物の合併登記 ………………………………………………………………… 313
　　1．意義 …………………………………………………………………………………… 313
　　2．法上の合併登記の制限 …………………………………………………………… 313
　　（1）共用部分である旨の登記ある建物の合併（法56条1号）………………… 313
　　（2）所有名義の異なる場合（法56条2号）……………………………………… 313
　　（3）持分が異なる場合（法56条3号）…………………………………………… 314
　　（4）所有権の登記ない建物と，所有権の登記ある建物の合併（法56条4号）314
　　（5）所有権の登記以外の権利に関する登記ある建物の合併（法56条5号）… 314
　　3．当然の合併制限等 ………………………………………………………………… 316
　　（1）接続する区分建物（区分合併）……………………………………………… 316
　　（2）工場財団抵当に属する建物の合併 ………………………………………… 317
　　（3）留置権の存する建物の合併 ………………………………………………… 317
　　4．その他の合併登記 ………………………………………………………………… 317
　　（1）相続人がする建物の合併 …………………………………………………… 317
　　（2）敷地の所有者を異にする場合 ……………………………………………… 318
　　（3）管轄を異にする建物の合併 ………………………………………………… 320
　　（4）距離の隔てのある建物の合併 ……………………………………………… 320
　　5．合併登記の登記手続と添付図面 ………………………………………………… 320
　　6．建物の分割合併登記 ……………………………………………………………… 321
　　（1）意義 …………………………………………………………………………… 321
　　（2）分割合併登記の申請 ………………………………………………………… 322

第37講　更正登記と抹消登記 …………………………………………………………… 323
　　1．更正登記と抹消登記の意義 ……………………………………………………… 323
　　2．更正登記と抹消登記の相違点 …………………………………………………… 323
　　（1）一部無効と無効登記 ………………………………………………………… 323
　　（2）分割線の錯誤 ………………………………………………………………… 323
　　（3）客体の錯誤 …………………………………………………………………… 324
　　（4）代位によるべき申請を本人名義でなした場合 …………………………… 324
　　（5）所有者の更正 ………………………………………………………………… 324
　　（6）所有者の表示更正 …………………………………………………………… 325
　　3．区分建物の更正 …………………………………………………………………… 325
　　（1）区分建物が通常の建物として登記ある場合 ……………………………… 325
　　（2）区分建物として登記できない建物が区分建物として登記ある場合 …… 326
　　4．建物の表題部の更正登記の申請 ………………………………………………… 327
　　（1）主である建物の表題部の更正（変更）……………………………………… 327

（2） 附属建物の更正（変更）	328
5．更正登記における所有権証明書	329
（1） 建物の床面積増加の更正	329
（2） 土地の地積増加の更正	329
6．更正登記と事後通知	329

第5章　区分所有建物 …… 331

第38講　区分所有法と敷地権 …… 331

1．区分所有法 …… 331
（1） 区分所有法の制定 …… 331
（2） 区分建物の個数 …… 331
2．敷地利用権 …… 332
（1） 法定敷地と規約敷地 …… 332
（2） みなし規約敷地 …… 333
（3） 敷地利用権と専有部分との一体化 …… 334
（4） 敷地利用権の処分 …… 336
（5） 分譲区分建物 …… 336
（6） 敷地利用権の割合 …… 337
（7） 分離処分の無効の主張の制限 …… 338
（8） 民法255条の適用除外 …… 339
（9） 公正証書による規約の設定 …… 339
3．自己借地権 …… 340
（1） 従来の方法 …… 340
（2） 自己借地権 …… 341
（3） 自己借地権の敷地権 …… 341
（4） 共有の場合の自己借地権 …… 341

第39講　区分建物の要件と登記手続 …… 343

1．区分建物の要件 …… 343
（1） 共用部分と専有部分 …… 343
（2） 権原によって増築した場合 …… 343
（3） 独立性の要件 …… 344
（4） 独立性がない場合 …… 345
2．区分建物の登記記録 …… 345
（1） 区分建物の登記事項 …… 345
（2） 敷地権が発生した日 …… 348
（3） 附属建物の敷地権 …… 348
（4） 主が通常で附属が区分の場合 …… 349
3．敷地権である旨の登記 …… 350
（1） 所有権敷地権の登記 …… 350
（2） 持分の一部が敷地権となる場合 …… 351

（3）　他の登記所への通知 ………………………………………………… 352
　（4）　敷地権と共同担保目録の記録 ……………………………………… 352

第40講　区分建物表題登記の申請手続 ……………………………………… 353
　1．原始取得者からの申請 ……………………………………………………… 353
　（1）　申請人 ………………………………………………………………… 353
　（2）　転得者の保存登記 …………………………………………………… 353
　（3）　一括申請 ……………………………………………………………… 354
　2．法定代位 ……………………………………………………………………… 354
　3．区分建物の申請情報 ………………………………………………………… 356
　4．区分建物の添付情報（登記令別表12項） ………………………………… 356
　5．区分建物の構造の問題点 …………………………………………………… 357
　（1）　屋根の記載 …………………………………………………………… 357
　（2）　地階 …………………………………………………………………… 357
　（3）　平家建の構造 ………………………………………………………… 358
　（4）　その他の構造 ………………………………………………………… 358
　6．床面積の計算の問題点 ……………………………………………………… 359
　（1）　柱の部分 ……………………………………………………………… 359
　（2）　シャッターの部分 …………………………………………………… 360
　（3）　2世帯住宅 …………………………………………………………… 360
　（4）　玄関部分 ……………………………………………………………… 361
　（5）　法定共用部分 ………………………………………………………… 361
　（6）　煙突・ダストシュート ……………………………………………… 362

第41講　区分建物の変更登記 …………………………………………………… 363
　1．一棟の建物と区分建物の変更登記 ………………………………………… 363
　（1）　一棟の建物の変更 …………………………………………………… 363
　（2）　区分建物の変更 ……………………………………………………… 363
　2．区分建物の床面積の変更登記 ……………………………………………… 364
　（1）　申請義務者 …………………………………………………………… 364
　（2）　共用部分である建物の申請人 ……………………………………… 364
　（3）　区分建物の表題部の変更の登記の添付情報 ……………………… 365
　3．敷地権の変更（更正）に伴う区分建物の表題部の変更登記 …………… 365
　（1）　敷地権の変更に伴う区分建物の表題部の変更の登記の申請 …… 365
　（2）　敷地権でなくなった場合の登記 …………………………………… 367
　（3）　敷地権の更正に伴う区分建物の表題部の更正の登記の申請 …… 367
　4．敷地権に関する土地の登記手続 …………………………………………… 367
　5．敷地権に関する建物の表題部の更正登記 ………………………………… 370
　6．分離処分可能規約とその他の証明 ………………………………………… 371
　（1）　規約による分離処分が可能な場合 ………………………………… 371
　（2）　敷地権が当然消滅する場合 ………………………………………… 371

（3）　分離処分可能規約を添付する場合 …………………………………… 371
　　（4）　その他の証明（当事者の意思によらない場合） ……………………… 372

第42講　区分建物の分割合併及び合体登記 ……………………………………… 375
　1．区分建物の分割の意義 ………………………………………………………… 375
　2．区分建物の分割登記 …………………………………………………………… 375
　3．区分建物分棟登記 ……………………………………………………………… 376
　4．建物区分及び区分建物区分登記 ……………………………………………… 377
　　（1）　建物区分 …………………………………………………………………… 377
　　（2）　区分建物区分登記 ………………………………………………………… 379
　　（3）　建物の区分の敷地権に関する手続 ……………………………………… 379
　5．区分建物合併登記 ……………………………………………………………… 380
　　（1）　区分建物合併と区分合併登記の意義 …………………………………… 380
　　（2）　区分建物合併登記 ………………………………………………………… 381
　　（3）　区分建物の合併禁止 ……………………………………………………… 381
　　（4）　区分建物区分合併登記 …………………………………………………… 382
　　（5）　合併後非区分建物となる場合（規則133条③） ………………………… 383
　6．区分建物合体登記 ……………………………………………………………… 383
　　（1）　区分建物の合体登記の申請 ……………………………………………… 383
　　（2）　添付図面等 ………………………………………………………………… 384
　　（3）　附属建物を他の建物に合体した場合 …………………………………… 384
　　（4）　合体前も合体後も敷地権がある場合 …………………………………… 385
　　（5）　敷地権の表示をしない場合 ……………………………………………… 385
　　（6）　合体前も合体後も敷地権の表示をしない場合 ………………………… 385
　　（7）　合体前の表題部の登記の抹消 …………………………………………… 386
　7．区分建物の滅失の登記 ………………………………………………………… 386

第43講　区分所有法と共用部分である旨の登記 ………………………………… 387
　1．共用部分 ………………………………………………………………………… 387
　　（1）　規約共用部分と構造上の共用部分 ……………………………………… 387
　　（2）　共用部分である旨の登記の対抗力 ……………………………………… 387
　2．規約と管理者及び集会 ………………………………………………………… 388
　　（1）　規約の設定 ………………………………………………………………… 388
　　（2）　管理者 ……………………………………………………………………… 388
　　（3）　集会 ………………………………………………………………………… 389
　　（4）　管理組合法人 ……………………………………………………………… 390
　　（5）　義務違反者に対する措置 ………………………………………………… 390
　3．共用部分である旨の登記 ……………………………………………………… 392
　　（1）　規約の作成 ………………………………………………………………… 392
　　（2）　共用部分である旨の登記の申請人 ……………………………………… 393
　　（3）　所有者の抹消と承諾書 …………………………………………………… 393

（4）　共用部分である旨の登記の対抗力 …………………………………………… 394
　（5）　共用部分である建物の主体（団地共用部分を除く） ……………………… 395
　（6）　他の区分建物の所有者の共用すべき旨の記載 ……………………………… 396
　（7）　団地共用部分に関する登記 …………………………………………………… 396
 4．共用部分である旨の規約の廃止 …………………………………………………… 398
　（1）　規約廃止による建物の表題登記の申請 ……………………………………… 398
　（2）　規約廃止による登記手続 ……………………………………………………… 398
 5．法定共用部分（構造上の共用部分） ……………………………………………… 399
　（1）　区分所有権の目的とならない部分 …………………………………………… 399
　（2）　建物の付属物及び備品 ………………………………………………………… 400
 6．共用部分である建物の分割，区分，合併登記 …………………………………… 400
　（1）　意義 ……………………………………………………………………………… 400
　（2）　共用部分である旨の登記ある建物の合併 …………………………………… 401
　（3）　共用部分である旨の登記ある建物の分割・区分の申請 …………………… 402

第6章　添付情報等 ……………………………………………………………………… 403
第44講　申請書の添付情報 …………………………………………………………… 403
 1．申請書の写し ………………………………………………………………………… 403
 2．所有権証明書 ………………………………………………………………………… 403
 3．所有者証明書 ………………………………………………………………………… 404
 4．印鑑証明書 …………………………………………………………………………… 404
　（1）　申請人の3ヵ月内の印鑑証明書 ……………………………………………… 404
　（2）　承諾書に添付する印鑑証明書 ………………………………………………… 405
 5．住所証明書 …………………………………………………………………………… 405
 6．承諾書（承諾を証する情報） ……………………………………………………… 406
　（1）　土地の分筆の場合 ……………………………………………………………… 406
　（2）　建物の分割又は区分の場合 …………………………………………………… 406
　（3）　共用部分である旨の登記をなすべき建物に担保権が存する場合 ………… 406
　（4）　表題部所有者の更正登記の場合 ……………………………………………… 407
　（5）　表題部所有者の持分更正登記の場合 ………………………………………… 407
　（6）　敷地権の登記を抹消する場合 ………………………………………………… 407
　（7）　合体登記の承諾書と消滅承諾書 ……………………………………………… 408
 7．地役権証明書（地役権者が作成した情報） ……………………………………… 408
 8．所有者の表示変更証明書 …………………………………………………………… 409
 9．代理権限証書（登記令3条3号，同7条①2号，規則36条②） ……………… 409
 10．法定相続情報一覧図 ………………………………………………………………… 410

第45講　原本還付と添付書類の援用及び書類の保存期間 ………………………… 411
 1．原本還付 ……………………………………………………………………………… 411
 2．添付書類の援用 ……………………………………………………………………… 411
 3．書類の保存期間 ……………………………………………………………………… 412

（1）　添付書類等 ··· 412
　　（2）　登記所備え付書類等 ··· 412

第7章　登記簿等の公開 ·· 415
第46講　登記簿等の公開 ··· 415
　1．登記事項証明書等の請求 ·· 415
　2．登記事項の証明等 ··· 415
　　（1）　請求手続 ··· 415
　　（2）　登記事項証明書の種類（規則196条） ································ 417
　　（3）　登記事項要約書の作成 ··· 417
　　（4）　地図等の写しの交付請求 ·· 417
　　（5）　登記簿の附属書類の写しの交付等 ···································· 418
　3．登記手数料 ··· 418

第8章　筆界特定 ·· 419
第47講　筆界特定 ··· 419
　1．筆界特定の意義 ··· 419
　2．筆界特定の手続 ··· 420
　　（1）　要件 ·· 420
　　（2）　筆界特定の申請人適格（法131条） ··································· 420
　　（3）　筆界特定の事務 ·· 420
　　（4）　筆界調査委員 ··· 421
　　（5）　筆界特定の申請の方法 ··· 421
　　（6）　筆界特定の申請情報及び添付情報 ···································· 422
　　（7）　筆界特定の申請の通知 ··· 424
　3．筆界の調査等 ·· 424
　　（1）　筆界調査委員による調査 ·· 424
　　（2）　意見又は資料の提出等 ··· 425
　　（3）　意見聴取等の期日 ··· 425
　　（4）　調書等の閲覧 ··· 426
　4．筆界特定 ·· 426
　　（1）　意見書の提出と筆界特定 ·· 426
　　（2）　筆界特定の通知，公告等 ·· 427
　　（3）　筆界特定手続記録の送付と登記記録への記録 ···················· 427
　5．公告及び通知 ·· 428
　6．その他（雑則） ··· 428
　　（1）　筆界確定訴訟の提起があった場合 ···································· 428
　　（2）　筆界特定書等の写しの交付 ··· 429
　　（3）　手続費用の負担 ·· 429

第9章　審査請求と登記官の通知 ……………………………………………… 431
第48講　審査請求と罰則 ……………………………………………………… 431
　1．審査請求 ………………………………………………………………………… 431
　（1）審査請求をなし得る者 ……………………………………………………… 431
　（2）登記官の不当処分と表示に関する登記 …………………………………… 432
　（3）審査請求をなし得る場合の登記官の処分 ………………………………… 434
　（4）登記法上の審査請求の期間の適用除外と行政訴訟 ……………………… 436
　（5）その他行政不服審査法の適用除外（法158条）…………………………… 437
　2．登記官の通知 …………………………………………………………………… 439
　（1）事前通知と前住所への通知 ………………………………………………… 439
　（2）共有不動産の登記完了証の交付と登記をした旨の通知 ………………… 439
　（3）表題部所有者の更正登記と通知 …………………………………………… 440
　（4）代位登記の通知 ……………………………………………………………… 440
　（5）登記完了証が交付されない場合 …………………………………………… 441
　（6）区分建物の一棟の建物の表題部の変更と通知 …………………………… 441
　3．罰則 ……………………………………………………………………………… 441
　（1）秘密を漏らした罪（法159条）……………………………………………… 441
　（2）虚偽の本人確認情報を提供した罪（法160条）…………………………… 442
　（3）不正に登記識別情報を取得した罪（法161条）…………………………… 442
　（4）検査妨害罪（法162条）……………………………………………………… 443
　（5）両罰規定 ……………………………………………………………………… 443
　（6）表示に関する登記義務者の登記懈怠の過料 ……………………………… 443

第10章　土地家屋調査士法 ……………………………………………………… 445
第49講　登録及び業務 …………………………………………………………… 445
　1．調査士制度の目的と必要性 …………………………………………………… 445
　（1）土地家屋調査士の使命 ……………………………………………………… 445
　（2）不動産登記法の制度 ………………………………………………………… 445
　（3）表示に関する登記 …………………………………………………………… 446
　（4）不動産登記法と民法 ………………………………………………………… 446
　（5）土地家屋調査士の必要性 …………………………………………………… 447
　2．資格 ……………………………………………………………………………… 448
　（1）試験の内容 …………………………………………………………………… 448
　（2）試験の免除 …………………………………………………………………… 448
　（3）欠格事由 ……………………………………………………………………… 449
　3．登録 ……………………………………………………………………………… 452
　（1）登録の申請手続 ……………………………………………………………… 452
　（2）登録の拒否 …………………………………………………………………… 452
　（3）登録の変更 …………………………………………………………………… 453
　（4）登録の取消し ………………………………………………………………… 454
　（5）登録が取消された場合の措置，その他 …………………………………… 456

- 4．業務 ………………………………………………………………………… 456
  - （1） 業務 ……………………………………………………………………… 456
  - （2） ＡＤＲ ……………………………………………………………………… 457
  - （3） 依頼誘致 …………………………………………………………………… 457
  - （4） 調査・測量と申請手続 …………………………………………………… 458
- 5．調査士の義務 ………………………………………………………………… 459
  - （1） 事務所 ……………………………………………………………………… 459
  - （2） 帳簿及び書類 ……………………………………………………………… 460
  - （3） 補助者 ……………………………………………………………………… 460
  - （4） 依頼に応じる義務等 ……………………………………………………… 461
  - （5） 虚偽の調査測量等 ………………………………………………………… 461
  - （6） 調査士が業務を行い得ない事件（士法22条の2①，②） ……………… 462
  - （7） 認定調査士が業務を行い得ない事件（士法22条の2③） ……………… 464

第50講　土地家屋調査士法人及び調査士会等 ………………………… 465

- 1．土地家屋調査士法人 ………………………………………………………… 465
  - 1．業務の範囲 ………………………………………………………………… 465
  - 2．調査士法人の特質と設立 ………………………………………………… 465
    - （1） 特質 ……………………………………………………………………… 465
    - （2） 調査士法人の設立と社員 ……………………………………………… 466
  - 3．法人の解散と合併（士法39条等） ……………………………………… 467
    - （1） 法人の解散 ……………………………………………………………… 467
    - （2） 調査士法人の合併 ……………………………………………………… 468
    - （3） 合併無効の訴（士法40条の3） ……………………………………… 469
  - 4．調査士法人の入会及び退会 ……………………………………………… 470
  - 5．土地家屋調査士法人名簿 ………………………………………………… 471
  - 6．その他の準用 ……………………………………………………………… 471
    - （1） 調査士の業務の準用 …………………………………………………… 471
    - （2） 一般社団法人法及び会社法等の準用（士法41条第2項） ………… 472
    - （3） 商業帳簿の準用（士法41条第3項） ………………………………… 472
- 2．懲戒 …………………………………………………………………………… 473
  - （1） 違反事実の告発 …………………………………………………………… 473
  - （2） 調査士に対する懲戒 ……………………………………………………… 473
  - （3） 調査士法人に対する懲戒 ………………………………………………… 474
  - （4） 登録取消しの制限等 ……………………………………………………… 474
- 3．調査士会による監督 ………………………………………………………… 475
- 4．調査士会及び調査士会連合会 ……………………………………………… 476
  - （1） 調査士会の目的 …………………………………………………………… 476
  - （2） 調査士会の法人性 ………………………………………………………… 476
  - （3） 法人の権利能力 …………………………………………………………… 476
  - （4） 法人の不法行為能力 ……………………………………………………… 477

（5） 調査士会の住所（裁判籍） ……………………………………………… 478
（6） 調査士会連合会の設立 …………………………………………………… 478
（7） 調査士会と連合会の会則 ………………………………………………… 479
（8） 調査士会の会則の認可 …………………………………………………… 480
（9） 調査士会の登記 …………………………………………………………… 480
（10） 調査士会の役員 ………………………………………………………… 480
（11） 調査士会の報告義務 …………………………………………………… 481
（12） 登録審査会 ……………………………………………………………… 481
5．非調査士の取締りと罰則 …………………………………………………… 482
（1） 非調査士等の取締り ……………………………………………………… 482
（2） 罰則（協会に関するものを除く） ……………………………………… 482
6．公共嘱託登記土地家屋調査士協会 ………………………………………… 484
（1） 公共嘱託登記土地家屋調査士協会の設立 ……………………………… 484
（2） 協会の社員等 ……………………………………………………………… 484
（3） 協会の業務 ………………………………………………………………… 485
（4） 協会の業務の監督 ………………………………………………………… 485
（5） 協会関係の罰則 …………………………………………………………… 486

土地家屋調査士受験 100 講

〔Ⅰ〕理論編

［不動産表示登記法と調査士法］

第1章　登記総論

第1講　登記制度と表示に関する登記の意義

1.　登記制度の変遷

（1）　土地台帳制度

　まず不動産の登記制度について考えていきたい。自分の権利を自己以外の第三者に対して主張するためには，もちろん登記が必要なわけであるが，その権利を主張するという客体が表題部にされるということになるのである。

　このような登記制度が，いつごろから現在のような登記制度になったかというと，近代以前においてもいわゆる租税や登録の手数料を取るために公簿というのがあった。しかしこれは領主が土地を所有していたわけで，これを円滑にするためのものであった。そこで現在のような誰に対しても対抗できる登記制度というのは，土地の封建的支配が撤廃されて近代的な自由主義社会，いわゆる資本主義社会の時代に至って確立されたものである。全国の地籍が整備されて土地台帳が完成したのが明治19年である。そして明治32年に不動産登記法が制定された。そして幾多の変遷を経て土地台帳，家屋台帳の一元化，つまり登記簿と台帳制度の一元化が昭和35年の改正で実現された。ここに一元化というのは，登記簿は表題部において権利の客体たる部分を明らかにするのであるが，税金を取る関係で税務署にも土地台帳が置かれた。登記所の表題部と土地台帳の記載が異なるときは，まず台帳を変更した後，登記所の表題部を変更しなければならなかった。さらに，税務署に置かれた台帳は，税制改革により，課税台帳としての使命を終え，登記所がこの台帳事務を引き継ぐこととなった（昭和25年）。登記所では，土地台帳と登記簿の登記事務を行うこととなったことで，同じ役所で二重の行政事務をすることとなり，土地台帳を廃止して，登記簿の表題部一本やりでいくことになったわけである。

　土地や家屋の固定資産税を徴収する市町村には，固定資産課税台帳が備えられている（地方税法380条①）。この固定資産課税台帳には，土地課税台帳，家屋課税台帳がある。

　不動産の登記とこの課税台帳は，現在では別の行政事務であるが，登記所は土地又は建物の表示に関する登記をしたときは，10日以内にその旨を市町村長に通知することとなっており（地方税法382条①），登記所から市町村へ登記内容の一致が計られている。

（2）　登記制度の発祥

　では，登記制度というのは，一体どういうところから発展してきたかというと，もともと昔は地主，つまり領主が土地を持っていたわけである。そこに住む農民がその土地を賃借して小作をしていた。したがってあくまでも土地の所有者は領主であったことになる。農民

は領主から土地を借りて耕作をしていたけれども，自分の必要な金銭を得る場合には，その借用している農地を第三者に対して担保する必要が生じた。これを実現するために登記制度というのが要求されてきたのである。そのほかには地租の取り立て，固定資産税等の取り立てのためにも，当然登記制度が必要になってきたわけである。このように，一番最初に農民の金銭を得る担保的役割りとして登記制度が要求されてきたわけである。つまり最初は抵当権というような担保権のために登記制度が発達をしてきたということが言える。それから所有権，あるいは地上権とか，賃借権とか，永小作権とかの制限的な物権へと発展していった。こういった担保物権から登記制度が発展してきた現象は，何もわが国に限ったことではなく，たとえばドイツとか，フランスとか，近代ヨーロッパ諸国においても，同様な形が見られる。

(3) 登記制度の問題点

もちろん，現在の登記制度でも全く欠陥がないわけではない。たとえば，表題登記について考えていくと，実際に表題部に登記された事項と事実上の面積が違うという場合が多々見られる。特に山林とか原野においてはその差が著しいといわれる。しかし台帳制度の一元化によって登記所等に備えられた公図というものが，従来見取図的な役割しか果していなかったのであるけれども，これが不動産登記法の14条でいう「地図」の意味の公図として最近各所で図面の作成が急がれている現状にある。特に昭和52年以降においては各市区町村等においてその地籍調査の整備に当たってきたので，現在地方の住宅地等においてはその地籍図が整備されつつあり，これが完成するとほぼ現在の地積と誤差のない地図が完成することになる。しかしながら山林や原野等においては，なお地籍の整備が遅延している。

さらに国民の登記制度に対する意識がまだ十分でなく，たとえば建物を新築したり，あるいは増築をする場合についても，当然なすべき登記がなされず放置されている場合が多い。もっとも新築の場合には，銀行より借用する金銭を担保するため抵当権を設定する必要上，かなり表題登記がなされているのが現状であるけれども，増築等においての床面積の変更登記等については，登記法で一ヵ月内にその変更登記をしないと過料の制裁があるにもかかわらず，ほぼその実行がされていないのは遺憾である。もちろん物権の対抗力の取得は必ずしも登記だけが万能であるというわけではない。登記法のほかに借地借家法10条に規定があって，借地権の対抗要件等については，土地に登記をせずとも，借地上に建物を建て，これに登記があれば土地の賃借権の対抗力を取得するというようなものもあるわけである。

つまり，地主は，賃借権の登記に協力するということは，法上必ずしも義務づけられていないのである。これは賃借権は債権であるので，他の地上権や抵当権，質権等の担保物権のように登記請求権がないため，地主に対して登記を強制するわけにはいかない。そこで賃借権の対抗力を借主に取得させる関係で，借地借家法ができ上がったわけである。そういった意味で借地借家法10条における対抗力については，その登記は表題登記のみでもいいという昭和52年の最高裁の判例もある。

さらに借家等については，建物の引渡しがあれば対抗力を取得し，必ずしも賃借権の登記は必要としない（借地借家法31条）。さらに農地については，農地法の18条においてその引渡しがあれば賃借権を主張できる。

こういった意味では，登記制度の欠陥を補うものとしてこれら諸法律が存在するが，物権の存在を適確に把握するには，この不動産の登記制度が最もすぐれた公示制度ということ

が言えるのである。

2. 新登記制度（平成17年3月7日施行）

従来の不動産登記法は，附則を入れて163条であったものを，平成17年3月7日に施行された不動産登記法の全面改正により136条に短縮され，27条が少なくなった。平成18年には，筆界特定制度が新設され，現在は164条となっている。添付書類等申請に必要な事項は登記令（政令）や規則（法務省令）に規定することになった。なお表示に関する登記の規定は全部で33条（通則7条，土地につき10条，建物につき16条）となっている。

（1）登記所の種類

登記所は紙による登記のブック式登記所とコンピュータ（電子情報処理システム）による登記を認めるコンピュータ登記所があったが，これを
① 登記簿という紙に記載する方式の「ブック式登記所」
② コンピュータによって登記をしている登記所でオンラインの指定のない登記所「コンピュータ登記所」
③ コンピュータによる登記所でオンラインの指定された登記所「オンライン指定登記所」

に分類された。

しかし，平成17年の改正後，全てコンピュータ（電子情報処理システム）によって行うことを前提として，従来のブック式の登記は，コンピュータ化により登記記録に変わり，現在は全てオンライン庁となっている。

（2）登記の申請と出頭主義

従来表示に関する登記を申請する場合を除いて，権利者及び義務者又はその代理人が登記所に出頭して申請することになっていた（旧法第26条①）。しかし，新法は登記の申請は，電子申請を前提としている関係で出頭主義の規定は削除された。したがって，所有権の保存の登記をする場合の合体の申請であっても，登記所に出頭することなく，申請書を登記所に持参してもよく，郵便による申請でもよくなった。

なお，申請情報の全部又は一部のデータをフロッピー等で提出することが認められた（法18条2号，規則51条）。

（3）申請情報の提供と登記の順序

従来の登記申請書には，不動産の所在，申請人の氏名，住所，代理人の氏名，住所，登記の目的，登記原因とその日付，登記所の表示，年月日（旧法36条）等，一定の記載事項があったが，新法では，①不動産を識別するために必要な事項，②申請人の氏名又は名称，③登記の目的，④その他登記の申請に必要な事項として政令で定める情報を登記所に提供しなければならないとして細部については政令に委ねられた（法26条）。そして適法に申請情報が提供されたときは，その申請が受付されることになる（法19条）。

なお，登記の順序は，同一の不動産に関し権利に関する登記が2個以上あった場合は，

受付番号の順序によってなされる（法20条）。したがって，同一不動産に関し同時に2個以上の申請があったときは，同一の受付番号が付される。また，同一不動産に関し，2個以上の申請があり，その前後が明らかでない時は，同時にされたものとされる（法19条②）。

　新法は，甲区又は乙区は順位番号により，別区は受付番号で権利の順位をあらそうことになる（規則2条）。また，従来の添付書類の概念は，全て添付情報と改められた。

　登記の申請は，登記によって利益を受けるものを登記権利者，不利益を受けるものを登記義務者（法2条12号，13号）として共同申請の原則が維持された（法60条）。

（4）登記済証と登記識別情報

① 登記官が登記を完了したときに，登記原因証書又は申請書副本に申請受付の年月日，受付番号，順位番号及び登記済の旨を記載し登記所の印を押捺して，登記権利者に還付したものが，従来の権利に関する登記済証である。改正後は，書面申請の場合も含めて，登記済証は全て廃止され，登記識別情報に代わった。

　登記の管理が全てオンライン化された後はコンピュータによる管理となるため，各不動産の登記名義人ごとに個別に記録されることになる。この登記識別情報は12桁の符号を含んだパスワード的なものである（例　A12-B34-C56-D78）。

　登記識別情報は従来の登記済証の交付に代えて，登記完了後に登記名義人に通知される（法21条）。

　この登記識別情報の通知方法は，電子申請のときは，電子情報処理組織を使用して送信するか，または通知書を交付する。書面申請のときは登記官が本人を確認した上で，登記識別情報に目隠しシールを貼った通知書を交付する（規則63条①2号）。

　登記識別情報は，例えば売買によって所有権を取得した買主が登記上の所有権の識別番号を他人に知られたり，悪用されることのおそれがあり，その通知を希望しない旨の申し出をした場合には，通知されない（法21条ただし書）。これは会社法の株券の紛失を恐れて，株券の不所持制度の請求をする場合と同様，登記識別情報の不正利用を排除するための規定である。

　その他，登記識別情報の通知を受けたが，他人にその番号等を知られた場合等は，登記識別情報の失効の申出をすることができる（規則65条）。

　登記識別情報は登記名義人が登記上の権利があることの登記済証に代わる本人確認の効力を有するものであるから，登記義務者がその申請のときに提供する識別情報は有効なものでなければならない。従って，登記識別情報の有効証明の請求を登記所に請求することができる（規則68条）。なお，有効証明の内容として登記識別情報の番号等は表示されない。悪用される恐れがあるからである。なお，登記識別情報は，登記済証の再発行が認められないのと同様，再通知がされることはない。

② オンラインの指定庁になって，すべて登記済証の制度が廃止になっても，所持している登記済証が使えないということではない。

　つまり従来の登記済証の交付を受けた登記名義人がその後登記義務者として登記を申請する場合，従前の登記済証を添付して登記の申請をすることができる（法附則7条）。つまり，登記済証に代わる登記識別情報の通知を受けていないのであるから，従前の登記済証を添付するほかないのである。

例えば自己の土地の所有権を20年後に売る場合でも登記済証を添付することになる。但し，登記済証を紛失した場合は保証書の規定は削除されているから，登記官の事前通知の制度か，資格者代理人の本人確認情報を提供して申請をなし得る（法23条）。登記済証を添付した場合であっても，登記完了後は登記識別情報の通知がされる。

（5） 保証書制度の廃止と事前通知

従来登記済証を添付できないときは，登記を受けた成年者2名以上の保証人が保証した保証書を添付することになっていた（旧法44条）。しかし，この制度はその機能の有効性に疑問が持たれており，平成17年の不動産登記法改正で完全に削除された。

このためこの保証書制度に代わり，法23条1項の事前通知を充実させることになった。

① 登記官は，申請人が登記識別情報を提供しなければならない場合において，登記識別情報を提供しないときは，登記義務者に対し一定の期間内に間違いない旨の申し出をするよう通知しなければならない（法23条①）。つまり本人の確認のための申出をするように通知する。これは，電子申請の場合でも登記所から本人確認のための書面が送られる。これは従前の保証書提出の場合と同様登記官から事前に通知し，本人が間違いなく登記の申請をしている旨の申出を催告する。そして本人から（登記名義人）一定の期間内に登記の申請に間違いない旨の申出があって初めて登記することになる（法23条①後段）。この通知は法務省令に定める方法，つまり本人が確実に受領することができる「本人限定受取郵便」による。なお，従来の事前通知（旧法44条の2）の場合，つまり，保証書を提出して申請したときは，仮受付番号が付され，間違いない旨の申出があった時に本受付がされたが，改正新法では，初めの登記申請の段階で，本受付番号が付されることになる。

② 登記識別情報を提供できない場合の申請が，所有権に関するものである場合に，登記義務者の住所がその登記の申請があった日から3ヵ月以内に変更登記がされていたときは，変更後の住所に事前通知をするほか，変更前の住所にも，登記の申請があった旨の通知をする。つまり，住所変更登記がされた後，3ヵ月内（規則71条②2号）に登記識別情報を提供しないで申請がされた場合は，虚偽登記の申請の可能性もあるため，登記義務者の現在の住所に事前通知をなすと同時に，従前の住所にも登記識別情報の提供をしないで登記申請があった旨の通知がされることになる（法23条②）。

なお登記官の事前通知は，登記申請が法25条の規定により申請を却下する場合は適用されない（法23条③）。

③ 登記識別情報の提供を必要とする登記申請の場合に，登記識別情報の提供なしに申請したときは，登記官の事前通知をして確認することになるが，次の場合は事前通知がされない。

その1つは，登記申請が登記の申請の代理を業とすることができる資格者代理人（司法書士，土地家屋調査士等）からの申請の場合において，登記識別情報を提供しないで申請した登記義務者について，資格者代理人が本人であることを確認するための必要な情報を提供し，かつそれが相当であると登記官が認めた場合である（法23

条④1号)。

　その2つは，登記義務者について公証人が確認して，本人であることを認証し，かつ，その公証人の認証につき登記官がその内容を相当と認めた場合である（法23条④2号）。

(6) 登記官による本人確認義務

　登記官は，登記の申請があった場合，申請人となるべき者（真正な登記義務者）以外の者が申請していると疑うに足りる相当な理由があると認めるときは，申請を却下すべき場合を除いて，本人を確認しなければならなくなった。

　即ちその方法として登記の申請人（法人の場合は代表者）又は代理人の出頭を求めて，質問をする事によって真偽を確認し，又文書の提示その他必要な情報の提供を求める事によりその申請人の権限の有無を調査しなければならなくなった（法24条①）。本来登記官には形式的審査権しかなく，申請書類が正しいものであれば，本人の実質的確認等は法上する権限がなかった。これに対し新法は形式的のみならず，実質的に申請当事者となり得ない疑わしい点があれば，その真偽について調査する権限を与え，かつ義務とした。

　なお登記官は，登記の申請人（法人の代表者）又は代理人が遠隔の地に居住しているときや，相当と認めるときは，他の登記所の登記官に本人や代理人への質問・調査を嘱託することができる（法24条②）。

(7) 登記原因証明情報の提供

　従来登記の申請には登記原因を証する書面を添付するか（旧法35条①2号），これがないときは申請書副本を添付したが（旧法40条），登記済証を交付する制度が廃止になった関係で，これ等の書類の添付の必要性がなくなった。

　新法では，不動産の権利に関する登記には，登記事項として登記原因及びその日付を記録する関係で（法59条③），登記申請の際その登記原因の情報を提供することになった。登記原因は，不動産の売買のような権利変動の存在を明確にし，又，抵当権設定のような新たな権利の創設を証するためには，紛争をさけるため，その原因と日付を必ず明確にする必要があるからである。

　従来の登記原因証書は，登記済証の作成という別の機能を有していたが，新法では歴然たる意味の不動産の権利の変動や権利の創設を記録するという意味に変わったことになる。

(8) 登記官の職権更正

　従来，権利に関する登記について錯誤又は遺漏があった場合，登記官は登記上の利害関係人がないときに限り，監督法務局長又は地方法務局長の許可を得て登記の更正できた（旧法64条）。登記上の利害関係がある第三者がいるときは，その承諾があっても更正登記はなし得なかったのである。この点に関して新法では，登記上の利害関係を有する第三者が承諾しているのに職権更正を認めないのは意味がないものとして，この第三者の承諾があれば登記官の職権更正を認めることにした（法67条②）。

（９） 登記完了通知制度

従来登記が完了したことは，登記済証の交付によって申請人は理解した。権利に関する登記をしたときは，登記識別情報の通知によって，登記が完了したことを知るが，それ以外の登記ではこの通知はされない。そこで改正後も，何等かの形で申請人に登記が完了した事を通知する必要が生じた。

そこで，電子申請の場合は，登記完了は登録完了証が送信され，書面申請の場合は，書面で登記完了証が交付されることになる（規則182条①2号）。なお登記識別情報の通知を希望しない旨の申出をした場合も，登記完了証が交付されることになる。

（１０） 不動産番号と予告登記の廃止

① 登記の申請や登記事項証明書等の請求をする場合，不動産を特定する必要があるため，従前は不動産の表示として土地は所在，地番，地目，地積等を表示し，建物の場合は，所在，家屋番号，種類，構造，床面積で特定した。しかしコンピュータによる登記事務を処理する場合，その効率化を図るためその不動産識別事項として不動産番号の記載で，不動産の表示を省略することができることになる（登記令6条）。現在は全ての不動産に不動産番号が附されている。

② 予告登記は，登記原因の無効取消しがあった事を理由に，登記の抹消又は回復の訴えを提起した場合，受訴裁判所が職権で警告を発するため，予告登記を登記所に嘱託することになっていた（旧法3条）。しかしこの登記は単に警告を発するのみで登記に何等の効力がないものとされていた。しかもこの制度は取引の安全を計るよりも，むしろ不動産取引を阻害し，その執行を妨害するために用いられることが多く，利益よりも害があるものとして，削除された。

3．表示に関する登記

（１） 権利の客体

不動産の表示に関する登記とは，登記簿の表題部になす登記で，その目的とするところは，不動産の現況と登記簿との一致である。たとえば，ある建物をわれわれが建築した場合，その所有権の登記をすることになるが，その所有権の登記をするためにはどのような不動産であるかを明らかにする必要がある。つまり権利の客体となる部分，これは人間でいうと顔の部分に当たることになる。

一般に権利に関する登記については，国家機関が所定の手続によって，登記簿という公簿に記録するということが登記であるが，これはあくまでも権利に関する登記の定義であり，表示については，まず不動産の現況をいかに把握するかにある。したがってある建物が建った，その建ったということの現況をどのように登記簿（登記記録）に正確に反映させるか，これが建物の表示に関する登記の基本である。

土地について言えば，たとえば公有水面埋立，つまり海岸等の埋立てによって新しい土地が生まれたという場合については，どのような地目（たとえば宅地や山林など），あるいは何平方メートルであるかということを明らかにすることになる。これがいわゆる土地の表題登記である。その他，地目，地積の変更があるが，土地の地積の変更は，土地の一部滅失

であって増加の変更ではない。

（2） 表示に関する登記の分類

　表示に関する登記は，大きく分けると三つに区分される。まず第一は表題登記，第二は表題部の変更登記，第三は形成登記に分かれる。

① 表題登記は，すでに述べたように建物を新築した場合や，土地が新たに生じた場合を言うが，変更登記は，登記事項について変わった場合に，その変わった現況についての登記を登記簿に反映させるためになす登記である。このほか形成登記には，土地の分筆・合筆や，建物の分割・合併がある。

② 表題部の変更については，まず建物の種類の変更がある。これは建物が表題登記の際居宅として登記があるものを店舗に変えたり，あるいは事務所を改造して店舗にしたり居宅に変更したりする場合をいう。

　　そのほか構造変更については，たとえば屋根がわらをトタン板に変えたり，あるいは平家建てを2階建てに変更した場合をいう。

　　それから床面積の変更は，増築あるいは建物の一部取壊しをいう。所在の変更については，たとえば建物が増築によって隣地にまたがった場合とか，あるいはえい行移転によって，他の地番にまたがったとか，建物の所在が変わった場合をいう。

　　ことに附属建物を新築した場合には，表題部の変更の一種として扱われ，表題登記とはいわない。

　　そのほか表題部所有者の表示に関する変更がある。たとえば建物の新築の登記をした場合には，登記簿の表題部の末尾に所有者の住所，氏名が記録されるが，この住所や氏名が変更になった場合，所有者の表示変更をなす。つまり住所の変更は住所を移転した場合であり，氏名の変更は，養子縁組や婚姻等によって氏名が変わった場合である。

③ 形成登記とは登記をすることによって効力が発生する登記をいう。たとえば甲が300㎡の土地を所有しており，その土地の一部100㎡を乙に売ったとしても，一筆の土地の一部に所有権の登記をすることは許されない。この場合，分筆をして，乙に移転する部分の土地，つまり100㎡は別の登記記録に書きかえる必要がある。そこで甲より分筆登記の申請をすることになるが，この場合は，乙が買った100㎡につき新しい登記簿を作成して，これに記録したときに分筆の登記の効力が発生することになるわけである。甲が分筆のために境界線の杭を入れ境界標を設けたとしても，分筆の効力は発生しないことになる。つまり登記簿に記録をしたときに効力が発生することから，形成登記といわれている。ちなみに形成登記とは，新しい法律効果を生むという意味であって，別名，創設的登記ともいう。

　　また建物は，主である建物と附属建物が一の登記記録に登記をされている。たとえば主である建物が居宅，附属建物が店舗の場合に，この店舗を第三者に売るときは店舗を独立した建物として分割をしなければならない。そのために新しい登記記録を設けることになる。つまり分割とは，主と附として登記されている建物を主と主の二個の独立した建物とする登記をいう。この場合も附属建物を分割する登記によって新しい登記記録に記録をしたときに効力が出る形成登記である。

また区分所有建物を2個の区分建物に区分する場合がある。たとえばマンションの一区画の区分建物に区分壁を設けて、事実上2個の区分建物にするわけであるが、この場合は区分建物の区分登記をすることになる。
　　その他、一棟の建物を2個の区分建物に変更する場合は、建物区分としていわゆる区分登記をすることになるから、これも形成登記という。
　　また数筆の土地を合わせて一筆の土地とする場合は、数個の登記記録を1個の登記記録にするわけである。これらを合筆登記という。これらの登記も形成登記とされている。
　　建物の合併は、主である建物として独立した数個の建物、たとえば居宅と事務所が2個の登記記録にされている場合に、居宅を主である建物、事務所を附属建物として1個の建物とみなして、1個の登記記録に記録をする場合を建物の合併という。これら主と主の関係にある建物を、主と附の関係に変更する建物の合併登記も、形成登記である。
　　このように、一般の表示に関する登記は、その現況に合わせて登記記録を備えたり、建物の増築等によって床面積が変更になったという場合に、その変更を明らかにするのであるが、これに対し形成登記は登記によって効力が出るものであるから、通常の変更登記とは区別される。

（3）その他の表示に関する登記

　そのほか形成登記と変更登記を双方含ませたものがある。たとえば一棟の主である建物を、その中間の部分を取壊して、事実上二棟の建物に分棟した場合である。その変更後の二棟の建物を双方とも主である建物とする場合は、建物の分割登記として扱われるが、その内容は事実行為が入るため報告的登記とされる。また、一棟の建物の中間を取除いて、一方を主である建物、他方を附属建物として分棟した場合には、一種の変更登記として扱う。
　なお、このほか合体というのがある。たとえばA主である建物とB主である建物の中間を増築して、1個の建物とした場合と、A区分建物とB区分建物の中間壁を取り除くことにより、1個の非区分建物又は1個の区分建物とするものとがある。
　前者は、非区分建物と非区分建物の合体であり、後者は、区分建物の合体である（法49条）。
　いずれも、表題登記と表題部の登記の抹消の申請を同一の申請書でしなければならない。表題部の登記の抹消は従来の建物を重複登記に準じて抹消するためのものである。
　なお合体するいずれかの建物に所有権の登記があり、もう一方の建物に所有権の登記のない場合（未登記か表題登記のみの場合）は、建物の表題登記及び表題部の登記の抹消並びに所有権の保存登記の申請をしなければならない。
　本来の登記の申請は、表示に関する登記と権利に関する所有権の登記を同一の申請書でするということはできないのである。合体の場合だけが特別な申請手続なのである。
　また合体する一方の建物に第三者の権利に関する登記、たとえば抵当権の登記等がある場合は、これ等の権利者の権利消滅の承諾書を添付したときは、合体後の建物には転写されない。本来抵当権等の権利の消滅は当事者の抹消登記の申請により登記すべきである（法68条）がこれを権利者の消滅の承諾書の添付により、簡易な方法により権利が消滅することにした（法50条）。

なお主である建物と附属建物の合体は表題部の変更として取扱われる。これは主である建物の床面積が増加したものとされる。

このほか，建物が取壊されたり，自然倒壊した場合は建物の滅失登記をなすが，これは変更登記の一種とみてよい。

土地については，一筆の土地の一部が海面下に水没したときは，地積の変更であるが，一筆の全部が水没して全く効用を失った場合は土地の滅失登記である。これも，いわゆる変更登記の一種と見てよい。

4．権利に関する登記

登記簿（登記記録）の権利部には，所有権に関する登記をする甲区と，所有権以外の権利に関する登記をする乙区がある。

所有権に関する登記というのは，所有権の保存登記，つまり表題登記をした後に，最初にだれだれの所有であるかということを第三者に対抗するための登記である。その所有権の保存登記をしないと次に売ったり，贈与したり，交換した場合，所有権の移転登記ができない。

（1）甲区の登記

また，甲区には，所有権の他，代物弁済の予約等の仮登記（法105条），買戻しの特約登記（民法579条），所有権の仮差押や仮処分に関する登記がされる。

代物弁済というのは，たとえば甲が乙から金銭を借りて，もし期日までに返済できない場合には，甲所有の建物の所有権を乙に移転するというような約束をした場合である。登記上では代物弁済の予約を原因として，所有権移転請求権仮登記という形でなされることになる。

買戻しというのは，売主が一たん不動産を売るが，その不動産の売価と必要経費を払って買戻しをするという条件付の売買である。たとえば甲が甲所有の土地を乙に1,000万円で売るけれども，5年内にその土地を1,000万円と必要経費を払って買戻しをするという条件付売買である。この買戻しの登記は，甲区欄にされる。

そのほか仮差押とか仮処分というものがある。仮差押とは，金を貸した人が裁判で勝訴判決があって，債務者の財産を差し押さえて競売する場合に，債務者が何の財産もないときは，たとえ裁判で勝ったとしても何も取れないわけであるから，借主たる債務者が自分の財産を他人に移転しないように固定しておこうというための登記で，これも所有権に関する登記である。

仮処分というのは，紛争する土地を第三者に移転されたり，抵当権や質権というような権利を設定されないように固定しておく権利であるが，これも所有権に関する制限の登記であるから，甲区欄にされることになるわけである。

たとえば甲が持っている土地を，乙が自分が買ったのだと主張する場合に，甲が第三者にその土地を処分してしまうと乙の権利が確保できなくなるために，乙が裁判で勝ったときにその権利関係を確保するために，その不動産を固定しておく場合である。

なお，地上権等所有権以外の権利を仮差押，仮処分する場合は，乙区に付記登記でされる（規則3条4号）。

（2） 乙区の登記

乙区には，所有権以外の権利に関する登記をするわけであるが，これは地上権，永小作権，地役権，先取特権，質権，抵当権，賃借権，配偶者居住権，採石権等（法3条）が登記される。

つまり所有権以外の他人の土地を利用する権利，たとえば建物を建てるとか，山林に樹木を植えるとかのために他人の土地を借りる場合には，地上権あるいは賃借権の登記をする。他人の土地を稲や牧畜のために借りる場合には，永小作権の登記をすることができる。そのほか，他人の土地を通行するために権利を取得する場合は，地役権の登記をすることができる。あるいは他人に金を貸してその貸した金を担保するためには，抵当権とか質権がある。そのほか法上の当然の権利としての担保物権としては先取特権がある。

いずれにしても表示に関する登記は，不動産の現況を把握しそれと登記記録を一致させるためになす登記で，表示に関する登記については，形成登記を除いて，一ヵ月内に申請義務が課されているが，権利に関する登記には申請義務を課していない。このように，権利の得喪や変更に関する登記は，所有権については権利部の甲区，そのほかの権利は乙区に記録されることになる。

（3） 相続による所有権の移転登記の申請義務

なお，相続等による所有権の移転の登記の申請義務について，令和6年4月1日から施行された。

所有権の登記名義人について相続の開始があったときは，当該相続により所有権を取得した者は，自己のために相続の開始があったことを知り，かつ，当該所有権を取得したことを知った日から3年以内に，所有権の移転の登記を申請しなければならないことになった（法76条の2①）。遺贈（相続人に対する遺贈に限る。）により所有権を取得した者も同様である。

これらの申請すべき義務がある者が正当な理由がないのに，その申請を怠ったときは，10万円以下の過料に処せられる（法164条）。

ただし，上記の移転の登記を申請する義務を負うものが，登記官に対し，所有権の登記名義人について相続が開始した旨及び自らが当該所有権の登記名義人の相続人である旨を申し出ることができる（法76条の3①）。そして，相続登記の申請義務の期間内にこの申出をした者は，相続登記の申請義務を履行したものとみなされる（法76条の3②）。

土地家屋調査士本試験
択一試験 過去問題チェック

〔問〕登記所に備え付けられる図面について述べた次の文章中の（①）から（⑤）までの語句のうち，**誤っているもの**は幾つあるか。

明治政府は，国の財政基盤を確立するために，土地の所有者から税金を徴収することとし，明治初期に（①地租改正）事業を施行し，その一環として全国の土地を検査・測量して各土地の所有者を確定し，これに基づき地券を発行したが，その際，（②改租図）が作成された。これらの図面は，精度が低いものが多かったので，その後，再度地押調査が行われて更正図が作成され，これらの図面の正本は，土地台帳附属地図として（③市町村役場）に保管されることとなった。これらが，いわゆる公図の大部分を占める図面である。その後，これらの図面は，昭和25年に土地台帳及び家屋台帳とともに登記所に移管されたが，昭和35年の不動産登記法の改正に伴う土地台帳法の廃止により，法的根拠を失った。その後，平成5年の不動産登記法の改正により，これらの図面は，（④「土地の位置，方位，形状及び地番」）を表示する（⑤「地図に準ずる図面」）として法律上の根拠を持つに至った。

1　1個　　　　2　2個　　　　3　3個　　　　4　4個　　　　5　5個

〔正解　2〕

①②⑤は正しい。③について，正本は税務署に保管したとされるので誤り。④は地図に準ずる図面について方位の規定（法14条⑤）がないので誤り。

よって，③と④の2個が誤りで，正解は2とする。

第2講　登記の対抗力と公信力

1．対抗力

（1）　たとえば売主甲が買主乙に対して，甲所有のA地について1,000万円で売る売買契約が成立したとき，買主乙がこのA地について所有権を取得する時期はいつかというと，甲乙間の売買契約が成立したときである（図1）。

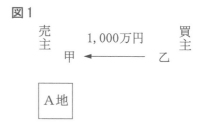

図1

つまり，買主が売主の土地について所有権を取得する時期はその契約が成立をしたときであるということは，民法の176条で物権の設定や移転が当事者の意思表示のみで効力が生ずるとあるから，当事者の売買契約の意思が合致したことを証する契約によって，買主は権利を取得するわけである。しかし乙が権利を取得したということを，第三者，つまりだれに対しても主張するためには，何らかの方法で乙が権利を取得したことを公示しなければならない。その方法として，登記というのがある。

民法177条では，不動産に関する物権の得喪及び変更については不動産登記法の定むるところに従って登記をしないと第三者に対抗できないというように規定している。これは先ほどの例で，買主が幾ら代金を払って所有権を取得したんだと言っても，それを公示しなければ第三者は一向にわからないわけである。それを公示する制度として登記がある。

（2）　第三者に対抗するというのは，甲が持っている土地を乙に売ったという場合，当事者甲乙間以外の第三者については，登記をしておかないと自己の権利を主張できないという意味である。たとえば，いま甲がA地を乙に1,000万円で売るという契約が成立したにもかかわらず，さらに1,500万円で買うという第三者丙があらわれたので，売主甲は丙と二重に売買契約を結び，丙の方に所有権移転登記をしてしまえば，乙は先に契約を成立させて形式的にも実際にも所有権を取得しているにもかかわらず，乙は第三者丙に対しては自分の権利を主張することができない。つまり丙の所有権が乙に優先していくということになるわけである。だから乙が売買契約によって所有権を取得したということを甲に主張するためには，登記などなくても主張することができるわけであるが，甲以外，売主以外の第三者に主張するためには，登記をしないと，自己の権利を主張できないことになるのである。

（3）　また乙の所有する土地に対して，丙が1,000万円貸して，抵当権の設定契約をしたとすると，契約だけで丙は抵当権を取得する。しかし，その抵当権の登記をしておかなければ，たとえば乙がその後，丁に賃借権の契約をしてこの土地を丁に貸すことにした場合，もし先に丁が賃借権の登記をしてしまえば，抵当権のない賃借権として丁の権利が優先することになるわけである（図2）。

このように，権利があっても，その登記をして，それを公示しておかなければ，自己の権利をその契約当事者以外の第三者に対しては主張することができないということになる。

2．公信力

　（1）　次に公信力の問題がある。公信力というのは，登記がある以上権利が絶対にあるのかという問題である。も

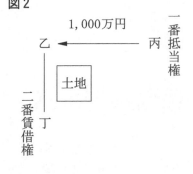

図2

し登記があれば権利が絶対に保障されるというのであれば，それは登記に公信力があると言わねばならない。しかし，わが国の登記制度では対抗力と呼んでいるのであって，公信力があるとまで言っているわけではない。

　つまり公信力というのは，たとえば甲が持っているA地を乙に売ったという先ほどの設定でいけば，甲が第三者Xの所有する土地をその登記済証や印鑑証明書を偽造して無断で自己の土地として登記をしたという場合に，それを乙に売ったということであれば，実は甲は第三者から権利を取得していなくて，甲自体の権利がないのであるから，幾ら買主乙に移転登記をしても買主は権利を取得しないことになる。つまり売主に正当な権利がなければ，それから買った買主は幾ら登記をしたとしても，権利を取得するわけではない。つまり売主の権利が正当であること，これが買主の権利を取得することの要件である。

　これを細かくみていくと，物権を取得する場合に，まず売買契約が成立をする。その後買主は代金を払い，売主は目的物の引渡しをし登記を移転する。そういう行為があって初めて買主は第三者に対抗することができるわけである。こういった過程の中で，第一の売買契約の成立，つまり「売りましょう」「買いましょう」という意思の合致は，単なる約束であるから，これを債権行為と呼んでいるわけである。これに対して，その契約に基づいて買主が代金を支払い，売主が目的物を引渡して登記を移転する，そういう行為を物権行為と呼んでいるのである。この債権行為の約束と，約束に基づく代金の支払いや登記の移転，目的物の引渡しということの二個の行為によって，買主は完全なる権利を取得したことになるわけである。

　そこで，買主の行為であるこの約束が，もし前主の無権利によって，あるいは前主の詐欺や強迫によるために，買主が取消したというような場合においては，この約束が無効になってしまう。約束が無効になってしまうと，せっかく移転した移転登記，代金の支払いというこれらの行為もすべてが効力がなくなるという考え方を，登記には公信力がないという。つまり消極的意味の対抗力しか認めていないことになる。換言すれば，対抗力というのは自己の権利を第三者に主張することであるが，登記があるから絶対に有効だということまで保障した公示力を登記に認める場合を公信力があるといい，約束が有効な場合，つまり債権契約が有効な場合に初めて登記に対抗力を認め，第三者に権利を主張できるという効力を与えるのを単に登記に対抗力があるという。

　（2）　たとえば甲名義の不動産が，乙丙丁に順次売買契約がなされたものとすると，いま甲から乙への所有権移転が，実は甲の不動産でなく甲が第三者Xの不動産を，たまたま預かっている登記済証や印鑑証明書を横領して乙に売ってしまったものである場合は，その後乙が

幾ら善意で丙に移転をし，丙が丁に善意で移転をした場合といえども，甲乙間の権利がそもそも無権利者甲から出発したものであれば，乙も丙も丁も一切権利を取得せず，従って真の所有者Xからの返還請求があれば，現在の登記がたとえ丁のところにあったとしても，丁はXの返還請求に応じなければならないことになるわけである。

　このようにわが国の登記は，絶対的に登記に権利を保障したのではなく，転々と移転したものであれば，その移転をした経路がすべて正当に権利の移転があったことを条件に，登記に対して公信力を認めているので，あくまでもこれは絶対的に登記に保障を与えたものではないことになる。この意味ではわが国では登記には公信力がないとされているわけである。

　（3）　最後に，乙が500万円甲に貸し与え，甲所有の不動産に抵当権の設定登記があるとすると，甲が500万円を弁済すれば，抵当権のような担保物権は当然消滅をしてしまうことになる。したがってその抵当権の抹消登記をしない場合でも，甲はその消滅をもって第三者に対抗できるわけである。たとえば甲が乙に500万円弁済した後に，その抹消登記をされていない抵当権を債権者の乙が丙に譲渡してしまう（図3）。いわゆる抵当権を移転してしまったという場合を考えてみると，仮に乙に抵当権の登記があるから，その抵当権を丙が取得して移転登記を受けたとしても，甲は乙にすでに弁済をしているから，したがって甲はその抵当権の登記が丙に移転されても，弁済した事実を主張すれば抵当権の消滅をもって丙に対抗することができることになる。これは甲が乙にその債務の500万円を弁済したことによって，乙の抵当権は無効登記になったのであって，その無効な登記を丙に移転しても，丙は権利を取得しないというわけである。

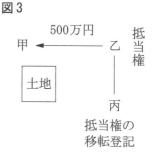

図3

抵当権の移転登記

3．登記がないことを主張することができない第三者

　（1）　次に，登記なくして対抗し得る第三者について考えてみる。登記がなければ絶対に第三者に対抗できないかというと，登記がなくても対抗できる第三者を考えることができる。
　たとえば不動産登記法第5条第1項にあるように，詐欺または強迫で登記の申請を妨げた者。たとえば甲が乙にその所有する土地を売って登記の移転をしようと考えている場合，第三者の丙が甲に対して強迫をして，「もし甲が乙に移転するならば覚悟がある」というようにおどかしたという場合については，当然乙は登記なくして，丙に対して「私のものである」ということの主張ができるし，さらに甲が乙に移転登記をしようとする際に，丙が甲をだまして，丙の方に移転登記をさせたという場合でも，先に買った乙は登記がないのであるが，乙は丙に対して登記なくして対抗できる。このように，第三者の登記の申請を詐欺とか強迫によって妨害した者は，相手方が登記がないということを主張することができないわけである。

　（2）　そのほか，不動産登記法第5条第2項にあるように，他人のために登記の申請義務がある者はその登記がないことを主張できない。これは甲が乙にある土地を売って，その

登記の移転をたとえば司法書士Yに依頼したという場合に，Yがこの土地を自分名義に登記をしたとしても，乙は登記なくしてこのYに対抗することができるものである。

（3） そのほか不法占拠者に対しては，登記なくても対抗することができる。
　たとえば甲は乙にその所有する土地を売ったが，乙が登記ない場合に，第三者のYがこの土地を不法に占拠したという場合を考えると，乙はまだ移転登記を受けていなくても，このYに対しては「私の土地だから，おまえはどけ」というような請求をすることができるわけである。

（4） なお被相続人より不動産を買受けたものは，その登記がなくても，相続人には対抗することができる。たとえば被相続人甲がその所有する土地を乙に売ってまだ登記を移転していないうちに甲が死亡した場合は，その相続人丙に対して乙は「早く移転登記せよ」という主張ができる。たとえばすでに甲から相続人丙が移転登記を受けてしまった後でも，乙は登記なくして相続人丙には対抗できることになる。

これに対して，相続人丙が移転登記を済ませた後に，第三者丁に売って，すでに丁に移転登記がされれば，今度は買主乙は丁に対抗することができなくなるわけである（図4）。

登記をすることによって，その権利の設定や保存，移転，変更等について対抗力を有する権利は，所有権，地上権，永小作権，地役権，先取特権，質権，抵当権，賃借権，配偶者居住権，採石権の10個である（法3条）。

4．表題登記の効力

　表示に関する登記は対抗力の問題が生じないのであるが，例外的には，共用部分である旨の登記については，その表題部に登記をすることにより，共用部分であることを第三者に対抗することができる（区分所有法4条②）。これは民法177条で言う対抗力とは異なった意味の対抗力である。つまり民法177条の対抗力はこれら自らの権利の登記をすることによって第三者に対する対抗力であって，共用部分である旨の登記については，表題部に登記をするもので，その建物は，区分建物の共用部分であることを第三者に対抗するためのものである。
　さらに甲所有の土地に対して，乙が賃借権を取得したとすると，乙は甲に対して「私が借りた土地だから賃借権の登記をせよ」という登記請求権があるかというと，賃借権は債権であるので，地主に対して登記をせよという権利が存しない。そこで乙がこの借りた土地を，自分が借りていることを第三者に主張するために，借地借家法で，借りた土地の上に自己の建物を建て，その建物の登記をすれば，土地の賃借権を第三者に対抗できるということにしている（借地借家法10条）。
　通常土地の権利を対抗させるためには，土地の登記簿にその権利の登記をなし，建物の権

利を対抗させるためには，建物の登記簿にその登記をなすわけであるが，借地借家法10条は，特に賃借権の登記請求権がない権利について対抗力を取得させるために，建物の登記をすれば，土地について権利を主張できることにしたわけである（図5）。

さらに農地の賃貸借については，引渡しが対抗力を有する（農地法16条）。たとえば甲所有の農地について，乙が賃借権の権利を取得してその土地の引渡しを受けたがその登記がない場合，甲が丙に賃借権の登記をしてしまったときでも，乙は農地の引渡しを先に受けているので，登記があったと同じように丙に対して対抗することができるわけである（図6）。

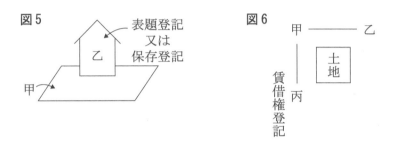

土地家屋調査士本試験
択一試験　過去問題チェック

〔問〕次のアからオまでの事例のうち，**判例の趣旨に照らしAがBに対して土地の所有権を主張することができないもの**の組合せは，後記1から5までのうちどれか。

ア　Cが所有する土地をAに売却したが，所有権の移転の登記をしないうちに，Bが権原がないのにその土地を占拠した。

イ　Cが所有する土地をAに売却したが，所有権の移転の登記をしないうちに，Cの一般債権者Bがその土地について仮差押えをした。

ウ　Bが所有する土地をCに売却したが，所有権の移転の登記をしないうちに，CがAにその土地を売却した。

エ　Bが所有する土地をCに売却して所有権の移転の登記をし，CがAにその土地を売却したが，その所有権の移転の登記をする前に，BがCの代金未払を理由にBC間の売買契約を解除した。

オ　未成年者Aは，法定代理人Cの同意を得ないで，A所有の土地をDに売却し，Dは，Aが未成年者でDへの売却についてCの同意を得ていないことを知らないBに対し，その土地を売却した。その後，CがAのDに対する売買の意思表示を取り消した。

1　アイ　　　　2　アウ　　　　3　イエ　　　　4　ウオ　　　　5　エオ

〔正解　3〕

ア　C所有の土地を取得したAは，その登記がなくとも不法占拠者Bに対抗することができる。つまり，不法占拠者は登記がないことを主張できない第三者である（最判昭25.12.19）。主張できる。

イ　Cの所有する土地をAが取得してその登記をしないうちに一般債権者Cがその土地を仮差押えをした場合は，登記をしないAは仮差押権者に対抗できない（大判明41.12.15）。主張できない。

ウ　CがB所有の土地を取得し，その所有権の移転登記をしないうちにAに売却した場合，AはBに対して所有権の取得を主張し，Cを代位してBに所有権移転登記をするよう請求することができる（最判昭39.2.13）。主張できる。

エ　BがCの代金未払いを理由にB，C間の売買契約を解除した場合，Aは契約解除後の第三者でないため，Bの解除により所有権を失う。主張できない。

オ　未成年者Aは，法定代理人Cの同意がなくDに売却した。その後，善意のBがこの土地を取得しても，法定代理人CがA，D間の売買契約を取り消した場合，AはBに対し所有権を主張することができる。主張できる。

以上により，主張できないものはイエであり，3が正解。

第3講　登記の管轄

1．管轄登記所

　登記の事務は，その不動産の所在地を管轄する法務局，もしくは地方法務局，またはその支局，もしくは出張所が管轄登記所としてこれをつかさどる（法6条①）。
　そして登記の申請については，各管轄登記所ごとに申請をしなければならない。もし他管轄に申請をした場合には，法25条1号で却下になる。
　不動産が数個の登記所の管轄区域にまたがる場合については，法務省令の定めるところによって法務大臣，または法務局，もしくは地方法務局の長において管轄登記所を指定することになる（法6条②）。

（1）建物の表題登記と管轄

　不動産が数個の登記所の管轄区域にまたがるというのは，図7のように，まず主である建物が甲登記所と乙登記所の管轄にまたがる場合，それから主である建物が甲登記所の管轄にあって，附属建物が乙登記所の管轄にあり，これ等の表題登記を申請する場合が考えられる。この場合については，その表題登記の申請書を甲登記所に提出しても，乙登記所に提出しても差支えがない。なお，登記実務上では，主と附の関係にある後者にあっては主である建物の管轄登記所に提出すべきものとされる。新築した建物が数個の登記所の管轄区域にまたがる場合は，管轄の指定がされるまでの間は，登記の申請は2以上の登記所のうち一つの登記所にすることができる（法6条③）。先に管轄の指定を受けてから登記の申請をすることもできる。
　登記官がその申請書を受け取った場合については，他の登記所が，法6条2項の規定によって指定を受けた場合は，その申請書を指定のあった登記所に移送するわけである（規則40条①）。

（2）建物の増築及び附属建物新築と管轄

　甲管轄に主である建物があって，いまこれを増築をして乙管轄にまたがった場合（図8）であるが，このように乙管轄にまたがったときに，乙管轄の方の床面積が多い場合は，管轄は乙管轄に転属をするかというと，これは変わりがない（準則5条）。幾ら増築によって他管轄の床面積がふえても管轄は変らない。
　甲管轄の主である建物があって，それから乙管轄に附属建物を新築した場合（図9）については，建物は甲乙双方の管轄にまたがるが，この場合についても管轄には変更がない（準則5条）。すなわち乙管轄地に附

属建物の新築をすることによっても管轄の変更はないわけである。

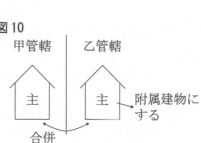

(3) 建物の合併と管轄区域の変更

さらに甲管轄に主である建物があって、乙管轄に別の主である建物があるとき、いま甲管轄の建物を主として、乙管轄の建物を附属とする合併の登記をする場合（図10）については、管轄登記所は主である建物の存する甲管轄になる。

逆に乙管轄の方の建物を主として、甲管轄の建物を附属とする場合は、主である建物の管轄登記所が管轄をつかさどる。合併の場合には、管轄の指定の問題は生じない。

(4) 管轄区域の変更とえい行移転

管轄区域の変更によって、従来甲管轄に属する建物が乙管轄にまたがった場合（図11）にも、管轄の変更は生ぜず従来通り甲管轄となる。

さらに甲管轄に属する建物をえい行移転して、乙管轄の方にまたがるようになった場合（図12）についても、甲管轄に属するわけで乙管轄に転属するわけではない（もっとも甲管轄から乙管轄の方へ完全に移転した場合には、所在の変更の申請はいずれの登記所に提出してもよい（準則4条②参照））。

(5) 建物の合体による登記と管轄

さらに図13にあるように、甲管轄の主である建物と乙管轄の附属建物の中間を増築して、一棟の建物となった場合については、床面積の変更の扱いとして変更の登記をするため、従来も甲乙双方の管轄にまたがっていたのであるから、管轄の転属の問題は生じない。

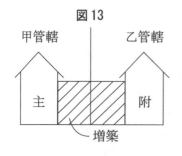
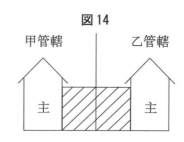

これに対して，双方の登記ある甲管轄の主である建物と乙管轄の主である建物の合体については（図14），合体後の建物の表題登記及び合体前の表題部の登記の抹消登記を併せて申請する（法49条①）。この場合の登記については，甲乙の双方にまたがる一個の建物として扱われるわけであるから，建物の表題登記の申請と同様に管轄の指定の問題が生じてくる。

もっとも申請については，先ほど述べた表題登記の際のようにいずれの管轄登記所に提出してもよいことになる。

2. 管轄の転属による関係書類の移送と実地調査

ここで管轄の転属について考えてみる。

甲登記所の管轄に属していた建物が，えい行移転や行政区画の変更によって乙登記所の管轄に移転した場合については，管轄が転属したことになり，乙登記所にその不動産の登記記録（共同担保目録及び信託目録を含む）並びに地図等及び登記簿の附属書類が移送される（規則32条）。

この場合には，申請人は建物の所在の変更登記をすることになる。管轄登記所が甲から乙に変わったのであるから，当然乙登記所にその申請書を提出することになるのであるが，それを甲登記所に申請した場合についても，却下する扱いとせずに，登記官は協議の上，その管轄登記所へ書類を移送することになるのである。

準則4条にも，甲管轄に属する建物が乙登記所の管轄に移転した場合については，本来乙登記所が管轄をつかさどるわけであるが，申請人が甲登記所に提出した場合については，甲登記所はその旨を乙登記所に通知をして，両登記所の登記官が協力をして，その建物の所在が変更したか否かについて実地調査をすることにしている。もちろん本来の管轄どおり乙登記所に登記の申請がなされた場合でも，従来の甲登記所の登記官と共に協力をして，事実上の所在の変更についての調査をすることになるのである。

このように不動産が数個の登記所の管轄区域にまたがる場合というのは，建物の場合に限られるのであって，土地については一筆のうちの一部が別管轄に属するということはあり得ない。

3. 管轄登記所の指定

先の法務省令は，不動産の管轄登記所等の指定に関する省令（昭和50年12月26日法務省令68号）をいい，法務大臣が指定する場合，法務局長が指定をする場合，及び地方法務局長が指定をする場合の三つに分かれている。

これは図15にあるように，例えば甲法務局を主体としてその傘下に幾つかの地方法務

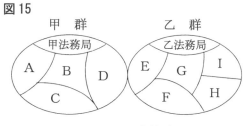

図15

A～I　地方法務局

局があり，さらに乙法務局を主体としてその傘下に各地方法務局が構成されているわけである。

この甲法務局の単位と乙法務局の単位の二つにまたがる建物であれば，これは法務大臣が指定することになる。
　たとえば図15のDとEにまたがる建物であれば，法務大臣が指定することになるのである。
　これに対して甲法務局単位の中で，たとえばA地方法務局とC地方法務局の管轄にまたがる場合には，甲法務局長が管轄の指定をし，甲法務局とA地方法務局にまたがる場合も，甲法務局の長が管轄の指定をすることになるのである。
　同じように乙法務局の単位でいえば，E地方法務局とF地方法務局にまたがった場合，あるいは乙法務局とI地方法務局にまたがった場合，すべて乙法務局長が管轄の指定をすることになるのである。
　したがって一番最小単位の各地方法務局の中で登記所の管轄がまたがるという場合には，その地方法務局長が管轄の指定を行うことになる。
　たとえばD地方法務局の中で二個の登記所の管轄区域にまたがる場合には，D地方法務局長が管轄の指定を行うことになるわけである。

第4講　登記記録

1．登記記録

(1) 表題部の登記事項

登記は登記官が登記簿に登記事項を記録することによって行う（法11条）。登記簿は，登記記録が記録される帳簿であって磁気ディスクをもって調製するものをいう（法2条9号）。

　　(ア) 土地の登記記録

　　　　土地は一筆の土地ごとに，建物は一個の建物ごとに一登記記録が設けられる。一登記記録は，表題部と権利部により構成され，権利部は甲区，乙区に区分される。土地の表題部は第一欄，第二欄に区分され，基本的には，①地図の番号又は図郭の番号並びに筆界特定の年月日及び手続番号，②不動産番号，③所在，④地番，⑤地目，⑥地積，⑦登記原因及び日付，⑧河川区域内等の土地である旨，⑨閉鎖の事由，⑩登記の年月日，⑪閉鎖の年月日，⑫所有者及びその持分等が記録される（規則別表第一，規則第4条）。

別表一（第4条第1項関係）土地の登記記録

第一欄		第二欄
地図番号欄		地図の番号又は図郭の番号並びに筆界特定の年月日及び手続番号
土地の表示	不動産番号欄	不動産番号
	所在欄	所在
	地番欄	地番
	地目欄	地目
	地積欄	地積
	原因及びその日付欄	登記原因及びその日付
		河川区域内又は高規格堤防特別区域内，樹林帯区域内，特定樹林帯区域内若しくは河川立体区域の土地である旨
		閉鎖の事由
	登記の日付欄	登記の年月日
		閉鎖の年月日
所有者欄		所有者及びその持分

　　(イ) 建物の登記記録

　　　　建物の登記記録の表題部も第一欄，第二欄に区分され，①建物所在図の番号，②不動産番号，③所在（附属建物の所在を含む），④建物の名称あるときは，その名称，⑤家屋番号，⑥種類，⑦構造，⑧床面積，⑨登記原因及びその日付，⑩建物を

新築する場合の不動産工事の先取特権の保存の登記における建物の種類，構造又床面積が設計書による旨，⑪閉鎖の事由，⑫登記の年月日，⑬閉鎖の年月日，⑭その他，附属建物の表示欄，⑮所有者欄がある（規則別表二，規則第4条②）。

別表二（第4条第2項関係）区分建物でない建物の登記記録

第一欄		第二欄
所在図番号欄		建物所在図の番号
主である建物の表示欄	不動産番号欄	不動産番号
	所在欄	所在（附属建物の所在を含む。）
		建物の名称があるときは，その名称
	家屋番号欄	家屋番号
	種類欄	種類
	構造欄	構造
	床面積欄	床面積
	原因及びその日付欄	登記原因及びその日付
		建物を新築する場合の不動産工事の先取特権の保存の登記における建物の種類，構造及び床面積が設計書による旨
		閉鎖の事由
	登記の日付欄	登記の年月日
		閉鎖の年月日
附属建物の表示欄	符号欄	附属建物の符号
	種類欄	附属建物の種類
	構造欄	附属建物の構造
		附属建物が区分建物である場合における当該附属建物が属する一棟の建物の所在，構造，床面積及び名称
		附属建物が区分建物である場合における敷地権の内容
	床面積欄	附属建物の床面積
	原因及びその日付欄	附属建物に係る登記の登記原因及びその日付
		附属建物を新築する場合の不動産工事の先取特権の保存の登記における建物の種類，構造及び床面積が設計書による旨
	登記の日付欄	附属建物に係る登記の年月日
所有者欄		所有者及びその持分

（ウ）区分建物の登記記録

区分建物の登記記録は，おおむね，①一棟の建物の表示欄，②敷地権の目的である土地の表示欄，③専有部分の建物の表示欄，④附属建物の表示欄，⑤敷地権の表示欄，⑥所有者欄に区分される（規則別表三，規則第4条③）。

別表三（第4条第3項関係）区分建物である建物の登記記録

第一欄		第二欄
一棟の建物の表題部		
専有部分の家屋番号欄		一棟の建物に属する区分建物の家屋番号
一棟の建物の表示欄	所在欄	一棟の建物の所在
	所在図番号欄	建物所在図の番号
	建物の名称欄	一棟の建物の名称
	構造欄	一棟の建物の構造
	床面積欄	一棟の建物の床面積
	原因及びその日付欄	一棟の建物に係る登記の登記原因及びその日付
		建物を新築する場合の不動産工事の先取特権の保存の登記における建物の種類，構造及び床面積が設計書による旨
		閉鎖の事由
	登記の日付欄	一棟の建物に係る登記の年月日
		閉鎖の年月日
敷地権の目的である土地の表示欄	土地の符号欄	敷地権の目的である土地の符号
	所在及び地番欄	敷地権の目的である土地の所在及び地番
	地目欄	敷地権の目的である土地の地目
	地積欄	敷地権の目的である土地の地積
	登記の日付欄	敷地権に係る登記の年月日
		敷地権の目的である土地の表題部の登記事項に変更又は錯誤若しくは遺漏があることによる建物の表題部の変更の登記又は更正の登記の登記原因及びその日付
区分建物の表題部		
専有部分の建物の表示欄	不動産番号欄	不動産番号
	家屋番号欄	区分建物の家屋番号
	建物の名称欄	区分建物の名称
	種類欄	区分建物の種類
	構造欄	区分建物の構造
	床面積欄	区分建物の床面積
	原因及びその日付欄	区分建物に係る登記の登記原因及びその日付
		共用部分である旨
		団地共用部分である旨
		建物を新築する場合の不動産工事の先取特権の保存の登記における建物の種類，構造及び床面積が設計書による旨
	登記の日付欄	区分建物に係る登記の年月日

附属建物の表示欄	符号欄	附属建物の符号
	種類欄	附属建物の種類
	構造欄	附属建物の構造
		附属建物が区分建物である場合におけるその一棟の建物の所在，構造，床面積及び名称
		附属建物が区分建物である場合における敷地権の内容
	床面積欄	附属建物の床面積
	原因及びその日付欄	附属建物に係る登記の登記原因及びその日付
		附属建物を新築する場合の不動産工事の先取特権の保存の登記における建物の種類，構造及び床面積が設計書による旨
	登記の日付欄	附属建物に係る登記の年月日
敷地権の表示欄	土地の符号欄	敷地権の目的である土地の符号
	敷地権の種類欄	敷地権の種類
	敷地権の割合欄	敷地権の割合
	原因及びその日付欄	敷地権に係る登記の登記原因及びその日付
		附属建物に係る敷地権である旨
	登記の日付欄	敷地権に係る登記の年月日
所有者欄		所有者及びその持分

　以下区分建物の登記記録につき，特に注意すべき事項をかかげる。
　① 一棟の建物に属する全ての専有部分の家屋番号が記録される。
　② 区分建物を新築するにあたり，不動産工事の先取特権の保存の申請があった場合（法86条②1号）は一棟の建物の表示欄中「原因及びその日付欄」に「建物を新築する場合の不動産工事の先取特権の保存の登記における建物の種類，構造及び床面積が設計書による旨」が記録される。なお不動産工事の先取特権が一棟の建物全部を目的としたものでなく，一つの専有部分のみを目的とした場合は区分建物の表題部中，専有部分の建物の表示欄の原因及びその日付欄に同様な記録がされる。又区分建物の附属建物を新築する場合は同様の記録が附属建物の表示欄中その原因及びその日付欄にされる。
　③ 敷地権の目的である土地の表示欄にされた土地の符号と敷地権の表示欄にされた土地の符号が合致しなければならない。
　④ 専有部分の建物につき共用部分である旨の登記は，その専有部分の表示欄中，原因及びその日付欄に記録される。
　⑤ 附属建物に敷地権がある場合はその旨の記録がされる。
　⑥ 敷地権の存する区分建物の登記は，登記法上，専有部分を敷地の持分の分離処分の禁止を意味する。なお，敷地権である旨の登記は，敷地権の目的である土地の表示に記録した土地の相当区である。所有権であれば甲区に，地上権や賃借権であれば乙区に登記される（規則119条）。

(2) 権利部の登記事項

権利部の甲区には所有権に関する登記の登記事項が記録される。例えば，所有権の保存，移転，抹消及び買戻しの付記登記，及び所有権の差押，仮差押，仮処分等の登記がされる。

乙区には，所有権以外の権利に関する事項が登記される。例えば，地上権，永小作権，地役権，先取特権，質権，抵当権，賃借権，配偶者居住権，採石権等である（法3条）。

このように登記記録は，表示に関する表題部と権利に関する甲区，乙区に区分されるが，表題部の登記のみをして，権利に関する登記をしないこともできる。たとえば，建物を新築して，その表題登記をなし，建物について抵当権などの設定をなす必要がなければ，所有権の保存登記もしないで放置することができる。これは権利に関する登記は相続登記を除き（法76条の2①），申請義務が課されていないからである。所有権保存は登録免許税がかかるため，担保権の設定の必要がなければ，表題部のままということがある。

このように登記簿の一登記記録は，表題部，甲区，乙区からなるが，最初から全部が存するわけではない。表題登記の申請があって表題部が記録され，所有権の保存の申請があって，権利部の甲区が記録される。さらに抵当権や質権の設定があって乙区事項が記録されることになる。なお所有権の保存の登記がされると表題部所有者は抹消される（規則158条）。

2．登記官による移記・転写等

登記官は，登記を移記又は転写するときは，原則として現に効力を有する登記のみを移記又は転写しなければならない（規則5条）。そして登記を移記したときは移記前の登記記録を閉鎖する。また移記又は転写したときはその年月日を記録する。登記官は登記記録に記録されている登記事項が過多となったり，取り扱いが不便となったときは，登記を移記することができるが，この場合には表示に関する登記及び所有権の登記であって現に効力を有しないものも移記することができる（規則6条）。

登記官は，①登記記録に登記事項を記録するとき，②登記事項を抹消する記号を記録するとき，③登記を移記又は転写するとき等の場合は，登記官の識別番号を記録しなければならない。共同担保目録又は信託目録に記録したり，記録された事項の抹消の記号を記録する場合も同様に識別番号を記録する（規則7条）。

登記官は登記記録を閉鎖するときは，表題部に閉鎖の事由及びその年月日を記録するほか，登記官の識別番号を記録しなければならない。登記記録の全部を閉鎖するときは閉鎖する登記記録の不動産の表示を抹消する記号を記録することになる。しかし，登記原因及びその日付は抹消されない（規則8条，法27条1号）。

3．行政区画の変更等

行政区画又はその名称へ変更があった場合には，登記記録について変更があったものとみなされる（規則92条）。そして，登記官は速やかに行政区画若しくは字又はこれらの名称を変更しなければならない（規則16条の2）。

土地家屋調査士本試験 択一試験 過去問題チェック

〔問〕登記所の管轄に関する次のアからオまでの記述のうち，**正しいもの**の組合せは，後記1から5までのうちどれか。

ア　公有水面の埋立による土地の表題登記の申請は，当該土地の編入される行政区画が確立するまでは，いずれの登記所にも申請することはできない。

イ　登記事項証明書の交付の請求は，請求に係る不動産の所在地を管轄する登記所にしなければならない。

ウ　市町村合併により，不動産の所在地が甲登記所の管轄から乙登記所の管轄に転属したときであっても，当該不動産の登記記録が甲登記所から乙登記所に移送されるまでの間であれば，当該不動産に係る登記は甲登記所に申請することができる。

エ　甲登記所の管轄区域にある土地が，乙登記所の管轄区域にある区分建物の敷地とされ，敷地権である旨の登記を受けたときであっても，当該土地に係る登記は，甲登記所に申請しなければならない。

オ　甲登記所において登記されている建物について，増築がされた結果，当該建物が乙登記所の管轄区域にまたがることとなった場合には，建物の表題部の変更の登記は，あらかじめ管轄登記所の指定を求める申請をした上で，指定された登記所に対して申請しなければならない。

1　アイ　　　2　アエ　　　3　イウ　　　4　ウオ　　　5　エオ

〔正解　2〕

ア　公有水面埋立てによる土地の表題登記の申請は，当該土地の行政区画が確定されるまで，いずれの登記所にも申請することができない。正しい。

イ　登記事項証明書は，請求に係る不動産の所在地を管轄する登記所以外の登記所に対してもすることができる（法119条⑤）。誤り。

ウ　市町村合併により管轄が乙登記所に転属した場合，移送されるまでの間であれば甲登記所に申請できるという規定はない（準則4条）。誤り。

エ　甲登記所の管轄区域にある土地について乙管轄の建物の敷地権の登記がされている場合であっても，土地の申請は土地の管轄登記所である甲登記所に申請する（法6条①）。正しい。

オ　甲登記所において登記されている建物が増築により乙登記所の管轄にまたがった場合でも，甲登記所に変更はない（準則5条）。誤り。

　　以上により，正しいものはアエで，正解は2。

第5講　地図及び建物所在図

1．地図に準ずる図面

　登記所には地図及び建物所在図を備えなければならない（法14条①）。
　ただし，地図を備え付けられるまでの間，これに代えて，地図に準ずる図面が備え付けられている（法14条④）。
　昭和42年以前において登記所に存した，いわゆる公図と呼ばれている土地台帳の付属地図がこの地図に準ずる図面として備えられている。
　登記法14条の地図は，500分の1～2500分の1の縮尺によって作成されるが，この土地台帳の付属地図は，縮尺600分の1で作成されている。
　登記所に保管されている旧土地台帳附属地図や国土調査法の規定により送付された地籍図等の図面で地図として備え付けられていないものが地図に準ずる図面として要件を充たすと認められる場合には，これを地図に準ずる図面として備え付けるものとされる。ただし次の地図に準ずる図面として備えることが適当としない特別の事情がある場合は備え付けなくてもよい。
　この地図に準ずる図面として備え付けることを適当としない「特別の事情」があるものは先例上次の三つの場合である（平5年7月30日民第5320局長通達第1-（2））。
　①　現地の占有状況等と図面上の表示とが大幅にかけはなれている地域（いわゆる地図混乱地域）の図面であることが明らかであるため，現に便宜的閲覧にも供していないもの，又は現に便宜的閲覧に供しているが，地図混乱地域に関するものであることを図面に表示しているもの。
　②　破損若しくは汚損が著しく又は破損若しくは滅失のおそれがある等の理由で，現に便宜的閲覧にも供していないもの。
　③　その他閲覧に供することが相当でない事由が存するため，現に便宜的閲覧にも供していないもの。

2．地図の作成

（1）地図の作成の基準

　地図は地番区域，またはその適宜の一部ごとに正確な測量及び調査の成果に基づき作成される（規則10条①）。
　地図を作成するための測量は，測量法規定による基本測量の成果である三角点及び電子基準点，国土調査法第19条の規定により認証された基準点，またはこれらと同等以上の精度を有すると認められる基準点（基本三角点等）を基礎として行われる（規則10条③）。
　なお国土調査法による基準点測量に基づいて設置した三角点は，現在一等から四等の三角点が，全国平均2平方キロメートルに一点の割合で設置されている。

これらの基本三角点については，水準点を除いて，いずれもその点の地球上の位置（平面直角座標値等）が明らかにされている。
　地図の縮尺は，⑴市街地地域 250 分の 1，または 500 分の 1，⑵村落，農耕地域 500 分の 1，または 1000 分の 1，⑶山林，原野地域 1000 分の 1，または 2500 分の 1 としている（規則 10 条 2 項）。
　この縮尺については，国際的なメートル法の系列に従って，1，2.5，5 の三つの方式により定める。一般的に，測量法に基づく基本測量は，その 1，2.5，5 の 10 の n 乗倍方式を採用している。つまり 100 分の 1 は 1 の 100 倍であり，250 分の 1 は 2.5 の 100 倍であり，500 分の 1 は 5 の 100 倍であるというようになる。
　地図の精度については，一筆地測量及び地積測定における誤差の限度を，おおむね次のように定める（規則 10 条④）。
　⑴　市街地地域及びその周辺の地域については，国土調査法施行令別表第四に掲げる精度区分甲二まで
　⑵　村落，農耕地域及びその周辺の地域については，精度区分乙一まで
　⑶　山林，原野地域及びその周辺の地域については，精度区分乙三まで

図 16
国土調査法施行令別表第四（一筆地測量および地積測定の誤差の限度）

精度区分	筆界点の位置誤差		筆界点間の図上距離（または計算距離）と直接測定による距離との差異の公差	地積測定の公差
	平均二乗誤差	公差		
甲1	2cm	6cm	$0.020\text{m} + 0.003\sqrt{S}\text{m} + \alpha\text{mm}$	$(0.025 + 0.003\sqrt[4]{F})\sqrt{F}\text{m}^2$
甲2	7cm	20cm	$0.04\text{m} + 0.01\sqrt{S}\text{m} + \alpha\text{mm}$	$(0.05 + 0.01\sqrt[4]{F})\sqrt{F}\text{m}^2$
甲3	15cm	45cm	$0.08\text{m} + 0.02\sqrt{S}\text{m} + \alpha\text{mm}$	$(0.10 + 0.02\sqrt[4]{F})\sqrt{F}\text{m}^2$
乙1	25cm	75cm	$0.13\text{m} + 0.04\sqrt{S}\text{m} + \alpha\text{mm}$	$(0.10 + 0.04\sqrt[4]{F})\sqrt{F}\text{m}^2$
乙2	50cm	150cm	$0.25\text{m} + 0.07\sqrt{S}\text{m} + \alpha\text{mm}$	$(0.25 + 0.07\sqrt[4]{F})\sqrt{F}\text{m}^2$
乙3	100cm	300cm	$0.50\text{m} + 0.14\sqrt{S}\text{m} + \alpha\text{mm}$	$(0.50 + 0.14\sqrt[4]{F})\sqrt{F}\text{m}^2$

備考
1. 精度区分とは，誤差の限度の区分をいい，その適用の基準は，国土庁長官が定める。
2. 筆界点の位置誤差とは，当該筆界点のこれを決定した与点に対する位置誤差をいう。
3. S は，筆界点間の距離をメートル単位で示した数とする。
4. α は，図解法を用いる場合において，図解作業の級が A 級であるときは 0.2 に，その他であるときは 0.3 に当該地積図の縮尺の分母の数を乗じて得た数とする。図解作業の A 級とは，図解法による与点のプロットの誤差が 0.1 mm 以内である級をいう。
5. F は，一筆地の地積を平方メートル単位で示した数とする。
6. m はメートル，cm はセンチメートル，mm はミリメートル，m² は平方メートルの略字とする。

（2） 地図の作成

図16で示すように，国土調査法施行令別表第四の精度区分は，甲一から乙三までの6個の精度区分に分類され，甲一は大都市市街地区域，甲二は中都市市街地区域，甲三は上記以外の村落区域及び成形された農耕地，乙一は農用地及びその周辺地域，乙二は山林，原野及びその周辺地域，乙三は山林，原野の地域とされる。

なお地図は，図17に示す様式で作成され（準則12条②），(1)地番区域の名称，(2)地図の番号，(3)縮尺，(4)平面直角座標系の番号または記号，(5)図郭線及びその座標値，(6)地番，(7)基本三角点等及び図根点の位置，(8)精度区分，(9)隣接図郭との関係，(10)作成の年月日等が記録される。

なお改正前は方位があったが，地図は平面直角座標系によって作成されその図郭はX軸と平行であり，現行記入されていないので削除された。

また地図は一筆または数筆の土地ごとに作成され，各筆の土地の区画を明確にし，地番を表示しなければならない（法14条②）。

図17

不動産登記事務取扱手続準則　別記第11号（第12条第2項関係）

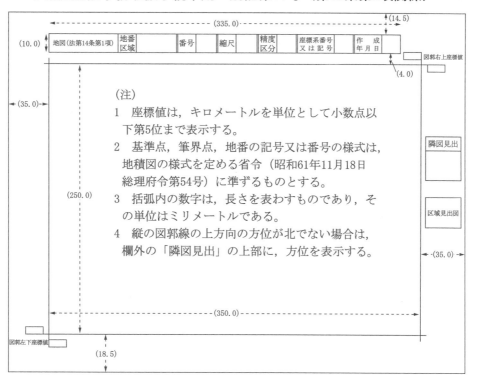

（3） 地籍図

登記法14条の地図は，各法務局において昭和43年以降，その作成作業が進められており，平成6年現在においては，その約半数が完了をしている。

同様に国土調査法による地籍調査が全国的に進められており，平成11年度末において，地籍調査は全国の43％，都市部において17％がその調査を完了している。

地籍調査の結果，地籍図が作成され，この写しが各地の登記所に送付される（国土調査

法20条①）。

　この地籍調査の結果の地籍図の写しが各登記所に送付され，登記が完了した後には，この地籍図の写しを地図として備え付けなければならない（規則10条⑤）。

　もっとも地籍図の写しが地番区域内のごく一部の土地についてのみ存する場合，その他法14条の地図として備え付けることを相当としない特別の事情がある場合は，この限りではない。

　同様に土地改良登記令，あるいは土地区画整理登記令等特別の法令に基づいて作成された図面が登記所に送付された場合には，これを地図として備え付けなければならない（同⑥）。

　なお国土調査法に基づいて作成された地籍図が登記所に送付され，あるいは提出をされた場合，またはこの地籍図に基づいて地図を備え付けたときは，登記官は遅滞なく監督法務局または地方法務局の長に対して報告をしなければならない（準則14条）。

3．建物所在図

（1）建物所在図の備付

　各個の建物の位置と家屋番号を表示することを目的としている建物所在図がある。建物所在図は一個または数個の建物ごとに作成され，各個の建物の位置及び家屋番号が表示される（法14条③）。

図18

不動産登記事務取扱手続準則　別記第13号（第15条第3項関係）

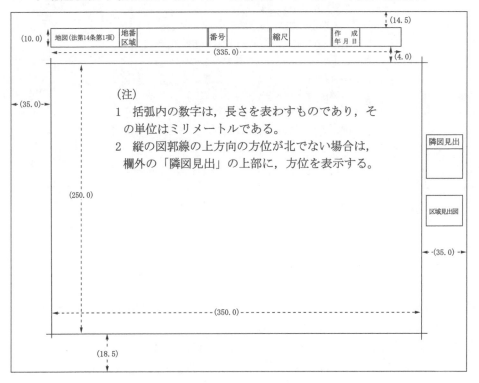

この建物所在図は，図18の様式による。

建物所在図は，地図及び建物図面を用いて作成し（規則11条），その後は建物の登記の申請に添付された建物図面で加筆されていくことになる。

なお登記記録中，表題部の地図番号欄または所在図番号欄には，地図または建物所在図の番号が記録される（規則15条）。

（2） 建物所在図の作成

建物所在図は，地図及び建物新築あるいは床面積変更等の場合の建物図面に基づき，ポリエステルフィルム等を用いて単位区域ごとに作成される（規則11条，準則15条）。

建物所在図は，図18に示すように，(1)地番区域の名称　(2)建物所在図の番号　(3)縮尺　(4)各建物位置及び家屋番号（ただし区分した建物については一棟の建物の位置）　(5)新住宅市街地開発法等による建物図面を備えた場合には，作成の年月日を表示する（規則14条）。

なお，建物所在図の備え付けは，あまり進んでいない。

4．地図・建物所在図の電磁的記録

地図や建物所在図は，先に述べた様式によって紙やポリエステルフィルムで作成しているが，これを電磁的記録に記録することができる（法14条⑥。電子地図という）。

このとき，土地の筆界点の座標値が記録される（規則13条②）。

従前の紙の地図から電磁的記録に記録したときには，従前の地図は閉鎖されていくことになる（規則12条①）。

新しく地図を作成するときには，磁気ディスクその他の電磁的記録に記録するものとされ，例外としてポリエステル・フィルム等を用いて作成することができる（準則12条）。建物所在図も同様である（準則15条）。

何人も，手数料を納付して，地図，建物所在地，地図に準ずる図面（電磁的記録を含む）の写しの交付及び閲覧を請求することができる（法120条①②）。

電子地図の内容を証明した書面，いわゆる「写し」の請求の場合は，電磁的に記録された地図等を書面に出力し，地図等と同様の内容である旨の認証文を付した上で作成の年月日及び登記官の職氏名を記載し職印と押印し作成される（規則200条②）電子地図は，実際には閲覧することができない。そこで電磁的に記録された情報の内容を書面に出力して表示する（規則202条②）。

電磁的記録に記録されている地図を閉鎖するときには，登記官は識別番号を記録する（規則12条②）。

5．地図の訂正

地図に表示された土地の区画又地番に誤りがあるときは，その土地の表題部所有者若しくは所有権の登記名義人又はそれらの相続人その他の一般承継人は，その訂正の申出をすることができる（規則16条）。

地図に準ずる図面も同様にすることができる。ただし地図の場合は「区画」とされ地図

に準ずる図面は「位置，形状」に誤りがあるときとされる。つまり，地図に準ずる図面においては隣地との相対的な位置関係に誤りあるときのみ訂正できるのであって，その大きさが正しくなくてもこれを訂正することはできない。

(1) 申出人の適格

土地の名義人，その他相続人や一般承継人である。たとえば法人が吸収合併した場合など合併した法人からも，その名義の変更をしなくても，訂正の申出をすることができる。当然相続登記をしなくても相続人はその申出をすることができるわけである。

しかし特定承継人である買主は，その所有権があるからといって，訂正の申出（規則16条による）をすることはできない。また，利害関係人である地上権者や抵当権者も規則16条でいう訂正の申出をすることはできない。

ただし，登記官は職権で地図訂正をすることができる（同条⑮）。この職権訂正を促すための申出をすることまでは，妨げられない。

なお，申出権限のない者の申出は，却下される（同条⑬2号）。

(2) 地図訂正と地積更正

地図の訂正の申出をする場合，土地の地積に誤りがある場合には，地図訂正の申出と地積更正の登記の申請は併せてしなければならない（規則16条②）。

この申請がない場合，地図訂正の申出は却下される（同条⑬3号）。

(3) 地図訂正の申出の方法

地図訂正は，口頭ではなし得ず，①書面による申出，②電子情報処理を使用した申出のいずれかによらなければならない（規則16条④）。

地図訂正申出情報は次のとおり（同条③）。

① 申出人の氏名，住所
② 申出人が法人である場合，その代表者の氏名
③ 代理人の氏名・住所
④ 相続人又は一般承継人である旨
⑤ 訂正の内容

申出書に添付すべき情報は次のとおりである（規則16条⑤）

① 地図（の区画），地図に準ずる図面（の位置，形状）又は地番に誤りがあることの証明書
② 土地所在図，地積測量図（区画，位地，形状に誤りある場合）
③ 相続証明書等

法人からの申出の場合には会社法人等番号を有する法人は同番号を提供し，代理人からの申出の場合には代理権限証書の添付を要する（同条⑥）。

また，申出を電子情報処理組織によってする場合には，登記令10条から14条が準用され，書面申請の場合には，規則45条，46条1項，2項，53条，55条の規定が準用される。

（4） 地図訂正の方法

地図訂正については，登記官が訂正すべきであるという充分な証明がなければならない。
登記法では，申出に係る事項を調査した結果，訂正する必要があると認めるときには，訂正するか（規則16条⑫），却下処分をしなければならないと明文化した（同条⑬）。

（5） 地図訂正の却下

登記官は，次の場合には理由を付した上で申出を却下する（規則16条⑬）。

① 管轄違い
　申出を受けた登記所の管轄に属しない場合である。
② 申出権限がない
③ 申出情報又は提供の方法の不適合
　たとえば，地積更正を必要とする場合にこれを申請しない場合である。
④ 添付書類（添付情報）の不足
　たとえば，相続人からの申出の場合に，相続を証する情報，地図の区画に誤りがある場合に，地積測量図や土地所在図の添付をしない場合である。
⑤ 誤りがあるとは認められない場合
　登記官の実施調査の結果，誤りが認められない場合である。
⑥ 他の土地の訂正も要する場合
　たとえば，地図に準ずる図面で，現地とまったくその位置，形状が異なっている地図混乱地域は，地図に準ずる図面の訂正をすることができない。

　なお，却下する場合には，添付書面は還付され，申出を取下げた場合には，申出書及び添付書面も還付される。偽造した図面等で申請がなされた疑いがある場合には添付書面は還付されない（規則16条⑭）。

土地家屋調査士本試験
択一試験　過去問題チェック

〔問〕地図等の訂正に関する次のアからオまでの記述のうち，**誤っているもの**の組合せは，後記1から5までのうちどれか。

ア　地図又は地図に準ずる図面の訂正（以下本問において「地図訂正」という。）の申出に当り，地図又は地図に準ずる図面に表示された土地の区画又は位置若しくは形状に誤りがあるときは，土地所在図又は地積測量図を添付しなければならない。

イ　地図の訂正をすることによって，申出に係る土地以外の土地の区画を訂正すべきこととなる場合には，申出に基づき地図の訂正をすることができない。

ウ　土地の登記記録の地積に錯誤があり，当該土地の地積測量図に誤りがある場合において，地積に関する更正の登記の申請をするときは，この申請と併せて地積測量図の訂正の申出をしなければならない。

エ　相続によって土地の所有権を取得した者は，所有権の移転の登記を経ていなくても地図訂正の申出をすることができる。

オ　書面を提出する方法による地図訂正の申出について取下げ又は却下があったときは，申出書及びその添付書面は，申出人に還付される。

1　アウ　　　2　アエ　　　3　イエ　　　4　イオ　　　5　ウオ

〔正解　5〕

ア　地図の訂正の申出書には，土地所在図又は地積測量図を提供する（規則16条⑤2号）。正しい。

イ　申出以外の土地について，訂正することとなる場合，規則16条13項6号により却下の対象になる。正しい。

ウ　地積更正登記の添付情報として地積測量図を提供する。地積測量図の訂正の申出をする必要はない（規則16条②）。誤り。

エ　相続人等は，地図の訂正を申出ることができる（規則16条①）。正しい。

オ　地図訂正の申出について却下があったときは，申出書は申出人に還付されない（規則16条⑭，規則38条③）。誤り。

以上により，ウオが誤っており，5が正解。

第6講　登記の申請代理権の不消滅

1．申請代理人

（1）　制限行為能力者

　未成年者については，法定代理人である後見人や親権者（民法824条）からも申請することができる。

　成年被後見人（旧禁治産者）については，精神上の障害により事理を弁識する能力を欠く常況にあり（民法7条），たまたま回復したとしても登記の何たるかを理解できるかどうかはなはだ疑問である。したがって成年被後見人については，法定代理人が申請することになるのである。

　旧準禁治産者については，保佐人には代理権がなく準禁治産者の申請とされていた。準禁治産者に代って，精神上の障害によって事理を弁識する能力が著しく不十分な者については，被保佐人の制度となった（民法11条）。この被保佐人には，従来と同様に保佐人を付すこととされ（民法12条），民法13条で定める行為をなすには，保佐人の同意を必要とする。しかし，登記の申請行為はこれに該当せず，被保佐人は保佐人の同意なしで申請し得るものと考えられる。

　また，精神上の障害によって事理を弁識する能力が不十分な者については，被補助人の制度がある（民法15条）。この被補助人にも，補助人が付され，一定の行為については，補助人の同意を必要とする。やはり，被補助人の登記の申請行為についても，被保佐人と同様に，単独でなし得るものとされる。

　なお，保佐人及び補助人にも一定の代理権をあたえられることとなったため（民法876条の4，同876条の9），申請代理権を保佐人又は補助人が有する場合がある。

（2）　法人の代理権

　そのほか，法上の代理人として，法人の代表者がある。株式会社の代表者は，いわゆる法人の機関である。したがってこれらの者は，法人の代理人として登記の申請をなし得る。これは法定代理人として扱っている（平5.7.30民三第5320号通達第二，一）。

　そのほか支配人については，法人の支配人であっても，あるいは個人の支配人であっても，支配人は本人の営業の部類に属する一切の行為をなし得るのであるから，したがって登記の申請も代理してなし得ることになる（商法21条）。

　この支配人も会社の代表者と同じように法上の代理人であり法定代理人である。

　このように会社の代表者や支配人は法律上の代理人であり，法定代理人であるからその法人あるいは本人からの委任によって代理権が発生するわけではない。登記法では，会社法人等番号を有する法人にあっては，会社法人等番号を提供するか，法人の代表者の資格を証する登記事項証明書を提供して，その代理権を明らかにしている（令7条①1号，規則36条①1号）。

これが法定代理人，または法上の代理人以外の者から登記の申請をなす場合は，任意代理人として本人からの委任がなければならない。

2．代理権の不消滅

わが国の登記の申請は，本人または代理人がなし得る。代理人が登記の申請をするときは，代理権限を証する書面の添付が必要になる（登記令7条①2号）。ところで，代理人によって登記を申請する場合に，代理権はいつ消滅するのかという問題がでてくる。

（1）　本人が死亡した場合

たとえば甲が自己所有の土地について乙と売買契約を締結し，代金の決済も済み，その登記の申請をAに委任したが，その後甲が死亡した場合を考えてみよう。民法111条では，登記義務者である本人が死亡すると，代理権が消滅すると規定されている。この場合にあらためて相続人BCDからAに対する委任状がなければ，甲から乙への所有権移転の登記申請はなし得ないことになる。

（2）　委任による登記申請の代理権の不消滅

また，委任によって代理権を取得することは，委任契約とみなされる。

委任契約には，民法の委任の適用があり，民法653条の委任の終了事由の規定が適用される。民法653条の規定とは，委任者が死亡，破産手続開始の決定を受けたとき，または受任者が死亡，破産手続開始の決定を受けたとき，あるいは後見開始の審判を受けた場合に，委任は終了するというものである。つまり，登記を委任した者が死亡すると，その委任行為は無効になる。

しかし，平成5年及び平成17年改正で次の規定が設けられた。

委任による登記申請の代理人の権限は，本人の死亡，本人である法人の合併による消滅，本人である受託者の信託に関する任務の終了，または法定代理人の死亡，又はその代理権の消滅，もしくは変更によっても消滅しない（法17条）。

なおこの場合の法定代理人には，法人の代表者も含まれる。したがって申請書に添付された登記申請の代理人たる法人の代表者が，代理権が消滅して，現在の代表者でない場合であっても次の場合は，適法な代理権があるものとして扱われる（平5年7月30日民三第5320局長通達）。

 (A)　登記申請の代理人が当該代表者の代表権限が消滅した旨及び当該代表者が代表権限を有していた時期を明らかにし，代表権があった事が，法人登記簿で確認できる場合

 (B)　当該代表者の代表権限を証する書面（商業登記簿謄本等の作成後3ヵ月内の資格証明書が申請書）に添付されている場合

そして平成17年改正でも同様な規定を設けた。

 ①　本人の死亡

  登記義務者（申請人）が死亡しても，委任の代理権限は消滅しない。

 ②　本人である法人の合併による消滅

たとえばB株式会社が土地家屋調査士に分筆の登記の申請を委任した場合に，そのB株式会社がA株式会社に吸収合併（又はA株式会社と合併し，C株式会社となった新設合併の場合）されたことによりA株式会社となって消滅しても，代理権は消滅しない。

③　本人である受託者の信託に関する任務の終了

　　たとえば甲株式会社からその所有権の登記ある土地の分筆を土地家屋調査士が委任されたが，甲株式会社は受託者（不動産の信託を受けた者）の立場にあるとしよう。

　　土地の本来の所有者乙が自己の土地を甲株式会社に期間を定めて預け，一定期間利用し利益を上げた後，返却してもらうとか，あるいは一定の価格になった段階で売却するように甲株式会社に依頼する場合に甲株式会社に所有権を移転して（法98条），そこから生じた利益を受けることになる。これを不動産の信託というが，その信託を受けたものを「受託者」という。その信託の任務が終了したときは，甲株式会社の信託による目的に従った土地を利用する権限が消滅し，甲から本来の所有者乙に土地の所有権を戻すことになる。しかし，その場合でも，甲から分筆の登記の申請を委任された土地家屋調査士の代理権は消滅しない。

④　法定代理人の死亡又はその代理権の消滅若しくは変更

　　たとえば法定代理人が，未成年者の土地の分筆を土地家屋調査士に委任した後に死亡した場合も，代理権は消滅しない。

　　また法定代理人が未成年者の財産の処分権を失う等（後見人の辞任（民法844条），解任（同846条），親権の喪失（同834条））の代理権の変更もしくは消滅があっても，代理権は消滅しない。

> 土地家屋調査士本試験
> 択一試験　過去問題チェック

〔問〕登記申請手続の委任に関する次のアからオまでの記述のうち，**正しいもの**の組合せは，後記1から5までのうちどれか。

ア　土地の分筆の登記の申請の委任をした者がその申請の前に死亡した場合には，代理人は，当該土地の分筆の登記を申請することができない。

イ　法人から委任を受けて登記の申請を行う場合には，委任を受けた後に法人の代表者が替わったときであっても，代理人は，当該登記の申請をすることができる。

ウ　市町村から登記の嘱託の委任を受けた代理人が当該登記の申請をする場合には，申請情報に添付すべき市町村長が職務上作成した委任状は，作成後3か月以内のものであることを要しない。

エ　土地の合筆の登記の申請の委任を受けた代理人が，当該申請を補正のために取り下げるには，委任者から特別の委任を受けなければならない。

オ　土地の合筆の登記の申請の委任を受けた代理人が死亡した場合には，その一般承継人は，当該代理権を行使して当該登記の申請をすることができる。

　　1　アイ　　　　2　アオ　　　　3　イウ　　　　4　ウエ　　　　5　エオ

〔正解　3〕

ア　本人の死亡，委任による申請代理人の申請代理権は，消滅しない（法17条1号）。誤り。

イ　法人の代表者である法定代理人の代表権が消滅しても，登記の申請代理権は，消滅しない（法17条4号）。正しい。

ウ　委任状に，作成期限はない（規則49条参照）。正しい。

エ　取り下げには，特別の委任を要するが，補正のための取り下げは，特別の委任を要しない。誤り。

オ　代理人の死亡によって，代理権は消滅する（民法111条①2号）。承継しない。誤り。

　　以上により，正しいものはイウであり，3が正解。

第7講　登記の申請人

1．申請人の行為能力

(1) 行為能力が必要か

登記の申請人に行為能力が必要か，という問題である。

行為能力というのは，法律行為を単独で有効に締結する能力をいう。しかし登記の申請行為は権利に関する登記でも表示に関する登記でも，それはある権利を取得するとか，あるいは権利を移転するとか，あるいは失うとか，そういった権利の変動とは直接関係がない。

つまり権利がすでに変動したものを登記簿上公示するという行為が登記の申請行為であって，これはあくまでも形式的行為と言わなければならない。

たとえば図19にあるように，売主甲が所有する未登記の建物について，買主乙が17歳の未成年者であったとすると，この建物の売買契約を締結する際には，その未成年者の法定代理人丙の同意を要するわけである（民法5条）。

つまり法定代理人の承諾のない売買契約であれば，未成年者乙はいつでも甲乙間の売買契約を取消すことができるようになり（民法5条②），そういった不確実な権利関係を公に登記するということ

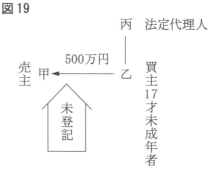

図19

は公示制度として望ましくないので，不動産登記令7条1項5号ハによって，権利の登記をするときは法定代理人の同意書を添付させることにしたわけである。

しかしこれはあくまでも甲から乙への権利の移転，変動についての法定代理人の同意であり，仮に乙から売買契約に基づいて表題登記の申請をする際に，その申請行為に対して法定代理人の同意を要するものではない。したがって未成年者乙からの表題登記の申請は有効であって，その所有権証明書には甲乙間の売買契約書が提供するが，さらに売買契約書には法定代理人丙の同意書及び印鑑証明書を添付することになるのである。

このように未成年者においても登記の申請行為をなし得るのであって，登記の申請には行為能力は要しないことになるわけである。しかし未成年者乙が登記の申請行為が何であるかについて全く理解できなければ，その申請はなし得ないと言わなければならない。

(2) 意思能力

したがって登記の申請行為は行為能力を要しないとしても，登記の何たるかを理解し得る能力，つまり意思能力は要することになるわけである。

もっとも意思能力については，民法上では行為の是非の判断能力とされている。つまり物事がよいか悪いか判断ができればよいわけであるが，登記上の意思能力は多少これよりも

程度が高く，登記の何たるかを理解し得る能力とされているので，権利に関する登記については登記の慣例上ではほぼ18歳程度以上，又表示に関する登記は対抗力を要しないためにほぼ16〜7歳以上であればよいとされている。

2. 申請人の意思と合致しない登記

登記の申請人の意思と合致しない登記は有効であろうか。

たとえば甲がA地について分筆をし，分筆後の一筆を売買する意思で代理人にA地の分筆を依頼したところ，代理人が隣地のB地を分筆をして登記の申請をしたという場合（図20）について，その本人の意思が形式上不明のとき，登記が完了したならば，完全に有効かどうかについては多少の疑問が残る。

図20

甲	代理人
A地	B地

甲はA地の分筆を依頼し代理人が誤ってB地を分筆した場合

本人の意思に合致しない登記の行為については判例上では抹消を請求することができるものとしている（昭27年ネ第1074号，同年12月25日東京高裁判決）。

したがってこの場合については分筆錯誤を原因としてその分筆登記を抹消し，その後新たにA地について分筆の登記の申請をやりなおすことになるわけである。もちろん更正登記はなし得ない。

同様に，売主甲がある土地の東側を100㎡乙に譲渡する契約を結び，誤って西側の100㎡を分筆をしてしまったという場合（図21）については，当然一筆の土地の分割線，つまり分筆すべき場所を誤ったわけであるから，本人の意思に合致しないものとして分筆錯誤を理由に分筆登記を抹消して，分筆のやりなおしをしなければならないことになる。

図21

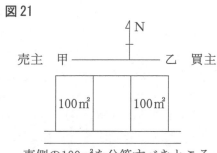

東側の100㎡を分筆すべきところ西側の100㎡を分筆した場合

なお，抵当権の設定の登記のある土地の分筆の登記が錯誤により申請されたことを原因として分割前の状態に戻すためには，分筆登記の抹消を申請することができる（昭38.12.28民甲第3374号通達）とされ，抵当権の登記があっても分筆登記を抹消することができる。

3. 表示に関する登記の申請人

(1) 表題部所有者又は所有権の登記名義人

登記の申請人については，土地の表題登記，建物の表題登記の二つは所有者から申請する。そのほかの土地，建物の表題部の変更登記については，表題部所有者又は所有権の登記名義人がその登記の申請をなすことになる。表題部所有者というのは，土地建物について表題登記はしたが，その所有権の保存登記がない場合をいう。つまり表題登記をすると表題部の末尾にその所有者の住所，氏名が登記される。もし保存登記をすると表題部の末尾の住所，氏

名は抹消されることになるから（規則158条），保存登記があれば表題部には所有者がなくなるわけである。したがって表題部所有者がいるというのは，所有権の保存の登記がないということである。

たとえば表題登記のみして保存登記のない建物の所有者甲が，その後増築をして床面積を変更した場合，その床面積の変更登記の申請は当然表題部所有者甲から申請することになる。

表題登記後，保存登記をした場合については，その後床面積が増加した場合に，その床面積変更登記の申請を所有権の登記名義人から申請するということになるのである（法36条，37条①，②，58条，51条，54条，57条，39条，42条①参照）。

さらに共用部分である旨の登記ある建物について，規約によってその共用部分である旨を廃止した場合には，その建物の所有者から表題登記をすることになる（法58条⑥参照）。

表題登記の場合を除いて表題部の更正の登記については，表題部所有者か所有権の登記名義人から申請することになる（法38条等）。

（2） 一般承継人からの申請

なお表題部所有者又は所有権の登記名義人が表示に関する登記の申請人となることができる場合に，その表題部所有者又は所有権の登記名義人について相続その他の一般承継があったときは，相続人その他の一般承継人は，当該表示に関する登記を申請することができる（法30条）。

ここに一般承継とは表題部所有者又は登記名義人の権利を包括的にその地位を承継した者であって，不動産の買主のような不動産物権の所有権を取得した特定承継人を含まない。

一般承継人には相続人のほか，会社の合併や，会社の分割によって権利を承継した者がいる。

たとえば，相続人は，被相続人名義の不動産の分筆を申請する場合，申請情報として申請人が，表題部所有者又は所有権の登記名義人の相続人である旨（登記令3条10号）を申請情報の内容としなければならない。また添付情報として，相続その他の一般承継があった事を証する市町村長（特別区の区長を含む），又は登記官その他の公務員（公証人等）が職務上作成した情報を提供しなければならない。なお，公務員が職務上作成した情報がない場合はこれに代わるべき情報を提供すればよい（登記令7条4号）。

（3） 債権者からの申請

たとえば図22にあるように，売主甲が，自己所有のA地の一部150㎡を乙に売り，その登記をしない場合に，乙が売買契約に基づいて分筆の申請をなし得るかというと，乙は150㎡について事実上の所有者であるけれども，その登記の名義がないから，乙から分筆の申請はできない。そこで甲がその分筆をして所有権移転登記をしない場合には，乙は甲に代位して分筆の登記ができるにすぎないのである。

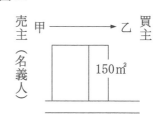

図22

4. 権利の主体

登記の正当な当事者（名義人）として権利能力を有する権利の主体という。この登記の権利の主体として表題部所有者又は保存登記の所有権名義人として記録する事ができる者をいう。この権利能力を有しない者を，表題部所有者とした登記は，令20条2号でいうところの登記すべきものでないとして無効な登記である。以下いくつかの問題点を述べておこう。

（1） 権利能力なき社団

学校の同窓会，スポーツ振興会，お花の会等，団体としての組織を備え，代表の方法，総会の運営，財産の管理その他社団として主要な点が規則によって確定している法人格を有しない団体を権利能力なき社団という（最判昭39年10月15日民集(8)1671頁）。

この権利能力なき社団は法人格がないために，不動産登記法ではその登記能力を認めない。たとえば，学校の同窓会が会館を新築して，その表題登記をなす場合，まずその同窓会名義で登記をする事を認めない。ではその同窓会の代表者としての肩書を付して代表者名義での登記を認めるかであるが，判例はこれも否定する（最判昭47年6月2日民集(5)957頁）。したがって，純然たる代表者個人の名義で登記せざるを得ない。

そこで代表者が交替したときは，新代表者へ所有権の移転登記をしなければならない。ただし，民事訴訟法では権利能力なき社団は訴訟の当事者能力を認められるから，その名において訴え（原告）又は訴えられる（被告）ことができる。

（2） 認可地縁団体

ところで「町内会」で集会場等の会館を新築した場合は，平成3年の地方自治法の改正で，認可地縁団体として認可された町内会名義で登記をなし得る事になった。この認可地縁団体は，町又は字の区域その他市町村内の一定の区域に住所を有する者が地縁に基づいて形成された団体（町内会等）は地域的な共同生活のための不動産又は不動産に関する権利（たとえば建物や土地の表示，保存，所有権移転登記ばかりでなく土地の地上権や地役権の権利等）を保有するため，市町村長の認可を受けたときは，その規約で定めた目的の範囲で権利を有し義務を負う（地方自治法260条の2①）。

これまでは町内会の新築した「町内会館」は，権利能力なき社団の所有する建物として，その代表者の個人名義で登記されていたが，会長が変更になるごとに会館の所有名義を新会長に移転する事は，相続の問題もからんで大変わずらわしいため，市町村長の認可を受ける事により法人格を取得した「町内会」名義での登記を認める事になった。

なお法人格取得前の地縁団体の代表者の個人名義で登記されている不動産の登記名義を法人格取得後の地縁団体名（町内会名義）に変える場合は「委任の終了」を登記原因とし，市町村長の認可の日を登記原因の日付として，所有権移転登記をすることになる（平成3年4月2日民三第2246号依命通知）。

（3）法人の種類と代表者

法人には公益法人がある。

（イ）公益法人は公益的事業を行うことを目的とする一般社団法人又は一般財団法人の

うち，内閣総理大臣又は都道府県知事の認可をうけたものをいう（公益社団法人及び公益財団法人の認定等に関する法律3条，4条）。公益認定は，たとえば，公益的事業を行うことを主たる目的とするものなど同法5条に細かく定められている。また，財物を中心として活躍する公益財団法人，人的結合を中心とするものを公益社団法人とする。ちなみに，日本赤十字社は日本赤十字社法により認可された社団法人であり，日本測量協会，発明協会等は公益社団法人，日本相撲協会は公益財団法人である。

(ロ) 公益を目的とするものでもなく，営利を目的とするものでもない法人を中間法人と呼んでいたが，その根拠とすべき基本法たる中間法人法が平成18年に制定からわずか1年で廃止となり，現在は一般社団・一般財団法人を設立することができるようになった。

　これらの法人は，理事会で代表理事を選定し，代表理事が法人を代表する（一般社団法人及び一般財団法人に関する法律90条，91条）。

(ハ) 営利法人は，会社法上の法人で株式会社，合名会社，合資会社，合同会社に区分される（会社法2条①）。

　この株式会社には，委員会設置会社，取締役会設置会社，取締役会非設置会社，等に区分される。

①委員会設置会社は，会社の執行役員（C.E.O）を指名する指名委員会，監査委員会及び報酬委員会を設ける（会社法400条）。委員会設置会社の代表は，指名委員会で選定された1人又は2人以上の執行役を置かなければならない（会社法402条）。

②取締役会設置会社は，取締役の全員で取締役会を設け，会社の業務執行の決定・職務執行の監督及び代表取締役を選定及び解職をする（会社法362条）。もちろん，会社の代表者は代表取締役である。

③取締役会を設置しない会社は株主総会で1人又は数人の取締役を選任し，原則として各取締役が会社を代表する（会社法349条）。なお，代表取締役を定めることもできる。

　合名会社，合資会社又は合同会社を持分会社ともいう（会社法575条①）。

　合名会社は無限責任社員からなる法人をいい（会社法576条②），合資会社は社員の一部が無限責任社員，その他の社員が有限責任社員からなる法人（同条③），合同会社は有限責任社員からなる法人をいう（同条④）。

　これらの法人の社員は，定款に別段の定めがある場合を除き，持分会社の業務を執行する（会社法590条①）。

(4) 外国法人

　外国法人（民法35条①）とは，外国の会社法の規定で設立された日本における商事会社のことである。つまり外国に本店があり日本に営業所を設置した場合，外国会社の支店として扱われる。したがって日本の会社法の規定で設立した会社は日本の会社であって外国会社ではない。

　この外国会社は，日本における代表者を定め，営業所を設けないときは代表者の住所地

を営業所又は支店とし，営業所を設けた時は営業所を支店とする営業所の登記をするが，この外国会社の登記の申請は日本おける代表者が外国会社を代表する（商登法128条）。
　したがって日本で新築された建物についての表題登記は，本国の代表者は代理権を有さず，日本における代表者が法人を代理する。なお表題登記のさい図面の申請人欄には，日本の代表者が記名して申請する（会社法934条，817条）。

（5）　清算法人

　会社が解散した時は，合併及び破産の場合を除いて取締役が清算人となる（会社法478条）。但し，定款で別段の定めをしたとき又は株主総会で特に清算人を選任した場合はこれによる。このように法人が解散しても清算の目的の範囲内において法人格を有するから法人格が消滅するわけではない。これは公益社団法人でも同様である（公益社団及び公益法人の認定に関する法律26条）。つまり清算手続を開始した法人でも当該法人名で建物の表題登記をなし得る。
　なお法人格が消滅するのは清算が事実上終了した時を以って消滅する。なお民事法人は清算結了の登記はされず，主務官庁への清算結了の届出をなすが，これ等登記（商登法75条）又は届出は法人の事実上の消滅とは関係がない。したがって清算からもれた財産があれば，この財産はなお法人のものとされるため，未登記の建物が清算からもれていたときは，清算結了の登記又は届出の後であっても，商法上の会社は清算結了の登記を抹消し法人名で表題登記をなし得る。

（6）　胎児

　胎児は相続については既に生まれたものとみなされているため（民法886条），登記法上では停止条件付権利能力を有する者として登記能力を有する。その登記の方法は「亡何妻花子胎児」の如く記載される（明36年10月19日民刑1406回答）。

5．登記の保存行為と軽微変更

（1）　保存行為

　次に，甲，乙，丙が一棟の建物を共有で新築をした場合について，乙，丙がその表題登記をしないときには，甲は単独で表題登記をすることができる。これは一つの保存行為として共有者の各自は，単独でその行為をなし得るからである（民法252条但書）。
　もっとも甲が単独で表題登記ができるといっても甲の持分のみ登記するわけにはいかない。当然申請書には，甲，乙，丙全員の氏名と持分を記載して，甲が申請することになる。
　これらの保存行為に対して，土地や建物の分割，合併については，処分行為とされてきた。処分行為であれば共有の土地を分筆や合筆する場合，その共有者全員で申請しなければならないことになる。
　しかし，共有者が共有物に変更を加える行為であっても，その形状又は効用の著しい変更を伴わないもの（以下「軽微変更」という。）については，各共有者の持分の価格に従い，その過半数で決することとされ（民法251条1項，252条1項），分筆または合筆の登記については，軽微変更に該当し，分筆又は合筆の登記を申請しようとする土地の表題部所有者

又は所有権の登記名義人（法39条1項）の持分の価格に従い，その合計が過半数となる場合には，これらの者が登記申請人となって分筆又は合筆の登記を申請することができ，それ以外の共有者らが登記申請人となる必要はないとされた（令和5.3.28民二第322号通達）。

（2） 分割協議があった場合

たとえば図23にあるように甲，乙，丙共有の土地がある。いまこの土地をA，B，C3筆に分筆をして，A地を甲，B地を乙，C地を丙のように分割をしたい。

図23

この場合，甲，乙，丙でだれがどの範囲で取るかという協議が調って地積測量図もでき上がった時点で，協議の上共有物の分割をする場合について，その土地の分筆登記の申請を共有者の一人，たとえば丙が申請することができるであろうか。

これはだれがどの土地を取るかについて，すでに共有者全員の協議が調い，その協議に基づいて分筆の申請をするのであれば，一つの協議の結果についての保存行為ということが言えるわけである。たとえば丙はC地を協議によって取得することになるからそのC地を第三者に売買することができるわけである。

本来概念的に丙がC地を取得する時期は，甲，乙，丙の分割の協議が調った時点において，すでにC地は丙の単独所有となったはずである。したがって丙が協議によって取得したC地を第三者に譲渡しその分筆の登記をしたい場合について，丙が単独で分割の申請ができなければ，これは丙にとってははなはだ不都合な事態が生ずることになる。このように分割の協議が調った後の申請については一つの保存行為ではないかという疑問が生ずるわけである。

令和5年において，共有土地の分筆は，持分の過半数を有する者から申請することができるとされるが，共有物分割の裁判又は訴訟上の和解によって共有物が分割された場合において，共有登記名義人の一部の者が分筆登記の申請をしないときは，他の登記名義人は，この者に代位して申請することができるとされている（平6年1月5日民三第265号回答）。

そして，分筆の登記後も，甲，乙，丙共有の土地をA地，B地，C地の3筆に分け，A地が甲，B地が乙，C地が丙と，それぞれ取り分が決まっても，A地，B地，C地の分筆をした段階ではA地，B地，C地ともそれぞれ甲，乙，丙の共有の登記のまま分割されるわけである。したがってA地も甲，乙，丙の共有B地，C地も同様に甲，乙，丙の共有の登記がなされているから，A地は乙，丙の，B地は甲，丙の，C地は甲，乙の持分をそれぞれ他の権利者に移転の登記をすることになるのである。

土地家屋調査士本試験
択一試験　過去問題チェック

〔問〕建物の表題登記の申請人に関する次のアからオまでの記述のうち、**誤っているもの**の組合せは、後記1から5までのうちどれか。

ア　地方自治法に基づき地縁による団体として市町村長の認可を受けた団体の代表者は、その団体が地域的な共同活動を行うために新築した建物について、その団体を所有者とする建物の表題登記を申請することができる。

イ　意思能力を有する未成年者が建物の表題登記を申請する場合には、法定代理人の同意を要しない。

ウ　株式会社が破産手続開始の決定を受けた場合には、その代表取締役は、破産管財人の同意書を添付して、会社が破産手続開始の決定前に新築した建物の表題登記を申請することができる。

エ　日本における代表者を定め、その旨の登記している外国会社が、建物を新築した場合には、その代表者は、建物の表題登記を申請することができる。

オ　未登記の一棟の建物を区分した建物の原始取得者が死亡した場合には、その相続人は、相続開始から1か月以内には、自ら所有者として一棟の建物を区分した建物の表題登記を申請しなければならない。

1　アイ　　　2　アウ　　　3　イエ　　　4　ウオ　　　5　エオ

〔正解　4〕

ア　正しい。認可地縁団体を所有者とする、建物の表題登記を申請することができる（平3.4.2民三第2246号通達）。

イ　正しい。未成年者が法律行為をするには、法定代理人の同意を必要とする（民5条）しかし、登記の申請は、法定代理人の同意を必要としない。

ウ　誤り。破産手続開始の決定を受けた場合には、取締役は当然取締役の地位を失う（最昭和43.3.15）。裁判所は破産管財人を選任し、破産管財人が財産の管理及び処分権を有する（破産法78条①）。破産した株式会社の代表取締役は、登記を申請することができない。

エ　正しい。日本において登記（会社法933条①）をした外国会社の代表者（会社法817条①）は、新築した建物の表題登記を申請することができる。

オ　誤り。本肢の場合、相続人は被相続人を所有者とする区分建物の表題登記を申請することができる（法47条②）。

以上により、誤っているものはウオであり、正解は4。

第8講　電子申請と書面申請

　登記の申請は，電子情報処理組織を使用する方法（電子申請）又は申請情報を記載した書面を提出する方法（書面申請）でしなければならない（法18条）。
　この電子情報処理組織を使用する方法とは，登記所の電子計算機を申請人又は代理人の電子計算機を電気通信回線で接続した電子情報処理組織（いわゆるインターネット）をいう。

1．電子申請

　電子情報処理組織を使用する方法により登記を申請するときは，申請情報と併せて添付情報を送信しなければならない（登記令10条，規則41条）。

（1）登記事項証明書に代わる情報の送信
　電子情報処理組織を使用する方法により登記を申請する場合において登記事項証明書を併せて提供しなければならないものとされているときは，法務大臣の定めるところに従い，登記事項証明書の提供に代えて登記官が，電気通信回線による登記情報の提供に関する法律に規定する指定法人から受けるために必要な情報を送信しなければならない（電気通信回線による登記情報の提供に関する法律2条①，同法3条②の指定法人，登記令11条）。

（2）電子署名
　電子情報処理組織を使用する方法（以下「電子申請」）により登記を申請するときは，申請人又はその代表者もしくは代理人は，申請情報に電子署名を行わなければならない（電子署名及び認証業務に関する法律2条1項に規定する電子署名をいう）。また，その添付情報も作成者による電子署名が行われている必要がある（登記令12条①②，規則42条）。

（3）表示に関する登記の添付情報の特則
　表示に関する申請の添付情報が書面で記載されているときは，当該書面に記載された情報を電磁的記録に記録したものを添付情報とすることができる。しかし申請人又はその代表者もしくは代理人が作成したもの（委任状はできることに変更された。）及び土地所在図，地積測量図，地役権図面，建物図面，各階平面図等の図面は，電磁的記録によることはできない。
　なお，この電磁的記録を添付情報とする場合は，電磁的記録の作成者が電子署名をしなければならない（登記令13条①）。
　この特則の方法によって添付情報としたときは，当該申請人は登記官の定めた相当の期間内に当該書面を提示しなければならない（登記令13条②）。

（4）電子証明書の送信
　電子申請の方法により登記を申請する場合において，電子署名が行われている情報を送

信するときは次の電子証明書を併せて送信しなければならない（登記令14条）。
　この電子証明書は個人の場合は，電子署名に係る地方公共団体の認証業務に関する法律の規定により作成された電子証明書（電子署名に係る地方公共団体情報システム機構の認証業務に関する法律3条①）である（規則43条①）。
　土地家屋調査士が代理人として申請するときは，日本土地家屋調査士会連合会が提供する情報に基づき発行された電子証明書（準則49条②2号）を送信する。

(5) 住所証明情報等の省略
　イ　電子申請の申請人がその者の地方公共団体の認証業務に関する法律によって作成された電子証明書を提供したときは，この提供をもって当該申請人の現在の住所を証する情報の提供に代えることができる（規則44条①）。
　ロ　電子申請の申請人がその者の商業登記法の規定する印鑑提出者（商登法規則33条の8②）であって，その電子証明書を提供したときは，当該会社法人等番号の提供に代えることができる（規則44条②）。
　ハ　住民基本台帳法に規定する住民票コード又は法人から申請する場合には，会社法人等番号の提供があったときは，住所を証する情報の提供を省略することができる（登記令9条，規則36条④）。

(6) 電子申請における添付情報の提供方法の特例
　電子申請により登記を申請する場合において，添付情報が書面で記載されているときは，当分の間，添付情報を送信することに代えて，添付書面を登記所に提出することができる（登記令附則5条）。この添付書面には，登記識別情報は除かれ，送信する方法によらなければならない。
　この添付書面を登記所に提供する方法によるときは，その旨を申請情報の内容としなければならない（同②）。
　また，書面申請における代表者の資格を証する書面の期間制限（登記令17条），承諾書の記名押印（登記令19条），委任状への記名押印（登記令18条）の規定が準用される（登記令附則5条③）。
　この添付書面は，申請の受付の日から2日以内に提出することとされ，登記所に持参してもよく，送付の方法によるときは，書留郵便等の引受け及び配達記録を行う方法によらなければならない（規則附則21条②，④）。

(7) 調査士報告方式（令和元.10.7 民二第187号依命通知の概要）
　土地家屋調査士等が代理人として電子情報の方法により表示に関する登記の申請又は嘱託をする場合において，令第13条第1項に基づき添付情報が提供されたときは，原則として，添付情報の基となった書面の提示を求めないこととなった。
　①調査士報告方式の要件
　　ア　令第13条第1項の要件を満たした添付情報を提供した電子申請の方法による申請又は嘱託であること。
　　イ　土地家屋調査士又は調査士法人が登記の申請又は嘱託を代理し，不動産登記規則

第93条ただし書に規定する報告が提供され,「添付した電磁的記録については,当職において添付情報が記載された書面を確認した上で,当該書面をスキャナにより読み取って作成した電磁的記録である。」旨が記録されていること。
　　ウ　承諾書（地役権証明書を含む）の添付情報を提供する申請又は嘱託ではないこと。
　②申請用総合ソフトにより作成した申請情報（嘱託情報を含む。）の「その他事項」欄に「調査士報告方式により原本提示省略」と記録されていること。
　③提供された電磁的記録が不鮮明でないこと（300dpiを目安とし,原寸のままとすること）。
　④登録免許税の納付方法は,電子納付によること。
　⑤登記識別情報の提供及び通知並びに登記完了証の交付の方法
　　ア　登記識別情報の提供
　　　規則66条第1項第1号（電子情報による提供）に定める方法によるものとする。
　　イ　登記識別情報の通知
　　　　調査士報告方式により申請を行った場合には,送付の方法による登記識別情報を記載した書面の交付は行わず,当該書面を登記所において交付する方法のみとされた（令和元年10月7日民二第189号依命通知）。
　⑥登記完了証の交付
　　規則182条第1項第1号（オンラインによる交付）に定める方法によるものとする。

2.　書面申請

(1)　添付情報の提供方法と文字の記載

　書面を提出する方法（法18条の規定により申請情報を記載した書面を登記所に提出する方法）による登記を申請するときは,申請情報を記載した書面に添付情報を記載した書面（添付情報を記録した磁気ディスクを含む）を添付して提出しなければならない（登記令15条）。
　申請書その他の登記に関する書面に記載する文字は字画を明確に記載しなければならない。申請書は原則として横文字によるから,数字はアラビア数字を記載し,多画文字は使用しない（旧法77条②参照）。申請書に記載した文字の訂正,加入又は削除をしたときは,その字数を欄外に記載する方法か又は訂正,加入もしくは削除をする文字の前後に括弧を付して,その範囲を明らかにし,かつ当該訂正,加入,又は削除をした部分に押印する方法かによってする事を要する。なおこの場合,訂正又は削除をした文字はなお,読むことができるようにしておかなければならない（規則45条①,②）。

(2)　申請情報を記載した書面への記名押印等

　書面申請の場合,申請人又はその代表者もしくは代理人は一定の場合を除いて（規則47条）,申請情報を記載した書面に記名押印しなければならない（登記令16条①）。
　申請情報に記載した書面に記名押印した者は（所有権の登記がある土地や建物の合体又は合併の場合）,市区町村長又は登記官が作成した作成後3月以内の印鑑証明書を添付しなければならない。
〈例外〉

〈記名押印を必要としない場合〉
　申請情報を記載した書面に申請人が記名押印を要しない場合は次の通りである（規則47条）。
　　イ　委任による代理人が申請書に署名した場合
　　ロ　申請人又はその代表者もしくは法定代理人が署名した申請書に公証人（又はこれに準ずる者の認証を含む）の認証を受けた場合
　　ハ　所有権の登記名義人が合筆の登記，合体による登記又は建物の合併の登記の申請ではなく，かつ当該申請人又は代表者もしくは代理人が申請書に署名した場合
　つまり表示に関する登記では，所有権の登記ある土地の合筆，建物の合体，合併の登記を申請する場合を除いて，申請書にその申請人は記名押印は要しないことになる。

（3）　**申請書に印鑑証明書の添付が不要の場合（規則48条）**
　登記の申請書には，原則，印鑑証明書を添付しなければならないが（登記令16条②），次の場合添付する必要が無い（規則48条）。
　　イ　法人の代表者又は代理人が記名押印した者である場合において，その会社法人等番号を申請情報の内容としたとき。ただし，登記官が記名押印した者の印鑑に関する証明書を作成することが可能である場合に限る。
　　ロ　記名押印した申請書について公証人又はこれに準ずるものの認証を受けた場合。
　　ハ　裁判所によって選任された者（破産管財人，会社更生法の管財人や保全管理人等）が，その職務上行う申請書に押印した印鑑につき，裁判所書記官が作成した本人のものであることの証明書が添付された場合
　　ニ　申請人が合筆，合体，合併の登記申請以外の申請人の場合（規則47条3号イ，ハに該当しない場合）。
　　　つまり表示に関する登記においては，所有権の登記がある土地の合筆，建物の合体及び合併以外の申請では申請人の印鑑証明書の添付は不要となる。
　なお官庁又は公署が嘱託する場合に嘱託情報を記載した書面には印鑑証明書の規定は適用されない（登記令16条④）。なお申請情報の全部を記録した磁気ディスクを提出する方法により登記を申請する場合は，申請人又はその代表者もしくは代理人は申請情報に電子署名を行うと同時に併せて電子証明書が必要となる（同⑤）。

（4）　**委任状への記名押印（代理申請）**
　（2）の本人申請の場合と同様に，委任代理人の権限を証する情報を記載した書面（委任状）には，申請人又は法人の代表者は記名，押印しなければならない。この委任状には，作成後3月以内の印鑑証明書を添付しなければならない（登記令18条①②）。
　なお官庁又は公署が登記の嘱託をする場合には印鑑証明書の添付は必要ない。
〈例外〉
〈委任状への記名押印を要しない場合〉（規則49条①）
　　イ　委任状に申請人等（委任者）が署名し，この署名した委任状につき公証人（これに準ずる登記官等を含む）等の認証を受けた場合
　　ロ　申請人が申請書に記名，押印を要しない場合で規則47条3号のいずれにも該当し

ない場合（表示に関する登記では所有権の登記がある土地の合筆，建物の合体，合併以外の登記の申請の場合）で，その申請人等が委任状に署名をした場合
　ハ　復代理人によってする場合に，委任による代理人（法定代理人を除く）が復代理人の権限を証する書面（委任状）に署名した場合等である

〈特例〉
〈委任状に印鑑証明書の添付を要しない場合〉（規則49条②）
　イ　法人の代表者又は代理人が記名押印した者である場合において，その会社法人等番号を申請情報の内容としたとき。ただし，登記官が記名押印した者の印鑑に関する証明書を作成することが可能である場合に限る。
　ロ　申請人又はその代表者若しくは代理人が記名押印した委任状について，公証人等が認証した場合。
　ハ　裁判所によって選任された者が職務上行う申請の委任状に押印した印鑑に関する証明書であって，裁判所書記官が最高裁規則で定めるところによって作成されたものが添付されている場合。
　ニ　規則48条の規定により申請書に印鑑証明書の添付を要しない場合は，委任状にも印鑑証明書の添付を要しない。
　ホ　復代理人によって申請する場合に，委任による代理人（法定代理人を除く）が，復代理人への委任状に記名，押印した場合（代理人への委任状は申請人，法人の代表者が記名，押印している）復代理人に対する委任状には申請人の印鑑証明書の添付を要しない。（例えば合筆の委任を受けた調査士が本人の承諾を得て他の調査士を復代理人に選任した場合，申請人等の印鑑証明書は代理人に対するもので足りる）。

（5）　登記事項証明書等の有効期間
　法人から申請する場合には，会社法人等番号を提供して申請するが（登記令7条①1号イ），会社法人等番号を有する法人が，会社法人等番号に代えて，法人の代表者の登記事項証明書を提供するときは，作成後3ヶ月内のものでなければならない（規則36条①1号，②）。
　また，支配人等（支配人その他の法令により法人を代表することができる者であって，登記がされているものをいう）によって登記を申請する場合の，当該支配人等の権限を証する情報も作成後3ヶ月内である（規則36条①2号，②）。
　会社法人等番号を有しない法人が申請する場合に提供する法人の代表者の資格を証する情報も，作成後3ヶ月内である（登記令7条①1号ロ，同17条①）。
　また，代理人によって登記を申請する場合において，市町村長，登記官その他の公務員が職務上作成したものは，作成後3ヶ月内でなければならない（登記令17条①）。
　たとえば，子の名義の土地の地目の変更登記を親が代理人として申請する場合の戸籍簿の登記事項証明書は作成後3ヶ月内である。

（6）　承諾書の記名押印等
　第三者の承諾を証する情報を記載した書面（利害関係人の承諾書）には，次のとおり，記名押印や印鑑証明書の添付を要する（登記令19条）。
　イ　法令の規定により申請情報を併せて提供しなければならない利害関係人の同意又

は承諾を証する書面（例えば，土地分筆の場合に分筆後の土地の一筆又は数筆につき権利消滅の承諾書，表題部所有者の更正の場合の表題部所有者の承諾書，建物合体の場合の第三者の権利消滅の承諾書等）につき原則として，その利害関係人が作成した書面には作成者の記名押印が必要となる。

ロ この利害関係人の承諾書等には，原則として印鑑証明書を添付しなければならない。もっとも官庁や公署の作成した承諾書には印鑑証明書の添付は不要となる。

〈特例〉
〈承諾書への記名押印及び印鑑証明書の添付を要しない場合〉（規則50条）

イ 同意書又は承諾書の作成者がその書面の署名について公証人（登記官等のこれに準ずる者）等の認証を受けた場合。

ロ ただし次の場合は同意又は承諾を証する書面（承諾書等）に印鑑証明書の添付を要しない（規則50条②）。

ⓐ 法人の代表者又は代理人が記名押印した者である場合において，その会社法人等番号を申請情報の内容としたとき。ただし，登記官が記名押印した者の印鑑に関する証明書を作成することが可能である場合に限る（規則48条1号関係）。

ⓑ 印鑑に公証人又はこれに準ずる者の認証を受けた場合（同2号）。

ⓒ 裁判所によって選任された者（破産管財人，会社更生法の管財人や保全管理人，特別代理人等）が，職務上行う申請の申請書に押印した印鑑につき，裁判所書記官が作成し，認証した文書を添付した場合（同3号）。

土地家屋調査士本試験
択一試験　過去問題チェック

〔問〕電子申請に関する次のアからオまでの記述のうち、**誤っているもの**の組合せは、後記1から5までのうちどれか。

ア　電子申請により土地家屋調査士が代理人として表示に関する登記を申請するときは、その土地家屋調査士が申請情報に電子署名をしなければならない。

イ　電子申請により表題登記を申請する場合において、申請人が電子署名に係る地方公共団体の認証業務に関する法律第3条第1項の規定に基づき作成された電子証明書を提供したときは、住所を証する情報の提供を要しない。

ウ　所有権の登記名義人について登記識別情報が書面で通知されている場合において、電子申請による合筆の登記をするときは、通知を受けた所有権の登記名義人が、通知書をスキャナにより電磁的記録に記録し、これに当該所有権の登記名義人が電子署名をし、添付情報として提供することができる。

エ　電子申請により表題登記を申請する場合において、所有権を証する情報が書面に記載されているときは、当該書面をスキャナにより電磁的記録に記録して、申請代理人がこれに電子署名をし、添付情報として提供することができる。

オ　電子申請により地積に関する更正の登記をする場合において、地積測量図が書面で作成されているときは、当該図面をスキャナにより電磁的記録に記録して、当該図面の作成者がこれに電子署名をし、添付情報として提供しなければならない。

1　アイ　　　2　アウ　　　3　イエ　　　4　ウオ　　　5　エオ

〔正解　4〕

ア　調査士が代理して電子申請するときは、申請情報には調査士が電子署名しなければならない（登記令12条）。正しい。

イ　電子申請の申請人がその者の電子証明書を提供したときは、電子証明書の提供をもって、申請人の現在の住所を証する情報の提供に代えることができる（規則44条①、43条①1号）。正しい。

ウ　電子申請により合筆の登記を申請するときは、登記識別情報を提供する。このとき、法務大臣の定める方法（いわゆる法務省のオンラインシステム）により提供する（規則66条①1号）。誤り。

エ　電子申請により表示に関する登記を申請する場合、申請の添付情報が書面に記載されているときは、書面に記載された情報を電磁的記録に記録したものを添付情報とすることができる（登記令13条）。正しい。

オ　地積測量図については、登記令13条の特則から除外されている。また、地積測量図のをスキャナにより電磁的記録に記録して添付情報としなければならないとすることは、誤り。

　　以上により、ウ、オが誤っており、4が正解。

第9講　申請情報と添付情報

　登記の申請は，電子情報処理組織（電子申請）による場合と，書面申請のいずれかの方法により申請することができる（法18条）。
　登記の申請をする場合は，次の申請情報及び添付情報を登記所に提供してしなければならない。

1．申請情報（登記令3条）

（1）共通の申請情報
次の事項を申請情報としなければならない（※は必須）。
① 申請人の氏名，又は名称（法人の場合は商号）及び住所（※）
② 申請人が法人であるときは，その代表者の氏名
　　従来申請人が法人の場合，代表者は申請書に記載しなかった。しかし改正で法人が申請人の場合，申請情報として代表者の氏名を提供することになる。
③ 代理人によって登記を申請するときは，当該代理人の氏名又は名称（調査士法人）及び住所並びに代理人が法人であるときはその代表者の氏名（調査士法人の代表者である）
④ 民法423条その他法令の規定により他人に代わって登記の申請をするときは，申請人が代位者である旨と被代位者の氏名（名称）及び住所及び代位原因を記載する。
⑤ 登記の目的（※）
　　従来登記の目的は，「登記」という文字を入れるか，異論があったが従来のとおりたとえば「土地分筆登記」と記載する。
⑥ 登記原因及びその日付（※）
　　登記原因及びその日付を記載する。
⑦ 表題登記又は権利の保存，設定もしくは移転の登記の申請をする場合は，表題部所有者又は登記名義人が2人以上の場合はその持分
⑧ 申請人が相続人その他一般承継人の場合は，表題部所有者又は所有権の登記名義人の相続人その他一般承継人である旨
⑨ 申請人が所有権の登記ある土地の合筆，建物の合併，合体の登記の申請をなす場合，登記識別情報の提供ができないときは，その提供できない理由
　　登記識別情報の通知を希望しない旨の申出をして，これが通知されなかった等（法21条），登記識別情報の失効の申出をして登記識別情報を有しなくなった場合（規則65条）等である。
　その他，不動産登記令別表の申請情報欄に掲げる事項（別表1〜21に表示された事項）を申請情報としなければならない。

（2）土地に関する登記

土地の表示に関する登記については，所在，地番（土地の表題登記の場合は登記官が職権で附番するため除かれる），地目，地積を申請情報の内容としなければならない。

（3）建物に関する登記

建物の表示に関する登記については，所在地番，家屋番号（表題登記を除く），建物の種類，構造，床面積，建物の名称があるときはその名称，附属建物についてはその所在，種類，構造，床面積，区分建物については一棟の建物の構造，床面積（但し，当該主である建物又は附属建物に建物の名称があるときは一棟の建物の構造，床面積の情報は提供しないでよい）を申請情報の内容としなければならない。

（4）その他の申請情報

これ以外にも次の申請情報の提供をする必要がある（規則34条）
① 申請人の電話番号その他の連絡先（連絡先の電話番号〇〇－〇〇〇〇－〇〇〇〇）
② 分筆の登記の申請においては，分筆後の各土地に付した符号（ⒶⒷⒸ等）
③ 建物の分割や区分の登記の申請においては，分割後又は区分後の各建物に付した符号
④ 附属建物があるときは，附属建物の符号（符号1等）
⑤ 敷地権の目的である土地の符号
⑥ 添付情報の表示（所有権証明情報等の表示）
⑦ 申請の年月日
⑧ 登記所の表示
　※登録免許税（規則189条）

その他，不動産識別事項を申請情報の内容とした場合（これは不動産番号を表示したときである（規則34条②））は，土地の表示に関する登記の申請の場合は所在，地番，地目，地積の情報を省略できる。また建物の表示に関する登記の申請の場合は，建物の所在地番，家屋番号，種類，構造，床面積等の情報を省略してよい（登記令6条①）。但し次の場合は不動産識別事項（不動産番号）を申請情報として提供しても，これ等不動産表示事項の省略ができない（規則34条④）。

イ．表題登記の申請の場合，ロ．判決又は収用によって表題登記のない不動産について所有権の保存登記の申請をする場合，ハ．表題登記のない不動産につき所有権の処分の制限（仮処分，差押，仮差押）の登記の嘱託を裁判所書記官からなす場合。

つまり登記されて初めて不動産番号が付されることになるからである。

2．共通の添付情報

1）会社法人等番号

登記の申請をする場合，申請人が法人であるときは，会社法人等番号を有する法人にあっては会社法人等番号を提供しなければならない（登記令7条①1号イ）。

会社法人等番号を有しない法人にあっては，その法人の代表者の資格を証する情報を

提供することになる（同条ロ）。なお，この資格を証する情報であって，市町村長，登記官その他の公務員が職務上作成したものは作成後3月以内のものでなければならない（登記令17条①）。

また，会社法人等番号を有する法人が，会社法人等番号を提供しないときは，当該法人の代表者又は支配人等の資格を証する登記事項証明書を提供することができる（規則36条①）。

この登記事項証明書は，作成後3ケ月以内のものでなければならない（同条②）。

2） 代理権限証明情報（代理権限証書）

代理人によって登記を申請するときは当該代理人の権限を証する情報を提供しなければならない（登記令7条①2号）。

申請人が会社法人等番号を有する法人であって，支配人等が当該法人を代理して登記を申請する場合には，支配人等の代理権を証する情報の提供を必要としない（規則36条3項）。それは会社法人等番号を有する法人では，同番号の提供をするか，登記されている支配人の権限を証する登記事項証明書（規則36条①2号）の提供があるからである。

また，法人である代理人（調査士法人）によって登記を申請する場合において，当該代理人の会社法人等番号を提供したときは，当該会社法人等番号の提供をもって，当該代理人の代表者の資格を証する情報の提供に代えることができる（規則37条の2）。

3） 代位原因証明情報（代位原因証書）（登記令7条①3号）

民法423条その他の法令の規定によって，他人に代わって登記を申請する場合は，代位原因を証する情報を提供しなければならない。

たとえば，一筆の土地の一部を購入した買主からする代位による分筆登記，また河川管理者が土地の一部につき河川区域内の登記をするための土地分筆の嘱託をする場合（法43条④）である。

4） 一般承継情報（相続証明書等）（登記令7条①4号）

表題部所有者又は所有権の登記名義人につき，相続又は一般承継があった場合はこれを証する市区町村長の証明情報，又は登記官の本人確認や公証人等の公務員が作成した情報を提供しなければならない。もっとも公務員の職務上作成した情報がないときはこれに代わるべき証明情報でよい（登記令7条①4号）。

一般承継とは，例えば会社の分割の場合，A会社の不動産の部門を切り離して分割し既存のB会社に吸収分割するときや，新しいC会社を設立してこれに承継させる場合があるが，これ等B会社やC会社はA会社の法人格を承継するから，会社合併と同様，一般承継にあたる。

その他，不動産登記令別表の登記欄に掲げる各登記を申請するときは，添付情報欄に掲げる情報をも提供しなければならない（登記令7条①6号）。

表題部所有者又は登記名義人の相続人が登記の申請をする場合において，その相続に関して法定相続情報一覧図の写しを提供したときは，当該写しの提供をもって，相続があったことを証する市町村長その他の公務員が職務上作成した情報の提供に代えることができる（規則37条の3）。

土地家屋調査士本試験
択一試験　過去問題チェック

〔問〕申請情報に関する次のアからオまでの記述のうち，**正しいもの**の組合せは，後記1から5までのうちどれか。

ア　土地の表題登記の申請をするときは，その土地の地番を申請情報の内容としなければならない。

イ　地役権の登記がある承役地の分筆の登記を申請する場合において，地役権設定の範囲が分筆後の土地の一部であるときは，分筆前の土地の地役権図面の番号を申請情報の内容とすることを要しない。

ウ　所有権の登記がある土地の合筆の登記を申請する場合において，登記識別情報を失念したときは，その旨を登記識別情報を提供することができない理由として申請情報の内容としなければならない。

エ　法人が土地の表題登記の申請をしたときは，申請情報の内容である当該法人の代表者の氏名が当該土地の登記記録の表題部に記録される。

オ　分筆の登記の申請をする場合には，分筆後の土地の地目及び地積を申請情報の内容としなければならないが，当該土地の所在する市，区，郡，町，村及び字については，申請情報の内容とすることを要しない。

1　アイ　　　　2　アオ　　　　3　イウ　　　　4　ウエ　　　　5　エオ

〔正解　3〕

ア　誤り。土地の表題登記を申請する場合，その土地の地番を申請情報の内容とする必要はない（登記令3条7号ロかっこ書）。

イ　正しい。地役権設定の範囲を申請情報の内容としなければならない（令別表⑧申請情報欄ロ）が，地役権図面の番号を申請情報の内容とする必要がない。
　　なお，登記官は地役権に関する登記に地役権図面の番号を記録する（規則103条①参照）。

ウ　正しい。申請人が登記識別情報を提供できないときは，その理由を申請情報の内容としなければならない（令3条12号）。

エ　誤り。申請人が法人であるときは，代表者の氏名を申請情報の内容としなければならないが（令3条2号），その代表者の氏名は表題部に記録されない。

オ　誤り。土地の所在する市，区，郡，町，村及び字を申請情報の内容としなければならない（令別表⑧申請情報欄イ）。

　　以上により，正しいものはイウであり，正解は3。

第10講　登録免許税と申請書の様式

1. 登録免許税

　登録免許税については，従来は権利に関する登記のみに課税をなし，表示に関する登記についてはその課税を免除していた。
　これは租税の賦課，不動産の現況を的確に把握するという表示に関する登記においては，その行政上の利益を得るために登記に申請義務を課し，その反面で登録免許税を免除していたわけである。しかし昭和42年法律第35号による登録免許税法の改定によって，表示に関する登記も一定の場合は登録免許税を課すことになった。さらに平成5年10月の不動産登記法の改正にともない，合体の場合も課税されることとなった。

(1) 表示に関する登記で登録免許税を課す場合

　まず土地については，土地の分筆登記，土地の合筆登記，土地の分合筆登記がある。建物については建物の分割登記，建物の合併登記，建物の分割合併登記。その他区分建物については区分建物の区分登記，区分建物の合併登記，区分建物の区分合併登記がある。これらの登記はいずれも所有権の登記ある土地建物に対して課税される。
　課税標準価額は不動産の残った個数一個1,000円である。したがって土地の分筆登記では，仮に一筆の土地を四筆に分筆すれば，不動産の残った個数は四個であるから4,000円となる。
　合筆登記については，三筆を合筆しても二筆を合筆しても残った個数はすべて一個になるから課税価額は1,000円となる。
　土地の分合筆登記については，当初分筆について残った個数が二個で2,000円，合筆について1,000円と考えれば合計3,000円となるが，分合筆の行為を一個の行為と見做して，残った個数は結局二筆になるので，この場合には2,000円となるわけである（昭42年7月22日民甲第2121号通達）。
　所有権の登記ある建物あるいは区分建物も同様に考えればよい。
　国または別表第二に掲げる非課税法人が自己のためにその分筆や合筆の登記の申請をする場合については登録免許税は課せられない（登録免許税法4条）。しかし健康保険組合とか，あるいは学校法人等がその所有する土地について分筆や合筆の登記の申請をする場合については，登録免許税が課税される（登録免許税法別表第三，同法4条参照）。

(2) 建物合体の場合の登録免許税

　合体すべきA建物に所有権の登記があり，B建物に所有権の登記がない（表題部のみ）か又は未登記である場合は，合体後のB建物につき所有権の登記を申請するため，これ等，所有権のないB建物に属することとなった持分に建物の全体の課税標準価格を乗じて得た金額を「課税標準」としてこれに1000分の4の税率を乗じて得た金額が課される（登録免許税法別表第一㈠）。

この課税標準は，固定資産税の評価額あるいは未登録であるときは，近傍類似の不動産の評価で定める。

なお租税特別措置法により個人が昭和59年4月1日～平成29年3月31日までは，住宅用家屋については1000分の1.5とされる（租税特別措置法72条の2）。

例えば合体後の建物（個人の住宅用家屋）が，固定資産税評価額が1200万円であるとすれば，これに所有権の登記のないB建物の持分が2分の1であれば，1200万円×1/2＝600万円を課税価格とし，それに1000分1.5を乗じて得た価額が，登録免許税となる。即ち，600万円×1.5/1000＝9000円となる。

(3) 課税標準と計算方法

不動産における登記の登録免許税の課税標準は，不動産の価額による場合，債権金額による場合，不動産の個数による場合，に大別される。

(A) 不動産の価額による場合

(イ) 課税標準たる不動産の価額は，当該登記の時における不動産の価額によって決める。この場合に課税対象たる不動産のうえに地上権，賃借権，抵当権等所有権以外の権利，その他，仮差押，仮処分等処分の制限の登記があっても，これらの権利または処分の制限の登記が一切ないものとして登記官が査定した価額によるものとされている（登録免許税法10条①）。

しかし登記官が登記申請時の不動産の時価を査定することは，その算定の基準が必ずしも明確ではなく，不公平な結果になることも考えられるため，課税標準の不動産の価額は，当分の間，固定資産課税台帳に登録された当該不動産の評価額によるものとされている（同法附則7条）。

(ロ) 課税台帳の不動産の価格は，申請の日を基準にして次のように区分される。

(a) 登記の申請の日がその年の1月1日から3月31日までの期間内になされたものについては，申請書にその年の前年12月31日現在において課税台帳に登録された当該不動産の価格を記載する。すなわち1月から3月までに申請されるものについては，まだその年の固定資産税額は確定せず（その年の税額は3月末に確定し，4月から実施される。つまり国の会計年度は4月1日から翌年の3月31日までである），したがって前年の課税価格をもって不動産の価格となるのである（登録免許税法施行令附則③1号）。

(b) 登記の申請の日がその年の4月1日から12月31日までの期間内にされたものについては，申請書にその年の1月1日現在において課税台帳に登録された当該不動産の価格を記載する。これはその年度の課税台帳に登録された価格である。たとえば平成20年4月1日に登記の申請をなす場合は，平成20年度の会計年度が始まっているから，平成20年の3月末にすでに確定した平成20年度の固定資産の評価額で課税されることになる。すなわち平成20年3月末日に確定した価格が平成20年1月1日において課税台帳に登録された価格となるのである。

(ハ) 課税台帳に価格がまだ登録されていない不動産については，当該不動産の登記の申請の日において，すでに登録された近傍類似の不動産と同一の評価をなして計

算した価額によるものとされる（同施行令附則③）。
　（ニ）　登記官が当該登記の目的となる不動産について増築・改築・損壊・地目の変更・その他これに類する特別の事情があるため，固定資産課税台帳に登録された通常の価格に基づき，そのまま課税することが適当でないと認めるときは，登録された価格と，これら増改築によって増加した価額，地目変更（山林，畑から宅地に変更）により増加した価額及び損壊によって減損した価額を適宜増減させて算出した評価額をもって，当該不動産の価額とするものとしている（登録免許税法施行令附則④）。

（4）　登録免許税の納付方法
　登録免許税は，現金納付の場合と印紙納付の場合がある。
　現金納付の場合については，まずその収納機関たる日本銀行，その他日本銀行の代理店及び郵便局等にその登録免許税額を納付し，その領収証を登記申請書に貼りつけ登記の申請をする（書面申請の場合）。
　登録免許税は登録免許税法21条によって原則として現金納付が基本であるが，その登録免許税の額が3万円以下である場合についてはその免許税額に相当する印紙を申請書に貼りつけて登記の申請をなすことができる。
　そのほか登録免許税を印紙で納入できる場合は，
　（一）　登記所の近傍に収納機関が存しない場合。たとえば日本銀行の代理店や郵便局が存在しない場合等については，現金納付が困難であると法務局または地方法務局の長が認めてその旨をその当該登記所に公示した場合。
　（二）　登記等について課せられるべき登録免許税の額が3万円未満の端数の部分の登録免許税を納付する場合。
　（三）　印紙によって登録免許税を納付することについて特別の事情があると登記機関が認めた場合。
　この三つについては印紙納付がなし得る（登録免許税法施行令第29条1号から3号，同法22条）。
　なお所有権の登記ある土地の分筆の登録免許税が3万円を超えるようなときに，いま述べたような印紙納付ができるような適用がないのに申請書に印紙を貼りつけて申請した場合はその申請は却下されるか，という問題がある。つまり通常現金納付をしなければならない場合に，印紙を貼りつけて登記の申請をしたらその申請は却下されるか，ということである。不動産登記法25条12号には「登録免許税を納付しないときは却下」という規定があるが，この規定は免許税を納付しない場合であって登録免許税の納付方法が違法な場合についての規定ではない。したがって現金で納付すべきところを仮に印紙を貼りつけて申請があったとしてもこの規定によって却下することはできないことになる。

（5）　登録免許税の還付（取下げ）
　登記の申請をした者がその申請を取下げる場合については，その申請書に貼りつけた登録免許税の領収証または印紙で，使用済みの旨の記載または消印がされたものを，登記官はその取下げの日から一年以内に再使用する事を条件に，取下げに併わせて，再使用の証明をする事ができる（登録免許税法31条③）。

もっとも登記の申請を取下げた者が，その登記をなす必要がないために取下げたものであれば，その登録免許税については必要がなくなるわけであるから，再使用の証明をもらうことは意味がない。したがってこの場合には登録免許税額に相当する金銭の還付請求の申出ができる。この場合には登記所から当該所轄の税務署長に通知をし，そこから還付されることになるのである。

　登記の申請を取下げた者がその申請書に貼りつけた領収証書，または印紙の再使用の証明を得た場合については，当然現金にて還付請求ができないわけであるが，その再使用証明を再び使う必要がなくなったときにはその登録免許税が全くむだになってしまうことになる。そこで再使用証明を得た日から一年内であればその登録免許税額を金銭にて還付を受けたい旨の申出をすることができる。もちろんこの場合には再使用証明が無効となるわけである（登録免許税法31条③，⑤参照）。

（6）　登記申請が却下になった場合

　登録免許税法では，申請が却下になった場合でも，その登記の申請書に貼りつけた登録免許税の領収証書または印紙で使用済の旨の記載，または消印がされたものについて，その却下の日から一年以内であれば再使用の申出をすることができるのが原則である（登録免許税法31条④）。しかし登記法では登記申請書が却下になった場合は，登記申請書に添付した書類は還付されるが，登記申請書は還付されない（規則38条③）。したがって登記申請書に貼りつけた登録免許税の領収証書または印紙について，その再使用の申出をすることができない。

　また登記申請が却下の場合についても再びその申請をしない場合については，収めた登録免許税について，現金で還付請求ができることは取下げの場合と同様である。

　さらに却下の場合も再使用証明を得た後，この再使用証明書を使わない場合については，登録免許税が全くむだになってしまうので，その再使用証明を無効にしてそれに相当する税額について現金還付を登記所に申出をすることができるのが原則であるが（登録免許税法31条⑤），登記の申請書については，却下の場合は申請書が還付されないため（規則38条③）その適用がない。登記申請事件以外で適用がある場合は，登記所はその決定をした場合については，当該所轄の税務署長に通知をし，そこから現金で還付されることになるわけである。

　登記の申請書を取下げた場合については，その再使用の証明の申出ができるのであるが，その場合については，再使用証明申出書に所要の事項を記載して申出をしなければならない。この申出があった場合に，登記官はその登記申請書の領収証書，または印紙を貼りつけた用紙の余白に，再使用できる領収証書の金額，または印紙の金額を記載してその箇所に印判を押印し，かつ証明の年月日及び証明番号を記載しなければならない（準則129条）。

　なお一度再使用証明を得た者が，その再使用証明の無効を申出て，金銭で還付の請求を申出た場合には，その再使用証明文を朱抹し，再使用証明申出書の見やすい箇所に「再使用証明失効」と朱書して，登記官が押印する（準則130条）。

　なお登録免許税を誤って過大に納付してしまった場合については，その過大に納付した登録免許税の額の還付請求ができることは言うまでもない（登録免許税法31条3号）。

(7) 職権登記の場合

　最後に土地の分筆等について，登記官の職権によって分筆登記をする場合には登録免許税が課せられない。

　土地の分筆は本来形成登記であるから登記官が職権で分筆登記をすることはできないのであるが，一筆の土地の一部が別地目になった場合については，登記官が地目を変更するために分筆地目変更をなし得る。この分筆をした場合には登録免許税法5条によって非課税処分となるわけである。

　なお地図を作成するさいに必要がある場合は，登記官は職権により分筆や合筆ができるようになった（法39条）。当然，非課税である。

　なお墓地についてはその分筆をする場合，あるいは合筆する場合においても登録免許税は課せられない。

(8) 非課税となる場合

　イ　公共法人等が受ける登記等の非課税（登録免許税法4条）
　(一) 国や地方公共団体（都道府県，市町村等）や別表二に掲げる者が，自己のために受ける登記については，登録免許税は課されない。その別表二には，次の者がいる。
　　　沖縄振興開発金融公庫，港務局，国立大学法人，大学共同利用機関法人，地方公共団体，地方公共団体金融機構，地方公共団体情報システム機構，地方住宅供給公社，地方道路公社，地方独立行政法人，独立行政法人（一定の財務大臣が指定したものに限る），土地開発公社，日本下水道事業団，日本司法支援センター，日本中央競馬会，日本年金機構
　(二) 別表第三の第一欄(学校法人等28個)に掲げる者が自己のために受ける登記（一定の場合は財務省令で定める書類の添付があるものに限る。）は登録免許税を課さない。
　ロ　登録免許税法第5条関係（表示に関する代表的な例）
　(一) 国又は先の別表二に掲げる者が，これらの者以外の者に代位してする登記
　　　たとえば，国が私人の所有する土地の一部を買収した場合にする土地の分筆登記である。
　(二) 登記機関（登記官）が職権に基づいてする登記
　　　たとえば，私人の土地の一部が別地目になった場合にする土地の分筆登記（法39条②），地図作成のための土地の分筆又は合筆の登記（同③）である。
　(三) 土地改良法，土地区画整理法に規定される施行のために必要な土地又は建物に関する登記（政令で定められているものを除く）。（同⑥）
　(四) 国土調査法の規定よる土地に関する登記（同⑧）。
　(五) 填墓地に関する登記（同⑩）。

　その他外国の大使館等の敷地又は建物に関する登記については非課税とする規定がある（登録免許税法6条）。

2．申請書の様式

　平成17年3月の新不動産登記法の施行に先だって以下のような，申請書の様式の依頼があった。いままでの縦書から横書きの申請書とするとともに数字はアラビア数字とすることとされた（平16年9月27日民二第2647号民事局第二課長依頼）。

（1）　趣旨
　一般に使用されている用紙は，Ａ4横書きのものが主流となっていること，登記申請書の添付書類についても，Ａ4横書きのものが増えていること，申請人から登記申請書のＡ4横書き化の要望が多数寄せられていることなどにかんがみ，登記申請書についても，申請人の利便性の向上及び登記事務処理の効率化を図るため，Ａ4横書きのものを標準の用紙として使用するものとする。

（2）　登記申請書に記載する文字
　登記申請書に金銭その他の物の数量，年月日及び番号を記載する場合には，「壱弐参拾」の文字を用いなければならないとされていた（旧不動産登記法（明治32年法律第24号）第77条②）が，新不動産登記法（平成16年法律第123号）には同趣旨の規定はなく，これに基づく命令においてもこのような規定を設ける予定はないことを踏まえ，Ａ4横書きの登記申請書に記載する文字については，アラビア数字を用いた場合であっても却下しない取扱いとする（例：債権額　金1億2,150万円，利息3.5％等）。

（3）　その他の留意事項
　⑴　登記申請書は，Ａ4の用紙を縦置き・横書きとして使用し，用紙の裏面は使用しない。
　⑵　登記申請書が複数枚にわたる場合には，契印をしなければならない（旧不動産登記法施行細則（明治32年司法省令第11号）第39条）。
　⑶　登記申請書の副本に押印する登記済の印版は，以前のものを使用する（旧不動産登記事務取扱手続準則第70条，71条）。
　⑷　登記申請書は，司法書士会又は土地家屋調査士会との協議により，当分の間，Ａ4の用紙を右綴じするものとして差し支えない。

（4）　申請書の記載事例
　次に日本土地家屋調査士会連合会で発せられた申請書の記載例を次頁に示す（平成17年4月28日調連第29号）。

1. オンライン登記申請取扱指定庁用登記申請書（土地）様式
（1）土地表題登記

登 記 申 請 書

登記の目的　土地表題登記

添付書類
　　　　土地所在図
　　　　地積測量図
　　　　所有権証明書
　　　　住所証明書
　　　　代理権限証書

平成17年○月○日　申　請　　○○地方法務局　○○支局・出張所

申請人　　○○市○○町1丁目○番○○号　　　　乙　野　二　郎

代理人　　○○市○○町3丁目○○番地　　　　　甲　野　一　郎　㊞
　　　　　　連絡先の電話番号　×××－×××－××××

土地の表示	所在	○○市○○町1丁目				
	不動産番号	① 地　番	② 地　目	③ 地　積 m²		登記原因及びその日付
		7番1	宅　地	88	73	平成○○年○月○日都市計画法第40条第1項により帰属
		8番	宅　地	122	06	平成○○年○月○日都市計画法第40条第1項により帰属

土地家屋調査士　　甲　野　一　郎　職印

1. オンライン登記申請取扱指定庁用登記申請書（土地）様式
   (2) 土地分筆登記

登 記 申 請 書

登 記 の 目 的 　　土 地 分 筆 登 記

添 付 書 類
　　　　地 積 測 量 図
　　　　代 理 権 限 証 書

登 録 免 許 税 　　金 　　2,000 　　円

平成 17 年〇月〇日 　　申 　請 　　〇〇地 方 法 務 局 　　〇〇支局・出張所

申 請 人 　　〇〇市〇〇町 1 丁目〇番〇〇号 　　　　乙 野 二 郎

代 理 人 　　〇〇市〇〇町 3 丁目〇〇番地 　　　　甲 野 一 郎 ㊞
　　　　　　　連絡先の電話番号 ×××－×××－××××

土地の表示	所 在	〇〇市〇〇町 1 丁目				
	不動産番号	① 地 番	② 地 目	③ 地 積 m²	登記原因及びその日付	
		7番 8	宅 地	519 00		
		(イ) 7番 8		481 54	③7番8，7番 に分筆	
		(ロ) 7番		39 55	7番8から分筆	

＊分筆前の地積を基準として規則第 77 条第 4 項の規定による限度内であるときは，地積に関する更正の登記を要しない（準則 72 条）

　　　　　　　　　　　　　　　　　　土地家屋調査士 　　甲 野 一 郎 職印

1. **オンライン登記申請取扱指定庁用登記申請書（土地）様式**
   (6) 土地合筆登記

登 記 申 請 書

登 記 の 目 的 　 土 　 地 　 合 　 筆 　 登 　 記
添 付 書 類
　　　登記識別情報　　※登記識別情報がある場合
　　　登 記 済 証　　※従前の権利書で登記する場合
　　　印 鑑 証 明 書
　　　本人確認情報　　※権利書紛失及び登記識別情報が失効していて事前通知制度を選択しない場合
　　　職 印 証 明 書　　※権利書紛失及び登記識別情報が失効していて事前通知制度を選択しない場合
　　　代 理 権 限 証 書
　　　登記識別情報（登記済証）を提出することができない理由
　　　　　　□ 滅失　□ 毀損　□ 不交付　□ その他（登記令第3条第12項）
登 録 免 許 税 　 金 　1,000　円
平成 17 年〇月〇日　　申　請　　〇〇地方法務局　　〇〇支局・出張所

申　請　人　　〇〇市〇〇町1丁目〇番〇〇号　　　　　乙　野　二　郎

代　理　人　　〇〇市〇〇町3丁目〇〇番地　　　　　　甲　野　一　郎　㊞
　　　　　　　連絡先の電話番号　×××－×××－××××

<table>
<tr><td rowspan="8">土　地　の　表　示</td><td>所　在</td><td colspan="5">〇〇市〇〇町1丁目</td></tr>
<tr><td>不動産番号</td><td>① 地　番</td><td>② 地　目</td><td>③ 地　積
m²</td><td>登記原因及びその日付</td></tr>
<tr><td></td><td>7番</td><td>雑種地</td><td>348</td><td></td></tr>
<tr><td></td><td>8番 1</td><td>雑種地</td><td>8 00</td><td>7番に合筆</td></tr>
<tr><td></td><td>9番</td><td>雑種地</td><td>156</td><td>7番に合筆</td></tr>
<tr><td></td><td>7番</td><td>雑種地</td><td>512</td><td>③8番1，9番を合筆</td></tr>
<tr><td></td><td></td><td></td><td></td><td></td></tr>
<tr><td></td><td></td><td></td><td></td><td></td></tr>
</table>

　　　　　　　　　　　　　　　　　　土地家屋調査士　　　甲　野　一　郎　職印

2. オンライン登記申請取扱指定庁用登記申請書（建物・区分建物）様式
(1) 建物表題登記

登 記 申 請 書

登記の目的　建物表題登記

添付書類
　　　建物図面
　　　各階平面図
　　　所有権証明書
　　　住所証明書
　　　代理権限証書

平成17年○月○日　申請　○○地方法務局　○○支局・出張所

申請人　　○○市○○町1丁目○番○○号　　　　乙野　二郎

代理人　　○○市○○町3丁目○○番地　　　　　甲野　一郎　㊞
　　　　　　　連絡先の電話番号　×××－×××－××××

不動産番号				
建物の表示	所在	○○市○○町1丁目○○番地		
	家屋番号	○○番		
	主たる建物又は附属建物	①種類	②構造	③床面積 ㎡	登記原因及びその日付
		居宅	木造かわらぶき2階建	1階 78:56 2階 56:32	平成○○年○○月○日 新築
	＊建物の構造の定め方については規則第114条，準則第81条参照			

　　　　　　　　　　　　　　　　土地家屋調査士　　甲野　一郎　職印

2. **オンライン登記申請取扱指定庁用登記申請書（建物・区分建物）様式**
  (9) 建物分割登記

登 記 申 請 書

登記の目的　建　物　分　割　登　記

添　付　書　類
　　　　　　建　物　図　面
　　　　　　各　階　平　面　図
　　　　　　代　理　権　限　証　書

登　録　免　許　税　　金　　2,000　　円

平成 17 年○月○日　　申　請　　○○地方法務局　　○○支局・出張所

申　請　人　　○○市○○町 1 丁目○番○○号　　　　　乙　野　二　郎

代　理　人　　○○市○○町 3 丁目○○番地　　　　　　甲　野　一　郎　㊞
　　　　　　　　　連絡先の電話番号　×××－×××－××××

<table>
<tr><td rowspan="6">建物の表示</td><td colspan="2">所　在</td><td colspan="6">○○市○○町 1 丁目</td></tr>
<tr><td>不動産番号</td><td>地番</td><td>家屋番号</td><td>主たる建物又は附属建物</td><td>①種類</td><td>②構造</td><td>③床面積
m²</td><td>登記原因及びその日付</td></tr>
<tr><td>①</td><td>1956
番地</td><td>1956
番</td><td>主</td><td>工場</td><td>鉄骨造
陸屋根
2 階建</td><td>1 階 312 51
2 階 282 32</td><td></td></tr>
<tr><td></td><td>番地</td><td>番</td><td>符号 1</td><td>倉庫</td><td>木　造
スレートぶき
平家建</td><td>183 63</td><td>1956 番の 2 に分割</td></tr>
<tr><td>②</td><td>1956
番地</td><td>1956
番
の 2</td><td></td><td>倉庫</td><td>木　造
スレートぶき
平家建</td><td>183 63</td><td>1956 番から分割</td></tr>
<tr><td colspan="8">＊建物の構造の定め方については規則第 114 条，準則第 81 条参照</td></tr>
</table>

　　　　　　　　　　　　　　　　土地家屋調査士　　　甲　野　一　郎　職印

2. オンライン登記申請取扱指定庁用登記申請書（建物・区分建物）様式
（10）区分建物表題登記

登 記 申 請 書

登 記 の 目 的 　　　区分建物表題　　登 記

添 付 書 類
　　　　　建 物 図 面
　　　　　各 階 平 面 図
　　　　　所 有 権 証 明 書
　　　　　規 約 証 明 書
　　　　　住 所 証 明 書
　　　　　代 理 権 限 証 書

平成　年　月　日申請　　　　　地方法務局　　　　　支局・出張所
　　　　　　　　　　　　　　　　法務局
申　請　人

代　理　人

　　　　　　　　　　　　　連絡先の電話番号

一棟の建物の表示	所　在		
	建物の名称		
	① 構　造	② 床　面　積 　　㎡　　　　　㎡	原因及びその日付

敷地権の目的たる土地	①土地の符号	②所在及び地番	③地目	④ 地　積 ㎡	原因及びその日付

　　　　　　　　　　　　　　　土地家屋調査士　　　　　　　　職印

区分した建物の表示	不動産番号	家屋番号	建物の名称	主たる建物又は附属建物	①種類	②構造	③床面積 ㎡	原因及びその日付

敷地権の表示	①土地の符号	②敷地権の種類	③敷地権の割合	原因及びその日付

(区分建物継続用紙)

土地家屋調査士本試験
択一試験　過去問題チェック

〔問〕電子申請の方法（書面を提出する方法により添付情報を提供する場合を除く。）により表示に関する登記を申請する場合に登記所に提供する次のアからオまでの添付情報のうち，**その情報が書面に記載されているときは，当該書面を電磁的記録に記録したもので，当該電磁的記録に当該電磁的記録の作成者の電子署名が行われているものを添付情報とすることができるもの**の組合せは，後記1から5までのうちどれか。

ア　建物の表題登記を代理人によって申請する場合に提供する当該建物の所有者が作成した代理権限を証する情報
イ　建物を増築したことにより建物の表題部の変更の登記を申請する場合に所有者が所有権を有することを証明する情報として提供する工事完了引渡証明情報
ウ　地役権の登記がある承役地の分筆の登記を申請する場合において，地役権設定の範囲が分筆後の土地の一部であるときに提供する，当該地役権設定の範囲を証する地役権者が作成した情報
エ　建物を取り壊したことにより建物の滅失の登記を代理人によって申請する場合に提供する代理人が作成した不動産登記規則第93条に規定する調査報告情報
オ　建物の合体の登記を申請する場合に提供する建物図面及び各階平面図

　　1　アイウ　　　2　アエオ　　　3　イウエ　　　4　イウオ　　　5　ウエオ

〔正解　1〕
　登記令13条1項
ア　できる。委任状は，電磁的記録に記録して提供できることとされた（令和元.10.7民二第187号依命通知）。
イ　できる。所有権証明書は，電磁的記録に記録して提供できる。
ウ　できる。地役権証明書は，電磁的記録に記録して提供できる。
エ　できない。代理人の作成する調査報告書は，電磁的記録に記録して提供できない。
オ　できない。添付図面は，電磁的記録に記録して提供できない。

　以上により，できるものはアイウであり，1が正解。

　（注）本問は，問題の一部を変更した。

第11講 代位登記

1. 代位登記の意義

　代位とは，債権者が自己の債権を保全するため，その債務者に属する権利を代って行なうことをいう（民法423条）。
　つまり債権者が登記に関する請求権という債権を有する場合について，その自己の債権を保全する必要な場合に限って，債務者に属する権利（登記）を代って行なうことができるものである。

（1） 金銭債権を有する場合

　たとえば図24に示すように，乙が甲に1,000万円の金銭を貸したとしよう。甲がいま未登記の建物を有する場合に，乙がその貸した1,000万円の債権を保全するため，甲の建物に対して差押，あるいは仮差押をすることを考えて，乙が甲に代位して表題登記をなし得るであろうか。

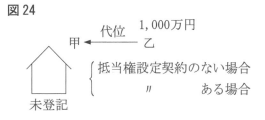

図24

　この場合も乙の1,000万円の債権の保全に必要であるかどうかを考えればよい。たとえば乙が甲の建物に対して仮差押をする場合を考えてみると，仮差押はいわゆる本案の裁判所の管轄であって（民事保全法12条），未登記の建物について乙が仮差押の申立てをした場合については，裁判所から登記官にその仮差押の登記をなすよう嘱託をするのである。
　したがって未登記の場合，登記官は職権で表題登記，保存登記をなした上で，いわゆる仮差押の登記，あるいは差押の登記をするのであるから（法76条③），乙は甲の建物を差押や仮差押をなすために表題登記をするということは，自己の債権の保全に関係がないように考えられる。しかし，差押や仮差押の登記を一刻も早くなすための前提として表題，保存登記をなすことは債権者の利益となる。
　したがってこの程度の利益でも債権の保全に必要なものとして，実務上では代位を認めている。また，乙が甲に1,000万円貸したと同時に抵当権の設定の契約があれば，その抵当権の設定登記をする場合には表題，保存登記をする必要があり，乙は甲に代位して表題登記，保存登記をなし得るのである。この場合は債権の保全に必要であるので認められることになる。

（2） 代位の条件

　このように代位登記をなすことが債権の保全に必要な場合であり，さらに債務者に属する権利であって債務者が単独でなし得る行為に限られる。
　たとえばいま述べたように乙が甲に1,000万円貸したときに，その建物が完成後すみや

かに抵当権の設定登記をするという契約があれば，乙は甲に代って表題，保存まではなし得るが，甲が抵当権の設定登記に協力をしない場合に，乙は甲に代位して抵当権の登記を単独でできるかというと，これはなし得ないのである。

つまり債務者に属する権利といえども，債務者が単独でなし得る行為，つまり表題，保存までは債務者が単独でなし得るから，それまでは債権者が代位できるが，抵当権設定のように，債権者と債務者が共同（法60条）でしなければならない行為についてまで債権者が代位をなし得るわけではない。

この場合は，「債権者乙は協力しない甲に対して裁判所に訴えて甲は乙に抵当権の設定登記をせよ，という給付判決をもらって，乙が単独で登記をなし得るにすぎない。」このような給付判決を添付して，乙が単独で権利に関する登記を申請する場合は，代位登記ではなくして共同行為を裁判によって便宜単独でなし得るにすぎない。

2．代位登記をなし得る事例

（1） 土地の分筆登記

分筆登記の申請人は，表題部所有者か，または所有権の登記名義人に限られるわけである（法39条）。

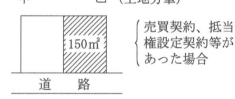

たとえば図25に示すような土地を甲が所有していた。この土地は300㎡あってその土地の一部150㎡を乙に1,000万円で売ったとしよう。

当然甲はこの土地を分筆をして所有権の移転登記をする義務があるわけである。ところが甲は値段をもう少し高くしてくれるよう乙に請求しようとして一向に分筆に協力しない。

この場合，乙は甲に代わってこの土地を分筆することができる。乙は売買契約が成立し1,000万円を支払った以上，当然甲のA地について150㎡の所有権を取得しているはずである。しかし登記名義がない以上買主乙名義での分筆登記の申請はなし得ないのである。

そこで乙は甲に代位して，いわゆる債権者として甲の土地を分筆することになる。つまり乙はこの150㎡の所有権を移転するのに必要であるから，代位登記をなし得るということになる。

また乙が甲に1,000万円貸して，甲の300㎡の土地の一部150㎡に抵当権の設定をなす旨の契約があった場合については，抵当権は一筆の土地の一部に設定することはできないため，登記上は分筆をする必要が出てくる。

そこで甲が速やかに分筆をしない場合に，乙は自己の権利を保全するために債務者甲に代位して分筆登記をすることができる。

このように自己の取得した所有権の移転登記をするため，あるいは抵当権の設定登記をするためという前提として分筆ができるのであって，たとえば乙が甲に1,000万円貸したというだけで甲所有の土地を分筆することはできない。

たとえば乙が甲に貸した1,000万円の価値は甲所有の土地の300㎡のうち150㎡の価値

に該当するからといって，登記上の権利が存しないため，当然には分筆をなし得ないわけである。しかし，債務者甲に他に資産がなく，債権の弁済期が来ている場合には，差押を前提として分筆をなし得ることがある。

このように債権者が債務者の有する土地の分筆をなし得るというのは，あくまでも原則は，登記上の権利を保全するためになし得るのであって，単に債権を有するだけでは足りない。

なお，承役地の一筆の一部に通行地役権を取得した要役地の所有者は，承役地の所有者に代位して分筆登記をなし得るか。地役権は一筆の一部に設定できるため，通行地役権の部分につき分筆する必要はない。当然には代位による分筆の必要性はない。

（2） 建物の区分・分割の登記

たとえば図26に示すように，甲が4階建のビルを所有していたとしよう。いま乙がこのうちの4階部分を1,000万円で買取ったとすると，甲は当然この建物を区分して所有権の移転登記をしなければならないわけである。甲が建物の区分の登記をしないときに乙は甲に代位して建物の区分登記をなし得ることは，さきの分筆の場合と同様である。

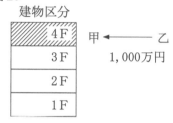

次に図27に示すように，甲が主である建物の居宅と，附属たる事務所を所有していた場合に，甲が附属の事務所を乙に1,000万円で売ったとすると，甲は附属のままでは乙に所有権移転登記をなすことができないから，甲は建物の分割登記をなし，附属を主として所有権移転登記をしなければならない。

このような場合に売主の甲が建物分割登記の申請をしないときは，買主の乙は甲に代位して建物分割登記をなしその所有権の移転登記に備えることができるのである。もっとも甲が所有権の移転登記に協力をしない場合には，裁判所に訴えて所有権の登記をせよ，という給付判決を取得し，乙は単独で所有権の移転登記ができるのであり，乙は甲に代位して所有権の移転登記をなし得るわけではないことは前述のとおりである。

（3） 抵当権者，仮差押権者等のなす変更，更正登記

たとえば図28に示すように，債務者甲所有の畑に対して抵当権の登記を有する乙がいる場合，その畑の地目が宅地に変更になったときには，甲が地目の変更登記をしなければ，その目的物の価値が変更になったのであるから，乙は当然甲に代って地目の変更登記の申請をなし得るのである。これは抵当権を実行する場合は，不動産の現況と登記上の地目が異っている場合，競売の申立は却下になってしまうため，一致させる必要があるからである。

同様の理由で抵当権の目的である土地の地積が誤って登記さ

れている場合については，正しい地積に更正するため，抵当権者が所有者に代位してその地積の更正登記をなし得る。

また抵当権の目的となっている建物について，平家を2階建にし，床面積が増加したにも係わらず，債務者の甲がその床面積の変更登記の申請をしない場合に，抵当権者が債務者に代位して，その床面積の変更登記をなし得るのである。

同様に抵当権の目的である建物の所在が変更になった場合に債務者がその変更登記をしないときには，抵当権者が債務者に代位してその所在の変更登記をなし得ることも当然である。

（4） 表題登記

表題登記についてはさきに述べたので簡単に記述しておく。

債務者が金銭を借用するに当たり，建物が完成したときには抵当権の設定登記をする旨の契約をなして金銭を借用したにもかかわらず，建物が完成しても建物の表題登記をしない場合については，債権者はその抵当権の設定登記をするために債務者にかわって表題，保存登記をなし得るのである。

さらに図29に示すように，一棟の建物を甲，乙が2分の1ずつの持分で共有をしている場合に，Yが甲に金銭を貸し抵当権の設定契約をした。

つまりYは甲の持分について，抵当権を取得したことになるのであるが，この建物が未登記の場合については，Yは甲に代位して表題登記ができるかという問題がある。

甲の持分についてのみの表題登記をすることはなし得ないが，Yは甲，乙を表題部所有者とし，甲に代位して表題登記をすることができる。

図29

3．代位登記をなし得ない事例

（1） 共有持分の譲受人の分筆の登記

さきに述べたように分筆については原則として代位が可能である。そこで図30に示すようにA，B，C共有の土地について，CからEがその持分を譲り受けた場合に，Cが分筆の登記をしないためにEがCに代位して分筆の登記の申請をなし得るかという問題がある。

CE間の契約において，Cがその土地について分筆をしてEに所有権移転登記をなす旨の契約があれば，EはCに代位して分筆の申請をなし得るかという疑問が生ずるが，分筆の登記は共有持分の過半数を有する者がなし得るのであって，Cが単独でなし得るわけではない。

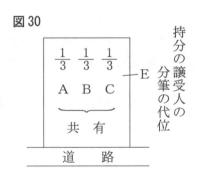

さらに，共有者の一部の者に代位する共有土地の代位による分筆の登記の申請は，受理すべきではない（昭37.3.13民三第214号）とする通達がある。

したがって仮にCが分筆をして単有になった土地の所有権を移転するよう契約をした場合についても，Eは単独でCに代位して分筆登記の申請はなし得ないことになる。

この場合には，EはCに代位してA，Bに対して土地分割の請求をなし，A，B，Eでだれがどの部分を取得するかを協議し，協議が決まった場合にはA，B，C代位者Eとして分筆の申請をなすことになる。

（2） 代位による合筆の登記

いま甲が有するA，B，C，Dの土地を乙に1,000万円で売るときに，これらの土地を合併した後所有権の移転登記をする旨の契約があった。このとき甲が合併の登記をしない場合に，乙が甲に代位して合併の登記をなし得るかという問題がある（図31）。

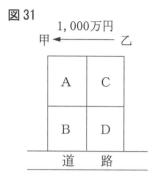

民法423条によれば「債権の保全に必要な場合に，債務者に属する権利についてなし得る」ということであるから，乙は債務者甲が単独でなし得る分筆について代位がなし得るのであれば，合筆も代位がなし得ないという理由がない。

もっとも合併をしないでもそのまま所有権移転をして，後に合併をしても同じではないかという疑問があるが，少なくとも合併登記をした後所有権を移転するという契約であれば，当然甲はその義務を履行しなければならないのであって，これらを履行しない場合に債権者は自己の債権を保全するに必要な合併をなし得ることは当然理解できるのである。

一元化未了時代，つまり昭和39年以前においては，土地台帳と不動産登記の表題部には全く同じ事項が別々に登記されていたのであるが，その登記の一元化未了の時代においては，土地台帳の方に合併の申告がなされ，合併登記が終わっているにもかかわらず表題部の登記簿には合併の登記がなされていないこともあった。

このような場合については，その合併登記の申請のときに，債権者は債務者の有する登記済証や印鑑証明書を添付せずに合併登記を代位によってなし得たのである（昭39年6月6日民甲第2060号民事局長通達）。

ところが昭和40年以後の台帳と登記簿の表題部の一元化によって，いわゆる台帳制度が廃止され，表題登記については登記簿の表題部のみに登記するようになった後には，債権者代位による先例が存しないのである。

結局，合併登記の代位は，「債権の保全に必要である」という民法423条の要件を満たさないということであり，土地の合筆，建物の合併登記は，代位して申請することができない。つまり債権者は所有権移転登記後に合筆すれば良いのであって債権の保全に必要がないと考えられている。

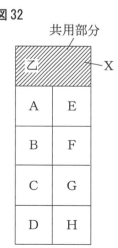

（3） 共用部分である旨の登記

図32で示すように，AからHまでの区分建物の所有者の共用部分とすべき規約がある乙の部分を担保に，AからHまでの所有者がXから融資を受け，抵当権を設定するためにAからHに代位して共用部分の登記をするということは全く意味がない。

共用部分の登記がされると権利に関する登記は当然職権で抹消

になり，表題部所有者すら抹消されるのであるから（規則141条），共用部分の登記（法58条）をした後に抵当権の設定登記をするということはできないのである。

つまり，Xが抵当権の設定登記をなすことを前提として乙の部分に対して共用部分の登記をすることは，自己の債権の保全とはならない以上，代位による共用部分である旨の申請はなし得ない。

（4） 未登記建物の買主がなす代位登記

図33に示すように建築業者甲から，乙が未登記の建物を1,000万円で買った場合に，売主の甲が何らの登記もしてくれないとき，乙は甲に代位して表題登記ができるかという問題がある。

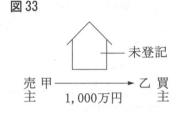

図33

買主乙が甲に代位して表題登記をしたとすると，甲から乙への所有権移転登記をするためには，甲の保存登記をしなければ，その所有権の移転登記はなし得ないのである。

ちなみに甲に代位して，表題登記をなし，表題部を甲から乙に所有者変更登記をすることは所有権の変更となってなし得ない（法32条）。そうだとすると保存登記に登録免許税がかかり，さらに所有権移転の場合の登録免許税がかかってくるのである。

ところが乙が所有権証明書，つまり売買契約書等を添付して，乙から表題登記をすれば全く登録免許税の問題は生じないことになる。したがってこの場合は乙が直接表題登記をなせばよいわけで，代位によることは意味がない。しかし，乙が代金の一部しか払わないときは，乙名義で表題登記，保存登記をなし得ないから，甲名義で表題，保存登記を代位により登記し，乙は残代金を支払った場合の所有権を保全するため，所有権移転請求権の仮登記ができないわけではない。

4．代位原因を証する情報（代位原因証書）

不動産登記令7条1項3号によれば「債権者は代位原因情報を提供して申請する」とある。したがって代位原因証書とは何かが問題になる。

（1） 売買契約書

たとえば，甲所有の不動産を乙にその150㎡を売ったとすると，甲，乙間ではまず売買契約書が存するわけである。

そこで乙が甲に対してその300㎡のうち自己が買った150㎡の分筆を代位する場合については「この所有権を取得した。その請求権がある」というように，その登記請求権が明確となるべき証書を添付して代位によって分筆の申請をすることになる。

したがって代位原因証書は，甲が乙に売ったという意思表示のあるものであればよく，甲が乙に対してその所有権の移転登記をしない等の理由を示す証書は必要ではない。したがって乙は甲が分筆の意思があっても分筆をしない以上，その売買契約書を添付して，いわゆる代位によって分筆の申請をなし得るのである。

したがって代位原因を証する情報は，その所有権という物権を取得し，その所有権移転

登記をするための請求権を証する証明情報である。

(2) 抵当権設定契約書

　乙が甲に1,000万円貸して，甲所有の土地に対して抵当権を設定する契約がある場合には，まず乙甲間には乙が甲に1,000万円貸したという金銭消費貸借契約書があり，そしてそのほかに抵当権設定契約の書類があるのである。

　一般には金銭消費貸借の書類の中で抵当権設定をなす旨の記載をするのであるが，仮にこれを，別々に作成したとすると，乙が甲に1,000万円貸したがゆえに，その土地の分筆をなし得るかという問題がある。

　もちろん乙が甲に金銭を貸しただけではその分筆の申請はできない。したがってこの証書の中に150㎡について抵当権を設定する旨の契約がある場合，つまりその意思表示が原因証書になるわけである。

　このように代位原因証書は抵当権の登記を請求できる証明書であれば，当然なり得る。

(3) 債権証書と既に登記がある場合

　問題は，所有権を取得したような物権証明書でなく，単に金を貸した場合の金銭消費貸借契約書のような債権証書でも代位原因を証する情報になるのかである。

　たとえば乙は甲に貸した1,000万円を確保するため甲所有の300㎡の土地の150㎡につき仮差押をしたい。乙は金銭消費貸借契約書を添付して甲に代位して土地の分筆登記をなし得るかという問題である。

　つまり，乙が甲に貸した1,000万円の債権を保全するため，甲所有の300㎡の土地は価値が大き過ぎ，その半分を押えれば足りる場合，債権者甲に他に財産がないことを証明して仮差押の嘱託登記の前提の代位分筆が認められるときには，金銭消費貸借契約書が代位原因を証する情報ということになり，単に債権証書でもよいことになる。

　一般的には前図26のような，4階建のビルの4階部分を乙が1,000万円で買った場合についても，その所有権移転登記をするためには通常の建物を区分して区分建物に変更する必要がある。

　したがってこの場合の建物区分登記の代位原因証書は，乙甲間における乙がこの建物の所有権を取得したという売買契約書である。この売買契約には，所有権は物権であり，売主と買主の間には所有権を移転するという物権的請求権である債権が含まれており乙は甲に代位して建物の区分登記の申請をなし得るのである。

　なお登記簿上，代位原因を有することが明らかな場合については，その証明情報の添付を要さない。したがって抵当権者や仮差押の登記を有する者が，地目変更や床面積の変更登記をなす場合には代位原因を証する情報の添付をすることなくその変更登記をなし得る。この場合には登記申請書に「平成何年何月何日受付第何号により抵当権（仮差押）の登記済により代位原因証書省略」と記載する（昭35年9月30日民甲2480号局長通達）とされる。

(4) 共有物分割の確定判決

　共有物分割の裁判又は訴訟上の和解によって共有物が分割された場合において，共有登

記名義人の一部の者が分筆登記を申請しないときは，代位して申請することができ，このときの代位原因を証する書面は，共有物分割の確定判決又は和解調書の正本である（平6年1月5日民三第265号回答）とされる。

5．法定代位

債務者に代って代位登記をするには，債権の保全のためという理由が必要であるが，不動産登記法では，一括申請を義務付けていることから，代位申請を認める規定がある。

区分建物の所有者が他の建物に代位する次の場合がある。

（1）法48条2項代位

これは，区分建物をAとBが原始取得した場合でA及びBは一括して申請する必要があるので，AはBに代位して区分建物の表題登記を申請することができる。

（2）法48条4項代位

Aの既登記の建物に区分建物をBが新築した場合，未登記の区分建物の所有者Bが代位してAの建物を区分建物にする建物の表題部の変更登記をいう。

（3）法52条2項代位

（2）の事例の場合で，AがBに代位してする区分建物の表題登記をいう。

（4）法52条4項代位

CとDの既登記の建物を接続して互いに区分建物となった場合，C（又はD）がD（又はC）に代位して区分建物にする建物の表題部の変更登記をいう。

6．弁済期前の代位登記

債権者代位権を行使するためには，債権者がその自己の債権の弁済期が到来していることが要件であるが，しかし保存行為については，債権の期限が来ていなくても代位権の行使ができる（民法423条②）。

たとえば抵当権の設定契約をして，その登記をする時期についてかなりの期間の猶予があったとしても，相手の未登記の建物に対して表題登記をするということは，まだ自己の弁済期が来ない場合でもなすことができるのである。これは抵当権の設定登記をなすための準備段階としての保存行為であるから，期限前でもなし得る。

7. 所有権の確認判決による代位

　たとえば乙が甲と争いのある建物に居住している場合に，甲がその建物は私のものであるから立退け，という請求と同時に所有権の確認を求めて裁判所に訴えたとしよう。

　いま仮にこの建物が未登記のときに，裁判所から勝訴判決によって甲の所有権の確認がされた場合に，甲はこの判決の正本を添付して乙に代位して表題登記をなし得るかという問題がある。

　これは本来乙が占有しているものであるが，甲の所有権が確認されているのであるから，もしこの判決の正本を添付して甲が乙に代位して表題登記をするならば，その表題部の所有者の欄には，所有者乙の名前が記録される。

　このような名義が表題部になされた場合に，保存登記をする者は当然乙であり，そして甲が所有権移転登記を受けるのには全く意味がない。そこでこのような未登記の建物について所有権確認の判決があれば，まず甲は自己名義で直ちに保存登記をすればよいわけであって（法74条①2号），債権者代位権によって表題登記をすることは意味がない。

8. 代位登記の代位

　たとえば図34に示すように，甲所有の土地400㎡のうち乙が200㎡を2,000万円で買った場合に，この土地を分筆して所有権移転登記を受ける前に，乙が丙に2,500万円でこの200㎡の土地を再売買したとしよう。

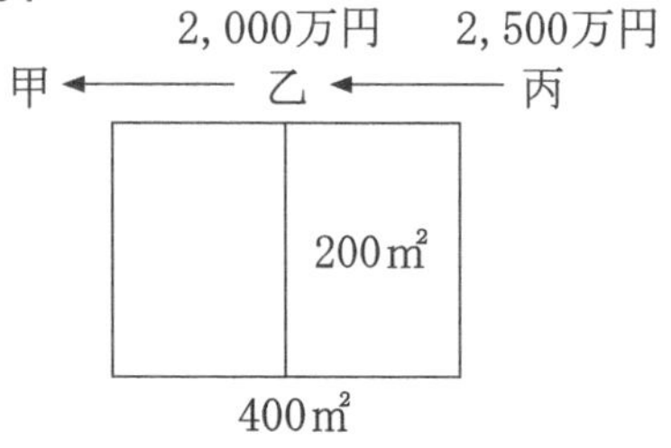

　この場合甲が乙に所有権移転登記をするために，この土地の分筆登記をしなければならないところそれをしない場合に，その乙の債権者丙が甲及び乙を代位して，つまり代位の代位によって甲所有の土地の分筆登記の申請をなし得るかという問題がある。

　債権者代位権は自己の権利を保全するために債務者に属する権利を代って行使するもので，この場合は債権者乙が債務者であり，したがって乙の権利を丙が代わって行使できるのであるから，乙が甲の権利を代わって分筆申請ができるのであれば，その権利を丙が代わって代位できることは当然である。したがって代位の代位登記もあり得るわけである。

　さらに，図35にあるように，いま甲が有する建物について，乙のために1,000万円で抵当権の設定をし，その抵当権を乙が丙に転抵当権の設定をなした場合に，甲がこの建物について，未登記であるのにその表題，保存登記をしないとき，乙は甲に代位して表題，保存登記をできるのは当然であるが，その転抵当権者の丙が抵当権者乙に代位して，甲の建物の表題，保存登記をなし得るかということが問題になる。

　転抵当権者丙は乙が有する権利を代わって行使し得るのであるから，転抵当権を有する丙は，当然転抵

図34

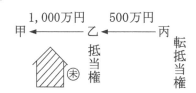

図35

当権設定契約書を代位原因を証する情報を提供して甲及び乙に代位してその表題，保存登記をなし得るのである。

9. 債務者に弁済の資力がある場合

　甲所有の土地の一部を乙に分筆をして売る契約をした場合，甲がその契約を履行しないときには，乙は甲に代位して分筆をできることは先ほど述べた。
　しかし甲がこの土地を分筆をして所有権移転登記をしない，つまり債務不履行になった場合でも損害賠償をするための十分なる資産を有していた場合には，乙は甲に代位して分筆の登記をなし得るかということが問題になる。
　そのことは，債権者代位権は自己の債権を保全するために債務者に属する権利を代わって行使することであり，債権の保全に必要であるということは，自己の債権が損害賠償債権にかわったことにより満足をする場合には，債権の保全に必要でなくなるのではないかという疑問が出てくるからである。
　そこで，この土地の特定債権を保全するために行使できるのか，それとも損害がなければその代位行使はできないのかということが問題になるわけである。
　民法423条の債権者代位権というのは，特定債権の保全のためにも行使し得るというのが基本である。
　それゆえ甲が，この土地を分筆して乙に所有権移転登記ができないという場合にその損害賠償を十分なし得るとしても，乙の取得したいのは土地に対する所有権である。乙は土地が欲しいのであって損害金が欲しいわけではない。
　そこで乙はこの土地を取得するために，甲所有の土地に対して代位して分筆登記をなし得る。
　一般に債権の対外的効力としては，民法424条で「詐害行為取消権」というのがあるが，これは債務者が財産がないにもかかわらず，つまり損害賠償債務にかわった場合に十分債権者を満足させることができない場合に，その債務者が財産をむやみに浪費する，あるいは他に売ってしまうというような事態が生じた場合に，債権者がこの債務者が第三者に贈与する行為を取消して自己の債権を保全しようという制度である。
　したがって詐害行為取消権は，総債権者の利益のために存するのであり，特定債権を保全するためにあるわけではない。そこでこのような場合については損害賠償債務を弁償できるときは，詐害行為取消権は行使できないとされているのである。
　これに対して債権者代位権の方は，特定債権を保全するために行使し得るのであり，その債権は総債権者の満足のために行使し得るものではない。
　したがって債務者が他に資産があり損害賠償をなし得る場合であっても，債権者代位権は当然行使し得るということになるのである。

土地家屋調査士本試験
択一試験　過去問題チェック

〔問〕登記の代位申請に関する次のアからオまでの記述のうち，**正しいもの**の組合せは，後記1から5までのうちどれか。

ア　所有権の登記名義人がAである甲土地の一部を買い受けたBが，当該部分にCを抵当権者とする抵当権を設定した場合であっても，Cは，A及びBに代位して甲土地から抵当権が設定された部分を分筆する登記を申請することはできない。

イ　Aが所有する甲土地及び乙土地を合筆の上Bが購入する契約を締結した場合には，Bは，Aに代位して合筆の登記を申請することができる。

ウ　土地区画整理事業を施行する者は，土地区画整理事業の施行のために必要がある場合には，所有者に代位して土地の分筆又は合筆の登記を申請することができる。

エ　1筆の土地につき相続によるA，B及びC共有名義の登記がされた後に，当該土地を3筆に分筆し，うち2筆をAが取得し，B及びCが残り1筆を共有取得する旨の遺産分割調停が成立した場合には，Aは，単独で，B及びCに代位して分筆の登記を申請することができる。

オ　甲土地の一部に地役権の設定を受けた地役権者Aは，甲土地の所有者Bに代位して分筆の登記を申請することができる。

1　アウ　　　2　アオ　　　3　イエ　　　4　イオ　　　5　ウエ

〔正解　5〕

ア　誤り。甲土地の一部を買い受けた部分に抵当権を有する抵当権者Cは，買主Bの代位権を行使して所有者Aに代位して分筆の登記を申請することができる。本肢は誤っている。

イ　誤り。合筆登記は，債権の保全とならない。売主との間に甲土地と乙土地を合筆の上購入する契約があったとしても，買主は売主に代位して合筆の登記を申請することはできない。本肢は誤っている。

ウ　正しい。施行者は，土地区画整理事業の施行の為に必要がある場合においては，所有者に代わって土地の分筆又は合筆の申請をすることができる（土地区画整理法82条①）。

エ　正しい。共同相続の登記後，当該土地を数筆に分筆し分筆後の土地をそれぞれ相続人らの一部の者の単有または共有とする旨の遺産分割の調停が成立した場合において，右調停に基づく土地の分筆登記をなすにつき他の相続人らの協力が得られないときは，当該土地の一部を相続することとなった者は右調停調書の正本又は謄本を代位原因証書とし協力を得られない者に代位して分筆登記の申請をすることができる（平2.4.24民三第1528号回答）。通達のとおり本肢は正しい。

オ　誤り。地役権（民280条以下）は，土地の一部に設定登記することができる（法80条①3号参照）。地役権者は，代位して分筆の登記を申請することができない。

　　以上により，正しいものはウエであり，正解は5。

土地家屋調査士本試験
択一試験　過去問題チェック

〔問〕地積の更正の登記に関する次のアからオまでの記述のうち，**正しいもの**の組合せは，後記1から5までのうちどれか。

ア　地積に誤りがある土地の一部について所有権を取得した者は，当該部分の所有権を証する情報を提供して，代位により地積の更正及び当該部分の分筆の登記を申請することができる。

イ　甲地の一部を乙地とする分筆の登記の申請において，申請しようとする分筆線の位置を誤って申請し，そのまま登記が完了した場合には，分筆線の位置を更正するために甲地及び乙地について地積の更正の登記を申請することができる。

ウ　地積に誤りがある土地の利害関係人は，当該土地の所有権の登記名義人に対し地積の更正の登記手続を命ずる判決を得て，代位により地積の更正の登記を申請することができる。

エ　代位による申請で地積の更正の登記がされた場合において，当該土地の所有権の登記名義人は，後日当該代位原因が存しなかったことを明らかにすれば，錯誤を原因として地積の更正の登記の抹消を申請することができる。

オ　測量の結果が，登記記録の地積と異なる場合において，その差が不動産登記規則に定められている誤差の限度の範囲内であるときであっても，地積の更正の登記を申請することができる。

　　1　アウ　　　　2　アオ　　　　3　イウ　　　　4　イエ　　　　5　エオ

〔正解　2〕

ア　全体を実測した地積測量図と登記記録の地積が一定の誤差の範囲を超えているときは，分筆の申請は却下されるため，代位で地積更正の登記を申請できる。正しい。

イ　地積の更正の登記により，分筆線の位置を更正することはできない。誤り。

ウ　分筆登記の申請人は表題部所有者又は所有権の登記名義人である（法39条）。利害関係人が土地の地積が誤っている場合に，判決を得ても地積更正の登記をなし得ない。誤り。

エ　代位による更正登記が無効でない以上，錯誤を原因とする地積の更正の登記の抹消は申請することはできない。誤り。

オ　測量の結果が，登記記録の地積と異なる場合は，誤差の範囲内であっても，地積の更正の登記を申請することができる。正しい。

　　以上により，アオが正しく，2が正解。

第12講　登記の一括申請

1. 意義

　登記簿は一筆の土地または一個の建物について一登記記録が備えられる。したがって，登記官が登記しやすいように，申請書も一個の土地について一の申請，一個の建物についても一の申請が原則である。しかしながらどのような場合でも一の申請でしなければならないとすると，かえって煩わしい場合もあり得る。それは登記官の誤記につながることになる。したがってむしろ同一の申請書で申請させた方が簡潔にいく場合も出てくる。

　登記令4条において，同一の登記所の管轄区域内にある数個の不動産に関する登記については，登記原因及びその日付，登記の目的が同一となるときに限って同一の申請書をもって登記の申請ができるというように規定をしている。ここで登記の原因及びその日付，登記の目的が等しい場合というのは，一字一句同じでなければならないのか，ここで検討してみよう。

2. 表示に関する登記の一括申請

　一個の申請情報によって申請することができる場合は，次のとおりである（規則35条）。
① 一筆の土地の一部を分筆して，これを他の土地に合筆しようとする場合の土地の分合筆の登記（規則35条1号）。
② 甲建物の登記記録から，甲建物の附属建物を分割してこれを乙建物の附属建物とする場合の建物分割合併登記（同2号）。甲の附属建物を乙の附属建物とする場合である（図36）。

図36

③ 甲建物の区分建物である附属建物を分割して，これを接続する乙区分建物又は乙建物の区分建物である附属建物に合併する場合の建物分割，合併登記（同3号）。

甲の附属建物を分割して乙建物に合併する登記（図37）（甲の附属と乙建物が相互に区分建物で接続する場合に限る）。

甲の附属建物を分割して乙建物の附属に合併する登記（図38）（甲の附属と乙の附属が相互に区分建物で接続する場合に限る）。

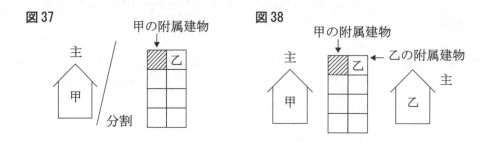

④　甲建物を区分して，その一部を乙建物の附属建物とする場合の建物の区分・合併の登記（同4号）。

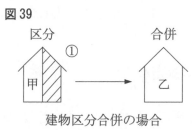

⑤　区分建物である甲建物を区分して，その一部を接続する乙区分建物又は接続する乙建物の区分建物である附属建物に合併する場合（同5号）。

つまり甲建物も乙建物も区分建物で相互に接続する場合に，甲建物を区分して，乙建物に合併する登記である（図40）。

甲建物と乙建物の附属建物が相互に区分建物で，接続する場合に，甲建物を区分して，乙建物の附属建物に合併する登記である（図41）。

⑥　同一の不動産について申請する2個以上の登記が，いずれも不動産の表題部の登記事項に関する変更又は更正の登記である場合（同6号）。

例えば図42の様に，平家建の建物を増築した事により隣地にまたがり2階建とした場合の登記の目的は，建物の所在地番，構造，床面積の変更であるが，これを同

一の申請でなし得る。また土地につき，地目の変更と地積の更正登記を申請する場合も，同一申請でなし得る。

同様に土地の場合も，たとえば一筆の土地の一部が河川のはんらんによって滅失し，地積が変更になり，同時に地目が変ったという場合については，地目変更や地積変更を一括して申請できる。

ところで図43に示すように，山林に建物を建て地目が変更になった場合に，測量したところ地積も誤っていることがわかった。そこで地積更正登記を同時にやりたい。このように地目変更と地積の更正登記についても一括して申請をなし得るかという問題がある。

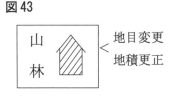

更正登記は，変更登記の一種であるから，地目の変更，地積の更正登記も一括して申請をなし得る。

このことは地目が誤って登記されているため正しい地目に直す地目の更正と同時に地積の変更登記を行う，「地目更正・地積変更登記」も一括してなし得ることになる。

⑦ 同一の不動産について申請する二以上の登記が，不動産の表題部の登記事項に関する変更の登記又は更正の登記と，土地の分筆もしくは合筆の登記，建物の分割，区分，合併の登記は一括して申請できる（同7号）。

本来，形成登記と報告的登記は登記の目的を異にし，一括申請ができないとされていたが，便宜認めることとなった（平成18年改正）。

例えば，山林である土地を造成して宅地にし，同時に分筆する場合土地の分筆及び地目の変更登記，あるいは主である建物及び附属建物が居宅の場合に，附属を店舗にして分割する場合の建物の分割登記と種類の変更登記を一括して申請する場合である（図44，45）。

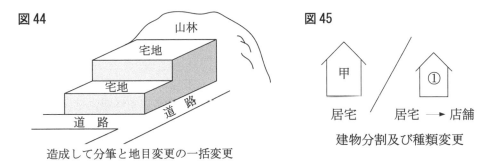

⑧ 同一管轄内にある1個又は2個以上の不動産について申請する2以上の登記がいずれも同一の登記名義人の氏名（名称）又は住所についての変更又は更正の登記である場合（同8号）。

例えば甲名義のA地又はB地につき，住所移転による変更登記と婚姻・養子縁組による氏名も変更（法人の場合は商号変更と本店移転による住所変更）は同一申請でなし得る。

表題部所有者のこれ等の変更も同様である（表題部所有者の表示変更）。

3. 登記の目的，原因及びその日付の等しい場合（規則35条9号）

先に登記令4条で，登記原因及びその日付，登記の目的が同一であるときは，一の申請でできるとされているので，ここでもう少し検討しよう。

（1） 権利に関する登記の一括申請
権利に関する登記の目的や原因が等しい場合としては，次の様な場合である。
① たとえば所有者の甲が数個の土地や建物を同一人である乙に同時に売買契約をしてその所有権移転登記をする場合，数個の土地や建物を一括でその所有権移転登記をなし得るのである。つまり登記の目的は所有権移転，登記の原因は同時に契約された売買である。このように登記の目的や原因及びその日付が等しい場合には，同時に数個の不動産の申請をなし得る。
② 次に債務者甲が債権者から1,000万円借りるに当たって，保証人Yの不動産と債務者甲の不動産に同時に抵当権を設定する場合について，甲の不動産に抵当権設定登記，Yの不動産にも同様にその登記をなすときは，原因関係が同日に契約された金銭消費貸借についての原因であって，一方については保証契約ではあるけれども，その原因は甲が金銭を借用したことにあるので，このような場合については，目的の抵当権設定登記は，原因が等しいものとされ，一括申請でなし得るわけである。

登記の目的が等しい場合について理解を深めるためにもう少し事例を挙げる。
③ たとえば債務者の甲が債権者の乙から1,000万円借りるに当たって，抵当権の設定契約をその所有するA地にした。この場合乙は抵当権の設定登記と所有権移転請求権仮登記の2つの権利を設定したとしよう（図46）。

図46

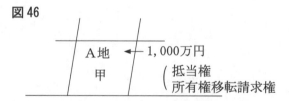

一般に所有権移転請求権仮登記というのは，甲が金銭を期限に弁済できない場合については，乙がその貸した金にかわって土地の所有権の移転登記を受けるという，いわゆる代物弁済契約の予約のためにする登記である。

このように乙に抵当権の設定登記，代物弁済に基づく所有権移転請求権仮登記の2つの登記がある場合に，いま債務者の甲が1,000万円と利息を弁済して債務がなくなったときには，その抹消登記をすることになる。この場合に抵当権の抹消，所有権移転請求権仮登記の抹消登記を同一申請でなし得るかという問題がある。

いま登記の目的や原因が等しい場合というので，抹消登記という登記において等しいものであれば，これら抵当権や所有権移転請求権仮登記も弁済によってすべてその登記を抹消するのであるから，抹消登記において等しいということになる。したがってこれらの抹消登記も一括申請で同時になし得るとするのである。

このように登記の目的が等しいというのは，単に権利が等しいというわけではなく，変更や抹消等が等しいということである。
　登記の種類は，(1)記入登記，(2)変更更正登記，(3)抹消登記，(4)回復登記に分れる。これらの種類のいずれかに該当すれば，その登記の目的は等しいと考えることができる。
　そこで表示に関する登記についてこれらの理論を当てはめてみよう。
　まず記入登記は，登記簿に始めて登記をいい，いわゆる表題登記は，記入登記である。
　また変更登記は，建物の種類・構造・床面積・所在地番変更，土地の地目・地積の変更，これら一切を指すのである。
　抹消登記は，土地滅失，建物滅失，あるいは重複登記の場合の抹消登記，表題登記の抹消登記をも含む。
　表示に関する登記は，登記の種類としては表題登記，変更登記，形成登記に分けることができる。

(2) 表示に関する登記の一括申請
1) 表題登記

　たとえば甲がＡＢ二個の建物を建てて，同時に二個の建物として表題登記をなす場合において，一の申請で二個の建物の表題登記をなし得るのである。この場合，Ａ建物とＢ建物の竣功の年月日が違っている場合にも，同様に表題登記をなし得る。つまり表題登記においては，その完成した年月日が判明している場合については記載をすれば足りるのであって，竣功の年月日が重大な要件となるわけではないので，その完成した年月日が異なる場合においても，二個の建物を一括で表題登記をなし得る。

　また甲が未登記のＡ建物を丙から売買によって取得し，同様にＢ建物を乙から贈与によって取得した場合を考えてみると，いま双方の建物の表題登記を同時になし得るかという疑問が生ずる（図47）。Ａ建物は売買，Ｂ建物が贈与であるとすると取得原因が違うからである。つまり取得の原因が違う場合には一括申請をなし得ないのではないかという疑問が出てくる。
　ところで甲が丙からＡ建物の所有権移転登記，乙から贈与によってＢ建物の所有権移転登記をするの

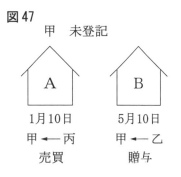

図47

であれば，登記の目的が所有権移転であっても原因が売買と贈与と異なるものであるから一括して申請をなし得ない。
　しかし図47に示すような未登記の建物を取得したものであれば，登記の目的は双方表題登記であり，原因は「令和何年何月何日新築」というように取得の原因が売買とか贈与とか記録されるわけではないので，所有権の取得の原因が異なる場合においても，当然数個の建物の表題登記は一括して申請をなし得るわけである。

2) 表題部の変更登記
　登記の目的が等しいということは，その言葉が等しいという意味ではない。
　① 主と附の変更登記

ところで主である建物と附属建物の変更登記を一の申請でなし得るかという問題がある。たとえば図48に示すように平家建の主である建物があり，その平家建の建物を2階建として増築をし，さらに附属1を取壊し，同時に附属2の建物を新築したとしよう。この場合に一括申請でなし得るか。

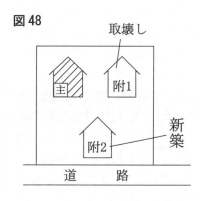

図48

まず主である建物の床面積の変更と附属建物の新築登記は，その種類が異なるかという問題である。

附属建物は滅失したり，あるいは新築をした場合でも表題登記とは違うのである。附属建物の新築は表題登記ではない。要するに附属の新築は建物の変更登記と考えればよい。附属1が取壊しになった場合も変更登記であり，附属2の新築も変更登記であるので，当然一括して申請をなし得るわけである。この場合は建物表題部の変更登記として申請すればよい。

もっとも主である建物に変更がなく，附属1を滅失させて附属2を新築した場合には，附属建物滅失及び附属建物新築登記として申請してもよいのである。

② 表題登記と滅失登記

まず表題登記と滅失の登記は一括して申請することができない。

たとえば図49に示すように，A建物が滅失し同じ敷地にB建物を新築したとしよう。この場合には建物の滅失登記と別の建物の表題登記は一括して申請することができない。この場合には建物の滅失登記と建物を新築した場合の表題登記であるから，別個の申請でしなければならないことになる。一括して申請することはできない（登記令4条）。

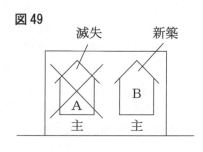

図49

③ 表題登記と変更登記

このように表題登記と滅失登記を同時に申請することはできない。表題登記と変更登記も同様である。

たとえば，建物を新築し，その表題登記をしないうちにその建物を増築した場合を考えてみよう。

この場合にはまず表題登記をなし，しかる後に床面積の変更登記をしなければならないかという問題である。表示に関する登記は中間省略登記も認められているのであるから，増築後の建物を新築したものとして建物の表題登記をなせばよいのであって，表題登記と床面積の変更登記の二つの申請をする必要はない。また，申請することもできない。

3) 主である建物を取壊した場合

たとえば図50に示すように，甲主である建物を取壊し，同時に附属建物を増築して

床面積が変更したとしよう。この場合甲主である建物と附属建物は登記法上一個の建物であるので，主が滅失した場合でも表題部の変更登記として申請をなし得る。

附属建物が滅失したときは，表題部の変更であるから，逆に主である建物が滅失しても，同様に考えてよい。

この附属建物のある主である建物の滅失により表題部の変更の登記をする場合は，登記記録中表題部の主である建物の「原因及びその日付」欄に「年月日取壊し」,附属建物の「原因及びその日付」欄に「令和何年何月何日主である建物に変更」と記載する（準則102条）。

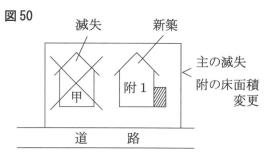

4) 一筆の土地の一部が別地目となった場合

このように形成登記と一般の変更登記は同時になし得ることになる。同様に一筆の土地の一部が別地目に変わった場合については，その地目を変更するために分筆をしなければならない。この場合については従来から分筆・一部地目変更登記として一括して申請をなし得るとされていた。

たとえば図51に示すように，畑のまん中を道路として使用している場合については，畑・道路という地目は当然あり得ないため分筆をする必要がある。

この場合には分筆一部地目変更登記として，一の申請ですることができる。

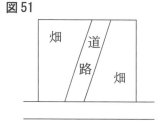

4．表示に関する中間省略登記

そのほか一括申請の問題とは直接関係ないが，たとえば土地の地目が畑から山林，山林から宅地と変更になった場合に，その変更登記をしていない場合は畑から現在の宅地に直接変更登記をすることができる。

このように地目が変更になった場合に登記をしていないときには，その変更の過程を追って順に地目の変更登記をすることは意味がない。

表示に関する登記は，現在の登記簿と不動産の現況との一致がその主たる目的となるものであるから，中間の変更登記を登記簿上反映させる意味がないからである。

同様に建物の種類が居宅から店舗に変わり，店舗から事務所に変更した場合に，同じように居宅から事務所に直接変更登記をなし得るのである。

このように直接現在の状況に合わせて登記をする場合を中間省略登記と呼んでいる。

このように表示に関する登記は，その不動産の変化の状況を明らかにするよりも，不動産の現況と登記簿との一致を主たる目的としている関係で，中間省略登記は自由に認められるのに対して，権利に関する登記はその権利の移転経路を明確にする関係上，中間省略登記は認められない。

5．区分建物の一括申請と合体登記の一の申請

　区分建物の表題登記は，その区分建物の属する一棟の建物に属する他の区分建物と併せて申請しなければならない（法48条①）。つまり，分譲マンションの表題登記は一括して申請しなければならないのである（図52）。

　なお，全ての申請がされるのであれば，各別の申請書でもよいとされる。

　また，建物を合体した場合には（図53），合体後の建物の表題登記及び合体前の建物の表題部の登記を抹消しなければならないが，これは必ず一の申請でしなければならない（法49条①）。また，所有権の登記のない建物とある建物を合体したときは，所有権の保存の登記も併せて申請しなければならない（同項後段）。これには，例外がない。

　区分建物の表題登記は，一の申請でする必要がなく，「他の区分建物についての表題登記の申請と併せてしなければならない」（法48条①）と表現され，合体登記の場合は，登記令5条1項に「合体による登記等の申請は，一の申請情報でしなければならない。」とされている。合体の場合は，これによらない申請は，法25条5号により却下される。

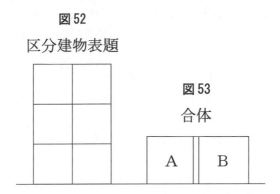

図52
区分建物表題

図53
合体

土地家屋調査士本試験
択一試験　過去問題チェック

〔問〕一の申請情報で申請する登記に関する次のアからオまでの記述のうち，**正しいものの組合せ**は，後記1から5までのうちどれか。

ア　甲建物を区分して，その一部を乙建物の附属建物とする建物の区分の登記と建物の合併の登記は，一の申請情報で申請することはできない。

イ　甲土地についてする地積の更正の登記と更正後の分筆の登記は，一の申請情報で申請することができる。

ウ　甲土地についてする表題部所有者の住所の変更の登記と合筆の登記は，一の申請情報で申請することはできない。

エ　甲土地についてする地目の変更の登記と地積の更正の登記は，一の申請情報で申請することができる。

オ　同一の登記所の管轄区域内にある甲建物の滅失の登記と乙建物の表題登記は，登記名義人が同一であれば，一の申請情報で申請することができる。

　　1　アウ　　　　2　アエ　　　　3　イエ　　　　4　イオ　　　　5　ウオ

〔正解　3〕

ア　誤り。甲建物を区分して，その一部を乙建物の附属建物としようとする場合において，建物の区分の登記及び建物の合併の登記は，一の申請情報で申請することができる（規則35条4号）。

イ　正しい。同一の不動産について申請する二以上の登記が，不動産の表題部の登記事項に関する更正の登記，土地の分筆の登記は，一の申請情報で申請することができる（規則35条7号）。

ウ　誤り。表題部所有者の住所の変更の登記と合筆の登記は，一の申請情報で申請することができる（規則35条7号）。

エ　正しい。地目の変更の登記と地積の更正の登記は，一の申請情報で申請することができる（規則35条6号）。

オ　誤り。甲建物の滅失の登記と乙建物の表題登記は，登記の目的が異なり一の申請情報で申請することができない（登記令4条）。

　　以上により，正しいものはイエであり，正解は3。

土地家屋調査士本試験
択一試験　過去問題チェック

〔問〕次のアからオまでの表示に関する登記のうち，**一の申請情報によってその申請をすることができるもの**は，幾つあるか。

ア　甲土地の一部を分筆した上でこれを乙土地に合筆する場合における分筆の登記及び合筆の登記
イ　甲建物を区分した上でその一部を乙建物の附属建物とする場合における建物の区分の登記及び建物の合併の登記
ウ　附属建物の登記がされている甲建物の主である建物の種類を変更し，同時に，その附属建物を分割して乙建物とする場合における建物の表題部の登記事項に関する変更の登記及び建物の分割の登記
エ　甲建物を取り壊してその跡地に乙建物を新築した場合における建物の滅失の登記及び建物の表題登記
オ　同一の登記所の管轄区域内にある甲土地と乙建物の表題部所有者の氏名に変更があった場合における甲土地及び乙建物の表題部所有者の氏名についての変更の登記

1　1個　　　　2　2個　　　　3　3個　　　　4　4個　　　　5　5個

〔正解　4〕

ア　土地の分合筆登記は，一の申請情報によって申請できる（規則35条1号）。
イ　建物の区分合併の登記の申請は，一の申請情報によって申請できる（規則35条4号）。
ウ　建物の種類の変更及び分割の登記は，一の申請情報によって申請できる（規則35条7号）。
エ　建物の滅失の登記と表題登記は，登記の目的を異にするので一の不動産ごとに申請しなければならない（登記令4条）。できない。
オ　同一の所有者の土地及び建物の表題部所有者の表示の変更登記は，一の申請情報によって申請できる（規則35条6号）。

　　よって，できるものはアイウオの4個で，正解は4。

第13講　登記申請の受付と却下及び取下

1. 登記申請の受付と受領書の交付

　登記の申請書の提出があったときは，直ちに受付帳に所要の事項が記載され受理される（法19条①）。申請書類に不備な点があった場合でも，受付帳の記録を省略して，便宜申請人やその代理人に申請書を返す取扱いはできない（準則31条③）。
　なお，登記の申請に不備があっても登記官が定めた期間内に補正された場合は却下されない（法25条）。なるべく事前にその旨を申請人や代理人に告げ，その申請の取下のチャンスを与えるものとされる（準則31条④）。
　申請書を受取った場合は，受付帳に登記の目的，受付年月日及び受付番号並びに不動産所在事項を記録する。申請書には受付年月日及び受付番号が記録され，同一の不動産に関して同時に数個の申請があった場合には，同一の受付番号が記録される（法19条③）。
　そして，書面申請において登記が完了するまでの間に申請者がその受領証の交付を請求した場合には，登記官はその受領証の交付をする（規則54条③）。その請求人は，申請書の内容と同一の内容を記載した書面を提出しなければならない。そして，これに登記官が受付年月日及び受付番号並びに職氏名を記載し職印を押印して，受領証として交付される。なお，この書面の申請人の記載については申請人が二人以上あるときは申請書の筆頭に記載した者の氏名とその他の人数を記載すれば足りる（規則54条②）。

2. 登記申請の却下事由（法25条）

　表示に関する登記の却下事由としては，次の場合がある（法25条）。

（1） 事件がその登記所の管轄に属しない場合（1号）
　表示に関する登記も，不動産の所在地の管轄登記所ごとに登記の申請をなす。
　なお，建物が数個の登記所の管轄にまたがる場合において，その建物の表題登記を申請するには，その一個の登記所に提出すればよい（法6条③）。したがって二個の管轄にまたがる建物の表題登記は，申請人はいずれの登記所に申請しても管轄違反にはならない。
　もっとも二個の登記所の管轄にまたがる建物について合併登記の申請をなす場合については（準則5条），必ず主である建物の管轄登記所に提出をしないと却下される。

（2） 事件が登記事項以外の事項の登記を目的とするとき（2号）
　例えば，入会権は物権であるが（民法263条），登記することができない権利であり（法3条），これを登記事項とした申請は却下される。

(3) 申請に係る登記が既に登記されているとき（3号）

たとえば，Aを表題部所有者とする建物の登記があるにもかかわらず，真実の所有者Bが，当該建物について表題登記を申請した場合である。この場合は，所有者の更正登記である(法33条①)。

(4) 申請権限のない者の申請（4号）

たとえば，表題部所有者の更正の登記は，その不動産の所有者から申請しなければならない（法33条①）。にもかかわらず，表題部所有者から申請した場合である。

(5) 申請書が方式に適合しない場合（法25条5号）

申請の方式は，電子申請又は書面申請のみであり（法18条），これ以外の申請である。

また，登記令3条に申請情報の内容を規定するが，その他登記令別表の必要的記載事項を欠いた場合である。

特に，分筆あるいは合筆後の承役地について，地役権の存続する部分の表示がない場合や，合体の登記の申請において，合体前の建物に所有権の登記があるにもかかわらずこれを表示しない場合，抵当権等の消滅承諾がないにもかかわらずこれを表示しないなど，登記法で規定されている事項について表示がない場合である。

(6) 申請書に必要なる書面または図面を添付しない場合（法25条9号）

登記令7条の他，登記令別表各項の添付情報欄に必要添付書類が規定されている。必要なる書面とは，その登記の目的によって添付しなければならない，所有権証明書，登記識別情報，印鑑証明書，地役権証明書，承諾書，所有者の表示変更証明書，代理権限証書等の書類である。

たとえば建物の表題登記に所有権証明書が添付されなかったり，所有権の登記ある土地，建物の合併登記の申請書に印鑑証明書の添付がない場合である。

さらに必要な図面を添付しない場合とは，土地所在図，地積測量図，地役権図面，建物図面，各階平面図等の図面の添付がない場合である。

たとえば土地の表題登記において土地所在図や地積測量図の添付がない場合，あるいは土地の分筆登記の申請において地積測量図の添付がない場合，建物の表題登記，床面積変更登記等において建物図面，各階平面図の添付がない場合，あるいは分割後の土地の一部に地役権が存続する場合において地役権図面の添付がない場合等である。

なお，農地の転用許可書はここには該当しない。

(7) 法23条1項の期間内に同項（事前通知）の申出がない場合（法25条10号）

表示に関する登記においては，所有権の登記ある土地，建物の合体・合併の場合に，添付すべき登記識別情報を提供できない場合（登記令8条①1号～3号），登記官が事前通知を発してから2週間内（外国に住所を有する場合は4週間）に登記申請が真実である旨の申出がないときは期間満了日の翌日の日付をもって却下される（準則28条⑧）。

(8) 土地または建物の表示に関する登記の申請書に掲げたる，土地または建物の表示に関する事項が，登記官の調査の結果と符合しない場合（法25条11号）

登記の申請書に記載した事項と登記官の実地調査の結果が合致しなければ，本号によって却下されるが，すべて却下になるわけではない。

たとえば土地の表示に関する登記の申請書に記載した地積と登記官の実地調査の結果による地積の差が，申請書に記載した地積を基準にして，規則77条第4項の地積測量図の誤差の限度内であるときは，申請書に記載した地積を正当とされる（準則70条）。

(9) 登録免許税を納付しないとき（法25条12号）

所有権の登記ある土地，建物の分割や合併又は合体の場合において，登録免許税を納付しなければ却下になる。

(10) 登記すべきものでないとき（法25条13号）

登記令20条に登記すべきものではない登記が示されている。

① 申請が不動産以外のものについての登記を目的とするとき（1号）

これは原則として動産は登記できないから当然，却下される。

たとえば，建物としては認定できない建造物を建物として申請した場合である。

② 申請に係る登記をすることによって表題部所有者や登記名義人は当然権利の主体となる者であるから権利能力がある者でなければならない（2号）

権利能力は自然人のほか，会社，法上の営利法人（株式会社，合名会社，合資会社，合同会社等），その他公益社団法人及び公益財団法人の認定に関する法律によって認定された公益法人，及び一般社団法人・一般財団法人に関する法律によって設立された法人がある。

死亡した所有者や消滅した法人は，権利能力を有しないことになるが，区分建物については例外とされ，これらの原始取得者を表題部所有者とする区分建物の表題登記をすることができる（法47条②）。

③ 登記できないものとされているとき（3号）

A 表題部所有者又はその持分についての変更の登記。これは，その不動産について所有権の保存登記をしてから，所有権の移転登記をしないと登記をすることができないからである（法32条）。つまり表題部所有者の変更は権利の主体の変更であり，持分の変更は持分の移転にあたるため，表示に関する登記ではできない。

B 土地の合筆の登記や建物の合併の登記の制限の規定に反する登記（法41条，法56条）や，敷地権として登記された区分建物は土地の持分と一体化されているから，区分建物か，土地の一方のみを目的として所有者の移転登記はできない旨の規定に反する登記（法73条②，③）。

C さらには地役権の設定登記について要役地にも所有権の登記がないとき（法80条③）。これらに反する登記は，各々なし得ないことになる。

④　申請が不動産の一部を目的とする登記は却下される。ただし地役権は例外である（4号）

　これは一物に一個の権利のみが存続し，その一部には登記できない。

　表示に関する登記では，未登記の土地の表題登記をする場合において，どこまでを一区画とするかは，土地の所有者の自由であり全体の表題登記をして，分筆するということではない。

　また未登記の数棟の建物を，どれを1個の建物として登記するかは，所有者の意思にもよるものであり，本号には該当しない。

　当然，承役地にする地役権の登記は，土地の一部に登記することができる「一物一権主義」の例外である。

3．却下の手続き

　登記官が登記申請を却下するときは，却下決定書を作成し，これを申請人または代理人に交付する。さらに，書面申請の場合その申請人に申請書以外の添付書類は還付される（規則38条③，準則28条①）。

　したがって登記申請書を却下された場合については，その申請書は返ってこないから，その申請書に貼りつけた印紙等については，再使用の証明の申出ができない。ゆえに，現金によって還付されることになる。

　却下の決定書は，申請人に交付するもののほか登記所に保存すべきものを1通作成する（準則28条①）。

　なお，登記官は書面申請の場合の添付書面が偽造された書面その他不正な登記申請のために用いられた疑いがある書面については還付しない（規則38条③）。

　この還付しなかった申請書の適宜の余白にその理由を記載し，還付しなかった添付書面は，申請書とともに申請書類つづり込み帳につづり込むものとする（準則28条⑥）。なお捜査機関がこの還付されなかった偽造書類を押収する場合にはこれに応じなければならない（準則28条⑦）。

4．登記申請の取下（規則39条）

　登記申請の取下は，書面申請の場合は書面によってなす。電子申請の場合は法務大臣の定めるところにより，申請を取り下げる旨の情報を提供してなす。なお登記申請の取下は，登記完了後はすることができない（規則39条②）。

　なお，申請書を補正のため取下げる場合は，申請代理権の一環としてなし得るが，申請を取止める取下げは，特別の委任を要するとされる。

　登録免許税の還付については，再申請するのであれば再使用証明を得るか，再申請しないのであれば，現金還付の請求をすることになる。

　登記官は，登記申請が取下げられた場合には，受付帳に「取下」と記録しなければならない。取下書に受付年月日に及び受付番号を記載し，これを申請書類つづり込み帳につづり込むものとする（準則29条②）。

なお，数個の登記申請を同一の申請書で申請した場合についても，その一部の取下ができる。この場合には受付帳に「一部取下」と記録するほか，申請書には，取下にかかる不動産の表示の上部に，別記44号様式によって印版を押印し登記の目的を記録する(準則29条④)。
　もっとも，数個の土地について一の申請書で，その分筆登記の申請をなした場合について，その一部の取下をなす場合に，取下げに係る不動産の所在の記載の上部に印判を押印する。なお，申請書に登録免許税に関する記録があるときは申請人に補正させ，その部分の添付書面を還付する（準則29条⑤)。なお偽造された疑いのある添付書面は還付されない。

土地家屋調査士本試験
択一試験　過去問題チェック

〔問〕表示に関する登記の申請の却下又は取下げに関する次のアからオまでの記述のうち，正しいものは幾つあるか。

ア　書面申請が却下されたときは，偽造された書面その他の不正な登記の申請のために用いられた疑いがある書面を除き，添付書面は還付される。

イ　登記の申請がされた場合において，登記官が，当該登記の申請が不正な登記の申請であるとの疑いがあると認めたときは，申請人は，当該登記の申請を取り下げることができない。

ウ　登記識別情報の提供を要する登記の申請がされた場合において，登記官が事前通知をしたときは，申請人は，登記名義人が当該事前通知に対して回答をするまでの間は，当該申請を取り下げることができない。

エ　土地の分筆の登記及び当該分筆後の一の土地と他の土地との合筆の登記の申請を一の申請情報によってしたときでも，申請人は，合筆の登記の申請のみを取り下げることができる。

オ　申請の取下げは，登記完了後は，することができない。

1　1個　　　2　2個　　　3　3個　　　4　4個　　　5　5個

〔正解　3〕

ア　正しい。偽造された書面その他の不正な登記の申請のために用いられた疑いのある書面を除き，添付書面は還付される（規則38条③）。

イ　誤り。登記官が不正な申請であると疑いを認めた場合，添付書類は返還しない（規則39条③）とされるが，登記の申請を取り下げることができないとする規定はない。

ウ　誤り。法23条1項の事前通知がなされた場合，その回答をするまでの間，登記の申請を取り下げられないといった規定はない。

エ　正しい。一の申請情報によって二以上の登記の申請をした場合には，その一部を取り下げることができる（準則29条④参照）。

オ　正しい。申請の取下げは，登記完了後は，することができない（規則39条②）。

以上により，正しいものはアエオの3個であり，正解は3。

第14講　登記識別情報と事前通知

1．登記識別情報

（1）登記識別情報の通知

　従来登記官が登記を完了したときに，登記原因証書又は申請書副本に申請受付の年月日，受付番号，順位番号及び登記済の旨を記載し登記所の印を押捺して登記権利者に還付したものを，権利に関する登記済証という。現在は書面申請の場合も含めて，登記済証は全て廃止され，登記識別情報に代わった。

　ただし，従来の登記済証を所持している者が，その不動産を売却して所有権を移転するとき，又は抵当権の設定登記をするときは，登記義務者として登記識別情報のかわりに所持している登記済証を添付して申請することになる。

　現在の登記は全てコンピュータによる管理となるため，誰が登記名義人かを識別する符号を含んだ番号が各不動産の権利者ごとに記録され登記名義人に通知されることになる。これを登記識別情報といい，12桁の符号を含んだパスワード的なものである（例　A 12 B 34 C 56 D 78　規則61条）。

　登記官は，登記をすることによって申請人自らが登記名義人となる場合において，登記を完了したときは，速やかに，当該申請人（登記名義人）に対しその登記に係る登記識別情報を通知することになる（法21条）。表示に関する登記では，所有権の登記がある土地の合筆，建物の合併，合体による登記である（登記令8条参照）。

　この登記識別情報の通知は，法務大臣が別に定める場合を除き，電子申請のときは，登記識別情報を電子情報処理組織を使用して送信しこれを申請人等の電子計算機に備えられたファイルに記録する方法（規則63条①1号）か，書面申請のときは，登記官が本人を確認した上で登記識別情報に目隠しシールを貼って通知書を交付する（規則63条①2号）。なお官庁又は公署が登記権利者のために登記の嘱託（法117条①）をしたときの登記識別情報の通知は例外として登記識別情報を記載した書面を送付の方法による交付を求めることができる（規則63条の2①）。

　なお，上記の法務大臣が別に定める場合とは，登記の申請を電子申請したときであっても，当面，登記識別情報通知書の交付を申し出ることができるとされる。

　登記識別情報は登記権利者（申請人）に通知するが，次の場合は代理人等に通知する（規則62条）。

　　① 法定代理人（不在者財産管理人（民法25条），相続の遺言の執行者（民法1015条）後見人（民法839条，843条），親権者（民法818条），その他支配人等）によって申請している場合は当該法定代理人。

　　② 申請人が法人である場合，当該法人の代表者（株式会社，合名会社，合資会社，合同会社の代表者）。

　　③ 登記識別情報を受理するための特別の委任を受けた代理人（この代理人には土地

家屋調査士も特別の授権があればなり得る。なお特別に委任を受けた代理人の資格には制限がなく親族，友人等誰でも良い）。

また登記識別情報は，登記済証の再発行が認められていなかったのと同様，再通知されることはない。

（2） 登記識別情報の通知を要しない場合

① 登記識別情報は，例えば売買によって不動産の所有権を取得した買主が所有権の登記識別情報を他人に知られ，悪用されることをおそれて，その通知を希望しない旨を申出た場合（法21条ただし書，規則64条1号）。これは官庁，公署が登記権利者のため登記の嘱託をした場合に，当該権利者が登記識別情報の通知を希望しない申出があったときも同様である。

② 電子申請の場合に登記識別情報の通知を受ける登記権利者が登記官の使用する電子計算機に備えられたファイルに登記識別情報が記録され，電子情報処理組織を使用して送信する事が可能になった時から，30日以内に自己の使用する電子計算機に備えられたファイルに当該登記識別情報を記録しない場合（規則64条2号）。

③ 書面申請のときは登記官が本人を確認した上で登記識別情報の通知書を交付するが，その通知を受けるべき権利者が，登記完了の時から3ヵ月以内に登記識別情報を記載した書面を受領しない場合（規則64条①3号）。

④ 登記識別情報の通知を受けるべき権利者が官庁又は公署である場合。但し当該官庁又は公署があらかじめ登記識別情報の通知を希望する旨の申出をした場合は除かれる（規則64条①4号）。

（3） 登記識別情報の失効の申出

登記名義人が登記完了後，登記官より登記識別情報の通知を受けた場合，その本人又は相続人その他の一般承継人は，登記官に対し，当該通知を受けた登記識別情報について失効の申出をすることができる（規則65条①）。

この申出をするには次の事項を内容とする情報を登記所に提供しなければならない（規則65条②）。

A．申出人の氏名又は名称及び住所
B．申出人が法人であるときはその代表者の氏名
C．代理人によって申出をするときは，当該代理人の氏名又は名称（調査士法人の場合）及び住所並びに代理人が法人であるときはその代表者の氏名
D．申出人が登記識別情報通知を受けた者の相続人その他の一般承継人であるときは，その旨及び登記識別情報の通知を受けた者の氏名又は名称及び住所
E．当該識別情報の登記に関する事項
　イ．不動産所在事項又は不動産番号
　ロ．登記の目的
　ハ．申請の受付の年月日及び受付番号

これ等登記識別情報の失効の申出は，他人に登記識別情報が知られた事による悪用される事をおそれた場合の措置である。

この申出は電子情報処理組織を使用して申出情報を登記所に提供する方法，又は申出情報を記載した書面を登記所に提出する方法による（規則65条③）。
　なおこの申出をなすさい，登記識別情報の通知を受けた者の氏名又は住所が登記簿の登記名義人の住所，氏名と異なるときは，申出情報とともに，変更，錯誤又は遺漏があった事を証する市町村長，公証人その他登記官等が作成した情報も併せて提供しなければならない。ただし公務員が職務上作成した情報がない場合はこれに代るべき情報を提供すれば足りる（規則65条④）。
　この登記識別情報の提供の通知を受けた者の相続人や一般承継人が，登記識別情報の失効の申出をする場合には，相続又は一般承継があった事を証する市町村長，登記官，公証人等公務員の作成した情報の提供を必要とする（規則65条⑤）。

(4) 登記識別情報を提供する方法

　所有権の登記ある土地の合筆や建物の合併，合体の登記を申請する場合は，登記識別情報を提供しなければならない（法22条，登記令8条）。
　その提供する方法は，次のとおりである。
　① 電子申請の場合は，法務大臣の定めるところに従い電子情報処理組織を使用して登記識別情報を提供する（規則66条①）。
　② 書面申請の場合は，登記識別情報を記載した書面を申請書に添付して提出する。この場合はこの書面を封筒に入れて封をしなければならない。そしてこの封筒には登記識別情報を提供する申請人の氏名と登記の目的及登記識別情報が在中する旨を明記しなければならない。
　　なお書面申請の場合に申請書に添付した登記識別情報を記載した書面は，登記官はその登記が完了したとき又は請求の審査を終了したときは，速やかに当該書面は廃棄される（規則69条①）。

(5) 登記識別情報に関する証明

　登記識別情報は登記名義人が登記上の権利者であることの本人確認のための情報であるから，登記義務者及び合筆等の申請人がその申請の時に提供する登記識別情報は有効なものでなければならない。そこで，あらかじめ登記識別情報が有効であることの証明を登記所に請求することができる（登記令22条①）。なお有効証明の内容として登記識別情報の番号等は表示されない。悪用されるおそれがあるからである。
　登記名義人又はその相続人，その他の一般承継人は政令で定める手数料を支払い，登記官に対し登記識別情報が有効であることの証明を請求することができる（登記令22条①,②，法119条③，④）。
　この証明の請求方法は電子情報処理組織を使用するか又は有効証明請求情報を記載した書面を提出してする事ができる（規則68条③）。
　この証明書の請求は有効証明請求情報として次の情報を登記所に提供しなければならない（規則68条①）。
　　イ．請求人の氏名又は名称及び住所
　　ロ．請求人が法人のときは，その代表者の氏名

ハ．代理人によって請求するときは，代理人の氏名，名称及び住所，代理人が調査士
　　　法人の場合はその代表者の氏名
　ニ．請求人が登記名義人の相続人その他の一般承継人であるときはその旨，及び登記
　　　識別情報を受けた者の氏名及び住所
　ホ．登記識別情報に係る登記の次の事項
　　　Ａ．不動産所在事項又は不動産番号
　　　Ｂ．登記の目的
　　　Ｃ．申請の受付の年月日及び受付番号
　　　Ｄ．電子情報処理組織により請求するときは，甲区又は乙区の別
　この証明の請求は有効証明請求情報と併せて，登記識別情報を提供しなければならない（規則68条②）。
　なお，資格者代理人が代理人となって，登記識別情報に関する証明を請求する場合には，請求する法人の会社法人等番号及び代理権限証書の提供をする必要がない（規則68条⑦カッコ内）。さらに，登記名義人の氏名若しくは名称又は住所に変更があっても，資格者代理人が請求するときは，これを証する情報の提供を要しない（規則68条⑮・⑤の準用）。相続があった場合も，これを証する情報の提供を要しない（規則68条⑮・⑥の準用）。
　ただし，資格者代理人が法人であるときの，代表者の資格を証する情報は提供しなければならない（規則68条⑭）。
　なお，登記官が証明に係る事項を交付する方法によるときは，送付の方法によりすることを申出ることができる（規則68条⑬・同197条⑥の準用）。

２．旧法の登記済証

（１）登記済証の添付

　登記所は紙による登記の形式をとるブック式登記所とコンピュータによる登記を認めるコンピュータ登記所があったが，平成17年3月7日に施行された不動産登記法の全面改正により，①ブック式登記所，登記簿という紙に記載する方式の登記所（ブック庁），②コンピュータ登記所。コンピュータによって登記を記録する登記所でオンラインの指定のない登記所（コンピュータ庁），③オンライン指定登記所。コンピュータによって登記記録をする登記所でオンラインの指定された登記所の三庁に分類された。
　現在では，全ての登記所がオンライン庁となった。
　なお，オンライン指定庁になって，すべての登記済証の制度が廃止になっても所持している登記済証が無効ということではない。
　つまり，従来の登記済証を交付された登記名義人が登記義務者としてオンライン庁に登記の申請をする場合は，従前の登記済証を添付して登記の申請をすることになる。
　登記官が甲区，乙区等の権利に関する登記を完了したときは，その登記原因証書（売買契約書や抵当権設定契約書），あるいは申請書の写しに，申請書受付の年月日，受付番号，順位番号，及び登記済の旨を記載し，登記所の印を押して登記権利者に還付されていた。これを登記済証といい，以後の登記の申請の際に添付した。
　これに対し表題部になす表示に関する登記については，所有権の登記ある土地，または建

物の合併及び合体による登記を除いて，たとえば土地の表題登記，地目の地積変更，建物の所在地番変更，種類・構造・床面積変更等の登記については，登記済の旨の記載と登記所の印のみが押されて還付されていた。つまり，これには申請の受付の年月日，受付番号，順位番号の記載はされていない（旧法60条）。これも登記済証というが，以後使用されることはない。

これに対して，表示に関する登記のうち，所有権の登記ある土地の合筆，建物の合併及び合体による登記については，申請書の副本に申請書の受付の年月日，受付番号，順位番号，登記済の旨を記載し登記所の印を押捺して，権利に関する登記と同様の記載がなされたのである。これも登記済証といい，以後添付することができる。

なお，甲区，乙区に行う登記名義人の表示変更や更正の登記，あるいは抹消の登記等については，単に登記済の旨及び登記所の印を押して還付されたわけである。これも登記済証というが，以後使用されることはない。

今，添付することができる登記済証としたものは，登記法改正後でも書面申請するときは，登記識別情報の代わりに添付することができる。

例えば，自己の土地の所有権を30年後に売却する場合や，土地を合筆する場合でも，登記済証を添付してする事になる。いずれにしろ，現在登記済証を所持する者が初めて登記義務者又は，合併等の申請をする場合は，すべて登記済証の添付をする必要があることに注意しなければならない。

3．登記識別情報を提供できない場合

従来登記済証が添付できないときは，登記を受けた成年者2名以上の保証人が登記名義人に間違いない旨を保証した保証書を添付することになっていた（旧法44条）。しかしこの制度はその機能の有効性に疑問が持たれており，平成17年の不動産登記法の改正で削除された。

このためこの保証書制度に代わり，事前通知を充実させることになった。

登記官は，申請人が登記識別情報を提供して申請しなければならない場合において登記識別情報を提供しないときは，登記義務者（合筆合併の場合は申請人）に対し一定の期間内にその旨の申出をするよう通知しなければならない（法23条①）。

本人の確認のための申出を催告することになる。この通知は電子申請の場合でも登記所から本人確認のための書面が送られることになる。登記官が事前に通知し，本人が間違いなく登記の申請をし，その内容が真実である旨の申出があって初めて登記することになる（法23条①後段）。

従前，保証書を提出して登記の申請をしたときは仮受付番号が付され，人違いない旨の申出があった時に本受付がされたが，改正後の事前通知の場合は，初めの登記の申請の際に，本受付番号が付されることになる。

（1）事前通知の方法

この事前通知は登記義務者（表示の場合は申請人）が自然人である場合は「本人限定受取郵便」又はこれに準ずる方法によってされる（規則70条①1号）。登記義務者が法人の場合は，

書留郵便等の配達記録が残るものによってなされる（同条①2号）。

この書面には，通知を識別するための通知番号等が記載されている（規則70条②）。また事前通知は本人が希望すれば，速達料の郵便切手等を提出して速達にしてもらうことができる（規則70条③）。

なお，登記の申請に間違いない旨の申出は，電子申請の場合は電子署名を行なった上，登記所に送信するか，書面申請の場合は，書面に通知に係る登記申請に間違いない旨を記載し，記名押印して登記所に提出する（規則70条⑤）。電子申請の場合，登記令14条の電子証明書の送信をしなければならない（規則70条⑥）。

また，登記申請の間違いがない旨の申出の期間は，登記官が通知を発送してから2週間以内，登記義務者の住所が外国にある場合は，4週間以内である（規則70条⑧）。

この期間内に間違いない旨の申出がないときは，当該申請は却下される（法25条10号）。

（2）前住所への通知

登記識別情報を提供できない申請が，所有権に関するものである場合（所有権の登記ある合筆，合併，合体等も含む）に登記義務者の住所がその登記の申請があった日から3ヵ月以内に，変更又は更正登記されていたときは，登記官は事前通知をするほか，登記記録上の前の住所にも登記申請があった旨の通知をする（法23条②）。つまり住所変更（更正）登記がされた後，3ヵ月を経過しないで，登記識別情報を提供しないで申請がされた場合は，虚偽申請の可能性もあるため，登記義務者の現在の住所に事前通知をなすと同時に，従前の住所にも登記申請があった旨の通知がされる。なおこの前住所への通知については，行政区画の変更や登記義務者が法人の場合と資格者代理人による本人確認情報の提供があり申請人が登記義務者であることが確実であると認められる場合は通知されない（規則71条②1号，3号，4号）。

この前住所へ通知の郵便は，原則として転送を要しない郵便物として書面を送付する方法でなされる（規則71条①）。事前通知は本人限定受取郵便であり，前住所への通知は転送不可の郵便であることに注意する。

この登記官の事前通知は，登記申請が法25条の規定により申請を却下する場合は，通知されないことは当然である（法23条③）。

4．資格者代理人等による本人確認情報の提供

登記識別情報の提供を必要とする登記申請の場合に，登記識別情報を提供しないで申請をしたときは，原則として登記官は事前通知をして本人を確認することになるが，次の場合は例外として事前通知がされない（法23条④）。

（1）資格者代理人による本人確認情報の提供

その1つは登記申請が登記の申請の代理を業とすることができる資格者代理人（土地家屋調査士，司法書士等）からの申請の場合において，登記識別情報を提供しないで申請した登記義務者（申請人）について，資格者代理人が本人であることを確認するための必要な情報を提供し，かつそれが相当であると登記官が認めた場合である（法23条④1号）。

資格者代理人の本人確認情報は次に掲げる事項を明らかにする（規則72条）。
　① 資格者代理人が申請人，法人の場合の代表者又はこれに代わるべき者と面談した日時，場所及びその状況
　② 資格者代理人が当該申請人と面識があるときは，面識がある旨及びその面識が生じた経緯
　③ 資格者代理人が申請人と面識がないときは，申請人が正当な権限を有する名義人であることを確認するために提示を受けた書類と申請人が権限を有すると認めた理由

この提示を受けた書類とは有効期限内の運転免許証，個人番号カード，国民健康保険，その他の社会保険の被保険者証で公的に証明された書類である（顔写真のあるものは一通，その他の場合は二通，規則72条②）。なお，資格者代理人が本人確認情報を提供するとき，その資格者代理人が登記の申請の代理を業とすることができる資格を証する情報を併せて提供しなければならない（規則72条③）。

資格者代理人が申請人の氏名を知りかつ当該申請人と面識があるときは，次のとおりである（準則49条①）。
　① 資格者代理人が当該登記の申請の3月以上前に，当該申請人について資格者代理人として本人確認情報を提供して（例えば合筆等の）登記の申請をしたとき。
　② 資格者代理人が当該登記の申請の依頼を受ける以前からその申請人の氏名及び住所を知りかつ当該申請人との間で親族関係や1年以上にわたる取引関係を継続した事実があるとき，等である

又，資格者代理人であることを証する情報は，次のとおりである（準則49条②）
　① 土地家屋調査士会連合会が発行した電子証明書（同会が提供する情報に基づくものも含む）
　② 当該資格者代理人が所属する土地家屋調査士会が発行する職印に関する証明書

なお，調査士会が発行した証明書は発行後3月以内のものである（準則49条③）

（2）公証人による本人確認

もう1つは，申請に係る申請情報を記載し，又は記録した書面又は電磁的記録について，公証人等から当該申請人が登記義務者であることを確認するために必要な認証がされ，かつ登記官がその内容を相当と認めるときである（法23条④2号）。

5．登記官による本人確認

（1）確認方法

登記官は，登記の申請があった場合，申請人となるべき者以外の者が申請していると疑うに足りる相当な理由があると認めるときは，申請を却下すべき場合を除いて，本人を確認しなければならない（法24条①）。

その方法として登記の申請人（法人の場合は代表者）又は代理人の出頭を求めて，質問をする事によって真偽を確認し，又文書の提示その他必要な情報の提供を求める事によりその申請人の権限の有無を調査しなければならない（法24条①）。従来登記官には形式的審

査権しかなく，申請書類が正しいものであれば，本人の実質的確認等は法上する権限がなかった。これに対し新法は形式的のみならず，実質的に申請当事者となり得ない疑わしい点があれば，その真偽について調査する権限を与え，かつ義務とした。

　なお，登記官は，登記の申請人（法人の代表者）又は代理人が遠隔の地に居住しているときや，相当と認めるときは，他の登記所の登記官に本人や代理人の質問・調査を嘱託することができる（法24条②）。

（2）　疑うべき事由

　次に掲げる場合は，申請人となるべき者以外の者が申請していると疑うに足りる相当な理由があると認めるときに該当する（準則33条）。

① 　捜査機関その他の官庁又は公署から，不正事件が発生するおそれがある旨の通報があったとき。
② 　申請人となるべき者本人からの申請人となるべき者に成りすました者が申請をしている旨又はそのおそれがある旨の申出（以下「不正登記防止申出」という。）に基づき，不正登記防止申出の措置を執った場合において，当該不正登記防止申出に係る登記の申請があったとき（当該不正登記防止申出の日から3月以内に申請があった場合に限る。）。
③ 　同一の申請人に係る他の不正事件が発覚しているとき。
④ 　前の住所地への通知をした場合において，登記の完了前に，当該通知に係る登記の申請について異議の申出があったとき。
⑤ 　登記官が，登記識別情報の誤りを原因とする補正又は取下げ若しくは却下が複数回されていたことを知ったとき。
⑥ 　登記官が，申請情報の内容となった登記識別情報を提供することができない理由が事実と異なることを知ったとき。
⑦ 　前各号に掲げる場合のほか，登記官が職務上知り得た事実により，申請人となるべき者に成りすました者が申請していることを疑うに足りる客観的かつ合理的な理由があると認められるとき。

（3）　不正登記防止の申出（準則35条）

　不正登記防止申出は，登記名義人又はその代表者若しくは代理人（委任による代理人を除く。）が登記所に出頭してしなければならない。ただし，当該登記名義人又はその代表者若しくは代理人が登記所に出頭することができない止むを得ない事情があると認められる場合には，委任による代理人が登記所に出頭してすることができる（準則35条①）。

　登記官は，不正登記防止申出があった場合には，当該申出人が申出に係る登記の登記名義人本人であること，当該申出人が申出をするに至った経緯及び申出が必要となった理由に対応する措置を採っていることを確認しなければならない（準則35条④）。

　そして，不正登記防止申出の日から3月以内に申出に係る登記の申請があったときは，速やかに，申出をした者にその旨を適宜の方法で通知しなければならない（準則35条⑧）。

土地家屋調査士本試験
択一試験　過去問題チェック

〔問〕登記識別情報の提供を必要とする登記の申請をする場合において，登記識別情報の提供をすることができないときの手続に関する次のアからオまでの記述のうち，**正しいもの**の組合せは，後記1から5までのうちどれか。

ア　登記識別情報の提供をすることができない場合には，申請情報にその理由を記載しなければならない。

イ　資格者代理人によって申請がされた場合であって，資格者代理人が本人確認情報を提供し，かつ，その内容が相当であるときは，登記官は，登記義務者に対して事前通知をする必要はない。

ウ　資格者代理人は，申請人の氏名を知らず，又は申請人と面識がないときは，登記官に対し，本人確認情報の提供をすることができない。

エ　登記識別情報が通知されなかった場合及び登記識別情報の失効の申出に基づいて登記識別情報が失効した場合に限り，登記識別情報を提供することができないことにつき正当な理由がある場合に該当するとして，登記識別情報の提供をすることなく登記の申請をすることができる。

オ　登記義務者が海外にあるなど正当な理由がある場合には，事前通知を資格者代理人に対して行うようにする旨の申立てをすることができる。

1　アイ　　　　2　アウ　　　　3　イオ　　　　4　ウエ　　　　5　エオ

〔正解　1〕

ア　登記識別情報の提供をすることができない場合には，その理由を記載しなければならない（登記令3条12号）。正しい。

イ　本人確認情報の提供があり，かつその内容が相当であるときは，事前通知はされない（法23条④1号）。正しい。

ウ　資格者代理人が申請人の氏名を知らず，又は申請人と面識がないときであっても本人確認情報を提供することはできる（規則72条①3号）。誤り。

エ　登記識別情報が提供できない正当な理由とは，「不通知」，「失効」のほか「失念」等がある（準則42条①）。誤り。

オ　外国に住所を有する場合，資格者代理人に事前通知をする規定はない（規則70条⑧参照）。誤り。

　　したがって，正しいものはアイで，1が正解。

土地家屋調査士本試験
択一試験　過去問題チェック

〔問〕登記識別情報に関する証明についての次のアからオまでの記述のうち，**誤っているもの**の組合せは，後記1から5までのうちどれか。

ア　登記識別情報に関する証明は，登記名義人及び利害関係人から請求することができる。

イ　登記識別情報に関する証明は，電子情報処理組織を使用して請求することはできない。

ウ　登記識別情報に関する証明は，提供する登記識別情報が有効であることのほか，登記識別情報が通知されていないこと又は失効していることについても請求することができる。

エ　登記識別情報に関する証明は，登記名義人である請求人の住所が登記記録と合致しない場合には，住所についての変更があったことを証する市町村長又は登記官の証明情報を提供して請求することができる。

オ　登記識別情報に関する証明は，土地家屋調査士が代理人として請求する場合には，所属土地家屋調査士会が発行した当該土地家屋調査士の職印に関する証明情報を提供して，当該請求に係る代理人の権限を証する情報を提供することなく，請求することができる。

1　アイ　　　2　アオ　　　3　イウ　　　4　ウエ　　　5　エオ

〔正解　1〕

ア　誤り。登記識別情報に関する証明は，登記名義人から請求することができるが，利害関係人からはすることができない（登記令22条①）。

イ　誤り。登記識別情報に関する証明は，電子情報処理組織を使用して請求することができる（規則68条③）。

ウ　正しい。登記識別情報が有効であることのほか，登記識別情報が通知されていないことまたは失効していることについても請求することができる（準則40条②）。

エ　正しい。住所が登記記録と合致しないときは，住所についての変更または錯誤もしくは遺漏があったことを証する市町村長，登記官その他の公務員が職務上作成した情報を提供して登記識別情報に関する証明を請求することができる（規則68条⑤）。

オ　正しい。資格者代理人は代理人の権限を証する情報の提供をすることなく，請求することができる（規則68条⑦）。

　　以上により，誤っているものはアイで，正解は1。

第15講　中間省略登記と職権登記

1．出頭主義の廃止

　従来，登記は登記権利者及び登記義務者またはその代理人が原則として登記所に出頭して申請することを要した（旧法26条）。
　出頭させる理由として，間違いのない登記の申請と受付番号の確保であったが，登記官に実質的な調査権がない以上，出頭した者に問いただすこともできず，意味がないのではないかと言われていた。
　これに対し，表示に関する登記は不動産の現況と登記簿とを一致させることが目的であるから，出頭主義の適用がなかった。このように表示に関する登記は登記所という国の機関と申請人が協力して不動産の現況をできるだけ真実に合致したものとして公示する必要から登記官の実施調査の制度があり，出頭主義の適用がないことは当然とされていた（旧法26条②）。
　唯一，表示に関する登記であっても第三者に対抗することができる「共用部分（団地共用部分）である旨の登記」（法58条②）や，建物の合体等の申請で所有権の保存の登記を申請するとき（平5.7.30民三第5320号通達第6，二（3））は，出頭して申請しなければならないものとされていた。
　これに対し，平成17年3月7日より施行された新不動産登記法は，電子情報処理システムによって登記を申請することができることとなったため，権利に関する登記もすべて出頭することを要しないものとされた。ただし，法24条の登記官による本人確認をするときは，出頭を求めることができる。

2．中間省略登記

（1）　権利に関する登記の中間省略登記

　中間省略登記は本来，権利の承継人を省略して次順位の権利者を登記することをいう。権利に関する登記は権利の移転経路を明確に登記記録に登記することを要し，原則として中間省略を認めない。例えばA所有の名義の不動産をBが買ったものを，Bに登記をせず，Bから買ったCに直接移転登記をすることはできないことになる。
　しかしこの場合，ABCの三者間の契約で，Aの不動産を直接Cに移転する旨をとりかわした場合は，判決又は和解調書等の裁判書があれば，これにより直接移転登記をなし得る。つまり，ABCの三者間の合意があって合意書を登記原因情報として提供して，C権利者，A義務者としてAからCに直接移転登記の申請は認められない。従って三者間の契約による中間省略登記はCはAに対し契約上の登記請求を有することになり，この権利の行使は裁判上行使しなければ，中間省略登記はなし得ないことになる。つまり契約上の登記請求権の行使によって中間省略登記を認める場合でも，その登記の移転経路は判決又は和解調書といっ

た公正証書によって明確になった場合に限り認めるということである。

（2） 表示に関する登記の中間省略登記

表示に関する登記は，権利の登記と異なって移転経路は問題にする必要がないことと，不動産の現況と登記記録との一致を一刻も速くなす必要上，原則として中間省略登記を認められる。

たとえば，建物の現況が居宅から店舗に変わり，さらに店舗から事務所に変わった場合に，直接，居宅から事務所に種類の変更をすることができる。

同様に，地目が雑種地から山林に変わり，山林から現在の宅地に変更になった場合でも，直接，雑種地から現在の宅地に変更登記ができる。

なお，表示に関する登記でも，土地の分筆や合筆等，登記をしないと効力が出ない形成登記は，中間省略登記の問題は生じない。不動産の現況の変更と関係がないからである。

したがって，表示に関する登記では土地の地目や地積が数次にわたって変更になった場合，行政区画の変更で土地の所在が数次にわたって変更になった場合，建物について，行政区画の変更による所在の変更，建物の現況の変更により種類，構造，床面積が数次にわたって変更になった場合等，中間の変更を省略して，現況の通り登記をすることができる。

なお，表示に関する登記と権利の保存登記の接点に関して次のような中間省略登記がある。

① 区分建物の保存登記

非区分建物の所有者Aが表題登記をしたものをBが買った場合，Bは直接，保存登記をなし得ず（法32条），Aが保存登記をしてBに所有権移転登記をなすことになる。これに対して区分建物の場合は，一棟の区分建物は一括して原始的取得者のみが表題登記ができ，区分建物の転得者は，表題登記の申請ができない（法47条②）。そこで，本来，所有権の保存登記は表題部所有者がなすが（法74条①1号），区分建物の場合は，表題部所有者から所有権を取得した者も，中間を省略して直接所有権の保存登記をなし得る（同条②）。この場合その区分建物が敷地権付の場合は敷地権（所有権，地上権又は賃借権）の持分移転の効力が生ずるため，敷地権の登記名義人の承諾を得る必要がある。

② 判決又は収用による保存登記

たとえば，Aが表題部所有者として登記されている建物をBが買った場合，Bが直接所有権の保存登記をなし得ないことは前述の通りであるが，Bが裁判所よりこの建物はBに所有権があることの確認判決を得た場合は，Bはこの判決書正本を添付して直接所有権の保存登記の申請をなし得る（法74条①2号）。つまりAの保存登記の中間省略登記となる。

この理論は土地収用によって，Aが表題部所有者として登記ある建物につき収用委員会の裁決があった場合にも適用される（法74条①3号）。

この場合，建物の起業者は収用の裁決が失効していないことの書面（一定の期限内に補償しないと裁決が失効するため，補償をした事を証するもの）を添付して直接所有権の保存登記の申請又は嘱託をなし得る（土地収用法100条，70条，95条①）。

3．職権登記

（1）職権登記の意義

不動産登記法28条によれば「表示に関する登記は，登記官が，職権ですることができる」とある。

これは，表示に関する登記は，不動産の現況と登記記録を一致させることを目的とするものであるから，所有者からの申請がなくても登記官は常に登記簿によって不動産の現況を把握できるようにしたいわけである。つまり現況がどのように存するか，たとえば建物が建ち，あるいは建った建物の床面積が増加し，平家が2階建になり，あるいは種類が居宅から店舗に変わった等を正確に把握するためには，どうしても登記官が職権で登記をしなければならないのである。

さらに見逃してはならないのは，税政策上の問題である。たとえば建物が建ち，その表題登記をする場合には，その税政策上では当然固定資産税を課すという問題が出てくる。そこで原則としてその竣功者に対して表題登記，あるいは増築等による床面積の変更登記の義務を課し税政策面に反映しようとするものである。

そして，登記所は，土地又は建物の表示に関する登記をしたときは，10日以内に，その旨を当該土地又は家屋の所在地の市町村長に通知することとされる（地方税法382条，準則118条15号ア）。

（2）催告と登記の時期

建物を新築したり，あるいは平家建を2階建にして床面積や構造を変更した場合に，その現況に合わせた表題登記や変更登記を一ヵ月内にしないと過料の制裁を科せられる（法164条）。

建物が完成したにもかかわらず，本人が表題登記や床面積・構造変更等の申請をしない場合には，不動産の現況を的確に把握できないことになるわけである。したがってこのような場合に，登記官は職権で表題登記や表題部の変更登記をすることができる。

登記官はそういった表題登記や表題部の変更登記をしていない建物を発見した場合でも，原則として直ちに表題登記や変更登記をせずに本人に催告をして，もし一定期間内に登記をしない場合に初めて職権で登記をするのが基本である。これは準則63条において「登記の申請義務のある場合について，その登記がないことを発見した場合でも，直ちに職権で登記をしないで，その申請の義務ある者に登記の申請を催告をするものとする。」と規定する。

「不動産の表示に関する登記は，登記官が職権をもってなすことができる」，と規定しているから，たとえば建物が完成してまだ10日しか経っていない建物を発見した場合にも，法理論上登記官は職権で表題登記をなし得るであろうか。

この場合，申請人は一ヵ月という申請の許容期間がある（法47条①）。そうすると申請人は建物の完成後一ヵ月内に，あるいは床面積の増築後一ヵ月内に申請をすればよいのであるから，登記官はこの期間は申請人が申請をするかどうかを待って，申請のないときのみ職権で登記することができるのか，それとも職権で登記をしても違法ではないかという問題である。

この場合，登記官は不動産の現況と登記簿との一致を目的とする表題登記において，い

まだ一致していない不動産を発見したのであるから，法理論上はたとえ一ヵ月の許容期間内であっても，当然に職権で登記をすることは差支えないのである。

同様に駐車場である雑種地に建物を建てて宅地としている土地を発見した場合には，その部分を分筆をして地目変更をする義務も当然ある。また山林に建物を建てて使用している場合には，その地目が現に変更になったのであるから，したがってその変更の申請がない限り登記官は職権で地目の変更をなし得るのである。また5番地にある建物を増築したことによって6番地にまたがった場合には，「5番地」から「5番地・6番地」に所在が変更になったのであるから，このときもその申請がない場合，登記官は職権で所在地番の変更をすることができる。

（3） 分筆地目変更と職権登記

「登記官は，一筆の土地の一部が別地目となり，または地番区域を異にするに至りたるときは，その申請がない場合でも，職権でその土地の分筆の登記をしなければならない（法39条②）。

このように一筆の土地の一部が別地目に変わった場合は，登記官はその申請がない場合については職権で分筆しなければならないと規定する。

たとえば「山林」と登記ある土地について，その一部に建物を建てれば，当然その一部は宅地に変更になったのであるから，その宅地の部分を登記記録上変更する必要がある。

つまり登記制度は，一筆の土地ごとに登記簿が作成されているが，その一筆の土地に二つの地目がある登記記録はあり得ないのである。つまり地目ごとに一筆の土地が形成されていることになる。

したがって一筆の土地に二個以上の地目が生じた場合には，当然分筆をして一個の地目として登記を変更しなければならないことになる。

同様に畑の一筆の土地の真ん中を公衆用道路として一般人が使っている場合には，その部分を分筆して公衆用道路に地目変更をしなければならない。

このように分筆地目変更というのは，一筆の土地の一部が別地目に変わった場合であるから，必ずしも二筆に分筆する場合とは限らない。

ところで，法28条においては「表示に関する登記は，登記官が職権をもってなすことができる」と規定しながら，さらに，法39条2項において「一筆の土地の一部が別地目に変わった場合には，登記官はその土地の分筆の登記をしなければならない」とし，特にその行為を求めている。

これは表示に関する登記官の一般的規定を置いている以上，特にこのような規定は不要ではないかとも考えられる。

これは立法の趣旨としては，分筆登記は現況が先に変わるということはあり得ないからである。つまり一筆の土地に境界標を入れ，現に二筆の土地として使用したとしても，これは分筆の効力が生じない。つまり法上，登記官が分筆によって二筆の登記として登記記録に記録したときに始めて効力が生じる。

このように登記によって効力が生ずるものを「形成登記」と呼んでいる。

したがって，分筆登記はその登記によって効力が生ずるわけで，先に現況が変更になるのではない。そこで登記官はこれらの登記については原則として職権でなし得ないのである。

しかし，わが国の登記制度では一筆の土地に地目が二種類以上あることは許されない。したがってこのような許されない現況が生じた場合は，現況に合わせて登記簿を一致させる必要がある。

そこで「申請がない場合においても，登記官は地目を変更するために職権で分筆をしなければならない」と特に規定したわけである。

本来，形成登記は，登記官の職権登記の範疇に属さないのであるが，地目を変更するためには分筆登記を職権でなし得るのだということを規定したわけである。

特に規定の方法としては「地目変更をするための分筆をなし得る」と規定しないで「分筆をすることを要する」と規定したのは，通常の場合よりも強力にこのことを押し進めるためである。

（4） 分筆，区分，分割登記と職権登記

図54に示すように，父親甲が一筆の土地を所有していてその登記がある。その土地の半分を子乙に現在使用させ，境界線を入れて住まわせていたという場合に，不動産の現況としては，一筆の土地を父子それぞれ別個の二筆の土地として利用している。しかも境界標を入れ境界壁まで設けてあるとすると，この土地の現況は一筆から二筆に変更になったのであろうか。もしそのような現況が変更になったとすれば，登記官は職権で土地を分筆をし，現況に合わせて二筆の土地として登記をしなければならないかという疑問が生ずる。

図54

一筆の土地を何筆の土地に利用するかは当然当事者の自由であるが，登記記録上の効力はその分筆の申請によって登記記録をその境界に合わせて分割をしたときに効力が生ずるものである。現況として幾ら境界標を入れ，境界壁を設けたとしても，それは分筆という効力が生じていない。つまり現況が先に変わるということはあり得ないのである。

したがって，登記官が職権で土地の分筆登記をするということはできない。何筆の土地として利用するかは当事者の意思による申請行為によって決まるのである。

図55に示すように，一軒の建物に父所有の登記がある。この建物に対して，子が二階を独立して利用していると仮定すると，この建物は一棟の建物としてでなく一階と二階をそれぞれ独立した建物，つまり区分建物として利用していることになる。現況をこのように利用しているならば，一棟の建物を区分して区分建物としての登記をしなければならないかという疑問が生ずるのである。

この場合，現況に合わせて建物区分登記を申請する義務が当然あるかというと，これも登記によって初めて区分建物としての効力が出てくるわけで，一棟の建物として登記をするか，二個の区分建物として登記をするかは当事者の自由である。

したがって，現実に二個の区分建物として使用したとしても，それに合わせてその区分登記をする必要はない。又，このような場合に登記官が職権で現況に合わせて建物の区分登記をするということはできない。

同様に図56に示すように，主である建物と附属建物を，たとえば「母屋」と「離れ」と

して父親名義で登記がある。この建物の離れを子供が現に住居として使用しているような場合に、建物は二個の独立した建物として現況を利用しているとすれば、その両建物は建物分割をして附属建物を独立させる必要があるかというと、効用上一体として利用される状態にある数棟の建物は、所有者の意思に反しない限り、1個の建物とする（準則78条①）とあり、当事者の自由である。したがって登記官の職権で、主と附で使用しているものを分割して主と主の建物にすることはできない。

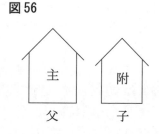

図56

これらの形成登記については、当事者の意思によって登記を申請することができるのであって、登記官の職権登記の範疇に属さないのが原則である。

（5）　合併，合体と職権登記
1）合併登記と職権登記

図57に示すように，いま主である建物と主である建物として現に登記があるものを，主である建物と附属建物として利用している場合には，登記官は職権で合併ができるかという問題がある。

たとえば，母屋と車庫がそれぞれ主である建物と主である建物として，二個の建物の別個の登記記録があり，これを現に母屋と車庫を一個の建物として利用している場合については，現実の利用方法が一個の建物として利用しているのであるから，当然現況に合わせて合併をし，主と附の関係の登記をしなければならないかという問題である。

これも同様に，どのような建物として利用するかは当事者の意思によるのであって，本来主と附の関係にある建物でも，それぞれ独立した建物として登記記録を設けることは自由である。したがって，現実に一個の建物として利用しているからといって，登記官が職権で合併することはなし得ない。

図57

合併、職権登記

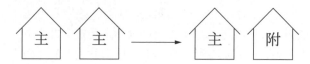

2）合体による変更登記と職権登記

また，図58に示すように，主である建物と附属建物の中間の部分を増築して一棟の建物として合体をした。

この場合には，主である建物の床面積の変更としてその扱いをするから，いわゆる変更登記であるのでその登記をしない場合については，登記官は職権でその床面積の変更登記をなし得るものである。

これに対して，図59に示すように，主である建物と主である建物の中間を増築して一棟の建物とした主と主の合体の場合，合体後の表題登記と合体前の表題部の抹消の

申請をするが，これも報告的登記であり，職権で登記をなし得るのである。
　なお，所有権の保存の登記を必要とする合体登記，即ち所有権の登記ある建物と所有権の登記のない建物の合体の場合は，職権ではなし得ないとされる。

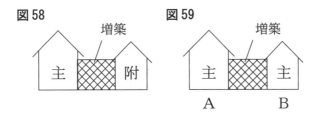

3）区分建物合体登記と職権登記

　さらに図60に示すように，一棟の建物を父親と子がそれぞれA・B区分建物として登記をしている建物がある。この建物の区分壁を除去して区分建物でない一棟の建物として親子が共同生活を営んでいたとしよう。この場合に現況としては区分建物から通常の建物に変更になったわけであるから，職権で変更登記をすることができるかという問題が生ずる。

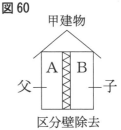

　二個のA区分建物とB区分建物は，その区分壁の除去によって新しい一棟の建物として，つまり甲建物として存するものである。これは双方の区分建物の登記記録から通常の一棟の建物の登記記録に書きかえる必要がある。このような場合については，その区分壁を除去した後の一棟の建物は，別個の建物と扱われる。

　これは，区分建物の合体の登記であり，合体後の1棟の建物の表題登記と合体前のA区分建物及びB区分建物の表題部を重複登記に準じて抹消する（法49条）。したがって，この登記は報告的登記であり職権登記でなし得るものである。

（6）共用部分である旨の登記と職権登記

　たとえば図61に示すように，一棟の建物にAからGまでの区分建物の所有者がいる場合，いまこれらの者が甲の部分を集会場として利用し，共用部分として規約の作成もあったとすると，登記官はその規約作成のときから共用部分として登記をすることができるのであろうか。

　共用部分はその登記によって共用部分である旨を第三者に対抗するための登記である（区分法4条②）。したがってこれらの登記をするかしないかは当事者の自由である。現に表題登記がなければ，共用部分である旨の登記をすることはできないが，そのこととは全く別の問題である。

　つまり甲区分建物については，その所有者が建物の竣功後一ヵ月内に表題登記をしなければならないが，その建物を共用部分として規約を定めたからといって，共用部分である旨の登記を申請するかしないかは，所有者の自由である。このことはたとえば一棟の建物を建

てて一ヵ月内に表題登記をしなければならないが，その所有権の保存登記をするかしないかは自由であるのと同様である。

そして共用部分である旨の登記は，いわゆる表題部に記録されるが，その登記は第三者に対抗するための登記である。これはいわゆる表示に関する登記の一環としての申請義務を課されていない（法58条②）。

したがってこれらの者が現に共用部分として使用し規約があろうとも，登記官はそれらの登記を強制することができず，また自ら職権で登記をすることができない。

（7） 地図作成の際の職権による分・合筆の登記

基本的には登記官は形成登記である分筆や合筆の登記は職権でなし得ないが，地図作成のために必要がある場合は，土地所有者に異議がないときに限り，職権で分筆や合筆の登記をなし得る（法39条③）。その場合は，登記官は土地の調査書その他の書面に土地の所有者の記名，押印を受ける必要がある。なお分筆又は合筆の登記を行う前に所有者に変更があった場合は新所有者につき同様の手続が必要となる。

地図作成のために分筆や合筆が必要になる場合は次のとおりである（平5.7.30民三第5320号通達第四）。

① 土地の一部が溝，垣，柵，塀などで区画されている場合等，明らかに土地の管理上，分筆の登記を行うことが相当な場合。
② 2筆以上の土地の筆界点を現地について確認することが困難な場合や，その土地の全部または一部が著しく狭小である場合等，明らかに土地の管理上，合筆することが相当な場合。

（8） 職権による表題部所有者の登記

たとえば登記簿の表題部にある登記事項について誤りがあれば，登記官はそれを正す更正登記をなし得ることはいうまでもない。その記録の誤りの原因が申請人の錯誤であろうと，あるいは登記官の錯誤または記録上の遺漏であろうとも，とにかく不動産の現況と登記簿とが一致しない場合には正しい登記をなし得るのである。

建物の種類や構造，床面積，所在地番等の錯誤については，正しい登記になし得ることは当然であるが，これに対して所有者に関するものについては多少の疑問がある。

1） 表題部所有者の更正と職権登記

たとえば表題部所有者を甲としてある建物を乙にその建物の所有権を移転してしまって，いまその登記をしたいという場合に，甲から乙に表題部所有者を変更することは当然なし得ない。この場合には所有権の移転であるから，まず甲が保存登記をなし，しかる後に所有権の移転登記をしなければならない（法32条参照）。

これに対して表題部所有者の更正登記（法33条①）については，所有者の記録上の誤りであるから，この表題部所有者の更正は職権でなし得るのである。

もっとも表題登記のみならず，すでに保存登記をしてしまった所有権の登記名義人については，所有者を甲から乙に更正登記をすることは許されない。

つまり，誤った所有者が甲区に登記された場合は，その登記が無効とされ，その保存登記を抹消して表題部も含めて閉鎖し，表題登記からやり直しをしなければならな

いことになる。

2）表題部所有者の持分更正と職権登記

これに対して，表題部所有者については，表題部の登記事項の1つの誤り，つまり登記の一部無効として取り扱われるため更正登記をなし得ることになる。

同様に表題部所有者として甲3分の1，乙3分の2の共有の登記のある建物について，真実は甲3分の2，乙3分の1であった場合に，正しい持分に更正登記を職権でなし得るかという問題がある。所有者の更正登記ですら，表題部に登記事項の1つとして職権でなし得るのであるから，持分が違っている場合について当然職権でなし得ることはいうまでもない。このように表題登記をなす場合に職権調査をして正しい所有者等を確認するのであるが，その後たまたま所有者について誤記や遺漏があったことを発見した場合については，登記官は職権で表題部所有者の持分の更正登記をなし得るのである。

－ **地積の更正（利害関係人）** －

問題になるのは登記官の職権でやった分筆地目変更登記について，その地積の登記を誤った場合である。

たとえば図62に示すように，甲が山林を有していたときに，その山林の一部に建物を建て，その分筆地目変更の登記をしない場合に，登記官の職権で分筆地目変更の登記をなす際にその宅地の部分を，実は300㎡しかないにもかかわらず，誤って400㎡と誤記したとしよう。しかもこの地目変更した宅地については，乙の抵当権の登記が設定してあったとすると，その地積を400㎡から300㎡に更正するには，抵当権者乙の承諾がないとなし得ないかという問題である。

これは分筆地目変更の問題は表示に関する問題であって，いくら乙という抵当権者の利害関係人が出てきて，事実上300㎡しかない土地に対して，400㎡と誤記があったとしても，この抵当権は300㎡しか効力がないのである。したがって登記官は職権をもって表示に関する登記として，400㎡を300㎡に地積の更正登記をなし得る。当然抵当権者の承諾は要しない。

つまり不動産の現況を正しい登記に更正するのに，たとえ利害関係人がいたとしてもこれらの者の承諾は要しないのである。

もし抵当権者が登記官の誤記によって損害を受けたならば，その場合については国家賠償法に基づいて，その登記官に対して損害賠償の請求をすればよいのである。

図62

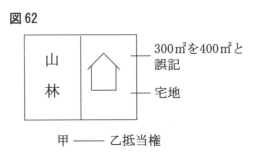

3）権利部の更正

これに対して，所有権の甲区や所有権以外の登記をする乙区等の権利に関する登記を誤ったり，遺漏した場合に正しい登記をすることは，登記官の職権ではなし得ない。

つまり利害関係人が存する場合はその承諾があるときに限って，監督法務局または地方法務局長の許可を得て更正登記をなし得るのである。したがって誤記した結果，利害関係人がすでに発生している場合にその承諾がなければ，もはや監督法務局長等の許可を得たとしても登記官はその更正登記をなし得ない（法67条②）。

たとえばA地について抵当権の設定登記の申請があったにもかかわらず，誤ってB地に抵当権の設定登記をしてしまい，この抵当権にさらに転抵当権を受けた利害関係人が存する場合については，その登記を正しくして更正するためには，利害関係人である転抵当権者の承諾を得なければなし得ないのである。つまり利害関係人の承諾がある場合に限って，監督法務局または地方法務局の長の許可を得て更正登記をなすことができる。

このように権利に関する登記についてはかなりの制約があるのに対して，表題部については登記官の職権による利害関係人が存しない。

4．表題登記の重複

たとえば，登記官が，甲建物についてすでにA登記記録が存するにもかかわらず，誤ってさらにB登記記録に甲建物について表題登記をしてしまった場合を考えてみよう。

この場合についてはすでに同一建物について登記があるわけであるから，後になした登記は無効な登記である（法25条3号）。したがって原則として後に登記した登記記録の方を無効として抹消し，閉鎖登記記録の方に入れるのである。

このように後にした登記記録を抹消して閉鎖登記記録に入れるのであるが，先に登記した方については保存登記も第三者の権利の登記も存しないが，後に登記した登記記録の方に保存登記がされ，さらに第三者の抵当権や地上権等の権利に関する登記がなされている場合に，表題登記を抹消してしまえば，当然権利に関する登記も無効になってしまうので，これら権利に関する登記が後の方にある場合については，便宜前の方の登記記録を抹消し登記記録を閉鎖することとされる（昭35.9.25民三第578号回答）。

5．地図及び地図に準ずる図面の訂正

地図に表示された土地の区画又は地番に誤りがあるときは，当該土地の表題部所有者もしくは所有権の登記名義人（これらの相続人その他の一般承継人を含む）は，その訂正の申出ができる。平成17年の不動産登記法改正前は，地図の訂正の申出をなし得るのは「所有者その他の利害関係人」となっていたが，改正により登記名義を有する者かその相続人等一般承継人に限りその訂正の申出ができる（規則16条①）。地図に準ずる図面も位置・形状又は地番に誤りがあれば同様である。

この地図等の訂正も職権でなし得る（規則16条⑮）。

6. 登記官による実地調査

　登記官は土地または建物の表示に関する登記の申請があった場合，あるいは職権をもってその登記をなす場合において，必要があるときは土地または建物の表示に関する事項を調査することができる（法29条①）。

（1）　実地調査の省略
　表示に関する登記は，その不動産の現況を登記記録にいかに正確に反映させるかがその目的であるから，たとえば申請人が申請している事項に誤りがあるかどうかを，登記官は職権で実地調査をできるのである。たとえば建物の表題登記において，その建物の床面積が間違いないかどうか，種類が間違いないかどうかの現況を調査するわけである。
　このように不動産の表示に関する登記の申請があった場合には，原則として実地調査を行なうのであるが（規則93条本文），土地家屋調査士が代理人として申請した申請書の添付した不動産報告書や，あるいは公知の事実等によって，申請にかかる事項が相当と認められる場合には，その実地調査を省略することができる（規則93条ただし書）。
　最近の土地家屋調査士が作成する不動産調査報告書はかなり詳しく調査されており，専門家としての責任において作成されている。
　このように土地家屋調査士が代理人として作成した図面を提出して申請する等の場合については，登記官の判断によって実地調査を省略することは差支えないのである。

（2）　実地調査の方法
　このように登記官は表示に関する登記の申請があった場合は，積極的に実地調査をなすのであるが，いつでもなし得るわけではない。
　つまり必要がある場合には日出より日没までの間に限ってなし得るのである（法29条②）。
　この場合には土地建物の所有者や利害関係人に文書の提示を求めたり，あるいは質問をするわけであるが，この場合も身分を証する書面を携帯して，関係人の請求があればこれを提示しなければならない（法29条②）。
　そして実地調査を行なう場合にはあらかじめ土地や建物の所有者あるいは利害関係人に通知する等をなし，調査上支障がないようにする。
　実地調査を完了した場合においては，必要があれば地積測量図や，土地所在図，建物図面，各階平面図等を作成する（準則61条④）。
　そして登記官は実地調査を行なったときは，その調査の結果を記録した調書を作成しなければならない（規則95条）。
　もっとも実地調査については，登記官が必ずしもその調査をする必要がない。必要があれば職員に調査をすべき細部について指示を与えて，実地調査をさせることができる（準則64条）。

（3）　官公署の嘱託
　昭和52年の不動産登記事務取扱手続準則の改正がなされるまでは，官公署またはこれに

準ずるものの作成にかかる図面を提出して申請があった場合や，あるいは官公署が嘱託した場合には，実地調査を省略できるものとしていた。

しかしこのように実地調査を省略できる場合を例示してしまうと，官公署がずさんな嘱託をなす場合もあるし，また図面についても適当な図面を提出して申請をなす場合に登記官は誤った登記をしなければならない場合も出てくる。したがってこれらの場合についても，登記官は適宜実地調査を励行できるものとして，一般的なものとしてこの規定を削除された。

さらに公知の事実によってその申請事項が相当と認められる場合としては，たとえばある一地方に地震が起こって，その地方がすべて地震によって倒壊したとすると，その建物の滅失登記の申請書の事項について，登記官は一々調査をせずとも公知の事実として建物の滅失登記をすることができる。

登記官の実地調査は，登記の申請書の記載事項と現況とが違う場合についてかなり意義があるが，そのほかに申請人が虚偽の申請をなす場合等にも意義がある。

たとえば固定資産税を免れるために，建物があるにもかかわらず建物の滅失登記の申請をした場合については，実地調査によってその不正をあばくことができるわけである。さらに床面積を少なくして表題登記をした場合も同様なことがいえるのである。

さらに図63に示すように，区分建物の表題登記においてアコーディオン・カーテンや，唐紙，障子等によって区分壁が設けられているにもかかわらず，甲や乙から，それぞれ区分建物表題登記の申請があった場合等については，区分建物として登記がなし得ないにもかかわらず区分建物として登記をすることはできない。したがってこれら無効登記を防止するために，実地調査をすることは大いなる意義がある。

図 63

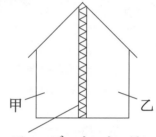

アコーディオンカーテン、唐紙による区分壁

7. 職権調査と地積

表示に関する登記については，登記官は一切の実地調査をなし得る。たとえば建物の種類，構造，床面積変更や，所在地番の変更登記のほか，土地の地目，地積の変更登記等の申請の場合はもちろん，土地分筆や合筆，建物区分，分割，合併等一切の実地調査をなすことができるわけである。

地積を調査した場合について検討してみよう。

たとえば図64に示すように市街地地域の5番（登記記録300㎡）の土地の分筆登記の申請において，5番1が100㎡，5番2が100㎡，5番3が101㎡と分筆申請したとしよう。

登記記録とその土地の分筆登記の際に測量した地積測量図の結果が違っている場合には，正しい登記に更正登記をしてから分筆登記の申請をなすべきかという問題が出てくるがここでは，論点ではない。

登記官の実地調査の結果，この土地の総和が302㎡であったとすると，この場合にその登記の申請は却下になるか。

準則70条で，土地の表示に関する登記の申請書に記載した地積と登記官の実地調査の結果による地積の差が，申請書に記載した地積を基準にして，規則77条4項の地積測量図の誤差の限度内であるときは，申請書に記載した地積を相当と認めて差支えないと規定している。

市街地地域の甲二までの，公差が1.59m²であったとすると，登記官の調査と申請人の地積測量図の記載の地積の差は302−(100+100+101)=1.00m²であり，1.59m²の範囲内であるので，その申請は正しいものとして登記される。

申請書と登記官の実地調査の結果，公差を超える場合については，法25条11号の規定で却下される。補正することもできる規定となっているが，測量のやり直しであるので，申請を取り下げることになるであろう。

なお，登記官の実地調査とは別に，地積測量図に記載した地積と登記記録の地積が公差の範囲を超えている場合については，その更正登記をしてからでないと，分筆登記の申請ができない。つまり分筆登記の申請をする場合において，分筆前の地積と分筆後の地積の差が，分筆前の地積を基準にして規則77条5項の地積測量図の誤差の限度内であれば，地積更正登記は必要がない（準則72条①）。

図64

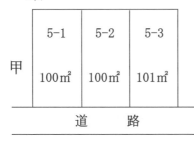

市街地地域甲二まで（公差1.59m²）
登記記録　300.00m²
登記官の実地調査　302.00m²
地積測量図合計　301.00m²

土地家屋調査士本試験
択一試験　過去問題チェック

〔問〕以下の登記のうち，一定の期間内において当事者が申請義務を負い，かつ，登記官が職権によって**登記をなし得ることができるもの**はどれか。

1　所有権の登記のある建物と未登記の建物との中間部分を増築して双方を接合させ，障壁を除去して一個の建物とした場合の合体による建物の表題登記及び合体前の建物の表題登記の抹消並びに所有権保存の登記
2　主たる建物を居宅，附属建物を物置として登記した場合において，附属建物の全部を賃貸借契約に基づき他人に車庫として利用させているときの建物の分割の登記
3　区分建物でない建物として登記した建物の所在する敷地においてその地番の表示の一部に遺漏がある場合の建物の表題部の更正登記
4　敷地権の登記のある区分建物について，区分所有者全員の書面による合意で分離処分可能規約が設定された場合の敷地権を抹消する区分建物の表題部の変更登記
5　居宅と車庫とが別々の建物として登記されている場合，主たる建物と附属建物とする場合の建物の合併登記

〔正解　4〕

1　合体登記（法49条①）は申請義務があるが，保存登記については，権利に関する登記であるため職権ではなし得ない。誤り。
2　分割登記は形成登記であり，報告的登記ではないから申請義務もないし，職権ですることもできない。誤り。
3　建物の所在の建物表題部の更正登記は，申請義務を課していない（法53条）。職権ではなし得るが，誤り。
4　分離処分可能規約の設定により，敷地を抹消する申請は，区分建物表題部変更としてなされる。この場合の変更は，1ヶ月内に申請義務があり，又申請義務がある登記は登記官の職権でなすことができる（法28条）。正しい。
5　別個に登記された居宅と車庫を，1個の建物とするための登記申請は建物の合併登記であるが，これは形成登記となるため，申請義務もなく又職権でもなし得ない（法54条①3号）。誤り。

第2章　表示登記通則

第16講　申請義務ある登記と申請義務者

1．申請義務のある登記

　国または地方公共団体等は，国民の行政上の必要上何％の宅地を供給し，あるいは農地を必要とするか等を計画するためには，国土のうち何％が宅地で何％が田や畑の農地であるか，あるいは山林は何％あるか等，その現況を的確に把握する必要がある。

　同様に建物についても，市街地地域のうち何％に建物が建設されたか，どのような種類の建物が建設されているか，あるいは床面積が何㎡あるか等，行政の施政上あるいは税政上その状況を的確に把握する必要が当然出てくるわけである。

　したがって不動産の現況を的確に反映させるため，一定の場合についてはその所有者あるいは登記の名義人に登記の申請義務を課したのである。

　一般的には表題登記，表題部の変更登記，滅失登記等について申請の義務がある。申請しない場合は，10万円以下の過料である（法164条）。

（1）　土地の表題登記

　新たに生じた土地又は表題登記のない土地の所有権を取得した者は，その所有権の取得の日から一ヵ月以内に土地の表題登記を申請しなければならない（法36条）。

　新たに土地が生じたにもかかわらず，その表題登記をしないでその土地を売ってしまった場合，たとえば公有水面を埋立て，その土地の表題登記をしないうちに売ってしまったという場合には，新規の購入者は，その売買契約の成立のとき，つまり所有権の移転があった日から一ヵ月以内に土地の表題登記をしなければならない。

（2）　地目の変更登記

　たとえば山林に建物を築造してその土地が宅地に変更になれば，当然地目の変更登記の申請義務がある（法37条）。

　同様に山林の木を伐採して苗を植え，畑として使用しているのであれば，この土地は地目が山林から畑に変更になったのであるから，その現況に合わせるために山林を畑に地目の変更登記をする義務が出てくる。

　また畑の一部を公衆用道路として使用しているのであれば，その畑の一部が公衆用道路に地目が変更になったわけであるから，分筆をして地目の変更登記をしなければならない。本来分筆登記は形成登記であるからその申請義務はないはずであるが，地目の変更登記には申請義務があるため，その一筆の土地の一部が地目変更になった場合には，分筆して（法39条）

地目の変更登記の申請義務が生じてくるのである。

(3) 地積の変更と滅失登記

たとえば海岸のそばにあった土地ががけ崩れあるいは地震によって一筆の土地の一部が滅失してしまったという場合がある。もっとも一時的に水面の下に海没したものであれば一部滅失には入らないが、半永久的に埋没してしまえば、当然一筆の土地の一部が滅失したことになるわけである。一般に地積変更というのは、一筆の土地の一部が滅失した場合であって、一筆の土地の全部が滅失した場合には、土地の滅失登記として扱うのである（法42条）。

一筆の土地が土砂の堆積によって増加するような場合には地積変更ではない。これは土地の表題登記に該当する（法36条）。

一筆の土地の全部が地震等によって海面下に半永久的に海没したときは、土地の滅失登記の申請をしなければならない（法42条）。

これら地目の変更、地積の変更、土地の滅失登記については、表題部所有者または所有権の登記名義人が、一ヵ月以内にこれらの登記を申請することになる。

表題部所有者というのは、登記簿の表題部の末尾に所有者の住所氏名の記録がある者をいい、所有権の保存登記をした場合については、所有権の登記名義人という。したがって表題部所有者というのは、所有権の保存登記（法74条）がない場合を意味する。

(4) 建物の表題登記

新築した建物又は表題登記のない建物の所有権を取得した者は、その所有権の取得の日から一ヵ月内に表題登記をしなければならない（法47条①）。

たとえば建売業者のように、建物を築造して自己がその建物に居住することなく売り払うわけであるから、その買主が売買契約のときから建物の所有権を取得したことになり、そのときから一ヵ月内に表題登記をしなければならないことになる。

なお未登記の合体前の建物（区分建物を除く）について、所有者の変更があったときは新所有者はその変更があった日から一ヵ月以内に表題登記をしなければならない。

すでに主である建物が築造されており、後から附属建物として倉庫等を新築した場合の附属建物の新築登記は表題部の変更登記であって、ここでいう建物の表題登記には該当しない。

(5) 建物の合体による登記等

数個の建物が、増築等の工事によって構造上一個の建物となる場合、これを合体という。

この場合、表題部所有者又は所有権の登記名義人は（未登記であるときは、所有者）、一ヵ月以内に、いわゆる合体による登記等を申請しなければならない（法49条①）。この合体による登記等は、合体後の建物について表題登記をし、合体前の建物について表題部を抹消することをいう。また、合体前の建物に所有権の登記があって他の建物が未登記あるいは、表題部のみであるときは、所有権の保存の登記も併せて申請しなければならない。なお、その合体の登記をする前に所有者に変更があった場合は、新登記名義人は自己のために所有権移転の登記を受けた日から一ヵ月以内に表題登記及び表題部の登記の抹消の申請をしなければならない。

（6） 建物の表題部の変更登記
　A　建物の所在地番変更登記
　　建物を隣地にえい行移転した場合や，あるいは敷地の分筆，合筆の場合，あるいは建物を増築して隣地にまたがった等の場合においては，建物の所在が変更になったのであるから，表題部所有者または所有権の登記名義人は，一ヵ月内にその所在地番の変更登記を申請しなければならない（法51条）。
　B　建物の種類変更登記
　　たとえば建物の種類を，居宅として登記していたものを事務所に変更した場合，あるいは居宅に2階を増築して2階を事務所として利用している場合については，従来の居宅から事務所あるいは事務所・居宅に変更になったのであるから，種類の変更登記をする必要が出てくる。
　C　建物の構造変更登記
　　建物が平家建から2階建に変わった場合については，構造の変更登記をしなければならない。
　　また木造建物に鉄骨造の2階部分を増築した場合等についても，主な部分の構成材料の変更によって構造が変わったのであるから，構造の変更登記をする。
　　同様に屋根をスレートぶきからかわらぶきに変更した場合についても，構造の変更登記をしなければならないのである（規則114条，準則81条）。
　D　建物の床面積変更登記
　　建物を増築したり一部を取壊したことによって，床面積が変更になった場合には床面積の変更登記の申請をしなければならない。
　E　建物の名称の変更登記
　　建物の名称は，建物の所有者が必ずつけなければならないものではない。
　　しかし，建物の名称をつけた場合については，たとえば「ＫＹ一号館」等建物の所在の欄にその名称を登記していくことになるのである。したがって建物の名称は所在の一部と考えてよい。
　　ただし区分建物については，一棟の建物の名称は，一棟の建物の表示欄の「建物の名称」欄に，たとえば「ひばりが丘1号館」のごとくに記録される。
　　建物の所有者が，建物の名称を設けその登記をした場合について，その建物の名称を変更したときには，必ず変更登記をしなければならない（法51条，法44条4号）。
　F　附属建物の種類，構造，床面積の変更登記
　　附属建物の種類がたとえば倉庫から倉庫・車庫に変わった場合については，その種類の変更をしなければならないし，構造が平家建から2階建に変わった場合についても同様である。
　　また構造が平家建から2階建に変われば，当然床面積も増加することになるから，したがって当然床面積の変更登記もしなければならない。
　　なお主である建物があり，新たに附属建物を新築した場合については，同様に附属建物の新築登記をする義務が出てくる。
　　これらの登記はすべて表題部の登記事項の変更登記であるから，その建物の表題部所有者または所有権の登記名義人が一ヵ月内にその申請をしなければならない。

（7） 建物の滅失登記

一棟の建物が滅失した場合あるいは，区分所有建物が滅失した場合も，建物の滅失登記として，その表題部所有者あるいは所有権の登記名義人は，一ヵ月内にその建物の滅失登記の申請義務がある（法57条）。

なお，二個の区分建物からなる一個の区分建物が滅失した場合には，区分建物の滅失登記の申請をしなければならない。他の一個は当然区分建物から通常の建物に変更になるが，登記官は職権で区分建物の登記記録から非区分建物の登記記録に変更することとされる。

もっとも三個の区分建物からなる一個の区分建物が滅失した場合については，他の滅失しない方の区分建物の所有者も同様に，一棟の建物の床面積が変更になるから，その申請義務を免れることができない。

もっとも二個の区分建物からなる一棟の建物について，双方が滅失したという場合については，たとえば甲と乙の2個の区分建物からなる一棟の建物の全部が滅失したときは，甲あるいは乙が一棟の建物の滅失登記の申請をすれば足りるとされる（昭38.8.1民三第426号通知）。つまり一方が滅失登記の申請をすれば，他方はその義務を免れる。

2．区分建物の変更

（1） 区分建物の変更登記の申請義務

図1に示すように，区分建物の所有者のHがその権原に基づいて増築したとしよう。この場合に他の区分建物の所有者AからGまでは，一棟の建物について床面積の変更登記の申請の義務があるのである（法51条，法44条①7号）。

図1

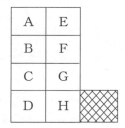

なお，Hがその区分建物の床面積の変更登記の申請をなす場合には，当然一棟の建物の床面積の変更登記も同時になすのであるから，Hがその変更登記をした場合には，他の区分建物の所有者はその一棟の建物の床面積の変更登記の申請義務は免れる。

なおAからGまでの区分建物の所有者が，その一棟の建物の床面積の変更登記の申請の義務があるということは，これらの者が全員で申請をしなければならないということではない。つまりAが一棟の建物の床面積の変更登記を申請しその登記がされたときは，他のBからGまでの者の一棟の建物も変更された効力を有する（法51条⑤）。

そして一棟の建物に属する区分建物に付き変更の登記をしたときは，他の区分建物の変更は登記官が職権でなす（同条⑥）。

（2） 区分建物の増築と敷地権

区分建物の敷地権が床面積の割合であった場合に（区分所有法14条），Hの区分建物の所有者の床面積を増加した場合，Hの区分建物につき敷地権が増加するかという問題がある（図1）。これは一度登記された敷地権を床面積が増加したからといって当然に敷地権が増加することにはならない。

区分建物の新築のさい分離処分可能規約の設定で敷地権がないものとした建物につき，その規約を廃止したことにより敷地権が発生した場合，または，敷地権でなくなった場合は区

分建物の表題部の変更登記の申請義務がある(法51条①)。なお敷地である土地の分筆によって区分建物の属する一棟の建物の所在が変更になった場合も表題部所有者又は所有権の登記名義人は1ヶ月内に申請義務がある。

3．申請義務のない登記

（1） 表題部所有者の更正登記

たとえば，建物の表題部の末尾に所有者甲とあるのを，真実の所有者が乙であることがわかった。その真実を発見してから一ヵ月内に更正登記をしなければならないか，という問題がある。

同様に表題部所有者甲3分の1，乙3分の2と登記あるのを，真実は甲が3分の2で，乙が3分の1であった場合に，それを発見してから正しい登記に直す義務があるかという問題が生ずる。

所有者に関する登記は，真実の事実関係が客観的に現況としてあらわれてくるわけではない。

所有者がだれであるかを的確に知るために必要なことは，税金面でだれに課税するかという問題が生ずるだけであるから，所有者が違っていても，税制面では登記上の所有者に課税すればよいのであって，行政的に何ら損失がない。

したがって表題部所有者の更正及び持分の更正登記(法33条)は義務は課せられていない。

（2） 土地および建物の登記事項の更正登記

ところで建物の床面積が誤って少なく登記してある場合については，当然その税金も安くなるわけである。そのため所有者は床面積が多くなる更正登記をする義務があるかという疑問がある。床面積や，あるいは土地の地積が誤って登記があるということは，不動産の客観的地積や床面積と一致しないわけであるから，したがって不動産の現況を的確に把握することを目的とする表示に関する登記においては，一刻も早く正しい登記にしなければならないのではないか，という問題が生じてくる。

しかし不動産登記法53条では建物の更正登記には申請義務を課していない。不動産の表示に関する登記は，不動産の現況を登記簿に一致させることを主眼とするならば，その事実を発見したときから一ヵ月内に更正登記の義務を当然課すべきであろう。

しかし法はその義務を課していないというのは，表示に関する登記は登記官が職権でその調査をして登記するのが原則である。したがって登記官が調査をして登記をしたものについて，所有者にこれを訂正する更正登記には申請義務を課さなかったものと考えることができる。また更正登記は，錯誤がいつ生じたかを正確に把握することができないから，1ヶ月内の申請義務を課することはできないとされている。

（3） 形成登記
A　土地分筆

たとえば図2に示すように，甲がいま一筆の土地を所有している。子乙にこの土地の半分を利用させているとしよう。この土地に区分壁を設け，境界標を入れ，現状と

しては完全に二個の土地として利用している。

　この場合には現況が一筆の土地から二個の土地に変更になっているように見える。このような場合については，その現況に合わせて土地の分筆登記の申請をしなければならないのであろうか，という問題が生じてくるのである。

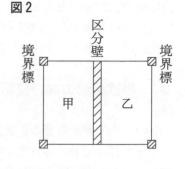
図2

　このように現に境界標を入れ，あるいは区分壁を設けていたとしても，土地の分筆の登記の効力はない。

　つまり分筆の効力は登記をして二個の登記記録に記録をしたときに出てくるのである。したがって現況が先に変わったから登記をしなければならないということはあり得ない。この場合でもあくまでも一筆の土地であるから，土地の分筆登記の申請義務はないのである。

B　建物区分

　同様に，図3に示すように，甲が鉄筋コンクリート造陸屋根4階建の建物を所有していたとしよう。この4階建の建物は現在一棟の建物（普通の建物）として登記がある。ところが甲は1階から4階までを別々の建物として，つまり1階を店舗，2階を事務所，3階，4階を居宅として別々に使用しているとすれば，この建物はそれぞれ構造上独立しているからといって建物の区分登記をしなければならないかというと，これはその必要は全くない。

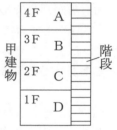

　一棟のビルをどのように利用するかは本人の自由であって，たとえばこの建物の1階，2階を一個の建物，3階，4階を一個の建物として二個の区分建物として登記をしようが，1階から3階を一個の区分建物，4階を一個の区分建物として，つまり二個の区分建物として登記をしようが，1階から4階まで別々の区分建物として登記をしようが，これはすべて本人の自由である。

　したがってどのように現況を利用していたとしても，これを区分建物として登記をしなければならないということはあり得ない。

　不動産登記法上では，建物の区分登記には申請義務を課していない。

C　建物分割

　同様に，図4に示すように，居宅を主，事務所を附として登記がある場合に，いま事務所を独立した建物として利用していたからといって建物の分割登記の申請をする必要はない。

図4

　建物は主と附の関係にあって一個の建物として登記をなし得るのであるが，たとえば附属建物を独立した建物として利用していた場合には，主と附の関係でなくなるわけであるから，建物の分割登記をしなければならないのかという疑問が生ずる。

これは登記をする段階で主と附の関係にあれば一個の建物として登記をなし得るので，後から附属建物を独立した建物として利用したからといってこれを分割する義務はない。

　もしそうだとすれば，現に主と附の関係にない附属建物が，主と附として登記されていることは違法ではないかという疑問が出てくるが，これは後の利用上の問題で，表題登記の段階で主と附の関係にあれば，後から附属建物を独立した建物として利用していたとしても，これは別の問題であって，その分割登記をする必要はない。

　分割するかどうかは，当事者の意思によって決まることになる。

　この理論は一筆の土地を二個に利用しようと三個に利用しようと，これは一筆は一筆であって，分割するかどうかは本人の意思によって決まると同様に，建物を一個の建物として利用するか，二個の建物として登記をするかは，これは本人の自由である。

　このように形成登記については現況が先に変わるということがあり得ないから，申請義務の問題も全く生じない。

（4）　家屋番号の変更

　家屋番号は登記官の専権事項によって付番するものである。不動産登記法規則112条にも，家屋番号は地番区域ごとに建物の敷地の地番と同一の番号をもって定めるとあり，これは登記官の権限によって付番するわけである。したがって所在の変更により家屋番号が変更になったとしても変更登記をしなければならないという義務は生じない。

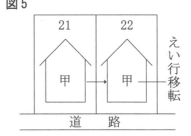

図5

　たとえば図5に示すように，21番地にある建物が22番地にえい行移転したために，その所在が21番地から22番地に変更になった場合には，その家屋番号も同様に22番に変更される。しかし，これはその家屋番号の変更の申請をする義務はないが，申請人が所在の変更の申請をする場合は，家屋番号は当然変更されるものとして変更後の予定の家屋番号22番をも申請書に記載する実務上の取扱いである。

　このように理論上は家屋番号が変更になってもその変更登記の申請の義務は生じない。不動産登記法51条においても，家屋番号の変更については申請義務を課していない。

4．共用部分である旨の登記

（1）　共用部分である旨の登記の義務

　図6に示すように，いま一棟の建物をABCDEFGの各区分建物の所有者が所有していた場合に，この一棟の建物の甲の部分をAからGまでは共用部分として現に使用していたとしよう。あるいはAからGまでの共用部分としてすでに規約を定めたとしよう。

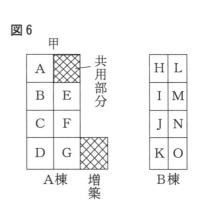

図6

　このように，現に共用部分として使用し，あるいは共用部分として規約がある場合については，現に利用し

たときか，あるいは規約を作成したときに，共用部分である旨の登記の申請義務が生じるかという問題が出てくる。

共用部分である旨の登記は，共用部分であることを第三者に対抗するためのものである（区分所有法4条）。共用部分である旨の登記は，現況の登記というより，権利に関する登記に近いものであり，申請義務は課されていない（法58条②）。

（2） 共用部分である旨の登記ある建物の変更

このように共用部分である旨の登記をするかしないかはその所有者の自由であるけれども，共用部分である旨の登記のある建物について，いま種類，構造や床面積が変更になった場合については，その共用部分の所有者は全員，変更登記の申請義務があるのである（法51条①）。

たとえば図6の甲の部分はAからGまでのA棟の建物の区分建物の所有者のみならず，B棟の区分建物の所有者HからOまで共用部分（団地共用部分という）であるとしよう。

このような場合にこの甲の部分の共用部分の種類等が変更になったときについては，A棟のAからGまでのみならず，B棟のHからOまでの所有者にこの変更登記の申請義務が生ずるのである。

たとえば共用部分の種類が娯楽室から集会場に変わったり，あるいは共用部分が狭くなったので増築をして床面積の変更登記については，その所有者全員に申請義務がある。つまりその共用部分の属する棟の区分建物の所有者のみならず，別棟の団地共用部分の所有者も申請義務があるのである。

またA棟のGが権原に基づいて増築したとすると（図6），Gが一棟の建物の床面積の変更及びG区分建物の床面積の変更登記をする義務が出てくるのは当然であるけれども，その他のABCDEFもそのA棟の一棟の建物の床面積の変更登記の義務があると同時に，B棟のHからOまでもA棟の一棟の建物の床面積の変更登記の義務があるということになる。つまりこれは通常であると一棟の建物の床面積の変更登記は，その棟に属する区分建物の所有者に限るのであるが，B棟のHからOまでは共用部分である甲の部分の所有者であるため，当然A棟の区分建物の所有者と同じ義務が生じる。

（3） 共用部分である旨の登記がある場合の所有者証明書

なお，共用部分である旨の登記がされるとその所有者に関する記録は抹消される（規則141条）。したがって所有者がだれであるか登記簿上明らかでない。そこで，建物の種類，構造，床面積等の変更登記は，いわゆる表題部所有者か所有権の登記名義人から申請するものであるから，これら所有者の記載がない者が申請をする場合には，その所有者を証明するものを添付する必要がある（登記令別表14項添付情報ニ）。

この場合の所有者証明書について何を添付するかというと，一般的には規約証書を添付して申請することになる。もっとも規約証明書が添付できない場合には，所有権を証するものであれば規約証明書以外にも登記した他の区分所有者等が証明する情報を提供すれば足りる（準則87条②）。

土地家屋調査士本試験
択一試験　過去問題チェック

〔問〕建物の表示に関する登記に関する次のアからオまでの記述のうち，**正しいもの**の組合せは，後記1から5までのうちどれか。

ア　登記された建物の床面積に誤りがあることが明らかになった場合には，当該建物の所有権の登記名義人は，誤りがあったことを知った日から1か月以内に，当該建物の表題部の更正の登記を申請しなければならない。

イ　既に事務所としての表題登記がある建物の用途をAが改築工事により居宅に変更した後にBが当該建物の所有権をAから取得した場合には，Bは，当該改築工事が完了した日から1か月以内に，当該建物の表題部の変更の登記を申請しなければならない。

ウ　共用部分である旨の登記がある建物について共用部分である旨を定めた規約を廃止した場合には，当該建物の所有者は，当該規約の廃止の日から1か月以内に，当該建物の表題登記を申請しなければならない。

エ　表題登記がある建物の所在する行政区画の名称に変更があった場合には，当該建物の表題部所有者は，行政区画の名称に変更があった日から1か月以内に，当該建物の表題部の変更の登記を申請しなければならない。

オ　Aが表題部所有者である甲建物とBが所有者である表題登記がない乙建物が改築工事により1個の建物となった場合には，A又はBは，甲建物と乙建物が1個の建物となった日から1か月以内に，合体後の建物についての建物の表題登記及び合体前の建物についての建物の表題部の登記の抹消を申請しなければならない。

1　アエ　　　　2　アオ　　　　3　イウ　　　　4　イエ　　　　5　ウオ

〔正解　5〕

ア　誤り。建物の表題部の更正の登記は，申請義務が課せられていない（法53条参照）。

イ　誤り。本肢のBは，改築工事が完了した日ではなく，所有権の登記があった日から1か月以内に申請しなければならない。

ウ　正しい。共用部分である旨を定めた規約を廃止した場合には，当該建物の所有者は，当該規約の廃止の日から1か月以内に当該建物の表題登記を申請しなければならない（法58条⑥）。

エ　誤り。行政区画の名称に変更があった場合には，表題部の変更の登記を申請する義務がない（規則92条）。

オ　正しい。合体の日から1か月以内に，合体後の建物について，建物の表題登記及び合体前の建物について，建物の表題部の登記の抹消を申請しなければならない（法49条①前段）。このとき，合体前の建物の所有者等が異なる場合には，そのいずれかの者からすることもできる（平5.7.30民三第5320号通達第6.二.(1)）。

以上により，正しいものはウオであり，正解は5。

土地家屋調査士本試験
択一試験　過去問題チェック

〔問〕登記の申請に関する次のアからオまでの記述のうち，**誤っているもの**の組合せは，後記1から5までのうちどれか。

ア　地方自治法第260条の2に規定する認可を受けた地縁による団体である町内会は，地域の共同活動のために町内会館を建築したときは，当該建物について，当該町内会を表題部所有者とする表題登記を申請することができる。

イ　区分建物でない建物の表題部所有者は，当該建物がこれに接続して区分建物が新築されたことにより区分建物となったときは，新築された区分建物の所有者に代位して，区分建物の表題登記を申請することができる。

ウ　株主総会において解散決議がされた株式会社の代表清算人は，当該会社が所有権の登記名義人である土地の地積に関する更正の登記を申請することができる。

エ　一棟の建物に属する複数の区分建物のうちの一個の区分建物の所有者の一人は，その一棟の建物の敷地であって所有権が敷地権である旨の登記のある土地について，分筆に係る管理組合の総会の決議を証する情報を提供して分筆の登記を申請することができる。

オ　表題部所有者A及びBの持分に変更があった場合，A及びBは，表題部所有者の持分の変更の登記を申請することができる。

1　アウ　　　　2　アオ　　　　3　イウ　　　　4　イエ　　　　5　エオ

〔正解　5〕

ア　認可地縁団体である町内会は，地方自治法260条の2により法人格を認められるため，当該町内会を表題部所有者とする表題登記を申請することができる。正しい。

イ　区分建物でない建物の表題部所有者は，これに接続して新築された区分建物の表題登記を代位して申請することができる（法52条②）。正しい。

ウ　清算法人の法人格が消滅するのは，清算が事実上終了した時である。清算法人が所有権の登記名義人である土地の地積更正登記について，代表清算人が申請することができる。正しい。

エ　所有権を敷地権とする区分建物の敷地は共有であり，持分の過半数を有する区分所有者が申請人となって分筆登記を申請しなければならない。誤り。

オ　表題部所有者の持分に変更があった場合には，所有権の手続きによらなければ，これを変更することはできない（法32条）。誤り。

　　以上により，エ，オが誤っており，5が正解。

第17講　表題部所有者に関する登記

　表題部所有者とは，所有権の登記のない不動産の登記記録の表題部に，所有者として記録されている者をいう（法2条10号）。
　もちろん表題部所有者の住所，氏名の記録があるということは，つまり所有権の保存登記をしていないということである（規則158条参照）。
　所有権の保存登記をした場合には，不動産登記法規則158条で，登記記録中の表題部所有者の表示が抹消されているからである。
　ところで表題部所有者に関する変更，更正については，図7に示すように，6通り考えることができる。1. 所有者の変更，2. 更正，3. 所有者の持分変更，4. 更正，5. 所有者の表示変更，6. 更正である。
　このうち1. の所有者の変更と3. の所有者の持分変更は，その変更登記として登記をなし得ない（法32条）。これは所有権の移転及び所有権の持分移転となるからである。これに反し，所有者の更正，所有者の持分更正，所有者の表示変更と更正については，変更，更正登記としてその申請をなし得る。これらについて詳しく検討してみよう。

図7
表題部所有者に関する記載の変更（更正）

①	所有者の変更	×	②	所有者の更正	○
③	所有者の持分変更	×	④	所有者の持分更正	○
⑤	所有者の表示変更	○	⑥	所有者の表示更正	○

1. 表題部所有者の変更登記

　たとえば甲が建物を新築をしてその表題登記をなし，まだ保存登記がない。いま甲がこの建物を乙に1,000万円で売買する契約が成立をしたとしよう。
　乙がこの建物の所有権の移転登記をするために，表題部所有者甲の変更登記の申請をなし得るかという問題である。
　この場合には，甲は保存登記をなし，乙に所有権移転登記をしなければならない。したがって甲はこれを省略して建物の所有者の変更登記の申請をすることはできない（法32条）。

2. 表題部所有者の更正登記

　たとえば建物の表題部所有者として甲の記録があるけれども，実際の所有者は乙であり，誤って甲にその登記をしてしまった場合には，真正な所有者乙は，登記上の所有者甲の承諾書を添付して，乙からその表題部所有者の更正登記の申請をなし得るのである（法33条①，②）。
　通常では表示に関する登記は，土地の地目，地積や，建物の種類，構造，床面積等の変更登記を含めて，その表題部所有者か所有権の登記名義人が申請することになる。

これに対して所有者の更正登記は，表題部に記録のない真正な所有者から，その表題部所有者の承諾書を添付して申請をするのである。

この場合の申請書には，申請人の所有権証明書及び住所証明書（登記令別表二，添付情報イ）の他，表題部所有者甲の承諾書を添付しなければならない。

ところで，いますでに甲の建物に保存登記があった場合を考えてみよう。

いま甲が表題，保存登記をしていて，真正な所有者が実は乙であることがわかった場合に，乙から甲の承諾書を添付して，その登記名義人の更正登記をなし得るかというと，これはなし得ないのである。所有者の更正登記は，「表題部所有者の更正登記」であって，所有権の保存登記をしてしまった以上は，表題部も含めて登記記録を全て抹消してあらためて表題登記からやり直しをするほかない。

3．表題部所有者の持分変更登記

たとえば表題部所有者として持分2分の1甲，持分2分の1乙と記録されている場合について，いま甲がその持分を丙に売ってしまった場合を考えてみよう。

甲が自己の持分を譲渡したのであるから，持分の所有権の移転である。所有権の移転である以上は，保存登記をしなければ，その移転登記はできない（法32条）。

したがって持分を移転する場合には，甲乙とも保存登記をなし，しかる後に甲の持分を全部丙に移転する登記をなすのである。これによらないで表題部所有者の持分変更の登記は当然なし得ない。

4．表題部所有者の持分更正登記

たとえば建物の表題部に，持分2分の1甲，持分2分の1乙と登記があるが，真実は甲持分3分の2，乙持分3分の1であった場合に，正しい持分に更正登記をすることができるか。これは表題部所有者の更正と同じように，その持分を誤ったわけであるから，正しい持分に直すことは当然なし得るのである。

この場合には申請書に持分を更正すべき他の共有者の承諾書を添付して，共有者の一人から申請することができる（法33条③，④）。したがって甲から申請をする場合には乙の承諾書を添付しなければならない。

ところで甲は持分が2分の1から3分の2に増えるわけであるが，これに対して乙は，持分が2分の1から3分の1に減るのである。甲から乙の承諾書を添付して，その持分の更正の登記の申請をなし得ることは当然であるが，仮に乙からその持分の更正登記の申請をなし得るかという疑問が残る。乙から申請する場合には，新しい登記によって当然不利益をこうむらない甲の承諾を要しないのではないかという疑問がある。

共有者であれば誰でも申請でき，持分が減少する者及び持分が増える他の共有者の承諾書を添付しなければならない。これは税金等の問題が絡んでくるからである。

5．表題部所有者の表示の変更登記

（1）　所有者の表示の変更登記とは，個人の場合はその住所，氏名が変更になった場合である。会社等の場合については，その商号，本店が変更になった場合である（法31条）。

たとえば個人の住所がA市B町からA市D町に移転をした場合には，表題部所有者の表示が変更になったわけであるからその変更登記をすることになる。申請義務は課されていない。

もっとも不動産と所有者が同一管轄である場合，行政区画やその名称の変更によって所在が変更になった場合については，規則92条の規定によって当然変更したものとみなされ，必ずしもその申請をする必要はない。

表題部所有者の氏名の変更については，所有権の移転ではなく，その人格体に変わりはないがその氏名だけ変更になった場合である。たとえば養子縁組み，婚姻，裁判所によって改氏した等を挙げることができる。

つまり養子縁組みによって山田太郎が大山太郎に変わる場合とか，婚姻によって山田花子から大山花子にその氏名が変わる場合等があり，人格体には何ら変更がなく，その呼称上の名称が変わる場合である。

（2）　会社の場合は，個人の氏名に該当するのはいわゆる会社の商号がこれに当たる。

会社の商号は登記事項であるが，その変更をした場合については，必ず本店所在地では二週間，支店の所在地では三週間内にその変更登記をしなければならない（会社法915条，930条①5号）。

いずれにしても商業登記法でその会社の商号が変更になった場合は，不動産登記においても，所有する不動産のその商号の変更登記をするわけである。この場合は，いわゆる表題部所有者の表示の変更登記として，その名称の変更をするのである。

商業登記において会社の本店は登記事項になっており，会社の住所は本店にあるのであるから，個人の住所に該当するのは本店である。したがって本店が移転した場合についても，商業登記法ではその変更登記をしなければならない。

このように個人の住所，氏名や，会社の本店，商号が変更になった場合には，表題部所有者の表示の変更登記をなすことになる。

もっともこの場合についても，その変更になったときでも表題部所有者又は名義人はその表示の変更登記をしなければならないという義務はない。不動産の現況に変更がないからである。

6．表題部所有者の表示の更正登記

たとえば表題部の所有者として，本来甲野二郎と登記すべきを，誤って甲野一郎と登記がある場合については，その人格体に変わりがない。登記記録の単なる記録上の誤りについて，正しい記録に直していく場合が表示更正である（法31条）。

したがって別の人格体に登記があるのを，正しい人格体に直していくのが所有者の更正であるのに対して，所有者の表示更正は，登記記録の記録上の誤りを正しく直すもので，人

格体に変わりが生じてくるわけではない。
　つまり甲野二郎と登記すべきところ，申請人が誤って甲野一郎と申請して登記されてしまったときに，甲野二郎と正しく更正の申請をする場合が，表題部所有者の表示の更正登記である。

7．表題部所有者に関する登記の添付情報

　これまでの各表題部所有者に関する登記の添付情報は，登記令別表の1項から3項に次のとおり添付することとされる。
　1）　表題部所有者の表示の変更・更正（令別表1項）
　　表題部所有者の氏名もしくは名称又は住所についての変更又は更正の登記である。
　　これ等について変更又は錯誤もしくは遺漏があったことを証する市区町村長，登記官その他の公務員が職務上作成した情報（これがないときはこれに代わるべき証明情報）。
　2）　表題部所有者の更正の登記（令別表2項）
　　A．表題部所有者となる者が所有権を有することを証する情報（所有権証明書）。
　　B．表題部所有者となる者の住所を証する市区町村長の作成した情報（これがないときはこれに代わるべき証明情報）（住所証明書）。
　　C．表題部所有者の承諾を証するその者が作成した情報，又は表題部所有者に対抗することができる裁判があったことを証する情報（承諾書）。
　3）　表題部所有者である共有者の持分についての更正の登記（令別表3項）
　　持分を更正することとなる他の共有者の承諾を証する情報又は他の共有者に対抗することができる裁判があったことを証する情報（承諾書）。

第18講　共同相続と申請人

1．遺産分割協議による土地分筆

（1）　相続人からの分筆登記の申請

図8のように被相続人甲が，妻乙，長男A，長女Bを残して死亡した。いま甲には21番の土地があり，相続人が相続による共有の登記をし，相続人乙ABの遺産分割の協議（民法907条①）によって，21番1はB，21番2はA，21番3は乙が取得する分割の協議が調った。この場合まず分筆の登記の申請をなすときは，現在共有の登記名義人の乙ABが申請をしなければならないか。それとも，だれがどの範囲で取得するかが分割協議によって定まり，地積測量図まででき上がっている段階では，各相続人が一種の保存行為として分筆の登記の申請ができるかという問題がある。

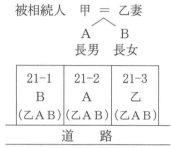

相続人による土地分筆
乙ABの共有登記ある土地

いまBが自分の家を建てるために分筆を必要とする場合については，Bの取分が決まっているのであるから，保存行為と考えられないこともないが，共有土地の分筆登記は共有物の軽微変更に該当し，共有持分の過半数を有する表題部所有者又は所有権の登記名義人から申請することができるとされた（令和5.3.28民二第322号通達）ことは前にも述べた。

したがって，いかに相続人の取得分の範囲，分割線が定まっていようとも当然共同相続人の持分の過半数を有する申請人によって申請しなければならないことになる。

（2）　共有物を単独所有する登記

また乙ABの全員が分筆の登記の申請をして，同時に21番1を乙，21番2をA，21番3をBが単有の土地として登記できるかというと，そのような方法はなし得ない。

つまり21番の土地を三筆に分筆を申請した場合，当然21番1乙AB，21番2乙AB，21番3乙ABと分割後の各筆について乙AB共有の登記がされるのである。したがって21番1を乙の単独所有とするためには，他の共有者ABの持分を，全部21番1に移転登記しなければならない。同様に21番2をAの単独所有にするには乙Bが，21番3を乙の単独所有にするためにはABが，それぞれの持分の全部を移転の登記をしなければならないことになる。

このような手続きをすると，被相続人から各相続人にその移転登記をする際，登録免許税がかかり，さらに共有持分を単有持分にする所有権移転登記にも登録免許税がかかることになり二重の負担が生ずる。

そこで被相続人が最初から21番1，21番2，21番3の三筆を残したことにして，それぞれ直接所有権の移転登記ができれば理想的である。問題は土地の分筆登記については，その

申請者が表題部所有者，または所有権の登記名義人（法39条）となっており，相続人は実態的にその所有権を相続によって取得しているとしても，その登記名義を有しないため，被相続人名義で，その分筆の申請をしたわけである。平成17年の不動産登記法の改正により，相続人その他一般承継人は，表示に関する登記を申請できることになった（法30条）。

ただ，申請書には従来と同様に，被相続人及び相続人からの申請である旨を申請情報の内容とすべきこととされた（登記令3条10号）。

2．家庭裁判所の審判による分割登記

（1）遺産分割の遡及効

このように被相続人名義の土地や建物の分割や合併について，その共同相続人が登記の申請をなす場合には全員でしなければならないのが原則である。しかし家庭裁判所より遺産の分割の審判（民法907条②）があった場合でも，同様に共同相続人は全員でその分割や合併の申請をしなければならないのであろうか。

たとえば図9のように被相続人甲は，居宅，店舗，事務所が一個の建物として登記ある建物及び土地を残して死亡したとしよう。いま，家庭裁判所より遺産の分割の審判があり，主である建物の居宅を乙，店舗—符号1をA，事務所—符号2をA土地をBがそれぞれ取得するよう，分割の審判があったとしよう。この

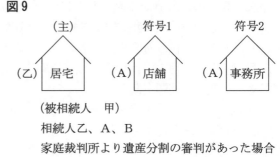

遺産分割の審判によって，被相続人甲から直接に乙は居宅，Aは店舗と事務所をBは土地を相続したことになる。これは民法909条には遺産分割の効力は相続開始のときにさかのぼって効力が生ずるとあるから，この建物の分割の申請は，乙Aから申請することができ，Bは申請人とならない。このように遺産分割の審判があった場合には分割の効力は遡及効果がある。

（2）他の共有者が協力しない場合

ところでこのように遺産分割の審判があった場合でも，仮にAが事務所を分割して取得した権利を保全したいというときには，他の共同相続人乙と共同でしなければ建物の分割登記の申請はなし得ないとすれば，その取得した権利を最初から保存できないことになる。仮に相続人のAから，建物の分割登記の申請を認めたとしても，他の相続人が何ら不利益をこうむることはあり得ない。

この場合一つの保存行為として，家庭裁判所の遺産分割の審判書を添付するのであるから，他の共有者がそれによって不利益をこうむるおそれも全く生じないことになる。このような場合でもなお相続人全員からでなければ登記の申請を認めないということは，取得した権利を保全するという作用を侵害することになるのではないかという問題がある。このようなことは，裁判所の遺産分割の審判があったにもかかわらず，他の共同相続人がその分割の

行為に事実上応じなければ，他のものがそれを単独の保全行為として被相続人から取得できないことになり，種々不都合な場合が生ずることになるわけである。そこで，このような場合には相続人は，家庭裁判所の審判書を代位原因を証する情報として代位により各自建物分割の申請ができるはずである。

結論としては，共同相続の登記後，当該土地を数筆に分筆し分筆後の土地をそれぞれ相続人らの一部の者の単有又は共有とする旨の遺産分割の調停が設立した場合において，右調停に基づく土地の分筆登記をなすにつき他の相続人らの協力が得られないときは，当該土地の一部を相続することとなった者は右調停調書の正本又は謄本を代位原因証書とし協力を得られない者に代位して分筆登記の申請をすることができる（平2.4.24民三第1528号回答）とする回答が出されている。

3．共同相続人中に制限行為能力者がいる場合

たとえば，被相続人甲，相続人妻乙，子ＡＢがいる事例で，Ｂが17才の未成年者の場合を考えてみる。いま協議によって遺産分割をするとすれば，親権者たる妻乙と子Ｂの利害は相反するわけである。この場合にはＢにつき親権者乙は法上の代理権を有さず，家庭裁判所より選任された特別代理人がＢを代理して遺産の分割協議に参加することになる（民法826条①）。

そこでたとえばＢの特別代理人としてＹが家庭裁判所より選任された場合に，乙ＡＹで遺産の分割の協議がなされることになる。この場合，遺産分割に従ってその建物の分割登記の申請をする場合の申請人は，この特別代理人たるＹが加わって申請をすべきか，それとも相続人乙ＡＢの相続人のみで申請をなし得るかという問題があるわけである。

遺産分割の協議はいわば法的な処分行為についての法律行為であって，この場合には特別代理人が参加するのであるが，分割の協議が調った段階では，あとは登記の申請という一種の保存行為を残すことになる。未成年者Ｂも登記の申請能力はあるわけである。したがって登記の申請は未成年者を含めた相続人から申請することになり，特別代理人は申請人に入らない。

4．相続人のなす建物の表題登記

まず，被相続人甲が未登記の建物を残して死亡したとしよう（図10）。この場合，相続人がその共有の登記をする場合については，まず被相続人名義で表題登記を行ない，さらに保存登記をなし，そして所有権の移転登記をすることは全く意味がない。この場合には相続人が直接建物の表題登記を申請することになる。この場合には所有権証明書として相続証明書と，被相続人が請負人から取得した領収証書，契約書等の所有権証明書を添付する。

図10
被相続人甲
未登記の建物

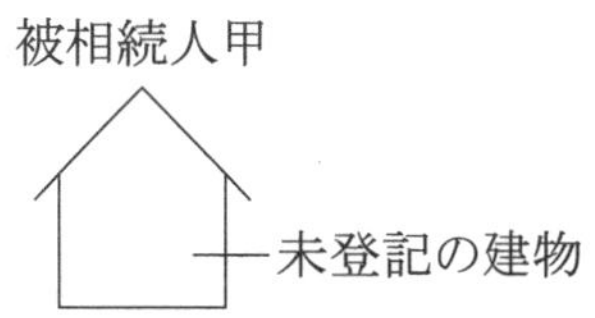

もちろん，相続人のうちの一人から表題登記の申請をすることは当然なし得る。この場合でも相続人の乙のみがその持分のみを登記することは許されない。乙が単独で申請する場

合でも相続人全員の持分を記載して申請するわけである。

　ただし，区分建物の表題登記は，原始取得者である被相続人を表題部所有者とする申請を相続人から行なわなければならない（法47条②）。

　さらに，建物を新築したAが表題登記をし，Bにこれを売却したときは（特定継承），Aが，所有権の保存の登記をし，Bに所有権の移転の登記をすることになる。しかし，被相続人が表題登記のみある建物を残して死亡したとして（図11），相続人が相続の登記をする場合，まず，被相続人名義で保存登記をし，さらに所有権の移転登記をすることなく，直接所有権の保存登記を相続人名義でなし得るのである（法74条1項1号）。

　保存登記は不動産登記法74条1項1号に，「表題部所有者又はその相続人その他の一般承継人」とあるから，表題部所有者が被相続人であれば，その保存登記は相続人が直にできることになる。もちろんこの保存登記の場合でも，相続人の一人から各自その保存登記の申請をなし得る。

図11

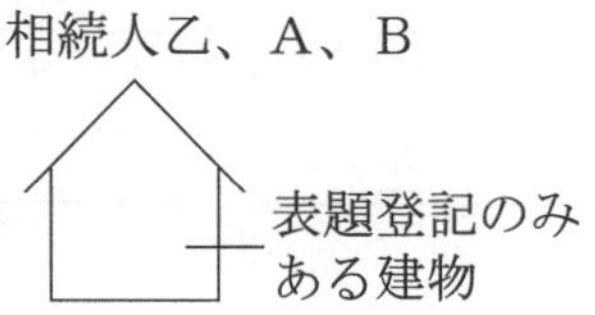

相続人乙、A、B

表題登記のみある建物

第19講　登記の申請人と相続分

1. 相続の順位と相続分

（1） 相続人の範囲

相続人は血族に限られる。血族は自然血族と法定血族に分れる。

自然血族は子，尊属，または兄弟姉妹に限られる。

法定血族は養子縁組みをした者である。婚姻によって親族となる姻族のうち例外として配偶者が相続人になる（民法890条）。そのほかはすべて血族に限られる。

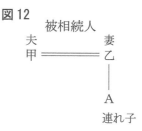

図12のように乙がAを連れ子として甲と婚姻をした場合に，連れ子Aは被相続人甲の相続については，相続人になれない。もしAが甲の相続人になるためには，養子縁組をしなければならない。つまりAは甲との関係では姻族一親等の関係にあって血族ではないからである。

（2） 順位

相続人は子，尊属，兄弟姉妹及び配偶者であるが，相続には順位がある。第一順位は子であり，第二順位は直系尊属である。第三順位は兄弟姉妹，そして配偶者は常に第一順位，第二順位，第三順位とともに相続分を取得する（民法887条，889条）。このように相続に順位があるのは，先順位の相続人がいる場合には後順位の相続人は相続分を取得できないということである。

たとえば図13のように，被相続人甲には妻乙，子AB，甲の父Y，母K，妹Cがいる。この場合に第一順位はABの子である。したがって子ABがいる限りにおいては，第二順位の父母YKは相続人になれない。この場合には子ABと配偶者乙が相続人となるわけである。

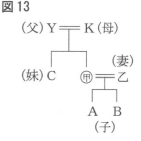

次に第一順位の子ABがいない場合に，父母YKが第二順位であるから父母と配偶者が相続人で，妹のCは第三順位であるから，父母がいる限りCは相続人になれない。この場合には父母YKと配偶者乙が相続人となるわけである。

次に子ABも，父母YKもいない場合に，第三順位の妹Cが相続人として入ってくることになる。この場合は妹Cと妻乙が相続人になるわけである。

このように先順位の相続人がいる場合は後順位の相続人は相続分を取得できない。

（3） 相続分

次に相続分については，子と配偶者がいる場合は，子2分の1，配偶者2分の1である。

次に第二順位の尊属と配偶者が相続する場合は尊属3分の1，配偶者3分の2である。次に兄弟姉妹と配偶者が相続人の場合は兄弟姉妹4分の1，配偶者が4分の3である（民法900条）。

（4） 兄弟姉妹が数人いる場合

次に子や直系尊属，または兄弟姉妹がそれぞれ数人いるときは各自の相続分は平等に分配される。なお，嫡出でない子の相続分は嫡出である子の相続分の2分の1，つまり被相続人甲に配偶者との子A，婚姻外の子Bが存した場合に婚姻外の子Bは配偶者の子Aの2分の1とされていたが，民法が改正され，嫡出子と非嫡出子の相続分は等しくなった。

次に兄弟姉妹の相続分については，父母の一方のみを同じくする兄弟姉妹の相続分は，父母の双方を同じくする兄弟姉妹の相続分の2分の1である（民法900条4号但書）。

たとえば配偶者と兄弟姉妹の相続分について，その兄弟に父母を双方とも同じくする兄弟と父のみを同じくする兄弟，つまり異母兄弟が存する場合については，父母の双方を同じくする兄弟が2で，一方のみを同じくする兄弟はその2分の1つまり1となる。例を挙げて説明しよう。

図14においていま被相続人Cには父母甲乙とも同じくする兄弟の兄Bがいて，さらに亡甲と先妻丙との子である異母兄弟の姉Aがいたとすると，父母を同じくするBと，父のみを同じくする姉Aとでは，その相続分はAはBの2分の1であるということになる。

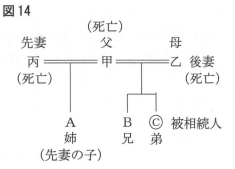

図14

（5） 相続分の事例

次に，民法900条の甲の相続分について事例を掲げる（図15を参照）。

図15　相続分例図

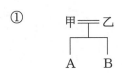

① （民法900条1号）
　妻乙と子A，Bが相続人の場合

$$乙 \to \frac{1}{2} \begin{cases} A \to \frac{1}{4} \ (\frac{1}{2} \times \frac{1}{2} = \frac{1}{4}) \\ B \to \frac{1}{4} \end{cases}$$

② ×―甲＝乙
　　｜　　｜
　　B　　A

② （民法900条4号）
　妻乙と嫡出子Aと非嫡出子Bが相続人の場合

$$乙 \to \frac{1}{2} \begin{cases} A \to \frac{1}{4} \ (\frac{1}{2} \times \frac{1}{2} = \frac{1}{4}) \\ B \to \frac{1}{4} \ (\frac{1}{2} \times \frac{1}{2} = \frac{1}{4}) \end{cases}$$

③ （民法900条2号）
　妻乙と被相続人甲の父母，丙，丁が相続人の場合

$$乙 \to \frac{2}{3} \begin{cases} 丙（父）\to \frac{1}{6} \ (\frac{1}{3} \times \frac{1}{2} = \frac{1}{6}) \\ 丁（母）\to \frac{1}{6} \end{cases}$$

④

④（民法900条2号）
妻乙と被相続人甲の祖父Xが相続人の場合

$$乙 \to \frac{2}{3} \quad X（祖父）\to \frac{1}{3}$$

⑤

⑤（民法900条3号）
妻乙と被相続人甲の兄妹，Y，Kが相続人の場合

$$乙 \to \frac{3}{4} \begin{cases} Y（兄）\to \frac{1}{8} \left(\frac{1}{4} \times \frac{1}{2} = \frac{1}{8}\right) \\ K（妹）\to \frac{1}{8} \end{cases}$$

⑥

⑥（民法900条4号ただし書）
妻乙と被相続人甲と父母双方を同じくする兄戊，父のみを同じくする妹E（異母妹）が相続人の場合

$$乙 \to \frac{3}{4} \begin{cases} 戊 \to \frac{2}{12} \left(\frac{1}{4} \times \frac{2}{3} = \frac{2}{12}\right) \\ E \to \frac{1}{12} \left(\frac{1}{4} \times \frac{1}{3} = \frac{1}{12}\right) \end{cases}$$

⑦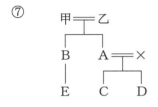

⑦（民法887条）
妻乙と被相続人甲より以前に死亡した子A，Bに，AにはC，Dの子が居り，Bには子Eがいた場合

$$乙 \to \frac{1}{2} \begin{cases} A（死亡）< \begin{array}{l} C \to \frac{1}{8} \left(\frac{1}{2} \times \frac{1}{2} \times \frac{1}{2} = \frac{1}{8}\right) \\ D \to \frac{1}{8} \end{array} \\ B（死亡）- E \to \frac{1}{4} \left(\frac{1}{2} \times \frac{1}{2} = \frac{1}{4}\right) \end{cases}$$

相続人について以下多少の問題点を考えてみる。

（6）孫の相続分

直系の場合については，子がいればその孫は相続人にならない。子が被相続人より先に死亡した場合については，孫が子の位に上がって代襲相続をするにすぎない（民法887条②）。

たとえば図15の⑦に示すように被相続人甲には妻乙と，被相続人より以前に死亡した子ABに，Aには子CDがおりBには子Eがいた場合について，いま子ABがすでに死亡しているのであるから孫の固有の相続が開始するかというと，孫は固有の相続権がない。したがって卑属で相続権を有するのは子のみである。いま子ABが死亡してしまえば，孫のCDEは子の相続分を代襲して相続するわけである。したがってCDはAの相続分を取得し，EはBの相続分を取得するのである。

いま被相続人からいえば，子が全員死亡した場合に，孫の頭数において相続分を取得させる孫固有の相続権を認めるのが本来の平等主義には合致するけれども，現在の相続法においては，孫に固有の相続権は認めないのである。したがって子全員が死亡した場合でも，被相続人甲にとってはCDもEも同じ孫でありながら，CDはEの半分しか相続分を取得できないことになる。

(7) 尊属の相続分

直系尊属についてはその相続人を父母に限定していない（民法889条①1号）。したがって父母が全員死亡している場合については，その祖父母が固有の相続権を有することになるわけである。

たとえば図15の④に示すように，被相続人には妻乙と祖父Xがいる場合に，乙は3分の2，祖父3分の1で祖父固有の相続権が認められる。

また被相続人が養子の場合には，実父母や養父母双方が存しない場合に初めて祖父母の代りの相続が開始するので，実父母が死んでいても養父母が生きている場合とか，養父母が死んでいても実父母が生きている場合には祖父母の相続は開始しない。

2. 相続人でない者

(1) 養子の子

次に図16に示すように，養親甲乙に養子丙がいて，さらに養子縁組み後の丙の子丁がいたとしよう。いま養親甲乙と養子丙が離縁をすると養子縁組み後の丙の子丁も同様に離縁の効力が生ずる。したがって養子の子丁は甲乙の財産を相続するというようなことは全く生じない。同様に甲乙と丙が離縁をすると，養子の子丁が丙の養子に代襲して相続をする等の問題も全く生じない。

図16

(2) 特別縁故者等

このようにして相続人は子，尊属，兄弟姉妹，及び配偶者のみであるので，三親等のおじ，おばが相続することは全くあり得ない。しかし同じ三親等でも甥，姪の場合は，兄弟姉妹を代襲して相続人となる場合が生ずる（民法889条②）。このほか相続人ではないが，被相続人に対して病気のめんどうを見たり，療養看護に努めた等の者は特別縁故者として，被相続人に相続人が全くない場合については，その財産について家庭裁判所に申出て，その被相続人の財産の全部，または一部を取得することができる（民法958条の2）。

3. 胎児の相続

胎児は相続人として登記の申請人になり得るであろうか。民法3条1項によれば，私権の享有は出生に始まると規定され，権利能力の始期が出生にあるとされているからである。つまり相続権の取得については，母親の母胎から全部露出したときに相続権が開始するのか，胎児は胎児のままで相続の能力があるかという問題である。民法886条の規定によれば，胎児は相続についてはすでに生まれたものとみなすと規定する。しかしこの規定は，胎児は胎児のままで相続の権利があり，もし死んで生まれた場合には，最初にさかのぼって権利能力がなくなるものと考えれば，胎児は胎児のままで制限的ではあるが権利能力があるものとされる。

したがって被相続人が未登記の建物を残して死亡した場合に，胎児が母親とともにその表

題登記の申請人となった場合については，胎児には名前がないから，「亡甲野太郎妻花子胎児」のように実務上では登記される慣例になっている。もっとも最近の胎児は双子や三つ子が生まれる場合もあるが，基本的に胎児がまだ双子であるかどうかを区別ができない場合には一人として考えればよいわけである。

4．特別養子制度

　従来養子は戸籍上明確に養子として，実父母と養父母を記載し，実子との区別を設けていた。そのため，実の父母と思って長い間あまえて暮らして来た養子がある日戸籍を見てガク然とする場合が多い。このため，従来の養子制度を通常の養子制度として残し，限りなく実子に近づける養子制度として別に特別養子制度を設けた。

　この制度のもっとも重要な点は，戸籍の父母欄には，養父母の氏名を記載し，実父母の氏名を記載せず父母との続柄も，単に長男，長女等が記載され，しかも，養子と実方の父母や兄弟等の親族関係は終了する（民法817条の2）。

　このように特別養子は，実子と同様ほぼ「養父母だけの子」となされるが，残念ながら一つだけ実子と異なる記載がされる。それは戸籍の事項欄に「民法817条の2による裁判確定」と記載され，完全な形で実子の特例を認めたものではないことに注意したい。

　以下，手続上の要点をあげる。
①必ず家庭裁判所の審判によること。請求は養親となるべきものがする。
②実親が育てられないような特別の事情の子で，子にとって養子に行った方が幸せな生活が送れる場合に限られる。
③養親は25歳以上の夫婦であり，養子は6歳未満が原則である。独身者は養親になれない。
④特別養子になった時は実方との縁は切れる。
⑤原則として離縁は認められない（但し特別な場合は例外）。

　調査士に関する問題としては，「特別養子は実親については相続権がないということが普通養子との違いである」。

土地家屋調査士本試験
択一試験　過去問題チェック

〔問〕次の図のとおりの身分関係を有するXが死亡し，Xが所有する表題登記がない甲建物について，平成14年8月16日に建物の表題登記が申請された。この申請における申請人及びその持分に関する次の1から5までの記述のうち，**正しいもの**はどれか。ただし，甲建物は，法定相続分のとおりに相続されたものとする。

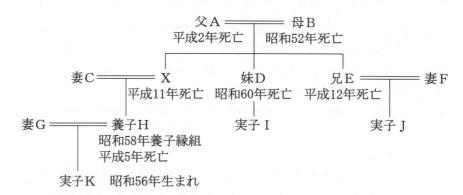

1　C持分4分の2，G持分4分の1，K持分4分の1
2　C持分8分の4，I持分8分の2，F持分8分の1，J持分8分の1
3　C持分16分の12，I持分16分の2，F持分16分の1，J持分16分の1
4　C持分9分の6，G持分9分の2，K持分9分の1
5　C持分8分の6，F持分8分の1，J持分8分の1

〔正解　3〕

① 被相続人Xについて，第1順位の相続人は，配偶者C（民890条）と養子H（民887条①）である。養子Hは，縁組の日から養親Xの嫡出子としての身分を取得し相続人である（民809条）。しかし，被相続人Xが死亡したときに，Hはすでに死亡しており，通常ならHの子が代襲する（民887条②）。しかし，Hの子Kは，Hの養子縁組前に出生した子であり，Xの直系卑属ではなく，KはHを代襲しない（民727条・887条②ただし書）。

② 被相続人Xには，子がいないということになるので，第2順位である直系尊属AB（民889条①1号）も死亡しているので，次順位の兄弟姉妹が相続人となる（民889条①2号）。

③ 第3順位の妹D及び兄Eについて妹Dはすでに死亡しているので，Dの実子Iが代襲する（民889条②）。兄Eは，Xの死亡した時には生存しているので，一旦相続し，Eの死亡によって被相続人Eの相続が開始する（数次相続という）。

したがって，甲建物の表題登記の申請人は，妻C，妹Dの実子I，兄Eの妻F，兄Eの実子Jである。

配偶者Cは4分の3（16分の12），兄弟姉妹は4分の1を相続する（民900条3号）。妹の実子Iは，妹Dの相続分である4分の1の2分の1である8分の1（16分の2）を代襲する。

兄Eは一旦8分の1を相続し，Eの死亡により兄の妻Fは8分の1の2分の1である16分の1を相続する。兄の実子Jも，8分の1の2分の1である16分の1を相続する（民900条1号）。

以上により，正解は3。

第20講　代襲相続

1．代襲相続

代襲相続というのは，相続人たる子が被相続人より以前に死亡したか，あるいは相続人が欠格になったか，または廃除された場合に，その相続人が相続分を取得できなくなったときに，その者に子があれば，その子がかわって相続分を取得するという制度である（民法887条）。つまり相続人は本来子であるが，子がすでに被相続人より先に死亡したり，相続の欠格や廃除によって相続分を取得できない場合に，孫が子に代って子の相続分を取得するという制度が代襲相続である。

（1）　子の代襲

相続人は，卑属の場合は子であって，孫は本来の相続人にはならないのである。しかしいま述べたような理由において，子が相続人となり得ない場合には，その子の子，つまり孫が代って子の分を取得するという制度である。

たとえば孫もすでに死亡して曾孫がいたというような場合については，その孫にかわって曾孫が子の相続分を取得する。

（2）　兄弟姉妹の代襲

たとえば図18のように，被相続人甲の長男Aが被相続人甲よりも先に死亡していた場合には，被相続人甲の相続については，長男Aが取得すべき相続分をその子のEが相続するのであって，Aの取得する分を妻DとEが取得するわけではないのである。

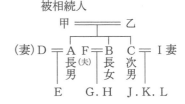

図18

つまり妻Dは甲の相続について，Aが生きていたならば当然Aを通じて取得したであろう相続分を相続しないのである。したがって長男Aの相続分は全部子Eが相続をするのであって，妻がその意味では不利益な扱いを受けるわけである。

なお長男Aが被相続人甲より先に死亡しており，さらにその子のEがまた先に死亡しているというような場合には，Eに子があればそのEの子がさらに代襲相続をしていくことになるのである（民法887条③参照）。

これが子の代襲相続であるが，さらに代襲相続には，兄弟姉妹の代襲相続がある。

たとえば被相続人甲には，妹乙がいて，兄丙がいた場合について，妹が先に死亡しているときに，子，尊属がすでに死亡している場合，その妹が取得する分を妹の子Aがいた場合（図19）には，その子Aが妹乙に代って，いわゆる代襲して

図19

乙の相続分を取得する，というのが代襲相続の基本である。
　このように代襲相続には子の代襲相続，それから兄弟の代襲相続（但し，兄弟姉妹の代襲相続は子までである）と二つある。

（3）　代襲相続分

　図18にあるように，被相続人甲の長男A，長女B，次男Cが，被相続人の死亡以前に全員死亡していた場合について，その子のEGHJKL等の孫が固有の相続をするかという問題である。
　これは被相続人の甲にとっては，子が全員いなくなったときは，その孫は等しく可愛いのであって，孫のEはCの子Jの三倍可愛いということはあり得ず，その価値は等しいのではないかという議論が生ずるわけである。しかし相続人については民法887条1項で示すように，被相続人の子は相続人となるとあって，相続人には孫が入らないことになるのである。したがって孫はあくまでも固有の相続権を有さず，子の相続分を相続するという規定をしているのである。
　そこで子が全員死亡した場合についても，各子の子───孫は親の相続分を相続するという，いわゆる株分け相続になるわけである。したがってEはAの相続分を，GHはBの相続分を，JKLがCの相続分を取得するのであるから，実質的にはEはJ，K，Lの三倍の相続分を取得することになるのである。

2．代襲原因

　代襲相続をなし得る原因として民法887条2項で次の三つを規定している。
　　イ　被相続人の子が相続の開始以前に死亡した場合
　　ロ　相続人が民法891条に該当して相続の欠格になった場合
　　ハ　相続人が廃除された場合
である。

（1）　子が相続開始前に死亡した場合

　代襲相続の第一の原因として，まず子が被相続人より先に死亡した場合を想定しているのである。ところが先に死亡したのではなくて，被相続人と同時に死亡した場合も含むかどうかについては従来争いがあった。そこで昭和37年の民法の改正で立法上「以前」と規定しこの問題を解決したわけである（民法888条を削除）。つまり被相続人と相続人が同時に死亡した場合（民法32条の2）も含めて代襲相続が始まるのである。
　たとえば被相続人と相続人が飛行機で外国旅行中に飛行機の墜落によって同時に死亡した場合に，お互いに子も親も相続をせず，その子がいる場合には代襲相続をすることになるのである。
　もっとも同時死亡というのは，お互いが同じ場所で死亡したという場合に限らず，たとえば親と子が別々の場所で死亡したが，いずれが先に死亡したか判明しない場合についても，同様に同時死亡としてお互いに相続をせず，その者の子が代って代襲相続をするという形をとるのである。

たとえば被相続人の甲と長男のAが飛行機で同時に墜落をした場合には，甲はAを相続せず，Aは甲を相続せず，この場合に甲の相続分についてはAに代ってAの子のEが相続をするという形をとるのである。

（2）　相続欠格（民法８９１条）
（A）　**相続欠格**については，故意に被相続人または相続について，先順位もしくは同順位にある者を死亡するに至らせ，または至らせようとしたために刑に処せられた者（1号），これがいわゆる相続欠格の原因である。

　「故意に」というのは，当然殺人の故意，つまり刑法199条の故意である。したがって殺意のない場合は含まない。

　たとえば相続人が被相続人に暴行を加える意思で殴ったところ，被相続人がよろけてコンクリートの石に頭を打って死亡したというような場合には，相続人は殺意がなかったのであるから欠格事由には該当しないわけである。つまり傷害や暴行の故意の場合については欠格事由にはならないのである。この場合には傷害致死罪として処罰されていくことになるのである。

　次に「被相続人または相続について先順位もしくは同順位にある者を死亡させ，あるいは未遂に終わった場合」であるから，したがって後順位の相続人を死亡するに至らせた場合には相続欠格の問題は全く生じない。

　たとえば子が被相続人の親を殺害しても，被相続人については相続の欠格にはならない。なぜなら尊属は第二順位の相続人であって，子は第一順位の相続人であるから後順位の相続人を死亡するに至らしめた場合については，相続欠格にはならないのである。

　先順位または同順位であるから，たとえば図20にあるように子Aが父甲を殺害した場合に，母乙の相続について相続の欠格になるか，という問題が出てくる。

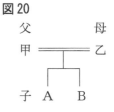

図20

　相続は本来相対的なものであるから，父親を殺して父に対する相続は欠格になったとしても，母に対するものは相対的相続理論からいえば，これは欠格にならないはずである。

　しかし母の相続については，殺された父甲は子と同順位の相続人に入ってくるわけである。つまり配偶者と子は常に同順位の相続人として入ってくるから，父を殺害したAは，母に対する相続についても同様に相続の欠格となるのである。

　被相続人，または先順位もしくは同順位にある相続人を殺したため，あるいは殺そうとして未遂に終わっても，さらに刑に処せられないと欠格にはならないのである。

　たとえば同じ殺した場合でも，正当防衛等は犯罪が成立せず，刑に処せられないから，当然正当防衛で殺したり，緊急避難によって殺害したとしても，この場合には欠格の問題は全く生じない。

　これに対して先順位の相続人を殺害して，執行猶予がついた場合にはどうかという問題が出てくる。

　執行猶予というのは刑法25条で，3年以下の懲役もしくは禁錮（拘禁刑，令7年

6月1日施行)，または50万円以下の罰金に処せられた者が，1年から5年の間においてその執行を猶予することができる，という意味である。

つまり執行猶予はいわゆる有罪ではあるけれども，その猶予の期間さらに罪を犯さず，執行猶予が取消されないで期間を満了すると，刑の言渡しが効力を失うのであるから，したがって無罪判決と同様になるのである（刑法27条参照）。

つまり先順位の相続人を殺害して懲役3年執行猶予4年の判決があった場合には，4年の期間執行猶予が取消されることなくして経過すると，無罪の判決と同じように刑の言渡しが効力を失うわけで，したがって刑に処せられたということに該当しないことになるのである。

したがって執行猶予が付された場合には欠格事由にはならない。

(B) そのほか，**被相続人が殺害されたことを知ってこれを告発しない，あるいは告訴しなかった者（2号）**は欠格事由になる。ここに「告発」というのは広く，第三者的立場から犯罪の事実を捜査機関に通知することをいうのである。

また「告訴」というのは，当事者として訴えを提起し，犯罪事実を指摘して捜査機関に処罰を請求するのがいわゆる告訴である。もっとも被相続人が殺害されたことを知っていたとしても，是非の弁別ができない者や，また幼児，子供等，あるいは殺害者が自己の配偶者であったり，親子等の直系血族であったりした場合については，これは人情上告訴や告発が無理であるので，当然期待できないから欠格事由にはならないのである（民法891条2号）。

(C) さらに**詐欺や強迫によって，被相続人が相続に関して遺言をし，撤回したり，あるいは取消しをしたり，あるいは変更することを妨げた者（3号）**は欠格である。

これは相続人が被相続人をだましたり，おどかしたりして被相続人が自己に不利益な遺言をしようとするのを妨げたり，あるいは相続人にとって有利な遺言の取消しをしようとするのを妨げたり，あるいは変更するのを妨害する，そういう行為に出た者を相続欠格としたものである。

さらに**詐欺又は強迫によって，被相続人に相続に関する遺言をさせ，撤回させ，取り消させ，又は変更させた者（4号）**。これも同様に欠格事由になるのである。

民法891条3号と4号の違いは，だましたり，おどかしたりして被相続人が遺言をしたり，取消したり，変更したりすることを妨げたものが3号で，逆に4号の方では積極的におどかしたり，だましたりして，被相続人に遺言をさせたり，取消させたり，変更させた場合である。

(D) さらに**相続に関する被相続人の遺言書を偽造したり，変造したり，あるいは破棄，隠匿した者（5号）**も同じように欠格事由である。

この遺言書を「偽造」するというのは，被相続人名義の遺言書を新しくつくり出すことである。つまり偽の遺言書を相続人が書いたという場合であり，「変造」というのは被相続人が書いた遺言書の内容をひそかに書き変えることである。

たとえば長男Aには1,000万円やると書いてあるものを，2,000万円にふやしていくというような場合である。

内容を一部変えるという場合が変造で，全く新しい被相続人名義の遺言書をつくり出すのが偽造である。

「破棄」というのは，遺言書を発見して，自分に不利な記載があるため破いてしまうというような場合が破棄であって，「隠匿」は天井裏等に隠すというのがいわゆる隠匿で，他人が発見できないようにして遺言の効力を失わせることをいう。

(3) 推定相続人の廃除（民法892条）

廃除の制度は，被相続人に対して遺留分を有する推定相続人が重大な侮辱を加えたり，あるいは虐待をした場合で，たとえば病気になっても薬をやらない，看病もしない，このような場合や，更に相続人が他人を殺してしまったり，被相続人の名誉を汚すような著しい非行があったというような場合については，相続人としてふさわしくないため，被相続人はこれらの者に相続財産を与えないことができる。

一般には被相続人がその相続財産を与えない手段として遺言がある。

遺言はだれだれの相続については相続分を与えないとか，だれだれに全部の財産を贈与するとか，このように被相続人の意思によって死後の自己の財産の処分ができるのであるが，しかし遺留分を有する推定相続人については遺言をもってしても否定できない相続分がある。つまり民法1028条で子，尊属，配偶者，これらの者が相続人の場合に遺留分があるため，遺言をもってしてもその遺留分は否定できないのである。

① 廃除の方法

したがってこれらの相続人が遺留分の減殺請求権を行使した場合には，当然その遺留分に該当する財産は，被相続人の意思，あるいは遺言による意思によって否定しようとしても否定できないわけである。つまりその遺留分を有するこれらの相続人に財産をやらないためには，家庭裁判所に申立て，相続人から廃除するという手続をとらねばならない（民法892条）。

そのためには家庭裁判所に対して廃除の申立てをし，家庭裁判所より重大な侮辱，あるいは虐待，あるいは相続人に著しい非行があったという行為が認定されたときに初めて相続人から廃除されることになるわけである。このように遺留分を有する推定相続人については，家庭裁判所によって廃除の手続をとらなければ，遺言をもってしても相続分を取得させないことができないのである。ここに廃除の制度の意義があるわけである。

廃除の方法については，家庭裁判所に廃除の審判の申立てをするものであるが，被相続人が病気になったときに虐待をされて，家庭裁判所に廃除の審判の申立てができない場合については，遺言をもって，その遺言書の記載の中で相続人だれだれを廃除するというように遺言をすれば，その遺言に従って家庭裁判所は廃除が妥当かどうかを審判することになるのである。

② 廃除の効力（民法893条）

そしてもし裁判所によって廃除が妥当であることが認められた場合には，その廃除の効力については被相続人の死亡のときにさかのぼって効力が生ずる（民法893条）。つまり廃除の効力が生ずると，その者は最初から相続人に入れないことになるのである。

被相続人の遺言書に廃除の意思表示があった場合には，遺言執行者はその遺言が効力を生じた後，つまり被相続人が死亡した後，遅滞なく家庭裁判所に対して廃除の請求をしなければならない。

なお被相続人の感情を害し，被相続人にとっては重大な侮辱と考えた場合についても，

家庭裁判所が一般的にその行為は重大な侮辱に該当しないと判断すれば，廃除の審判をしない。たとえば相続人が被相続人に対して，「老衰によってあほうになった」というような発言をした場合に，被相続人がかなり重大な侮辱を受けたと感じたとしても，一般的にこの程度ではいわゆる重大な侮辱に該当しないから，したがって審判によって廃除されることはない。

民法891条の「相続の欠格」については，そのいずれかに該当し欠格事由になった場合には，当然家庭裁判所の審判を待つまでもなく相続人たる資格が消滅する。

これに対して廃除の制度は，被相続人の生前の申出，または遺言による意思表示によって裁判所が重大な侮辱に該当するか，虐待に該当するか等を検討をし，それに従って廃除の審判をして初めて相続人たる資格が消滅するものである。

③ 廃除の取消（民法894条）

したがって廃除については被相続人の意思が，相続人の資格を失わしめるかどうかの重大なポイントをなすわけであるから，被相続人はその後反省した相続人について，更に相続分を与えることができるのである。その方法としてはまず廃除の審判について，その取消を家庭裁判所に請求することができる。家庭裁判所は廃除の審判の取消の請求があった場合については，原則として被相続人の意思を重んじ廃除の審判を取消さなければならないのである（民法894条）。

もし被相続人が廃除の審判の取消をすることが厄介な場合，又は時間的都合でなし得なければ，遺言によって廃除をされた相続人についてさらに遺贈することができる。

これに対して相続の欠格の場合については欠格の事由に該当するときは，被相続人は遺言をもって相続人に相続分を与えることはできないのである。

被相続人がいったん廃除した相続人を許して廃除の取消をした場合については，当然その相続人は廃除の取消によって，最初から廃除がなかったものとして通常の相続分を取得することになるのである（民法894条②）。

なお推定相続人の廃除や，その取消の請求があった後に，その審判が確定する前に相続が開始した場合については，親族や利害関係人，または検察官の請求によって，家庭裁判所は遺産の管理について必要な処分を命ずることができる。これは，たとえば被相続人が遺言をもって相続人の廃除をなす場合に，一応財産を固定しておき遺産分割をさせないで，その廃除の審判があった後に遺産の分割をさせるとか，あるいは廃除の取消が遺言でなされた場合についても同様に審判確定までは財産を固定しておく等の処分を家庭裁判所は命ずることができるのである。

(4) 養子縁組前の子

最後に代襲相続については，代襲者が被相続人の直系卑属でない者はなり得ない。つまり図21のように，養子の子が養子を代襲して相続をすることはあるが，仮に養親よりも養子が先に死亡したとしても，養子縁組前の養子の子は，直系卑属の関係にないから，この場合については代襲相続人になれない（民法887条②ただし書）。

図21

養親 ── 養子 ── 養子の子（養子縁組前の）

3. 例題

被相続人甲には妻乙，乙の連れ子G，実父A，祖母B，養母C，妹D，Dの子E，及び実父Aの弟Fがいて，その他の相続人はいない（図22）。この場合相続人に関する次の記述中，正しいものはどれか。

(1) 乙とACが死亡している場合はBのみが相続人となる。
(2) AとCが死亡している場合は乙とDが相続人となる。
(3) Aが相続欠格であった場合はBが代襲して相続人となる。
(4) Cが甲を殺した場合乙とAが相続人となる。
(5) 乙が相続を廃除された場合Gが乙を代襲して相続人となる。

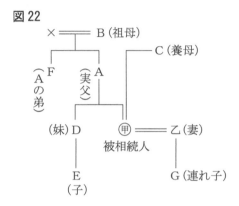

図22

〔解説〕

(1) 乙とACが死亡している場合はBのみ相続人とあるが，相続については，第一順位の相続人は子である。本問では被相続人には乙の連れ子Gがいるのみである。その他の子はいない。妻の連れ子は，被相続人甲との関係では姻族一親等に該当し血族の関係にない。したがって相続については甲とGは全く他人の関係にある。したがってGは甲と養子縁組みをしていない限り相続人となることはない。本問ではGが養子縁組みをしているわけではないので，Gは相続人に入らない。

したがって第一順位の相続人が存しないため，第二順位の直系尊属になるのであるが，第二順位の尊属中実父A，養母Cが死亡し，しかも配偶者乙が死亡している場合であるから，その尊属は存しなく，第三順位の兄弟姉妹の相続が開始するのではないか，という疑問が生ずる。しかし直系尊属というのは何も実父あるいは養母等の父母に限ったわけではない。つまり祖母Bが生存しているのであるから，Bも明らかに直系尊属である。したがってこの場合には第二順位の相続，つまり祖母のみが相続人となるわけで，第三順位の妹等は相続人にならない。したがって，本問は(1)の記述が正しく，正解となる。

(2) ACが死亡している場合は乙とDが相続人となる。――いま実父，養母が死亡しているのであるから，乙とDが相続人となるかというと，祖母Bの第二順位の相続人が生存しているため，第三順位の妹Dは相続人となることはない。

したがっていまACが死亡して，乙が生きている場合については，第二順位の祖母Bと乙の相続となるのであって，Dは入ってこないことになるから(2)は正しくない。誤り。

(3) Aが相続欠格であった場合はBが代襲して相続人となる。──代襲相続は被相続人の子が被相続人より先に死亡したか，同時死亡したか，あるいは欠格，廃除の場合に限るのである。したがって俗に逆代襲といわれるように，実父が死亡している場合に，その実父の相続分を祖母が代襲するということはあり得ないわけである。なぜならば祖母は固有の相続権を有するから代襲相続の必要がない。これに対して孫は固有の相続権がないため，子の相続分を代襲することになるのである。したがって(3)では，祖母Bは固有の相続をするわけで，Aが相続欠格の場合に代襲相続となるのではない。

もっとも本問の場合には養母Cが死亡しているという記述がないため，Aが相続の欠格になった場合には養母Cと妻乙が相続人となり，祖母Bは相続人に入ってこないのである。つまり父母というのは実父も，あるいは養母も同じように等しい父母としての価値を有するもので，養母のいる限り実父の祖母は相続権を主張することができない。親等の近い者が生存していれば，その後の親等の者は相続権を主張できないことになるのである。誤り。

(4) Cが甲を殺した場合乙とAが相続人となる──本問の場合養母Cが被相続人を殺したことによって欠格事由に該当するとなれば，当然第二順位の実父Aと妻乙の相続が開始するから，Aと乙が相続人となるのであるが，しかしCが甲を殺したからといって，直ちに欠格事由になるとは限らないのである。民法891条1号には，故意に被相続人または相続について先順位もしくは同順位にある者を死亡するに至らせ，または至らせようとしたために刑に処せられた者，とある。したがって養母Cが甲を殺害したとしても，刑法199条の規定によって刑に処せられた場合のみ欠格となるもので，殺したからといって当然に欠格事由に該当するわけではない。

したがって甲が養母を虐待し，養母がやむなく甲を殺害した場合には，養母Cは執行猶予が付されることがあり得るので，その場合刑に処せられないという扱いを受けるわけであるから，養母Cは必ずしも欠格事由になるとは限らないことになる。したがって本肢では養母Cが被相続人甲を殺しても，正当防衛と認められた場合，あるいは判決に執行猶予が付された場合には，なお養母Cは相続人となるため本肢は正しくない。誤り。

(5) 乙が相続を廃除された場合Gが乙を代襲して相続人となるとあるが，乙は推定相続人であるから相続を廃除される場合もあり得る。たとえば乙が甲の療養看護もせず，薬も与えない等虐待をした場合に，甲の申立または遺言によって，家庭裁判所による廃除の審判を受けたときについては，乙の子Gが乙の分を代襲することはあり得ないのである。つまり民法887条2項では「被相続人の子が」とあって，つまり子が被相続人より先に死亡したとか，廃除をされた場合を予定しているものであって，配偶者の場合については代襲相続の問題が生じないのである。

たとえば本問のように妻の連れ子がいた場合について，妻を通して取得すべき相続分を連れ子が代襲して相続をするかというと，配偶者の代襲はあり得ないので，本問の場合には，当然Gは代襲相続人にはなれない。なお甲とGとの関係は，民法887条2項但書においても，全く直系卑属の関係にないのであるから，この意味からも当然に代襲相続人にならない。誤り。

したがって，正解は(1)。

第21講 遺留分と特別受益者

1. 遺留分

（1） 意義

そもそも近代資本主義社会においては，自己の名で得た財産はすべて自己のものである。したがって夫が自己の名で得た財産はすべて夫の名義となるわけである。つまりAが会社に勤務をして給与をもらったとした場合，その給与は本来配偶者（妻）と家庭を維持し子を育てていくために得られた財産であるにもかかわらず，本人名義で得た給与は本人のものとして考えていくわけである。したがってその者が本人名義で預金をして建物を建てた場合には，当然本人の財産として登記されるのである。

したがってこれら生計を同じくする家族等の協力によって夫名義で得た財産を，その夫が第三者に自由に贈与してしまった場合には，この夫とともに生活をした配偶者や尊属，子等が当然生活に困ってくる。そこで法はこれら一定の者のために生前の処分行為や，あるいは遺言によって処分をなし得ない財産として，遺留分という制度を定めたわけである。

このように本人の有する財産のうち，一定の割合については本人の意思によっても処分をなし得ない財産の割合を遺留分と呼んでいる。

（2） 遺留分権利者と範囲

遺留分を有する相続人は，子，配偶者，尊属に限るのである。兄弟姉妹は遺留分を有しない（民法1042条）。

いま被相続人が配偶者のみでその子や尊属がいない場合に，第三順位の兄弟姉妹のいたときに，被相続人は配偶者に全財産を贈与するように遺言をすることができる。この場合には兄弟姉妹は遺留分がないので，その相続分を取得することはできない。もし遺言がなければ配偶者4分の3，兄弟姉妹4分の1の相続分を取得するのであるから，遺言によって排除し得るというのは，かなり重要な意味がある。

これに対して遺留分を有する相続人は，図23にあるように尊属のみの場合，全財産の3分の1を残さなければならないのであり，それ以外はすべて全財産の2分の1は残さなければならない財産なのである。このように被相続人が処分をなし得ない財産として，法は，2分の1，3分の1に分けて規定をしたのである。

図23

遺留分権利者
① 子のみ
② 配偶者のみ
③ 子と配偶者
④ 配偶者と尊属 ｝ 全財産の $\frac{1}{2}$
⑤ 尊属 ——— 全財産の $\frac{1}{3}$

（3） 遺留分侵害額の請求

（2）で述べたように遺留分が幾らあっても，遺留分権利者がこれらの権利を行使しない限りは，自己の侵害された遺留分についてその返済はされない。つまり遺留分権利者は，その遺留分という権利を行使しないと自己の遺留分は取得できないことになるのである。

なお，民法改正により，遺留分の請求は，相続財産ではなく，遺留分侵害額に相当する金銭の支払いに変更された（民法1046条1項）。

たとえば図24に示すように，被相続人甲が，妻乙と子ABを残して死亡したときに，すでにこの2000万円相当の建物を第三者Y女に贈与していたとすれば，乙ABはこの唯一の財産たる建物の価額の2分の1の1000万円の金銭の請求権を有するわけである。しかし配偶者や子が自分の権利を行使して，Y女に自分の遺留分が侵害されているから返還せよと請求をしない限り，その1000万円を取得することはできないのである。

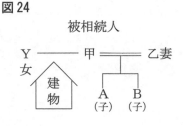

図24

この遺留分権利者が有するその請求権を，遺留分侵害額の請求権という。

（4） 遺留分の算定（民法1043条）

遺留分権利者の遺留分を侵害したかどうかの基礎となる財産については，まず被相続人が相続開始のときにおいて有した財産の価額にその贈与した財産の価額を加えて，債務があれば債務の全額を控除した価額が遺留分の算定の基礎となる。

たとえば図25のように被相続人甲が妻乙と子ABを残して死亡したときに，甲は生前に建物と土地で1,000万円の価値のあるものをY女に贈与していたということがわかった場合でも，そのほか甲には別に土地建物がありこの財産の価額が1,500万円で，しかも債務（借金）が500万円あったとしても，甲がY女にやった1,000万円については，なお遺留分を侵害していないことになるのである。

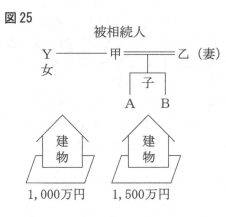

図25

$(1,500＋1,000)－500＝2,000万$

遺留分$2,000×\frac{1}{2}＝1,000万円$

つまり甲の全財産は甲が有していた土地建物の価額1,500万円に，すでに贈与した土地建物の価額1,000万円を加えて2,500万円と，債務の500万円を差引いて計2,000万円である。この半分の1,000万円の土地建物をY女に贈与していたとしても，全財産の半分の1,000万円は残したことになるから，したがって妻や子の遺留分を侵害されていないわけである。

ところで図25に示すように，被相続人甲がY女にその唯一の建物を贈与していたという場合に，すでに贈与してから五年もたって甲が死亡したとき，妻乙や子はその有する遺留分の請求権を行使できるであろうかという問題がある。

これは民法1044条1項に，贈与は相続開始前の一年間にしたものに限って，前条の規定によって価額を算入するという規定がある。つまり被相続人が死亡する以前の一年間にやったもの以外は，取返すことができない。

したがって五年も前に贈与してしまったものであれば，この規定によって請求権を行使できないのが原則である。つまりすでにやった財産については死亡する前一年間に贈与した

ものに限るのである。

ただ例外としては被相続人とその相手が通謀して，相続人の妻や子の遺留分を侵害することを目的として贈与したものである場合については，1年前にしたものでも，また5年前でも，7年前に贈与したものでもそういう目的があった場合に限って請求ができる（同項後段）。しかしその意図を証明することはきわめて容易ではない。そこですでに贈与されたものについては，被相続人の相続開始前の1年内にしたものでなければ，請求権を行使することは困難であろう。

したがって一般には遺留分の請求権として行使するのは，遺言によって遺留分を超える財産の贈与であり，この場合には容易に請求権を行使することができる。

なおすでに贈与したものと遺贈の分とある場合についての遺留分侵害額は先に受遺者が負担する（民法1047条1項1号）。

（5） 遺留分の放棄と相続の放棄

遺留分の放棄と相続の放棄は異なる。遺留分の放棄をした者はその遺留分を放棄してもなお相続人である。

これに対して相続を放棄した者は最初から相続人でなくなるわけである。

相続の放棄は被相続人が死亡した後でなければなし得ないのに対し，遺留分の放棄は被相続人が死亡する前であっても，家庭裁判所の許可があればその放棄をなし得ることになる（民法1049条①）。

被相続人死亡後の遺留分の放棄は家庭裁判所の許可なく自由になし得る。これに対して相続の放棄は，家庭裁判所の裁判官の面前でなければ，その放棄をなし得ない。したがって相続を放棄するという意思の陳述は他の共同相続人に対してなしても効力を生じない。必ず裁判所で裁判官の面前で陳述をしなければならないのである。

相続の放棄の場合は，その放棄分は他の共同相続人の相続分が増加することになるものであるが，遺留分の放棄はその放棄によって他の共同相続人の相続分が増加するものではない。

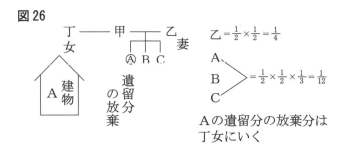

図26

たとえば図26によると，被相続人甲には子ABC，妻乙がいて，唯一の財産たる1200万円相当の建物を丁女に贈与する遺言があった。この場合において，子Aが遺留分の放棄をした場合と，相続の放棄をした場合とを比べてみよう。

まず遺留分を放棄した場合には，妻と子は全財産の2分の1の遺留分を有し，その2分の1の相続分のうちABC各自3分の1で，つまり子ABCは12分の1の遺留分を有するわけである。いまAが遺留分を放棄してしまうと，その12分の1の100万円の請求権は，

他の共同相続人ＢＣには行かず，贈与を受けた丁女に行ってしまうのである。したがって，Ａが放棄しても，あるいはＢが放棄したとしてもＣの相続分はふえない。つまり各相続人の遺留分は固定しているのである。

これに対して相続の放棄の場合は，仮にＡが相続を放棄するとそのＡの放棄した分は他の共同相続人ＢＣの相続分が増加することになる（民法939条①）。

２．特別受益者

特別受益者の相続分については，共同相続人のうち被相続人から生前に婚姻，養子縁組，あるいは生計の資本としてすでに贈与を受けていた者，あるいは遺贈を受けた場合について，被相続人が死亡したときにその相続開始の時に有していた財産と贈与の価額を加え，相続分からすでに贈与を受けた価額を差引いて，共同相続人間において平等の相続をさせようという趣旨である（民法903条）。

（1） 特別受益者の相続分

たとえば図27のように，被相続人の残した財産の価額が900万円あったとして，相続人の妻は生計の資本として，すでに300万円を特に贈与を受けていた，子Ａは婚姻の費用として特に200万円の贈与を受けていた，子Ｂは営業資金100万円をもらっていたとする。この場合について考えてみると，現在の被相続人死亡のときの財産の価額が900万円であるから，すでに贈与した300万円，200万円，100万円を加えて相続財産は1,500万円として計算していくのである。したがって相続の財産は1,500万円であるから，妻は1,500万円の2分の1にあたる750万円から，すでにもらった300万円を差引いて，相続に当たっては450万円もらう。

図27
被相続人の残した財産の価額900万円

妻乙 ── 300万円（生計の資本）
子Ａ ── 200万円（婚姻の費用）
子Ｂ ── 100万円（営業資金）
を各々甲よりもらっていた場合

$900+600=1,500$

$1,500 \times \frac{1}{2} = 750$ 　　　$750-300=450 \to 乙$

$1,500 \times \frac{1}{2} \times \frac{1}{2} = 375$ 　　$375-200=175 \to A$

$1,500 \times \frac{1}{2} \times \frac{1}{2} = 375$ 　　$375-100=275 \to B$

子Ａは1,500万円の2分の1の2分の1で375万円の相続分であるが，すでに200万円もらっているから，したがって375万円から差引いて現在175万円を相続する。

子Ｂは100万円をもらっているから，1,500万円の2分の1の2分の1の，375万円から100万円を差引いて275万円を相続する。したがって結論的には妻乙は450万円，Ａ175万円，Ｂ275万円として，現在の900万円をこのように分配をしていくというのが，この民法903条の趣旨である。

（2） 遺留分を侵害していない場合

共同相続人の一人が被相続人より，生前その相続分を超えて相続分を取得した。いわゆるもらい過ぎの場合でも，他の共同相続人の遺留分を侵害しない限りはその超過分を返済する必要はない。

図28に示すように，被相続人甲が生前子Ａに営業の資本としての店舗と土地をすでに

贈与している。この価額が2,000万円であった。
その後甲が死亡したときに残した財産は居宅と敷地，その価額2,000万円であったとしよう。

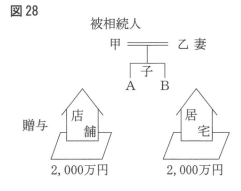
図28

この場合被相続人の財産はすでに贈与した2,000万円を加えて計4,000万円であるから，Aの本来法定相続分の4分の1，つまり1,000万円から見れば，Aはかなりのもらい過ぎである。しかし乙Bの遺留分を侵害していないのであるから，Aはその超過分の1,000万円等を返済する必要がない。したがってAはすでに被相続人甲から特別受益として十分もらっているので，甲が死亡した場合の相続人は乙とBとなり，いまこの居宅等が，仮に未登記であった場合の申請人としては，Aはゼロとして相続人に入らず，つまり乙Bがその表題登記の申請人になってくるのである。

なおAが被相続人甲よりもらった店舗がAの過失によって火災で消滅していたとしても，現在なおその建物が存続するものとして，相続財産を算定することになるのである（民法904条）。もっとも他人の故意・過失によって，もらった財産が消滅した場合については，もともとそのときになかったものと考えればよい。

なお特別受益者が存する場合の表題登記の申請等については，その特別受益者の証明書を相続証書面として添付しなければならない。

3．寄与分

共同相続人中に，被相続人の生前の財産蓄積や維持に特別に寄与した者がいる場合は，その寄与分をその相続人の固有財産として，被相続人の財産から分離し，残りの部分を相続財産として，寄与者も含めた共同相続人で分配する事になる（民法904条の2）。

たとえば，共同相続人中の長男Bが，被相続人Xの事業に関し特別な対価を得る事なく労働力や財産を出資したり，あるいは療養看護に努めた事により，被相続人の財産の蓄積・増加に寄与した場合を考えてみる。

この場合，まず相続人Bが寄与分を主張して，被相続人の未登記建物について，持分の増加を要求したときは，まず相続人全員の協議により寄与分の割合を決める。勿論，共同相続人の協議が調わなかったとき又は協議ができないときは，家庭裁判所の調停，審判によって定める（民法904条の2②）。図29の例で，相続人が妻A，長男B，長女C，二女Dがいたとして，この協議によりBの寄与分を2分の1と定めたとする。未登記建物の各相続人の持分は，まず寄与分2分の1をB固有の財産として控除する。これは父Xの財産に長男Bの財産が入っていたから，相続にあたってこの分をBに返す事にしたと考えればよい。

そこで残りの2分1を，妻A2分の1×2分の1＝4分の1，子BCDは各々，2分の1×2分の1×3分の1＝12分の1となる。したがって建物の表題登記の申請人の持分は，妻A

図29
未登記建物
妻A，長男B，長女C
二女Dの共同相続

12分の3，C 12分の1，D 12分の1，そしてBは12分の1に寄与分を加えて12分の7となる。

　また，被相続人に対して無償で療養看護その他の労務の提供をしたことにより被相続人の財産の維持又は増加について特別の寄与をした被相続人の親族（特別寄与者）は，相続の開始後，相続人に対し，特別の寄与をした者の寄与に応じた額の金銭の支払を請求することができる（民法1050条①）と新設された。

4．例題

　被相続人甲には妻乙，子ABのほか，婚姻外の丙女との間に生まれた認知した子Cと，Cの子Eがいる（図30）。甲が唯一の未登記の建物を残して死亡した場合につき次の記述中正

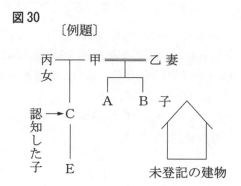

図30　〔例題〕

しいものはどれか。ただし，遺留分の請求権を行使するものとする。
(1) 甲がこの建物を丙に贈与する旨の遺言を残して死亡した場合，Cは建物の価額の20分の1の金銭を丙女に請求することができる。
(2) ABが相続を放棄し，Cが相続欠格となった場合は乙のみが相続人となる。
(3) Cが甲より生計の資本として特別の贈与を生前に受けていた場合でも，その贈与分を返還して建物の相続人になることができる。
(4) 甲がこの建物を第三者Yに贈与する旨の遺言があった場合に，Aが相続の放棄をしたときは，Bは遺留分の請求権を行使して建物の価額の12分の2の金銭を請求することができる。
(5) 甲が誰にも贈与する旨の遺言がなく死亡したとき丙女には認知した胎児がいた場合は，胎児の建物の表題登記の持分は8分の1である。

〔解説〕
(1) 被相続人の甲がこの建物を丙女に贈与する旨の遺言を残して死亡した場合については，当然妻乙，子ABとCは遺留分2分の1を有する。ただABは嫡出子，Cは非嫡出子であるがABCは均等に相続する。そこで計算は，遺留分2分の1×子ABCの分2分の1×Cの分3分の1＝12分の1であるから，20分の1とある(1)の記載は正しくない。

(2) ABが相続を放棄したときにさらにCも相続の欠格となった場合については，当然Cの子Eは，Cの取得すべき分を代襲相続をする。なお，この場合の相続分はCの代襲者Eが2分の1，妻乙が2分の1となるのである。
　したがって本肢は乙のみが相続人となるとあるが，Eも入ってくるから正しくない。

(3) 被相続人の甲が非嫡出子のCに，生計の資本として生前に特別の贈与をしていた場合について，Cはもらい過ぎであったとしても，他の共同相続人乙，A，Bの遺留分を侵害していない限りそのもらったものを返還する必要はない。
　これに反し，そのもらった贈与分を返還すれば，被相続人死亡のときの財産の方を取得することができるかという疑問が出てくる。
　特別受益を受けた者が被相続人死亡後，その贈与分を返還して現在の財産を取得することは許されない。したがって本肢のように，贈与分を返還して現在の建物の相続人となることは許されない。

(4) 甲がこの建物を第三者のYに贈与する旨の遺言があったときに，その子Aが相続の放棄をした場合，これは遺留分の放棄ではなく相続の放棄であるからAは最初から相続人でなかったことになり，Aの相続分はBまたはCの方に，その相続分に従って配分されていくわけである。
　したがってBの遺留分は，遺留分2分の1の子の分2分の1のBの分2分の1で8分の1。したがって12分の2ではないので本肢は正しくない。

(5) 本肢は，甲に第三者に贈与する旨の遺言がない場合である。つまり通常の相続の場合に，甲が死亡したときに丙女に認知した胎児がいた場合である。
　胎児については，母の承諾があれば父は胎児のままで認知することができる（民法783条）。丙女には認知した子Cと認知した胎児がいるわけである。
　この場合の胎児の持分は，他の認知した子C，甲の妻との間の子A，Bも均等である。相続分は，妻乙が2分の1，子が2分の1である。胎児の相続分は子の分の2分の1の4分の1の8分の1である。よって本問は(5)が正しく，正解である。

165

> 土地家屋調査士本試験
> 択一試験　過去問題チェック

〔問〕遺産分割に関する次のアからオまでの記述のうち，**判例の趣旨に照らし正しいもの**の組合せは，後記1から5までのうちどれか。

ア　遺産分割協議が成立した後であっても，共同相続人全員の合意で分割協議を解除した上で再度分割協議を成立させることができる。

イ　相続財産中の不動産につき，遺産分割により法定相続分と異なる権利を取得した相続人は，登記を経なくても，当該分割後に当該不動産につき権利を取得した第三者に対し，当該分割による権利の取得を対抗することができる。

ウ　遺産分割協議が成立したが，相続人Aがこの協議において相続人Bに対して負担した債務を履行しない場合には，Bは，遺産分割協議を解除することができる。

エ　相続放棄をした者は，他の共同相続人の同意があったとしても，遺産分割協議の当事者となることができない。

オ　被相続人が「甲不動産は相続人Cに相続させる。」との遺言をしていた場合であっても，他の相続人が甲不動産を取得することとし，Cは遺産中の他の財産を取得することとする旨の遺産分割をすることができる。

1　アイ　　　2　アエ　　　3　イオ　　　4　ウエ　　　5　ウオ

〔正解　2〕

ア　遺産分割協議が成立した後であっても，共同相続人全員の合意で分割協議を解除した上で再度分割協議を成立させることができる（最判平2.9.27民集44-6-995）。正しい。

イ　相続財産中の特定不動産につき法定相続分と異なる権利を取得した相続人は，遺産分割が相続開始の時にさかのぼって効力を生ずる（民909条）が，これは一種の物権の変動であるから，登記をしないと第三者に対抗できない（最判昭46.1.26民集25-1-90）。誤り。

ウ　遺産分割協議により，相続人Aが不動産を相続するが相続人Bに1000万円支払うという債務を負担した場合，Aがこの債務を履行しない場合でも，Bは遺産分割協議を解除できない（最判平1.2.9民集43-2-1）。誤り。

エ　相続を放棄をした者は，その相続に関しては，初めから相続人とならなかったものとみなされる（民939条）から，その者は他の相続人の同意があっても，遺産分割に参加できない（民907条）。正しい。

オ　特定の遺産を特定の相続人に相続させる遺言のある場合は，当該遺産（甲不動産）を当該相続人Cに相続させる遺産分割の方法が指定されたものと解されている。よって，これを否定する遺産分割はできない（最判平3.4.19民集45-4-477）。誤り。

以上により，アとエが正しく，正解は2となる。

第3章　土地に関する登記

第22講　土地の登記事項と表題及び変更登記

1. 土地の表題登記

(1) 土地が新たに生じる場合

土地の表題登記とは，土地登記簿の表題部に最初に行う新規の登記である（法2条20号）。新たに土地が生じたとき，あるいはすでに存する土地が登記漏れになっている場合に行う。

新たに土地が生じたときというのは，たとえば人為的に海岸線等を埋立てて新しい土地が生まれたというような場合である。そのほか土砂の自然堆積，あるいは海岸線の自然隆起等によって土地が自然に生じる場合もあり得る。

前者は公有水面埋立法によって埋立てた土地についての表題登記であるが，後者は自然に発生した土地に対するもので，公有水面埋立法によるものではない。

さらに，すでに存する土地の登記漏れというのは，土地があるにもかかわらず何らの登記もされていないというような場合，登記の申請があったにもかかわらず登記がされていない場合もあり，あるいは登記の申請が一回もされずにそのまま放置された土地等も含めて登記漏れというのである。いわゆる登記記録上の脱落地を考えることができる。

(2) 土地の所属

なお土地が自然に海底隆起等によって生じた場合でも，あるいは人工的に公有水面を埋立てた場合についても，その土地の所在が確定しない限りは土地の表題登記の申請をなし得ない。

つまり公有水面埋立法によって竣功認可のあった埋立地は，地方自治法7条の2の規定によるいわゆる所属未定地である。地方自治法7条3項の規定によって，総務大臣（旧自治大臣）の告示，あるいは都道府県知事の告示によってその土地の所在が確定されることになる（昭30年5月17日民事甲第930号民事局長通達）。

このように総務大臣，あるいは都道府県知事が告示しない土地については，法律上その土地の所在が確定しないため，登記所は当然その土地に対して管轄権を有しないことになる。

たとえば図1に示すように，A市B町3番と，K市B町5番にまたがって海岸線を埋立てた場合に，この土地がいずれの市に属するか所属の確定がない限りにおいては，その登記をなし得ないわけである。所属の未確定地について登記の申請があった場合に，登記所はまず第一に管轄権を有しないし，第二にその所在を登記所で決めるわけにはいかないのである。

所属未定地については，地方自治法7条によって，総務大臣または都道府県知事によっ

て市町村界が確定するのである。

　もっとも埋立地については，その工事の竣功認可を得た者は，その認可の日に，当該埋立地については所有権を取得するから，その告示がない場合についても，すでに土地が生じ所有者が確定している限りにおいては，登記所は不動産の現況に合わせて登記をしなければならないという義務が生じるのではないかという疑問が生じてくる。

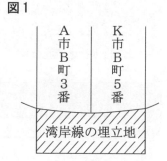

図1　A市B町3番／K市B町5番／湾岸線の埋立地

　しかし地番区域が不明の場合については，さきに述べたような理由で，登記所はその所属を確定するわけにはいかず，したがって管轄の決定もないまま登記をするということは不可能である。したがって公有水面を埋立て，その竣功の認可があって，その告示によって埋立地の所有権を取得し行政区画も明確となり，登記することができる。

（3）土地の表題登記の申請

　「新たに生じた土地又は表題登記のない土地の所有権を取得した者は，その所有権の取得の日から1ヵ月内に土地の表題登記を申請しなければならない（法36条）。

　登記の原因については，海底隆起の場合は「海底隆起」，その日付は，現実的に土地が生じた日付を記載すべきである。しかし実際にはいつごろからその土地の効力が発生したか不明の場合が多く，そのようなときは「年月日不詳海底隆起」とする以外にはない。

　したがって土地の表題登記の発生の日付については，必ずしも特定の日付を書く必要がない。不明あるいは不確実の場合には「年月日不詳海底隆起」と記載すれば足りる。

　なお，登記漏れや払い下げの場合，単に「不詳」とする。

　また公有水面埋立ての場合については，工事竣功認可の日を記載して「公有水面埋立」と記載すればよい。

　添付書類は，土地所在図，地積測量図，住所証明書，所有権証明書である（登記令別表四）。

　所有権を証する情報は，公有水面埋立法による竣功認可書等である（準則71条①）。

2．土地の所在の変更，更正の登記

　（1）　土地の所在は，行政区画である名称をいう。「Y村大字大山字清川」などをいう。行政区画の名称が，市町村の合併によって「E村大字大山字山田」に変更になったとすれば，これは地方自治法の定めるところによって市町村の合併がなされるのであるから，登記簿の行政区画またはその名称が変更になったものとみなされる（規則92条①）。

　なお，登記官は，速やかに，表題部の行政区画若しくは字を変更しなければならないとされている（規則92条②）。

　（2）　なお都道府県の境界にわたる市町村の境界の変更は，総務大臣がこれを定める。また郡の区域を新たに画し，もしくはこれを廃止し，または郡の区域もしくはその名称を変更しようとするときは，都道府県知事が当該都道府県の議会の議決を経てこれを定め総務大臣に届け出る。

さらに郡の区域の境界にわたって町村が設置されたときは，その町村の属すべき郡の区域も同様の手続がなされる。

郡の区域内において市の設置があったとき，または郡の区域の境界にわたって市町村の境界の変更があったときは，郡の区域もまた自ずから変更する（地方自治法第259条）。

なお市町村の区域内の変更は，市町村長が議会の議決を経て都道府県知事に届け出て，知事は直ちに告示する。変更の効力は告示によって生ずる（地方自治法260条）。

登記原因及びその日付としては「令和何年何月何日，何々名変更」とし，たとえば町名あるいは村名等の行政区画，またはその名称の変更を明らかにしていく。さらに変更の行政処分，すなわち告示のあった日を記載するのである。

（3）所在の更正登記は，申請人が登記の申請の段階で誤った場合に登記官がこれを見過ごして登記記録をした等，要するに登記記録に記入されている事項と事実関係が一致しない場合に登記されるわけである。登記官がその錯誤事項を発見した場合には，当然職権で更正する。もちろん登記官が職権で更正しない場合には，その登記の申請ができることは言うまでもない（法34条①1号，法38条）。

3．地目の変更，更正の登記

（1）地目の種類

地目は土地の現況と利用の目的及びその主な用途によって，田，畑，宅地，学校用地，鉄道用地，塩田，鉱泉地，池沼，山林，牧場，原野，墓地，境内地，運河用地，水道用地，用悪水路，ため池，堤，井溝，保安林，公衆用道路，公園及び雑種地に区分して定められる（規則99条）。

地目は土地全体の状況を観察して，その現況や利用の目的に従って定める。これは多少の差異が存する場合でも，全体的に見て定める（準則68条本文）。

（2）一般的定め方（準則68条）

(1) 田

農耕地で用水を利用して耕作する土地。

農耕地というのは，人力，または機械力を用いて土地を耕作し，農作物を栽培する土地をいう。

田と畑との違いは農耕地を耕作する点では同じであるが，用水を利用するのが田であって，用水を利用しないのが畑である。したがって用水を用いて耕作する以上，ハス池等も田として取扱われる。なお杞柳を田に栽植し田の設備をそのまま存置する場合には田として取扱う。杞柳とは柳の一種で，こうりとかあるいは物を収納する箱や民芸品としての素材として用いられる。

(2) 畑

農耕地で用水を利用しないで耕作する土地。

牧場外で牧草を栽培する土地も畑である。なお山林，原野に杞柳を栽植したり，田の設備を廃止して杞柳を栽植した場合は畑である。

(3) 宅地

建物の敷地及びその維持，もしくは効用を果たすために必要な土地。

建物の敷地というのは居宅に限らない。たとえば工場や事務所，店舗等の敷地であっても，すべて建物の用に供する土地である。これが物置小屋，倉庫等であっても同様である。

そこで畑の一部に図2に示すような農具小屋があった場合については，その農具小屋の利用に供する範囲で，その部分は宅地である。もっともその農具小屋が一時的に建てられたもので，いつでも取壊しがきくようなものであれば，これは宅地には入らない（準則69条(3)）。

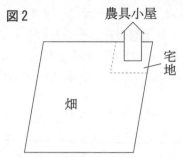

なお海産物を乾燥する場所の区域内に永久的設備と認められる建物がある場合には，その敷地の区域に属する部分だけは宅地として扱う（準則69(2)）。

(4) 学校用地

校舎，附属施設及び運動場。

(5) 鉄道用地

鉄道の駅舎，附属施設及び路線の敷地。

(6) 塩田

海水を引き入れて塩を採取する土地。

(7) 鉱泉地

鉱泉（温泉を含む）のわき出し口及びその維持に必要な土地。

(8) 池沼（ちしょう）

かんがい用水でない水の貯溜池。

かんがい用水というのは農耕地等耕作のために用いる水である。池沼は農耕地に利用しない水の意味であるから，したがってコイやフナをつるつり堀，その他養魚場，養鰻場等もすべて池沼である。その他発電所用の貯水池は池沼として取扱う（昭40年1月6日民三1034号回答）。

(9) 山林

耕作の方法によらないで竹木の生育する土地。

雑草，かん木類の生育する土地は原野であることに注意を要す。

(10) 牧場

家畜を放牧する土地。

牧場のために使用する建物の敷地や牧草栽培地及び林地等で，牧場にあるものはすべて牧場として扱う（準則69条(4)）。

(11) 原野

耕作の方法によらないで雑草，かん木類の生育する土地。

(12) 墓地

人の遺体，または遺骨を埋葬する土地。

(13) 境内地

境内に属する土地で，宗教法人法3条2号及び3号に掲げる土地（宗教法人の所有に属しないものを含む）。

つまり宗教法人の用に供するものであれば，その所有が他人のものであっても，その地目は現況に合わせて判断するのであるから，宗教法人の所有に属しなくても宗教のために要する土地として境内地になるわけである。

宗教法人法3条2号に掲げる土地というのは，本殿，拝殿，本堂，会堂，僧堂，僧院，神社，修行所，社務所，庫裏，教職舎，宗務庁，教務所，教団事務所，その他宗教法人の目的達成のために供される建物及び工作物がある一区画の土地をいう。なお同条3号で掲げる土地としては参道として用いられる土地である。

(14) 運河用地

運河法12条1項1号または2号に掲げる土地。

運河法の12条1項1号というのは，水路用地及び運河に属する道路，橋梁，堤防，護岸，物揚げ場，係船場の築設に要する土地である。なお同条2号に掲げる土地というのは，運河用の通信あるいは信号に要する土地をいうのである。

(15) 水道用地

もっぱら給水の目的で敷設する水道の水源地，貯水池，ろ水場，水道線路に要する土地。

水力電気のための水路及び配水路は雑種地として扱うのに対して，水道の用に供する土地はその貯水池も，消毒場等も，あるいはその水道の線路に要する土地も含めてすべて水道用地として扱う。

(16) 用悪水路

かんがい用，または悪水排せつ用の水路。

農耕地のために田の取り入れ用の水路，あるいはそれを排せつするための水路，双方をいう。

(17) ため池

耕地かんがい用の用水貯溜池。

かんがい用の水路は用悪水路というのに対して，そのもととなる貯溜池はため池である。

(18) 堤（つつみ）

防水のために築造した堤防。

河川等の水がはんらんしないようにそれを遮蔽するものである。

(19) 井溝（せいこう）

田畝（タセ）または村落の間にある通水路。

(20) 保安林

森林法に基づき農林水産大臣が保安林として指定した土地。注意を要するのは，保安林を伐採してその樹木が存しない場合でも指定の解除がない限り，なお保安林である。

(21) 公衆用道路

一般交通の用に供する道路（道路法による道路たると否とを問わない）。

つまり私有地でも現に道路として使用している土地は公衆用道路である。

なお，公衆用道路というのは，必ずしも不特定多数の者が通路として用いる土地とは限らない。たとえば図3に示すように，ＡＢＣＤＥＦの6軒のみしか使わない，いわゆる私道であっても，これは公衆用道路として扱う。

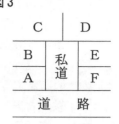
図3

(22) 公園
　公衆の遊楽のために供する土地。
(23) 雑種地
　以上のいずれにも該当しない土地。

(3) 宅地と雑種地の区別
次に宅地として扱うべきか雑種地として扱うべきか具体的に考えてみよう（準則69条）。
(1) 宅地として取扱うもの
①テニスコート，プールで宅地に接続するもの（図4）（準則69条(9)）

図4

道　　路		
畑	テニスコート・プール	畑
畑	宅　　地	畑

②ガスタンク敷地，石油タンク敷地（同(10)）
③工場または営業場に接続する物干し場，またはさらし場（同(11)）
④構内に建物の設備がある場合の火葬場の用地（同(12)）
⑤陶器かまどの設けられた土地で永久的設備と認められる雨覆いがある場合（同(17)）
⑥遊園地，運動場，ゴルフ場及び飛行場で，建物の利用を主とする建物敷地以外の部分が建物に付随する庭園にすぎないと認められる場合（同(6)）
⑦遊園地，運動場，ゴルフ場及び飛行場について，その一部に建物がある場合に，道路や溝渠（こうきょ）その他によって建物の敷地として判然区別し得る状態にあるもの（同(7)）
⑧競馬場内の土地について，事務所，観覧席及び廏舎等，永久的設備と認められる建物の敷地及びその附属地（同(8)）

(2) 雑種地として取扱われるもの（準69条）
①水力発電のための水路及び排水路（同(5)）
②テニスコート，プールで宅地に接続しないもの（同(9)）
③建物の設備のない火葬場の用地（同(12)）
④高圧線の下の土地で他の目的に使用することができない区域（同(13)）
⑤鉄塔敷地，または変電所敷地（同(14)）
⑥抗口，やぐら敷地（同(15)）
⑦製錬所の煙道敷地（同(16)）
⑧陶器かまどの設けられた土地で，永久的設備と認められる雨覆いがない場合（同(17)）
⑨木場（木ぼり）の区域内の土地で，建物がない場合（同(18)）
⑩遊園地，運動場，ゴルフ場及び飛行場で，一部に建物がある場合，建物敷地以外の土地の利用を主として，建物はその付随的なものにすぎないと認められる場合（同(7)）

⑪競馬場内の馬場（同(8)）

（4） 地目の変更（更正）の登記
(1) 地目の変更の時期
　現在の土地利用方法が登記簿上の地目と異なることになった場合については，その現況の地目に合わせて登記簿上の地目を変更しなければならない（法37条）。
　たとえば登記簿上山林と登記ある土地を造成して宅地に変更した場合や，あるいは山林の一部に建物を建てた場合等については，当然その建物の部分は宅地に変更になったわけであるから，分筆して地目変更をしなければならないのである。
　もっとも山林を造成するといっても，山林の木を伐採しただけでは，まだ宅地に変更になったとは言えない。客観的に宅地と判断できなければならない。
　建物の敷地として客観的に判断できる場合とは，その建物の種類によって異なるが，たとえば居宅用のものであれば，少なくとも人が居住するに足り得るだけの設備，つまり水道管やガス管や，あるいは排水口等が設けられなければならない。
　これに対して倉庫や物置をつくるために山林の木を伐採したものであれば，現実に倉庫や物置を建築しなければ，宅地とはみなされないことになる。単に倉庫，物置に要する土地として竹木を伐採しただけでは宅地ではない。
　このように地目の変更とは，利用者の意思に従ってその準備行為をなしたときに地目の変更がされるわけではない。したがって利用者の意思が客観的に事実行為としてあらわれたときに，その地目が変更になったのである。
　同様に畑の真中の部分を，一般人が道路として使用している場合については，その部分はいわゆる公衆用道路として現に利用しているのであるから，本人の意思に関係なしに，その土地は分筆して地目の変更登記の申請をしなければならない。

(2) 農地法4条
　なお問題になるのは，畑の全部を建物に要する土地として利用している場合，それは現況としては宅地に変更になったわけであるから，地目の変更登記をしなければならないのであるが，農地を宅地に変更するためには，農地法4条の規定によって，都道府県知事の許可を要するのである。
　だとするならば，現に畑を宅地に利用していたとしても，知事の許可がなければ地目の変更登記を申請する義務がないかという疑問が生ずる。
　しかし地目の変更はあくまでも現況に合わせて登記簿を変更することであるから，現況が先に変われば，その地目は変更になったものとされるのである。
　したがって畑について，知事の許可がないにもかかわらず宅地に変更して利用している場合には，農地法64条の規定によって3年以下の懲役（拘禁刑，令和7年6月1日施行）または300万円以下の罰金に処せられることは別にして，地目の変更は現に生じているわけである。
　したがって農地の地目の変更についても，知事の許可が地目変更の効力発生要件ではない。
　地目変更の効力は，現実に登記簿と別地目になったときに生ずるのである。
　したがって登記原因の日付も，許可のあった日ではなく現実に別地目となった日を

記載することになる。

そこで，農地について知事の許可書の添付がないまま地目の変更登記の申請をした場合についても，登記官はこれを却下することができない。先例でも，農地を農地以外のものにする地目変更の登記の申請があった場合，申請者に対して許可証の添付，または呈示を求めることは差支えないが，添付または呈示しないことを理由に当該申請書を返付し，または当該申請にかかる処理をしない取扱いをすることは相当ではない（昭36年8月24日民甲第1778号民事局長回答）とある。

農地法4条の許可書の添付がないときは，登記官は農業委員会に同条の許可の有無等農地の転用に関する事実を照会することとされる（昭56年8月28日民三第5402号通達1(1)）。

なお農地法5条により，甲所有の畑を乙が宅地に変更する目的を持って，その所有権の移転登記を知事の許可を得て取得した場合に，この畑の地目変更の効力が生ずるのは知事の許可があったときではない，つまり知事の許可によって効力が発生するのは，甲，乙間の畑の売買契約である。

つまり乙が畑の所有権を宅地に変更する目的を持って取得をしたとしても，その所有権移転登記によって畑から宅地に地目が変更になったのでもなく，また知事の所有権移転の許可によって地目が変更になったわけでもない。

つまり地目の変更は，乙がこの所有権の移転登記を受けた後に，現に地目を宅地に変更したときに効力が生ずるのである。

(3) 地目の変更（更正）登記の申請

地目の変更があったときは，表題部所有者または所有権の登記名義人は，変更があった日から1ヵ月内に土地の表題部の変更の登記を申請しなければならない（法37条①）。地目について変更があった後に表題部所有者又は所有権の登記名義人となった者は，その者に係る表題部所有者についての更正の登記又は所有権の登記があった日から1ヵ月以内に，当該地目に関する変更の登記を申請しなければならない（同②）。

地目の変更登記の申請書には，地積測量図の添付を要しない（令別表5項添付情報）。

ただし一筆の土地の一部が別地目となり，または地番区域を異にするに至ったときは，登記官は申請のない場合でも分筆して地目変更の登記をなし得る（法39条②）。

もちろん錯誤等によって現況の地目と登記簿に記録された地目が一致しない場合については，その現況に合わせた正しい地目に更正することができる。

4. 地積の変更，更正の登記

(1) 地積の定め方

(1) 地積とは一筆の土地の面積である。つまり土地は一筆の土地ごとにその面積を計算し地積として登記される。

地積は水平投影面積により平方メートルを単位として定め，1平方メートルの100分の1（宅地及び鉱泉地以外の土地で，10平方メートルを超えるものについては1平方メートル）未満の端数は切捨てる（規則100条）。

つまり宅地，鉱泉地については，1平方メートルの100分の1まで登記しなければ

ならない。たとえば宅地で，その面積が356.4826㎡あったとすると，1㎡の1万分の1まで地積測量図において計算をした場合に，実際に登記になるのは356.48㎡までで，つまり1㎡の100分の1まで登記するわけである。つまり1㎡の1万分の1以上の計算をしても，100分の1で切捨てるのである。

(2) また宅地，鉱泉地以外の土地，山林や田，畑等の土地については，1㎡未満の端数は切捨てる。

たとえば図5に示すような一筆の土地をⒶ，Ⓑ部分について計算をなし合計の地積を算出する場合に，たとえばⒶが252.87㎡，Ⓑが354.99㎡あったとすると，この土地が畑の場合においては，1㎡以下の土地は切捨てるのであるから，607㎡で登記されるわけである。

これを最初からⒶの計算の時点で，すでに1㎡以下を切捨てて252㎡とし，さらにⒷの計算の時点で1㎡以下を切捨てて354㎡とし，合計を606㎡とすれば1㎡の誤差がでてくるのである。

したがって宅地，鉱泉地以外の田，畑，山林等の地目の場合についても，その途中の計算においてはコンマ以下をすべて計算し，最後の合計のところで1㎡未満の端数は切捨てることになる。

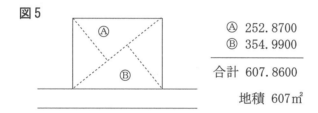

図5

Ⓐ 252.8700
Ⓑ 354.9900

合計 607.8600

地積 607㎡

（2） 地積の許容誤差

(1) 土地の表示に関する登記の申請書に記載した地積と，登記官の実地調査の結果による地積の差が，申請書に記載した地積を基準にして，規則77条5項の地積測量図の誤差の限度内であるときは，申請書に記載した地積を相当と認められる（準則70条）。

規則77条5項では規則10条4項を準用している。

規則10条4項によると市街地地域については，国土調査法施行令別表第四に掲げる精度区分甲二までとある。さらに村落，農耕地域については，精度区分乙一まで，山林，原野地域は精度区分乙三までである（規則10条4項）。この許容誤差の範囲であれば，その地積測量図の地積は正しいと見るのである。

(2) たとえば図6に示すように，ある土地を分筆して測量した結果，その地積測量図の地積が，Ⓐ 215.18㎡，Ⓑ 186.26㎡，Ⓒ 98.56㎡，合計500㎡であった場合について，登記官の実地調査の結果が仮に498㎡であったならこの地積は正しいものと考えることができるのであろうか。

いま市街地地域甲二までの500㎡の公差が2.18㎡の範囲まで許されるとすると，この地積測量図の地積が500㎡であるから，登記官の実地調査の結果とは2㎡の誤差がある。したがってこの公差の2.18㎡の範囲であるから，この500㎡は正しいも

のとされる。つまり地積測量図に示した地積が誤差の範囲内であれば、それは正しい地積といわなければならない。

(3) 分筆登記の申請書には、分割後の各土地の求積及びその方法を明らかにした地積測量図を提出しなければならない（規則78条）。このとき、分筆前の地積と分筆後の地積の差が、分筆前の地積を基準にして、規則77条5項の地積測量図の誤差の限度内であるときは、地積の更正の登記の申請を必要としない（準則72条）。

図6

市街地地域＝500㎡で2.18㎡公差，分筆して測量した場合500.00㎡，登記官の実地調査の結果498㎡であった場合

たとえば分筆の登記申請書に添付した地積測量図の地積の合計が、仮に500㎡であった場合に、登記簿面の地積が502㎡あったとしよう。

市街地地域甲二では同様に502㎡で2.18㎡の許容誤差が許されるとすると、いま分筆の結果Ⓐが215.18㎡，Ⓑが186.26㎡，Ⓒが98.56㎡の地積であったとすれば、地積測量図の地積が合計500㎡に対し、登記簿面の地積が合計502㎡であれば、いわゆる市街地地域の甲二の公差の範囲内、つまり2.18㎡の範囲内であるから、この地積測量図の値は正しいものとしなければならない。

このように、地積測量図の地積が許容誤差の範囲内であるときは、その更正登記の申請をすることなく分筆の登記を申請することができる（準則78条）。

(4) このように、地積測量図の地積と登記官の実地調査の結果との許容誤差が、地積測量図の許容誤差の範囲内であった場合、あるいは地積測量図と登記簿の誤差が、地積測量図の許容誤差の範囲であった場合には、その地積を正しいと考えていくわけである（準則70条）。

ところで登記官の実地調査の結果が498㎡であって、登記簿の地積が502㎡であれば、この両者を比較すると4㎡の誤差が生じる。4㎡は市街地地域の500㎡の公差2.18㎡を超えるわけであるが、これは関係がないのである。

つまり地積測量図の地積を基準にしてその公差の範囲内であれば、地積測量図の値を正しいと見るのであって、登記簿面と登記官の実地調査の結果を比較するわけではない。あくまでも地積測量図を基準にして登記官の実地調査、または登記簿面を比較するのである。

(3) 地積の変更，更正の登記

(1) 海岸面の土地が隆起すれば、その地続きの所有者の土地は地積が増加したことになるか。また海岸面を埋立てて海面を陸地にした、いわゆる埋立地についても、地続きの所有者の地積が増加したことになるのかが問題である。

海面を埋立てた後者の場合は、公有水面埋立地として新たに土地が生じたものと

して取扱われることには異論がない。ところが，自然的に土地が隆起した場合を人工的に埋立てた場合と区別して地積変更と称するには理論的に問題がある。

したがって地積の増加の場合は，公有水面埋立法による場合と自然の隆起によって土地が生じた場合とを問わず，新たに土地が生じたものとして登記をすることになるのである。

なぜなら新たに生じた土地は既存の土地と全く別個の性質を有するものであって，既存の土地の延長と見るのは困難であるからである。

したがって地続きの所有者の地積が海底の隆起によって増加した場合でも，あるいは地続きの所有者の地積が海岸面を埋立てて新たに増加した場合も含めて，すべて土地の表題登記をすることになる。

そこで地積の変更登記とは一体どのような場合かというと，一筆の土地の一部が地震や海没及び河川のはんらん等によって地盤が沈下した等の場合で，明らかに既存の土地の一部が減少した場合をいう。この場合こそ地積の変更として登記することになるのである。したがって地積の変更登記（法37条①）とは，一筆の土地の地積が減少した場合に限られるわけである。

(2) 地積について変更があったときは，表題部所有者又は所有権の登記名義人は，その変更があった日から1ヵ月以内に，当該地積に関する変更の登記を申請しなければならない。地積について変更があった後に表題部所有者又は所有権の登記名義人となった者は，その者に係る表題部所有者についての更正の登記又は所有権の登記があった日から1ヵ月以内に，当該地積に関する変更の登記を申請しなければならない（法37条①，②）。

さらに地積の変更の登記原因及び日付欄には，実際に地震や海没によって土地が減少を生じた日付と原因を記載する。たとえば「令和何年何月何日，一部沈下」等の記載をするのである。

もっとも長い間かかって沈下したもので，その年月日が明確でない場合等については「年月日不詳，一部地盤沈下」等のごとく記載すればよい。

(3) また地積の更正登記（法38条）は錯誤等によって登記簿に記録されている地積と事実上の土地の面積に相違がある場合に，これを一致させようとするものである。地積の変更登記は地積増加の変更登記はなく，地積減少による変更登記のみであるが，地積更正登記については，地積が増加する場合の更正と地積が減少する場合の更正登記の双方がある。

地積変更または更正の登記の添付書類として，地積測量図を添付する（令別表6項）。また，地積増加の更正において，所有権証明書の添付を要しないことに注意する。

5. 地番の変更，更正の登記

(1) 地番区域

「登記所は法務省令（規則97条）で定めるところにより地番区域（地番を付すべき区域）を定め，土地一筆の土地ごとに地番を付さなければならない」（法35条）。

地番区域は，規則97条によって市，区，町，村，字，またはこれに準ずる地域をもって

定められる。

　地番区域は，行政区画単位で定められるのである。たとえばA市B町二丁目という場合のこの丁目は，地番区域に該当する。

　なお，地番の付番権は登記所にあり，地番区域ごとに起番して定めるものである。「地番は土地の位置がわかりやすいように定めなければならない」（規則98条②）。

（2） 地番の定め方

地番を定めるには準則67条で次のように規定する。

① 地番は他の土地の地番と重複しない番号をもって定める。

　地番は土地を特定するものであるから，同じ地番区域内においては重複した地番を付すことは土地の特定を妨げるので，重複しない番号をもって定めなければならない。

② 抹消又は合併により登記記録が閉鎖された土地の地番は，原則として再使用しない。

　例えば，4番1と4番2の土地を合併し，4番1とした後，それから尚分筆しても，抹消した4番2の地番は使用しない。又21番の土地が滅失して，その登記記録が抹消された場合は，21番の地番はその後使用しない。

③ 土地の表題登記をする場合には，当該土地の地番区域内における最終の地番を追い，順次にその地番を定める。

④ 分筆した土地については分筆前の地番に支号を付して各筆の地番を定める。

　図7に示すように，5番を分筆する場合には「5番1」「5番2」「5番3」のように地番を定めるのである。ただし本番に支号のある土地を分筆する場合については，支号の支号を付すわけにはいかないために，その一筆には従来の地番を付して，他の各筆には本番の最終の支号を追い順次支号を付して，その地番を定める。

　つまり，図8に示すように，17番の土地を17番8までに分筆をした土地がある場合について，17番3をⒶ，Ⓑに分筆する場合については，17番3の1，17番3の2と支号を付すわけにはいかないので，支号の最終地番を追い，Ⓑの部分は17番9となるわけである。

⑤ 要役地を分筆するときには（規則104条⑥），分筆した土地について支号を用いない地番を存することができる。

⑥ 合筆した土地は，合筆前の首位の地番をもってその地番とする。

　図9に示すように，4番，5番，6番，7番を合併した場合には，首位の地番4番が残る。そして他の地番の登記記録は閉鎖される。

　同様に図10の方で4番，5番3，5番4，6番を合併した場合にも，当然首位の地番の4番が残ることになる。

　図11に示すように3番2，5番3，4番1，4番2を合筆した場合の首位の地番は3

番2であるから，したがって合併後の地番は3番2が残り，他の5番3，4番1，4番2の登記記録は閉鎖される。

なお同一の本番に支号を付した土地の全部を合筆した場合には，その支号を除いて本番のみをもって合筆した土地の地番とするとされていたが，改正後は，この規定が削除され支号を残すことになる。

たとえば図12に示すように5番1，5番2，5番3，5番4の土地を合筆した場合には，改正前は首位の地番の5番としたが，現在は合併後の地番は5番1のままである。

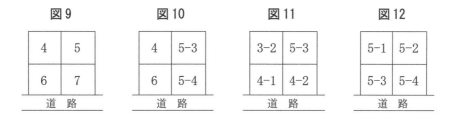

⑦　特別の事情がある場合には，③④又は⑥の規定にかかわらず適宜の地番を定めて差支えない。

登記官に付番権がある以上原則上の付番の仕方のほかに，登記官の適宜の判断によって，錯綜しないような適宜の地番を定めて差支えないことになる。

⑧　土地区画整理事業を施行した地域等においては，ブロック（街区）地番を付して差支えない。

たとえば図13に示すように，ある土地の地番がA市B町1508番地117であった場合に，この117のところに8個のブロック街区を造成した場合については，5ブロックには5番1から5番6のように，あるいは6ブロックには6番1から6番6のように，支号を用いたブロック地番を付することができる。

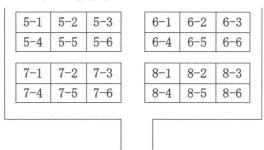

⑨　地番の支号には，数字を用い支号の支号は用いない。

さらに従来の地番に数字でない符号を用いたもの，または支号にさらに支号を付したものがある場合には，その土地の表題部の登記事項の変更や更正の登記をする際に変更される。

さらに二筆以上の異なる土地に同一の地番が重複して定められているときは，地番

を付し変えられる。
　地番が著しく錯雑している場合において，必要があれば登記官はその地番を変更してもよい。登記官に付番権がある以上当然である。

（3）　地番等の変更，更正の登記

　地番は，登記所が地番区域に従って付番をする。したがって地番が当然に変更するということはあり得ない。したがって所有者が地番の変更登記の申請をすることはあり得ない。

　しかし地番について登記官が誤って登記をしている場合については，登記官の職権による訂正を促す申出をなし得ることは言うまでもない。

　当然，地図や地図に準ずる図面の地番に誤りがあるときは，当該土地の表題部所有者等は，訂正の申出をすることができる（規則16条①）。

　なお，所有者が更正登記の申請をなし得るとしているのは，登記原因及びその日付（法27条1号），登記の年月日（同2号），不動産番号（同4号），土地の所在（法34条①1号），地目（同3号），地積（同4号）の更正の登記である（法38条）。

第23講 土地分筆の登記

1. 土地分筆の意義

　土地の分筆というのは，一筆の土地を数筆の土地に分けることであるが，これは境界線を入れ壁を設けたとしても，分筆の効力が出てくるものではない。

　土地を分筆するということは，表題登記がある土地の一部を分割して登記記録上，別の土地とする登記をいう。単に事実上の境界線や壁を設けることは，法的な分筆の効力とは全く関係がない。

　つまり一筆の土地を何筆に現に利用していようが，これも土地の分筆とは関係がない。このように登記によって効力が生ずる登記を形成登記という。

　また，土地の分筆登記の申請書には，その登記原因の日付を記載しない。なぜなら分筆の効力は登記をしたときに発生するのであるから，申請の段階ではその日付を特定できない。したがって分筆の発生原因たる日付を申請書に記載することが不可能なわけである。

　権利の登記においては抵当権を設定する場合，抵当権の設定契約が成立をし，登記権利者と登記義務者が共同で抵当権の設定登記をするのであるが，すでに抵当権を取得したという原因に基づいて抵当権の設定登記を申請するものである。しかし分筆の場合には，その申請のときにはまだ分筆登記の効力が生じていないから，その登記原因なるものは存在しないのである。

2. 分筆の登記の申請人

　分筆の登記は表題部所有者または所有権の登記名義人の申請によってなす（法39条①）。つまり，分筆の申請人はその土地の実体上の所有者がなるというわけではない。

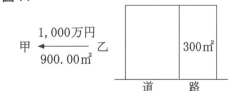

図14

　たとえば図14に示すように，いま甲が900㎡の土地を所有していたとしよう。乙が甲からこの土地の300㎡を1,000万円の代金を支払って所有権を取得したとすると，甲は当然この土地を分筆して，乙に300㎡の所有権移転登記をしなければならない。

　しかし甲がこの300㎡の土地について分筆登記をなし，しかる後に所有権移転登記をしない場合に，買主の乙は売買契約をなし代金を支払ったことによって，300㎡については所有権を取得したのであるから，所有者としてこの土地の分筆登記の申請ができるかという問題が出てくる。

　しかし土地の分筆登記の申請人は，あくまでも表題部所有者か所有権の登記名義人である。したがって登記記録上の名義がない者は，土地の分筆登記の申請人にはなれない。

　また，甲所有の900㎡の土地について，地上権や賃借権の登記を有する乙が自分の借り

ている土地の一部を買ったとしよう。このとき所有権以外の権利がある者が分筆登記の申請人になり得るかというと，これはなり得ない。いくら乙は地上権や賃借権の登記があったとしても，所有権の登記がない以上分筆登記の申請人になれないことは言うまでもない。

こんどは，乙に確かに土地の一部に所有権はあったとしても，登記上の所有権の登記名義がない。その場合も乙は分筆登記の申請人にはなれないのである。しかし甲がいつまでたっても分筆登記の申請をしない場合は，乙は甲に代位してその分筆登記をなし得るにすぎない。

分筆登記の申請人は，登記記録上の名義を有する表題部所有者，あるいは所有権の登記名義でなければならない。但し，名義人につき相続や会社合併等の一般承継があった場合はこれ等の者も申請人になれる（法30条）。

なお土地の所有名義が株式会社の場合は，その分筆登記の申請人は会社が申請人となるが，取締役会を設置していない会社は取締役が，取締役会設置会社は代表取締役が，または委員会設置会社（会社法349条，420条）の代表執行役が代表して申請する。そして代表取締役が数人選任されていても，各自が会社を代表するため，その一人から分筆の申請を代表してなし得る。

また，共有名義であるときは，処分行為として全員で申請すべきとされていたが，軽微変更とされ，持分の過半数を有する者から申請できることは前にも述べた。

3. 制限的権利の存する土地の分筆

（1）抵当権者の承諾

一筆の土地に登記された抵当権や，質権，先取特権等の担保物権が存する場合に，これらの土地を分筆するときに担保権者の承諾が要るかという問題がある。

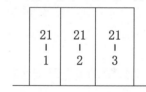

図15

抵当権の存する土地の分筆

たとえば図15に示すように，21番に抵当権の登記があったとすると，この土地を21番1，21番2，21番3に分筆をする場合に，当然21番2，21番3の土地について新しい登記記録が設けられるわけである。そして所有権や抵当権の権利について，それぞれ表題部，甲区，乙区が設けられ，乙区については抵当権の登記が転写されていく（規則102条①）。したがって分筆後の抵当権の範囲については全く変更がないことになる。

このように分筆後のすべての土地について抵当権が存続する場合については，登記官によって抵当権が転写されていくことになるから，抵当権者の承諾を要しない。

この場合には一筆の上に存した抵当権が数筆の上に存することになり，共同担保目録が作成される。その抵当権が既に共同担保として共同担保目録が作成されているときは，分筆後の土地をこれに記録し，共同担保目録が作成されていないときは，新たに登記官は職権により共同目録を作成し，転写した抵当権登記の末尾に共同担保目録の記号及び番号が記録される（規則102条①，②）。

（2）留置権が存する土地

ところで図16に示すように，甲の所有権の登記のある土地に，乙に造成を依頼し乙が造成したときに，甲がこの造成代金の300万円を支払わないために，乙がこの土地を留置し

ている場合について考えてみよう。
いま甲がこの土地を分筆して第三者に所有権を移転したときに、乙が留置している場合については、この分筆登記の申請をなし得るかという問題が生ずる。

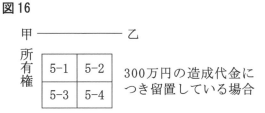

図16

留置権は民法上の担保物権ではあるが、その占有の事実に重きを置くのであって、登記をなし得る担保物権ではない。

つまり乙が造成した造成代金を甲が支払うまで、この土地を留置しておくという権利であり、乙は登記上の権利があるわけではない。

この場合、分筆は法上の手続行為であるから、乙が事実上占有している土地であっても、甲に所有権の登記がある以上甲は自由に分筆をなし得る。留置権者乙の承諾を要しないのである。

さらに乙の留置権は登記上の権利を有しないから、共同担保目録の問題も生じない。

もっとも留置権者乙は、分筆後この土地の各筆を取得した買主に対して、造成代金を支払わないうちはこの土地の引渡しをしないというように、対抗することができるのである。

(3) 担保権者の消滅の承諾がある場合(法40条,規則104条)

図17に示すように、甲所有権の登記ある土地に乙が抵当権の登記を有する場合について、甲が8番1から8番4の4筆に分筆するときに、抵当権者乙が8番2,8番4の土地について抵当権消滅の承諾をした場合は、抵当権が抹消されるかという問題がある。

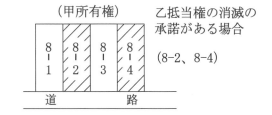

図17

本来抵当権の抹消登記は権利に関する登記である(法68条)。これは 主登記でなす登記(独立した順位番号を有する登記)であり、権利に関する登記として、共同申請によって抹消するのが原則である。

しかし、土地を分筆するにあたって、その数筆について抵当権の登記を転写し、しかる後に抹消登記をなして、その権利を抹消することは手続上意味がない。

今の8番1から8番4に分筆をして、分筆後の8番2と8番4の土地について抵当権の抹消をしたい場合に、いま8番1から8番4の分筆後のそれぞれの土地について抵当権の登記を転写した後に、8番2と8番4の抵当権につき抹消登記をなすことは、登記をして抹消するという二重の手間になるわけである。

したがって分筆の際に、分筆後の8番2と8番4について登記を抹消することがわかっているものであれば、最初から分筆の際に抵当権の登記を転写しないことが理想である。そこで分筆に当たって抵当権者等の消滅の承諾の添付情報を提供したときは、分筆後の承諾のある土地については抵当権を転写されない(法40条,規則104条②)。

(4) 共同担保目録の作成

なお分筆後の土地について担保権者の消滅の承諾の添付情報を提供した場合についても、分筆後の数筆に抵当権等の担保権が存続する場合には、共同担保目録が登記官の職権により

作成される。図17の場合については，8番1，8番3に抵当権が存続するのであるから，共同担保目録が作成される。

これに対して8番1から8番4に分筆をして，8番2から8番4まで抵当権者の消滅の承諾の情報の提供があれば，不動産の残った個数は一個であり，このような場合には共同担保目録は作成されない。

ところでこれら抵当権者等の消滅の承諾情報を提供して土地の分筆登記の申請をなす場合において，分筆後のどの筆に対して抵当権が存続をし，どの部分について消滅の承諾があるかを明らかにすることが望ましい。そうでないと登記官が新しい登記記録を作成して抵当権を転写する場合に遺漏したり，または誤記する場合があるからである。

（5） 分筆後の全ての消滅承諾と抵当証券

担保権は，抵当権，質権，先取特権であるが，分筆後の一筆または数筆について，それら担保権者の消滅の承諾の添付情報を提供すればこれらの権利は転写されないことになる（規則104条②）。

ところで一筆の土地全部について，たとえば8番1から8番4を分筆する場合について（図17），その分筆後のすべての土地について消滅の承諾情報を提供することはできない。

消滅の承諾によってその権利が転写されない場合は，少なくとも一筆については権利を存続させ，他の筆についてその権利を転写しない場合である。したがって分筆にあたって消滅の承諾によりすべての土地につき，その権利の消滅をさせるわけにはいかないのである。

分筆後のすべての土地に，これら担保権の抹消をさせる場合については，分筆前にその権利の抹消登記をしてから分筆をするか，あるいは分筆登記をした後に別個に抹消登記をしなければならない。

なお，分筆する土地に抵当権の登記があり，この抵当権に抵当証券の発行がされている場合は，抵当証券の所持人又は裏書人が抵当権の消滅を承諾した情報又は登記名義人に対抗することができる裁判があったことを証する情報を提供する必要がある。この場合抵当証券の添付が必要となる（規則104条①3号）。

（6） 地上権等を目的とする担保権の存する土地の分筆

（A） 図18に示すように，甲所有の土地に対して乙が地上権の登記を有し，乙の地上権を目的として丙が抵当権を有する土地がある。この場合登記上では2番に地上権があればその抵当権は2番に付記1号で登記される（規則3条5号）。

このように所有権以外の地上権や永小作権を目的とする抵当権が存する場合の土地を分筆する場合についても，同様に消滅の承諾があればその権利が消滅をするかという問題がある。

今の5番の土地を5番1，5番2に分筆をして，5番2について2番地上権者の消滅の承諾があったときは，地上権は転写されないかという問題である。

もし，5番2の土地について地上権を転写しないならば，当然地上権を目的とする抵当権も転写さ

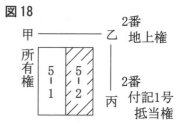

図18

れない。地上権者のみの消滅の承諾によって，抵当権者は登記法上不利益となる。
したがって地上権者の消滅の承諾情報を提供して地上権を消滅させたい場合には，当然これを目的とする抵当権者の消滅の承諾情報を提供しなければならない（法40条）。
（B）　これに対して5番2の土地について抵当権者の消滅の承諾情報のみ提供したときは，地上権は転写されるが，抵当権は5番2については転写されないのである。この場合の登記の申請人は当然所有権者甲であって，地上権者は分筆の登記申請人にはなれないことは言うまでもない。
なお5番1，5番2，5番3の三筆に分筆をし，5番2について抵当権消滅の承諾情報の提供をした場合については，5番1，5番3について抵当権が存続するのであるから，登記官は共同担保目録を作成しなければならない（規則102条）。

（7）　用益的権利の存する土地の分筆

用益的権利としては地上権，永小作権，地役権，賃借権，採石権が挙げられる（法3条）。このほか民法上の権利としては入会権があるが，これは慣例上の権利で登記をなし得ないから，これに該当しない。

たとえば図19に示すように，21番の土地に賃借権の登記がある場合において，いま21番1から3の三筆に分筆する場合，21番2，21番3の二筆については賃借権が存続しない旨の消滅承諾の情報の提供があったときには，21番2，21番3については賃借権が転写されない（法40条）。

図19

用益的権利の抹消の承諾がある場合

このように用益的権利の存する土地の分筆の場合については，担保物権の登記がある場合と同様に，原則分筆後の土地に転写され，消滅承諾があった土地には転写されない。

4．地役権の存する土地の分筆及び合筆

図20に示すように，要役地の権利者が承役地の土地を利用する地役権があるとしよう。この地役権には，(1)通行地役権，(2)流水地役権，(3)展望地役権等がある。このほか目的は公の秩序の規定に違反しないものであればよい（民法280条）。いずれにしても地役権は要役地の権利者が承役地の一部あるいは全部について，通行とか，水を流すとか，あるいは展望を確保する等のために利用する権利である。

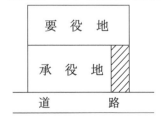

図20

地役権の存する土地の分筆

地役権の存する土地は，要役地も承役地も分筆はなし得るが，要役地については合筆をなし得ない。

（1）　地役権図面について

（1）　承役地につきなす地役権の登記ある土地の分筆又は合筆の登記を申請する場合において，分筆又は合筆後の土地の一部に地役権が存続すべきときは申請書にその範

囲を表示し，これを証する地役権者が作成した情報又は地役権者に対抗することができる裁判があったことを証する情報及び地役権図面を提供しなければならない（登記令別表 8 項，9 項）。

この場合の地役権者が作成した情報というのは地役権証明書である。

(2) 図 21 に示すように，承役地の一筆の一部に地役権が存する場合について，いま図のようにⒶⒷに分筆するときには，まさに分筆後の一筆の一部に地役権が存続する場合に該当するから，地役権図面を提供しなければならない。

ところで図 22 に示すようにⒶⒷに分筆をした場合については，多少の疑問が残る。たとえばこの一筆の土地が 300 ㎡あって，その 300 ㎡の東側に，幅 3 m 長さ 15 m の 45 ㎡の地役権が存する場合について，これをⒶⒷに分筆をしてⒷの方のみ地役権が存続したとしても，これは地役権の範囲の 45 ㎡は少しも変更がないわけである。

しかしこの地役権は従来の 300 ㎡のうち 45 ㎡について存したのに対して，分筆後のⒷ地に地役権が存続する場合は，150 ㎡の一筆の土地に 45 ㎡の地役権が存続することになり，一筆の土地の一部の割合が変更になっている。この場合も，地役権図面及び地役権証明書の添付を要す。

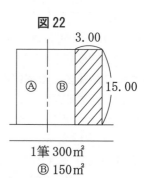

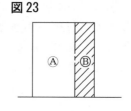

(3) ちなみに地役権図面を提供する場合について，規則第 79 条で「地役権の設定の範囲を明確にして，方位，縮尺，地番及び隣地の地番並びに申請人の氏名又は名称を記録しなければならない」という規定があって，地役権図面というのは，要するに地役権設定の範囲を明確にする，ということに尽きる。

もしそうならば，地役権の存続すべき範囲というのは，一筆の土地の東側とか，西側とかいう，どちら側にあって，そしてどの範囲を一筆の中に占めているかということを，明らかにするのが地役権図面である。したがって単に略して地役権の存続すべき範囲のみを作図するというのは許されない。

このように考えると，地役権の範囲が変わらない場合においても，分割後の一筆の一部に地役権が存続すべき場合については，分割後の土地の地積が変わるのであるから，その変更後の地積の中でどの位地役権があるかということを明確にする必要がある。当然この場合にも地役権図面の添付が必要になってくるといえる。

(4) ところで図 23 に示すように，ⒶⒷに分筆をした場合については，Ⓑの部分は分割後の全部の土地に地役権が存続すべき場合に該当するから，この場合については地役権図面の提供を要しない。

同様に，図 24 に示すように，承役地の土地全部に地役権が存する場合について，分筆をしてもその双方に地役権が存続するのであって，分筆後の一筆の一部に地役権が存続

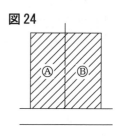

する場合に該当しないから，地役権図面の提供は要しない。

（2） 地役権証明書（登記令別表8項，9項）
(1) 地役権の登記がある承役地の分筆又は合筆の登記を申請する場合において地役権設定の範囲が分筆又は合筆後の土地の一部であるときは，地役権証明書を提供しなければならない。この地役権証明書は，要役地の権利者が作成した情報又は地役者に対抗することができる裁判があったことを証する情報である。

要役地の権利者というのは必ずしも要役地の所有者とは限らない。たとえば要役地の地上権者，永小作権者，あるいは賃借権者，これらの者が承役地について水を流したり，あるいは展望を確保するために展望地役権を設定したり，あるいは通行するための通行地役権を設定することがあり得る。

(2) ところで，これら地役権証明書は，分筆又は合筆後の一筆の土地になお地役権が存続すべき場合において，つまり地役権図面を提供する場合につき，その図面に地役権証明書を添付するのであるから，したがって地役権図面を提供しない場合には地役権証明書を添付することはあり得ない。

したがって，一筆の土地全部に地役権が存する場合の分筆登記，あるいは分筆後の一筆の全部に地役権が存続すべき場合等については，地役権証明書を提供するということはあり得ないことになる。

（3） 合筆における地役権の登記手続

従来は，分筆後の一筆の一部に地役権が存続するときのみ，申請書に地役権証明書，地役権図面を添付する必要があった。

しかし，承役地を合筆して，合筆後の一部に地役権設定の範囲があったとしても，申請書に地役権証明書及び地役権図面の添付の規定がなかった。しかし平成5年の改正で，合筆後の一部に地役権が存続すべきときは（図25），地役権証明書，地役権図面の提供を要することになった。

なお，合併後の乙地の一部に地役権が存続することとなるときは（図25），甲地の登記記録から乙地の登記記録に移記した地役権の登記に地役権が存続する部分として，たとえば「範囲・東側30平方メートル」のごとく記録し及び地役権図面の番号を記録する（規則107条②，図26-1）。

図25
21番と20番の合筆

要役地	
承役地 甲　地 21	乙　地 20
道　路	

図 26-1

地役権の登記ある土地の合筆の登記（規則107条2項・3項）

権利部（乙区）（所有権以外の権利に関する事項）			
順位番号	登記の目的	受付年月日・受付番号	権利者その他の事項
1	地役権設定	平成何年何月何日 第60450号	原因　平成何年何月何日設定 目的　通行 範囲　全部 要役地の表示 合併前の何番の土地順位1番の登記を移記 平成何年何月何日受付第何号
付記1号			何番地役権変更 範囲　東側30平方メートル 地役権図面第何号 平成何年何月何日付記

（4）承役地の分合筆登記

たとえば図26-2のように5番の土地を分筆して地役権が存する部分を分筆し，隣地と合筆した場合は，分筆した残りの土地については，地役権が存しないので，地役権図面は必要ない。しかし合筆したほうの4番の土地は，合筆後の一筆の一部に地役権が存すべき場合に該当するため，地役権図面の提供が必要になる。

このように，分合筆の登記の申請において，分筆する土地には，地役権図面の添付を要しないが，合筆する土地について地役権図面及び地役権証明書を添付する場合がある。

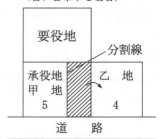

図 26-2

分・合筆の登記
（5番を分割してその一部を
4番に合筆する場合）

（5）要役地の分筆と権利消滅の承諾（規則104条6項）

土地の分筆の登記の申請において，所有権の登記以外の権利者は一部消滅承諾をすることができる（法40条）。所有権の登記以外の権利に関する登記は，所有権移転の仮登記，買戻権，抵当権，地上権，先取特権，地役権，永小作権，賃借権等をいい，地役権については，承役地の一部消滅の規定があったが（規則104条④,⑤），要役地について規定されていなかった。そこで，平成17年度の改正で，要役地地役権の消滅承諾も明文化された（規則104条⑥）。

もともと地役権は承役地に申請するのであるが，その主体は要役地である。従って地役権の設定の登記の申請があった場合，地役権の登記は，承役地のみならず，要役地にも同じ事項が登記されることになる（法80条④）。この結果地役権は要役地と承役地が一体であることから，承役地の地役権を目的として抵当権や地上権の登記をなし得ず，要役地にこれ等の登記をすれば，当然承役地に及ぶことになる。また要役地の所有権が移転されれば，当

然承役地地役権に移転の効力が及ぶことになる。

たとえば図27の5番の土地を分筆して，5番2について地役権の消滅承諾をするときは，要役地に登記された第三者の地上権，抵当権がある場合は，これらの権利者の消滅承諾を添付しなければならない。このとき5番（元番）の方に分筆後の5番2につき地役権が消滅した旨の付記登記がされ，5番2の土地は地役権が転写されない（規則104条②，⑥）。このとき，分筆後5番には支号を付けないことができる（準則67条5号）。

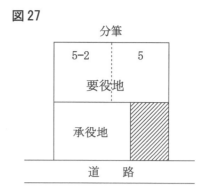

5. 所有権以外の権利の消滅承諾

（1） 所有権の仮登記

法第40条によれば，申請書に所有権の登記以外の権利の登記名義人が，分筆後の土地に対してその権利の消滅の承諾をしたことを証する情報，またはこれに対抗することができる裁判の謄本を添付した場合については，その権利が消滅し，転写しないことになる。

ここに所有権以外の権利というのは，先ほど挙げた担保的権利あるいは用益的権利の場合のほか，法105条に示す所有権移転の仮登記あるいは所有権移転請求権の仮登記等も含むかという問題がある。

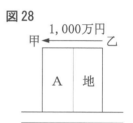

所有権移転請求権仮登記
契約時 500万円
1年後 500万円→本登記

たとえば図28に示すように，甲所有権の登記あるA地について，乙が1,000万円で売買契約を結び，契約時に500万円を支払い，そのときに所有権移転請求権仮登記をなし，残代金は一年後に支払い，そのときに本登記をなす旨の契約をした。その後甲がこの仮登記をした後にA地について分筆をなし，分筆後の一筆について乙の仮登記抹消の承諾の情報を提供した場合には，この仮登記は承諾によって転写されないかという問題がある。

まず乙の分筆後の土地に対する所有権移転請求権仮登記の抹消によって，この登記が新しい分筆後の土地について転写されずに消滅をするものであれば，法40条にいう「所有権の登記以外の権利」とは，これら所有権に関する第三者の仮登記も含むといわなければならないのである。

つまり法40条の「所有権の登記以外の権利に関する登記」というのは，登記の申請人以外の権利と考えてよいわけである。

つまりこれら所有権に関する移転請求権の仮登記を有する者であっても，分筆後のいずれかの土地について消滅承諾をすることができる。第三者の権利であることには間違いない。

法40条の「所有権の登記以外」というのは，その分筆の登記の申請人は表題部所有者か所有権の登記名義人から申請するのであって，これら所有者はみずから申請するのであるから，消滅の承諾という問題は生じない。つまり，これら申請人を除くという意味である。

（2） 買戻の特約の登記

このように考えると図29に示すように，甲がその所有するB地について，乙に所有権の移転登記をする際に，一定の期間内にこの土地の買戻をするという契約を結び，この所有権の移転登記に甲の買戻権の特約の登記（法96条）があったとしよう（付記登記でなされる）。

図29

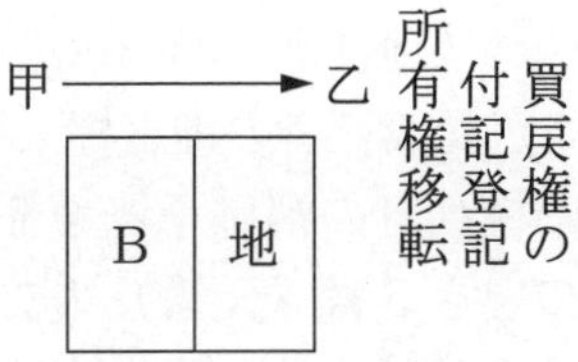

甲 ──→ 乙　所有権移転登記　買戻権の付記登記

B地

このような場合について，いまこの土地を乙が分筆をする場合に，分筆後の一筆について買戻権の権利者甲の消滅の承諾を証する情報の提供があった場合については，その消滅の承諾のある土地についてはその権利が当然消滅するといわなければならない。

このように分筆登記の申請人は，所有権の本登記のある者から申請するのであるから，したがって第三者の所有権移転の仮登記や，所有権移転請求権仮登記がある場合，あるいは第三者の買戻権の付記登記がある場合について，所有権の登記以外の権利者の消滅の承諾があれば，これらの権利は消滅する。

6. 消滅承諾できない場合

ところで例外としては，裁判所の嘱託によってなされた登記については，土地分筆について，これら権利者の承諾があっても権利は消滅しないとされている（昭41年11月1日民甲第1764号回答）。

たとえば，ある土地に対して仮差押えや仮処分，または差押等がある土地について，その所有権の登記名義人から分筆登記の申請をする場合については，分筆後の一筆または数筆についてこれら仮差押え，仮処分または差押の登記の権利を有する者が消滅の承諾をしたとしても，これらの権利は抹消されない。

（1） 仮差押等の登記の存する場合

たとえば図30に示すように，乙が甲に1,000万円を貸しており，この1,000万円を甲から取立てるために，裁判に訴えるのであるが，勝訴判決があっても甲がこの土地を処分してしまうと，乙は何ら自己の債権を満足させることができなくなる。そこで乙は勝訴判決があった場合に，その権利を保全するために甲の土地に対して仮に差押えをしておくことができるのである。これの執行として仮差押えの登記がなされる（民事保全法20条，47条）。

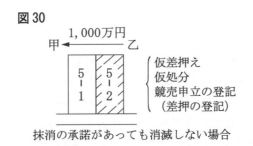

図30

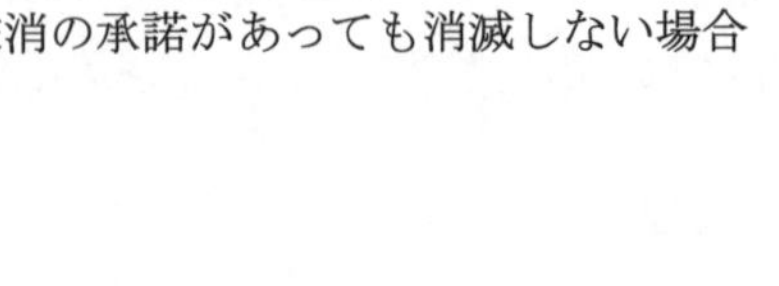

抹消の承諾があっても消滅しない場合

(2) 処分禁止の仮処分の登記

これに対して，甲所有の土地に対して乙が「この土地は自分がもらったものである」，あるいは「時効によって自分が取得したものである」等，つまり所有権の取得の原因に争いのある場合について，乙が裁判で紛争を解決したときに，この土地の所有権を容易に回復するために，固定しておく必要がある。

この場合に乙は甲がこの土地を第三者に所有権を移転してはならない，また抵当権や質権その他の権利を設定してはならないという処分禁止の仮処分の登記をする。これがいわゆる仮処分の登記である（民事保全23条，53条）。

つまり仮差押えとは金銭債権を満足させるため，債務者の有する財産をその紛争が解決し勝訴判決を得た場合に，強制執行がしやすいように保全するための登記である（民事保全法47条⑤）。これに対して仮処分の登記は，紛争が解決するまでその係争物を固定し，すなわち所有権の移転をくいとめ，またそれ以外の権利の設定変更を禁止し，紛争が解決後はその目的物の取得を容易にするための登記である（民事保全法53条）。

(3) 競売申立の登記

さらに競売申立の登記（差押の登記）というのは，たとえば乙が甲に1,000万円貸し，甲が弁済期が来ても支払わないときに乙が甲を訴え，裁判において甲は乙に1,000万円支払えという勝訴判決があった場合について，乙はこれに基づいて甲の財産を強制執行することになるのである。この場合乙が甲の財産を差押えて競売したいという場合については，乙は裁判所に対して競売の申立をなすわけである。この場合裁判所は乙の判決の正本，つまり債務名義について執行文付与等があるかどうかを調査し，所定の要件を満たしている場合について競売の開始決定をするのである。裁判所はこの競売開始決定をした場合には，同時に債権者のためにその不動産を差押えることを宣言することになる（民事執行法45条）。

さらに競売開始決定がなされると，裁判所は登記所に対して，その登記の嘱託をしなければならない。登記所は，競売開始決定の登記の嘱託があった場合については，競売の開始があった旨の登記を，登記記録にしていくことになるわけである。差押の効力は強制競売開始の決定が債権者に送達された時か又はこれら登記記録に，競売開始決定のあった旨の登記がされたときのいずれか早い方に，差押えの効力が生じるわけである。そしてしかる後に競売が開始されるわけである（民事執行法46条）。

いずれにしてもこれら仮差押え，仮処分については，債権者が将来勝訴判決があった場合に債務者の財産を固定しておくための執行保全のための処分である。さらに競売申立の登記は，債務者の不動産を差押えて競売するための登記である。

したがってこれら仮差押え，仮処分，競売申立の登記等は裁判所の処分であるから，これら権利者の消滅の承諾があっても，登記官は勝手に抹消するわけにはいかないのである。

つまり，法40条の所有権の登記以外の権利には仮差押え，仮処分，競売申立等の登記は含まないということである（昭41年11月8日民甲第3258号回答）。

7. 権利消滅の承諾と登記方法（規則104条2項）

（1） 分筆後の乙地の承諾

たとえば図31に示すように，抵当権の登記の存する甲地について，いま分筆後の一筆を乙地とした場合に，乙地について抵当権者の消滅の承諾があれば，登記官は乙地の登記記録には抵当権の転写をしない（規則104条②）。この場合には甲地の登記記録の方に，乙地については抵当権の権利が消滅した旨が記録される。

（2） 分筆後の甲地の承諾

次に抵当権等の権利の存する甲地の土地を分筆して分筆後の一筆を乙地にした場合，元地たる甲地について抵当権の登記を消滅させることができるかという問題である。

ところで分筆の際に，その分筆後の一筆または数筆について権利消滅の承諾情報を提供することができるというのは，分筆後の土地についてその権利を転写し，しかる後に抹消登記によって登記簿を抹消するのでは，かえって登記の手続上わずらわしく，その承諾の情報を提供して転写しないことにしているわけである。

法40条では「分筆後のいずれかの土地について消滅させる…」とある。

したがって申請書に所有権以外の権利の登記名義人が甲地に関してその権利の消滅を承諾したことを証する情報を提供するか，またはこれに対抗することができる裁判の情報を提供してなし得る。

もっとも甲地について消滅の承諾書を添付した場合については，乙地については消滅の承諾がないのであるから，乙地について抵当権は転写される。

甲地の登記記録にはその権利が消滅した旨を付記登記により記録し，その権利に関する登記を抹消する記号が記録される（規則104条③）。

なお，乙地について抵当権の消滅の承諾があれば，甲地の登記記録に乙地については抵当権の権利が消滅した旨を付記により記録し，抵当権を乙地に転写しない。

いずれにしても，元地（甲地）又は乙地についても権利の消滅承諾をすることができるわけである。

8. 分筆地目変更の登記

一筆の一部が別地目になった場合は，分筆して地目変更をしなければならない（法39条②）。

たとえば山林の土地の上に建物を新築した場合には，一筆の土地が山林と宅地に変更になったのであるから，分筆して宅地の部分を地目変更しなければならない。これは一筆の土地は一地目主義であって，一筆の土地に山林と宅地の二個の地目が存することは許されないからである。

このような場合には通常の分筆と違うということをあらわすために，登記の申請は分筆地目変更という形で，一の申請ですることが望ましい。もっとも分筆登記を先にして，後から地目変更する申請が許されないわけではない。ただ地目を変更するために分筆するのであ

るから，通常の分筆と違うという意味で，分筆地目変更として申請することになる。

　これは，本来分筆登記と地目変更登記は，形成登記と通常の変更登記として，その登記の種類，性質が全く違うから，一の申請でなし得ないのが原則である。ところが一筆の土地の一部が別地目になった場合は，地目を変更するためやむなく分筆をするのであるから，地目変更と分筆の間に因果関係が生ずるわけである。この場合には法上の規定によって分筆地目変更として認めていたのである。

　なお，一筆の土地の全部が地目変更になった場合は，分筆と地目変更との間に何らの因果関係がないものとして，従来一括申請が認められなかったが，平成18年の改正で認められることになった。つまり土地分筆及び地目変更の申請としてなし得る（規則35条7号）。これは登記の目的・原因を異にするものであるが，一括申請を認めた方が申請人及び登記官の登記の方法についても便利であるからである。

9．地積測量図と求積

　分筆の登記の申請書には，分割後の土地の地積測量図を添付する（令別表8項）。

　地積測量図には，分割前の土地を図示，分筆線を明らかにした分筆後の各土地を図示しこれに符号を付さなければならない（規則78条）。このとき原則として分筆後の全ての土地を求積する。しかし，分筆前の土地が広大であって，分筆後の一方がわずかであるなど特別の事情があるときに限り，分筆後の土地の一筆については求積の方法を明らかにしなくてもよい（準則72条②）。

　たとえば図32に示すように，登記記録上368.56㎡ある広大な宅地について，それをⒶⒷに分筆をするときには，Ⓑのみを求積すればよい。これは広大な土地があってその一部を分筆する等の場合については，測量の手間がかなり省けるわけである。

　このような場合には双方の土地を測量しないため，既存の登記記録上の地積との誤差が出てこないために，地積更正の登記の申請の問題が生じない。つまりⒷのみ測量する場合には，登記簿上の地積が，たとえば368.56㎡であれば，それから測量した部分を差し引いて，残った部分を元地として記載をすればよいのである。

　したがって地積測量図には，測量する辺長を記載し，他の部分の辺長は記載する必要がない。

図32

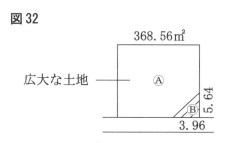

```
土地家屋調査士本試験
択一試験　過去問題チェック
```

〔問〕土地の分筆の登記（土地の一部が別の地目になった場合にする分筆の登記を除く。）の申請に関する次の1から5までの記述のうち，**正しいもの**はどれか。

1　仮差押えの登記がされている土地について，当該土地の所有権の登記名義人が分筆の登記の申請をするときは，仮差押債権者が承諾したことを証する情報を申請情報と併せて提供しなければならない。
2　共有名義となっている土地について共有物分割の訴えが提起され，当該訴えに係る訴訟において裁判上の和解が成立したときは，共有者として登記されている登記名義人のうちの一人は，和解調書の正本を代位原因を証する情報として，他の登記名義人に代位して，分筆の登記の申請をすることができる。
3　所有権以外の権利が敷地権である旨の登記がされている土地について，当該土地の所有権の登記名義人が分筆の登記の申請をするときは，当該所有権以外の権利を敷地権とする区分建物の所有権の登記名義人全員が承諾したことを証する情報を申請情報と併せて提供しなければならない。
4　共有名義となっている土地の共有者として登記されている登記名義人のうちの一人は，他の登記名義人全員が承諾したことを証する情報を申請情報と併せて提供することにより，単独で，当該土地の分筆の登記の申請をすることができる。
5　信託の登記がされている土地について，受託者として登記されている者は，分筆の登記の申請をすることができない。

〔正解　2〕

1　誤り。仮差押えの登記がある土地の分筆の登記の申請は，仮差押債権者の承諾を必要としない。
2　正しい。本肢は「平成6.1.5民三第265号回答」の回答とおりであり，正しい。
3　誤り。敷地の所有権の登記名義人が土地の分筆の登記の申請をするときには，地上権者又は賃借権者である区分建物の所有者の承諾を必要としない。
4　誤り。他の共有者の承諾書を添付して，共有者の一人が単独で分筆の登記を申請することはできない。
5　誤り。受託者は，信託財産に属する財産の管理又は処分等の権限を有している（信託法26条）。そして信託の登記は，受託者を登記権利者とする登記がなされる（不登法97条①1号）。信託の登記がされている土地の所有権の登記名義人として受託者が登記されているときは，受託者が分筆の登記を申請することができる。

　　以上により，正解は2となる。

第24講　区画整理その他

1. 土地区画整理事業の施行と登記

（1）認可

　宅地について所有権又は借地権を有する者は1人又は数人共同して，当該権利の目的である宅地について，又はその宅地及び一定の区域の宅地以外の土地について都道府県知事の認可を得て土地区画整理事業を施行することができる（土地区画整理法「以下，整理法」3条①，4条）。また宅地について所有権又は借地権を有する者が7人以上共同して定款や事業計画を定めて，都道府県知事の認可を得て，土地区画整理組合を設立し（整理法14条）土地区画整理事業を施行することができる（整理法3条②）。

　その他，一定の要件を満たす株式会社，都道府県，市町村及び地方住宅供給公社（整理法3条③，④，3条の3等）が，土地区画整理事業を施行する。

（2）換地計画と仮換地

　これ等の施行者は，換地計画を定め，都道府県知事の認可を受けなければならない（整理法86条①）。

　施行者は，換地処分を行う前に，必要がある場合は仮換地を指定することができる。この場合において，従前の宅地について地上権，永小作権，賃借権その他の宅地を使用し，又は使用する権利を有する者は，その仮換地について権利を有する（整理法98，99条）。

（3）代位登記

　土地区画整理事業の施行者は，次の各号に掲げる登記を，一定の申請人に代わって代位申請することができる（土地区画整理登記令「以下，整理登記令」2条）。

　　① 不動産の表題登記→（所有者に代位）
　　② 不動産の登記事項の変更の登記→（表題部所有者もしくは所有権の登記名義人又はそれらの相続人に代位）
　　③ 登記名義人の表示の変更の登記→（所有権の登記名義人に代位）
　　④ 所有権保存の登記→（表題部所有者の相続人に代位）
　　⑤ 相続による所有権移転の登記→（相続人に代位）

　このうち表題登記及び表題部の変更の登記，登記名義人の表示の変更登記については，登記原因や登記の目的が異なっても同一の申請書で申請できることに注意を要する（土地区画整理登記規則「以下，整理登記規則」1条）。なおこれ等の登記はいずれも代位手続によることになり，代位原因を記載し，代位原因証書（換地処分の通知書等）を添付する。なお上記④⑤の登録完了後，施行者に登記識別情報が通知され，施行者に通知された登記識別情報は所有者に通知されることになる（整理登記令3条②）。

（4） 届出等

　これ等個人施行者，組合・市町村又は地方住宅供給公社が換地処分をした場合には，その旨を都道府県知事に届け出なければならない。そしてこの場合，都道府県知事は，換地処分があった旨の公告をしなければならない。なお国土交通大臣又は都道府県知事が自ら，換地処分をした場合においても，同様の公告をする（整理法103条④）。換地処分の結果，市町村の区域内の町や字の区域又は名称について変更又は廃止を必要とする場合は，その効力が同時に発生するようその公告もしなければならない（整理法103条⑤）。

　施行者は，この知事の公告があった場合において，施行区域内の土地及び建物について，土地区画整理事業の施行により変動が生じたときは，土地区画整理登記令「整理登記令」の定めにより，遅滞なく，その変動に係る登記を申請し又は嘱託（官公署が施行者の場合）しなければならない（整理法107条②）。そしてこの知事の公告後においては，施行区域内の土地及び建物に関しては，換地処分に伴う登記がされるまでは，他の登記は原則としてなし得ない（整理法107条③）。

（5） 換地の登記

以下，換地処分に伴う登記の問題点を検討する。
① 従前の土地が1個で換地が1個の場合

　　登記官は施行者より換地処分により申請があった時は換地処分による土地の登記をするときは，従前の土地の登記記録（5番）の表題部に換地によって定められた土地の地番（21番），地目，地積を記録し，従前の土地の表題部（5番）の登記事項を抹消する（整理登記規則6条①）。なお換地で定めた21番の土地に地役権の登記があるときは，従前の5番の登記記録を用いるため，その乙区の地役権の登記を移記する。なお換地のさい，乙区の移記した地役権（要役地，承役地の所在，地役権の範囲，地役権の存する部分）に変更が生じたときは，その変更の事項を付記し，変更前の従前の記録を抹消する記号を記録する（整理登記規則6条②）。なお従前の土地にあった地役権が消滅したときは，換地処分により消滅した旨が記録される（同6条④）。
② 従前の土地が数個で換地が1個の場合

　　換地計画において従前の数個の土地に照応して，1個の換地が定められた場合において，従前の土地の登記記録に所有権の登記があるときは，登記官は職権で換地された土地の登記記録に当該所有権の登記名義人を換地の登記名義人とする所有権の登記をする（整理登記令11条①）。登記官はこの登記をしたときは，速やかに登記識別情報を申請人（施行者）に通知する。そして申請人は遅帯なく換地の登記名義人に通知しなければならない（整理登記令11条②，③）。

　　この場合の登記は，従前の数筆の土地の中（例えば5番，6番，7番が21番に換地された場合），いずれか1個の登記記録（例えば5番の登記記録）に，換地の所在，地番，地目及び地積並びに他の従前の土地の地番（例えば6番，7番）を記録する。つまり従前の5番の登記記録は換地された21番の登記記録となるから，従前の登記事項が変更された部分は抹消される。

　　そして，従前の他の土地（6番，7番）の登記記録は換地処分により21番の登記記録に移記した旨を記録し，従前の表題部の登記事項を抹消する旨を記録し，その登記

記録を閉鎖する（整理登記規則7条②）。
③　従前の土地が1個で換地が数個の場合

　従前の土地が1個で，数個の土地に換地処分があったときは，あたかも，1個の土地が数筆に分筆された場合のごとく，換地された他の土地につき新たな登記記録が作成される。

　例えば従前の5番の土地が21番・22番の土地に換地された場合，従前の5番の登記記録は21番の登記記録として用いられ，地番（21番）地目，地積を表題部に記録し，同時に22番の記録も表題部の原因及びその日付欄に表示される（整理登記規則8条①）。

　この場合，22番の登記記録を新たに作成し，表題部の所在，地番，地目，地積並びに他の換地の地番を記録する（整理登記規則8条③）。

　なお分筆の場合と同様，従前の5番の土地にあった権利に関する登記は新に作成された登記記録に転与される（整理登記規則8条④，⑤）。なお従前の土地が先取特権，質権，抵当権があったときは，登記官はすでに共同担保目録が作成されている場合を除き，新たに共同担保目録を作成しなければならない（整理登記規則8条②，⑤）。なお地役権が従前の5番の土地にあり，換地された21番，22番にないとき地役権は転与されることはない。しかし換地された21番又は22番の土地に地役権の登記があるときは，地役権の登記が移記される（整理登記規則9条）。

（6）　建物の登記

　土地区画整理事業の施行により，建物についての登記事項に変更があった場合（例えば建物をえい行移転したことにより建物の所在，地番の変更が生じた場合の，建物所在，地番変更登記の申請又は嘱託）は，施行者がすることになる（整理登記令20条）。

　なお仮換地の状態で整地された土地に建物を新築した場合の建物の所在は，仮換地（底地）の所在を記載すればよく従前の土地（元地）の所在を記載しない。

　例えば，図33のように，A市B町5番の土地に換えて，仮換地としてA市B町21番の土地が指定され，この土地上に建物が新築された場合の建物の表題登記の申請書に記載する所在は，A市B町21番（底地）の所在を記載し，従前の土地（元地）の記載は併記しない（昭43年2月14日民甲第170号局長回答）。なお本換地の予定地番（仮換地）が存する場合はそれを併記する。つまり「A市B町21番地（仮換地　A市B町　予定地番100番）」と記載する。

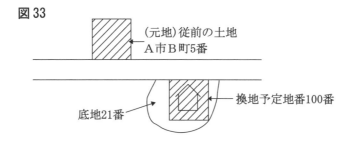

図33

建物図面は，仮換地の形状を記載し，従前の土地については点線をもって記載する（昭43年2月14日民甲第170号通達）が，施行者が有する従前地と仮換地の重図を提供するときは，従前地（底地）の形状を記載する必要はないとされる。

2．境界の確定

（1） 私法上の合意と公法上の確定の相違

土地の境界は登記法14条（国土調査法20条1項の規定により送付された地籍図，土地改良登記令6条2項2号，土地区画整理登記令6条2項2号等を含む）のいわゆる地図により公法上の境界が確定しているとされる。これを相隣者間の合意で変更することはできない。しかし民法では土地の所有者は隣地の所有者と共同して境界標を設置できる旨を規定する（民法223条）。又地上権者にも同様に界標設置権を与えている（同法267条）。この境界標を新たに設置できるという事は，合意した事項につき土地の分筆手続きにより，確定した公法上の境界を細分化する事であり，登記官が登記記録の表題部に登記をする事により効力が生ずる。そして登記官はその分筆登記のさい提供された地積測量図により細分化された境界を登記所に備えた地図に分割線として記入する事により公法上確定する。このように実体法上の私法上の合意を，このような形で公法上の境界として確定した上で，所有権の移転登記をして対抗することになる。

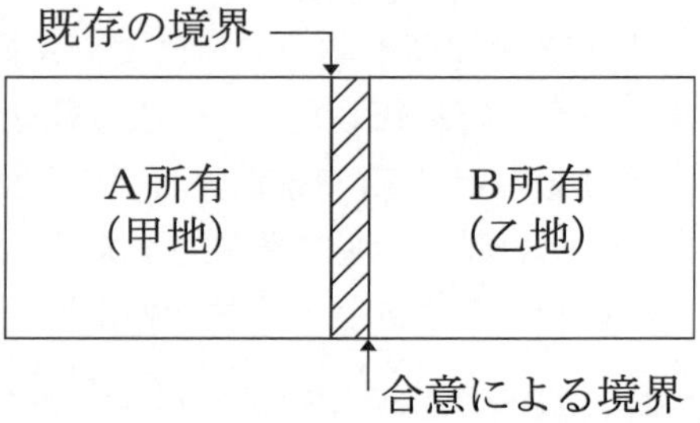

たとえば図34に示すようにA所有の甲地とB所有の乙地が隣接している場合，地図上の境界をB所有の乙地に1mずらすことを合意しても従来の確定した境界に変更が生ずることにはならない。

この合意によって移転すべき部分につき，分筆登記をなし，地図に分筆線が記入されて初めて境界が確定し，合意した部分の土地を所有権

図34

既存の境界

| A所有
（甲地） | | B所有
（乙地） |

合意による境界

移転登記をして第三者に対抗できることになる。従って私法上の合意はあくまで当事者の所有権界の確認であって公法上の手続を経て初めて境界の変更があったことになる。

従って地図を現地に復元した境界と相隣者間で合意した境界が一致しない場合，一致しないといって必ずしも，地図の誤りとは云えず不動産登記規則16条の地図の訂正の申出はできない。なお当事者の合意で境界を変更する場合は，土地分筆，所有権移転手続が必要であるから，当初の境界が誤ったものとして，地積の更正登記をなし得ないことは当然である。

なお，地積の更正登記を申請したさい，登記官の実地調査の結果相隣者の主張が相違し境界の確認ができないときは，法25条11号により却下される（昭31年1月21日民甲第129号局長回答，先例集追Ⅲ1130の2頁参照）。

（2） 境界確定の訴と訴訟上の和解

境界（筆界）が未確定である場合において，相隣者の1人が境界の確定の訴を提起したとき，裁判所が境界を判決において確定したときは，判決が確定した時において境界の変更の効力が生ずるか，あるいは判決に従って原告が分筆の登記手続により地図の変更があった時に効

力が生ずるかについては疑問が生ずる。しかし境界確定の訴は，離婚訴訟と同様，形成判決であり何等かの手続により確定するものではない。離婚の場合も，判決の確定で効力が生じ，離婚届出は効力が生じた効果を戸籍上の手続にすぎない。これは裁判所という公的機関が確定したものであり，判決の確定により直ちに公法上の効力が生ずる。

これに対し，訴訟上の和解で境界が確定した場合は，所有権界の和解であって，筆界の確定とはいえない。

確かに裁判上の和解は，裁判官が立会ってなすものであるが，その内容は当事者が相互に譲り合って紛争を解決するものであり，裁判所の意思によって紛争を解決するものではないが判決と同じ効力がある（民事訴訟法267条）。しかし，私人間の意思によって境界が確定するのではなく，単に所有権界を確定したものとなる。よって和解した結果に基づき分筆手続で，地図上の境界を確定した上で，所有権の移転登記により対抗できるものとなる。

（3） 境界標の誤認設置と時効取得

自己の信ずるままに，勝手に境界標を移転もしくは，除去し，その他の方法で土地の境界を判別できなくした場合（たとえば，土中深く埋込んで，境界をわからなくした等）は5年以下の懲役（拘禁刑（令和7年6月1日施行））又は50万円以下の罰金に処せられる（刑法262条の2）。

しかし自分の故意によらず，誤って境界を設置した場合でも，土地の所有者は，単独でその境界を撤去できず，隣地所有者又は地上権者等の承認を受けてしなければならない。これは誤認して設置した界標によって境界の確定や移動の効力はないが，それによって隣地所有者等が既存の事実を認めていれば，外形上の境界が確定したものと推定され，それによって確定した土地を誤認者が支配をしていれば，その土地の差押権者や抵当権者及び賃借権を得た者が不測の損害をこうむることも考えられる。又一筆の土地の一部を売った売主が，分割線を誤って分筆し境界標を誤って設置して所有権を移転した場合，設置した境界は無効であるが，どのように誤ったかは形式的には判断できず，現在の境界を基準にして，測量のやり直しをして判明するため，現在の界標は保存して置く必要があるからである。従って隣地所有者，地上権者，抵当権者，賃借権者，差押権者等，全ての利害関係人の承諾なくして撤去することは許されない。

なお一筆の土地の一部につき時効取得した者は，その部分につき分筆登記を経た上で，所有権の移転登記をなすことになる。したがって一筆の一部を時効で失った土地の所有者は，実質的に所有権を失った部分につき境界が変更になったことにはならない。又この場合，分筆の手続によらず地積が減ったものとして地積の変更登記ができない。

3．共同担保目録

平成17年3月7日施行の不動産登記法の改正により，担保権の登記ある土地を分筆したり，建物を分割することにより，2個以上の不動産に担保権が存続するときの共同担保目録は，原則として登記官が職権で作成することになった（規則102条）。

（1） 共同担保目録の意義

債権の目的として二個以上の不動産が担保に供された場合については，共同担保目録を

登記官が職権で作成する。この担保に供されたというのは，抵当権（根抵当権を含む），質権，先取特権を意味するわけで，その他の用益物権は入らない。

二個以上の不動産というと，わが国では土地登記記録と建物登記記録が別個の不動産とされ，したがって同一人が土地，建物をともに抵当権に供した場合は，二個の不動産が債権の目的として担保に供されたことになり，共同担保目録が作成される。

たとえば甲所有のA地，B地について乙が1,000万円を貸した場合に，乙の取得する権利が抵当権であれば抵当権の共同担保目録が作成され，質権，先取特権であれば，それぞれの共同担保目録になるわけである。このことは，甲所有の土地，あるいは建物を同時に抵当に入れた場合も同様である（図35）。

これに対して甲管轄のA地と乙管轄のB地を甲が持っていて，乙に根抵当権を極度額1,000万円で設定した場合については，まず甲管轄登記所のA地について根抵当権の設定登記をなし，次に乙管轄登記所のB地について追加担保の登記によって初めて共同根抵当権になるのである（図36）。

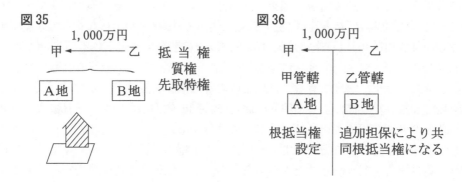

つまり共同根抵当権については登記が効力発生要件であるため（民法398条の16），設定者であり債務者である甲と乙とが，極度額1,000万円の根抵当権の設定契約を取交わしても，A地，B地について共同根抵当権の効力が発生しないわけである。

つまり甲管轄のA地について根抵当権の設定登記をする段階においては，B地について共同根抵当権としてその登記をするわけにはいかない。換言すれば甲管轄のA地について単独の根抵当権の設定登記をなし，乙管轄登記所でB地をA地に追加をして初めて，A地，B地が共同根抵当権の関係に入るのである。

したがって乙管轄の登記所においてB地の登記をするときに，A地，B地が共同根抵当権の関係に入るわけであるから，このときに共同担保目録は作成される。

これが通常の抵当権や質権の場合であると，いま甲管轄のA地について抵当権や質権の登記をなす際，すでにB地が共同抵当権の契約をしてあればA地，B地が共同である旨の登記を甲管轄登記所ですることができ，共同担保目録が登記官により作成される。甲管轄のA地が，共同抵当の関係で登記が終われば，今度は乙管轄の登記所でB地についてA地，B地の共同抵当権の登記をすればよいことになる。

しかし表示に関する登記としては，抵当権や質権，先取特権等の共同抵当の登記をすることには余り関係がない。すでにいわゆる担保権の登記ある土地や建物を分割する場合に，共同担保目録が作成される事になる。

（2） 共同担保目録の記載の範囲

共同担保目録は権利の数ごとに作成される。

図37

（A） たとえば図37のように甲が土地を有していて、乙が一番抵当権、丙が二番抵当権、丁が三番質権を有するときに、この土地を2筆に分筆する場合は、権利は乙の一番抵当権と丙の二番抵当権と丁の三番質権の三つあるから、したがって共同担保目録は、一番抵当権共担目録、二番抵当権共担目録、三番質権共担目録というように登記官により作成される。もちろんこの甲の土地を何筆に分筆するかは共同担保目録の数には全く関係がない。

（B） 図38に示すように、甲管轄のA地と乙管轄のB地が一番の共同抵当権の関係にあり、さらに甲管轄のA地には二番の質権の登記があり、乙管轄のB地には二番の抵当権の登記がある場合、いまB地を分筆する場合は、一番の共同抵当権は、A地、B地を共同担保とする目録が甲登記所及び乙登記所にあるので、B地の記録を抹消してB1、B2を追加される。B地の二番抵当権については、新たにB1、B2を共同担保とする目録が作成される。

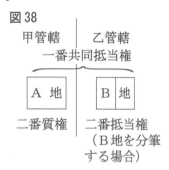

（C） 図39にあるように甲所有の土地に対して乙が抵当権を有し、この抵当権を目的として丙が転抵当権を有する場合において、いまこの土地の分筆をする場合には共同担保目録はいくつ作成されるか、という問題が生じてくる。つまり、転抵当権は乙の抵当権を目的として登記がされているものであって、本来別個の担保物権と言えるかどうかは疑問であるからである。

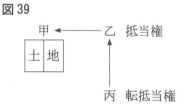

また独立した担保物権といえないが、しかしながらわが国の判例上では、転抵当権も一つの担保物権の権利として共同担保目録を作成することになっている。そこでこの場合は、抵当権の共同担保目録のほか転抵当権の共同担保目録をも作成しなければならないことになる。

（D） 図40にあるように、甲所有の土地につき乙が所有権移転請求権仮登記を有し、この所有権移転請求権仮登記を目的として丙が抵当権設定請求権仮登記を有する場合。

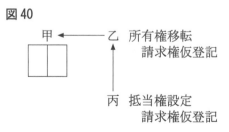

この土地を分筆するときは、丙の抵当権設定請求権仮登記の権利について乙区に転写されるわけであるから、この仮登記の共同担保目録が必要になるかどうかが問題である。

仮登記も一応条件つきでありながら担保物権の一つの権利であることには間違いないから、したがって分筆登記の際に登記官は共同担保目録を作成しなければならない。

（3） 担保権が付記登記されている場合の共同担保目録

たとえば図41のように甲所有の土地に乙が地上権を有し，この乙の地上権を目的として丙の抵当権が付記登記されている場合，この土地を分筆することによって抵当権の共同担保目録を作成するか，という問題である。

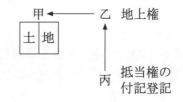

図41

抵当権が所有権以外の権利を目的として設定される場合は，付記登記によってなされる（規則3条5号）。付記登記であっても抵当権の価値については，それが地上権を目的としているというだけで何ら変りがないのであるから，したがって当然，共同担保目録の作成を要することになる。

ここに付記登記というのは，独立した順位番号を有しない登記であって，主登記の順位番号を借りて登記されるので付記登記と呼んでいる。

たとえばBの地上権が順位2番で登記があり，この地上権を担保としてCが抵当権を設定する場合，このBの地上権の順位番号を借りてきて，Cの抵当権は「付記1号」というように登記されるわけである（図42）。

図42

順位番号	事　項　欄
1	抵当権設定　　A
2	地上権設定　　B
付記1号	抵当権設定　　C

（4） 登記の優先順位

同一の不動産に関して登記上の権利はどちらが優先するかということについては，同区にあっては登記の順位番号によるのが原則である。甲区及び乙区間の順位は受付番号によって決まる（法20条）。

図43

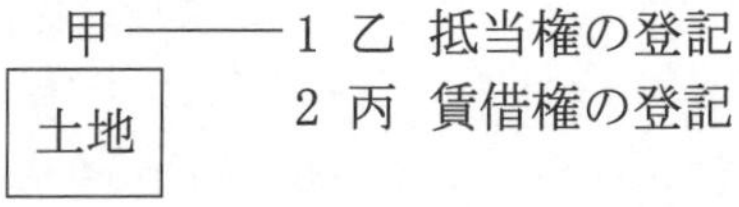

甲 ——— 1 乙 抵当権の登記
土地　　 2 丙 賃借権の登記

たとえば，甲所有の不動産について乙が順位一番で抵当権の登記があり，さらに順位二番で丙の賃借権の登記があった場合に（図43），乙の抵当権の実行によって丙の賃借権は消滅していくのである。

これに対して丙の賃借権の登記が一番で乙の抵当権の登記が二番である場合については，乙の抵当権の実行によっても賃借権は消滅をしない。つまり，競売をする場合でも賃借権の登記がある土地として競売をされるから賃借権は消滅をしないことになる。

もっとも例外としては，法定担保物権たる先取特権がある。たとえば不動産工事の先取特権（民法327条）は先に登記した抵当権に優先をすることになる（民法339条）。

このように甲区なら甲区，乙区なら乙区という同区の中では権利の優先順位というのは順位番号によって定まることになるが，たとえば甲区と乙区の異区の関係，つまり所有権と所有権以外の登記の優先順位は何によって決まるかというと，これは受付番号によるのである（規則2条）。

たとえば図44にあるように甲所有の土地について，まず乙が仮差押の登記をした。次いで丙がこの土地について賃借権の登記をした。それから乙の仮差押が本差押に変り競売をする場合については，丙の賃借権は乙に対抗できないから，乙の権利行使によって丙の賃借権は消滅する。又，別例としてこれに対して先に丙の抵当権がある土地を乙が仮差押をしたと

図44

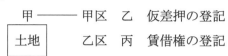

しても，丙の抵当権は何ら影響を受けない。

　このように甲区と乙区の権利の優先順位は受付番号によるわけであるが，ただし付記登記については主登記の順位番号によって，その付記登記の順位が決まるのである（規則2条）。

　たとえば図45にあるように，甲所有の土地に対して乙が1番の地上権，丙が2番の抵当権を有し，乙の1番の地上権には丁の抵当権の付記登記がある。丙の2番の抵当権には戊の転抵当権の付記登記がある。このような場合，丁と戊はどちらが優先をするかというと，丁の抵当権は乙の一番の地上権の順位番号を借りてくるから，「1番付記1号」となって順位番号は丁の方が早いわけである。戊は丙の二番の順位番号を借りてくるから「2番付記1号」となってこの丁と戊の関係では丁の順位番号が早い。つまり主登記の順位番号によってその効力を決めるわけである。

図45

　しかし付記登記間の優先順位についてはその付記登記の早い方が優先することになる。

　たとえば図46のように甲所有の土地に対して，乙が1番地上権を有し，この地上権を目的として，丙が抵当権付記1号，丁が抵当権付記2号のように登記が存すれば，丙，丁間の優先順位は付記登記の番号の早い方が優先をしていくことになる。

　付記登記は，地上権や永小作権を目的としてその抵当権の設定登記をする場合，あるいは，所有権以外の権利の移転の場合についてなされるものである（規則3条5号，6号）。

図46

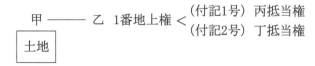

土地家屋調査士本試験
択一試験　過去問題チェック

〔問〕次の対話は，筆界に関する教授と学生との対話である。教授の質問に対する次のアからオまでの学生の解答のうち，**誤っているもの**の組合せは，後記1から5までのうちどれか。

教授：　土地の境界には，大きく分類すると，公法上の境界と私法上の境界とがありますが，これについて説明してください。

学生：ア　公法上の境界は，法的手続を経て公示されている土地の区画線で，不動産登記法では筆界という語で定義されています。これは，私人が自由に動かしたり，新たに設定したりすることができないものです。これに対し，私法上の境界は，所有権界や占有界等，私人間で自由に取決めのできるものです。

教授：　では，筆界の成り立ちについて説明してください。

学生：イ　筆界は，明治時代に行われた地租改正事業により創設されたといわれています。徴税目的のために，所有者とその土地の位置及び形状等を調査し，台帳に登録しました。その際，一筆の土地として把握され，図面に公示された区画を成す現地の線が原始的な筆界と考えられています。

教授：　筆界は，その後も新たに創設されていますが，それはどのような場合ですか。

学生：ウ　分筆の登記がされた場合，地積に関する更正の登記がされた場合，土地区画整理法等の規定に基づく換地処分がされ，その登記がされた場合などがあります。

教授：　では，いわゆる筆界確定訴訟の確定判決によって示される筆界はどのような性格のものですか。

学生：エ　裁判官が，過去に形成された筆界を探し出したもの，又は探求してもなお不明の場合に裁判官により再形成されるものです。この判決によって示される筆界は公的な存在ですので，この判決は登記官等の第三者にも効力が及びます。

教授：　無地番の山林と無地番の道路の境界線が，地図に準ずる図面に表されている場合に，その境界を現地において確認することができるとき，これは筆界特定申請の対象となる筆界と認められますか。

学生：オ　未登記の土地同士の境界であっても，先に述べました地租改正事業の際に作成された改祖図やその後の更正図に示されていたものは筆界と認められるので，筆界特定の申請もすることができます。

　　1　アエ　　　2　アオ　　　3　イウ　　　4　イエ　　　5　ウオ

〔正解　5〕

ア　公法上の境界は，私人が自由に動かしたり新たに設定したりすることはできない。私法上の境界は，自由に決めることができる。正しい。

イ　原始的な筆界は，明治時代に創設された。正しい。

ウ　地積の更正登記によって，新たな境界は創設されない。誤り。

エ　筆界確定訴訟の確定判決は公法上の効力が生ずる。正しい。

オ　筆界特定については，二筆の土地の少なくともどちらか一方に表題登記がなければならない（法123条1号）。誤り。

　　以上により，ウ，オが誤っており，5が正解。

第25講　地積測量図

1. 地積測量図の作成

　地積測量図は，一筆の土地の地積に関する測量の結果を明らかにする図面をいう（登記令2条3号）。
　地積測量図は，規則別記第一号様式によって作成する（規則74条③）。原則250分の1の縮尺により次の事項を表示する（規則77条）。
　　①地番区域の名称
　　②方位
　　③縮尺
　　④地番（隣地の地番を含む）
　なお，基本三角点等に基づく測量の成果による座標値を記録するには，当該三角点等に符号を付した上，地積測量図の適宜の箇所にその符号，基本三角点の名称及び座標値を記録しなければならない（準則50条①）。
　また，任意座標で座標値を記録する場合も，符号を付し，地物の名称，概略図及び座標値を記録しなければならない（準則50条②）。
　縮尺は250分の1を原則とするが，土地の現況その他の事情により他の縮尺で作成することもできる（規則77条④）。
　土地所在図と同様0.2mm以下の細線により図形を鮮明に表示する。
　　⑤地積及びその求積方法
　　⑥筆界点間の距離
　　⑦国土調査法施行令第2条1項1号に規定する平面直角座標系の番号又は記号
　　⑧座標値（基本三角点等の成果に基づく座標値又は任意座標）
　　⑨境界標（永続性のあるもの）
　　⑩測量の年月日
　座標値は，原則基本三角等に基づく測量の成果による筆界点の座標値であるが，近傍に基本三角点等が存しない場合その他基本三角点に基づく測量ができない特別の事情がある場合に，近傍の恒久的な地物に基づく測量の成果（任意座標）による筆界点の座標を記載することができる（同条②）。
　その他，書面で作成するときは，作成の年月日を記録し，申請人が記名するとともに作成者が署名又は記名押印しなければならない（規則74条②）。

2. 分筆登記の地積測量図

　土地分筆の地積測量図は，分筆前の土地を図示し，分割線を明らかにして分筆後の土地を表示し，これに符号を付さなければならない（規則78条）。

この場合の符号は①②③,(イ)(ロ)(ハ),ＡＢＣ等の適宜の符号を用いてよい（準則51条①）。

従来は，分筆後の一筆の求積は必ずしもしなくてよい取扱いであったが，17年の改正により，原則全筆求積しなければならない（準則72条①）。ただし，分筆前の土地が広大な土地であって，分筆後の土地の一方がわずかであるなどの特別の事情があるときに限り，分筆後の一筆については，

　①その求積方法（規則77条①5号（地積を除く。））
　②筆界点間の距離（同項6号）
　③平面直角座標系の番号又は記号（同項7号）
　④座標値（同項8号）

を示さなくてもよい（準則72条②）。

したがって，このような場合は登記記録の地積から差引いて残地の地積を求めてもよいことになる（残地求積ともいう）。

したがって，残地求積した場合には，準則72条でいう分筆前の地積を基準にして分筆後の地積が規則77条5項の誤差の限度外であるということがなく，地積更正をする必要がでてくることがない。

また分割線は実線で明確に図示する。点線や一点鎖線で記入することはできない。

なお地積測量図は，0.2ミリメートル以下の細線で鮮明に作成しなければならない（規則74条①）。墨を用いる規定は削除された。

3．境界標

土地の筆界点に境界標が設置されている場合，その境界標の符号及び種類を記載していくことになる。たとえば筆界点の符号を，①②③のごとく記載し，境界標の種類として石杭，コンクリート杭，金属標等を各筆界点ごとに具体的に記載してもよく，または各筆界点の近傍に，その種類のみを直接記載してもよい。

このほか図47，48に示すように，筆界点の記号については，石杭を⊕，コンクリート杭を⊖のような特異な記号を用いたり，あるいは石杭やプラスチック杭を頭文字を用いて表示してもよい（昭52年12月7日民三第5940号第三課長依命通知）。

図47　図48

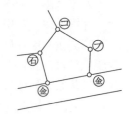

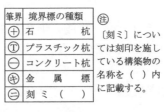

恒久的地物については，次のようなものが考えられる。

Ⓐ　申請にかかる土地以外の公共用地または民有地に存する境界標識で，その材質が堅固であって，かつ容易に移転し得ないように埋設されているもの。

Ⓑ　鉄道用鉄塔，トンネルまたは地下道の出入口，マンホール，防波堤，水門，ビルディ

ング，石段，電柱類，記念碑，ポスト，煙突，給水塔，石油またはガスタンク，サイロ，灯台等で，その材質が鉄，石または鉄筋入コンクリートにして，設置状態に永続性があり，かつ基準とする点の位置が特定できるもの（前記民三第5945号依命通知）。

4．精度区分

さらに地積測量図については，改正前は地図の精度区分を準用していたが，改正後は現在の地域による精度区分とされる（規則77条⑤）。

図49

国土調査法施行令別表第四の早見表

地積	甲 1	甲 2	甲 3	乙 1	乙 2	乙 3
1 ㎡	0.03 ㎡	0.06 ㎡	0.12 ㎡	0.14 ㎡	0.32 ㎡	0.64 ㎡
10	0.10	0.21	0.43	0.54	1.18	2.37
20	0.14	0.32	0.63	0.82	1.77	3.55
30	0.17	0.41	0.80	1.06	2.26	4.52
40	0.21	0.47	0.95	1.26	2.69	5.38
50	0.23	0.54	1.08	1.46	3.08	6.15
60	0.26	0.60	1.20	1.64	3.44	6.88
70	0.28	0.66	1.32	1.81	3.78	7.57
80	0.30	0.71	1.43	1.96	4.10	8.21
90	0.32	0.77	1.53	2.12	4.42	8.83
100	0.35	0.82	1.63	2.26	4.71	9.43
150	0.44	1.04	2.08	2.94	6.06	12.1
200	0.51	1.24	2.48	3.54	7.25	14.5
250	0.58	1.42	2.84	4.09	8.35	16.7
300	0.65	1.59	3.17	4.61	9.38	18.8
350	0.71	1.74	3.49	5.11	10.3	20.7
400	0.77	1.89	3.79	5.58	11.3	22.5
450	0.82	2.04	4.08	6.03	12.1	24.3
500	0.88	2.18	4.35	6.47	13.0	26.0
600	0.98	2.44	4.87	7.30	14.6	29.2
700	1.07	2.68	5.37	8.09	16.1	32.3
800	1.16	2.92	5.83	8.84	17.6	35.2
900	1.24	3.14	6.29	9.57	19.0	38.0
1,000	1.32	3.36	6.71	10.3	20.3	40.7
1,500	1.69	4.35	8.69	13.5	26.8	53.1
2,000	2.01	5.23	10.5	16.4	32.1	64.2
3,000	2.59	6.79	13.6	21.7	42.1	84.1
4,000	3.09	8.19	16.4	26.5	51.0	102
5,000	3.55	9.48	19.0	30.9	59.3	119
10,000	5.50	15.00	30.0	50.0	95.0	190

すなわち，国土調査法の区分はおおむね甲一・大都市市街地区域，甲二・中都市市街地区域，甲三・上記以外の村落区域及び整形された農耕地，乙一・農用地及びその周辺地域，乙二・山林原野及びその周辺地域，乙三・山林原野の地域に区別されている。

地図を作成するときは，市街地地域は甲二まで，村落，農耕地域については乙一まで，山林原野地域については乙三までの精度区分による（規則10条④）。

また誤差の限度とは最大許容誤差という意味であって，各精度区分ごとにその値が定められている。地図における公差は筆界点の位置誤差，筆界点間の距離及び地積の誤差が，この値を超えれば失格するという限界を示している。

なお地積測定の公差については，図49に示すように，たとえば300㎡の市街地地域について甲二までであるから，1.59㎡まではその許容誤差が認められている。

なお，地積測量図の精度区分は，これを作成する時の区分であって，地図を作成した時の精度区分ではない。

5．その他の作成要領

また地積測量図の作成方式については，図面の用紙を二つ折りにしてつづり込むことができるように，用紙の右半分に作図するのが原則である。これは，①できる限り用紙の右半分に作図をして，求積方法等の記載は右半面の余白か，または左半分にするものとし，②図面用紙の両端には，これを二つ折りにして編綴することが可能となるように，左右の端から2.5センチ程度あけて作図するものとしている（昭52年9月3日法務省民三第4474号民事局第三課長依命通知）。

そこで右半面に記載できない場合については，図50に示すように，①方位を変換する方法（例図(1)），②縮図をする方法（例図(2)），③方位を変換し，かつ縮図をする方法（例図(3)），④図面の右半分または左右に，土地の分割線をもって分属する方法（例図(4)から(9)）があり，これは図面の用紙を二つ折りにして編綴することができるように，折り目の部分に地積測量の測量線が来ないように，適宜余白を設けている。

したがって，この分属線は，例図(5)のように分筆線で分属することが望ましい。

たとえば広大な土地の一部を求積するような図面を作成するときには，求積しない土地の図面が用紙の折り目に重なっても，差支えない。つまり求積する部分の土地の分割線（境界線）や数字，記号が折り目に来ないときには，求積しない残地の部分が折り目に来てもよいことになる（例図(8)）。

また広大な一筆の土地を数筆に分筆する場合に，求積する数筆の土地が用紙の折り目に来る可能性があるとき，または縮図その他の方法によっても一用紙に書切れない場合には，これを二枚の用紙に分属させることができる（例図(9)）。この場合にはさらに別用紙を用いて，その右半分に分筆する土地の分筆後の地積測量図，つまり分属しない土地の全図を作成しなければならない。

図 50

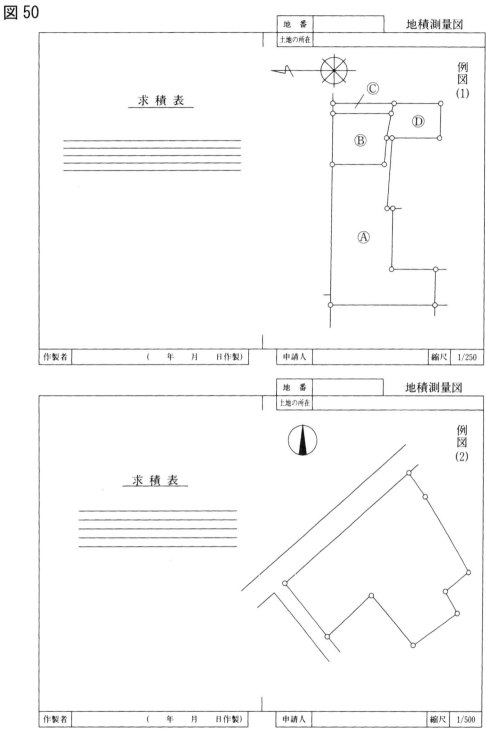

(注)(1) 計算距離を用いて求積する場合(座標法等)は、通常はこの手法を用いる。
　　(2) 図上法による求積のための図上距離は、できる限り原図で求めることとする。

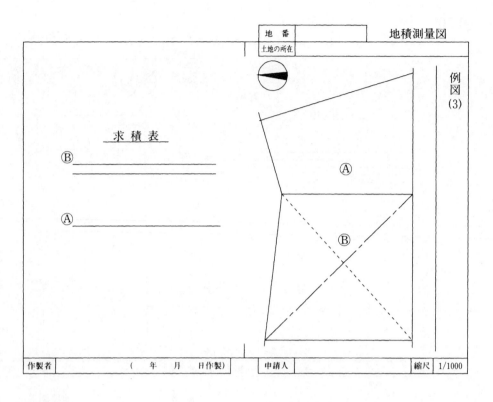
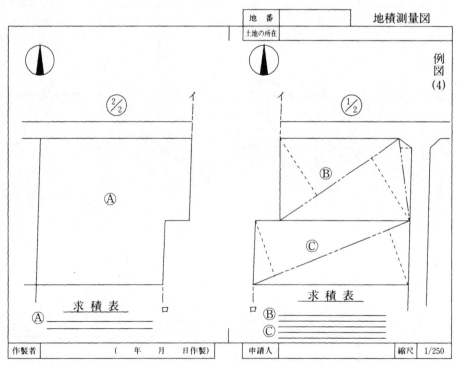

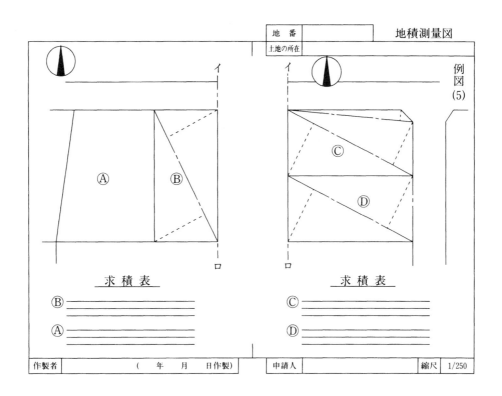

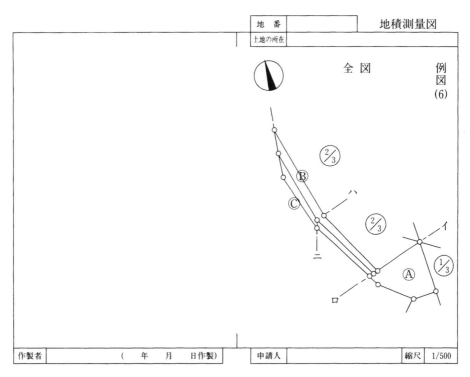

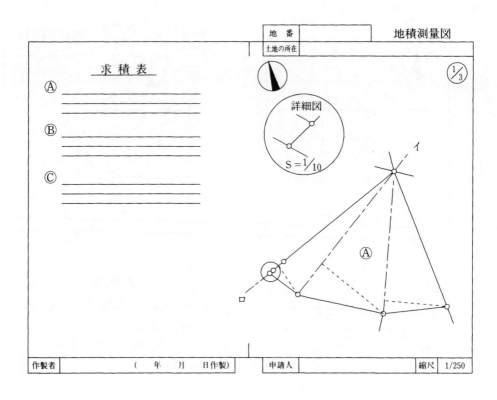

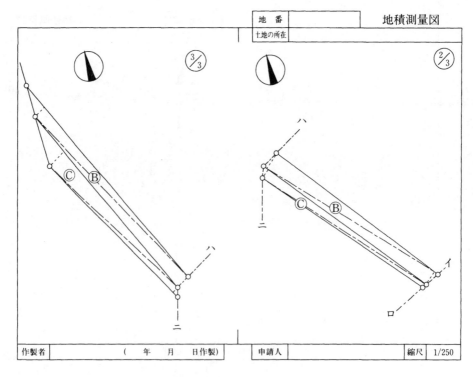

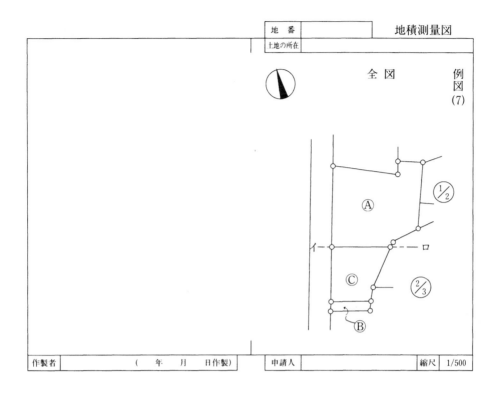

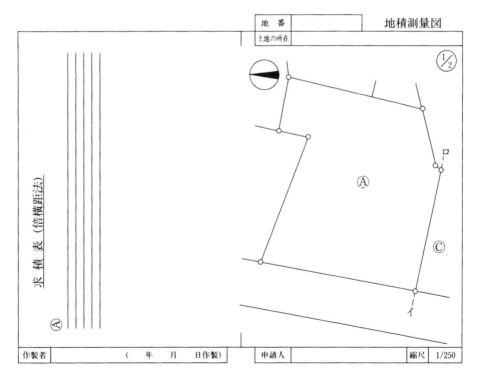

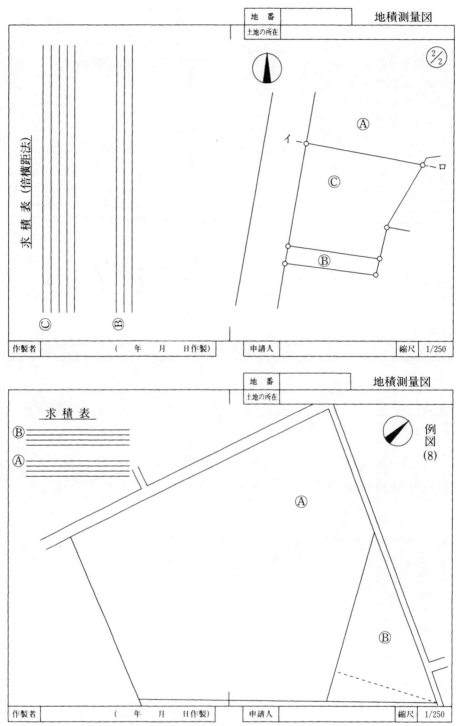

(注) (1) この方法は、残地部分（求積方法を記載しない部分）であって、かつ、中央（折り目）部分に境界の屈曲点、及び、数字・記号の記載がない場合に限って、便宜、用いることができる。

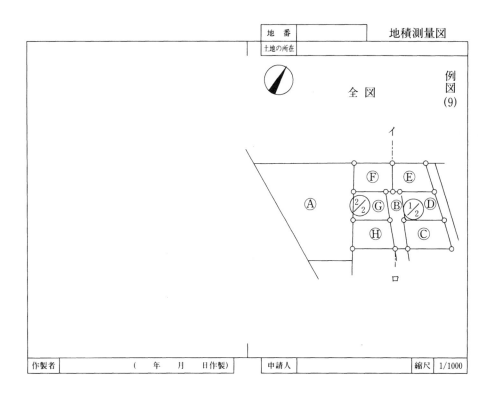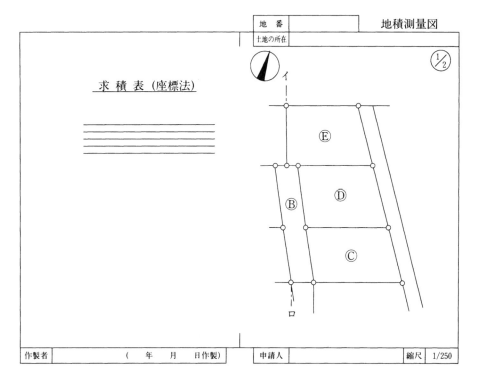

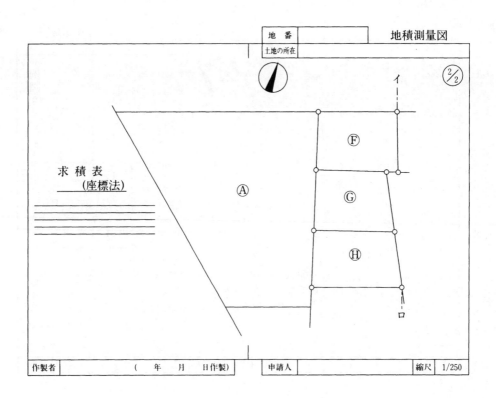

第26講　土地所在図と地役権図面

1. 土地所在図

　新たに土地が生じた場合にする土地の表題登記の申請書には，土地所在図を添付する（登記令別表4項イ）。土地の所在を明らかにするための図面である（登記令2条2号）。
　土地所在図は規則別記第一号様式により，日本産業規格B列四番の強靱なる用紙をもって作成し，その方位，縮尺，土地の形状及び隣地の地番を記録しなければならない（規則76条①）。日本産業規格B列四番というのは，横が257㎜，縦が364㎜の大きさで，コピー用紙のB4の大きさである。

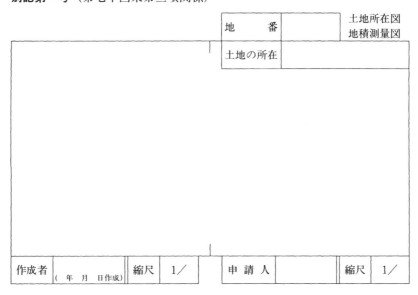

　この土地所在図の縮尺は，法14条の規定による近傍類似の土地の地図と同一の縮尺によって作成する（規則76条②）。したがって，法14条の市街地地域は250分の1又は500分の1，村落，農耕地域は500分の1又は1000分の1，山林原野地域は1000分の1又は2500分の1で作成されるから（規則10条②），土地所在図においても同一の縮尺によって作成しなければならない。
　また土地所在図の精度区分は，地積測量図の誤差の限度と同様である（規則76条③）。
　つまり，市街地地域は甲二まで，村落，農耕地域については乙一まで，山林原野地域については乙三までの精度区分により作成される（規則10条④）。
　土地所在図は一筆の土地ごとに作成をしなければならない（規則75条）。
　なお地積測量図の余白を用いて土地所在図を作成することができるときは，図面の表記

に「土地所在図」と追記して，便宜土地所在図を作成することができる（準則51条③）。
　なお土地の表題登記を申請する場合において，次の要件を満たすときは地積測量図をもって，土地所在図を兼ねることができる。
　　㈠　地積測量図の縮尺が土地所在図の縮尺と同一であること。
　　㈡　地積測量図によって，土地の所在を明確に表示することができること。
　この二つの要件を備えている場合については，便宜地積測量図をもって土地所在図を兼ねることができ，この場合には図面の上部に「土地所在図兼地積測量図」と記載すればよい（準則51条④）。

　なお土地所在図は，隣地との境界線及び隣地の地番を明示することによって，新たに生じた土地がどの辺に存するかが明らかになるわけである。

　土地所在図を作成するには，0.2mm以下の細線で図形を鮮明に作成しなければならない（規則74条①）。

　また図面には作成の年月日を記録し，申請人が記名するとともに作成者が署名又は記名押印する（規則74条②）。したがって申請人はその住所の記載を要せず，記名すれば足りる。

2．地役権図面

（1）地役権図面を添付する場合

　地役権図面は，承役地に存する地役権の範囲を明らかにする図面である（登記令2条4号）。
　一筆の土地の一部に地役権の登記ある土地については，地役権設定当時に作成された図面が登記所に提出してあるので（登記令別表35項），表示に関する登記として改めて作成する場合は，次の場合である。

　第一に（分筆の場合），地役権の登記ある承役地の分筆の登記を申請する場合において，地役権設定の範囲が分筆後の土地の一部であるとき，第二に（合筆の場合），地役権設定の範囲が合筆後の土地の一部であるときである（登記令別表8，9項）。

　しかし地役権の存する土地を分筆する場合でも，第一の分筆する一筆の土地全部に地役権が存する場合，第二の合筆後の土地全部に地役権が存続する場合，各々の場合については，地役権図面の添付は当然不要である。これらはすべて地役権設定の範囲が土地の一部ではなく，提出する必要がない。

　図51に示すように，5番の土地を分筆して，5番1，5番2とした場合に，いま5番2の一部に地役権が存続するとき，分割後の土地に地役権が存続しても，すでに提出してある地役権図面に，何らの変更がないのではないかという疑問がある。

図51

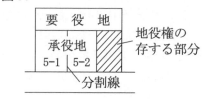

　しかし地役権図面が新たに必要な場合とは，分筆後の土地の地役権設定の範囲が土地の一部であるときと規定されている。

　図51の場合，地役権はまさしく分筆後の一方の土地の一部に存続するということになる。登記令別表8項では，「地役権設定の範囲が分筆後の一部であるとき」とあって，「地役権の範囲が変更になった場合」という規定ではない。

したがって，分割後の土地の一部に地役権が存続する場合には，地役権そのものが分断されない場合でも，添付することにしている。
　これは5番の土地を分筆して，5番1，5番2とした場合に，5番2の地役権が存続する場合では，従来5番全体の土地の一部に地役権が存したものが，分筆後は5番2の一部に存するわけで，分筆後の土地の一部に地役権設定の範囲があるといえるからである。
　なお，第二の合筆後の土地の一部に地役権の範囲が存する場合でも，地役権証明書及び地役権図面を添付する規定は存しなかったが，改正により，合筆後の1筆の一部に地役権が存続するときは，申請書に地役権証明書及び地役権図面の添付を要することになった（平成5年改正）。

（2）　地役権図面の内容

　地役権図面は規則別記第三号の様式によって，日本産業規格B列4番の強靱な用紙を用いて作成するが，縮尺については適宜でよい（規則79条）。一般には地積測量図と同様の250分の1の縮尺によって作成される。
　地役権図面も他の図面と同様，0.2mm以下の細線で鮮明に作成しなければならない。
　なお，地積測量図のような精度に関する規定がない。
　地役権図面は地役権の設定の範囲を斜線等によって明確にし，方位，縮尺，地番及び隣地の地番を記録する（規則79条①）。
　土地の分筆登記において，地役権の存続すべき部分を申請書に表示するには，分筆した表示の次行欄に記入するか，または登記原因及びその日付欄に「順位何番による地役権の存すべき部分，何平方メートル」のごとく記載する。

別記第三号　（第八十条第二項関係）

もちろん土地の分筆をし，分筆後の数筆の土地に地役権が存続すべきときは，一葉で地役権図面を作成してよいのである。
　なお地積測量図は土地図面つづり込み帳につづり込まれるが，地役権図面は地役権図面つづり込み帳（規則18条4号）につづり込まれ，つづり込み帳が違うため，当然地積測量図と地役権図面は一葉の用紙に作図することができない。地役権図面には地役権図面番号を付した上，地役権図面に申請書受付の年月日及び受付番号が記録される（規則86条①）。
　地役権図面は作成の年月日を記録し，要役地の権利者が署名又は記名押印し（規則79条④），申請人の氏名又は名称は単に記録されていればよい（同①）。
　なお，地役権図面は，地役権の抹消又は分筆合筆もしくは変更の登記をしたときは閉鎖される（規則87条）。

3．電子申請における土地所在図等

　電子申請において送信する土地所在図，地積測量図，建物図面，各階平面図は，法務大臣の定める方式に従って作成しなければならない（規則73条①）。
　電子申請において作成する地積測量図は，土地所在図を兼ねることができる（準則51条②）。
　その他，作成の年月日及び申請人の氏名又は名称を記録しなければならないものとされる書面の作成方法と同様である。
　地役権図面も電子申請をする場合準用されている（規則80条①）。
　なお，法務大臣の定める方式とは，XML方式によるもので，いわば図形情報を数値化した方式をいう。

第27講　土地合筆の登記

　土地の合筆というのは隣接する二筆以上の土地を一筆にまとめることである。この合筆の登記の申請人は，表題部所有者又は所有権の登記名義人である（法39条①）。その他相続人その他の一般承継人である（法30条）。

1．土地合筆登記の申請

（1）登記識別情報の提供と合筆の登記

　所有権の登記ある土地の合筆登記の申請書には，合筆するいずれか一筆の登記識別情報を提供しなければならない（登記令8条①1号，②1号）。たとえばA地B地の2筆を合筆する場合は，A地もしくはB地いずれかの登記識別情報を提供する。

　登記識別情報が提供できない場合は，登記官による事前通知，又は土地家屋調査士の資格者代理人の本人確認情報又は公証人の本人についての確認の認証があり，これ等について登記官が相当と認める等の手続が必要となる（法22条，23条④，規則70条）。

　なお，注意すべきは土地合筆の場合に従来の登記済証を所持している者が申請する場合は，従前の登記済証を添付して申請することになる。

　所有権の登記ある土地の合筆の場合は，本来合筆登記が表示に関する登記であるにもかかわらず，その合筆の登記をする際に，登記官は職権で甲区に合併による所有権の登記をする（規則107条①）。つまり登記官は合筆後の単一の所有権の登記をなしその所有権の登記識別情報が通知されるからである。

　なお，共有であるときは，持分の過半数を有する者から，合筆の登記の申請をすることができ，それ以外の共有者が申請人となる必要がないとされた。所有権の登記がある土地の合筆の登記申請時に提供する登記識別情報は，登記申請人に係るもののみで足りるとされた（令和5.3.28民二第533号通達第1.1⑵⑷）。

（2）登記識別情報の提供の理由

　これを同じ形成登記である分筆登記の場合と比べてみると，たとえば所有権及び抵当権の登記ある土地を分筆した場合については，新しい登記記録を用いて，表題部及び甲区，乙区の登記を転写するのであるが，登記識別情報は通知されない（法21条）。

　これに対して所有権の登記ある合筆の登記をしたときは，合併による所有権の登記をし登記識別情報を通知するわけであるから，他人の土地を不法に合筆をして，その登記識別情報を取得するというような弊害が生じてくる。そこで所有権の登記識別情報の提供を要することにしたわけである。

　したがって所有権の登記のない土地の合筆登記をする場合については，登記官が職権で所有権に関する登記をすることがないから，登記識別情報の提供を要しない。

　このように，登記識別情報を合筆の場合に提供するということは，所有権の登記名義人

がまさに合筆の登記の申請をしたものであることを担保することになる。

また，所有権の登記ある土地の合筆の登記を書面申請するときは，作成後3ヵ月内の印鑑証明書の添付も要す（登記令16条）。

なお，地積測量図については，土地合筆の登記の申請の際には添付する必要がない（登記令別表⑨）。つまり，合筆登記の手続においては，単に登記記録の地積を合計することになる。

2．合筆の登記の制限

合筆の禁止事項については法上当然の禁止事項として種々規定があるが，法41条の合併制限をみていこう。

（1） 接続しない土地の合筆（法41条1号）

接続しない土地は，合筆ができない。

たとえば図52に示すように，8番と10番の土地は接続するから，合筆ができる。さらに9番，11番も同様に合筆ができるが，8番と11番あるいは9番と10番のように，角部の頂点でつながっている土地，つまり点で接続する土地は合筆することができない。接続する土地とは，少なくとも線で接続しなければならない。

たとえば図53に示すように，7番と10番が多少の線でつながる場合であっても，これは点で接続するわけではないから，この場合は合筆が許されることになる。

図52
点で接続する土地
9番，10番の合筆

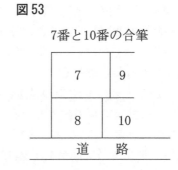

図53
7番と10番の合筆

（2） 地目又は地番区域を異にする場合（法41条2号）
（A） 地目を異にする土地の合筆

登記記録には一筆の土地ごとに地目が付される。したがって登記記録上の地目が違う場合については，合筆することは許されない。

これに対して登記記録上の地目が一致しているが，事実上の地目が一致しない場合がある。たとえば登記記録上双方とも山林となっているが，その一筆については事実上建物を新築して宅地になっているという場合については，これは合筆することができない。つまり合筆した後に一筆の一部が宅地になっているわけであるから，分筆して地目変更をしなければならないような結果になるからである。

これに対して登記記録上の地目は宅地と山林になっているが，山林については事実上建物が新築され宅地に変更になった場合について，その登記がない場合は合筆で

きるかという問題がある。

図54

建物の新築により事実と地目が等しい場合

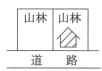

登記簿上一致するが事実上一致しない場合

図54に示すような場合については，当然事実上の地目が一致している場合といえども，登記記録上の地目が一致していない場合については，同様に合筆することができないのである。

表示に関する登記は登記官が実地調査をして登記をするのであるから，事実上の地目が一致していれば，問題ないのではないかという疑問が出てくるが，現況の地目も一致していなければ合筆できないという前提に立って，合筆は許されないのである。

これは登記記録が一筆ごとに地目が付されるという前提に立っている関係上，一筆の土地に二種目の地目が生ずることは許されないなら，当然登記官は登記の申請の際には，同地目の土地の合筆の申請のみを受理し，しかる後に現況を調査すればよいことになる。

したがって地目が登記記録上山林と宅地のように別地目の場合には，この時点で事実上の地目が一致していたとしても合筆は許さないのである。この場合には地目を変更し，同地目にしてから合筆の申請をするわけである。

（B）　字を異にする土地の合筆

字を異にする土地は合筆ができない。

たとえばA郡B村字大川7番の土地と，A郡B村字山川8番の隣接する土地は合筆ができないのである。

さらに丁目の異なる土地は合筆ができるかという問題がある。たとえばB市E町二丁目5番の土地と，B市E町三丁目6番の隣接する土地は合筆ができるかということである。これは丁目というのは一般に地番区域であり合筆できない。地番区域でない字も含み合筆が許されない（法39条②）。

当然に管轄区域を異にする土地は合筆ができない。土地は管轄区域ごとに登記されるので，土地がA管轄とB管轄にまたがるようなことはあり得ない。

（3）　所有名義人の異なる合筆（法41条3号）

合筆する土地の所有者の名義が異なる場合については合筆することができない。

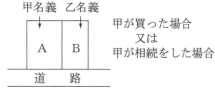
図55

甲が買った場合又は甲が相続をした場合

たとえば図55に示すように，甲名義のA地と隣接する乙名義のB地があり，甲が乙からこのB地を買った場合には，ABとも所有者は甲である。したがって甲から合筆の登記の申請ができるかというと，合筆の登記は表題部所有者または所有権の登記名義人から申請するのであるから，乙名義である以上，甲はABの合筆登記の申請ができない。

つまり所有者が同一であっても登記名義が異なる場合には，合筆登記の申請ができないことになる。

さらに甲名義のＡ地について，隣地のＢ地が甲の父乙名義であった場合に，甲が乙を相続し，相続を証する書面からこのＢ地については甲が所有者であることが明らかである場合について，甲がＡＢの両地について合筆登記の申請がなし得るかという問題が出てくる。

結論は，他の添付情報によって所有者が明らかであったとしても登記上の名義が異なる以上，合筆登記ができない。このことは，売買によって取得した場合でも，あるいは相続によって取得した場合でも，同様である。したがって甲はＢ地についてはそれぞれ所有権の登記をなし，しかる後に合筆の登記をする以外にはない。

（4） 持分が異なる共有土地の合筆（法41条4号）

持分を異にする土地は，たとえそれが全体として等しくても，性質の異なる土地を合筆することになるから合筆は許されない。

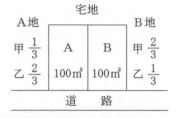

図56

たとえば図56に示すように，Ａ地について甲3分の1，乙3分の2，Ｂ地については甲3分の2，乙3分の1の共有持分を有する。いまＡＢが宅地でそれぞれ面積が100㎡で等しいと仮定しよう。

このような場合について，甲の3分の1と3分の2と加えて1，乙の3分の2と3分の1を加えて1で，ＡＢ双方の土地について双方とも1になるのであるが，これはつまりＡ地についてとＢ地についてではその性質が違うから，双方プラスして1になったとしても，性質の違う土地として合筆するわけにはいかない。

なお持分が等しい場合とは，合筆する双方の土地について，たとえばＡ地について，甲2分の1，乙2分の1，Ｂ地について甲2分の1，乙2分の1のように双方が半々である必要はない。

── 持分の記載のない土地 ──

民法250条では，各共有者の持分は相等しいものと推定すると規定する。したがって不動産登記法においても，昭和35年以前には，持分が等しい場合については共有者の持分について登記をしないことがあった。ところが，昭和35年の不動産登記法の改正で，建物の表題登記，土地の表題登記の場合は，持分が等しい場合でもすべて共有持分については登記をすることになった（旧法39条）。したがって現在の登記記録上では，従来の持分が等しいものとして持分の登記がないものと，それ以後の持分が等しい場合でも登記がある場合と双方の登記が出現しているのである。

したがって図56のような場合に，Ａ地については持分が等しいものとして登記がなく，Ｂ地については甲2分の1，乙2分の1のように登記がある場合については，これはＡ地とＢ地は事実上2分の1ずつの共有持分であるから登記をなし得るのではないかという疑問があるが，共有持分の登記がある不動産と，共有持分の登記がない不動産については合筆することが許されない（昭和40年2月2日民甲第221号回答）。このような場合には，持分の登記のない土地については持分追加の登記をして，しかる後に合筆登記をなすことになる。

（5） 所有権の登記ない土地と所有権の登記がある土地の合筆（法41条5号）

同様に所有権の登記ある土地と，所有権の登記ない表題部のみの土地は合筆することができない。つまり所有権の登記のないものとあるものを合筆して，土地の一部に所有権の登記があるような一物一権主義に反するような登記はできないのである。したがってこれらの土地は，所有権の登記をなした後に合筆をするほかない。

（6） 制限的権利の存する土地の合筆（法41条6号）
（A） 所有権の登記以外の権利の登記がある土地

所有権の登記以外の権利に関する登記があるときについては，原則合筆することができない（法41条6号）。

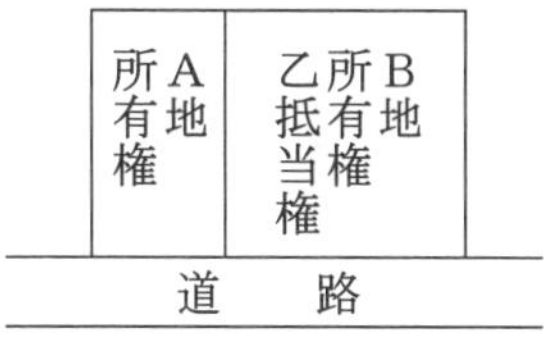

たとえば図57のA地については所有権の登記があり，B地については所有権のほか乙の抵当権の登記があるという場合について考えてみよう。

図57

いまこのA地，B地を合筆した場合に，抵当権の効力はどこまで及ぶかという問題がある。

当然，抵当権の効力は合筆後のすべての土地に及ぶわけではない。

したがって抵当権が及ぶ部分と及ばない部分が，一筆の土地に生じてくることは一物一権主義に反するので，これは合筆することを許さないことにした。

ただし，所有権の登記以外の権利については，地役権の登記がある。承役地については合筆することができる（規則105条1号）。

（B） 地役権の登記ある要役地の合筆

図58に示すように，いま要役地5番があり，隣地6番と合筆する場合について，要役地を合筆する登記ができるかという問題である。

図58

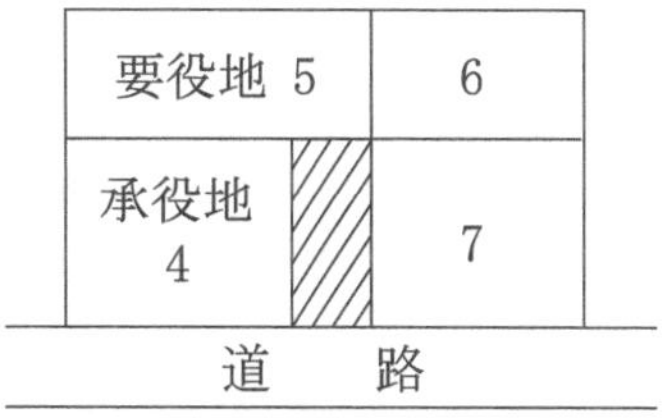

通常権利に関する登記は，その権利者が誰であるかを甲区あるいは乙区に登記してなされる。

これに対して地役権の登記は，要役地の登記事項に地役権者の登記がされることがない（法80条②）。

地役権は要役地の権利者の登記がされずに，要役地の範囲において地役権を利用する。つまり要役地の範囲が増加することを許さない。したがって要役地を合筆することはできないことになる。

このようにして要役地は分筆をすることはできるが，合筆についてはその承役地を含めて隣接地と一切合筆することができない。

（C） 権利の存続期間経過後の合筆（法41条6号関係）

たとえば甲所有の土地について，乙が建物を建てる目的で期間30年で賃借をし，その登記をした場合について考えてみよう（図59）。

いま乙の30年の期間が満了した場合については，一応乙の賃借権は消滅するはずである。しかし借地借家法では，期間満了によっても借地権者が契約の更新を請求をしたときは，建物がある限りは，更新したものとみなされている（借地借家法第5条）。

したがって，外形上期間が経過したからといって，賃借権が当然消滅したものとす

ることはできない。いずれにしても借地借家法の適用を受ける建物を目的とする土地の賃貸借については，期間の満了によってもその権利が当然消滅したとはいえない。

図59 甲所有 ←乙の賃借権 道路

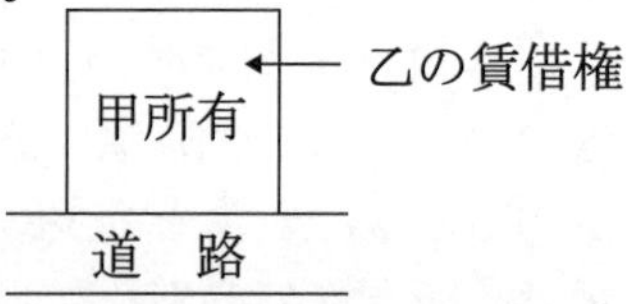

また，借地借家法の適用を受けない，つまり建物を目的としない土地の賃貸借についてはこれら自然更新の適用がないはずである。

たとえば土地を車庫のために隣人に貸した場合にその登記をなしたときについて，その期間をいま5年としたとしよう。この場合に5年の期間が満了すれば，賃貸借の契約は効力を失うから，登記も当然無効になるのではないかという疑問が生じてくる。

いずれにしても，所有権以外の権利（賃借権）の登記がある土地は，期間が満了していても，登記の効力を失っても，その登記がある以上，合筆することができない。

（D）　所有権の仮登記のある土地の合筆

合筆する土地のいずれか一筆に所有権移転請求権仮登記，あるいは抵当権設定仮登記等の仮登記の登記が存する場合については，合筆することができるかという問題である。

合筆禁止は，所有権及び地役権以外の権利の本登記がある場合について禁止をしているが，仮登記を含むかについて疑問がある。

仮登記は本登記をするまでは，何らの対抗力がない。つまり仮登記を本登記に直したときに仮登記をなしたときに遡ってその順位が優先する。

このように順位優先の効力のある仮登記のある土地と，何らの制限のない土地を合筆すれば，仮登記を本登記にしたことによって得た対抗力は合筆後の全体の土地に及ぶことになってしまうから，その権利関係が錯雑してくるのである。

たとえば図60に示すように，甲所有のA地，B地について，いまB地に乙が所有権移転の仮登記を有する場合に，いまこの土地を合筆後，乙の仮登記の効力は，合筆後の全地に及ぶわけではない。あくまでも従来のB地のみに及ぶ。だとすれば合筆によってこの抵当権の及ぶ範囲が当然不明確になるから，合筆は許されない。

（E）　無効登記の存する土地の合筆（法41条6号関係）

（1）　所有権及び地役権以外の権利の存する土地は合筆が許されないが，その所有権以外の権利の登記とは有効な登記を意味するか。

たとえば図60で示すB地に抵当権の登記ある場合について，この抵当権が弁済によって消滅をしているときに，A地，B地は合筆することができるかという疑問がある。

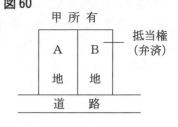

図60 甲所有 A地 B地 抵当権（弁済） 道路

たとえば債務者の甲が抵当権者乙から500万円借りて，B地について抵当権を設定したとしよう。

債務者の甲が乙に500万円を弁済したときに乙の抵当権は消滅をする。つまり抵当権や質権，先取特権等の担保物権は，債権が消滅するとその登記の抹消を待たずして，その登記は無効になる。したがって甲が弁済をした場合には，乙の抵当権は抹消登記をされなくても，その抵当権は効力を失うのである。このように

事実上無効になった抵当権の登記があるＢ地と，Ａ地は合筆することができるか。

登記簿に抵当権の登記がある以上，登記官は抵当権が弁済によって消滅したかどうかを判断することができない。また登記官がいちいち抵当権者に対して弁済を受けたかどうかを問いただすことは不可能である。このような無効な登記があったとしても，これは登記がある以上合筆をすることは許されない。

（２） ところで図61に示すように，いま乙所有のＡＢ両地があり，Ａ地については売主甲の買戻の付記登記がある場合に，この両地は合筆することができるか。

図61

Ａ地につき売主甲の買戻（期間10年）の付記登記がある。

買戻の付記登記は所有権に関する登記であり，第三者の権利の制限のある登記であるから，これは買戻の付記登記のある土地は合筆することができない。つまり甲の買戻権の行使によって，Ａ地の所有権は甲に戻る運命にあるからである。

買戻というのは，乙が売主甲からＡ地を買う場合に，その契約書の中で一定の期間内に甲が原価で買戻をするという条件つき売買である。通常は期間の定めがある場合については，10年内に買戻権を行使しなければならない（民法580条①）。また買戻期間を３年と決めた場合にはこれを延ばすことができないのである。

このような甲の買戻権の権利を，その所有権移転登記をする際，付記登記によって売主甲の権利を確保しておく登記が買戻の付記登記である。

そこで，仮に甲の買戻の期間が３年というように登記がある場合については，３年の期間を延長することができないのであるから，当然期間内に買戻権を行使してその所有権を甲に移転登記をしなければ甲の権利は消滅する。したがって乙が売買契約によって所有権移転登記をしてから，この買戻期間がすでに経過した土地であった場合には，もはや甲の権利行使はできない。

いまＡ地がこのような土地であった場合については，もはや甲の権利は消滅しているのであるから，権利の存しない土地としてＡＢは合筆することができるか。つまり所有権以外の登記でも，抵当権や地上権の場合については，その権利が消滅しているか消滅していないかは登記官が判断できない場合が多い。これに対して買戻の付記登記については，期間の登記がある場合については，期間が満了することによって，当然にその権利が消滅したことを登記官が判断できるのである。このように登記官が登記上判断できる権利については，その土地の権利が消滅したものとして，合筆することができるのではないかという疑問が生じてくる。

しかし所有権以外の権利の登記である買戻権の登記があるという場合については，その期間が満了したとしても，その登記を抹消しない限りは合筆はすることはできない。

3. 当然の合筆禁止事由

（1） 権利者の承諾のある合筆

　所有権や地役権以外の権利の登記がある土地について，合筆する場合にこれら権利者の承諾書を添付すれば合筆することができるかという問題がある。

　たとえばA地に所有権のみがあり，B地に抵当権の登記がある。この場合について，B地の抵当権者の抹消の承諾書を添付すれば合筆をすることができるか。

　いま一筆の土地の抵当権の権利を抹消させるためには，権利に関する登記として，抵当権者を義務者，所有者を権利者として共同申請によって抹消登記をする。つまり権利の抹消は権利に関する登記であって，本来表示に関する登記としてはなし得ない。したがって一筆の土地全部について抵当権がある土地について，合筆に当たって抹消の承諾をつけたからといって，抵当権が抹消になるわけではない。

　これに対して分筆については，分筆後の数筆についてその権利者の消滅の承諾書があれば，新しい登記記録に転写をしないか，あるいは従来の元地についてこれら権利を抹消することができる（法40条）が，これは分筆の登記の規定をしたものであって，法律に規定のない限り，合筆の場合についてその承諾があってもその権利を消滅させるわけにはいかない。

　要するに一筆の土地全部についてその消滅の承諾があっても，合筆の登記を申請することはできない。

（2） 抵当財団を組成する土地の合筆

　同様に隣接するA地とB地が同一の工場財団を組成する物件であった場合に，合筆を認めることができるであろうか。

　工場あるいは土地について，それぞれ土地，建物として抵当権の設定登記はできるのであるが，工具や機械等の動産については抵当権の設定登記はできない。同様に一個の工場としてでき上がった価値は，単なる土地，建物あるいは動産等の総和と違って，別な意味の価値を組成するのである。

　しかし，工場財団はこれらの一個の工場をまとめて財団として担保価値を取得し，財団抵当として設定することができる（工場抵当法3条）。

　このように財団を組成した不動産について，A地，B地とも登記の目的及び受付番号並びに登記原因及びその日付が同一であるとして理論上合筆できるとすべきであるが，実務上は合筆禁止とされている。

（3） 敷地権の登記がある土地

　敷地権の登記ある土地は，法定敷地又は規約敷地にかかわらず合筆することはできない。

（4） 追加の抵当権

　たとえば図62に示すように，甲が隣接する同地目のA地，B地を所有していたとしよう。いま甲がA地とB地を乙に抵当に入れて，1,000万円を借用して，その共同抵当権の登記をなしたとしよう。この場合にA地，B地は合筆することができるか。

　いま債権者と債務者が同一であって，しかも債権が1,000万円で等しいものであれば，

A地とB地を合筆しても何ら支障がないようにも考えられる。しかしA地とB地を担保にして1,000万円を借りたということは，もし甲が1,000万円を弁済しない場合には，A地とB地を競売して，乙はその両方の土地の競落代金から1,000万円を取得するという意味である。

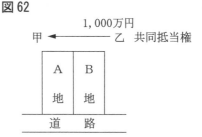
図62

従来先例上でも，このような合筆を認めるとすれば「一筆の土地の上に二個の抵当権が併存することになり，つまり共同抵当権の目的たる二筆の土地を合筆しても，各抵当権の効力が全地に及ぶものではないから，登記簿上各抵当権の効力の及ぶ範囲が明確でなく，権利関係を錯雑ないしは混乱させるおそれがあるから，合筆を認めない」とされていた（昭36年9月9日民甲第2180号民事局長回答）。

しかし，昭和59年1月1日より施行された不動産登記法の改正により，A地とB地の担保権の登記であって登記の目的，申請の受付の年月日及び受付番号並びに登記原因及びその日付が同一の場合は，これ等の土地は合筆することができることとなった（規則105条2号）。

なお，A地に抵当権を設定し，あとからB地を追加担保として共同抵当とした場合は，登記の原因や受付番号を異にするからこの場合は合筆できない。

4．合筆の登記の制限の特例（規則105条）

（1） 承役地についてする地役権の登記のある場合（図63, 64, 65）

要役地地役権は地役権の主体である関係で合筆はできないが，承役地地役権は一筆の一部にも登記をなし得る関係で例外として合筆をなし得る（規則105条1号）。

① 承役地の22番の一部に地役権があり隣接する21番の土地に合筆する場合，登記官は21番の土地の登記記録の乙区に22番の登記記録から，地役権の登記を移記し，地役権設定の範囲（例えば中央30平方メートル）と地役権番号を記録することになる。なお図63と図64の場合は合筆後の一筆の一部に地役権が存続することになるため，申請人は地役権証明書（地役権者の作成する情報）又は地役権者に対抗することができる裁判があったことを証する情報と地役権図面を添付することになる（登記令別表9項）。なお図65の場合は，合筆後の全部に地役権があるため，地役権証明書や地役権図面の添付情報を要しない。

② なお合筆する21番と22番の双方に，登記の目的，申請の受付の年月日，受付番号並びに登記原因及びその日付が同一の承役地地役権の登記がある場合（例えば，

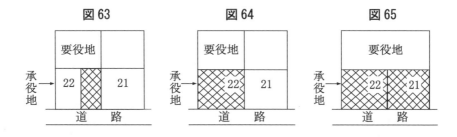

合筆する双方の土地に同じ眺望地役権が同時に設定されているとき），21番の登記記録に合筆する22番の地番と22番につき同一の地役権がある旨を記録しなければならない（規則107条④）。また承役地地役権を合筆後の土地に移記する場合，要役地の登記記録にもその変更の登記を職権ですることになる（規則103条②，同159条）。

また要役地が他の管轄にある場合は承役地につき合筆の登記をした旨を通知しなければならない（規則107条⑤，103条③）。通知を受けた登記官は要役地につき変更の登記をする事になる。つまり地役権は承役地（法80条①），要役地が同じ事項が登記されるからである（規則159条①）。

（2） 担保権の登記であって登記の目的，申請の受付の年月日及び受付番号並びに登記原因及びその日付が同じである場合（規則１０５条２号）

同時に設定された担保権（抵当権，質権，先取特権）の登記がある場合では合筆することができる（規則105条2号）。しかし民法の398条の18で規定する累積式の共同抵当の場合は含まれない。つまり共同抵当は数個の不動産が同一の債権の担保に供された場合（例えば，A地にB地を併せて，1億円の抵当権等）は合筆することができるが，累積式の共同抵当は（A地につき1億円，B地につき1億円のように各個の土地につき別個の担保を設定した場合），合筆すると合筆後の土地に異なる2個の抵当権が併存する事になり，合筆する事ができない。

なおA地につき抵当権を設定し，担保不足で後日B地を追加したような場合は，同一債権を担保する共同抵当も，受付番号を異にするので合筆できない。

（3） 信託の登記がある場合（規則１０５条３号）

信託の登記は通常の権利に関する登記のほか，
  1．委託者・受託者及び受益者の氏名又は名称及び住所
  2．信託管理人があるときはその氏名又は名称及び住所
  3．信託の目的
  4．信託財産の管理方法
  5．信託の終了の事由
  6．その他の信託の条項

が登記される（法97条①）。これ等の条項は信託目録の提供によって明らかにされる。これ等の各登記事項が同一の土地については，合筆の登記が認められる（規則105条3号）。

（4） 鉱害賠償登記令に関する登記であって登録番号が同一のものである土地（規則１０５条４号）

鉱害賠償登録に関する登記であって，登録番号が同一である土地同士は，合筆することができる（規則105条4号）。

鉱物（石炭など）の採掘のため土地の掘さく等によって他人に損害を与えたときは，鉱業権者は損害を賠償しなければならない（鉱業法109条）。この損害の予定された賠償額の支払は，鉱害賠償登録令で定めるところにより，登録をしたときは，その後その土地の又は建物について権利を取得した者に対しても，その効力が生じる（鉱業法114条②）。この登録は，

土地や建物の登記をする登記所が行い(登録令2条)，この予定された賠償額の登録の申請は，支払をした鉱業権者及び不動産の名義人で支払いを受けた者の申請によってなされる（登録令17条①）。このとき同一の申請ですることも認められており，登録用紙には同一の登録番号が記載される（登録令18条，登録規則2条）。

5. 合筆登記の手続

（1） 権利部の記録方法

合筆する甲地と乙地が所有権の登記ある場合に，甲地を乙地に合筆するときは，乙地の登記記録の甲区に次の事項が記録される（規則107条①）。

(一) 合併による所有権の登記をする旨
(二) 所有権の登記名義人の氏名又は名称及び住所並びに登記名義人が2人以上であるときは当該所有権の登記名義人ごとの持分
(三) 法人識別事項又は国内連絡先事項の登記があるときは，当該法人識別事項等
(四) 合筆の登記に係る申請の受付の年月日及び受付番号
(五) 信託の登記があって登記事項が同一のものがあるときは，当該信託の登記

このようにして所有権の登記ある合筆の登記は表示に関する登記であるにもかかわらず，登記官の職権により甲区に所有権の登記がされてる。この結果，合筆の申請人である登記名義人に法21条の登記識別情報が通知されることになる。

（2） 合併後全部に及ぶ旨の付記

図66のように，登記の目的，申請の受付の年月日及び受付番号並びに登記原因及びその日付が同一の抵当権がある土地，建物を合併する場合は，合併後の土地又は建物全部に抵当権等が及ぶ旨を付記登記によって記録される（規則107条⑥）。

図66　抵当権の登記のある土地又は建物の合併の登記

1　抵当権が合併後の土地（又は建物）の全部に関する旨の付記

権利部（乙区）（所有権以外の権利に関する事項）			
順位番号	登記の目的	受付年月日・受付番号	権利者その他の事項
1 付記1号	抵当権設定	省略	省略 1番登記は合併後の土地（又は建物）の全部に関する 平成何年何月何日付記

6. 土地分合筆登記

(1) 意義

甲地をＡＢ二筆に分筆をして，分筆後のＢ地について乙地に合筆する場合については，土地分合筆登記として一個の申請でなし得る（規則35条1号）。

これは甲地をＡＢ二筆に分筆登記をして，Ｂ地については新しい登記記録を作成し，その後Ｂ地を乙に合筆して，Ｂ地についてその登記記録を閉鎖することはいかにも手続上むだがあるからである。そこで一個の申請で分合筆登記を認めれば，Ｂ地について登記記録を作成する必要がない。

このように分筆して合筆する土地については，新しい登記記録を作成しないで省略することができるということは，登記の手続上，かなり簡略化がされていくことになる。土地分合筆登記を認める理由は，実にここに存在する。

(2) 申請

この土地の分合筆登記の申請人は，表題部所有者又は所有権の登記名義人である。

分筆登記と合筆登記の両方の手続がなされる。

つまり，分筆後の一部についてする消滅の承諾（法40条），所有権の登記があるときは，登記識別情報及び申請人の印鑑証明書の添付を要す。

それから，所有権の登記がある場合には，登録免許税の納付を要す。

当然，合筆制限の問題もある。

(3) 分筆及び分合筆登記

このように土地分合筆登記は，分筆した土地は分筆のしっ放しではなく，必ず合筆するという，分筆と合筆との間に一つの因果関係があると考えることができる。

そこで図67に示すように，甲地が5番，乙地が6番の場合に，いま甲地を5番1から5番9の9筆に分筆をし，しかる後5番9を6番に合併したい場合について，土地分合筆登記をなし得るかという疑問が生ずる。

要するに9筆に分割をした最後の一筆を隣地に合併する場合は，分筆と合筆との間に必ずしも因果関係があると考えることができない。このような場合はいずれにしても，分筆をした5番2から5番8までの土地については，新しい登記記録を作成しなければならない。したがって，理論上は，中間のこれらの土地について新しい登記記録を作成する以上，5番9の土地についても登記記録を作成しなければならないであろう。

図67

	甲地		乙地
5-1	5-2	5-3	6
5-4	5-5	5-6	
5-7	5-8	5-9 →	

道　路

そうでなければ分割して新しい登記記録を作成する5番2から5番8の登記記録と，分割して合併するがゆえに新しい登記記録を作成しない5番9の土地が生じ，登記官が記録上の誤りをするおそれが出てくるのである。

このような場合については，分筆と合筆の間に因果関係がないものとして分筆登記と，しかる後に合筆登記の二個の申請をするのが原則である。しかし，実務上一筆の土地を三筆に分筆し，その一筆を隣地に合筆することも認めている。これは便宜上認めているといってよい。

（4） 一部消滅承諾と分合筆

また，抵当権の登記ある甲地をⒶⒷに分割して，分割後のⒷを乙地に合併する場合（図68）は，Ⓑの抵当権の消滅の承諾書を添付しなければならない。つまりⒶについては抵当権が存続をするが，Ⓑについては抵当権が抹消されないと合併ができないのである。

このように，抵当権の登記ある土地の一部について消滅承諾を添付して，隣地に分合筆をすることができる。

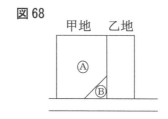

図68

土地家屋調査士本試験
択一試験　過去問題チェック

〔問〕土地の合筆に関する次のアからオまでの記述のうち，**正しいもの**の組合せは，後記1から5までのうちどれか。ただし，各記述中の条件の他に合併を妨げる要件はないものとする。

ア　甲地及び乙地について丙地を承役地とする地役権の登記がある場合において，登記の目的，申請の受付の年月日及び受付番号並びに登記原因及びその日付が同一であるときは，甲地及び乙地について合筆の登記を申請することができる。

イ　甲地及び乙地に鉱害賠償登録に関する登記がある場合において，その登録番号が同一であるときは，甲地及び乙地について合筆の登記を申請することができる。

ウ　甲地及び乙地について抵当権の仮登記がある場合において，登記の目的，申請の受付の年月日及び受付番号並びに登記原因及びその日付が同一であるときは，甲地及び乙地について合筆の登記を申請することができる。

エ　甲地の所有権の登記名義人はAであり，乙地の所有権の登記名義人はAの父Bである場合において，乙地をAが相続したときは，Aは，所有権の移転の登記を経ることなく，甲地及び乙地について合筆の登記を申請することができる。

オ　甲地と乙地にそれぞれ異なる抵当権が設定されている場合において，各々の抵当権者が作成した抵当権の消滅承諾書を添付したときは，甲地及び乙地について合筆の登記を申請することができる。

1　アイ　　　　2　アオ　　　　3　イウ　　　　4　ウエ　　　　5　エオ

〔正解　3〕

ア　甲乙地はともに要役地であり合筆はできない（法41条，規則105条）。誤り。
イ　鉱害賠償登録に関する登記がある場合，登録番号が同一であるときは合筆できる（法41条，規則105条4号）。正しい。
ウ　抵当権の仮登記で登記原因，その日付，登記の目的及び受付番号が同一であるときは合筆できる（昭和58.11.10民三第6400号通達第十九・一・2）。正しい。
エ　父名義の土地と息子名義の土地は，所有権の登記名義人が同一でなく，合筆できない（法41条）。誤り。
オ　甲乙地について抵当権の登記があるときは，抵当権の消滅承諾書を添付しても合筆登記の申請をすることはできない。誤り。

したがって，正しいものはイウで，3が正解。

第28講　土地滅失登記と河川区域である旨の登記

1．土地の滅失登記

「土地が滅失したときは，表題部所有者又は所有権の登記名義人は，一ヵ月内に土地の滅失登記を申請しなければならない」（法42条）。

土地の滅失登記とは，一筆の土地全部が地盤沈下等によって滅失してしまった場合であって，一筆の土地の一部が滅失した場合については，土地の地積変更登記であって滅失登記ではない。

もっとも土地が当初より不存在の場合にその登記がある場合は，土地滅失に準じてその登記を抹消することができる。

なお，河川のはんらん等によって，その付近の土地が一時的に使用不能になったとしても，その土地は滅失したわけではない。さらに傾斜地等が地震等で崩壊し，一時的ながけ崩れがあったとしても，水平投影面積に変更がない以上，その土地は滅失したことにはならない。

そして登記原因及びその日付は「令和何年何月何日地盤沈下」等，その滅失の原因と実際に滅失した日付を記載する。もっとも日付が明らかでない場合には「年月日不詳」でよい。

もっとも，河川法の適用または準用される河川区域内の土地が滅失したときは，河川管理者が遅滞なく滅失の登記を嘱託することになる（法43条⑤）。

2．河川区域内の土地の登記

（1）河川区域内の土地である旨の嘱託

土地が河川法の適用等により，河川区域内のものとなったときは，河川管理者は遅滞なく「河川区域内の土地」である旨の登記を嘱託しなければならない（法43条②）。

この登記の嘱託があった場合，登記官は，当該土地の表題部中，原因及びその日付欄に「河川区域」と記録する（規則別表一）。

なお，その土地又はその一部が河川法第6条第2項の高規格堤防特別区域内，同条第3項の樹林帯区域内，同法26条4項の特定樹林帯区域内又は河川立体区域内のものとなりたるときは，その旨の登記をも嘱託しなければならない。この場合は，「高規格堤防特別区域内又は河川立体区域内の土地」と記録される。

（2）高規格堤防特別区域等の登記

ある土地の全部又は一部が河川区域内又は高規格堤防特別区域内，樹林帯区域内，特定樹林帯区域内もしくは河川立体区域内の土地でなくなった場合は，河川管理者は，「河川区域」である旨の登記の抹消をその管轄登記所に嘱託しなければならない（法43条③）。

河川区域又は高規格堤防特別区域内，樹林帯区域内，特定樹林帯区域内若しくは河川立体区域内の土地である旨の記録は，表題部中原因及びその日付欄に記録される（規則別表一）。

(3) 土地の一部が指定を受けた場合

土地の一部が，河川区域となったり，又河川区域でなくなった場合は，その土地の所有者に代位をして分筆の登記を嘱託することができる（法43条④）。そして同時にこの分筆後の一筆につき，河川区域となったときは「河川区域」である旨の登記，河川区域でなくなったときは「河川区域」である旨の登記の抹消を嘱託しなければならない。

なお，河川管理者が所有者に代位して分筆の登記の嘱託をなす場合は，嘱託書に河川管理者や土地所有者の氏名・住所と代位原因（法43条第4項代位）を記載し，代位原因を証する情報を提供しなければならない。

なお，河川区域となった場合の代位原因としては，①河川の流水が継続して存する状況になった土地→河川の流水の継続や，②堤外の土地の区域のうち一体として管理する必要があるものとして→河川管理者が指定した場合，③河川管理施設（ダム・堤防等）の敷地の増設（河川法6条）等の場合である。よって代位原因としての記載は，①「河川の流水の継続」②「河川管理者の指定」③「河川管理施設の敷地の増設」と具体的に記載する。

なお，登記官が分筆の登記を完了したときは，土地所有者に分筆の登記をした旨を通知する（規則183条）。

(4) 河川区域内の土地の滅失

河川区域内の土地（河川法6条）が滅失したときは，河川管理者は遅滞なく滅失の登記を嘱託しなければならない（法43条⑤）。

(5) 河川区域内の土地の一部滅失

河川区域内の土地の一部が滅失したときは，河川管理者は，遅滞なく，土地の地積の変更登記を登記所に嘱託しなければならない（法43条⑥）。

なお，河川区域内の土地の地目の変更・更正登記及び地積の更正登記は，その土地の表題部所有者又は所有権の登記名義人が申請しなければならない。

図 69 高規格堤防特別区域

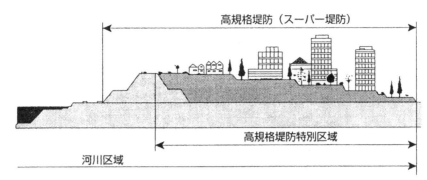

図 70 河川立体区域等

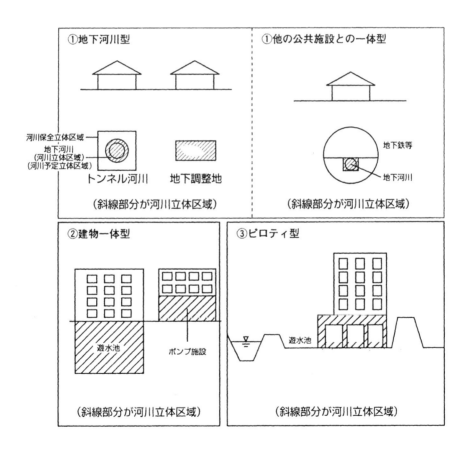

図71 樹林帯区域
1) 一般河川区間

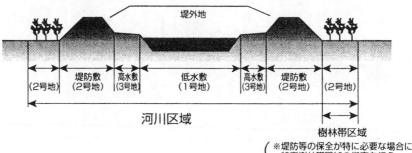

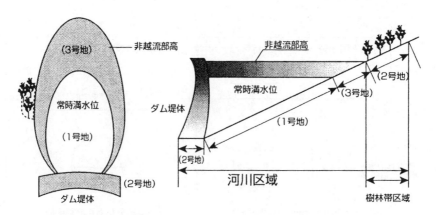

① 河川区域内の土地において工作物を新築,改築等行う場合許可を要する。
（制限）河川法26条等
② 高規格堤防特別区域や樹林帯区域,河川立体区域は,この制限を解除する。
③ 特定樹林帯区域は,樹林帯区域の中でも①と同様に許可制とする。

第4章　建物に関する登記

第29講　建物の表示に関する登記

1. 建物の表題登記

（1）建物とみなされるもの

「建物とは屋根及び周壁，またはこれに類するものを有し，土地に定着した建造物であって，その目的とする用途に供し得る状態にあるものをいう」（規則111条）。

建物は屋根や周壁がなければならない。したがって土台や柱，屋根があっても，まだ周壁がつくられていないものは建物でないから，その表題登記はなし得ない（図1）。

土台と柱と屋根のみで周壁がないもの

建物として登記をなし得る時期は，屋根瓦を葺き，粗壁を塗った段階である。したがって床板ができていない場合や，天井板がまだ完成していない場合でも建物とみなされる（大審院判例昭和10年（オ）752号，同年10月1日民事二判決，同大阪高裁昭和25年（メ）第153号，同28年7月14日民事二判決）とするが，登記実務上は，その用途に供し得るものでなければならない。

このように建物とは土地に定着した建造物で，屋根及び周壁がなければならないのである。ただ，三方に壁のある車庫は，建物として取り扱われる。

ところで，鉄筋コンクリート造，床面積183㎡，高さ22mの構造を有するセメントの貯蔵用サイロについても，建物として取扱われる先例がある（昭37年6月12日民甲第1487号民事局長回答）。

鉄板をもって建設されたトウモロコシ用の貯蔵用サイロについても，同様に建物として認定している（昭43年2月23日民三第140号）。

しかし人の出入りの不能な貯蔵用サイロについては，建物かどうかは多少の疑問が残る。たとえばガスタンクや石油タンク等は建物として扱われていない。

その敷地は宅地として取扱われている。

このようにガスタンクや石油タンクと同じような貯蔵用のサイロについて，なぜ建物として認定したかは多少の疑問があるが，セメントの貯蔵用サイロと同じようにサイロは大体建物として認定している。これは倉庫と同じと考えてよい。

建物の認定の基準については，その利用状況等を勘案して判定しなければならない。

準則77条で，建物として取り扱うものと取り扱わないものを，次のように例示している。

(2) 建物として取り扱うもの
　(イ)　停車場の乗降場及び荷物積みおろし場（ただし上屋を有する部分に限る）
　　建物は原則として屋根及び周壁がなければならない。停車場の乗降場や荷物の積みおろし場等は周壁がない。このようなものは本来建物としては認定されないのが原則であるが，例外として認定したわけである。
　　当然上屋を有する部分のみが建物とみなされるのであるから，この部分のみ床面積に入ってくる（準則82条(2)）。
　(ロ)　野球場，競馬場の観覧席（ただし屋根を有する部分に限る）
　　野球場や競馬場の観覧席は必ずしも周壁があるわけではないが，これも建物として例外的にみなしている。当然屋根を有する部分に限る。
　　建物としてみなされるのは屋根の存する部分のみであるから，床面積もその部分に限られる（準則82条(3)）。
　(ハ)　ガード下を利用して築造した店舗，倉庫等の建造物
　　ガード下を利用した店舗を築造した場合には，いわゆるガード下平家建，ガード下2階建等の構造になる（準則81条①(3)ウ）。
　(ニ)　地下停車場，地下駐車場及び地下街の建造物
　　これらの建物は原則として屋根や周壁があるから，建物として認められるのは当然である。
　　地下停車場や地下駐車場については，常時一般に開放されている通路や階段の部分は建物に入らない（準則82条(4)）。
　(ホ)　園芸，農耕用の温床施設（ただし半永久的な建造物と認められるものに限る）
　　したがって園芸や農耕用の温床施設については，半永久的に屋根，周壁があるものに限る。たとえば人工栽培の温室等のビニールハウスで，屋根及び柱の仕上げがビニール張りで，耐用年数がおおむね一ヵ年とされるもの等については，家屋としては取り扱われない（昭36年11月16日民三第1023号民事局第三課長回答）。

(3) 建物として取り扱われないもの（準則77条(2)）
　(イ)　ガスタンク，石油タンク，給水タンク
　　石油タンクは地上に置かれるものとして設計製作されたものであっても，特別の基礎工事により土地に固着されたものではないために，土地の定着物とはいえないとして建物としては取り扱われない（最高裁，昭和33年オ第188号）。
　(ロ)　機械上に建設した建造物（ただし地上にその足を有し，または支柱を施したものを除く）
　　機械上に建設した建造物であっても，支柱を地上に施したものであれば，当然建物として取り扱う。したがって海上の構築物であるさん橋等の上に存する建物も建物として扱う（準則88条④）。
　(ハ)　浮き船を利用したもの（ただし固定しているものを除く）
　　浮き船が動くものであれば動産であって，これは建物として土地に定着したものといえないから，建物として扱わないのは当然である。
　　浮き船も建物として固定して使用している場合には建物である。なおその所在につ

いては，その最も近い土地の地番を用いて「何番地先」のように，その建物について表示をする（準則88条④）。

(ニ) アーケード付街路（公衆用道路上に屋根，覆いを施した部分）

これは建物と建物の間に屋根，覆いを施しただけであるから，当然建物とはいえない。

(ホ) 容易に運搬し得る切符売り場，入場券売り場

つまり切符売り場や入場券売り場に車をつけて，あちらこちらに容易に運搬し得るようにしてあるものは，動産として扱い，土地に定着した建造物ではない。

したがって切符売り場や入場券売り場も，土地に定着した建造物であれば建物として取扱う。

(4) 建物の個数

（1）建物の個数については，効用上一体として利用される状態にある数棟の建物は，所有者の意思に反しない限り一個の建物として取り扱う（準則78条①）。

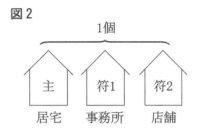

たとえば図2に示すように，居宅・主である建物，事務所・附属1，店舗・附属2の三棟の建物があった場合については，主と附の関係にあり効用上一個の建物として利用するものであるから，したがってこの三棟の建物は一個の建物として取り扱う。登記記録上も主，符1，符2は同一登記記録に記録をされていくことになる。

さらに一棟の建物に，構造上区分された数個の部分で独立して住居，店舗，事務所，または倉庫，その他の建物としての用途に供することができるものがある場合には，その各部分は各別にこれを一個の建物として取り扱うことができる（準則78条②）。

つまり一棟の建物の中で構造上，利用上独立して利用し得るものであれば，その独立した各個の区分を一個の建物としてみなすことができ，これを区分建物と呼んでいる。

図3に示すように，1階から4階までの鉄筋コンクリート造，陸屋根のビルがあった場合に，それぞれ各別に所有権の対象にすることができる。

もっとも所有者が同一である場合には，その所有者の意思に反しない限り，一棟の建物の全部，または隣接する数個の部分を一個の建物として取り扱うことができる（準則78条②ただし書）。

（2）いま図3にあるような4階建の建物を，1階から4階までを甲が所有していた場合には，甲はこの建物を一棟の建物として登記しようが，あるいは1階を一個の区分建物，2階から4階までを一個の区分建物として登記しても差支えない。さらに1，2階を一個の建物，3，4階を一個の建物として登記することもできる。さらに1階から3階までを一個の建物，4階を一個の区分建物として登記することも差支えない。このように構造上，利用上独立している区分建物であれば，どのように建物を登記

をするかは所有者の自由である。つまり建物の利用状態によって建物の個数が決定されるのである。

図4

区分壁が障子、フスマの場合

　もっとも区分建物となるためには，各区分建物が構造上，利用上独立していなければならない（区分所有法1条）。たとえばその区分壁が図4に示すように障子やふすまの場合には，各区分建物を一個の建物としてみなすわけにはいかない。もっともたまに開閉するような木製のドアがあった場合については，各個独立した区分建物としてみなすことができる。

　区分所有建物は各専有部分が利用上，構造上独立していることを要件としている。したがって数個の専有部分に通じる廊下，たとえばアパートの各室に通ずる廊下等，または階段室，エレベーター室，屋上等建物の構造上，区分所有者の全員またはその一部の共用に供されるべき建物の部分，つまり法上の共用部分については，一個の建物として取り扱うことはできない（準則78条③）。

（3）　ところで図5に示すように，A建物とB建物が地下通路でつながっている場合に，その中間が通路になっている場合を考えてみよう。

　このように二個の建物は外見上は二棟の建物とみえても地下通路でつながっている場合，一個の建物として認定し得るかが問題となる。単に通路として，二棟の建物に通じている場合は，二個の建物であり，通路部分が店舗等でつながっているという場合は，1個の建物ということになる。

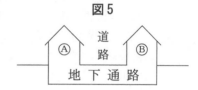

図5

（5）　建物の表題登記の申請

（1）　建物の新築の登記

　「建物を新築したとき又は表題登記のない建物の所有権を取得した者は，所有権の取得から一ヵ月内に建物の表題登記を申請しなければならない」（法47条①）。

　つまりこの建物を新築した者がその表題登記をしないでその建物を第三者に譲渡した場合は，新所有者はその売買契約の日より一ヵ月内に建物の表題登記を申請しなければならない。

　建物の表題登記は，建物の位置，種類，形状等について建物を特定するために登記記録の表題部に最初にする登記をいう。

　建物の表題部には建物の所在地番，建物の名称があるときはその名称，家屋番号，種類，構造，床面積，附属建物がある場合には，その符号，種類，構造，床面積及び所有者について住所，氏名が記録される。

　主である建物を新築した場合には建物の表題登記であるが，既存の主である建物に附属建物を新築し，その登記をする場合には，いわゆる表題部の変更登記又は附属建物新築登記として登記をすることになる。

　いずれにしても，初めて建物の登記をするときは表題登記であるが，附属建物を新築したときは，表題部の変更登記である。

　建物の表題登記をする場合としては，建物を新築した場合のほかに，既存の建物

全部を取壊して，その材料を用いて建物を建築した，いわゆる再築の場合（準則83条），さらに従来の建物を解体して，別の場所に新築した場合の解体移転の場合（準則85条）がある。

なお従来の建物を解体せずにそのまま別の敷地にえい行移転する場合については，建物の所在の変更登記をするもので，建物の表題登記をするわけではない。

また従来存した建物を取り壊して，新しい材料を用いてその場所に同程度の建物を新築した場合には，俗に改築と呼んでいる。

改築の場合も，建物の新築ととらえて建物の表題登記である。

(2) 建物の合体

さらに事実上建物が滅失したわけではないが，建物の重複登記に準じて従来の建物の表題登記を抹消し，さらに建物の表題登記をなす場合がある。

それは，(イ)建物（又は区分建物）の合体の場合，(ロ)共用部分である旨の規約の廃止の場合が挙げられる。

(イ) 図6，7に示すように，二個の主である建物の中間を増築して，一個の建物とした場合（図6の場合）及び区分建物の中間壁を除去して一個の建物とした場合（図7の場合）は，合体後の建物の表題登記と，既存の建物の表題部の登記の抹消の申請を一個の申請でしなければならない。

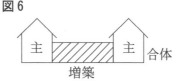

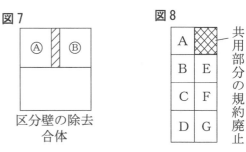

(ロ) さらに図8に示すように，AからGまでの区分所有者が共用部分として利用していた建物，つまり共用部分である旨の登記ある建物について規約を廃止した場合には，当該建物の所有者が表題登記を申請する（法58条⑥）。

(3) 登記原因と添付情報

登記原因及びその日付は，竣功落成の日をその原因として記載する。たとえば，「令和何年何月何日新築」と記載する。

なお数棟の附属建物を記載する場合，たとえば倉庫が二個あるときに，符号1，符号2として登記をする場合について，その種類，構造，床面積が全く同一のときでも「同前」というように略記することはできない（準則92条）。

なお建物の表題登記の申請書の添付情報は，建物図面，各階平面図，住所証明書，所有権証明書である（登記令別表12項）。

この所有権を証する書面としては，建築基準法6条の規定による確認，及び同法7条の規定による検査のあったことを証する書面，いわゆる検査済証。建築請負人，または敷地所有者の証明書，たとえば建築請負人の引渡証明書，あるいは賃借している土地上に建物を新築した場合の敷地所有者つまり賃貸人の証明書である。国有建物の払下げの場合については，その払下げ契約書，固定資産税の納付証明書等，

そのほか申請人の所有権の取得を証するに足る書面であればよい（準則87条）。

建物を転売したときの所有権の取得を証する書面としては，建物の売買契約書，あるいは領収書等が挙げられる。

これらの書類はすべて添付する必要があるわけではない。所有権を証するに足る書類として何点かを添付すればよい。

つまり所有権を証するに足る書類が不足の場合であっても，登記官の現地調査によって確認できれば表題登記をなし得ることになる。

なお，国または地方公共団体の所有する建物について，これらの者が建物の表題登記を嘱託する場合には，所有権を証する書面の添付を便宜省略することができる（準則87条③）。

2. 家屋番号の変更，更正の登記

（1） 家屋番号

登記所は，法務省令（規則112条）で定めるところにより，一個の建物ごとに家屋番号を付さなければならない（法45条）。一個というのは主と附の建物がある場合，二棟の建物であっても一個の家屋番号が付されることになる。したがって附属建物のみに家屋番号が付されることはあり得ない。

家屋番号は地番区域ごとに建物の敷地の地番と同一の番号をもって定める。ただし数個の建物が一筆の土地の上に存するとき，一個の建物が数筆の土地の上に存するとき，その他特別の事情があるときは，敷地の地番と同一の番号に符号を付す等の方法によりこれを定める（規則112条）。

（2） 家屋番号の定め方

家屋番号の定め方については，準則79条に次のように規定する。以下順を追って説明を加える。

(1) 一筆の土地の上に一個の建物が存する場合には，敷地の地番と同一の番号をもって定める。敷地の地番が支号の付されたものである場合には，その支号の付された地番と同一の番号をもって定める。

つまり一筆の土地が5番であれば，家屋番号も5番である。なお敷地の地番に5番3のように支号が付された場合については，家屋番号も5番3となる。

(2) 一筆の土地の上に数個の建物が存する場合には，敷地の地番と同一番号に1，2，3の支号を付して，たとえば地番が5番であるときは，5番の1，5番の2，5番の3のように付番する。

図9

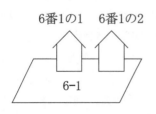
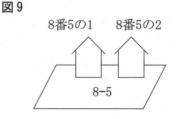

ところで地番に支号が付してある場合については，図9に示すように，6番1の土地に建物が二個あれば，6番1の1，6番1の2と支号を付して付番する。同様に8番5の土地に建物が二個あれば8番5の1，8番5の2となる。

(3) 数筆の土地にまたがって一個の建物が存する場合には，(イ) 主である建物（附属建物の存する場合），または (ロ) 床面積の多い部分（附属建物の存しない場合）の存する敷地の地番と同一の番号をもって定める。

(イ) たとえば図10に示すように，一個の建物が8番，9番，10番，11番に存する場合については，この建物の床面積が9番が一番多いときには，この建物の家屋番号は9番とされる。さらに，21番地に主である建物，22番地に附属建物がある場合には，主である建物の存する敷地の地番をもって家屋番号を定めるわけであるから，21番になる。また22番に主があって，21番に附属があれば，当然22番の家屋番号が付される。

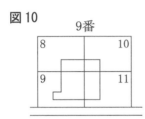

図10

(ロ) なお，既登記の建物が管轄登記所を異にする土地にまたがって増築しても管轄登記所に変更はない。

たとえば図11-1に示すように，甲管轄のB市E町5番に既存の建物が存する場合に，いま乙管轄のA市B町21番にまたがって建物を増築した場合を考えてみると，この管轄は増築によって21番の方の床面積が多くなった場合といえども，管轄に変更がない（準則5条）。

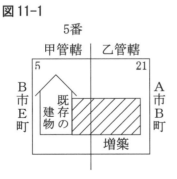
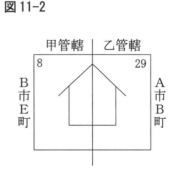

つまり本来家屋番号の定め方の原則によれば，床面積の多い21番の家屋番号を付すはずであるが，既存の建物を増築したことにより，甲管轄の建物が乙管轄にまたがったからといえども，この管轄には変更がなく，なお甲管轄に属するわけであるから，甲管轄に属する家屋番号5番を付す。

(ハ) 管轄を異にする建物の表題登記をしたときは，指定を受けた登記所の地番をもって定める。

例えば図11-2のように甲管轄と乙管轄にまたがり，B市E町8番地とA市B町29番地にまたがって建物を新築した場合については，登記所の管轄指定を受けなければならない。したがってこの建物は管轄の指定を受けた登記所の敷地の地番の家屋番号が付されることになる。たとえば管轄の指定が乙管轄に属するようになった場合には，この建物の家屋番号は29番となる。

(4) 数筆の土地にまたがって数個の建物が存する場合には，(2)及び(3)の方法によって定める。

たとえば図12に示すように，5番及び6番の土地にまたがる二個の建物が存し，いずれも床面積の多い部分の存する土地が5番であるときは，5番の1及び5番の2のように床面積の多い敷地の地番に支号を付して定めることになる。

また，たとえば21番3，21番4，21番5にまたがってⒶⒷ二個の建物が存する場合についての家屋番号は，最も床面積が多い敷地の地番，21番4に支号を付して定めるのである。つまりⒶ「21番4の1」，Ⓑ「21番4の2」のように，土地の地番に支号が付されていく。

図12

Ⓐ 5番の1　Ⓑ 5番の2

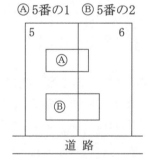

Ⓐ 21番4の1　Ⓑ 21番4の2

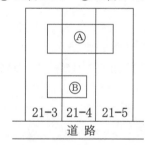

(5) 建物が永久的な施設としてのさん橋の上に存する場合，または固定した浮き船を利用したものである場合には，その建物に最も近い土地の地番と同一の番号をもって定める。

図13

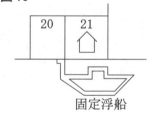

たとえば図13に示すように，21番地に建物がすでにあった場合には，この固定した浮き船は21番の2になる。

(6) 一棟の建物を区分建物として登記する場合において，その一棟の建物が数筆の土地にまたがって存するときは，一棟の建物の床面積の多い部分の存する敷地の地番と同一の番号に支号を付して定める。

図14

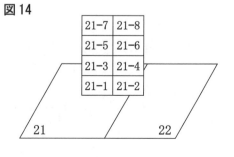

たとえば図14に示すように，21番地，22番地にまたがって一棟の建物があり，この一棟の建物には8個の区分所有建物

が存する場合について，この区分建物の家屋番号は一棟の建物の床面積の多い敷地の地番に支号を付すのであるから，21番の1から21番の8とする。たとえ一部の区分建物が22番の敷地の方に床面積があったとしても，これは関係なしに一棟の建物の床面積の多い敷地の地番に支号を付すことになる。

(7) 家屋番号が敷地の地番と同一である建物の敷地上に，他の建物を登記する場合には，敷地の地番に2，3の支号を付した番号をもって定める。

たとえば地番が8番の敷地に建物が存した場合に二個目の建物を新築した場合には，8番の2になる。二個目の建物の家屋番号が8番の2となれば，既存の最初の建物は，8番の家屋番号から8番の1に変更しなければならないかというと，これは変更する必要はない。つまり8番の家屋番号は8番の1と同じように考えればよい。

(8) 建物の分割または区分の登記をする場合には，前記各号に準じて定める。

図15のように，5番に主があり6番に附属があった場合に，この建物を分割して6番の附属を主としたときは，敷地の地番の家屋番号が付されるのであるから，この場合には6番になる。

さらに一棟の建物を区分する場合，たとえば家屋番号21番の建物に区分壁を設けて，ＡＢ二個の区分建物とする場合は，建物の区分登記をするのであるが，この場合の家屋番号は，Ⓐは21番の1，Ⓑは21番の2のように付される。

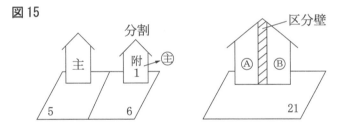

図15

(9) 建物の合併の登記をする場合には，合併前の建物の家屋番号中上位のものをもって合併後の家屋番号とする。

たとえば図16に示すように，5番の建物と6番の建物を合併し，6番の建物を附属建物とした場合については，その合併後の家屋番号は5番になる。

また，21番地にある建物と22番地にある建物を合併し，21番地の建物を附属建物とした場合については，この建物の敷地の地番は，22番地，21番地になり，したがって上位の番号は22番地であるから，この家屋番号は22番が付されることになる。

なお，上位の家屋番号によることが相当でないと認められるような場合には，他

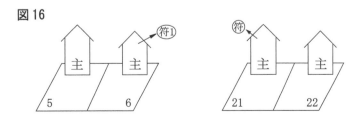

図16

の家屋番号を用いられる。

　たとえば100番地にある建物と2番地にある建物を合併して，2番の方を附属建物として「100番地，2番地」とされた場合に家屋番号を100番にするのはかなり不自然である場合には，家屋番号を2番とすることができる。

(10)　敷地の地番の変更または更正による建物の所在の変更，更正の登記をした場合には，前記各号に準じて家屋番号を変更するものとされる。

　たとえば図17に示すように，A市B町8番地にある既存の建物を増築をして9番地にまたがった場合において，9番地の床面積の方が多くなった場合，この建物の所在及び家屋番号を変更することになる。つまりA市B町8番地にある既存の建物が増築によって9番地にまたがった場合には，この建物の所在の変更が必要である。しかもこの建物の床面積は9番地の方の床面積が多くなったから家屋番号も当然に変更することになる。

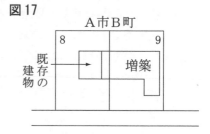

図17

　この建物の所在は床面積の多い方の地番を先にして「9番地，8番地」となるので，家屋番号は上位の番号，つまり9番に変更されることになる。

　このような床面積の変更及び所在地番の変更登記をする場合については，家屋番号の変更登記については，その申請義務はないが，その申請書には，変更前の家屋番号の外，変更後の家屋番号をも記載して申請するものとされ，建物図面の家屋番号欄には，変更後の番号を記載するものとされる。

(3)　家屋番号の変更，更正の登記

　登記所は法務省令の定めるところにより，建物一個ごとに家屋番号を付さなければならない（法45条）。

　このように家屋番号の付番権は登記所にある。したがって家屋番号の変更登記の申請義務はないのである。

　先に示したような図17において，いま8番地にある建物を9番地に増築をして，床面積が9番地の方が多くなった場合については，変更後の予定の家屋番号をも申請書に記載するが，これは家屋番号の変更登記を申請するわけではない。

　つまり所在地番の変更や床面積の変更登記の申請をする場合に，家屋番号も変わることになるときは，登記官にわかるように準則79条の規定に従って，家屋番号を記載して申請することとされる。もし登記官はこれが適当でないと考える場合には，準則79条の規定に従って適宜の家屋番号を付番することができるのである。

　なお家屋番号が誤って登記された場合については，登記官は正しい家屋番号に更正できることは言うまでもない。

3. 種類の変更，更正の登記

建物の種類は，建物の表示に関する登記事項の1つである（法44条①3号）。

(1) 種類の区分

「建物の種類は，建物の主な用途により居宅，店舗，寄宿舎，共同住宅，事務所，旅館，料理店，工場，倉庫，車庫，発電所及び変電所に区分して定め，これらの区分に該当しない建物については，これに準じて適当に定めることができる」（規則113条）。

(2) その他の種類

規則113条に掲げる区分に該当しない建物の種類は，その用途により次のように区分して定め，なおこれによりがたい場合には，建物の用途により適当に定める（準則80条）。
「校舎，講堂，研究所，病院，診療所，集会所，公会堂，停車場，劇場，映画館，遊技場，競技場，野球場，競馬場，公衆浴場，火葬場，守衛所，茶室，温室，蚕室，物置，便所，鶏舎，酪農舎，給油所」（準則80条①）。

なお通常のガソリンスタンドの建物の種類は給油所とする（昭42年12月13日民三第696号回答）。

建物の主な用途が二種類以上の場合には，その種類をたとえば「居宅・店舗」と表示する（準則80条②）。

これは従来，1階が店舗で2階が居宅の建物については，「店舗兼居宅」のように記載したが，現在ではこの「兼」に代え「店舗・居宅」ごとく記載する。したがって1階が店舗，2階が事務所，3階が居宅のような建物については，その種類は「店舗・事務所・居宅」のごとく記載する。

(3) 種類の定義

登記実務上の種類の定義は次のとおりである。
1. 居宅：専ら居住の用に供されるもの（職員用宿舎，社員用社宅，別荘，間貸）
2. 店舗：
   ①商品を陳列して販売する店舗（靴店，洋品店，薬局，八百屋等）
   ②飲食物を調理して提供する飲食店（レストラン，食堂，喫茶店，スナック，バー等）
   ③技術を提供する理髪店，美容院等
   ④質屋その他の店舗
   ⑤ターミナルビル，貸店舗ビル等の集合店舗貸店舗等用途が常時固定していないもものも店舗とする。いわゆる雑居ビルは，主な用途により「店舗・事務所」のように表示する。
3. 寄宿舎：多数の者が，食堂，浴室，洗面所等を共用し，それぞれの居住単位の区画内で独立した生活が営めない構造の建物（学生，社員，店員等のため学校，会社，商店等が設けた共同生活する宿舎，寄宿寮）。
4. 共同住宅：居住の用に供する1棟の建物の内部が居住単位に仕切られていて，数所帯がそれぞれ独立して生活できるもの（アパート，マンション，コーポ等）

5．事務所：
　①組合，会社等の法人，団体又は個人の営む営業活動のための事務の用に供されるもの
　②金融機関の営業活動の用に供されるもの（銀行は除く。）
　　国又は地方公共団体の建物は，その用途に従って，警察署，消防署，県庁舎等と具体的に定めても差し支えない。
6．旅館：旅館，ロッジ，モーテル，ユースホステル等旅館業法及び国際観光ホテル整備法による旅館等
7．料理店：料理場所を提供する料亭，割ぽう等専ら会席・飲食の場を提供するもの
8．工場：機械・設備等を備え，物品の製造加工を行うための比較的規模の大きいもの
9．倉庫：物品を収納保管する比較的規模の大きいもの
　個人等が日常の雑貨等を収納・保管する規模の小さいものは「物置」とする。
10．車庫：ガレージ等自動車，電車等の車輌を格納するための建物
　不特定多数の者の自動車等を一時駐車させるための建物は「駐車場」とする。
11．発電所：水力，火力又は原子力による発電のための施設
12．変電所：変圧器等を備え，他から伝送される電気を変成し配電する施設
13．校舎：学校の教室等教育用の建物。学校教育法等による教育用校舎
14．講堂：学校等で儀式，訓話，講演等を行うための建物
15．研究所：各種の学術の研究，製品の試験・研究を行うためのもの
16．病院：医師又は歯科医師が医業を営む場所で，患者20人以上の収容施設を有するもの
17．診療所：医師又は歯科医師が医業を営む場所で，収容施設を有しないもの又は患者数，原則として19人以下の収容施設を有するもの
18．集会所：専ら会合するための会館，公民館，冠婚葬祭式場等集会室を主とした比較的小規模なもの
19．公会堂：一般公衆向けの各種行事の開催等を目的とした比較的大規模のもの
20．停車場：汽車・電車等の発着，旅客の乗降，貨物の積卸しをするための場所
21．劇場：劇場，客席等の興業の用に供されるもの
22．映画館：映画上映の常設のもの
23．遊技場：パチンコ，ボーリング，ビリヤード，麻雀，ダンスホール，ディスコ，射的，囲碁，将棋等遊技の用に供される娯楽施設
24．競技場：陸上，サッカー，ラグビー等の競技施設
　屋根を有する部分及び観覧席の下にある事務所等を一体として取り扱う。
25．野球場：ベースボールを行うための施設
　屋根を有する部分及び観覧席の下にある事務所等を一体として取り扱う。
26．競馬場：中央競馬又は地方競馬の競馬場
　屋根を有する部分及び観覧席の下にある事務所等を一体として取り扱う。競馬法によるもの

（4） 種類の変更，更正の登記の申請

種類が変更になった場合には，表題部所有者または所有権の登記名義人は，変更があった日から一ヵ月内に変更登記を申請しなければならない（法51条①前段）。

建物の種類は，建物の利用方法に応じて登記される。したがってその利用方法が変わった場合，たとえば現在居宅として使用している建物を増築をして，増築部分を事務所として使用している場合，その建物の種類を居宅・事務所に変更しなければならない。

もっとも病院等に事務局があったとしても，これは「病院・事務所」とするわけではない。全体的にその効用を考えて「病院」とすればよい。

種類変更の登記原因及びその日付として，「令和何年何月何日種類変更」と建物の利用方法を変更した日と原因を記載する。なお変更した日付が明らかでない場合については，「年月日不詳」と記載すればよい。

この種類の変更登記の申請書には，これを証する添付情報はない。

なお，登記記録の登記事項の種類（法44条①3号）が誤って登記されているときは，表題部所有者又は所有権の登記名義人が更正登記の申請ができることは当然である（法53条①）。ただし，申請義務は課せられていない。

4．構造の変更，更正の登記

（1） 構造の区分

建物の構造は，建物の主な部分の構成材料，屋根の種類及び階層により，次のように区分して定め，これらの区分に該当しない建物については，これに準じて定める（規則114条）。

　（1） 構成材料による区分
　　　（イ）木造　（ロ）土蔵造　（ハ）石造　（ニ）れんが造
　　　（ホ）コンクリートブロック造　（ヘ）鉄骨造　（ト）鉄筋コンクリート造
　　　（チ）鉄骨鉄筋コンクリート造
　（2） 屋根の種類による区分
　　　（イ）かわらぶき　（ロ）スレートぶき　（ハ）亜鉛メッキ鋼板ぶき　（ニ）草ぶき
　　　（ホ）陸屋根
　（3） 階数による区分
　　　（イ）平家建　（ロ）2階建（3階建以上はこれに準ずる）

このように建物の構造は，建物の主な部分の構成材料，屋根の種類，階数の三つから成り立っている。

（2） その他の構造の定め方

建物の構造は規則114条に定めるもののほか，おおむね次のように区分して定めるものとする（準則81条）。

　（1） 構成材料による区分
　　　（ア）木骨石造　（イ）木骨れんが造　（ウ）軽量鉄骨造
　（2） 屋根の種類による区分
　　　（ア）セメントかわらぶき　（イ）アルミニウム板ぶき　（ウ）板ぶき

(エ) 杉皮ぶき　(オ) 石板ぶき　(カ) 銅板ぶき　(キ) ルーフィングぶき
　(ク) ビニール板ぶき　(ケ) 合金メッキ鋼板ぶき

　　商品名「ガルバリウム鋼板」は合金メッキ鋼板ぶきとされる。

(3) 階数による区分

① (イ) 地上に建物がなく地下のみの場合については地下何階建と表示する。たとえば「地下2階建」「地下3階建」のように表示する。

　(ロ) 地下に2階建があり上階が平家建の場合には、「地下2階付平家建」のように表示する（図18）。さらに地下1階で地上階が2階建の場合は「地下1階付2階建」のように表示する。つまり地下の方から表示し、後で上階の階数を表示する。

　(ハ) ガード下にある建物については「ガード下平家建」のように表示すればよい。ガード下が2階建の場合には「ガード下2階建」のように表示する。

② 図19に示すような渡り廊下付の建物については「木造かわらぶき渡廊下付2階建」のように表示する。

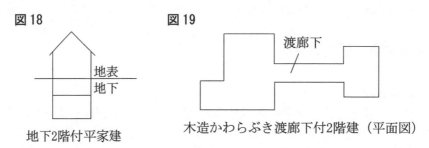

　そのほか傾斜地に建築された建物のある場合、たとえば図20のような建物がある場合について、この甲乙の部分が接続していて一棟の建物と認められる場合には、甲乙及び階段室の部分を、第2階として取扱う。したがってこのような建物は3階建ての建物になる（昭46年4月16日民甲第1527号民事局長回答）。

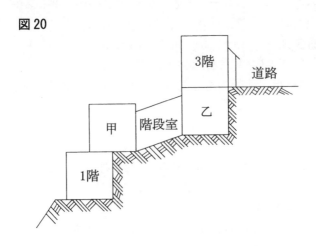

③　建物の主な部分の構成材料が異なる場合，たとえば木と鉄骨造を組み合わせた構成材料の場合には「木・鉄骨造」のように表示し，屋根の種類が異なる場合，たとえばかわらと亜鉛メッキ鋼板が葺かれている場合については，「かわら・亜鉛メッキ鋼板ぶき」と表示する（準則81条②）。

④　建物を階層的に区分して，その一部を1個の建物とする場合において，建物の構造を記載するときは，屋根の種類を記載することを要しない（同③）。

　たとえば一棟の建物が5階建であって，各階層を区分建物として登記をする場合については，その区分建物の構造を表示するには，屋根の構造を記載する必要がない。たとえば「鉄筋コンクリート造1階建」のように表示するわけである。

　区分建物の構造は，その区分建物の属する一棟の建物の構造と区分建物の構造の双方が登記されるが，一棟の建物の構造欄には，一棟の建物の屋根の種類は当然記載される。そこで2階建以上の区分建物については，区分建物が各階に存するときは，区分建物の構造欄には屋根の種類は記載する必要がないわけである。

　もっともいわゆる平家建を区分した建物又は縦割に区分した場合については，屋根の構造を記載する。

⑤　天井の高さ1.5m未満の地階及び屋階等，（特殊階）は階数に算入しない（準則82条(1)）。

　したがって天井の高さが1.5mあれば，その階数に算入していくことになる。一般には中2階等が挙げられる。

⑥　数種の構成材料や屋根や地下がある場合には，実務上次のように取扱う。

　1．主要構造部の構成材料が複数の組成材の場合，構造の表示は概ねその三分の一以上を占める組成材を併記して差し支えない。

　2．主要構造部が鉄骨造の場合，外壁にＡＬＣ（軽量気泡コンクリート）を使用していても「鉄骨造」とする。ただし，主要構造部が壁構造の場合は，「鉄骨鉄筋コンクリート造」と表示する。

　3．屋根の種類が二種類以上で葺かれている場合の認定基準は，
　　①床面積に算入しない部分については表示の対象としない。
　　②床面積に算入する部分の屋根面積の30パーセント未満の種類の屋根については表示の対象としない。
　　③屋根が3種類以上ある場合は，床面積に算入する部分の屋根面積を種類数で除して，おおむね平均値以上を占める部分の屋根のみを表示する。

　4．地上階と地階の区別は，地盤面を基準とし，床面が地盤面（注(1)参照）より上にある場合は地上階とし，下にある階層は地階として扱う。この場合，床面が地盤面下にある階層で床面から地盤面間での高さがその天上までの高さの3分の1以上あるときは，当該階層は地下階（注(2)参照）として取り扱う。

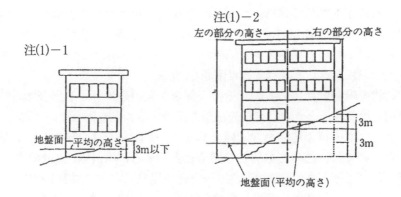

注1 地盤面とは，建物が周囲と接する位置の平均の高さにおける水平面をいう。この場合，その接する位置の高低差が3メートルをこえる場合は，その高低差3メートルごとの平均の高さにおける水平面をいう。

注2 地階とは，床が地盤面下にある階で，床面から地盤面までの高さがその階の天上の高さの3分の1以上のものをいう。

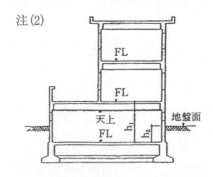

$h_2 \geqq 1/3 h_1$ の場合は，地階となる。
例えば，$h_1 = 3m$ の時，h_2 が1m以上あればこの階は地階となる。

5．床上げされた建物で1階の床面が地盤面（ホーム）から1.5メートル以上ある場合，高床式平家建と表示する（昭63.3.24民三第1826回答抄），とする取扱いである。

（3） 構造の変更，更正の登記

このように構造は構成材料，階数，屋根の種類に大別されるのであるが，これらの一つでも変更になると構造変更の登記をしなければならない。

たとえば木造の居宅に鉄骨造の事務所を増築したような場合には，当然構成材料の変更となって，構造の変更をしなければならないわけである。この場合の構造は「木・鉄骨造」のように表示される。

階数が変更になる場合としては，平家建を2階建としたとか，2階建を3階建とした場合で，この場合には当然床面積の変更も伴うのである。

屋根の種類の変更としては，かわらぶきの屋根に増築して，増築後の建物について亜鉛メッキ鋼板ぶきの屋根を葺いた場合にはかわらと亜鉛メッキ鋼板ぶきになるから，屋根の種類が変更になる。

たとえば図21に示すように，既存の建物が木造かわらぶき平家建，それに軽量鉄骨造ビ

ニール板ぶき2階建を増築したとしよう。
　このような場合には，完成後の構造は「木・軽量鉄骨造かわら・ビニール板ぶき2階建」となる。
　さらに構造は必ずしも増築等によって変更になるとは限らない。たとえば既存の建物の屋根を別の種類のものに葺きかえるような場合，亜鉛メッキ鋼板ぶきをかわらぶきに葺きかえる等がある。そのほか2階を取壊して平家建にした場合等も構造変更になる。

図21

木造　　　増築部分
かわらぶき　軽量鉄骨造
平家建　　　ビニール板ぶき
　　　　　　2階建

（4）建物の表題部の変更（更正）登記の申請

　すでに登記された建物（表題登記のある建物）の所在地番，建物の種類，構造，床面積，建物の名称，附属建物について変更が生じたときには，変更が生じたときから，1ヶ月内に表題部所有者又は所有権の登記名義人が申請しなければならない（法51条①）。
　その申請には，添付情報として次を提供しなければならない（登記令別表14項）。

　　イ．建物の所在及び土地の地番を変更し又は更正するときは，変更後又は更正後の建物図面
　　ロ．床面積を変更し，又は更正するときは
　　　(1) 変更後又は更正後の建物図面及び各階平面図
　　　(2) 床面積が増加するときは，床面積が増加した部分について表題部所有者又は所有権の登記名義人が所有権を有することを証する情報（所有権証明書）
　　ハ．附属建物を新築したときは，変更後の建物図面及び各階平面図並びに附属建物について表題部所有者又は所有権の登記名義人が所有権を有することを証する情報（所有権証明書）
　　ニ．共用部分である旨の登記又は団地共用部分である旨の登記ある建物について申請するときは，当該建物の所有者を証する情報（所有者証明書）

　たとえば構造について変更が生じたときの登記原因及びその日付については，増改築の工事の完了した日を登記原因として，「②令和何年何月何日構造変更」とする。
　なお登記記録の登記事項と事実に錯誤等によって相違があれば，更正登記の申請ができることはいうまでもない。

5．不動産工事の先取特権

（1）不動産工事の先取特権は，工事の設計，施行又は監理をする者が債務者の不動産に関してした工事の費用に関し，その不動産の競売の際，優先的に弁済を受けることが認められている（民法327条）。この場合の工事とは新築，改築，増築をいい，修繕の費用は先取特権の保存にあたる（民法326条）。ただし，この先取特権はその工事によって生じた不動産の価格の増加が現存する場合に限り，その増加額についてのみ認められる（民法327条②）。なお，この先取特権は登記した抵当権に優先して行使できる（民法339条）。

（2） 不動産工工事の先取特権の効力を保存するためには，工事を始める前に工事費用の予算額を登記しなければならない（民法338条①）。この登記とは本登記であり工事を始める前に仮登記をするのではない。

(イ) 建物を新築する場合

建物を新築するにあたり，不動産工事の保存登記の申請をする場合は，当該建物の所有者となるべき者を義務者，請負人を権利者として申請する（登記法86条①）。

登記事項は登記法第59条各号及び第83条第1項各号（ことの性質上所有権以外の権利を目的とすることはない）に掲げるもののほか，次を登記事項とする（登記法86条②）。

① 新築する建物並びに当該建物の種類，構造及び床面積は設計書による旨
② 登記義務者の氏名又は名称及び住所

なおこの建物の建築が完了した場合，当該建物の所有者は遅滞なく登記官が職権でなした登記事項を全てやり直す必要があるため，当該建物の「表題登記」の後「所有権の保存登記」を申請しなければならない（登記法87条①）。この新築後の表題登記がされると，登記官が職権でした法第86条第2項に掲げる登記事項はすべて抹消される（規則162条①）。また，登記官は，所有権の保存の登記をするときは，甲区にした登記義務者及び不動産工事の先取特権の登記を抹消する（同②）。

(ロ) 附属建物を新築する場合

所有権の登記がある建物の附属建物を新築する場合における，不動産工事の先取特権の保存の登記の登記事項は，上記①の建物の新築の場合と同様である（登記法86条③）。

この附属建物の建築が完了したときは，当該建物の所有権の登記名義人は，遅滞なく，この附属建物の新築による建物の表題部の変更の登記を申請しなければならない（登記法87条②）。なお，登記官がこの変更の登記をしたときは，登記官が職権でなした変更前の事項を抹消する（規則162条③）。

第30講　床面積の変更と滅失登記

1. 床面積と各階平面図

（1） 建物の床面積は各階ごとに壁，その他の区画の中心線で囲まれた部分の水平投影面積により平方メートルを単位に定め，一平方メートルの100分の1未満の端数は切り捨てる（規則115条）。つまり各階平面図の床面積は，各階ごとに作成することになる。したがって2階建であれば，1階床面積，2階床面積と各階ごとに作図する。しかしながら最近ではビルの高層化に伴い，各階の床面積が等しいにもかかわらず，各階の平面図を作図することはかえって繁雑であるので，一個の各階平面図を作図し，各階が同型である旨を記載すればよいとしている（準則53条②）。たとえば60階の建物が1階から60階まで床面積が等しい場合には「1階〜60階（各階同型）」のように記載すればよい（昭39年3月2日民甲第443号民事局長通達）（図22参照）。

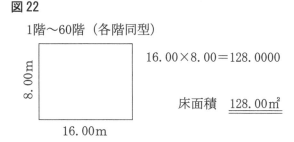

（2） さらに，建物の床面積は壁，その他の区画の中心線で囲まれた部分の水平投影面積によるのであるから，たとえば図23に示すように，鉄筋コンクリートの建物にシャッターがあるような場合については，柱を無視して壁の中心で計算をすることになるのである。なおシャッターは壁厚がないので，その中心から計算すればよい。

区分建物については図24に示すように，その壁の内側線で計算をしていく（規則115条）。たとえば真中に柱があったり，さらに柱によって壁の内壁が凸凹をしている場合についても，柱を全く無視して壁の内側線の水平投影面積で計算すればよい。

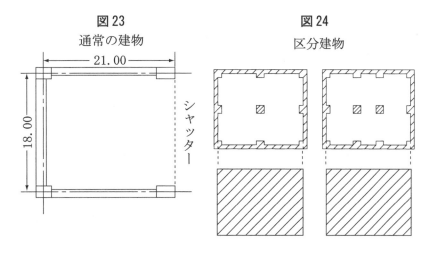

2. 床面積の定め方（昭和46.4.16民甲第1527号回答）

（1） 木造の場合

壁の厚さ、または形状にかかわらず柱の中心線で囲まれた部分の水平投影面積による（図25）。このように木造の場合は、壁厚を無視して柱の中心線で囲まれた部分により床面積を計算する。もっとも最近の建物は柱のないものもあるが、この場合は壁の中心線で囲まれた部分による。

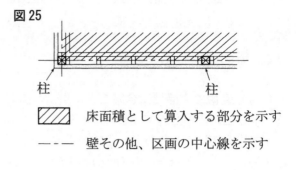

（2） 鉄骨造の場合

（イ） 柱の外側が被覆されている場合は、柱の外面を結ぶ線で囲まれた部分の水平投影面積により床面積を算出する（図26、27）。

鉄骨造の場合はH鋼材を用いて建築されるのが原則であるが、図のように、H鋼材の外側が被覆されている場合は、胴縁や被覆材に関係なくそのH鋼材の外面を結ぶ線で囲まれた部分により床面積を計算する。勿論この場合はH鋼材の内側が被覆されていない場合である。

（ロ） 柱の両側が被覆されている場合は、柱の中心線で囲まれた部分の水平投影面積による（図28、29）。

鉄骨柱が正方形の鋼材やH鋼材を用いて建築する場合に、その鋼材の両面を被覆して鋼材を、外側はもとより内側からも見えないようにした場合は、木造の場合と同じように柱の中心で囲まれた部分の床面積により計算する。

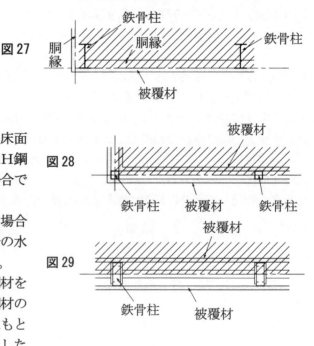

（ハ） 柱の外側に壁がある場合は、壁の中心線で囲まれた部分の水平投影面積による（図30）。

鉄骨鉄筋コンクリート造のように、鉄骨柱の外側に壁を設けた場合は、その鉄骨柱を無視し壁の中心線で囲まれた部分の床面積により計算することになる。

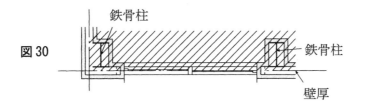

図30

(ニ) 壁がない場合で床面積を算出すべきときは，柱の中心線で囲まれた部分の水平投影面積による（図31，32）。

建物としてみなされるためには，少なくとも壁が三方面になくてはならない。従って屋根と柱のみで壁のない建物は登記上の建物ではない。しかし登記されなくても軽量鉄骨柱を用いた周壁のない車庫やベランダ等の床面積を計算する必要が生じてくる場合は，単純に柱の中心線で床面積を計算すればよい。

(3) **鉄筋コンクリート造の場合**（鉄筋コンクリート造及びコンクリートブロック造の場合を含む）

(イ) 壁構造の場合は壁（又はサッシュ）の中心線で囲まれた部分の水平投影面積による（図33，34）。

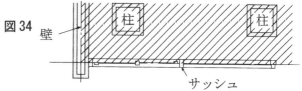

鉄筋コンクリート造の建物について柱の部分はないものとして無視する。従って壁の中心線で床面積を計算する。なおサッシュ及びシャッター等は壁厚がないものとして計算すればよい。

(ロ) 壁がない場合で床面積を算出すべきときは，柱の中心線で囲まれた部分の水平投影面積による（図35）。

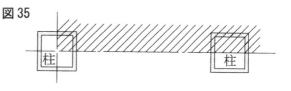

玄関がポーチ等柱と屋根のみで壁がない場合には，当然床面積に算入されないが，登記されない建物の部分として床面積を計算する場合は，柱の中心線で囲まれた部分により計算される。

(ハ) 壁構造の場合で各階の壁の厚さが異なるときは，各階ごとに壁の中心線で囲まれた部分の水平投影面積による（図36，37）。

　鉄筋コンクリート造の場合，壁の厚さが，上階に行くに従って狭くなる場合が普通である。従って当然1,2階等の壁の部分が力学的構造上の問題でかなり大きくなり，それに従って各階の壁の厚さも違って来る場合が多い。このような場合は当然各階ごとに壁で囲まれた部分の床面積が異なって来る。

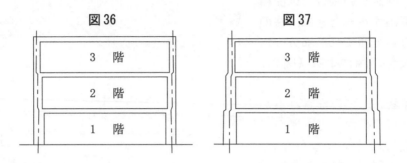

（4） 建物の一部に凹凸がある場合

　（イ） 建物の本体の一部に凹凸がある場合（図38）。

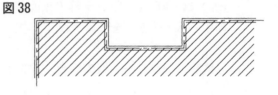

　　建物の一部の，例えば玄関部分が凹んでいる場合は，それに合わせて当然床面積もくぼみの部分だけ少なくなる。たとえくぼみの部分に屋根があり，コンクリートが敷かれてあったとしても，その部分は床面積に算入されない。

　（ロ） 建物の一部とみなされない玄関，車寄せ等の場合（図39，40，41，42）。

　　玄関，車寄せ等に庇とそで壁がある場合等については，周壁が三方にない以上，建物の一部とみなすことはできず，床面積に算入されない。

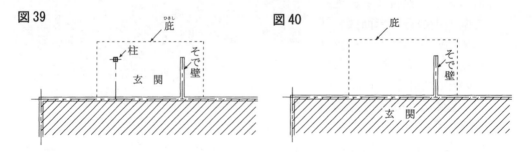

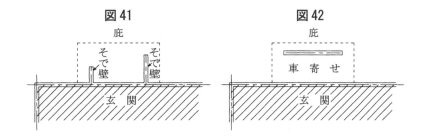

(ハ) ベランダ等の場合（図43）。

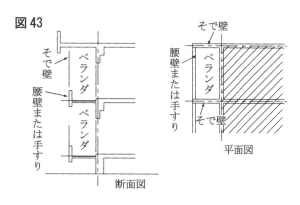

ベランダは建物の一部というよりも，構造上建物の附属物として，建築される場合が多い。従って床があみ目になっていたり，またそで壁の構造で作られ，上部に壁がなかったり，又囲いが壁の構造を有しないものが多い。従って構造上建物の一部とみなすことは困難であるから床面積に算入されない。

3. その他の床面積の範囲

その他建物の床面積の定め方については，規則115条によるほか，次の各号によってなされる（準則82条）。

① 天井の高さ1.5メートル未満の地階及び屋階（特殊階）は床面積に算入しないものとする。ただし一室の一部が天井の高さ1.5メートル未満であっても，その部分は当該一室の面積に算入する（準則82条1号）。

つまり天井の高さが1.5メートル以上あれば，床面積に算入する。また天井の高さの一部が1.5メートル未満のものがあったとしても，それは全体として床面積に算入

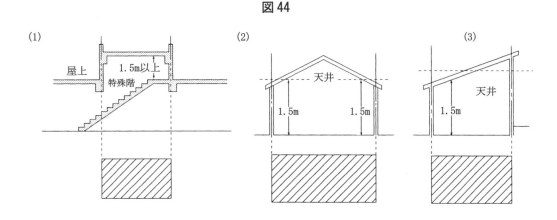

する（図44）。
② 停車場の上屋を有する乗降場及び荷物積みおろし場の床面積は，その上屋の占める部分の乗降場及び荷物積みおろし場の面積により計算する（図45，準則82条2号）。

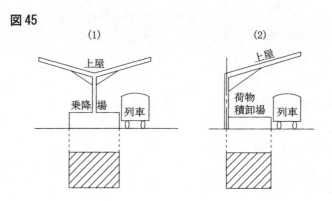

③ 野球場，競馬場，またはこれらに類する施設の観覧席は，屋根の設備のある部分の面積を床面積として計算する（図46，準則82条3号）。
　つまり停車場とか野球場とかは，屋根の施設があったとしても周壁がないのが多いから，このような場合には本来床面積に入らないのであるが，例外的に床面積に算入する。

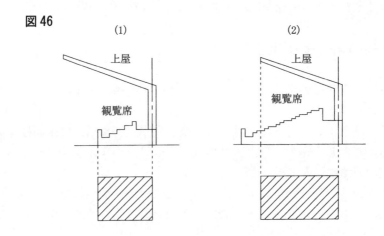

④ 地下停車場，地下駐車場及び地下街の建物の床面積は壁，または柱等により区画された部分の面積により定める。ただし常時一般に開放されている通路及び階段の部分は除かれる（準則82条4号）。
⑤ 停車場の地下道設備（地下停車場のものを含む）は，床面積に算入しない（準則82条5号）。
⑥ 階段室，エレベーター室またはこれに準ずるものは床を有するものとみなし，各階の床面積に算入する（準則82条6号）。
　図47に示すように，4階建の鉄筋コンクリート造のビルがあった場合に，右側のエレベーターについては，2階以上の階層には床がないはずであるが，床があるものとして各階の床面積

に入れる。
⑦ 建物に附属する屋外の階段は，床面積に算入しない（図48，準則82条7号）。

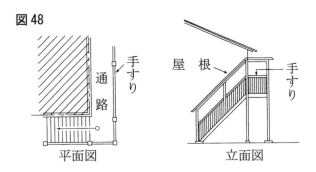

⑧ 建物の一部が上階まで吹き抜けになっている場合には，その吹き抜けの部分は上階の床面積に算入しない（図49，準則82条8号）。

たとえば図49に示すように，吹き抜けの部分は上階つまり2階の方の床面積に算入しないというわけで，1階は床があるから当然床面積に算入される。

なお注意すべきことは，階段室は上階の床面積として算入されるが吹き抜け部分の略式の階段は含まれない。

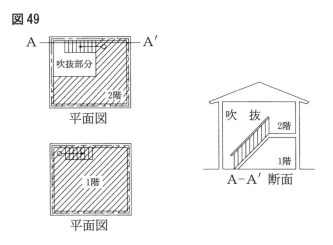

⑨ 柱，壁が傾斜している場合の床面積は，各階の床面の接着する壁，その他の区画の中心線で囲まれた部分による（図50，準則82条9号）。
⑩ 建物の内部に煙突，ダストシュートがある場合（その一部が外側に及んでいるものを含む）には，その部分は各階の床面積に算入し，外側にあるときは算入しない（図51，準則82条10号）。

図51に示すように，煙突やダストシュートは外側にある場合については床面積に算入しないが，内外にわたる場合，あるいは内部に存する場合については床面積に算入される。

ただし注意すべきことは，区分建物で構造上の共用部分とされるダストシュート，煙突については，区分建物の床面積から除かれることになる。つまり一棟の建物の床面積には入るが，区分建物の床面積には入らない。

図 50

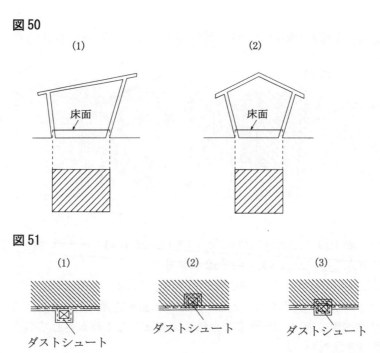

図 51

⑪ 出窓はその高さ1.5メートル以上のもので，その下部が床面と同一の高さにあるものに限り床面積に算入する（図52，準則82条11号）。

図 52

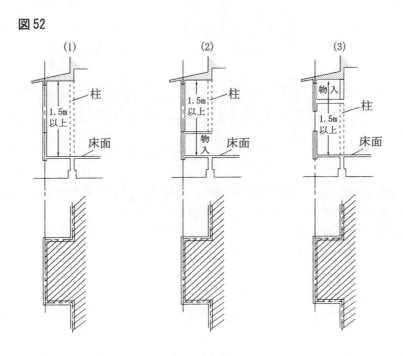

⑫　一棟の建物を区分した建物の床面積は，内壁で囲まれた部分の水平投影面積によって定める（図53）。

図53

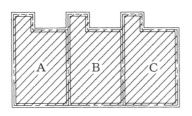
一棟の建物の床面積は柱または、壁の中心線で囲まれた部分の水平投影面積による。

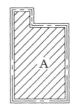
一棟の建物を区分した各建物の床面積は、壁その他の区画の内側線で囲まれた部分の水平投影面積による。

4．床面積の変更，更正の登記の申請

（1）床面積の変更登記の申請

　種類や構造について変更があったときと同様に，床面積について変更があったときは，表題部所有者又は所有権の登記名義人は，当該変更があった日から一月以内に，当該登記事項に関する変更の登記を申請しなければならない。もっとも，床面積について変更があった後に表題部所有者又は所有権の登記名義人となった者は，その者に係る表題部所有者についての更正の登記又は所有権の登記があった日から一月以内に，当該登記事項に関する変更の登記を申請しなければならない（法51条①）。
　床面積の変更は増築したり，一部を取り壊したことにより変更が生じる。
　なお，建物の一部の取壊し及び増築をした場合には，床面積の減少または増加として取り扱われる（準則84条）。
　たとえば2階部分を取壊し1階部分を増築した場合は，床面積の変更と同時に構造の変更を伴うことになる。この場合は，登記の目的を「建物表題部変更登記」又は「建物構造，床面積変更登記」とし，登記原因及びその日付は，増築工事の完了の日とその原因を「令和何年何月何日構造変更及び一部取壊し，増築」のごとく記載する。
　床面積の変更の原因は，増築による増加の場合と一部取壊しによる減少の場合の二種類があるから，単に床面積変更ではなく，増築かあるいは取壊しか具体的に記載しなければならない。
　また数回にわたって増築が行なわれた場合でも，その中間を省略して一回で現況の登記をすれば足りる。
　申請書の添付書類については，床面積の変更登記には，建物図面，各階平面図，所有権証明書（増加の場合）の添付を要する。
　なお登記記録への床面積の記載は，地階がある場合にはその床面積は地上階の床面積の記載の次に記載をなし，さらに床面積に平方メートル未満の端数がない場合，たとえば25㎡の場合には，「25」で切らないで「25.00」と記載することになる。

（2） 床面積の更正登記の申請

登記記録の記載事項である床面積に，錯誤や遺漏があるときは，表題部所有者又は所有権の登記名義人がこれを更正する申請をすることができる（法53条①）。

更正後の建物図面及び各階平面図を添付し，床面積が増加するときは所有権証明書の添付を要す（令別表14項添付情報）。

5．建物の名称の変更

建物の名称（法44条4号）とは，たとえば「○○アパート」とか「○○マンション」のように建物にその所有者が付した名前のことである。

建物の名称は，家屋番号と違って必ず登記しなければならないものではない。

しかし，建物の名称を付した場合にはその登記をしなければならない。もし建物の名称の登記をした場合については，その変更があれば必ず変更登記の申請をしなければならない（法51条①）。

建物の名称は主である建物と附属建物がある場合については，その双方を合わせて一個の建物であるから，主である建物について建物の名称を付すことができるが，附属建物のみに単独で建物の名称を付すことはできない。

しかし例外として区分建物が附属建物の場合については，その区分建物の存する一棟の建物に建物の名称があれば，その建物の名称を登記することができる（法44条4号，規則4条③，別表三）。

建物の名称は一棟の建物に限らず，各区分建物に建物の名称を付すことができる。

一般実務上は，家屋番号と区分建物の建物の名称が相違するとわずらわしいので「B町一丁目100番の101」のように，建物の敷地の地番100番に建物の名称を支号のように付して家屋番号を定めるのが一般的である。

通常の建物の建物の名称を申請書に記載する場合には，所在欄に，たとえば「A市B町5番地　○○アパート」のように，所在地番の後に建物の名称を記載をしていくのである。登記記録も同様に登記される。

このように通常の建物の建物の名称は所在欄に記載し，区分建物は建物の名称欄に記載するが，RAとかひばりが丘1号館等のいわゆる符号をも含むのである。

建物の名称の登記をなし，その建物の名称に変更が生じた場合については，その変更があったときから一月以内に，その建物の所有者は当然変更登記の申請をしなければならない（法51条）。

もちろん登記した建物の名称が事実と違って記載された場合については，正しい登記に更正できることは言うまでもない。

6．附属建物の新築の登記

附属建物の新築の登記は，登記法上広義の建物の表題部の変更（法51条，法44条5号）の一種とされている。登記の目的は「附属建物新築登記」あるいは「建物表題部変更登記」とする。

また登記原因及びその日付については，建物の新築工事が完了した日と登記原因について「令和何年何月何日新築」と記載する。

附属建物の新築の場合も，所有者は一月以内にその登記の申請をしなければならないことは言うまでもない（法51条）。

7．不動産の付合

ところで不動産の所有者は，その不動産の従としてこれに付合した物の所有権を取得する（民法242条）。

たとえばAが自分の建物に2階を増築して請負人Bに代金を支払っていれば，不動産の付合の理論が適用され，この増築部分はAの所有に属する。

（1） 増築部分が構造上，利用上の独立性を有するとき

たとえばA所有の建物に接続してBがAの承諾を得て（権原により），独立性を有する区分建物を増築したときは，Bが権原により付合せしめた物（民法242条ただし書）に該当し，Bは区分建物としてその所有権を取得する。

なお，Aが自己所有の建物に区分建物を増築して，この増築部分をBに売った場合は，Aが区分建物の表題登記と既存建物の表題部の変更の申請をすることができる。このとき買主Bは直接区分建物の表題登記をなし得ず，Aに代位してなす事になる。なお先の例で賃借人Bの増築した区分建物につき，Bが所有権を主張せず，所有者Aとの合意により，Aの所有とする事になった場合は，Aはこの部分につき，区分建物の表題登記（及び既存の建物の表題部変更登記）をするか又は区分建物とせず建物の表題部の変更登記をすることができる。

（2） 増築部分が構造上，利用上の独立性を有しない場合

先の例で賃借人Bが賃貸人の承諾を得て，増築した部分が，構造上，利用上の独立性を有しないときは，この部分につき判例は貸借人Bの所有権を否定する（最判昭38年5月31日民集17巻4号588頁，同，昭43年6月13日民集22巻6号1183頁，同，昭44年7月25日民集23巻8号1627頁等多数）。

つまり判例は民法242条ただし書でいう，「権原によってその物を附属させた他人の権利を防げない」として付合を認めないのは，構造上，利用上独立した区分建物の場合に限るとしている。したがって，賃貸人の承諾を得て，賃借人が2階部分を増築しても，2階部分が構造上，利用上の独立性を有しないときはBの所有権は認められない。つまり1階の賃貸人と共同の玄関から出入りをし，階段が独立していなければ増築部分の所有権は，賃貸人Aの建物に付合することになる。この問題はたとえ父親Aの有する建物に息子Bが増築した場合も同様の付合の結果が生ずる。

8. 建物の滅失の登記

(1) 建物の滅失

建物が滅失した場合は，表題部所有者または所有権の登記名義人は，一ヵ月内に建物の滅失登記を申請しなければならない（法57条）。

建物の滅失とは，建物が人為的または自然的に物理上その効用を喪失した場合をいう。たとえば人為的というのは，取壊し，解体，焼失等であり，自然的というのは老朽倒壊，流失，地震による倒壊を意味する。

このように事実上の建物が自然的または人為的に滅失した場合については，建物滅失登記として申請される。

登記原因及びその日付として，建物が物理的に効用を喪失した日と登記原因を「令和何年何月何日倒壊」「令和何年何月何日取壊し」のごとく具体的に記載する。

建物が滅失した場合には，その登記記録の表題部の登記事項を抹消する記号を記録して，登記記録が閉鎖される（規則144条）。

当然，抵当権等の登記があっても承諾を必要としない。

(2) 登記記録の閉鎖

建物が全く存在しないのに登記がある場合については，本来の意味の建物滅失ではないから，建物の表題登記の抹消として登記記録が閉鎖される。

これに対して事実上の建物は存するけれども，登記記録が重複している場合がある。たとえば同一の建物について，重複して登記ある場合は，原則後からなされた登記を，重複を原因として建物の表題登記を抹消する。また，建物が合体した場合も，新たに建物の表題登記をすることとなるので，合体前の建物の表題部の登記を抹消する。

さらに主である建物と附属建物が存する場合に，主である建物のみが滅失した場合の登記原因は滅失した建物について「年月日焼失又は取壊し」，主となる建物について「年月日主である建物に変更」のように登記され（準則102条），その登記の目的は建物の表題部の変更としてなされる。

この場合，主である建物と附属建物がある建物の主である建物が滅失をしてしまうと附属建物のみが残り，主である建物が存しなくなる。このような登記は許されない。したがって主である建物のみが滅失した場合には，主である建物の滅失及び附属建物を主である建物に変更する登記を申請しなければならない。

この場合，表題部の変更登記として申請することとなる。

第31講　建物を合体した場合の登記

1. 合体の形態と申請手続

2以上の建物の中間を増築して1個の建物となった場合を合体という。

この場合，合体の日から1月以内に合体後の建物について「建物の表題登記」及び合体前の建物につき「建物の表題部の登記の抹消」（法49条①）を一の申請でしなければならない（登記令5条）。その他所有権の保存の登記を併わせて申請しなければならない場合がある。これらを「合体による登記等」という。

合体の形態については次の場合がある。

（1） 表題登記がない建物（未登記）と表題登記がある建物の場合（法49条①1号）

図54の場合，合体後の建物につき「表題登記」とB建物につき「表題部の登記の抹消」の登記を申請する。この申請義務は未登記のA建物の所有者又は表題登記のあるB建物の表題部所有者の双方にある。この申請はA又はBの建物の所有者のいずれが申請してもよい。以下同じである。

図54　未登記建物　表題登記ある建物

（2） 表題登記がない建物と所有権の登記ある建物の場合（法49条①2号）

図55の場合，合体後の建物につき「表題登記」とB建物の「表題部の登記の抹消」と未登記建物について「所有権保存」登記を申請する。

図55　未登記建物　所有権の登記ある建物

（3） いずれも表題登記がある場合（法49条①3号）

図56の場合，合体後の建物につき「表題登記」と合体前のA，B建物につき「表題部の登記の抹消」の登記を申請する。

図56　A，B双方に表題登記がある場合

（4） 表題登記がある建物と所有権の登記ある建物の場合（法49条①4号）

図57の場合，合体後の建物につき「表題登記」と合体前のA，B建物につき「表題部の登記の抹消」と合体前のA建物について「所有権の保存」登記を申請する。

図57
表題登記　所有権の登記

（5） いずれも所有権の登記がある場合（法49条①5号）

図58の場合，合体後の建物につき「表題登記」と合体前のA，B建物につき「表題部の登記の抹消」の登記を申請する。この場合双方とも所有権の登記があるため，合体後の建物について合体による所有権の登記は登記官の職権でなされる（規則120条②）。

図58
A，B双方とも所有権の登記がある場合

（6） 合体前の3個以上の建物が，表題登記がない建物（未登記），表題登記がある建物，所有権の登記ある建物である場合（法49条①6号）

図59の場合は，合体後の建物につき「表題登記」，B，C建物につき，「表題部の登記の抹消」とA・B建物につき，「所有権の保存」の登記を申請する。

図59
未登記建物と表題登記ある建物及び所有権の登記ある建物の場合

（7） いずれも表題登記のない建物を合体した場合（法49条②）

この場合（図60），表題登記（法47条）を申請する。

図60

（8） 主である建物と附属建物を合体した場合

図61の場合は，合体後の建物につき建物の表題部の変更の申請をなすことになる（法51条）。

図61

2．合体による登記手続

（1）合体による所有権の登記

合体後の建物について登記官が合体登記をする場合，合体前の建物に所有権の登記ある建物（法49条①2号，4号，5号，6号）の場合は，合体後の建物の表題部に表題部所有者を記録することを要しない（規則120条①）。

登記官は，合体前の建物に所有権の登記がある建物があるときは，合体後の建物の登記記録の甲区に次に掲げる事項を記録する（規則120条②）。
　① 合体による所有権の登記をする旨
　② 所有権の登記名義人の氏名（又は名称）と住所並びに合体後の建物が共有となる場合には共有持分。
　③ 合体前の建物に法人識別事項等の登記があるときは，当該法人識別事項
　④ 登記の年月日

（2）所有権の保存の登記

　なお合体する一方に所有権の登記があり，他方の建物が未登記又は表題登記のある場合（法49条①2号，4号，6号）は，所有権の保存登記も併せて申請しなければならない。そして，登記官は申請による所有権の登記をするときは，上記の記録（①～④）のほか，当該申請の受付年月日，受付番号を記録する（規則120条③，図62）。

図62

権利部（甲区）（所有権に関する事項）			
順位番号	登記の目的	受付年月日・受付番号	権利者その他の事項
何	合体による所有権登記	乙某持分につき平成何年何月何日受付第何号	共有者 何市何町何番地 持分3分の2　甲某 何市何町何番地 　3分の1　乙某 平成何年何月何日登記

（3）合体前の建物に抵当権等の登記がある場合

　合体前の建物に抵当権等の登記がある場合は，合体後の建物の共有者の持分上に存続することになる。この場合登記官は合体後の乙区に抵当権を移記しその末尾に規則120条第4項の規定によって移記した旨及びその年月日を記録する（図63）。
　なお，合体前の建物にあった抵当権等の権利に関する登記につき抵当権の登記名義人がその権利が消滅する承諾の情報を提供したときは（法50条），合体後の持分に抵当権等の権利は移記されない。この場合の権利が消滅した旨を付記登記によってなされる（規則120条⑥）（図64）。

図63　合体前の建物につき抵当権の登記で合体後の建物の持分の上に存続するものがある場合

権利部（乙区）（所有権以外の権利に関する事項）			
順位番号	登記の目的	受付年月日・受付番号	権利者その他の事項
何	何某持分抵当権設定	平成何年何月何日受付第何号	原因　平成何年何月何日金銭消費貸借同日設定 債権額　金何万円 利息　年何% 損害額　年何% 債務者　何市何町何番地　何某 抵当権者　何市何町何番地　何某 不動産登記規則第120条第4項規定により家屋番号3番の1の順位1番の登記を平成何年何月何日移記

図64

権利部（乙区）（所有権以外の権利に関する事項）			
順位番号	登記の目的	受付年月日・受付番号	権利者その他の事項
1	抵当権設定	省略	省略
付記1号	1番抵当権抹消		原因　消滅承諾 平成何年何月何日 付記

（注）1番抵当権は抹消の記号を付さない。

3．合体登記の申請情報の内容

　合体の登記を申請する場合でも，一般の申請と同じように登記令3条に規定する申請情報の他に，次を申請情報の内容としなければならない（登記令別表13項申請情報（以下「令別表13項」という）。

（1）持分の記載
　合体後の建物の所有者が共有となるときは，各共有者ごとの持分を申請情報の内容としなければならない。
　なお，所有者が同一の場合であっても合体前の抵当権が合体後の持分に存続するときは，たとえば，「持分3分の2甲某（あ），持分3分の1甲某（い）」のように申請人の持分，氏名に符号を付すことになる。
　ただし合体する各建物につき登記の目的，申請の受付の年月日及び受付番号並びに登記名義人がいずれも同一で同時に設定された存続登記である場合は，合体後の建物に対する持分を申請情報としない（令別表13項申請情報ニカッコ内）。
　これは合体前の建物が同時に設定され全て同一の共同担保権であるものを合体した場合

は，合体後の1個の建物全部に担保権が存続することになるため，合体後の建物につき持分を表示する意味がないからである。但し甲建物に先に抵当権を設定し，同一債権を担保するため，追加担保として乙建物に抵当権を設定したときは，受付番号を異にするから合体後の建物につき持分を記載することになる。

（2）合体前の所有権の登記
合体前の建物に所有権の登記がある場合には，これを申請情報の内容とする必要がある（令別表13項ロ）。これは合体前の建物の家屋番号，受付の年月日及び受付番号，順位事項，登記名義人の氏名又は名称である。

（3）合体後の建物に存続する登記（存続登記）
また，合体前の各建物にされた所有権以外の所有権に関する登記（差押，仮差押，仮処分，所有権移転請求権仮登記，買戻権等）または先取特権，質権，抵当権等の権利に関する登記が合体後の建物に存続すべきときはその登記を表示するに足るべき事項を申請情報とする必要がある。これは ①合体前の建物の家屋番号 ②存続する登記の目的，申請の受付の年月日及び受付番号，順位事項，登記名義人の氏名又は名称である（令別表13項申請情報ハ）。
なお，所有者が同一の建物を合体した場合も所有者が異なる建物を合体した場合でも，合体前に存していた抵当権等の権利は，合体後の建物の全部に及ぶわけではない。原則としてその持分に存続する。
したがって合体後の建物の抵当権の権利が及ぶ範囲を明らかに表示する必要があるため合体前の建物それぞれについて合体後の建物に対する持分を記載することになる。

4．合体登記の添付情報

合体による登記の添付情報は，Ⓐ建物図面 Ⓑ各階平面図 Ⓒ表題部所有者の所有権を有することの情報（所有権証明書） Ⓓ表題部所有者となる者の住所を証する市区町村長又は登記官その他の公務員（公証人等）が職務上作成した情報及び所有権の保存登記を併せて申請する場合（法49条①2号，4号，6号）には，所有権の登記名義人となる者の住所証明書である（令別表13項添付情報イロハニリ）。
その他には，次の添付情報を提供しなければならない。

（1） 登記名義人の登記識別情報と印鑑証明書
所有権の登記ある建物の合体の登記には，申請情報と併せて登記識別情報を提供しなければならない（登記令8条①2号）。所有名義人の等しい建物の合体にはいずれか1個の建物に関する登記識別情報の提供をすれば足りる（同②2号）。

所有権の登記ある建物の合体は，その登記完了後，登記官により登記識別情報が通知される（法21条）から，他人が勝手に合体の申請をして，この登記識別情報を取得するおそれがあるからである。

なお，従来の登記済証を有する者が初めて合体の申請をなす場合は，登記識別情報を有さないから当然，従来の登記済証を添付してなすことになる。

また所有権の登記ある建物を合体する場合には，申請人の3ヵ月内の印鑑証明書の添付を要する。

(2) 合体に伴う承諾書の提供
① 存続登記に関する承諾書

　合体後の建物の持分について存続登記（合体前の権利が合体後の持分に存続する登記）と同一の登記をするときは，当該存続登記に係る権利の登記名義人が当該登記を承諾したことを証する当該登記名義人が作成した情報又は当該登記名義人に対抗することができる裁判があったことを証する情報を提供しなければならない（令別表13項添付情報ト）。

② 抵当証券

　存続登記に係る権利が抵当証券の発行されている抵当権であるときは，当該抵当証券の所持人若しくは裏書人が当該存続登記と同一の登記を承諾したことを証するこれらの者が作成した情報又はこれらの者に対抗することができる裁判があったことを証する情報及び当該抵当証券を提供しなければならない（令別表13項チ）。

　合体前の建物の価値及び合体後の建物に対してどの程度費用を負担したかによって，所有者それぞれの持分が決定するが，合体後の権利が及ぶ持分が合体前より少なくなると，所有権以外の権利者の不利益になる。そこで，合体する建物について所有権（申請人）以外の権利が存する場合は，当該登記を承諾したことを証する権利者の承諾書の添付情報を義務づけているのである。その権利者が所有者の持分について承諾しない場合は，裁判所に訴えて，その裁判の謄本を提供することになる。また，抵当証券が発行されている場合は，抵当証券の裏書，交付によって抵当権が移転するため，抵当証券の所持人あるいは裏書人も抵当権者であるから，抵当証券の所持人もしくは裏書人がある場合，その抵当証券の所持人もしくは裏書人の所有者の持分に対する承諾書が必要である。

③ 権利の消滅承諾書（法50条，規則120条⑤）

　合体前の建物の所有権等以外の権利に関する登記（先取特権，質権，抵当権）の権利の登記名義人が当該権利の消滅を承諾したことを証する書面を添付した場合には，登記官は当該権利が消滅した旨を登記する（法50条）。

　つまり，合体前の建物に所有権以外の登記が存していても，その登記名義人の権利の消滅を承諾した承諾書が提供されたときは，合体後の建物の登記にその権利は移記されない。

　その場合は，先の3.の（3）の内容の事項を申請情報としない。

―担保物権が消滅する場合―

　担保物権が消滅する場合としては，次のような場合が考えられる。

　担保物権は金銭の貸借等によって生じるため，その金銭債権を弁済すれば，担保物権は実質的に消滅する（担保物権の附従性）。しかし，担保物権が実質的に消滅しても，抵当権の登記を抹消していないということがある。実際の担保物権が消滅しているのであれば，権利者が担保物権の抹消の承諾書を出すのが通常であり，その承諾書を添

付することになる。ところが，担保権が消滅していても，担保権者が承諾書を出さない場合もある。その場合は裁判に訴えて，その判決の謄本を提供する。

あるいは，担保権者が，合体前の建物に存していた担保権を，合体後の建物の持分について存続させるのは承諾できないから，別の担保を提供せよと要求する場合もあり得る。その場合に別の不動産に担保権を設定したときは，合体前の建物に存していた担保権は消滅する。その場合は，担保権者の権利の消滅の承諾書を提供する。

担保権が権利者の承諾によって消滅した場合は，その登記は，権利が消滅した旨を付記登記でなす（図64参照）（規則120条⑥）。

また，抵当権を目的とする転抵当権が存する場合がある。合体前の建物の一個に存する抵当権を目的とする転抵当権が存する場合は，抵当権者の消滅の承諾書の提供だけではなく，転抵当権者の消滅の承諾書の提供もしなければならない。

あるいは，所有権の仮登記に対して，抵当権仮登記がある場合がある。この場合は，所有権の仮登記消滅の承諾書と抵当権仮登記消滅の承諾書の双方を提供することになる。

なお，抵当証券が発行されている抵当権の消滅については，抵当証券の所持人または裏書人の承諾書または裁判の謄本及び抵当証券の提供を要する。

④ 賃借権の登記がある場合

合体前の建物について登記のあった賃借権については，合体による登記等の申請に際して，消滅の承諾書の提供をする必要はなく，合体による表題登記及び表題部の登記の抹消の登記をすれば当然消滅する。

所有権の登記以外の所有権に関する登記，先取特権，質権，抵当権の消滅する場合については，法上，消滅の承諾書の提供を必要とすると定められているが，賃借権等の用益的権利については，消滅の承諾書の提供を必要としていない。

その理由の一つは，法理論上，共有持分に用益的権利は設定できないからである。

理由の二つ目は，建物の賃借権は，その建物の占有を継続している限り対抗することができるので，登記を問題とする必要はないからである（借地借家法31条）。

⑤ 差押等の登記がある場合

所有権以外の所有権に関する登記には，差押，仮差押，仮処分も含まれるが，これらの裁判所の嘱託によって登記されたものは，権利者の承諾によって消滅せず，裁判所の嘱託によってのみ抹消することができる。したがって，合体すべき建物の一個に差押，仮差押，仮処分が存する場合に，消滅の承諾書を提供するということはあり得ず，当然に合体後の建物の登記記録に移記される。

（3）所有権証明書

表題部所有者となる者が所有権を有することを証する情報の提供を要する（令別表13項）。そして，所有者の異なる建物を合体した場合は，それぞれの共有者が取得すべき持分の割合を証する証明書を添付する必要がある（共有者全員で申請する場合を除く）。

共有者の持分の割合は，基本的には，合体した不動産の価格の割合に応じて決定される。しかし，合体する建物は，新しい建物，古い建物，鉄筋コンクリート造の建物，桧の建物等，千差万別であるため，共有者がそれぞれの持分をどういう割合にするか話し合って，合意に

達する必要がある。その合意書を，所有権証明書の一部として添付するわけである。合意に達しなければ，裁判所に訴えて，持分確定の判決，あるいは和解調書，もしくは調停調書を受けて，その謄本を添付することになる。

　合体による表題登記と表題部の登記の抹消の登記を，共有者全員で本人が申請する場合は，申請情報によって，各々の持分について合意していることが明確であるため，持分についての合意書を添付する必要はない。このように，合体登記における所有権証明書は，増築部分に係る工事人の証明とこの合意書，未登記建物であるときはそれの所有権証明書を添付するが，既登記の建物に関しては不要である。

（4）　区分建物の合体と共同担保目録

　合体前の区分建物に敷地権が存している場合は，建物と敷地の持分が一体となっている。しかし，合体後の建物に敷地権が存続しない場合は，たとえば合体後非区分建物となるとき，合体後の建物と土地の共有持分は，2個の不動産となる。したがって，この場合は，登記官によって共同担保目録が作成される（規則120条⑦，124条）。

　その敷地が別の登記所の管轄の土地である場合には，別の登記所の管轄の土地との共同担保という関係になる。

　なお，合体後の区分建物について敷地権が存続する場合においても，敷地権の規約割合証明書，規約敷地証明書等の添付の必要はない（令別表13項添付情報ヘ）。

　同様に合体前の建物に敷地権が存せず，合体後の建物についても敷地権が存しない場合は，敷地権が存しないという証明書（分離処分可能規約等）を添付する必要はない。

5．　登録免許税

　所有権の登記ある建物と，未登記建物あるいは表題部のある建物を合体した場合には，所有権の登記のない建物について，所有権の保存の登記をしなければならない（法49条①）。その所有権の保存の登記の申請は，登録免許税を納付しなければならない。

　たとえば，所有権の登記があるA建物（標価額400万円）とB未登記建物（標価額500万円）及び増築部分の標価額が100万円であった場合には，合体後の建物の合計1000万円について，仮にBの持分を2分の1と合意したときは，500万円について1000分の4の登録免許税2万円を納付することになる。

土地家屋調査士本試験
択一試験　過去問題チェック

〔問〕建物が合体した場合の登記の申請に関する次のアからオまでの記述のうち、**誤っているもの**の組合せは，後記1から5までのうちどれか。

ア　表題登記がある建物の主である建物とその付属建物が合体した場合には，合体後の建物についての建物の表題登記及び合体前の建物についての表題部の登記の抹消を申請しなければならない。

イ　表題登記がない建物と表題登記がある建物のみが合体して1個の建物となった後に，当該合体前の表題登記がない建物の所有者から当該合体後の建物について合体前の表題登記がない建物の所有権に相当する持分を取得した者は，当該持分取得の日から1か月以内に，合体後の建物についての建物の表題登記及び合体前の建物についての建物の表題部の登記の抹消を申請しなければならない。

ウ　所有権の登記がある建物と表題登記がない建物が合体して1個の建物となった後に，合体による建物の表題登記及び合体前の建物についての建物の表題部の登記の抹消並びに当該表題登記がない建物の所有者を当該合体後の建物の登記名義人とする所有権の登記の申請を合体前の所有権の登記がある建物の所有権の登記名義人が申請する場合には，合体後の建物についての当該申請人の所有権を証する情報を提供しなければならない。

エ　表題登記のみがある建物が合体して1個の建物となった後に，合体前の建物の表題部所有者に誤りがあり，更正の登記によって表題部所有者となった者は，その者に係る表題部所有者についての更正の登記があった日から1か月以内に，合体後の建物についての建物の表題登記及び合体前の建物についての建物の表題部の登記の抹消を申請しなければならない。

オ　合体前の建物がいずれも表題登記がない建物であるときは，合体後の建物については，合体による表題登記の申請ではなく，新築による建物の表題登記を申請しなければならない。

　　　　1　アイ　　　　2　アウ　　　　3　イオ　　　　4　ウエ　　　　5　エオ

〔正解　2〕

ア　誤り。主である建物と附属建物を合体したときは，建物の表題部の登記事項に関する変更の登記をする（準則95条）。

イ　正しい。当該合体前の表題登記がない建物の所有者から当該合体後の建物について合体前の表題登記がない建物の所有権に相当する持分を取得した者は，その持分の取得の日から1か月以内に，合体による登記等の申請をしなければならない（不登法49条③）。

ウ　誤り。所有権の登記名義人の所有権を証する情報を提供する必要がない。

エ　正しい。合体前の表題登記がある建物の表題部所有者となった者は，その者に係る表題部所有者についての更正の登記があった日から1か月以内に，合体による登記等を申請しなければならない（不登法49条④）。

オ　正しい。合体前の建物がいずれも表題登記がない建物であるときは，建物の表題登記を申請しなければならない（不登法49条②）。

　　　したがって，誤っているものはアウであり，正解は2。

土地家屋調査士本試験
択一試験　過去問題チェック

〔問〕合体による登記等の申請に関する次のアからオまでの記述のうち、**誤っているもの**の組合せは、後記1から5までのうちどれか。

ア　相接続する甲・乙2個の区分建物の隔壁を除去する工事を行って1個の区分建物とした場合には、甲・乙の各区分建物の滅失の登記と合体後の建物の表題登記とを申請しなければならない。

イ　2個以上の建物が合体して1個の建物となった場合において、合体前の建物がいずれも表題登記のない建物であるときは、当該合体後の建物についての合体時の所有者は、当該合体の日から1月以内に、当該建物の表題登記を申請しなければならない。

ウ　増築により主たる建物とその附属建物とが合体した場合には、建物の床面積の増加による表題部の登記事項に関する変更の登記を申請しなければならない。

エ　抵当権の登記のある建物と抵当権の登記のない建物とについては、建物の合体による登記等を申請することはできない。

オ　2個の建物が合体して1個の建物になった場合において、その双方が表題登記がある建物であるときは、合体前の建物の表題部所有者は、当該合体の日から1月以内に合体後の建物についての建物の表題登記及び合体前の建物についての建物の表題部の登記の抹消を申請しなければならない。

1　アイ　　　2　アエ　　　3　イオ　　　4　ウエ　　　5　ウオ

〔正解　2〕

ア　合体後の区分建物の表題登記と合体前の甲・乙各区分建物の表題部の登記の抹消を申請する（法49条①）。誤り。

イ　合体時の所有者が合体の日から1月以内に、当該建物の表題登記を申請しなければならない（法49条②）。正しい。

ウ　主たる建物と附属の建物を合体したときは、建物の床面積の増加による表題部の変更登記を申請する（法51条）。正しい。

エ　抵当権の登記ある建物とない建物を合体した場合でも、合体による登記等の申請（法49条）をすることができる。誤り。

オ　表題登記のある建物同士の合体の場合には、合体の日から1月以内に、合体後の建物についての表題登記及び合体前の建物について表題部の登記の抹消を申請しなければならない（法49条①）。正しい。

　　したがって、誤っているものはアエで、正解は2。

第32講　建物の所在の変更登記

1. 建物の所在の変更登記を必要とする場合

　建物は表題登記がなされると，その登記記録に建物の所在として市，区，郡，町，村，字及び地番が登記される（法44条①1号）。

　これら登記された所在が，たとえば敷地の分筆等によって，従来5番地にあった建物の所在が，「5番地1，5番地2」のように，併記されることになり，所在地番の変更登記を必要とする。

　同様に6番地にある建物が増築等によって7番地にまたがった場合は，従来の6番地から，6番地，7番地に変更することになるのである。

　さらに7番地，8番地に建物が存する場合については，その敷地の合筆によって7番地に変更になれば，当然その所在地番を変更しなければならないことになる（法51条）。

　そのほか所在地番変更として，次の六個の場合が考えられる。

　(1) 地方自治法の処分による行政区画の変更またはその名称の変更の場合
　(2) 敷地の地番のみが変更された場合の地番整理あるいは区画整理の場合
　(3) 建物が隣地にえい行移転した場合
　(4) 建物の敷地が分筆されたりあるいは合筆された場合
　(5) 附属建物を既登記の主である建物と別地番に新築をした場合
　(6) 主である建物及び附属建物の増築及び滅失による場合

　次に，各場合について詳細に考えてみる。

（1）行政区画の変更による場合

　行政区画の変更とは，地方自治法上の処分による市町村合併，または名称の変更による場合をいう。つまり郡や市区町村の区域を新たに区分したり，あるいは廃止したり，または郡や市区町村の区域について，その名称を変更した場合である（地方自治法259条）。これらの場合には，登記記録に記録した行政区画やその名称は，当然これを変更したものとみなされる（規則92条）。

　たとえば図65に示すように，A市B町をA市D町に変更をする場合については，その市町村の議会の議決を経て都道府県の知事に届け出て，知事がこれを告示するとともに，総務大臣に報告する。変更の効力は，この知事の告示によって生ずる（地方自治法260条）。

図65　行政区画の変更
A市B町5番地が
A市D町に変更

　このようにA市B町がD町に変更になった場合については，登記記録は当然変更をしたものとされるから，その登記の申請は必要ではない。登記官は職権で速やかに表題部に記録した行政区画もしくは字，これらの名称を変更し

なければならない（規則92条②）。

(2) 地番整理，土地区画整理による場合

地番整理とは地番が複雑多岐に分れた場合に，敷地の地番のみを整理する場合をいう。

さらに土地区画整理の場合については，土地区画整理法に基づく換地処分によって所在地番に変更が生じるのである。一般にはすぐには換地処分ができないので土地区画整理法98条1項の規定で，仮換地の指定がなされる。

換地計画において，たとえば図66に示すようにA市大山町5番地，6番地，7番地，8番地の土地の中に道路を設けようとする場合に，その土地区画整理の事業の施行者であるA市が事業について認可を受け，道路の換地計画をたて換地処分するまでの間仮換地を指定する。仮換地が指定される前の土地を「元地」といい，元地に有していた権利，所有権や地上権に基づいて仮換地を使用することができる。仮換地に建物を建てた場合その真下の土地であった土地を「底地」という。

図66

（元地）
A市大山町6番地
（底地）
仮換地の真下の土地
（仮換地）
A市山川町21番地

そこで，たとえばA市大山町6番地の土地の所有権を有する甲が，仮換地A市山川町21番地の土地を指定されたとすると，この土地に建物を新築した場合について，その所在は元地を記載すべきか，あるいは仮換地の指定を受けた底地を記載するかについて，疑問が生じてくる。

この場合，底地である5番地及び仮換地21番を所在とする。元地については併記する必要はない（昭43年2月14日民甲第170号民事局長回答）。

(3) 建物のえい行移転による場合

たとえば図67に示すように，21番地に存する建物を取り壊して，22番地に移築した場合については，当然建物の滅失登記と，さらに22番地についての建物の表題登記をすればよい。

これに対して21番地にある建物を取り壊すことなく，そのままえい行して22番地の土地に移転をした場合については，建物の滅失あるいは表題登記として取り扱わず，変更登記として扱うのである。つまり建物の所在地番変更として申請をしていく（準則85条②）。なお，同一の敷地内において移転したときは，建物図面の変更の申出をする。

建物のえい行移転

(4) 敷地の分合筆による場合

① たとえば図68に示すように，D市Y町21番地に存する建物の敷地を21番1，21番2の二筆に分筆をした場合については，その建物の所在としてD市Y町21番地であったものが，D市Y町21番地1，21番地2に変更になる。このような場合については，当然建物の所在地番の変更登記の申請が必要になる。

② さらに図69-1に示すように，D市Y町の10番地と11番地にまたがって建物が存した場合については，建物の床面積が11番地の方がより多いので，床面積の多い方の土地の地番を先に記載することになるから，「D市Y町11番地，10番地」と記録される。

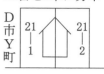

図68
21番を2筆に分筆

建物の敷地の分筆

この建物について，いまその敷地について合筆をした場合については，当然若い方の地番が残るわけで，10番地となる。したがって11番地，10番地の所在地番を10番地とする，建物の所在地番の変更登記をしなければならない。

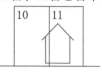

図69-1
10番、11番を合筆

建物の敷地の合筆

③ このように建物の敷地を分筆したり合筆をした場合については，当然建物の所在地番が変更になるが，これに対して建物自体を合併したり分割した場合については，所在地番の変更を要するか。

つまり図69-2に示すように，7番地にある甲建物と8番地にある乙建物を合併して，7番地の甲を主である建物，8番地の乙建物を附属建物とする場合について，この建物の所在は変更になるかということである。

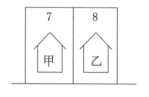

図69-2
甲を主、乙を附とする場合

甲、乙建物の合併

登記簿上，甲建物はD市Y町7番地，乙建物はD市Y町8番地であるとき，合併後の甲乙建物はD市Y町7番地，8番地になる。このような場合は登記官は建物の表題部の所在は変更登記をすることになるが，建物の合併登記の申請の目的として所在の変更は掲げないこととしている。当然おこり得るものとしている。

④ 同様に図70に示すように，3番地に主である建物，4番地に附属建物がある建物について，4番地に存する附属建物を主である建物にするために建物の分割登記を申請する場合に，この建物の所在の変更を登記の目的とするか。

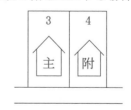

図70
4番の附を主にする場合

建物の分割

この場合も建物の合併登記と同様に，従来の所在がD市Y町3番地，4番地として記録されていたものを，4番地の附属建物を独立させることによって，D市Y町3番地に変更され，分割後の建物の所在はD市Y町4番地と記録される。このように建物を分割したりあるいは合併したりする登記の申請においては，変更後の所在地番は，記載するが，登記の目的及び登記原因等にこれを掲げる必要はない。登記官が職権で変更の登記をする（規則127条③）。

（5） 既存の主である建物と別地番に附属建物を新築した場合

① たとえば図71に示すように，5番地に主である建物がありすでに登記がある。このとき6番地に附属建物を新築した場合については，その建物の所在地番の変更登記を要するか。

この場合は従来の主である建物がD市Y町5番地と記録されているものが，6番地に附属建物を新築したことによって，その所在はD市Y町5番地，6番地となるので変更登記をしなければならない。したがってこのような場合については附属建物の新築登記と併せて，所在地番の変更登記の申請をすることになる。

これは主である建物も附属建物も，通常の建物の場合についての所在の記録は，その所在欄に双方が併記されるわけで，所在の変更を要することになる（準則88条②）。

図71

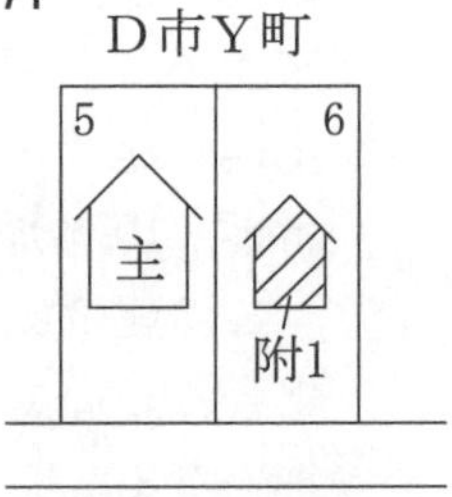

既登記の主である建物がある場合の附属建物新築登記

② これに対して図72に示すように，21番地に通常の主である建物があり，いま22番地に附属たる区分建物の新築登記を申請する場合については，その所在地番の変更登記を登記の目的とする必要がない。

同様に図73に示すように，21番地に区分建物の主である建物が存する場合，いま22番地に附属建物の新築登記を申請する場合については，その所在地番の変更登記を登記の目的とする必要がない。

これは附属建物が区分建物の場合，あるいは主である建物が区分建物の場合については，その附属建物の所在は，附属建物の表示欄中構造欄に記録されるからである（規則4条，規則別表三）。

図72のように主が非区分で附属が別棟の区分建物，図73のように主が区分建物で附属が別棟の区分（又は非区分）であるときの附属建物の所在は，構造欄に記録されることになるので，これらの附属建物の新築による変更登記において，登記の目的としての所在の変更を掲げる必要はない。

図72

図73

（6） 主である建物及び附属建物の増築及び滅失による場合

① たとえば図74に示すように，7番地にある建物を8番地に増築をすることによって，この建物の所在は7番地，8番地となる。

このような場合は，当然所在地番の変更登記の申請をしなければならない。

② 同様に図75に示すように，9番地，10番地にまたがる建物を10番地に存する建物の一部を取り壊したことに

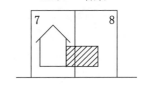

図74

建物の増築

よって，建物が9番地のみに存するようになった場合については，9番地，10番地から，9番地になったから，この場合も変更登記の申請を要する。

③　さらに図76に示すように，11番地に存する主である建物と附属建物がある場合について，この11番地の附属建物を増築をして，12番地にまたがった場合についても，同様に従来の11番地から，11番地，12番地になるので，所在地番の変更登記を要する。

④　さらに図77に示すように，13番地に主である建物があり，さらに附属建物が13番地，14番地にまたがっていた場合，14番地にまたがっている附属建物の一部を取壊し，13番地のみにした場合については，主である建物も附属建物も13番地になったのであるから，13番地，14番地から，13番地に所在が変更になる。当然この場合も所在地番の変更登記の申請を要する。

⑤　さらに図78に示すように，15番地に主である建物があり，16番地に附属建物が存する場合において，いま16番地の附属建物が滅失した場合については，当然建物の所在が15番地，16番地から，15番地になるから，所在地番の変更登記を要することは言うまでもない。

なおこの場合については，15番地に存する建物も，16番地に存する建物も，通常の建物の場合に限る。

これが主である建物あるいは附属建物がいずれか区分所有建物の場合については，附属建物の表示欄中構造欄に附属建物の所在が記録されるために，附属建物のみ滅失しても，所在地番の変更登記を要しない（規則4条，規則別表三）。

⑥　さらに15番地の主である建物と16番地の附属建物が通常の建物の場合において，いま15番地の主である建物のみが滅失したときには，主である建物の滅失登記及び附属建物を主である建物に変更する登記（準則102条）と併せて所在地番の変更登記をしなければならない。

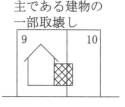

図75
主である建物の一部取壊し

図76
附属建物の増築

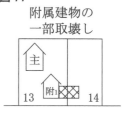

図77
附属建物の一部取壊し

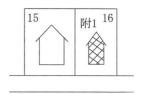

図78
附属建物の滅失

2．建物の所在の記録

（1）　都道府県名の記録（準則88条1項）

登記記録中表題部所在欄に建物の所在を記録するには，都道府県名の記録を要しない。ただし他の都道府県にまたがって存在する場合については，その都道府県名を冠記する（準則88条①）。

たとえば図79に示すように，主である建物がA県C市D町5番地に存する場合において，いま附属建物の店舗が，道路を隔ててB県E市K町6番地に存したとすると，このような二

つの県にまたがって存在するときは，図80に示すように，C市D町5番地とB県E市K町6番地とし，B県を冠記する。

しかし同一の都道府県の中において市がまたがる場合においては，都道府県名の冠記を要しないことは当然である。

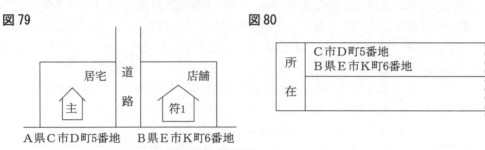

図79

A県C市D町5番地　B県E市K町6番地

図80

所在	C市D町5番地 B県E市K町6番地

（2）二筆以上にまたがる建物の所在

① 図81に示すように，7番地と8番地にまたがって建物が存し，その床面積が8番地の方が多い場合については，その建物の所在は8番地，7番地となる（準則88条②）。7番地の方に建物の床面積が多い場合には当然7番地，8番地となることは言うまでもない。

さらに図82に示すように，7番地，8番地，9番地の三筆にまたがる場合について，8番地が一番床面積が多い場合については，8番地，7番地，9番地のように記録される。

さらに図83に示すように，9番地に主である建物，10番地に附属建物がある場合については，当然主である建物の地番を先に記録し，附属建物の地番は後に記録される。したがって9番地，10番地となる。

なお10番地に主である建物があり，9番地に附属建物があれば，当然10番地が先で，9番地が後に記録される。

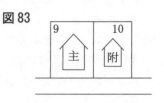

このように二筆以上の土地にまたがる建物の所在を記録する場合には，床面積の多い部分か，あるいは主である建物の存する土地の地番を先に記録して，他の土地の地番は後に記録されることになる（準則88条②）。

② ところで，区分建物については，その属する一棟の建物の所在は所在欄に記録されるが，各区分建物の所在は記録されることがない。つまり区分建物の所在は一棟の建物の所在である（規則4条，規則別表三）。

そこで図84に示すように，区分建物の属する一棟の建物が130番地と131番地にまたがる場合において，いまA区分建物が130番地上にある場合といえども，その

A区分建物の所在として130番地とは記録されない。つまり区分建物の所在は記録されないから，一棟の建物の所在131番地，130番地と記録される。

③ さらに所在地番を記録する場合に，たとえばA市B町5番地と7番地と9番地にまたがって建物が存する場合に，「A市B町5，7，9番地」と，このように番地を略するということはできない（準則88条③）。「A市B町5番地，7番地，9番地」というように記載をすることを要する。

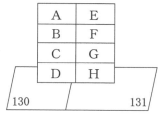

図84

B市K町131番地、130番地

ただし，地番が連続する場合，たとえばA市B町5番地，6番地，7番地，8番地，9番地というように五筆の土地にまたがって建物が存在し，しかも地番が連続する場合については，「5番地ないし9番地」というように，地番を略記することができる。ただし連番中に支号がある場合，たとえば5番地，6番地，7番地3，8番地，9番地のように途中に支号がある場合については，連続するとはいえないから，省略するわけにはいかない。

（3） 建物が土地上にない場合の所在

海上の構築物であるさん橋上に存する建物，または浮船を利用した建物等については，最も近い土地の地番を用い，「何番地先」のように表示する（準則88条④）。したがって浮船を利用した建物について，建物が，150番地に最も近いとすれば，「150番地先」のように所在を記録するわけで，150番地1とか2のように支号を付すわけではない。

土地家屋調査士本試験
択一試験　過去問題チェック

〔問〕建物の表示に関する登記を申請する場合の添付情報とされている建物図面又は各階平面図に関する次のアからオまでの記述のうち，**正しいもの**の組合せは，後記1～5までのうちどれか。

ア　附属建物の新築による建物の表題部の登記事項に関する変更の登記を申請する場合において，主である建物に変更がないときは，当該申請書に添付すべき建物図面には，主である建物を表示することを要しない。

イ　既存の建物全部を取り壊し，その材料を用いて同一の床面積及び構造である建物を再築した場合において，建物の表示に関する登記を申請するときは，申請書に建物図面を添付することを要しない。

ウ　地番を異にする他の土地に既登記の建物をえい行移転した場合において，建物の表示に関する登記を申請するときは，申請書に移転後の建物についての建物図面及び各階平面図を添付しなければならない。

エ　各階平面図は，250分の1の縮尺により作成しなければならないが，建物の状況その他の事情によりその縮尺によることが適当でないときは，これによらないことができる。

オ　建物が地下のみの建物である場合には，建物図面には，地下1階の形状を朱書しなければならない。

1　アイ　　　2　アウ　　　3　イエ　　　4　ウオ　　　5　エオ

〔正解　5〕

ア　主である建物に変更がない登記であっても，建物図面には主である建物を表示することを要する（規則81条）。誤り。

イ　建物を再築した場合，既存の建物が滅失し，新たな建物が建築されたものとして扱う（準則83条）。表題登記の申請であり，建物図面を添付することを要する（登記令別表12項添付情報）。誤り。

ウ　地番を異にする他の土地に既登記の建物をえい行移転した場合，申請書には建物図面を添付する。しかし，各階平面図は変更がないので添付を要しない（登記令別表14項添付情報イ）。誤り。

エ　各階平面図は，250分の1の縮尺により作成する。当該縮尺によることが適当でないときは，これによらないことができる（規則83条②）。正しい。

オ　建物図面には，地下のみの建物である場合には，地下1階の形状を朱書きする（準則52条①）。正しい。

したがって，正しいものはエオで，正解は5。

第33講　附属建物に関する問題点

1. 附属建物の意義

（1）　附属建物の記録

附属建物とは，表題登記がある建物に附属する建物であって，当該表題登記がある建物と一体のものとして一個の建物として登記されるものをいうと定義されている（法2条23号）。

つまり附属建物の性質については，まず附属建物は主である建物を経済上または利用上相助け，その効用を補うものである。したがって附属建物は主である建物と同一登記記録に記録され，合わせて一個の建物とされる。したがって主である建物1個に対して，附属建物が3個あろうが5個あろうが，全部登記法上では一個の建物として登記される。そこで登記法上では何個の附属建物があっても一個とみなされる関係上，登記の一不動産一登記記録主義に反するものではない。

（2）　登記の及ぶ範囲

従物は，主物の処分に従うとされる（民法87条②）。

附属建物は主である建物の処分に従い，主である建物に抵当権等の担保権が設定されれば，同一登記記録に存する附属建物にも，当然その効力が及ぶことになる。

したがって主である建物のみ抵当権を設定し，附属建物に及ばないようにするためには，附属建物を主である建物から分割をして，附属建物を別の独立した建物にするという形をとらなければならない。

図85に示すように，甲が所有している主である建物に乙が抵当権を設定し，1,000万円を貸したという場合に，いま新しく附属建物を新築して，その変更登記をした。当然抵当権の効力はこの附属建物にも及ぶ。もし，附属建物に抵当権の効力を及ぼさないようにするためには，附属として登記することなく新しい独立した建物として表題登記をしなければならない。

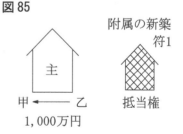

図85

なお附属建物として登記をなし得るためには，主である建物を経済上，利用上補助する関係になければならない。したがってこれらの関係にないものは，附属建物として登記することができない（準則86条1号）。

（3）　附属建物とできない場合

なお，同一規格の二個の建物を，双方とも居宅あるいは店舗等に使用している場合には，一方が他方を補うというような主と附の関係にないから，その一方を附属建物として登記できないことは当然である。

たとえば50㎡の床面積を有する木造かわらぶきの平家建を主である建物として，同様に

50 ㎡の床面積を有する木造かわらぶき平家建の建物を附属建物として登記することはできない。

もっともこの床面積については多少のずれがあっても、これは主と附の関係になければ登記することはできない。したがって同じ居宅であれば、少なくとも母屋と離れのような関係にあることを要する。

これに対して、附属の建物として建てられたもの、たとえば倉庫とか車庫であるが、これらのものは必ず主である建物と同一登記記録に附属建物として登記をしなければならないかというと、必ずしもそういうわけではない。

したがって元来これらの附属たる性質を有する建物であっても、独立していると認められるときは、附属建物として登記しても、あるいは主である建物として登記をしても、それは所有者の意思による（準則78条①）。

（4） 附属建物が主である建物と離れている場合

さらに主である建物・店舗がA県B市C町5番地に存在して、附属建物・倉庫がD県E市F町21番地と国道を隔てて存する場合、つまり主である建物と附属建物の敷地が接続しないで相当程度離れて存在していても、それが効用上あるいは利用上主である建物と附属建物の関係にあれば、一方を主である建物とし、他方をその附属建物として登記することができる。この場合には所在欄に、主である建物を先にして双方の所在地番が併記されていくことになる。県の名前も略すことができないので、D県を冠記する。

2. 附属建物の登記の申請

（1） 登記の目的

附属建物を新築した場合の登記の目的は、「建物表題部変更登記」である。

主である建物と同時に附属建物を登記する場合の登記の目的は、建物表題登記であるが、既存の登記ある主である建物に、後から附属建物のみを新築して登記をする場合は附属建物新築登記として、主である建物の場合と区別して扱っている。

もともと附属建物の新築登記の性質は変更登記であって、表題登記とは区別されるということである。

（2） 建物の名称・家屋番号

また、附属建物が区分建物であれば、一棟の建物の名称を登記することができるが、附属建物自体には建物の名称を登記することはできない。

さらに附属建物に家屋番号の登記が存しないのはもちろんであるが、それは主である建物と附属建物は一体であるため、1個の建物の登記記録に家屋番号が存すれば足りるからである（法44条2号）。

（3） 附属建物の符号

さらに附属建物のある建物について登記の申請をする場合、あるいは附属建物の新築の登記の申請をなすときにも、その符号を申請情報としなければならない。そして附属建物の表

示欄中，符号欄に記録されていく（規則別表二）。「符号1，符号2，符号3」のごとく，アラビア数字を使用し，一度使用した数字は再度使用はしない。

たとえば図86に示すように，主である建物に符号1，符号2，符号3の三個の附属建物があり，いま附属1が火災等で滅失をしたため，新たに同一場所に同じ附属建物を新築した場合には，その新築した附属建物については，符号1と同じ記号を使用することができない。したがって新築された附属建物には符号4と記録をしていくことになる。

このことは附属建物の符号が各主である建物について一度使ったら，二度使用しないという意味である。

たとえば図87に示すように，甲主である建物の符号1を分割して，符1の附属建物のある乙主である建物に合併したときは，乙主である建物には符号1があるから，分割して合併されるこの附属建物は，符号2になる。このように附属の主体が変れば，その符号が変っていくことがあり得る。

図86

符1が滅失して同一場所に
同じ建物を新築した場合

図87

（4） 附属建物の図面の添付

① 既登記の主である建物または附属建物に加えて，附属建物新築登記を申請する場合については，すでに建物図面，各階平面図が存するので，新築にかかわる附属建物のみの各階平面図と，新築後の附属建物を含めた建物図面を添付すればよい（昭37年10月1日民甲第2802号民事局長通達）。したがって各階平面図は既登記の建物については変更がないので，作成添付する必要はない。

② また新たに附属建物の各階平面図が添付されても，従来の建物図面つづり込帳につづり込まれている主である建物の各階平面図については，何らの変更手続もされない。

しかし建物図面については，主である建物と附属建物の位置を明確にする必要がある関係で，新しい建物図面が提出されると，変更前の主である建物のみ記載した建物図面は除かれ除去建物図面つづり込帳につづり込まれる。従前の図面はその閉鎖した日より30年間保存されることになる（規則28条13号）。

③ なお既登記の主である建物と附属建物が存する場合に，附属建物が滅失したことによりその登記をなすには，その附属建物が他の地番に存したために所在地番変更を伴う場合も含めて，その申請書には残存建物に変更がないから建物図面，各階平面図の添付を要しない。この場合には登記官は，当該滅失にかかわる附属建物をただ単に朱抹（抹消）すればよく，ほかに何ら記載を要しない（昭37年10月1日民甲第2802号民事局長回答通達）。

3. 附属建物の区分

(1) 建物の分割と区分

附属建物を主である建物から独立させるという場合には，建物の分割登記をすることになる。

これに対して，建物の区分登記（法54条①2号）というのは，図88に示すように甲建物に間仕切りを設けて，甲乙二個の区分建物に変更する登記をいう。事実上一個の建物，つまり通常の建物として登記があるものを二個以上の区分建物に変更する場合である。

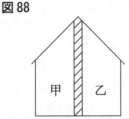

甲建物に間仕切りを設け甲、乙にする

もっとも，一棟のビルが1階から4階まであって，その1階から4階とも各戸の出入口があり，各戸とも独立しているという場合に，これを非区分建物として登記をしているが，後からこれを数個の区分建物に変更する場合は，建物の区分登記をなすことになる。

最初から独立している場合についても，建物の区分登記によって区分建物に変更することができる。

このように建物の区分登記は，通常の一棟の建物の登記記録から区分建物の登記記録に変更する登記であるのに対して，建物分割登記というのは，附属建物として登記があるものを，主である建物から分割して主に変更するための形式的な登記ということがいえる。

(2) 附属建物の区分（法54条①2号）

附属建物も主である建物と同様に建物を区分することが認められるか。附属建物は主である建物から分割をして，独立した建物として建物の分割登記をなし得ることは今述べたとおりであるが，附属建物を附属建物のままでこれを区分し，二個の区分建物にすることができるか。

たとえば図89に示すように，甲主である建物の符1附属建物を①②の区分建物に附属建物のままでなし得るかということである。

附属建物の区分

これは昭和35年の不動産登記法の改正前には，その第94条第1項及び第3項において，甲建物の附属建物を区分して，これを乙建物とする場合について登記手続を規定していた。しかしその規定は改正の際に削除になっている。

ところが平成17年3月7日施行の不動産登記法54条2号で再び附属建物の区分を認める規定を設けた。

附属建物を区分して，二個の区分建物とするという場合については，まず附属建物を分割して，独立した主である建物とした上で区分しなければならないことになっていたが（旧94条の2），現在では附属建物の区分を認めることとなった（法54条①2号）。

(3) 附属建物の区分合併

図90に示すように，甲主である建物の附属建物を①②の二個の区分建物に区分をし，②

を乙主である建物に合併することができるかという問題である。

この場合についても甲建物の附属建物を区分して，区分後の一部を乙建物またはその附属建物に合併するという登記も，登記関係が複雑になる関係で昭和35年の不動産登記法の改正の際に削除になった。ところで平成17年の改正で附属の区分を認めることにしたが，附属の区分合併を認める規定は存しない。

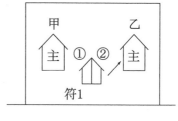
附属建物の区分合併

但し甲建物が附属でない場合の区分合併は認める。たとえば，甲建物を区分して，その一部を乙建物の附属建物とする建物区分合併登記（規則35条4号）や甲建物を区分してその一部を接続する乙建物又は乙建物の附属に合併する建物区分合併登記は認める（同35条5号）。この場合甲及び乙建物又は乙の附属建物はともに区分建物である事を要する（図91）。

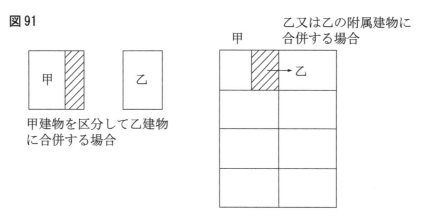

4．附属建物の態様と申請書の記載方式

主である建物と附属建物の形式については，次の四つの場合を考えることができる。

まず第一に，主である建物も附属建物も通常の建物である場合。第二に，主である建物が通常の建物であって附属建物が区分建物である場合。第三に，主である建物が区分建物であって，附属建物が通常の建物の場合。第四に，主である建物も附属建物も双方が区分建物の場合。この四つの形式が考えられるのである。

次に各場合について検討する。

（1） 主である建物も附属建物も通常の建物の場合

この場合の所在の記載の方式については，法44条1項5号に「附属建物があるときはその所在，種類，構造及び床面積を記載することを要する」というような一般的規定がある。

規則別表二の区分建物でない建物（非区分建物）の登記記録の所在欄には，附属建物の所在を含むとあり，主である建物と附属建物が非区分建物であるときは，この所在欄に記録される。

また，不動産登記法取扱手続準則88条2項において「二筆以上の土地にまたがる建物の所在を記載する場合には，床面積の多い部分または主たる建物の存する土地の地番を先に記録し，他の土地の地番は後に記録するものとする」というように規定する。つまり主である建物と附属建物が別地番にあるときは，主である建物を先にして，附属建物の地番を後に併記するということである。

　当然，主である建物と附属建物とが同一の一棟の建物に存する区分建物である場合においては，この附属建物を表示するには一棟の建物に関する記録，つまり所在，構造，床面積等の記録を必要としない（準則89条）と規定している。

　次に，登記上の記録の方式について検討しよう。

　図92に示すように，主である建物はA市B町字丁26番地に所在し，種類は居宅，構造は木造かわらぶき2階建，床面積1階131.00㎡，2階60.00㎡。附属建物は同所27番地に所在し，種類は車庫，構造はコンクリート・ブロック造スレートぶき平家建，床面積は25.00㎡である。

　この双方の建物を表示する場合の所在欄には，「A市B町字丁26番地，27番地」のように併記していくことになる（図93）。

図92
主である建物も附属建物も通常の建物である場合

図93

建物の表示	所　　在	A市B町字丁26番地、27番地			
	家屋番号				
	主である建物又は附属建物	①種類	②構　造	③床　面　積 ㎡	登記原因及びその日付
	主	居宅	木造かわらぶき2階建	1階　　131 00 2階　　　60 00	平成23年3月6日新築
	符号1	車庫	コンクリートブロック造スレートぶき平家建	25 00	

　次に図94に示すように，A市B町一丁目17番地に主である建物があり，道路を隔てて，A市D町二丁目6番地に附属建物がある場合については，その所在欄にはA市B町一丁目17番地，A市D町二丁目6番地と併記していくことになる（図95）。

図94

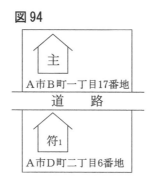

図95

建	所　在	A市B町一丁目17番地 A市D町二丁目6番地		

（2） 主である建物が通常の建物で，附属建物が区分建物である場合

次に実際の記録の方式について検討する。

図96に示すように，まず主である建物がK市Y町一丁目7番地にあり，附属建物が同8番地に存する場合についての記録の方式については，まず所在欄に主である建物の所在「K市Y町一丁目7番地」を記録する。そして種類は居宅，構造は木造かわらぶき平家建，床面積195.64㎡。

これに対して附属建物は，附属建物の一棟の建物の所在，構造，床面積及び名称は，附属建物の表示欄中構造欄にこれを記録する（規則別表二。主である建物の構造欄）。つまり「符号1，倉庫，K市Y町一丁目8番地」と，まず附属建物の一棟の所在を記録し，さらに附属建物の属する一棟の建物の構造を記録する。つまり「軽量鉄骨造スレートぶき平家建」である。さらに附属建物の一棟の建物の床面積「80.00㎡」と記録する（壁等の中心線による面積）。次に，区分建物そのものの構造「軽量鉄骨スレートぶき平家建」と記録する。区分建物の場合については，法44条1項5号に区分建物である附属建物にあっては当該附属の建物が属する棟の建物の所在の市，区，郡，町，村，字及び土地の地番，並びに種類，構造及び床面積，同9号では，附属建物が区分建物であって，敷地利用権たる登記したる権利にして建物又は附属建物と分離して処分することができないものがあるときはその敷地権の表示をすることとされる。この事例では，附属建物の敷地に登記すべき敷地権があるときは，その土地の表示として「K市Y町一丁目8番，宅地，100.25㎡」と，権利の種類と割合の「土地の所有権3分の1」と記録される。そして，区分建物の床面積を床面積欄に「40.00㎡」と記録される（壁の内側線による面積）。

登記原因及びその日付欄には，附属建物の新築の年月日及び敷地権が生じた日を「年月日敷地権」のごとく記録される。

図 96

主である建物が通常の建物で附属建物が区分建物である場合

建物の表示	所在	K市Y町一丁目7番地			
	家屋番号				
	主である建物又は附属建物	①種類	②構　造	③床　面　積 m²	登記原因及びその日付
	主	居宅	木造かわらぶき平家建	195:64	平成何年何月何日新築
	符号1	倉庫	K市Y町一丁目8番地軽量鉄骨造スレートぶき平家建 80.00 m² 軽量鉄骨造スレートぶき平家建	40:00	平成何年何月何日新築 平成何年何月何日敷地権
			敷地権の表示 K市Y町一丁目8番宅地100.25 m²の土地の所有権3分の1		

（3）主である建物が区分建物で，附属建物が通常の建物の場合

　図97に示すように，区分建物である主である建物がC郡大川町34番地5に存在し，通常の附属建物が同所34番地6に存在する場合である。

　この場合は，まず一棟の建物の表示欄の所在欄に，その主である建物である一棟の建物の所在を「C郡大川町34番地5」のように記録をする。なおB壱号は，主である建物の属する一棟の建物の名称であり，一棟の建物の名称は一棟の建物の名称欄に記録される。

　次に，一棟の建物の構造，床面積のほか，図98に示す区分した主である建物について，まず建物の名称「B壱参号」，このように区分建物には，その建物自体の建物の名称を付すことができる。「種類は居宅,構造は鉄筋コンクリート造1階建,床面積は2階部分87.49 m²」。

　そして附属建物を「符号1車庫」，さらに構造欄に附属建物の所在を「C郡大川町34番地6」と記録し，そして附属建物の構造を「木造スレートぶき平家建」のように記録をしていく。そして床面積を「24.00 m²」と記録すればよい（図98）。敷地権の種類は所有権，割合の1000分の15は主である建物の敷地権である。

図97

主である建物が区分建物で附属建物が通常の建物の場合

建物の名称B壱号

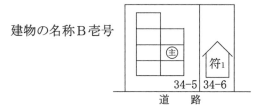

一棟の建物の表示	所　　在	C郡大川町34番地5			
	建物の名称	B壱号			
	①構　造	②床　面　積 m²			原因及びその日付
	鉄筋コンクリート造陸屋根4階建	1階　　300:00 2階　　300:00 3階　　300:00 4階　　150:00			
敷地権の目的である土地の表示	①土地の符　号	②所在及び地番	③地目	④地　積 m²	原因及びその日付
	1	C郡大川町34番5	宅地	9514:54	

　　　　　　　　　　　　　　　　　　土地家屋調査士　　何某 職印

図98

区分した建物の表示	家屋番号	建物の名称	主である建物又は附属建物	①種類	②構造	③床面積 m²	原因及びその日付
		B壱参号	主	居宅	鉄筋コンクリート造1階建	2階部分 87:49	平成23年3月9日新築
			符号1	車庫	C郡大川町34番地6木造スレートぶき平家建	24:00	

敷地権の表示	①土地の符号	②敷地権の種類	③敷地権の割合	原因及びその日付
	1	所有権	1000分の15	平成23年3月9日敷地権

（4） 主である建物も附属建物も，双方が区分建物の場合

図99に示すように，A市B町一丁目17番地に区分建物である主である建物が存し，同所18番地に区分建物である附属建物が存する場合において，まず一棟の建物の表示欄にこの主である建物の所在，つまり「A市B町一丁目17番地」と記録し，さらにこの主である建物に建物の名称がある場合には「FB1号館」のように記録をする。

さらに一棟の建物の構造，床面積のほか，図100に示す区分した建物の表示については，まず「種類・事務所，構造・鉄筋コンクリート造2階建，床面積・3階部分128.00㎡，4階部分72.00㎡」と記録する。ここまでは前の事例と同じく，附属建物については「符号1倉庫」と記録し，構造欄にはその附属建物の一棟の建物の所在「A市B町一丁目18番地」と記録し，さらに附属建物の一棟の建物の構造「木造かわらぶき平家建」と記録し，さらに附属建物の一棟の建物の床面積「80.00㎡」と構造を記録する。最後に区分した附属建物の構造を「木造かわらぶき平家建」のように記録する。そして附属建物の床面積欄には，区分した附属建物の床面積「40.00㎡」と記録すればよい（図100）。

敷地権の表示を主である建物，附属の建物それぞれに記録していく。

図99

主である建物も附属建物も双方が区分建物の場合

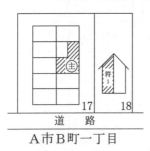

一棟の建物の表示	所　在	A市B町一丁目17番地			
	建物の名称	FB1号館			
	①構　造	②　床　面　積　㎡			原因及びその日付
	鉄筋コンクリート造陸屋根5階建	1階 2階 3階 4階 5階	400:00 400:00 400:00 400:00 150:00		
敷地権の目的である土地の表示	①土地の符号	②所在及び地番	③地目	④地積 ㎡	原因及びその日付
	1	A市B町一丁目17番	宅　地	8235:18	
	2	A市B町一丁目18番	宅　地	451:20	

土地家屋調査士　　何某　職印

図100

	家屋番号	建物の名称	主である建物又は附属建物	①種類	②構造	③床面積 m²	原因及びその日付
区分した建物の表示			主	事務所	鉄筋コンクリート造2階建	3階部分 128:00 4階部分 72:00	平成23年3月3日新築
			符号1	倉庫	A市B町一丁目18番地木造かわらぶき平家建床面積80.00 m² 木造かわらぶき平家建	40:00	

	①土地の符号	②敷地権の種類	③敷地権の割合	原因及びその日付
敷地権の表示	1	所有権	1000分の25	平成23年3月9日敷地権
	2	賃借権	2分の1	平成23年3月1日符号1附属建物の敷地権

最後にまとめると，
　⑴主も附も通常の建物であるときは，一つの所在欄に記録する。
　⑵主が通常，附が区分建物であるときは，附属の構造欄に，一棟の所在，構造，床面積及び附属の構造を記録する。
　⑶主が区分，附が別棟の通常建物であるときは，附属の構造欄に，附属の所在と構造を記録する。
　⑷主が区分で，附が別棟の区分建物であるときは，附属の構造欄に，附属の一棟の所在，構造及び床面積と附属の構造を記録する。

土地家屋調査士本試験
択一試験　過去問題チェック

〔問〕登記することができる建物に関する次の1から5までの記述のうち，**誤っている**ものはどれか。

1　屋根及び外壁があって，内部に車を格納する回転式のパーキング機械が設置されているタワー状の立体式の駐車場は，建物として登記をすることができる。
2　Aが所有する建物とBが所有する建物について，屋根が密着し，外観では一棟の建物のように見られる場合であっても，柱，壁が別々であるときは，A及びBが所有するそれぞれの部分を区分建物でない建物として登記をすることができる。
3　桟橋の上に店舗として建設した建物は，たとえ桟橋に定着性があったとしても建物として認めることはできない。
4　外壁の形態が観音像であり，内部に祭壇が設けられ参拝者が着席することができ，寺院の本堂として利用されている建造物は，建物として登記をすることができる。
5　高架線構造物の下部（いわゆるガード下）の土地に，定着する基礎，壁等を設けて建造した店舗，倉庫等は，建物として登記をすることができる。

〔正解　3〕
1　内部に車を格納する回転式のパーキング機械が設置されている立体式の駐車場は，平家建として建物として認定する。正しい。
2　一見すると一棟の建物のように見えても，各戸ごとに独立した柱と壁が設けられているときは，各戸をそれぞれ独立した建物として取扱う。正しい。
3　永久的な建造物である桟橋上に構築された店舗・事務所は，土地に定着しているといえる。誤り。
4　内部に祭壇が設けられ参拝者が着席することができる施設があり寺院の本堂として利用されることができる建造物は，用途性があり建物として取り扱う。正しい。
5　ガード下にある建物は，建物として登記することができる（準則81条①（3）ウ）。正しい。

第３４講　建物図面及び各階平面図

１．建物図面

（１）建物図面の内容

建物図面は，建物位置及び形状を明確にするために作成する図面である（登記令２条５号）。

建物図面には，方位，縮尺，敷地の地番及びその形状，隣地の地番，附属建物があれば，主である建物または附属建物の別，その符号が記録される（規則82条②）。

建物図面を添付する場合としては，建物の表題，建物の所在の変更・更正，建物の床面積の変更・更正，附属建物の新築，建物の分割・区分または合併，合体による登記がある。その他表題登記のない建物についての判決または収用によって所有権の保存の登記の申請が挙げられる（令別表12項，13項，14項，16項，32項）。

規則別記第二号（第七十四条第三項関係）

	家屋番号		建物図面 各階平面図
	建物の所在		
作成者（　年　月　日作成）	縮尺 1/	申請人	縮尺 1/

建物図面及び各階平面図は，一個の建物ごとに作成しなければならない。もっとも附属建物があるときは，主である建物と附属建物をあわせて一個の建物として作成する（規則81条）。

建物図面，各階平面図は，規則別記二号様式によって，右側に建物図面，左側に各階平面図を，一葉の用紙に作成する。

なおこの図面には作成の年月日及び作成者の署名又は記名押印，申請人の記名を要する（規則74条②）。

建物図面の縮尺は500分の１によって作成するのが原則であるが，それが適当でない場合は，適宜の縮尺でよい（規則82条③）。

建物の位置及び形状を明確にするということは，結局どのような大きさの建物が，何番の敷地に，また隣地との境界，さらに道路との間にどの程度の距離が置かれているかを明確

にすることになる。したがってその敷地に建物の1階の形状を明確にするものとされる（規則82条①）。

建物図面は，建物が地下のみの建物であるときは，地下1階の形状を朱書する（準則52条①）。したがって地上階があるときは，もちろん地上1階の形状を明示すれば足りる。

なお，建物図面は，0.2mm以下の細線で鮮明に作成しなければならない（規則74条）。

（2） 特殊な場合

このように建物図面は，1階の形状を明確にすることになっているが，近時の建物は1階より上階の部分の床面積の大きいものが見られる。このような場合も同様に，1階部分の形状を記載するにとどまると，建物の真の意味での位置，つまり隣地の境界線とか，道路からの位置及び形状を明確にするという建物図面の本来の使命が果たせないことになってくる。したがって，特に極端な場合，たとえば1階のほんの一部に建造物があり，あとは柱のみで，車庫等に利用している場合については建物の位置，形状を明確にするため，少なくとも1階部分を明示した後に，上階の部分を一点鎖線等で記載をし，その位置を明確にすべきであると考えられる。

たとえば図101に示すように，5階建の1階部分が受付を行うA事務所のみで，わずか10㎡しかなく，2階から5階までの各階の床面積が300㎡ある場合については，この1階の形状のみを記載したのでは，建物の形状を明確にするという本来の目的は達成されないことになる。したがってこの場合については，2階以上の部分について，一点鎖線をもって明確にすべきものとするのが妥当であろう。

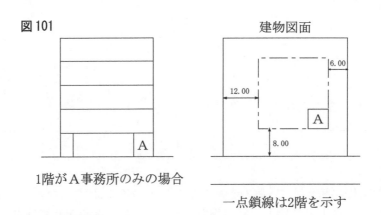

（3） 区分建物の建物図面

区分建物の建物図面は，建物の敷地並びに区分建物の，その地上の最低階の位置及び形状を明確にする（規則82条①）。

区分建物の存する階層の形状が，一棟の建物の1階の形状と異なるときは，一点鎖線をもって区分建物の存する階層の形状を明確にする（準則52条②）。

① たとえば図102に示すように，4階建の建物の4階部分にA区分建物が存した場合において，A区分建物の存する階層，つまり4階部分は1階部分の形状と異なっているので，A区分建物の形状は実線，A区分建物の存する4階部分の形状は一点鎖線，そして1階の形状は点線で表示する。

区分建物の存する階層の形状と1階の形状が異なる場合

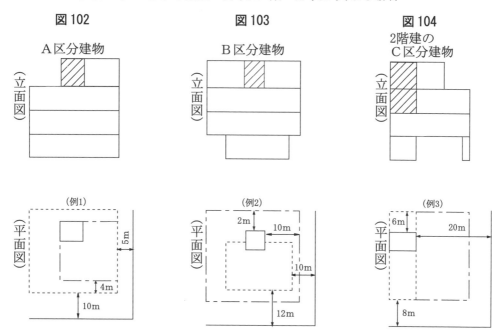

さらに図103に示すように，B区分建物が4階部分に存し，しかもその一棟の建物の1階の形状が，その4階の形状よりも小さい場合については，例図のように1階の形状を点線で記載をし，その区分建物の存する4階の形状を一点鎖線で記載する。したがって4階の部分が1階の形状よりも大きい場合でも，建物の位置，形状は明確にされていくことになる。

なお，図104に示すように，区分建物が4階建の建物のうち3階部分と4階部分に存し，2階建の場合については，その最低階（3階部分）の形状を点線で明確にしていくことになる。

図105のように，区分建物が，その階層の端の部分にない場合については，その階のどの部分に区分建物があるかを寸法で表示をし，さらに一棟の建物と境界線からの位置を寸法で表示をする。

② さらに区分建物の建物図面は，区分した建物の図面に一棟の建物の1階の形状をも明確にする。そしてその建物が1階以外の部分に存する場合には，

図105

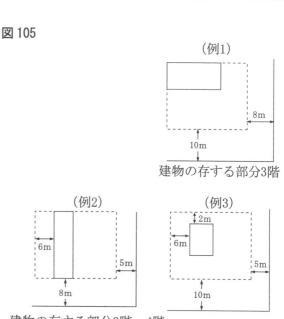

その存する階層をたとえば「建物の存する部分3階」とか,「建物の存する部分3階,4階」のように記載するものとされる（図105）。したがって，区分建物の建物図面に階層の記載がない場合については，その建物は1階に存することになる。つまり区分建物が1階に存する場合については,「建物の存する部分1階」という表示は必要ない（準則52条②）。

2．各階平面図

各階平面図は，各階の床面積を明確にするために，その形状を図示する図面である（登記令2条6号）。これには，縮尺，各階の別，各階の平面の形状，1階の位置，各階ごとの建物の周囲の長さ，床面積及びその求積方法並びに附属建物があるときは，主である建物又は附属建物の別及び附属建物の符号を記録しなければならない（規則83条）。

附属建物が存する場合は，主である建物は「主」と記載し，附属建物は附属建物一個ごとに符号1，符号2のごとく図面に記載する。

附属建物の符号は一度使用したものは再使用しない。したがって符号1，符号2の二個の附属建物のうち，符号1の建物が滅失したときに新しく附属の新築をして，その登記をする場合の符号は符号3となる。

各階平面図は図106，107に示すように，1階の形状と2階以上の建物の形状が異なる場合については，2階以上の各階平面図に1階の形状を点線で示す。

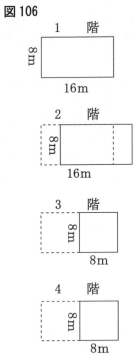

図106

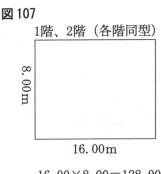

図107

1階、2階（各階同型）

16.00×8.00＝128.00
床面積　128.00㎡

各階の形状が同型の場合

2階以上の建物の形状が
1階の形状と異なる場合

各階の床面積は，平家建以外の建物のついては各階ごとにその床面積を作図するが，各階の形状が1階の床面積，形状と同型の場合には，各階同型として一個の図面を作図すれば足りる（図107，準則53条②）。

なお各階の床面積の合計を記載することを要しない。

図108に示すように，1階の部分と上階の建物の部分がずれている場合については，その1階の形状を図のように点線で図示する。したがって各階平面図には，3階の部分と，1階の点数の部分が全く離れて図示される場合も出てくる。

また各階平面図は，一個の建物ごとに作成しなければならないが，附属建物があるときは，主である建物と附属建物をあわせて作成をする（規則81条）。

さらに建物の分割や区分の登記を申請する場合において，各階の平面図に記載すべき分割または区分後の各建物の符号は，①②③，(イ)(ロ)(ハ)または ⒶⒷⒸ 等，適宜の符号を用いて差支えない（準則54条①）。

図面の作成に当たって，その申請書に建物図面，各階平面図の双方を添付する場合については，右側に建物図面，左側に各階平面図を記載する。

縮尺については，250分の1の縮尺により作図する。ただしこの縮尺によることを適当としない場合については，適宜の縮尺によって作成することができる（規則83条②）。

なお各階平面図には作成者が署名又は記名押印し申請人が記名しなければならない（規則74条②）。

なお建物図面，各階平面図は，地番区域ごとに，家屋番号の順序により，建物図面つづり込み帳につづり込まれる（準則55条②）。

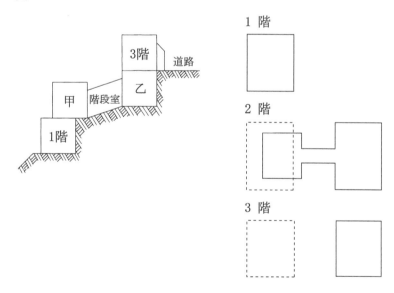

図108

> 土地家屋調査士本試験
> 択一試験　過去問題チェック

〔問〕建物図面又は各階平面図に関する次のアからオまでの記述のうち，**誤っているもの**の組合せは，後記1から5までのうちどれか。

ア　建物図面及び各階平面図は，1個の建物（附属建物があるときは，主である建物と附属建物とを合わせて1個の建物とする。）ごとに作成しなければならない。

イ　建物図面及び各階平面図を書面で作成する場合には，0.3ミリメートル以下の細線により，図形を鮮明に表示しなければならない。

ウ　建物図面の作成にあたり，建物がその図面上において極めて僅少となり，その形状を図示し難いときは，その位置のみを記入し，その用紙の余白の適宜の箇所に適宜の縮尺により拡大表示し，その位置，形状及び縮尺を明らかにすることができる。

エ　各階平面図は，250分の1の縮尺により作成しなければならないが，建物の状況その他の事情により当該縮尺によることが適当でないときは，500分の1の縮尺により作成しなければならない。

オ　附属建物の新築による建物の表題部の変更の登記を申請する際に提供すべき建物図面は，新築された附属建物のみでなく，主である建物も含めて記録しなければならない。

1　アエ　　　　2　アオ　　　　3　イウ　　　　4　イエ　　　　5　ウオ

〔正解　4〕

ア　正しい。規則81条のとおり正しい。

イ　誤り。書面申請において提出する建物図面及び各階平面図は，0.2ミリメートル以下の細線により，図形を鮮明に表示しなければならない（規則74条①）。

ウ　正しい。本肢のように余白に拡大して表示する方法によることができる。

エ　誤り。各階平面図は，250分の1の縮尺により作成しなければならないが，他の縮尺とは，500分の1とは限らない（規則83条②）。

オ　正しい。附属建物の新築の登記を申請する場合，申請書に添付すべき建物図面には，当該新築附属建物のみならず，既登記の主である建物及び他の附属建物をも表示すべきである。

　　以上により，誤っているものはイエであり，正解は4。

第35講　建物の分割登記

1．分割登記の性質と必要性

（1）　附属建物の意義

建物は登記法上，主である建物と附属建物に区分けすることができる。

附属建物は主である建物と効用上一体となるべきもので，主である建物の補助的性格を有するものであるから，全体として一個の建物とみなされる。したがって附属建物が二個あろうと，三個あろうと，すべてこの建物は一体となって一個の建物として登記される。

たとえば母屋と離れ，店舗と倉庫，居宅と事務所等主である建物の効用を助長するのが目的で，その独立性を失っている場合である。

登記の申請においては，主である建物または附属建物の欄に，主である建物は主，附属建物は符号1，符号2と，附属建物一個ごとに符号が付される（規則112条②）。

（2）　分割登記の必要性

また，登記記録の表題部にも，主である建物の表示と附属建物の表示の欄が設けられている（規則別表二）。

このように主である建物と附属建物は，一個の建物として登記される。

そこで図109に示すように，主である建物が居宅，附属建物が店舗の場合について，居宅のみ抵当権を設定したい場合や，店舗のみ売買したい場合については，附属建物を登記簿上独立させる必要が出てくる。

図109

①居宅のみ抵当権を設定したい場合

②店舗のみ売りたい場合

たとえば所有者の甲が乙から1,000万円借用して，その居宅に抵当権の設定契約をした場合について，このまま抵当権の設定登記をすれば，表題部には居宅と店舗が双方記録されているから，抵当権の効力は当然店舗にも及ぶ。

さらに所有者の甲が買主乙に，店舗のみを1,000万円で売買したい場合についても，表題部に両方とも記録されているのであるから，分割しない限り店舗のみの所有権移転登記はできない。そこで店舗のみに乙の所有権の登記をするためには建物の分割登記の必要が出てくる。

つまり附属建物を分割して新しい登記記録に移し，しかる後に所有権の移転登記をするわけである。

（3）　分割の手続

このように，登記官は，甲建物からその附属建物を分割して乙建物とする建物の分割の登記をするときは，乙建物について新たに登記記録を作成し，甲建物の表題部に分割した旨

を記録し，附属建物を抹消する（規則127条①②）。分割した乙建物の権利部は，土地の分筆の登記が準用され，権利部の甲区及び乙区の登記が転写される（同③）。

このように，建物の分割というのは，主と附の関係を主と主の別個独立した関係に変更することにほかならない。ただこの場合に注意をしなければならないのは，建物の分割は外形的に何らの変更を伴わない，いわゆる効用上，利用上の変更に伴う純然たる法上の分割であるということである。建物の分割は土地分筆の場合と同様に，分割の登記によって初めて分割の効力が生じるいわゆる形成登記であって，分割の申請の段階では登記原因なるものは存在しない。

2．2個の附属建物を一個の建物とする分割

分割をする場合は本来甲建物の附属建物を独立させるということであるが，附属建物が二個ある場合に，その一個を主として分割できるか。

たとえば図110に示すように，甲主である建物に乙丙の二個の附属建物がある場合，通常建物を分割する場合は，甲から乙丙を分割して，それぞれ二個の主である建物に変更していくわけであるが，甲から乙丙の附属建物を分割することによって，乙を主である建物，丙を乙の附属建物とする分割登記をなし得るかという問題である。

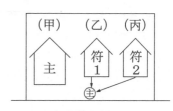

図110

乙を主とし丙をその
附属建物とする分割

本来建物の分割登記は，主である建物からその附属建物を独立させ主である建物に変更する登記である。そうだとすれば甲建物から乙丙を分割することによって，当然乙も丙も主である建物として登記をすべきであろう。つまり乙を主である建物，丙を乙の附属建物とするためには，まず甲建物より乙丙を分割登記をなし，しかる後に丙を乙の附属として合併登記の申請を要するはずである。

すなわち丙を分割した後，直ちに乙の附属として合併することは，丙について新しい登記記録を設け，直ちに乙に合併することによってその登記記録を閉鎖しなければならない。このような事務上の手間を省くために，一個の分割行為において，乙を主である建物，丙をその附属建物とする登記を便宜認めているのである。これは理論上，疑問があるが，いわゆる実務の手続上の関係で適宜認めている。

3．制限的権利の登記の存する建物の分割

（1）抵当権，質権，先取特権の登記の存する場合

図111に示すように，甲主である建物には乙丙の二個の附属建物が存する場合について，いまこの建物に抵当権や先取特権，質権等の担保物権の設定登記があるときに，これらの建物を分割して附属建物を主である建物とする登記をするときには，新しい乙丙の登記記録を設け，そこに表題部，甲区，乙区のそれぞれの権利を転写

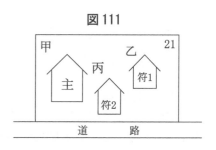

図111

していくことになる。

そのとき抵当権や，質権，先取特権については，建物の分割登記の際にその消滅の承諾書が添付されない限り，分割後の新しい登記記録にこれらの権利が登記官の職権で転写されていくことになるわけである（規則128条，同102条①〜③）。

したがってこれらの担保物権が存続する場合については，当然二個以上の不動産に担保権が存続することになるから，登記官は共同担保目録を作成することになる。

ところで甲主である建物か，あるいは附属建物かのいずれかについて抵当権等の消滅の承諾書を添付した場合については，当然その承諾書の添付のある建物については，抵当権等の担保物権の転写をしないことになる（法54条③，法40条の準用）。

たとえば建物を分割して新しい登記記録を設ける乙丙二個の附属建物については，抵当権消滅の承諾書などの添付があれば，これらの登記記録には抵当権を転写しないことになる。もし乙丙双方に消滅の承諾があれば，抵当権は甲建物にのみ存続するのであるから，したがってこの場合には共同担保目録は作成されない。同様に乙のみ抵当権が存続をし，甲丙について消滅の承諾がある場合も同様である。

このように一個の不動産についてのみ抵当権が存続し，他は存続しないような場合については共同担保目録は作成されない。乙建物あるいは丙建物のみ消滅の承諾があり，二個の建物に抵当権等の権利が存続する場合は，当然共同担保目録が作成される。

さらに甲から乙丙を分割するに当たって，甲乙丙全部の抵当権を抹消することはできない。すなわち分割後のすべての建物につき承諾書を添付しても全部の抵当権等の担保権を消滅させるわけにはいかない。少なくともいずれか一個の不動産については，その抵当権等の担保権を存続させなければならないものである。このことは土地の場合と全く同様である。

（2） 留置権の存する場合

甲乙丙建物について，それぞれ修理をしたり増改築をするため請負人に依頼したが，その増改築の費用を払わないために，その費用代金について請負人が建物を留置している場合に（民法295条），この建物を分割したときには共同担保目録が作成されるであろうか。

このように，請負人が建物を留置して占有している場合についても，建物の分割は登記記録上の操作であるから，したがって分割登記は一向に差支えない。この場合にも登記記録に留置権の登記があるわけではないから，共同担保目録が作成されることはない。

さらに甲乙丙三個の建物を請負人が留置している場合に，たとえば乙丙の建物について留置権者の消滅の承諾があったとしても，同様にこれらの書類を添付するという問題は生じない。すべて登記記録に留置権の登記がなされていないためである。

（3） 所有権移転請求権仮登記の存する場合

たとえば図112に示すように，所有者のAが，甲主である建物，乙附属建物を有し，この双方合わせて買主Bに2,000万円で売買契約を成立させ，買主Bが800万円の内金を払って，所有権移転請求権仮登記をなしたとしよう。

この場合，買主Bが残代金を支払えないため，乙附属建物のみ所有権移転の本登記をしたい場合に，この建物を分割するに当たって，買主Bの所有権移転請求権仮登記の消滅の承諾書を添付すれば，分割後の甲建物には仮登記が抹消されるであろうか。

法40条によれば，承諾書の添付によって権利が転写されず，あるいは抹消されるのは，所有権の登記以外の権利に関する登記の権利の登記名義人の消滅の承諾がある場合とされている。この所有権の登記以外という意味は，申請人以外の制限的権利者の消滅の承諾という意味であって，ここに言う買主Bの所有権移転請求権仮登記の消滅の承諾は，所有権以外の制限的権利に該当するから，消滅の承諾があれば当然抹消される。

このことは買主Bが売買代金の全額を支払ってその所有権の保全をするためになす所有権の仮登記の場合についても，同様に消滅の承諾があればその仮登記は消滅する。

（4）競売申立の登記（差押の登記），仮差押，仮処分の登記の存する場合

この場合については土地分筆のところで解説をしたので簡単に述べる。

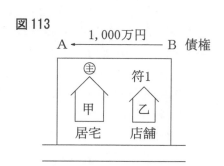

図113に示すように，債権者Bが債務者Aに1,000万円を貸した。しかし債務者Aは弁済期が来ても支払わない。そのために債権者Bが裁判所に訴えて，AはBに1,000万円支払えという給付判決を得たとしよう。この判決の正本に執行裁判所の執行文の付与を得たものを，債務名義として債務者の財産を差押えることができる。この債務名義に基づいてA所有の居宅（甲建物），店舗（乙建物）を差押えるためには，執行裁判所に競売の申立てをしなければならない。

債権者Bがこの判決の正本に基づいて，強制執行の申立をした場合については，裁判所はその要件を満たしているかどうかを調査の上，競売手続の開始決定をなす。

この競売開始決定をなす場合には，差押の宣言をすることになる（民事執行法45条）。同時に裁判所書記官より登記所に対して差押の登記の嘱託をなす。差押の効力は，競売の開始決定が債務者に送達された時か，差押の登記がされた時のいずれか早い方に生ずる（民事執行法46条）。

この競売申立の登記のある建物について分割をし，たとえば附属の店舗を売って，債務者がその代金をBに支払うという場合が生じてくる。店舗に競売申立の登記があっては具合が悪いため，その分割に当たって債権者Bの承諾をとれば，その新しい登記記録を作成する際に店舗については競売申立の登記（差押の登記）を転写しないことができるか。

しかし競売申立の登記（差押の登記）は裁判所の嘱託によってなすものであって，当事者の申請によるものではない。したがってこれら裁判所が加入した登記については，その権利者の消滅の承諾があっても権利は消滅をしない。したがって仮に債権者Bの乙建物に対する消滅の承諾があったとしても，登記官はこれを無視し新しい登記記録を作成し，これら競売申立の登記を転写しなければならない。

このことは，勝訴判決があった場合に，その執行を容易にするための執行保全のための仮差押，仮処分の登記がある建物を分割する場合についても，全く同様なことが言える。
　つまり法40条の所有権以外の権利の登記名義人の消滅の承諾には，裁判所の嘱託による仮差押，仮処分，または競売申立（差押）の権利者の消滅の承諾を含まないとされている（昭41年11月8日民甲第3258号民事局長回答）。

（5）　共用部分である旨の登記ある場合

　図114に示すように，共用部分である旨の登記ある集会場について，いま区分建物が主である建物に一棟の建物を附属建物として登記がある場合に，附属建物を独立させて分割することができるか。
　共用部分である旨の登記のなし得る建物は，通常の建物として登記のなし得るものであるから，建物の分割登記をなし附属建物を独立させることは当然なし得ることになる。
　このとき，共用部分である旨の登記がされると，職権で表題部所有者または所有権の登記名義人等，一切権利に関する登記は抹消されるため（規則141条），登記記録上，だれが所有者であるかは全く不明である。そこでその所有者から建物の分割登記の申請をすることを明らかにするため，所有者証明書の添付をしなければならない（令別表16項添付情報ロ）。
　この所有者証明書については，一般に規約証明書が挙げられる。しかしこの規約証明書が紛失等によって添付できない場合については，所有者を証する情報として，登記した他の区分所有者の全部又は一部の者の証明書とされる（準則87条2項）。
　なお，共用部分（団地を含む）である旨の登記ある建物については，合併禁止である（法56条1号）。

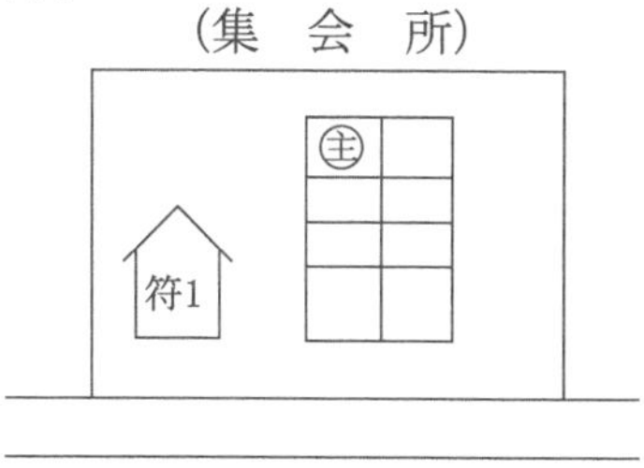

図114

共用部分である旨の
登記のある建物

4．建物の分割登記の申請

　建物の分割登記の申請は，表題部所有者または所有権の登記名義人から申請をする（法54条①1号）。この建物の分割登記の申請書には，分割後の建物図面及び各階平面図を添付する（令別表16項）。この場合の建物図面及び各階平面図は，一個の建物ごとに作成する。したがって主と附を分割して二個の建物になった場合については，建物図面及び各階平面図は2枚必要になる。
　なお，建物分割の際の建物図面及び各階平面図に記載すべき分割後の建物の符号は，①②③あるいは，（イ）（ロ）（ハ），またはⒶⒷⒸ等適宜の符号を用いて差支えない（規則34条①3号，同84条）。
　土地の分筆登記と同様（法40条），分割後の建物について，所有権等の登記以外の登記名義人の承諾書を添付することができる（法54条③）。
　登録免許税は，所有権の登記がある建物について，分割後の個数×1,000円である。

5. 建物分割による所有権の登記

　規則128条2項では，分割前の建物について現に効力を有する所有権の登記がされた後当該分割に係る附属建物の新築の登記がされているときは，乙建物の甲区に申請人の氏名・住所及び分割による所有権登記をすることとされる。

　たとえば主である建物の表題登記及び所有権の保存の登記後に乙附属建物を新築し，この建物を分割する場合である。つまり，乙建物には所有権の登記がないものとして，分割登記手続の際に職権で所有権の登記手続をすることになる。申請としては，特段何も必要がないが，この乙建物については，所有権に関する登記識別情報が存在せず，以後必要な場合は，法23条の事前通知等による。

6. 建物の分棟の登記

　主である建物と主である建物の中間を増築する合体登記や，あるいは主である建物と附属建物の中間を増築する，主と附の合体が表題部の変更として扱われるならば，その反対に一棟の建物を一部取壊して主と主にする分棟分割の登記や，あるいは一棟の建物の中央を一部取り壊して主である建物と附属建物とする分棟を原因とする変更登記もあり得る。

　建物の合体の場合には，所有権以外の権利の登記が存する場合においても合体が認められた。これは合併と違って，その事実関係が先行するという考えに基づくからである。

　こうして建物の合体と建物の合併の場合は，完全に区別して考えているのである。

　これに対して建物を分棟した場合については，主と附に分棟する場合と，主と主に分棟する2つの問題がある。

（1）　主である建物と附属建物に分棟する場合

　図115に示すように，一棟の建物の中央部分を一部取り壊して主である建物とその附属建物に分棟した場合については，床面積の一部変更として表題部の変更登記をすることになる。

　主である建物と附属建物の合体の場合においても，主である建物と附属建物は一個の建物と考えることができるから，その一部の床面積が増加したものとして床面積の変更登記をなすことになる。これと同じ理論で，一棟の建物のうち一部の床面積が減り，そして主と附に変更になったのであるから，床面積の変更として扱う。

図115
主と附に分棟する場合
取り壊し部分

（分棟を原因として表題部変更登記）

　なお抵当権等の担保物権の登記の存する建物について，このように一部取り壊して主である建物と附属建物にする場合については，抵当権者のその取り壊しの承諾書等の添付を必要としない。

　なおこの場合の申請書には，その一部取り壊しによって分棟をなした日を，登記原因及びその日付欄に「令和何年何月何日分棟，一部取壊し」と記載する。

（2） 主である建物と主である建物に分棟・分割する場合

（A） さて一棟の建物の中間部分が取り壊され，二個の独立をした建物になっている場合については，直接建物の分割登記をなし得るかが問題となる。

一棟の建物の中間部分を取り壊したことによって二棟の主である建物に変更になった場合については，不動産登記法に直接の規定が見当たらない。建物の分割登記については，「甲建物よりその附属建物を分割して，これを乙建物となす場合，新たな乙建物の登記記録の表題部に，家屋番号何番の建物から分割した旨を記録することを要す」とある（法54条，規則127条）。

したがって，一個の甲建物として登記がある主である建物と附属建物を分割して，附属建物を独立した乙主である建物として新しい登記記録に登記をしていく場合を「建物の分割」と呼んでいるのである。

これを厳格に解釈するならば，一個の登記記録に主である建物と附属建物の登記がなければ建物の分割登記をなし得ないから，一棟の建物の中間部分を取り壊して二棟の主である建物に変更した場合については，直接建物の分割登記をなし得ないことになる。

図116　主と主に分棟する場合

たとえば図116に示すように，店舗兼倉庫の一棟の建物があり，この中間部分を取り壊して二棟の店舗と倉庫となっている場合については，まず順序として店舗を主，倉庫を附属として建物の表題部の変更登記をなし，しかる後に建物の分割登記をしなければならないことになる。

（B） しかし，このように常に建物分割によって一方を主である建物，他方を附属建物として登記をしなければならないかというと，疑問が生ずる。

たとえば規格も床面積も等しいような棟割長屋の中間部分を取り壊して，全く二棟の独立した主である建物とした場合につき，どちらが主でどちらが附属かについては，主と附の関係にないのであるから登記のなしようがない。したがって主である建物の効用を相助ける附属の関係にないような分割については，この建物分棟の登記はなし得なくなる。しかしながら一棟の建物の中間部分を取り壊して二棟のそれぞれ独立をした主である建物となりながら，主と附の関係になければ建物の分割登記をなし得ないならば，全く不合理と言わなければならない。

結局一棟の建物の中間部分を取り壊して，事実上，二棟二個の主である建物に変更になった場合には，直接事実と合致するために建物の分割登記をなし得るとされる。つまり一個の建物から二個の建物に変更になったから，新たな登記記録に写しかえるという理論である。

（C） このような変更の事実が先行して，これを登記記録に一致させるために登記をするのであるから，その実質的内容は表題部の変更登記であるが，その登記手続については，建物の分割の手続が不動産登記法，登記令，規則にも見当たらない。

しかし，手続上では建物の分割登記の形式を取り入れるほかはないことになる。したがって分棟という事実の報告的登記ではあるが，形式的には建物の分割登記の

手続（法54条）を類推適用する。この一部分棟による建物の分割の手続は，平成28年6月28日民二第386号通達，いわゆる登記記録例の117に「甲建物を分棟，分割して甲建物と乙建物とにする場合（一部取壊しを伴う場合）として，その登記例が示されている。

甲建物の登記原因及びその日付欄には「③令和何年何月何日分棟，一部取壊し，何番の何に分割」，乙建物の登記原因及びその日付欄には「令和何年何月何日分棟，何番から分割」と示されている。

いずれにしても，分棟という事実に基づいてする形成登記（分割登記）である。

(D) なお，この場合の登記の目的は「建物分棟・分割登記」とすべきであろう。添付書類は，分割手続に準用するので，法40条の一部消滅承諾書，添付図面については，分割後の建物ごとに作成した建物図面及び各階平面図を添付する。

もちろん主と主に分割する場合であるから，その建物に抵当権や先取特権等の担保物権が存する場合については，それらの権利についての共同担保目録が作成される。

さらに登録免許税は分割後の個数一個につき1,000円である。

第３６講　建物の合併登記

１．意義

　建物の合併というのは，表題登記のある建物を，登記記録上他の表題登記のある建物の附属建物とする登記をいう（法54条①３号）。特に附属合併という（規則132条）。

　たとえば店舗と倉庫を，当初金銭を借用する関係で別々の独立した建物として登記をしてあったものを，金銭を返済し一個の建物として登記をしたいというような場合については，これを一個の建物として登記をするために合併をすることができる。

　なお種類の同じ建物，たとえば二個の独立した居宅を合併できるかという問題があるが，本来母屋と離れのように，他方が一方の効用を相助けるという関係にある場合にはこれを合併することができる。

　このように甲乙二個の独立した登記記録を有する建物があって，いま甲建物を附属建物，乙建物を主である建物として合併する場合には，乙建物が甲建物を吸収する形をとるわけで，甲建物の登記記録は合併後当然閉鎖される（規則132条③）。そして乙建物の登記記録中の附属建物欄に甲建物が記録される（規則132条①）。これがいわゆる建物の合併登記の手続である。

２．法上の合併登記の制限

（１）　共用部分である旨の登記ある建物の合併（法５６条１号）

　図117に示すように，区分所有建物を主である建物とし通常の建物を附属建物として，いま共用部分である旨の登記がある場合について，これは分割登記をなし得る（法54条②）ことはすでに述べた。この場合に，分割後にさらに合併登記をなし得るか。

　つまり分割ができるということは，その分割の前は主と附の関係で，合併があったと同じような形の登記があるわけである。これをもとの形に戻すのであるから，分割したものは当然合併ができるのではないかという疑問がある。

図117

共用部分である旨の登記ある建物

　しかし所有権の登記以外の権利の登記の存する建物については，合併が許されないのであるから，この場合も共用部分である旨の登記は制限的登記と見て，合併することは認められない。このことは法上明文の規定がある（法56条5号）。

（２）　所有名義の異なる場合（法５６条２号）

　合併するＡＢ両建物の所有名義が異なる場合は，当然合併することができない。

たとえばA建物が売主の名義になっており，B建物が買主の名義になっている場合について，いま買主がA建物の所有権を取得したとしても，その名義が一致しない以上は買主は合併ができない。
　このことは相続の場合も同様である。たとえば図118に示すように，A建物が被相続人甲名義，B建物が相続人乙名義の場合について，いまこのA建物とB建物が主と附の関係にある場合に，相続人が実質的に両建物の所有者であるといえども，いま名義が被相続人と相続人のときには，仮に相続を証する書面を添付したとしても合併することは許されない。したがってこの建物を相続人が合併登記をする場合については，A建物について相続人名義に所有権移転登記をしなければ合併ができないことになる。

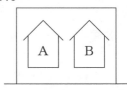

図118

A建物は被相続人甲名義
B建物は相続人乙名義

（3）　持分が異なる場合（法56条3号）

　合併する建物が共有の場合に，その持分が異なる場合は合併ができない。
　たとえば図119に示すように，A建物は甲持分1/3，乙持分2/3，B建物は甲持分2/3，乙持分1/3の場合につき，この両建物を合併できるか。つまり甲はA建物の1/3とB建物の2/3を加えれば持分は1であり，乙も同様になる。加えて1になるような持分の場合は，持分が等しいかというと，そうではない。もともとA建物とB建物はその性質が違うから，加えて1にするというような考えは成立をしない。したがってこのように持分が違う場合については，当然合併が許されない。
　もっとも持分が等しいということは，AB双方について，甲乙がそれぞれ1/2ずつの持分を有するということとは限らない。たとえばA建物については，甲持分1/3，乙持分2/3，B建物についても甲持分1/3，乙持分2/3のように，互いの建物についてそれぞれ持分が等しい場合は合併することができる。

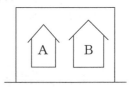

図119

A建物は　甲持分1/3
　　　　　乙持分2/3
B建物は　甲持分2/3
　　　　　乙持分1/3

（4）　所有権の登記ない建物と，所有権の登記ある建物の合併（法56条4号）

　たとえばAB両建物を合併する場合について，A建物に表題登記がありB建物に所有権の保存登記がある場合，もしくはその逆の場合については，合併ができない。これは合併する建物のいずれか一個に所有権の登記があって，いずれか一個に所有権の登記がない場合に，合併後の一部に所有権の登記が存することになるからである。
　したがって双方とも所有権の登記がなく表題登記の場合か，双方とも所有権の保存登記がある場合に限るのである。

（5）　所有権の登記以外の権利に関する登記ある建物の合併（法56条5号）

　抵当権（一定の場合を除く），質権，先取特権，賃借権等の登記ある建物は合併ができないことになる。

314

(A) 担保権者の抹消の承諾書を添付してなす合併

図120に示すように，甲建物と乙建物を合併する場合において，いま乙建物について抵当権の登記があるときに，抵当権の抹消の承諾書を合併登記の申請書に添付（添付情報の提供）すれば，合併がなし得るか。

分割の場合，担保権者の権利の抹消の承諾書を添付すればその権利が転写されない。

分割の場合については，登記ある担保権のすべての権利を抹消するわけではなく，一部について承諾書をもって消滅するのである。

乙建物に抵当権の登記ある場合

これに対して，建物の合併の際には，いずれか一個に担保権の登記がある場合についても，一個全部の抵当権の抹消をしなければ合併することができない。すなわち合併の場合には，一個の抵当権等を抹消するのであって，一部の消滅ではない。権利の抹消登記は「何番抵当権抹消」のような記録の入った主登記で抹消するものであるから，権利一個全部について抹消することは，権利に関する登記として共同申請でしなければならない。

したがって合併する建物のいずれか一個に抵当権等の担保権の登記が存する場合については，まずその権利の抹消登記をしなければ合併ができない。

当然，合併登記の申請書に抵当権者の抹消承諾書を添付して申請することはできない。

(B) 担保物権の特例（規則131条）

たとえば図121に示すように，債務者丙が甲から1,000万円借用するに当たって，丙所有のAとB二個の独立した建物に共同抵当権を設定した場合について，いまA建物とB建物が主と附の関係にあれば，丙はその建物の合併登記の申請ができるかという問題である。

この場合，先取特権，質権又は抵当権等の担保物権の登記につき，登記の目的，申請の受付の年月日，受付番号並びに登記原因及びその日付が同一である

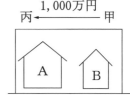

A、B2個の建物が共同抵当の目的である場合

場合は，これ等の建物を合併することができる（規則131条1号）。つまり同時に設定した共同担保の場合に限る。この場合，合併後の建物全部に関する旨を登記官は付記登記によって記録しなければならない（規則134条①，同107条⑥）。

なお，まずA建物につき抵当権の登記があり，その後B建物を追加担保として，共同抵当になった場合は，受付の日付や受付番号が違うため合併することができない。また，担保物権の仮登記については，同様に登記の目的，申請の受付年月日及び受付番号並びに登記原因及びその日付が等しいものは，合併することができる。

(C) 所有権の仮登記ある建物の合併

所有権に関する登記であっても所有権の仮登記がある場合については，合併が禁止される。

たとえば甲建物と乙建物を合併する場合については，乙建物について第三者Xの所有権移転請求権仮登記があれば，これらの両建物は合併することができない。

仮登記（法105条）は，一部の添付情報を提供できない場合（1号），将来確定することが見込まれる権利の請求権を保全しようとするとき（2号）に登記される。

さらに執行保全のためになす（たとえば抵当権は設定してはならない，賃借権は設定してはならない等）処分禁止の仮処分の登記の場合とか，あるいは仮差押の登記等裁判所の嘱託によってなす登記の場合も，これらの登記があれば合併は禁止される。

3．当然の合併制限等

（1） 接続する区分建物（区分合併）

合併しようとする建物が，経済的効用上いずれも独立をしていて，その一方が他方の補充関係にない場合がある。つまり主と附の関係にならない場合を意味する。ただし区分建物の場合については，主と附の関係になく，主と主の関係にある建物でも，隣接をしているか，あるいは上下に接続をしている場合は合併ができる（準則86条2号）。

図122

ⓐ居宅　ⓑ居宅
床面積が等しい場合

たとえば図122に示すように，いまA区分建物とB区分建物が，建物の種類が双方とも居宅で，しかも床面積が等しい場合には，互いにその一方の建物が一方の建物について補助する関係にはない。このように主と附の関係にない建物でも，AとBを主と主のままで合併することができる。

したがっていまA建物とB建物を合併し，A建物の登記記録に記録した場合については，B建物はA建物に吸収されていく。この場合を区分合併という（規則133条）。

このように主と主のままで合併できるのは，ABのように隣接をしているか，AEのように上下の関係に接続をしている場合に限る。したがってAFやBEのように点で接続している場合を含まない。

つまり，B区分建物とC区分建物を合併する場合については，主と附の関係にないときはすなわち，一方が他方を補助する関係にない以上合併が許されない。したがってB建物が居宅でC建物が店舗のように，一方が他方を補助する関係にある場合に限り，Bを主，Cを附として合併することができる。

したがってB建物とC建物は，双方が主である建物のままでは合併ができないが，Bの附属建物としてC建物を合併することはできる。

さらにC区分建物にD通常の建物を合併する場合については，もちろん主と主のままでは合併ができず，このような場合には常に主と附として合併ができるにすぎない。

このように区分建物の場合には，主と主のままで合併する場合と，主と附の関係で合併する場合とが出てくる。

なお，通常の建物については，当然主と主のままの合併は許されないから，常に主と附

の関係の合併になる。したがって一方が他方の効用を相助ける関係になければ，通常の建物は合併が許されない。したがって同じ居宅で，床面積が双方等しいような建物については合併が許されないことになる。

(2) 工場財団抵当に属する建物の合併

工場財団抵当に属する甲建物と乙建物が主と附の関係にある場合，担保権の登記につき，登記の目的，受付の年月日及び受付番号並びに登記原因及びその日付が同一である（つまり同時に設定した共同担保）場合については合併することができるのではないかと考えられるが，工場財団の組成物件は，土地と同じように実務上合併することができないとされる。

なお，工場財団の建物を合体した場合は，その事実が生じているので，いわゆる合体による登記ができる。

(3) 留置権の存する建物の合併

合併が禁止されているのは，所有権の登記以外の権利に関する登記ある建物についてであって，いわば留置権は担保物権であっても，その対抗要件は登記には関係がない。つまり留置しているものに関する債権が弁済されるまでその目的物を単に占有するにすぎない権利である。したがって合併制限の基本はその登記に置くから，留置権は登記ができない以上合併制限とは言えない。

したがって仮に甲の留置権の存するA建物と乙の留置権の存するB建物を丙が所有していたとしても，丙はこの両建物を合併することができることになる。

4. その他の合併登記

(1) 相続人がする建物の合併

(A) たとえば図123に示すように，被相続人甲がA主である建物とB附属建物を残して死亡し，A建物を相続人乙が，B建物を相続人丙が相続をする場合には，相続人乙丙は被相続人甲名義でAB両建物を分割登記をし，それぞれ独立した建物として登記完了後，A建物は乙に所有権移転登記をなし，B建物は丙に所有権移転登記をなすことになる。

図123

(B) ところで，建物の合併の場合も，相続人名義で建物の合併登記申請と同時に相続の登記の申請をなし得るかについては，多少の疑問が残る。建物は合併をしないで，まず相続の登記をした後に合併登記をしても，何ら差支えがないからである。

表題部所有者又は所有権の登記名義人が表示に関する登記を申請することができる場合において，当該表題部所有者又は所有権の登記名義人について，相続その他の一般承継があったときは，相続人その他の一般承継人は，当該表示に関する登記を申請することができる（法30条）とされる。

建物の合併の登記は，この表示に関する登記であり，相続人は相続人名義の建物

の合併の登記を申請することができる。ただし，一方が被相続人，他方が相続人名義であるときは名義を異にするので合併できない。また相続人が複数いるときは，全員で申請しなければならない。

もちろんこの場合については，建物の合併は当然被相続人名義の建物であるから，被相続人名義の建物を相続人が申請による合併という形をとる。

たとえ被相続人名義の合併といえども，土地や建物の合併の場合には，合併するいずれか一個の不動産の登記識別情報を提供しなければならない（登記令8条1号2号3号）。相続によって相続人が合併の登記を申請する場合も同様である。そのとき申請する相続人の印鑑証明書と被相続人の登記識別情報（登記済証）を提供することになる。

（2） 敷地の所有者を異にする場合
（A） 借地上の建物の合併

たとえば図124に示すように，甲所有の土地にA建物，乙の所有地にB建物をそれぞれ丙が所有していたとしよう。このように建物の所有者が同一の場合で，それぞれ土地の所有者を異にする場合について，建物の合併登記が認められるか。これは借地借家法10条との関係で問題になる。

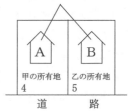

図124

丙は甲及び乙より土地を賃借している

たとえば建物の所有者丙がその建物を建築するに当たって，地主の甲乙より土地を賃借権契約で借りたとしよう。甲乙より土地を借りた丙は，その賃借権を第三者に主張するためには，土地に賃借権の登記がなければならない。そこで丙は地主甲乙に対して，賃借権の設定契約をしたのであるから，当然賃借権の登記をせよということを請求できるかという問題が残ってくる。

ところが賃借権は債権であるため，地主が契約で賃借権の設定登記を土地にすることを約束するか，特に地主が協力をしない限りは，賃借権の設定登記を借主は地主に強制することができない。そうだとすると賃借人は土地を借りながら，その借りたことを第三者に対して対抗する手段を持たないわけである。

仮に地主がこの賃借権を二重に譲渡したり，土地の所有権の移転登記をしてしまえば，それら第三者に対してその賃借権を主張することができないことになる。

そこで土地に賃借権の登記のない借地人は，いつ賃借権を奪われるか不安でならない。これら賃借人の弱い立場を救うために，借地借家法が規定された。

借地借家法10条によれば，賃借人は借地上に自己の建物を建てその登記をすれば，土地に対して賃借権の登記がなくても，土地の賃借権を第三者に対抗することができる。

この法律の特質は，通常土地の賃借権を対抗するためには，土地登記記録に賃借権の登記をするものであるが，建物に借地人が自己の表題登記あるいは保存登記をしてあれば，土地の賃借権を第三者に主張できるというものである。

たとえば丙が甲の土地を借り，A建物を新築してその表題登記か，あるいは保存

登記をしたならば，甲の土地上に賃借権の効力を主張できるのである。同様に乙の土地にB建物を新築し，表題登記か保存登記をすれば，乙の土地に対して賃借権を主張できるというものである。

しかし建物の合併の場合については，土地に賃借権の登記の効力を認めたとしても，建物に賃借権の登記がない限りにおいては，建物は合併することができる。この場合も建物の合併については，敷地の所有者を異にしようが，賃借権の効力を認めようが，合併することには問題がない。

つまり借地借家法10条によって建物に表題登記あるいは保存登記をすることが，土地の賃借権を対抗できるということは，建物に賃借権の登記をしたという意味ではないからである。

(B) 土地の合筆

これに対して，図125に示すように，土地の所有者が等しく建物の所有者を異にする場合の土地の合筆については多少の問題が残る。

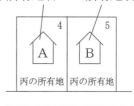

図125

これはさきに述べたような理由で，丙所有の4番地に甲が建物を新築して表題登記または保存登記をすれば，甲は4番地に対してその土地の賃借権を第三者に対抗できるわけである。また乙が丙所有の5番地の土地にB建物を新築し表題または保存登記をすれば，5番地について乙は賃借権を第三者に対抗できる。

もしこの賃借権を対抗できるということが4番地に甲が，5番地に乙がそれぞれ賃借権の登記をしたものであると考えれば，4番地，5番地を丙は合筆することができないことになる。

しかし借地借家法は賃借地上に建物を建て，その表題あるいは保存登記をすれば，土地の賃借権を対抗できると規定するだけで，建物の表題または保存登記に，土地の賃借権の設定登記をしたものとみなすものとしているのではない。

したがってあくまでも建物の登記をすれば，土地の賃借権を対抗できる（主張できる）というのであって，土地に賃借権の登記があるわけではない。

したがって土地の所有者丙は，4番地に甲，5番地に乙の建物が表題または保存登記があったとしても，賃借権の登記があるわけではなく，合筆登記をなし得ることになる。

このように登記をなし得るとしても，なお多少の疑問が残らないではない。

たとえば丙が4番地，5番地を合筆登記をしてしまえば，甲の対抗し得る範囲が4番地，5番地に伸びるか，あるいは乙の賃借権の対抗し得る範囲が5番地，4番地に伸びるかと言う疑問である。

つまり丙がこの土地を合筆してしまえば残るのは4番地であり，5番地がなくなる。したがって乙は4番地の全体の土地に対して賃借権を主張し得るかということである。

しかし結論として，この土地を合筆して4番地にしたからといって，甲が従来の5番地まで，あるいは乙が従来の4番地にまで賃借権の効力が及ぶわけではない。し

たがって，その賃借権を対抗し得る範囲が非常に不明確となる。このような場合には立法上合併を禁止すべきであろう。

（3） 管轄を異にする建物の合併

不動産は管轄ごとに登記されるが，特に土地は一筆の土地ごとに登記され，甲管轄及び乙管轄等にまたがる土地は存在をしない。

これに対して建物は，甲管轄と乙管轄にまたがって建物が建築されることがある。したがって甲管轄にある建物と乙管轄にある建物を合併することが生じてくる。このような場合については，その主である建物の存する登記所が管轄をつかさどることになる（準則5条）。

（4） 距離の隔てのある建物の合併

合併しようとする甲建物と乙建物が主である建物と附属建物の関係にあれば，その間の距離がかなり隔たりのある場合についても合併することができる。このことはあくまでも，利用上のことから，客観的に判断していくものである。

たとえば県道をはさんで居宅と店舗が存する場合については，居宅を店舗が利用上補助する関係とみなされれば，この両建物は合併することができる。

5．合併登記の登記手続と添付図面

建物の合併は表題部所有者または所有権の登記名義人の申請で，これをなす（法54条）。
合併の登記申請書には，合併後の建物図面及び各階平面図を添付する（登記令別表16項）。
さらに所有権の登記ある建物の合併登記の申請書には，合併前のいずれか一個の建物の所有権の登記の登記識別情報を提供しなければならない（登記令8条3号）。

（A） 合併登記の手続

建物の合併登記はそれ自体表示に関する登記の一つであるが，登記官は所有権の登記ある甲建物を乙建物の附属建物とする合併の登記をするときは，乙建物の登記記録の甲区に次に掲げる登記をする。つまり建物の合併という表示に関する登記でありながら，所有権（甲区）に関する事項を記録する（規則134条①，107条①の準用）。
　(1)　合併による所有権の登記をする旨
　(2)　所有権の登記名義人の氏名又は名称及び住所ならびに登記名義人が二人以上であるときは，当該所有権の登記名義人ごとの持分
　(3)　法人識別事項の登記があるときは，当該法人識別事項
　(4)　合併の登記に係る申請の受付の年月日，受付番号
　(5)　信託の登記であって，登記事項が同一のものがあるときは，当該信託の登記

このように，表示に関する登記でありながら，登記官の職権で合併による所有権の登記をすることになるので，登記完了後は登記識別情報を通知するのである。

したがって，登記識別情報の提供する必要性は，例えば第三者が他人の所有権の登記ある建物を合併登記を申請し，新たな登記識別情報を手に入れる可能性があるため，このような弊害を除くための真実の申請人であることを担保するためである。当然書面申請の場合，作

成後3ヶ月内の印鑑証明書の添付も必要となる（登記令8条①3号，登記令16条③，規則48条）。

また，この登記識別情報は合併するいずれか，1個の建物につき提供すれば足りる。

（B）　建物合併の場合の各階平面図の提供

土地の合筆の場合については，地積測量図の添付は要しない（登記令別表9項）。これは従来の地積測量図を合わせれば足りるからである。

これに対して建物の合併の場合については，登記令別表16項添付情報イに合併後の建物図面及び各階平面図とあり，法上では明らかに各階平面図も添付することにしている。

しかし合併登記は法上の合併であって，従来の各階平面図に変更がなければ，添付する必要がないのではないかという疑問が生ずる。

つまり建物の場合は土地の場合と違って，従来の図面が主である建物としての図面として提出してあるが，合併をすることによって附属の各階平面図に変更になったと扱うことができないのかということである。

区分建物の場合を考えると，隣接する甲区分建物と乙区分建物を主と主のまま合併する場合については，たとえば甲区分建物に乙区分建物を吸収合併（規則133条でいう区分合併）する場合については，その合併後の床面積は甲乙の壁厚の部分だけ床面積が増加することになる。区分建物の主と主のままの合併については，各階平面図を添付する理由がある。

通常の建物の合併の場合については，登記の実務上では従来の各階平面図の床面積に変更がないのであるから，便宜省略をしても差支えないことになっていたが現行法上は省略できないことに注意すべきである。

6．建物の分割合併登記

（1）　意義

図126に示すように，甲主である建物の附属建物を分割して乙建物の附属建物にする場合を建物の分割合併登記という（規則135条）。

図126

つまり建物の分割合併は，附属建物の主である建物への帰属の変更である。甲建物の附属建物を乙建物の附属建物にしたいという場合については，まず第一に甲建物の附属を分割し，附属建物を独立した丙主である建物に変更して，しかる後に丙建物を乙主である建物に合併するという行為によってなすことができる。

つまり分割登記と合併登記をすれば甲の附属建物を乙の附属建物にすることができる。これらの行為を一個の行為でなすというのが分割合併の登記である。

これは土地の分合筆登記と同じように，甲主である建物の附属建物を分割し，新しい登記記録を作成した後に，乙主である建物に合併して附属建物であった登記記録を閉鎖することは，いかにも手続上繁雑である。したがって一個の行為によって分割合併の登記をすれば，甲の附属建物の新たな登記記録をする必要がなく，一個の行為で甲の附属建物を乙の附属建物として記録をすれば足りるのである（規則135条①，同132条①，③の適用なし）。

(2) 分割合併登記の申請

この分割合併登記の申請は，他と同様，表題部所有者又は所有権の登記名義人から申請する。分割合併後の2個の建物図面及び各階平面図の添付をする。所有権の登記がある場合は登録免許税が必要であり，分割合併後2個の建物となるときは2,000円である。また，これまでに述べた合併制限があるときは，当然なし得ない。

なお，図126の場合，登記官がその分割合併の登記をしたときに，乙主である建物は従来の「4番地」から，「4番地，3番地」になるのであって，当然変更するものとして申請書に記載すれば足り，所在地番の変更登記を登記の目的とする必要がない（規則127条③）。

また，抵当権の存する甲建物の附属建物を分割して乙建物に合併する場合については，その分割する附属建物には，抵当権の存続しない旨の承諾書を添付して申請することができる。受付番号等まで等しい抵当権がいずれの建物にも登記あるときは，当然に分割合併できることになる。

第37講　更正登記と抹消登記

1．更正登記と抹消登記の意義

　変更登記というのは登記事項に変更があった場合に，当該登記事項を変更する登記をいう（法2条15号）。つまり人為的に事実関係を変更した場合であって，たとえば建物を増築して床面積を変更するとか，山林を造成して山林から宅地に地目を変更するとか，このような場合を変更登記という。

　これに対して更正登記というのは，登記事項に錯誤又は遺漏があった場合に，これを訂正する登記をいう（法2条16号）。つまり人為的原因によらず錯誤によって事実関係と異なる登記をしたとか，あるいは事実関係を遺漏した登記をした場合で，つまりこれらは登記の時の原始的な原因によって生じた場合である。

　これに対して抹消登記というのは，(1)　その登記が無効である場合，(2)　一個の目的物が重複して登記されている場合，(3)　目的物の滅失によって事実上存在しないものが登記されている場合が挙げられる。

2．更正登記と抹消登記の相違点

(1)　一部無効と無効登記

　更正登記と抹消登記の違いであるが，更正登記は更正前の事項と更正後の事項に同一性があるということである。

　したがって現在存する登記が，少なくとも登記として有効でなければならない。つまり更正登記は現在の登記が一応有効であって，その一部が錯誤によって事実と違った登記がある場合である。これはその登記の一部が無効であるということであるから，全体としては一応有効な登記であるとみなされる場合に更正ができる。

　したがって現在の登記が無効な場合には更正することができない。この場合には登記を抹消してやり直しをすることになる。

　そこで現在の登記を抹消してやり直しをするか，あるいは更正登記でなし得るかは，現在の登記が有効であるかどうかということから判断するほかはない。

　もちろん現在の登記が無効であるというような判断がされた場合には，登記を抹消してもう一度登記のやり直しをすることになる。

図127

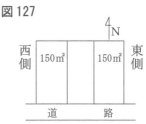

(2)　分割線の錯誤

　たとえば図127に示すように，土地の所有者が東側の150㎡を乙に売ることにし，売買契約が成立した。そこで分筆して所有権を移転するため，その分筆の登記を代理人の丙に依頼した。ところが代理人が東側の150㎡を分筆するのを誤って西側

の150㎡を分筆してしまった。

　この場合は分筆すべき分割線を誤ったのであるから，申請人の意思とは全く異なったところで分割の登記がなされたわけである。

　このような場合にはその分筆登記を無効として，正しい登記に更正するということはできない。この場合には分筆錯誤を原因として分筆登記を抹消して，もう一度分割のやり直しをするという形をとる（昭43年6月8日民甲第1653号民事局長回答）。

（3）　客体の錯誤

　同様にA地を分筆すべきところを，誤って代理人が隣地のB地を分筆してしまったというように，申請人が全くB地について分筆の意思がないにもかかわらず分筆の登記をしたという場合については，当然無効である。

　このようにさきに述べた分割線の錯誤とか，あるいは分割する客体の錯誤というような場合については，当然その意思がないのであるから，無効と見て間違いない。上記の手続で分筆登記を抹消することになる。

（4）　代位によるべき申請を本人名義でなした場合

　さらに一筆の土地の一部を買った甲が，土地の所有者乙に代位して分筆登記の申請をすべきを，その買主の代理人が誤って，直接債権者甲名義で分筆の申請をして登記がされてしまったという場合については，代位による分筆登記として更正登記をなし得るかという問題が生ずる。

　このように本来所有者の名義で申請すべきを，代理人が誤って債権者の名義で申請をしてしまった場合については，当然この段階で登記官はその申請を却下することになるが，これを見誤って登記をしてしまった場合の問題である。

　この場合は一筆の土地を買った甲は，その土地に対して所有権は有しているが，分筆の登記の申請人にはなれない。分筆の登記の申請人は，表題部所有者または所有権の登記名義人で，これはあくまでも所有者の乙が申請人になる。

　したがって乙が分筆登記の申請をしない場合に，債権者の甲が乙に代位して申請をすることが許される。

　この場合，直接買主の甲名義で分筆の申請をし登記されたとしても，それは法上なし得ない申請人から登記をしたものであるが，その登記が誤って受理され登記された場合，その申請は錯誤によるものであるが実体として一致している以上有効である。この代位による分筆登記を，更正登記としてなし得ないものと考えるべきである。

（5）　所有者の更正

　（イ）しかしこれが申請人の錯誤であっても，分筆登記のような形成登記ではなく，単なる事実関係の誤りの場合，たとえば本来A建物が真実の所有者甲のものであるにもかかわらず，表題部に誤って乙として登記の存する場合，表題部所有者の乙の承諾を得て甲に更正するということは認められる（法33条①）。

　　しかし所有者の更正登記が認められるのは，あくまでも表題部所有者の更正であって，これが甲区欄に保存登記がある場合には，幾ら錯誤によって本来甲のものを乙

として保存登記をしたという場合でも，その更正登記は認められない。

これは理論的に認めないというよりも，むしろ本来甲が乙から建物の所有権の移転を受けたにもかかわらず，所有権の移転登記をしないで更正登記によってその目的を果たそうというような，脱法的な行為が行なわれるおそれがあるからである。この場合はいわゆる政策的な意味で認めないということが考えられているのである。

(ロ) 同様に，たとえばB建物について，表題部所有者が甲2/3，乙1/3の登記がある場合に，真実は甲が1/3で，乙が2/3であることがわかったというような場合に，正しい登記に更正することが認められる（法33条③）。

このような持分更正については，当然甲も乙も正当な権利者であることに間違いがなく，単に持分が違うということは，その登記が有効であるということであるから，理論的にも当然に更正登記が認められる。

このような場合については，表題部所有者の持分更正だけではなく，たとえば甲と乙が所有権の保存登記をしてしまった後でも持分の更正登記は認められている。ただ，その申請の方式は共同申請による。

(ハ) 表題部に記載のある持分更正については，申請書に持分の更正をすべき他の共有者の承諾書を添付して，その共有者の一人から申請することができる。

これに対して，所有権の保存登記をしてしまった後に持分更正登記をする場合については，持分が増加する者を権利者，持分が減る者を義務者として，共同して持分更正登記の申請をしなければならない。

(6) 所有者の表示更正

また甲野一郎が建てた建物の表題登記をする場合に，その氏名を誤って甲野二郎にした場合とか，あるいはA市B町と記載すべきをA市C町で表題登記をしてしまったというようなときは，人格体に全く変りがないため，このような場合には所有者の氏名，住所の更正登記ができる（法31条）。この場合を「所有者の表示更正登記」という。

3. 区分建物の更正

(1) 区分建物が通常の建物として登記ある場合

図128に示すように，いま一棟の建物にA区分建物とB区分建物があるとする。この場合A区分建物は甲が所有し，B区分建物は乙が所有している。

この建物の登記をする場合には，当然区分建物の表題登記をすべきであるにもかかわらず，登記の申請を誤って甲も乙も建物の表題登記として一棟の建物として登記をしてしまった。この場合その登記は有効かという問題である。

このように，区分建物として登記すべきを，誤って通常の一棟の建物として登記した場合については，全く無効というわけではない。つまり一部無効というべきであ

図128
区分建物が一棟の建物として登記のある場合

甲、乙の建物が一棟の建物として登記ある場合

ろう。この場合は申請あるいは職権で，錯誤を原因として建物区分に準じた方法によって，区分所有の建物とするために表題部の更正の登記をする（昭和39.9.12民甲第3027号回答）。

建物区分というのは，通常の建物を区分所有に直す登記である。しかしながらこの場合については，A区分建物もB区分建物もいわゆる一棟の建物として表題登記がある。したがってもともと建物区分というのは一棟の建物を二個以上の区分建物に変更していくものであるが，この場合については二個の建物があるため，これを通常の建物区分として登記するわけにはいかない。

そこで形式は建物区分に準じて，一棟の建物を二個の建物に更正するような形で，表題部の更正登記をしていくことになる。

これは職権でなしても，あるいは申請でなしてもよい。原因は錯誤である。

（2）区分建物として登記できない建物が区分建物として登記ある場合

区分建物として登記をなし得るためには，その建物が利用上，構造上独立をしていなければならない。

例えば図129に示すような一棟の建物のうち，甲建物と乙建物が区分建物といえるためには，それぞれ利用上，構造上独立をしていることを要する（区分所有法1条）。

つまり客観的には区分壁があり，さらに利用上では，甲は乙の建物を通らず，あるいは乙は甲の建物を利用しなくても，それぞれ独立をしているということである。

いま甲乙の区分壁が障子，唐紙等で仕切られている場合については，それぞれ甲建物，乙建物は独立をした建物とはいえない。

このような独立した建物といえない甲乙建物が区分建物として登記がある場合に，その登記は有効かという問題である。

図129
区分建物として登記できない建物が区分建物として登記ある場合

甲・乙の区分建物として登記ある場合

区分建物でない一棟の建物が区分建物として登記がある場合は，もともと区分建物として登記ができないものを区分建物として登記をしたわけであるから，その登記は全く無効といわなければならない。

区分建物でない建物を区分建物とした場合には更正登記をなし得ず，その表題登記を抹消して登記のやり直しをしなければならない。

この場合には，甲乙は区分建物の表題登記を抹消し，しかる後に一棟の建物について甲，乙共有の登記をするほかはない。もちろんこの場合の抹消登記の原因は錯誤である。

区分建物でない一棟の建物が区分建物として登記される場合については，二つの場合を考えることができる。

　（A）第一は，表題登記をなした当時は，いわゆる縦断的な区分建物であったが，その後障壁を除去して，現在は区分建物でなくなったというような，後発的事由によって区分建物でなくなったいわゆる合体の場合である（図130）。

　　この場合は申請あるいは職権によって，合体を登記原因として，新たに建物の表題登記と既存の区分建物の表題部の登記の抹消をなす（法49条）。

（B） 第二は，一棟の建物全部につき同時に建築をし，これを各所有者ごとに区分建物として表題登記がなされているが，当初から構造上の独立性がなく，区分建物としては認められない建物であるにもかかわらず誤って登記があったという場合である。

構造上の独立性がないというのは，区分壁がアコーディオンカーテンや障子，唐紙のたぐいで仕切られている場合である（区分建物の概念については区分建物の章を参照）。

これは区分建物でないものが区分建物として登記があるのであるから，原始的な理由で無効な登記である。

したがってこの場合は申請または職権で，錯誤を登記原因として，建物の表題登記の抹消登記をするということになる（図131参照）。

図130

表題登記後区分壁を除去した場合

図131

区分壁がアコーディオンカーテンや障子で仕切られている場合

4．建物の表題部の更正登記の申請

（1） 主である建物の表題部の更正（変更）

建物の場合，主である建物については，土地の更正（変更）と同じように扱われる。つまり土地の場合と同様，地番，地目，地積欄のうち地目が更正（変更）になった場合には，図132に示すように，①種類　居宅，②構造　木造かわらぶき平家建，③床面積　281.28等の登記がある場合について，種類が居宅事務所であるものを誤って居宅として登記がある場合，正しく更正するためには，「居宅・事務所」と，種類欄だけ書きかえればよい。したがって，更正（変更）にならない構造，床面積欄はそのまま空欄とする（図132）。

図 132

主である建物

①種類	②構造	③床面積	原因及びその日付　〔登記の日付〕
<u>居　宅</u>	木造かわらぶき平家建	281:28	平成17年8月9日新築〔平成17年8月10日〕
居　宅・事務所			①錯誤〔平成17年9月11日〕

（２）　附属建物の更正（変更）

　附属建物の表題部の更正（変更）の登記手続については，「附属建物の種類，構造または床面積の変更または更正の登記をなすときは，その附属建物の前の表示の記録を抹消する（準則94条）。
　附属建物の場合，土地や主である建物の更正（変更）の方式とは異なる。
　附属建物の更正の場合には，種類，構造，床面積のうちどちらか一つを更正する場合についても，符号を除きすべてを書き直さなければならない。
　たとえば図133に示すように，本来附属建物の種類が店舗・事務所であるにもかかわらず，店舗として登記があるものを店舗・事務所に種類欄だけ更正（変更）することはできず，更正（変更）にならない構造欄，床面積欄も全部記録することになる。つまり前の記録の符号を除いてすべて抹消される。

図 133

附属建物

符号類	①種類	②構造	③床面積	原因及びその日付　〔登記の日付〕
1	<u>店　舗</u>	<u>鉄骨造スレートぶき平家建</u>	38:56	〔平成17年8月10日〕
1	店　舗・事務所	鉄骨造スレートぶき平家建	38:56	①錯誤〔平成17年9月11日〕

5．更正登記における所有権証明書

（1） 建物の床面積増加の更正

　建物の床面積の増加をする場合の更正登記については，その申請書に申請人の所有権の証明書の添付を要する（令別表14項添付情報ロ）。

　つまり建物の床面積を増築等によって増加し，その変更登記をする場合については，当然その工事人等の領収書等の所有権証明書等を添付するのであるが，床面積の増加の更正の場合については，この変更登記と同様に考えていくことになる。

　建物を増築等によって変更した場合については，その増築部分について工事人の引渡し，あるいは工事人に対する代金の支払をしない限り所有権が確実にならないのであって，このようなことを担保するために所有権証明書の添付を要するのであるが，更正の場合にもこれと同じように考えていく。

　つまり所有権がないものについて，床面積の変更や更正は許されないということである。

　したがって床面積を一部取毀した場合等については，その所有権に該当する部分が残らないことになるから，所有権証明書の添付は当然要しない。更正の場合も同様である。

（2） 土地の地積増加の更正

　これに対して土地の地積の増加の更正の登記の場合については，所有権の証明書を添付することを要しない（令別表6項添付情報）。

　本来地積の増加の変更というのは土地が増えるのであるが，この増えるという概念は，前の土地と新しく増えた土地の性質が違うということであって，地積の増加の場合は，土地表題登記をなすものであり，地積の増加による変更登記はない。

　ところで，地積の増加の更正登記はあるが，所有権証明書を添付する旨の規定がない。よって所有権証明書は不要である。

6．更正登記と事後通知

　なお表題部の所有者の更正登記の場合，たとえば登記記録上の所有者が甲，真実の所有者が乙という場合に，真実の所有者乙が甲の承諾書を添付して，その所有者の更正登記の申請をした場合に，登記官がその登記をしたときは，更正前の表題部所有者の甲に対して，登記が完了した旨を通知することになる（規則183条）。

　この通知は登記官が登記を完了した後にするものであるから，いわゆる「事後通知」である。

土地家屋調査士本試験
択一試験　過去問題チェック

〔問〕建物の合併に関する次のアからオまでの記述のうち，**誤っているもの**の組合せは，後記1から5までのうちどれか。

ア　主である建物の居宅と附属建物の車庫から構成されている所有権の登記がない甲建物について，主である建物を取り壊し，附属建物であった車庫を主である建物として登記した後，取り壊した跡地に居宅が完成したことから，新築した居宅を主である建物とし，既存の車庫を附属建物とするには，新築した居宅について建物の表題登記をした後に，当該建物に甲建物を合併する登記の方法によらなければならない。

イ　甲建物と乙建物について，いずれも登記名義人として同じ共有者が同じ持分で登記がされている場合には，甲建物と乙建物の合併の登記は，共有者の一名が単独で申請することができる。

ウ　甲建物と乙建物の双方に登記されている所有権移転の登記に，いずれも買戻しの特約の登記がある場合には，買戻しの特約の登記の申請の受付年月日受付番号並びに登記原因及びその日付が同じであっても，甲建物と乙建物を合併する登記をすることはできない。

エ　甲建物と乙建物の所有権の登記名義人が同じである場合において，登記名義人が住所を移転し，甲建物については住所の変更の登記がされているが，乙建物については住所の変更の登記がされていないときは，登記名義人は，住所の変更を証する情報を提供して，甲建物と乙建物を合併する登記を申請することができる。

オ　甲建物の附属建物として登記されている区分建物を分割して，これを当該区分建物と接続する区分建物である乙建物に合併する登記の申請をするに当たっては，分割の登記及び合併の登記を一の申請情報によって申請することができる。

1　アイ　　　2　アウ　　　3　イエ　　　4　ウオ　　　5　エオ

〔正解　3〕

ア　附属の建物に，主である建物の新築の登記はすることができない。従って，主である建物を取り壊し，附属建物となった後，新たな建物を新築したときは，新築登記後に附属の建物の合併登記をすることになる。正しい。

イ　共有建物の合併登記は，持分の過半数を有する者から申請しなければならない。従って，必ずしも一人からは申請することができない。誤り。

ウ　所有権以外の登記がある建物は，合併することができない（法56条5号）。従って，買戻しの特約の登記がある建物の受付番号が同じであっても，合併することができない。正しい。

エ　所有権の登記名義人の住所が異なる場合は，合併することができない。また，所有権の登記名義人の住所変更は，表示に関する登記では申請することができない。従って，変更を証する情報を提供しても合併の登記をすることができない。誤り。

オ　附属の建物を分割して，接続する区分建物である建物に合併する登記の申請は，一の申請情報によってすることができる（規則35条3号）。正しい。

以上により，誤っているものはイエであり，3が正解。

第5章　区分所有建物

第38講　区分所有法と敷地権

1．区分所有法

（1）区分所有法の制定

　建物の区分所有に関しては，従来民法208条に一ヵ条を規定していたが，建物及びその附属建物の共用部分は，各区分所有者の共有と推定され，また共用部分の修繕費は各自の専有部分の価格に応じて分担するとされていた。しかしこの規定によって，現代の分譲マンションの廊下とか階段等の構造上の共用部分を共有として，民法の共有の規定を準用すると，共有者は原則としていつでも共有物の分割の請求をなし得ることになる。またその持分を自由に譲渡することもできた（民法249条から264条）。

　したがって分割によって廊下の半分を取得した所有者が，他人の通行をさしとめたり通行料を請求したりするというような，いろいろな困難な問題が生じてくる。

　そこで昭和37年に民法208条の規定を削除して，同年に建物の区分所有等に関する法律が制定されたわけである。

　従来区分所有権の目的となっている建物の概念について，判例によって区分所有権を認めるのは「一棟の建物中，区分せられたる部分のみにて独立の建物と同一なる経済上の効用をはたすことを得る場合に限る」というようにされていた。

　一般的にこのように概念づけられていたが，建物の区分所有等に関する法律第1条においてこれを継承して「一棟の建物に構造上区分された数個の部分で独立して，住居，店舗，事務所，または倉庫その他建物としての用途に供することができるものがあるときは，その各部分は，この法律に定めるところによって，それぞれ所有権の目的とすることができる」と定められた。

　さらに，昭和58年に区分所有法が改正され，原則区分建物と敷地を利用する権利は，分離して処分することができないとされ，これを受けて不動産登記法も改正された。不動産登記法では，これを敷地権として区分建物の申請により，登記官が敷地の権利部に職権で登記することになった。

（2）区分建物の個数

　区分建物の要件を分類すると，まず第一に，区分建物が構造上独立しているということである。第二には，経済上，利用上独立しているということである。

　しかし一棟の建物で利用上，構造上独立している建物が必ずしも区分所有建物として登記されているとは限らない。これら建物が所有者を異にするもの，たとえばそれが分譲マン

ションのような別個に売却されたものであれば、当然各区分建物ごとに登記をされるが、同一の所有者が数個に区分された一棟の建物全部あるいは隣接する数個の部分を取得したものであれば、所有者の意思によってそれらをまとめて一個の建物として登記することも、また数個の区分建物として登記することも自由である（準則78条②）。

たとえば図1に示すように、甲所有の1階から4階までのビルがあったとする。当然構造上は独立をしている。

この場合甲がその登記をするときに、1階から4階まで4個の区分所有建物として登記をしようが、1階、2階を一個の建物、3階、4階を一個の建物として二個の区分建物として登記しようが、あるいは1階から3階を一個の区分建物、4階を一個の区分建物として登記しようが、あるいは1階を一個の区分建物、2階から4階までを一個の区分建物として登記しようが、それは甲の自由である。もちろん一棟の建物を区分建物とせず、一個の建物として表題登記をしてもよい。

図1

甲所有
4 F
3 F
2 F
1 F

このようにどのような形で建物の戸数を考えていくかは、所有者の利用上の自由になっているのである。

これら建物の個数の基準については、準則78条2項においても「一棟の建物に構造上区分された数個の部分で独立して住居、店舗、事務所または倉庫その他の建物としての用途に供することができるものがある場合には、その各部分は各別にこれを一個の建物として取扱うものとする。ただし所有者が同一であるときは、その所有者の意思に反しない限り一棟の建物の全部または隣接する数個の部分を一個の建物として取扱うものとする」と規定する。

また二個の区分所有建物からなる一棟の建物を、甲乙両者が共同で所有権を取得した場合は、区分建物ごとに各別に登記しても、また区分建物とせず一棟の建物全体を所有権の共有として登記をしても自由である。

さらに区分建物といえども、建物の一般的認定基準を有しなければならないことは当然である。したがって一棟の建物を通じ土地に定着した建造物であって、しかも屋根及び周壁を有しなければならない（規則111条）。

たとえば甲が権原に基づいて乙の所有するビルの屋上に、専用の出入口を有する屋根と柱のみで周壁のない雨天体育館を建築しても、これは周壁がないから区分建物として登記することができないことになる（図2参照）。

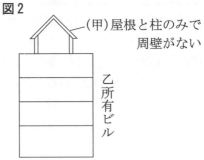

図2

2. 敷地利用権

（1） 法定敷地と規約敷地

区分建物においては、その専有部分と敷地の利用権を原則として一体化した関係で、建物に対する敷地の利用権の範囲を明確にする必要がある。すなわち区分建物における「建物の敷地」とは、第一に建物が所在する土地であり（法定敷地）、第二に規約よって建物の所在とされた土地をいう（規約敷地）（区分法2条⑤）。

まず建物が所在する土地とは，建物の直接存する一筆又は数筆の土地で，庭や建物にいたる通路の土地を含まない。

たとえば図3（A）に示すように，25番地に区分建物の属する一棟の建物があり，26番地に庭や建物にいたる通路があったときは，建物の敷地は25番地のみであって26番地の土地を含まない。しかし26番地の土地のように建物や建物の所在する土地と一体として管理又は使用する庭，通路等は規約によって建物の敷地とすることができる（区分法2条⑤後段，5条①）。

図3

なお図3（B）のように建物が隣地に多少でもまたがっている場合や，附属建物が存する場合は，当然双方の土地（25番地，26番地）が建物の敷地である。また図3（C）のように広大な一筆の土地の一部に建物があり，その囲りが庭や駐車場になっている場合も，当然その土地の全部（庭や駐車場も含めて）が建物の敷地である。

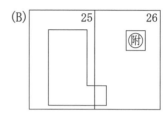

このように一筆又は数筆の土地上に建物があれば，これらの土地は当然建物の敷地とされる関係で，これは「法定敷地」と呼ばれる。これに対し建物の敷地と管理，使用面で一体とされる土地について規約で建物の敷地とした場合は，「規約敷地」と呼ばれる。この規約敷地は建物の敷地で管理，使用面で一体であれば，必ずしも隣接していることも，又管轄が同一である必要もない（昭58年11月10日民三第6400号局長通達一，二，以下「基本通達」という）。

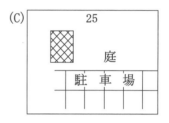

なお広大な土地の一部に区分建物の存する一棟の建物を新築したときは，その筆の土地全部が建物の敷地となるため，建物の存する土地のみを建物の敷地とすべきときは，あらかじめ分筆しておく必要がある。

（2）みなし規約敷地

ところで一度，建物の敷地となった土地が分筆によって建物の敷地でなくなった場合（図4），又は建物の所在する土地が建物の一部滅失によって建物の所在する土地でなくなった場合（図5）は，その土地は規約で建物の敷地と定めたものとされる（区分法5条②）。

したがって図4の25番2の土地や図5の26番の土地は，法定敷地から規約上の敷地に変ったものとされこれらの土地を敷地からはずすためには，規約で廃止の手続をとる必要がある。

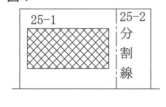

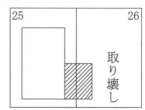

（3） 敷地利用権と専有部分との一体化

敷地利用権というのは，区分建物の所有者が専有部分を所有するための建物の敷地に関する権利をいう（区分法2条⑥）。

敷地利用権が数人で有する所有権その他の権利である場合は，区分所有者はその有する専有部分と，その専有部分に係る敷地利用権を分離して処分ができない（区分所有法22条①）。これを区分建物と敷地利用権の一体化という。

すなわち敷地の利用権が数人の所有権の共有，あるいは地上権，賃借権の準共有の場合，区分建物の所有者は，区分建物と敷地利用権を別個に処分することはできない（区分法22条①本文）。これは土地の利用権と別に建物のみの所有権移転や抵当権の設定をなし得ないことは勿論，建物と分離して土地のみの所有権移転や抵当権の設定ができないということである。

〈一体化の事例〉

まず図6の場合，専有部分の所有者が各々土地の共有持分を有する一体化の典型である（各建物は持分と一体化）。

図7の場合は，建物の専有部分の全部を所有する者の敷地利用権が単独で有する所有権，その他の権利の場合（区分法22条③），原則として床面積の割合に応じて敷地権の割合が定まる。

図8の場合は，敷地の共有者がＡＢＣＤＥＦの6人の共有であるが，ＥＦの持分を除いてＡＢＣＤの持分が一体化する。

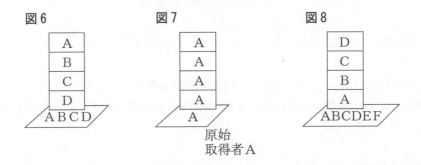

原始取得者Ａ

図9の場合は，共有者ＡＢが同一敷地に2棟の区分建物を建築して販売する場合に，まず1号館につきＡＢ持分の2分の1につき敷地利用権を一体化させ，残り2分の1は分離処分可能規約を作成して敷地利用権からはずすことができる。そして2号館が完成した時に残りの2分の1につき分離処分可能規約を廃止して，敷地権の一体化を計ることができる。

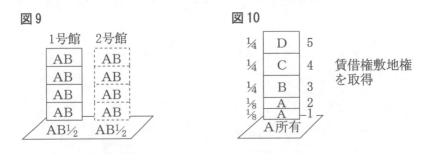

賃借権敷地権を取得

図10の場合，Aを義務者，ABCDを賃借権者として賃借権（自己借地権）を設定登記し，この賃借権を敷地利用権として区分建物を新築する事になる。この場合ABCDの賃借権を各4分の1とすると，Aの敷地権は1階8分の1，2階8分の1とし，B，C，Dは各4分の1である。

なお，1階2階はAの所有権，3階4階5階はBCDがAから賃借権を取得しても，一体化は認められない。このように所有権と他の権利の二個以上の異なった権利を敷地権とする事はできない。

図11の場合，隣接するAの甲地とBの乙地の土地上にABの区分建物を新築した場合甲地も乙地も単有であり，共有でないため一体化しない。

図12の場合は，図11の場合と異なり，敷地が共有のため各持分が一体化する。

図13の場合，区分建物ABは，敷地の持分につき一体化するが，Cは土地の持分を有さないため一体化しない。この場合Cは，A，Bいずれかの持分を取得して一体化させるか，ABC全員で賃借権又は地上権を取得した時に一体化する。

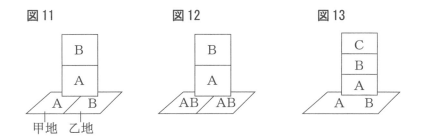

図14の場合，いわゆる棟割長屋又はタウンハウスのように土地は各自単有でその上に区分建物が存する場合は，一体化しない。

図15（ア）の場合，A単有の敷地にAが区分建物を新築し一棟の建物（非区分建物）として登記ある場合，各々BCDEに賃貸している場合において，Aが外部に分譲する意思を表示したとき（分譲広告等）はその意思が明確になった時に一体化する。同様に図15（イ）の場合，現在区分建物として独立している建物を一棟の建物（非区分建物）として登記ある場合に，区分建物にするため，建物区分の登記をした場合も一体化する。

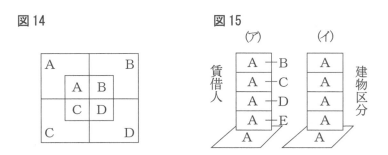

図16の場合，ABC共有の土地にAが非区分建物を所有し，Bが隣接して区分建物を権原により新築した場合は，ABの各3分の1の共有持分と一体化する。

この場合Cの持分を除く敷地利用権（登記上は敷地権）となる。

図17の場合，甲地にA所有の非区分建物があり，乙地にB所有の非区分建物があって，Aの建物をえい行移転してB所有の建物に接続して区分建物とした場合は，これだけでは一体化しない。AがB所有の持分の譲渡を受けるか又はB義務者，AB権利者として土地の賃借権もしくは地上権を取得した時は一体化する。

なおこの一体化は区分所有法の場合は敷地利用権との一体化で実体的権利関係を基礎とするが，登記法上では土地に所有権，地上権もしくは賃借権の登記を有すること及び区分建物の専有部分と土地を分離処分としない場合，敷地権として登記することになる（法44条①9号）。

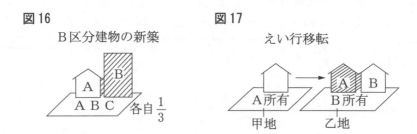

（4） 敷地利用権の処分

ここに敷地利用権の処分とは所有権移転のほか，抵当権，質権等の担保物権の設定を意味し，たとえば敷地のみにつき地上権や賃借権を設定してもここでいう処分にはあたらない。もっとも敷地の所有権の共有持分に地上権や賃借権を設定することはできないから，結局は個々の区分所有者から敷地につき地上権や賃借権の設定はなし得ないので，区分所有者の全員から所有権につき地上権や賃借権を他の者に設定することになる。

たとえば（図18）規約上の敷地として26番地の土地の所有権が区分建物の敷地とされた場合において，26番の土地につき区分所有者の全員が第三者甲に賃借権を設定することは，一体性の原則に反しない。

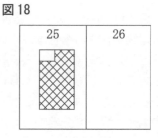

（5） 分譲区分建物

建物の専有部分の全部を所有する者の敷地利用権が単独で有する所有権，その他地上権，賃借権である場合にも，同様に分離処分が禁止である（区分法22条③）。

たとえば，図19の如く25番の敷地の所有権（地上権，賃借権）の権利者甲が，この敷地上に三棟の区分建物A，B，Cの全部を新築して所有権を有する場合は，建物の所有型態はいまだ単有

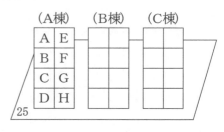

であって共有ではない。建物が単有であれば敷地権を発生させて，建物と土地の一体性を適用する必要はないはずである。

336

しかし分譲業者がマンションを新築して全区分建物を有する場合は，もともと販売によって新しい所有者が区分建物の所有権を取得し，当然一棟の建物が共有になることは新築当初より予定されているものである。したがってこのような建物の敷地権は，新築された区分建物の専有部分の床面積の割合に応じて当初より分属しているものとするのが妥当である。

そこで不動産登記法でも，建物が一棟の建物を区分したものであるときは，その建物の表題登記の申請は，その一棟の建物に属する全ての区分建物を一括して申請しなければならない（法48条①）ものとしている。

この結果分譲業者（新築者）は分譲区分建物の表題登記をなすさいに敷地権の表示も併せて申請するのであるが，登記をする前であっても実体的に分譲前の分譲区分建物と敷地の利用権は分離処分することが禁止されているのである。

（6） 敷地利用権の割合

区分所有者が敷地利用権につき一体化の適用のある場合に，区分所有者が数個の専有部分を有するときは，各専有部分の敷地権の割合は原則としてその有する床面積の割合による（区分法22条②，同14条①）。

図20

したがって分譲区分建物については，各区分建物の専有部分の床面積の割合によって，敷地権の割合が新築当初より定まっていることになる。この場合の床面積は，壁その他の区画の内側線で囲まれた部分の水平投影面積によって算出する（区分法14条③）。つまり原則として内壁で囲まれた部分の面積で計算し，柱の部分の凹凸は無視すればよい。

図21

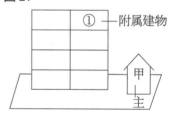

一棟の建物の中に主である建物と附属建物がある場合（図20）は，それぞれの建物（主と附）ごとに敷地権の割合を計算する。又主である建物が通常建物で附属建物が区分建物の場合は，附属建物のみ敷地権が生じることになる（図21）。

専有部分の床面積のほか，一部の者の共用部分（附属の建物を除く）で床面積を有するものがあるときは，その一部共用部分の床面積は，これを共用すべき各区分所有者の専有部分の床面積の割合に配分して，それぞれの区分所有者の専有部分の床面積に算入する（区分法14条②）。

図22

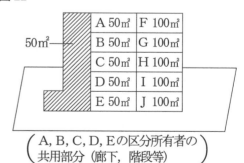

たとえば図22に示すように，A〜Jまでの区分所有者中，A〜Eまでの区分所有者が廊下及び階段として共用している場合には，一部共用部分の床面積も各専有部分の割合に応じて配分し，A〜Eまでの区分所有者の専有部分に加えて敷地権の割合を算出する。このときA〜Eまでが同一の専有床面積50㎡を有

している場合は，この廊下及び階段の床面積が50 ㎡あれば，A～Eまでの各区分所有者の床面積に10 ㎡を加えて，各人が60 ㎡の床面積を有するものとして敷地権の割合を計算することになる。

なお区分建物の専有床面積に応じて敷地権の割合を計算するときは，建物の床面積を1㎡の100分の1までの割合とする。このように床面積の割合で計算することは非常に煩雑であり，計算ミスの問題が生ずる。このため規約で別段の定めをすることができるものとした（区分法22条②ただし書）。つまり，床面積の割合としない規約である。

一般に敷地権の割合は壁の中心で求めた床面積の割合を規約で別段の定めをすることが多い。

（7） 分離処分の無効の主張の制限

区分建物と敷地権について一体性の適用がある場合には，建物又は敷地権のみを処分することはできない（区分法22条③）。そしてこの一体性を無視してなした建物のみ又は敷地権のみの処分は無効である。

しかし第一に，法定敷地の発生からみれば，新築した一棟の建物が実質的には区分建物として，構造上，利用上独立した建物とみられる場合でも，新築者が一棟の建物を区分建物とせず，非区分建物として登記して賃貸をすることもあり得る。またそれが分譲マンションであっても，規約によって分離処分が可能な場合もある。

第二に規約敷地の面からみれば，外形的には区分建物の敷地（底地）となっていないものであるから，それが規約によって区分建物と一体化されたものであるかは不明の場合も多い。ことに区分建物と離れたところに設けられた駐車場等の規約敷地はなおさらである。

このような場合に，善意の第三者が，法定敷地や規約敷地の存在を知らずに，建物や土地のみについて所有権や抵当権等を取得することもあり得る。このような一体性の適用を知らずに取引をした者の権利取得を全て無効にすることは，取引の安全を害し，善意の第三者が不測の損害をこうむることになる。

そこで法は分離処分禁止とされる専有部分又は敷地利用権の処分については，その無効を知らないで取引きした善意の第三者に主張できないものとした（区分法23条本文）。

しかし不動産登記法で分離処分することができない専有部分及び敷地利用権であることを登記した後に，その処分（所有権移転契約，抵当権設定契約）がされたときは，なお無効となる（区分法23条ただし書）。

つまり分離処分の無効を主張できないのは，原則として敷地権の登記がされる前の処分行為であって，分離処分禁止の敷地権の登記がされた後になした専有部分又は敷地利用権の処分は，たとえその分離処分の禁止を知らないで取引きした善意の第三者に対してもその無効を主張できる。

この分離処分禁止の登記とは，区分建物と敷地利用権が一体化されたことを登記簿上明らかにするもので，その方法は，専有部分の属する一棟の建物の表題部に敷地権の目的である土地の表示をなし，専有部分の表題部に敷地権の種類と割合を記録し，土地の相当区事項欄に敷地権である旨の登記をなすことになる。

なお，敷地権の発生の前に，建物の専有部分又は敷地について所有権移転契約や抵当権設定契約があった場合は，敷地権の登記後といえども所有権移転の仮登記や抵当権の設定登

記はなし得る。

　もっともその所有権の移転の仮登記を本登記する場合や抵当権の競売の実行による移転の登記をなすには，敷地権の登記があっては建物や土地のみの移転登記はできない（法73条②，③）。そこで区分建物の表題部の変更登記の申請によって，敷地権の登記を抹消した後にこれらの登記をなすことになる（法55条②）。

（8）　民法255条の適用除外

　共有者の一人がその持分を放棄したとき又は相続人なくして死亡したときは，その持分は他の共有者に帰属する（民法255条）。

　しかし，区分所有法では敷地権の登記ある場合は勿論，それ以前でも敷地権と区分建物が一体化されたものについてはこれを適用しないものとした（区分法24条）。

　たとえば相続人なくして，区分建物の所有者が死亡した場合，民法255条の適用があるとすれば，土地については共有であるため，敷地権の持分が他の共有者に当然に移転する。

　しかし区分建物は単有のため，特別縁故者がいれば，その者に裁判所の審判で移転する（民法958条の3）。もし特別縁故者がいなければ国に帰属する（民法959条）。いずれにしても区分建物と土地の敷地権が分離されることになるため，民法255条の適用を除外し，区分建物の所有権を取得する者が土地の敷地権の権利も取得するものとしたのである。

　また区分建物の所有者が土地の敷地の共有持分を放棄しても，それは他の共有者に移転しない。即ち無効である。

　もし土地の敷地権の持分を放棄したいのであれば，区分建物の所有権を放棄すればよい。その場合は同時に敷地権の持分も放棄したことになる。これが区分建物と敷地権の一体性の適用の効果である。

（9）　公正証書による規約の設定

　建物又はその敷地もしくは附属施設の管理又は使用に関する事項で，所有者の異なる区分所有者相互間の関係は規約で定めるが，規約の設定，変更，廃止は区分所有者及び議決権の各4分の3以上の多数による集会の決議によってする（区分法30条，31条）のが原則である。

　しかしマンションの分譲業者等，最初に建物の専有部分の全部を所有するものは，公正証書により，以下4個の規約を設定することができる（区分法32条）。

① 　共用部分を定める規約（なお一団地内の数棟の建物の全部を所有する者は，公正証書により団地共用部分の規約を設定できる（区分法67条②））。
② 　建物が所在する土地以外の土地を建物の敷地とする規約（区分法5条①）。
③ 　区分建物と敷地権を分離処分ができる旨の規約（区分法22条①ただし書，③）。
④ 　敷地利用権の割合を，専有部分の床面積の割合と異なる割合に定める規約（区分法22条②ただし書，③）。

　これらの規約を公正証書により設定できるのは，最初に建物の専有部分の全部を所有する者であるから，建物が完成すると同時に専有部分の1個又は数個が他に譲渡されて所有権を取得した者があれば，もはや建物の専有部分の全部を所有するものにあたらず，原始所有者は公正証書による規約の作成ができない。

なお,「専有部分の所有者」とあるから, 建物が建築中で完成前に作成した規約は, 建物が完成しない限り効力が生じない。

また, 分譲マンション等の場合に, 設計図の段階で区分建物の売買契約を結んだ場合でも, 買主が所有権を取得するのは, 建物が完成後引渡時である旨の契約がある場合は, 建物完成時には全ての専有部分の所有権は建物の新築者にあるから, 新築者は単独で, これらの規約を作成することができる。

さらに「最初に」建物の全部を所有するものとあるから, たとえば甲の新築した分譲マンションの全てを購入した乙はこれに該当しない。

このように, 最初に区分建物の全部を所有する者が単独で敷地権の割合を床面積の割合と異にする旨を定めたり, 規約敷地や共用部分, 分離処分ができる等を規約で定めることができるのは, Ⓐ区分建物の新築者のみが専有部分につき表題登記をなす権利, 義務を有すること, Ⓑ区分建物の新築者は, 一棟の建物全部につき一括して表題登記をしなければならないこと, Ⓒ区分建物の新築者は, 区分建物と敷地権の分離処分を禁止するか, また分離処分を許すかの判断をする権利があり, もし分離処分を禁止する場合は, 専有部分の表題登記を一括申請するさい敷地権を表示して申請しなければならないこと(登記法44条①9号)等の理由によるものである。

また, これら建物の新築者が単独で規約を設定する場合には「公正証書」によるものとしたのは, あとから建物の新築者より区分建物を取得した者の相互間に不条理な格差が設けられないようにするためと, また規約を分譲者の利益になるよう, 後にいたって自由に改ざんされないようにするためである。

3. 自己借地権

従来, 自分の土地には, 自己を権利者とする地上権や賃借権(借地借家法では借地権という。)を設定することはできなかった。

これは, 自己の所有地に自己が賃借権を設定することは混同の法理(民法179条)によって許されない訳である。つまり, 所有権はその権利の中に賃借権や地上権の土地を利用する権利も含んでいるから, その所有者が自分の所有権の上に賃借権を取得するということは認めないということである。これが従来の賃借権が自己の土地に設定できないという理由である。

平成3年の借地借家法の制定の際に, 一部緩和され, 第三者と準共有する形の自己借地権が認められることになった(借地借家法15条)。

たとえば図23に示すように, 乙所有の土地に分譲業者甲建設株式会社が共同して4階建て8戸のマンションを新築して, その土地の賃借権敷地権として1階の1戸を乙の所有として, 他を分譲販売したい場合を考えてみよう。

(1) 従来の方法

土地の所有者乙を義務者, 甲建設を権利者とする賃借権を設定登記し, 区分建物8戸を甲建設が新築する。甲建設は8戸の区分建物の表題登記が完了した後, 1階の賃借権1/8付の1戸を乙は所有権の保存の登記を申請し, 所有権を得ることになる。乙は, 賃借権を設定

した代価として1階の1戸を所有し、以後AからGの土地の賃料を得ることができる。

(2) 自己借地権

そこで図23において、まず乙が自分の所有する土地に、第三者甲建設7/8、乙1/8とする賃借権（自己借地権）の設定登記をして、甲建設が7個の区分建物、乙が1個の区分建物を新築すると、各区分建物は賃借権敷地権の1/8が一体化する。このように自己の土地上に借地権を設定し、区分建物を新築したい場合、第三者を介することなく、直接自己が賃借権付の区分建物の取得ができるようになれば土地の所有者にとっては大変便利である。このため借地借家法に自己借地権の制度を取入れた（借地借家法15条）。

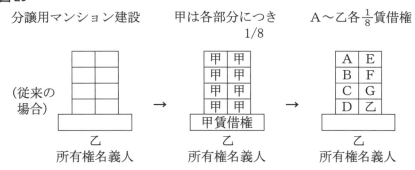

図23

(3) 自己借地権の敷地権

甲建設が所有する土地について、甲建設の持分2分の1とAの持分2分の1を地上権者とする自己借地権を設定登記し、甲建設が4戸、Aが4戸の区分建物を新築して、各区分建物の借地権の割合を8分の1とする規約を定めて、区分建物の表題登記をしたときは、各区分建物の表題部には、敷地権の種類を地上権、割合8分の1と記録され、土地の乙区になされた地上権を目的として敷地権である旨の登記が登記官によりなされる。当然、甲建設の所有権は敷地利用権ではなく何らの登記もされない。当然、この所有権は自由に処分することができる（図24）。

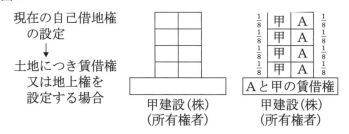

図24

(4) 共有の場合の自己借地権

さらに、図25に示すように元々マンションの底地が共有の場合についてはどのようになるか考えてみよう。

たとえばマンションの敷地が甲、乙の各1/2の共有とし、その敷地に甲、A、B、Cの

賃借権を設定して各マンションの専有部分を甲，A，B，Cが取得した場合を考えてみる。

この場合については，所有者甲，乙を登記義務者，賃借権の取得者甲，A，B，Cが権利者として，賃借権の登記をすることになる。そして図26のように区分建物を完成後甲，A，B，C，各専有部分について表題登記をする場合には，各専有部分ごとにこの土地の敷地権としてそれぞれ1/4づつ賃借権の権利を取得することになるのである。

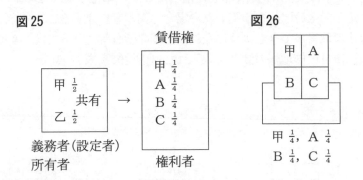

このように土地が共有の場合でも，自己が権利者として入ってくるときには，同時に賃借権者として権利を設定できることになるのである。

このように所有権者が自己の所有する土地に，賃借権や地上権を設定できるのは，他の権利者と共に設定する場合に限られるのであって，自分の単独所有の土地に自分が単独の賃借権者として登記を受けることができない。

すなわち所有者甲，賃借権者甲としての設定登記は認められない。少なくとも所有者甲，賃借権者甲，乙のこのように必ず第三者が入ってこなければならないことに，注意をしなければならない（図27）。

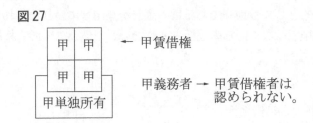

第39講　区分建物の要件と登記手続

1. 区分建物の要件

（1）共用部分と専有部分

区分建物として登記をなし得るのは，前述のように利用上，構造上独立した一棟の建物の部分，すなわち専有部分に限る。専有部分以外は共用部分であり，これには次の2つがある。

第一に，一棟の建物の廊下，階段，エレベーター，屋上等構造上の共用部分（棟の床面積に入る）。

第二に，一棟の建物の附属施設，たとえばガス，水道の配管，電気の配線及び各区分建物の共用の設備等である。当然法定共用部分として登記をなし得ない。

ただし，第一の法定共用部分は，納税その他の管理上の都合のため，各区分所有者の規約で所有者または管理者を定めることができる（区分所有法25条①）。

（2）権原によって増築した場合

区分建物の新築以外に区分建物の表題登記をなし得る場合としては，図28，29に挙げるように甲所有の建物に，乙が利用上独立した建物を権原に基づいて増築した場合については，乙は増築した建物について区分建物表題及び甲は表題部の変更登記をなし得る（法48条③）。

しかし図30に示すように一階の父親甲の建物にその子乙が権原に基づいて増築をした場合でも，乙の建物は，一階部分の甲の建物の部分を通らなければ乙の部分に至らない場合については，この建物は独立した建物とは言えず，したがって乙は区分建物の表題登記をなし得ない。

一般に利用上，構造上独立をしているというのは，他の建物を通らなくても自分の区分建物を利用できるということである。

したがってこの場合に，乙が自分の新築をした建物を，区分建物の表題登記をするためには，構造上独立をさせるために甲の建物を利用しないで乙の建物を利用できるようにしなければならない。

そのためには，乙は独立した階段を設ける必要がある。独立性を有しないときは，甲が建物の構造変更及び床面積の変更登記をなした上で，甲乙の共有の建物として登記するほかはない。

（3） 独立性の要件

図31に示すように，父親甲所有の建物に子乙が権原に基づいて建物を新築した場合について，その接続部分を木製のドアで仕切った場合は，乙の建物は区分建物として構造上独立をしているかが問題となる。

この場合は，甲建物も乙建物もそれぞれ別個に出入口があって，ただ単にその区分壁が木製のドアで区分されているというだけある。

先例上では，木製の扉で他の部分と区切られているこの場合については，構造上の独立性を有する建物として取扱っている（昭41年12月7日民甲第3317号民事局長回答）。

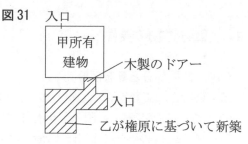

図31

さらに図32に示すように，店舗として使用しているA建物にB建物を接続して新築をなし，接続部分は鉄のシャッターで仕切り，開店中はシャッターを上げて営業し，閉店後はおろす。またC建物はB建物よりやや離れて新築をし，地下に通路を設けてBC両建物を結んでいる。

このような建物の場合に，ABCが各区分建物の所有権の目的になるかという問題である。

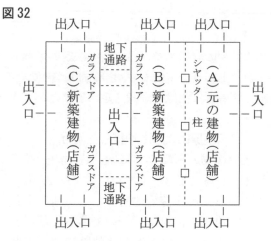

このような場合でも先例上では，ABの区分建物がたとえシャッターで仕切られて，開店中はシャッターを上げて営業し，閉店後は閉鎖されるような場合であっても，あるいはその建物が地上に存するか地下にあるかを問わず区分所有建物として認めることができるとしている（昭42年9月25日民甲第2454号民事局長回答）。

さらに図33に示すように，ある店舗が二方面，または三方面を図のように鉄のシャッターで仕切られている。営業中はシャッターを上げ閉店後はおろす。

このような各店舗の所有者が異なる場合に，それぞれ区分所有権の目的になるかという問題がある。

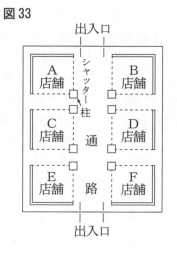

図33

この場合も先例上では独立をした区分建物としてみなし，区分所有権の目的となると認定している（昭42年9月25日民甲第2454号）。

先例上では区分建物についての要件たる経済上，利用上独立をしているという範囲をできるだけ拡大して考えているようである。

（4） 独立性がない場合

また区分建物として認められない事例としては，図34にあるように3階建の建物であって，入口は一階正面のみでほかに階段がない。したがって2階，3階の店舗，事務所の所有者も，ともに1階の部分を利用しなければ事務所，店舗に通じないことになる。

それから2階から3階に通じる階段は，1階の階段を登り詰めたところにある。そしてこの階段については，ほかに障壁がなければ当然1階と2階が区分建物として構造上独立したというわけにはいかない。

この場合については，たとえ1階と2階，3階を分けて二個の区分建物にするというような表題登記もできない。これは2階や3階へ行くためには必ず1階の店舗を通るというような形になるからである。

つまり区分建物として構造上独立していると言えるためには，他の区分建物を通らないでも利用できるということでなければならないからである（昭38年9月28日民甲第2659号民事局長通達）。

図34

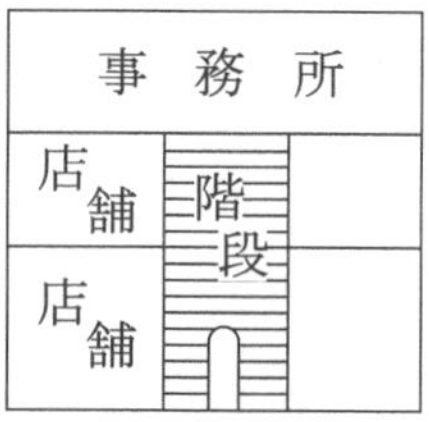

入口が1個で各階共通、階段に区分壁がない場合

2．区分建物の登記記録

（1） 区分建物の登記事項

（A） 家屋番号

まず，区分建物である建物の登記記録の表題部には，建物の表題部の登記事項として，当該建物が属する一棟の建物が属する他の建物の家屋番号が記録される（規則116条①）（図35）。

（B） 一棟の建物の所在（法44条①1号），名称，構造，床面積。

一棟の建物の名称あるときには，その名称が記録される。

ここの一棟の建物の床面積は，壁等の中心線で求めた床面積である。

平家建以外の建物の床面積を記録するときには，各階ごとに床面積を記録するが，その合計を記録することを要しない。また，地階があるときは，地上階の床面積の記録の次に記録される。当然，80.00 ㎡のような場合，00を省略することはできない（準則91条③）。

この一棟の建物の原因及び日付欄には，新築年月日は記録されない。

（C） 敷地権の目的である土地の表示（規則118条）

敷地権の目的である土地に関する事項が記録される。

イ　符号（当該土地を記録する順序に従って付した符号）
ロ　土地の不動産所在事項
ハ　地目
ニ　地積

法定敷地で敷地権としなければならない土地について記録されるほか，規約敷地について記録される。

図35

専有部分の家屋番号	35-1-101〜35-1-110　35-1-201〜35-1-215
	35-1-301〜35-1-315　35-1-401〜35-1-415
	35-1-501〜35-1-515　35-1-601〜35-1-615
	35-1-701〜35-1-715　35-1-801

表題部　（一棟の建物の表示）		調整	所在図番号	
所在	甲市乙町二丁目35番地1，35番地2			
建物の名称	霞ヶ関マンション			

①構造	②床面積 m²			原因及びその日付〔登記の日付〕
鉄筋コンクリート造陸屋根地下1階付8階	1階	417:27	6階	638:03	
	2階	638:03	7階	638:03	
	3階	638:03	8階	206:52	
	4階	638:03	地下1階	461:82	
	5階	638:03			

表題部　（敷地権の目的である土地の表示）				
①土地の符号	②所在及び地番	③地目	④地積 m²	登記の日付
1	甲市乙町二丁目35番1	宅地	599:27	平成13年3月16日
2	甲市乙町二丁目35番2	宅地	266:17	平成13年3月16日
3	甲市乙町二丁目28番	雑種地	390:	平成13年3月16日

(D) 専有部分の表示（図36）

① 不動産番号

　法27条4号でいう不動産を識別するための12桁の番号である。

　これは登記令では「不動産識別事項」というが実用的には「不動産番号」という（規則34条②）。

　この不動産番号は，不動産を識別するために必要な事項として，一筆の土地又は一個の建物ごとに番号，記号その他の符号によって記録される（規則90条）。

図36

表題部（専有部分の建物の表示）			不動産番号	
家屋番号	乙町二丁目35番1の201			
建物の名称				
①種類	②構造	③床面積 ㎡	原因及びその日付〔登記の日付〕	
居宅	鉄筋コンクリート造1階建	2階部分 42:53	平成13年3月1日　新築 〔平成13年3月16日〕	
表題部　（附属建物の表示）				
符号	①種類	②構造	③床面積 ㎡	原因及びその日付〔登記の日付〕
表題部　（敷地権の表示）				
①土地の符号	②敷地権の種類	③敷地権の割合	原因及びその日付〔登記の日付〕	
1・2	所有権	1000分の7	平成13年3月1日敷地権 〔平成13年3月16日〕	
3	賃借権	50分の1	平成13年3月1日敷地権 〔平成13年3月16日〕	
所有者	甲市乙町二丁目5番1号　株式会社甲建設			

② 家屋番号

　各専有部分ごとに付された家屋番号を表示する。登記記録例では，地番区域が記録されている。

③ 種類，構造，床面積

　各専有部分ごとの種類（規則113条，準則80条），構造（規則114条，準則81条）床面積（内側線による。）を記録する。

　一棟の建物においては，3階及び4階を一個の区分建物とするときには，「2階建」と記録する（準則90条）。また，建物を階層的に区分してその一部を一個の建物とする場合には，屋根の種類を記載しない（準則81条③）。

　区分建物の床面積は，壁その他の区画の内側線によって囲まれた部分の水平投影面積により，平方メートルを単位として定め，一平方メートルの100分の1未満の端数は切り捨てる（規則115条）。

　新築の年月日は，この原因及び日付欄に記録される。

④ 敷地権の表示

　敷地権の目的である土地の表示欄に表示した土地に関する符号，敷地権の種類，割合及び敷地権が生じた日付が記録される。

図36のように，符号1，A市B町25番1，符号2，25番2，符号3，25番3の三筆の土地が敷地権の目的として登記されている場合において，敷地権の表示をする場合は，その表示欄中，敷地権の種類，敷地権の割合，原因の日付が同一の場合は，符号欄の土地の符号を「1・2」の如く記載し，略記することができる。

（E）　不動産工事の先取特権の登記（規則別表三）

一棟の建物の表示欄中，区分建物全体に不動産工事の先取特権の登記をするときには，原因及びその日付欄に建物の種類，構造，床面積が設計書による旨が記録される。

ある区分した建物のみである場合には，その専有部分の原因及びその日付欄に，附属建物に係る場合にも当該原因及びその日付欄に同様の記録がなされる。

（2）　敷地権が発生した日

原因及び日付には，敷地権が発生した日付が記録される。この原因の日付は重要な意義を有する。

敷地の利用権と区分建物は原則として敷地権と分離して処分ができないが（法73条②③），その建物につき，敷地権発生前の原因に基づく所有権の仮登記や，抵当権の設定登記等は，敷地権の登記後でもなし得る。したがって，抵当権や所有権の仮登記の原因の発生の日付と，区分建物の表題部にされた敷地権の表示欄中の原因及び日付欄にされた日付とを比較し，いずれが早いかで登記がなし得るか，ひいてはそれらの権利のうちいずれが優先するかが決まることになる。

そこで敷地権が発生した原因及び日付を明確にしなければならないが，それは次のとおりである。

①規約敷地については，その規約を設定した日。
②法定敷地については，区分建物の新築により敷地権が発生するから，その新築した日。
③通常の建物に区分建物を増築したことにより法定敷地権が発生した場合は，区分建物を増築した日。
④法定敷地につき分離処分可能の規約を設定した後に，その規約を廃止したときは，その規約を廃止した日。
⑤申請人の区分する意思が外部に表れてたとき（建物区分登記等）。

（3）　附属建物の敷地権

敷地権の記録で問題となるのは，附属建物の敷地権をいかに記録するかである。

主である建物と附属建物がともに区分建物の場合において，附属建物の敷地権の表示は，主である建物の敷地権と同様に敷地権の表示欄になされる。

たとえば図37に示す如く，A市B町25番地に主である建物Aと，同所26番地に附属建物Yがあるとしよう。この場合は図38に示すように敷地権がある場合は，一棟の建物の表題部に敷地権の目的である土地の表示

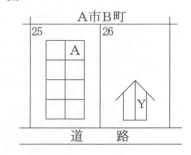

図37

(25番，26番)をなし，附属建物の敷地権は，その符2と賃借権，5分の1であること，原因及びその日付欄に附属建物に関する敷地権である旨を記録する（記録例集128）。

図38

表題部　（敷地権の目的である土地の表示）				
①土地の符号	②所在及び地番	③地目	④地積　㎡	登記の日付
1	甲市乙町25番	宅地	260:00	平成13年3月16日
2	甲市乙町26番	宅地	100:25	平成13年3月16日

表題部　（専有部分の表示）			不動産番号	
家屋番号	乙町25番の1			
建物の名称				
①種類	②構造	③床面積　㎡	原因及びその日付〔登記の日付〕	
居宅	鉄筋コンクリート造1階建	1階部分　40:00	平成13年3月5日　新築〔平成13年3月16日〕	
表題部　（附属建物の表示）				
符号	①種類	②構造	③床面積　㎡	原因及びその日付〔登記の日付〕
1	車庫	A市B町26番地木造かわらぶき平家建床面積80.00㎡木造かわらぶき平家建	20:00	〔平成13年3月16日〕
表題部　（敷地権の表示）				
①土地の符号	②敷地権の種類	③敷地権の割合	原因及びその日付〔登記の日付〕	
1	所有権	5分の1	平成13年3月5日　敷地権〔平成13年3月16日〕	
2	賃借権	5分の1	平成13年3月5日符号1の附属建物の敷地権〔平成13年3月16日〕	

なお，附属建物は別棟にあるので，その所在，構造，床面積は構造欄に「A市B町26番地木造かわらぶき平家建床面積80.00㎡」と記録される。

（4）　主が通常で附属が区分の場合

図39のように，主である建物が通常の建物で附属建物が区分建物の場合である。図40

に示すように敷地権の目的である土地の表示欄も，敷地権の表示欄もないから，結局附属建物の敷地権の表示は，附属建物の表示欄中構造欄に記録されることになる。

つまり，通常の建物の表題部中構造欄に附属建物の「一棟の建物の所在，構造，床面積」，「附属の構造」そして敷地権の目的である土地の表示「甲市乙町 46 番，宅地，100.25 ㎡」と敷地権の表示「土地の所有権，2 分の 1」を構造欄に記録する。

そして，敷地権の発生日は，原因及び日付欄にする（平成 28 年記録例集 132）。

図 39

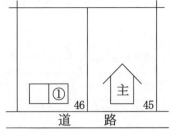

図 40

表題部　（主である建物の表示）			調整		不動産番号	
所在図番号						
所　　在	甲市乙町 45 番地					
家屋番号	45 番					
①種類	②構造		③床面積 ㎡	原因及びその日付〔登記の日付〕		
居宅	木造かわらぶき平家建		62:15	平成元年 5 月 5 日　新築〔平成元年 6 月 2 日〕		
表題部　（附属建物の表示）						
符号	①種類	②構造		③床面積 ㎡	原因及びその日付〔登記の日付〕	
1	倉庫	甲市乙町 46 番地鉄筋コンクリート造陸屋根平家建床面積 50.00 ㎡鉄筋コンクリート陸屋根平家建敷地権の表示　甲市乙町 46 番宅地 100.25 ㎡の土地の所有権 2 分の 1		24:74	平成 13 年 4 月 1 日　新築平成 13 年 4 月 1 日　敷地権〔平成 13 年 4 月 17 日〕	
所有者	甲市乙町 16 番地　甲野　太郎					

3．敷地権である旨の登記

（1）所有権敷地権の登記

区分建物の表題登記をする場合において，敷地権の登記をするときは，登記官は敷地権の目的である土地の登記記録の権利部の相当区事項欄に，敷地権である旨の登記をなす（規則 119 条）。

敷地権の登記をするときは，登記官は職権で敷地権の目的である土地の登記記録，たと

えば敷地権が所有権であれば甲区，地上権，賃借権であれば乙区に，主登記により敷地権である旨の登記をする。

図41

権利部　（甲区）　（所有権に関する登記）			
順位番号	登記の目的	受付年月日・受付番号	権利者その他の事項
2	所有権移転	平成何年何月何日受付第何号	原因　平成何年何月何日　売買 何市何町何番地　甲会社
3	所有権3分の1敷地権		建物の表示 A市B町一丁目25番地　一棟の建物の名称 ひばりヶ丘1号館 平成何年何月何日登記

　図41で示す敷地権である旨の登記は，A市B町一丁目25番の土地の権利部（甲区）の所有権の登記を順位2番で有する甲会社が，その上に区分建物を新築して，規約により土地の所有権の3分の1をひばりが丘1号館の建物の敷地権とする区分建物の表題登記を申請した事例である（記録例集124）。土地の甲区事項欄に，順位3番で「所有権3分の1敷地権」と記録し，さらに敷地権の表示を登記した建物を表示するに足るべき事項として「建物の表示，A市B町一丁目25番地，一棟の建物の名称，ひばりが丘1号館，平成何年何月何日登記」と記録される。

　なお敷地権である旨の登記は，甲区や乙区になされても，それ自体，民法177条の対抗力を有する登記と異なる。

　なお，建物を表示するに足るべき事項は，所在，地番のほか一棟の建物の名称があればそれを記載して特定できるが，一棟の建物の名称がないときは，一棟の建物の構造，床面積も記載しなければならない。一般に建物の名称とは，「ひばりが丘1号館」の如く数字，符号を含むものをいうとされるが，「大倉山ハイム」「西武ヴイラ」等の名称でも足りるとされている。

　建物の名称は付けるかどうかは任意であるが（法44条①4号），これらがあるときは，登記しなければならない。

（2）　持分の一部が敷地権となる場合

図42

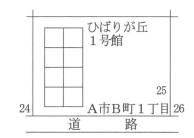

　図42のように，一筆の土地にまず1号館を建築し，順次2号館，3号館を建築してゆくとしよう。2号館完成のときに持分3分の1，3号館完成のときに残りの3分の1を振り分けたい。しかし最初に1号館を新築した段階で，一筆の土地（25番）全部につき敷地権が発

生する。そこで公正証書により規約を作り残りの3分の2については，分離処分可能（一体性の適用除外）とし，この規約証明書を添付して申請することになる。

この場合の敷地権である旨の登記は，「所有権3分の1敷地権」のように登記される。

(3) 他の登記所への通知

敷地権の目的である土地が他の登記所の管轄に属すときは，遅滞なくその登記所に敷地権である旨の登記事項を通知し，通知を受けた登記所は敷地権の目的である土地の登記記録中相当区事項欄に先に登記したのと同じ事項を記録する（規則119条②，③）。

なお通知を受けた登記所は，敷地権の目的である所有権や地上権，賃借権の権利につき，既に第三者にこれらの権利が移転され又は抹消になっていたときは，区分建物の所有者に敷地権として登記すべき権利が存しないことになる。したがって，この場合は敷地権である旨の登記ができない旨を，通知を発した登記所に通知し，その登記所で敷地権の表示を抹消することになる。この場合は，一般に規約敷地の管轄を異にする場合に起こり得る。

(4) 敷地権と共同担保目録の記録

敷地権である旨の登記がされると，区分建物と敷地権の持分（割合）は1個の不動産と扱われる。たとえば，3番5と3番6の土地の所有権100分の1を敷地権とする区分建物と4番6の土地を共同担保とした場合には，図43のような共同担保目録が作成される。つまり，1番目の物件として区分建物の所在，家屋番号のほか，敷地権の表示として「甲市乙町一丁目3番5，同所3番6の土地の所有権各100分の1」の如く記録される。2番目の物件として4番6の土地が記録される。

図43

共同担保目録				
記号及び番号	（あ）第5号		調整	
番　号	担保の目的である権利の表示	順位番号	予　備	
1	甲市乙町一丁目3番地5家屋番号乙町一丁目3番5の1の建物，敷地権の表示　甲市乙町一丁目3番5，同所3番6の土地の所有権各100分の1	1		
2	甲市乙町一丁目4番6の土地	3		

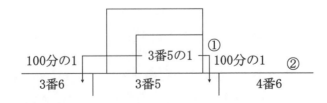

第40講　区分建物表題登記の申請手続

1．原始取得者からの申請

（1）　申請人

　区分建物である建物を新築した場合において，その所有者について相続その他の一般承継があったときは相続人その他の一般承継人も，被承継人を表題部所有者とする建物の表題登記を申請することができる（法47条②）。区分建物の表題登記の申請は，その建物を原始的に取得した建物の新築者は，竣功後1ヶ月内に申請することを要する。これは区分建物に敷地権があるかないかを問わない。なお通常の建物の場合は，所有者に変更があった場合は，その転得者が所有権を取得したときから1ヶ月内に表題登記をなす事になるが（法47条①），区分建物には適用されない。

　したがって区分建物については，表題登記をなし得る権利，義務は常に区分建物の原始取得者のみにあり，転得者はなし得ない。

　たとえば通常の建物であれば，未登記の建物を購入した転得者は，直接表題登記をなし得るが，区分建物の場合は，全区分建物を一括して表題登記をしなければならない（後述）関係上，転得者（買主）は表題登記をなし得ないものとした。

　その他，区分建物は建物新築と同時に法定敷地と専有部分が一体化し，これを迅速に登記して第三者に対し分離処分の禁止を公示する必要からも，建物の新築者がその表題登記をすることが望ましいのである。

（2）　転得者の保存登記

　この結果，転得者の利益を奪うことがないよう配慮する必要があるため，転得者は表題部所有者の承諾書を添付して，直接保存登記の申請ができることにした（法74条②）。

　本来，保存登記は表題部所有者から申請するのであって（法74条①1号），表題部所有者以外の者からは申請できないのであるが，区分建物の場合は，表題部所有者と保存登記の名義人に同一性がなくてもさしつかえないのである。

　たとえば通常の建物であれば表題部に甲と記録があれば，相続，判決，収用の場合を除いて転得者乙からは直接保存登記ができず，甲名義で保存登記をして転得者乙に所有権移転登記をなすことになる。

　これに対して区分建物の場合は，表題部所有者甲（分譲業者）から直接（買主）乙名義に保存登記をすることができ，中間の甲の保存登記，甲から乙への所有権移転登記を省略できるのである。

　このように区分建物の原始取得者のみが表題登記をなし得るものとした場合，もし原始取得者甲が乙に区分建物を売ったにも拘わらず，その表題登記をしないときは，購入者乙に救済の道を考慮しなければならないが，この場合は，一般の債権者代位権（民法423条）によって，乙は甲を表題部所有者とする区分建物の表題登記を代位申請することになる。

ところで区分建物の新築者が死亡した場合は，相続人は原始取得者ではない。相続人は被相続人の地位を承継する者であるが，原始取得者でないから直接自己名義で表題登記はなし得ない。この場合，相続人は被相続人を表題部所有者とする区分建物の表題登記の申請をすることになる（法47条②）。

なお，区分建物の要件を満たしているが，区分建物として完成させたのでないのであれば，相続人は，相続人を表題部所有者とする通常の建物として登記をするか，区分建物として登記を申請することができる。

（3） 一括申請

建物が一棟の建物を区分したものであるときは，その建物の表題登記の申請は，その一棟の建物に属する他の建物の表題登記の申請と併せて申請をすることを要する（法48条①）。

これを俗に一括申請と呼んでいるが，必ずしも同一の申請書で申請するという意味ではない。それは全ての区分建物につき，同時に表題登記をするという意味であり，別個の申請書でばらばらに申請しても結局，登記官が実地調査に基づき表題登記をなす時点で，全申請書がそろえばよいということである。

なお区分建物の原始取得者が数人（A社とB社の共同建築等）いる場合には，所有者が異なっても同一申請書で申請できる。

これは，区分建物については敷地権が登記事項となった関係で，全区分建物を一括申請させることにより，敷地権があるかどうか，又敷地権の割合について，その持分の割合等，敷地権に関する登記官の実地調査を容易にすることができる。

図44

その他の一括申請としては，通常の建物に区分建物を新築した場合は（図44）全体の建物が区分建物になるから，区分建物の表題登記と併せて建物の表題部の変更登記の申請をすることになる（法48条③，52条①）。

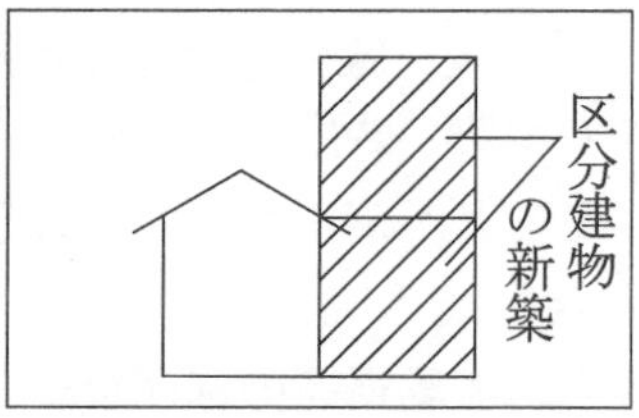

2．法定代位

区分建物の表題登記は一括申請が義務付けられる結果，他の所有者が申請に協力しないときは一括申請をなし得ないことからこの場合に備えて法上当然代位をなし得ることにした。

たとえば，甲会社と乙会社が共同で区分建物の属する一棟の建物を建築して分譲する場合に，建物完成後甲会社がその表題登記を申請しないとき，乙会社は代位して甲の区分建物につき表題登記をなし得るものとしている。

この点について，法は「建物の所有者は他の建物の所有者に代位してその他の建物の表題登記を申請することができる」ものと規定している（法48条②）。

この場合の法定代位は建物の原始取得者が他の原始取得者を代位する場合であるから，その建物につき，原始的な所有者の場合に限る。民法423条の代位は，債権の保全のためである。

これに対し，この法48条第2項による代位は，代位する者（乙会社）も代位される者（甲会社）もともに建物の原始取得者であって，債権者と債務者の関係になく，また債権を保全するという目的もない。

354

このように同じ立場の者が代位する関係は，民法423条で規定する債権者代位と異なるが，その手続だけを準用することにした。したがって，この場合の代位原因は「不動産登記法第48条第2項による代位」とし，代位原因証書は建物を原始的に取得したことを証する書面である。一般的には工事請負人の契約書，代金の領収書，引渡し証明書，建築基準法6条の確認済証及び同法7条の検査済証等である。このように，所有権証明書が代位原因証書となるから，これらを援用してさしつかえない。

　区分建物の法定代位は，次のように分類することができる。

〈例1〉 法48条第2項 代位の場合（図45）

　1階より10階まで甲建設，11階より20階まで乙建設が新築した場合。

　甲建設が乙建設を，又は乙建設が甲建設を代位して，区分建物の表題登記を一括申請することができる。

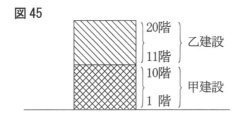

〈例2〉 法48条第4項 代位の場合（図46）

　乙が甲非区分建物に接続して区分建物を新築した場合。

　乙が自己の区分建物の表題登記の申請と甲の建物の表題部の変更を代位により一括申請することができる。

〈例3〉 法52条第2項 代位の場合（図47）

　甲非区分建物に乙が区分建物を新築した場合。

　甲は自己の非区分建物の表題部の変更申請と乙に代位して区分建物表題登記の申請を一括して申請することができる。

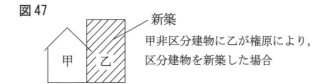

〈例4〉 法52条第4項 代位の場合（図48）

甲非区分建物をえい行移転により乙非区分建物に接続した場合。

甲が乙を，又は乙が甲に代位して建物の表題部の変更の申請をすることができる。即ち甲が建物の表題部の変更（又は乙）の申請と共に，乙の（又は甲）建物の表題部の変更を代位で一括して申請する場合である。

図48

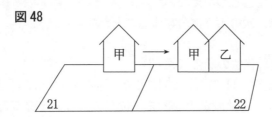

3. 区分建物の申請情報

建物又は附属建物につき敷地権あるときは，建物の表題登記の申請書には，敷地権を表示して申請することを要する（登記令別表申請情報12項イ）。

区分建物の表題登記には，一般的記載事項のほか，まず敷地権の表示を申請書に記載するが，それは「敷地権の目的となる土地の所在，地番，地目，地積」と「敷地権の種類，敷地権の割合，原因及び日付」を記載する。

その他，相続その他の一般承継があった場合には，その旨の表示をする（同12項ロ）。

4. 区分建物の添付情報（登記令別表12項）

（イ）建物図面 （ロ）各階平面図

各専有部分ごとの建物図面，各階平面図それぞれ作成し添付する。つまり専有部分の申請書と建物図面，各階平面図が対応する。

（ハ）所有権証明書（所有権証明情報）

表題部所有者となる者が所有権を有することを証する情報である。つまり，原始取得者の所有権を証する書面である。相続や一般承継があったことを証する書面はここには入らない。

（ニ）住所証明書

表題部所有者となる者の住所を証する市町村長，登記官その他の公務員が職務上作成した情報（公務官が職務上作成した情報がない場合にあっては，これに代わるべき情報）である。

所有権証明書と同様に原始取得者（被承継人）の住所証明書である。

（ホ）規約証明書

法定敷地につき，区分建物と別個に分離処分ができる旨の規約を設定したとき，又は敷地権の目的である登記ある所有権，地上権又は賃借権が敷地権でないときはそれを証する書面を添付する。たとえば，登記した所有権があるが，すでに売却している場合である。

その他，敷地権である所有権が無権利者からの取得のため，その所有権移転登記が無効であったとか，強迫による取得者からの移転のため取消しにより，所有権を実質的に失った

ため所有権の登記が無効の場合である。

また，登記ある地上権や賃借権が敷地権でなくなった場合としては，地上権や賃借権の設定が無権代理人等によってなされ本人の追認がないため，実質的にこれ等の権利が無効であったり，地上権が2年以上引き続き地代の不払のため，所有者より地上権の消滅請求（民法266条，276条）があったことにより消滅したり，契約の解除により，地上権，賃借権が消滅している場合をいう。

① 規約（区分法5条①）により規約敷地となった場合には，申請書に規約を証する書面を添付する。
② 敷地権の割合が，専有部分の床面積の割合と異なる場合は（区分法22条②ただし書），申請書に規約を証する書面を添付する。
③ 敷地権の目的である土地に，他の登記所の管轄に属するものがあれば，申請書にその登記事項証明書を添付する。

なお，区分建物の全部を所有する所有者が，公正証書による規約を設定したときは（区分法32条），その公正証書の正本又は謄本を添付する。区分所有者の議決によって設定した（区分法31条）場合は，その規約を決議した集会の議事録（同42条），又は集会の代りに書面による合意があったときはその合意書（同45条）を添付する。

5．区分建物の構造の問題点

区分建物の構造は，その登記記録に一棟の建物の構造と区分した建物の構造の双方を記載しなければならない。一棟の建物の構造は，通常の建物の場合と同様に，構成材料による区分，屋根の種類による区分，階数による区分の三つに分かれる。区分した建物の構造については，一棟の場合の表示と多少異なるので，この場合について以下検討を加える。

（1）屋根の記載

図49に示すように，鉄筋コンクリート造陸屋根5階建の建物の4階部分と5階部分について一つの区分建物として登記する。このときに区分建物の表題登記をなす場合については，その区分した建物の表示欄の構造欄には，「鉄筋コンクリート造2階建」と表示をする（準則90条）。

図49

5F	////	1区分建物
4F	////	
3F		
2F		
1F		

なお床面積欄には，「4階部分〇〇．〇〇㎡，5階部分〇〇．〇〇㎡」と記載し，「1階部分〇〇．〇〇㎡，2階部分〇〇．〇〇㎡」とは記載をしない。

なお，申請する区分建物は4階部分と5階部分で，最上階であるため陸屋根の部分に5階部分が該当する場合，その区分建物の表示欄中構造欄に屋根の種類も記載しなければならないかという疑問が生ずるが，この場合についても1階部分にあっても，2階部分または5階部分でも，その階層の構造を記載し，屋根の種類の記載を要しない（準則81条③）。

（2）地階

次に図50に示すような建物の最低階の甲専有部分である店舗として申請する場合につい

て，その一棟の建物の構造の表示と，区分した建物の構造の表示について考えてみよう。

いまこの一棟の建物は，入口が6階部分にあり，通常は6階部分が1階ということになる。したがって本来5階以下は，地下に属するのではないかということになる。しかしこのビルは傾斜面に新築をされ，1階から7階までが地表にあらわれ，全く地面下にある建物は2個の区分建物であるのみである。しかも1階から5階までは区分建物の床面積の半分が地下に存しているような場合についてこの一棟の建物の表示は何階建と表示すべきかについて多少の問題が残る。

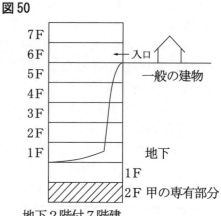

このような場合については，建物が地表にあらわれている部分を地表の部分として階数に算入する。つまりこの建物は「地下2階付7階建」と表示することになる。つまり一棟の建物の構造欄には「鉄筋コンクリート造陸屋根地下2階付7階建」と表示される。

したがって一番最低階の区分建物については「鉄筋コンクリート造1階建」として，区分した建物の表示欄中構造欄に記録する。

（3） 平家建の構造

次に，図51に示すように，鉄筋コンクリート造陸屋根平家建物の一区画（甲専有部分）を申請した場合について，その表題登記をなす場合は，その区分した建物の表示欄中構造欄には，「鉄筋コンクリート造陸屋根平家建」と表示をし，「陸屋根1階建」とは表示をしない。つまり建物が平家建の場合については，「平家建」として区分した建物の表示欄中構造欄に記載をしていくことになる。

（4） その他の構造

次に，図52に示すように，甲所有の鉄筋コンクリート造陸屋根3階建の屋上に，乙が権原に基づいて，鉄筋コンクリート造陸屋根1階建の区分建物を新築した場合について，その表題登記をなす場合に，一棟の建物の構造欄には「鉄筋コンクリート造陸屋根4階建」として，新築後の一棟の建物の記載をしていく。

乙が表題登記を申請するときの一棟の建物の表示欄中構造欄に，従来の「鉄筋コンクリート造陸屋根3階建」と表示をし，その一棟の建物の構造変更をなして，「鉄筋コンクリート造4階建」として，区分建物の表題登記をするわけではない。

さらに図53に示すように，鉄筋コンクリート造陸屋根4階建の建物を所有していた乙が権原に基づいて，1階は柱のみの区分建物を図のように新築した場合について，その区分建物の表示中構造欄に記載される構造は「鉄筋コンクリート造陸屋根1階建」と表示する。つまり1階部分は柱のみで，シャッター等の遮蔽部分が全く存しないのであるから，構造や床

面積に算入されない。したがって2階部分のみ床面積に算入されることになり，その構造は1階建となる。

さらに図54に示すように，1階部分が柱のみで，周壁のない5階建の建物について，一階部分を階層に算入すべきかが問題になるが，シャッター等の周壁も全く存しない，1.5m以上の柱のみの建物は高床式4階建の建物として登記することとされる（昭63.3.24民三第1826号回答）。

さらに，図55に示すように，鉄筋コンクリート造陸屋根3階建の一区画の甲区分建物について，その建物の一部分の高さが1.2mである場合については，床面積や構造に算入されるかが疑問が残る。天井の高さが1.5m未満の地階及び屋階については階数に算入しないことを基本とするからである（準則82条(1)）。

しかしここに示すような区分建物については，その区分建物の1.5mに満ない部分が一部である場合は，この区分建物の全体が2.5mあるものとして，全部を床面積に算入することになる。

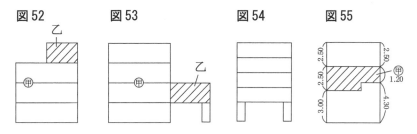

6．床面積の計算の問題点

区分建物の床面積は，区分建物の属する一棟の建物の床面積のほか，区分した建物の床面積を記載しなければならない。

まず一棟の建物の床面積は，各階ごとに壁その他の区画の中心線で囲まれた部分の水平投影面積により，平方メートルを単位として定め，一平方メートルの百分の一未満の端数は切り捨てることになる（規則115条）。このように区分建物の属する一棟の建物の床面積は，壁その他の区画の中心線で計算される。

これに対して一棟の建物を区分した各区分建物の床面積は，内側線で囲まれた部分の水平投影面積により定めるものとされている（同条カッコ内）。

（1）柱の部分

たとえば図56に示すように，内壁の部分が13.80mの正方形の区分建物において，柱の部分が真中にあり，相当部分の床面積を占めている場合についても，これら柱の部分は全く無視して，柱が存しないものとして床面積に算入されていく。したがって区分建物の場合には柱等の凹凸が存する場合が通常であるから，実際使用できる床面積よりも柱の部分のみ多少多目に登記されることになる。

図56

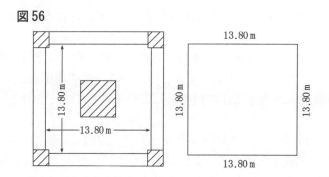

(2) シャッターの部分

次に図57は，区分建物が1階にあって店舗の場合である。柱は60cmの正方形で，壁厚は20cm，シャッターは壁厚がないものとして計算する。まず一棟の建物の床面積は壁の中心線で計算をするから，本図の場合については建物図面をもとにして作図してあるため，柱を中心に計算線が出ている。したがってこれらを壁の中心に計算を変更しなければならない。したがって，横の部分は柱の中心線から壁の部分まで，左側が20cm，右側はシャッターの部分まで30cm加えて計50cmを多くする。したがって横の長さは15.50mになる。縦は上下20cmづつずれるから，したがって計40cmずれ，15.40mになる。

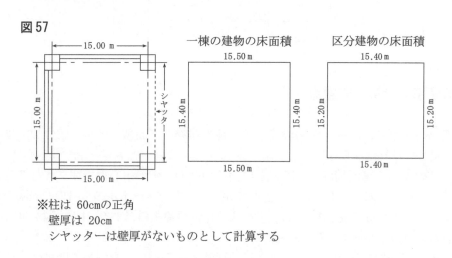

図57

※柱は 60cmの正角
壁厚は 20cm
シヤッターは壁厚がないものとして計算する

(3) 2世帯住宅

次に図58は，この建物を1階と2階の2個の区分建物として登記をする場合の事例である。この場合，1階の床面積は物入れの部分まで含めてすべて計算される。

なお2階に通じる玄関の部分は，1階の床面積から除かれる。したがって2階の床面積は階段の部分も含めて，すべて2階の床面積に算入される。しかし2階の玄関部分は，2階の床面積と別個の床面積として考えることができる。したがって2階の床面積を表示するに当たっては，1階の玄関の部分と2階の床面積とが表示されることになる（昭46.4.16民甲1527号）。

このように玄関部分と2階の床面積が1階と2階に渡る場合については，その構造の記載は「2階建」として記載するかという問題が残る。しかしこの玄関部分は2階の床面積の

付属部分であるが1階の床面積も表示しなければならないことから，この階層区分の場合には1階と2階を「2階建」として表示するのが妥当であろう。

図58　一階と二階を区分した場合

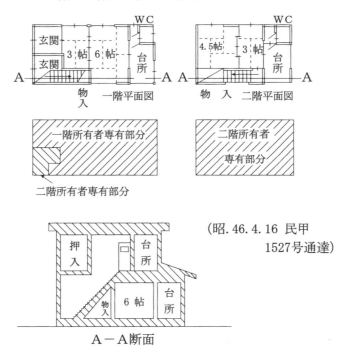

（昭.46.4.16 民甲1527号通達）

（4）玄関部分

さらに図59に示すように，区分建物が廊下等の法定共用部分に引続き建てられている場合について，その廊下と接続をし，一歩高くつくられた玄関部分については，この区分建物の床面積に算入されるかについて疑問が残る。

この玄関部分は，法定共用部分たる廊下より一段高くつくられており，したがってその意味では廊下

図59

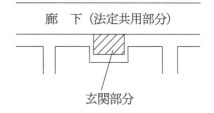

と高さにおいて区画されている。さらにこの玄関部分は相当な部分が区分建物の専有部分の方に食い込んでいる場合については，三方が壁に囲まれた部分として，その専有部分として区分建物の床面積に算入してもよいのではないかという疑問が残るからである。

しかしながら，これらの玄関部分は法定共用部分と接続をし，高さのみで区切られていたのでは，区分壁があるとはいえない。シャッター等において完全に区切られていない限りにおいては，法定共用部分の接続部分として，構造上の共用部分に入ることになり，区分建物の専有面積には算入されない。

（5）法定共用部分

次に図60に示すように，鉄筋コンクリート造陸屋根四階建の建物を，いまAとBの部分について甲が所有し，CからHまでの区分建物を乙が所有している。入口は中央の階段部分

のみで，2階以上は乙のみが使用し，甲は2階以上に上ることはほとんどない。このような場合に，2階以上の階段，廊下等は乙の専有部分として，区分建物の床面積に算入することができるかについて疑問が残る。

しかし，この場合も，玄関の入口部分は共有部分であり，甲と乙の共有である限り，仮に2階以上を甲がほとんど使用しないとしても，4階までの廊下階段は法定共用部分に入る。

図60の右図の法定共用部分（廊下）にまたがって新築された区分建物のHやEの部分を，一個の区分建物として表示をなすことは許されない。この場合は法定共用部分で区切られているのであるから，HもEもともに各個の区分建物として表題登記するほかはない。

図60

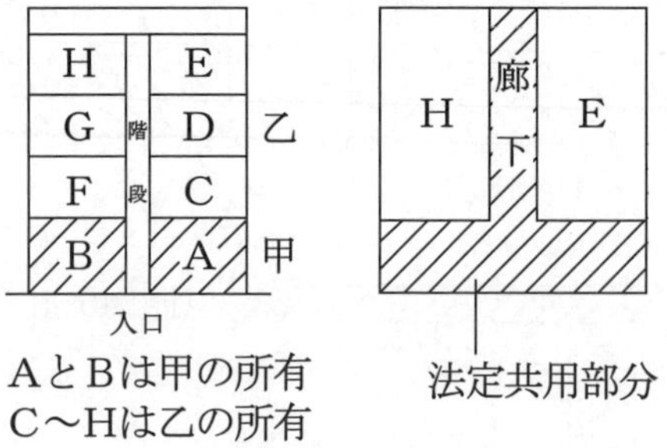

AとBは甲の所有
C～Hは乙の所有

法定共用部分

（6） 煙突・ダストシュート

なお，建物の内部に煙突，ダスト・シュートがある場合には，その部分は各階の床面積に算入し，外側にあるときは算入しないものとしている（準則82条(10)）が，しかし区分所有建物の共用部分としての各階共通のダスト・シュートは，建物の内部にあろうと，当然すべてが法上の共用部分である。

もっとも，特に区分所有建物の所有者の専有部分としてつくられたダスト・シュートがあれば，これは別である。

第41講　区分建物の変更登記

1. 一棟の建物と区分建物の変更登記

（1）一棟の建物の変更

区分建物の属する一棟の建物についての所在の市，区，郡，町，村，字及び地番，構造，床面積，及び一棟の建物の名称あるときはその名称の各登記事項（法44条①7号〜9号）に変更があった場合には，区分建物の所有者全員にその変更登記の申請義務がある。

もちろんこれら区分所有建物が主である建物であろうと附属建物であろうと，その属する一棟の建物にこれらの変更があれば，その変更事項の登記をすることになる。

（2）区分建物の変更

区分建物自体の変更については，それが主である建物の場合は，種類，構造及び床面積，建物の名称があるときはその名称。それが附属建物の場合は，種類，構造，床面積についての変更があった場合にも，おのおの変更登記をしなければならない。

区分建物の自体の所在は，もともと一棟の建物と同一であるから，一棟の建物の所在欄に記載すれば足りる。したがって区分建物についての所在を改めて登記する必要がない（法44条7号，8号）。

したがって当然変更の対象にならないし，また一棟の建物と別個に，区分建物のみが所在の変更をされることはあり得ない。

また家屋番号については，登記官の専権事項であるから，表題登記においては申請書に記載せず，登記所が法務省令に定むるところによって付番していくことになる。

すなわち登記規則112条に「家屋番号は地番区域ごとに建物の敷地の地番と同一の番号をもって定める。ただし数個の建物が一筆の土地の上に存するとき，一個の建物が数筆の土地の上に存するとき，その他特別の事情があるときは，敷地の地番と同一の番号に符号を付する等の方法により適当にこれを定める」とある。

したがって家屋番号は申請行為によって自由に変更が許されないから，当然その変更の対象とはならない。ただし区分所有建物の家屋番号が，地番または行政区画の変更で変更すべきであるにもかかわらず，登記官がその変更登記をしない場合は，申請によって変更しても差支えないことは当然である。

前記の事項に変更があると，表題部所有者または所有権の登記名義人がその区分建物の変更の登記を，その変更のときから一月以内に申請しなければならない（法51条①，⑤，規則122条）。

以上，述べた変更を要する事項のうち，（2）の区分建物自体の変更については，当然その所有名義人より申請することになるが，（1）の一棟の建物の表題部の変更については，その一棟の建物に属する区分建物の所有者全員が，おのおのその変更の登記の申請を一月以内にするという義務を負う（法51条⑤）。もちろん区分所有者の一人が変更登記を申請す

れば，他の建物は職権で変更され，他の者はその申請義務を免れることは当然である（同⑥）。

2．区分建物の床面積の変更登記

（1）申請義務者

たとえば図61の一棟の建物にABCDの四つの区分建物があり，その登記を有する場合に，いまDが斜線部分を増築したとすると，Dはもちろん自己の区分建物の変更登記を申請する義務があると同時に，一棟の建物についての変更義務がある（法51条⑤）。しかし他のABCもまた一棟の建物についての変更の義務を有するものである。

一棟の建物の床面積については，その変更の原因をつくったDのみが申請義務があるのではない。またDがその変更の申請をしない場合のみ，第二次的に申請義務を負担するというものでもない。

もっともDが区分建物の変更登記をするときは，区分建物のみ変更の登記をなし，一棟の建物の変更をしないことは許されないので，同時に一棟の建物についての変更登記をすることになる。

この場合には当然ABCの他の区分建物の所有者については，その一棟の建物についての変更義務は免れる（法51条⑥）。

このことはDがその変更登記を申請しないうちに，たとえばCが一棟の建物の変更登記を申請した場合には，他のABDも一棟の建物の変更義務を免れ，Dは自己の区分建物のみの変更登記をすればよいことになる。

要するに区分建物の一棟の建物の変更登記については，その属する区分所有者全員に申請義務があるが，そのうちの一人の申請により，他の者の申請義務が免除されるのである。なおDが区分建物の変更申請して一棟の建物の床面積の変更登記をした場合，ABCの区分建物の一棟の建物の床面積は登記官の職権で変更される（法51条⑥）。

なお図61の場合に，Dがその区分建物の変更登記をしない間に，第三者のYがDの区分建物の所有権を取得した場合には，第三者Yは自己が所有権の登記を受けたときより一月以内に，その変更登記を申請しなければならない（法51条②）。

図61

（2）共用部分である建物の申請人

さらに，変更すべき義務を有する者が変更登記をしないうちに所有権を譲渡し，この建物を共用部分として登記したものであれば，これら共用部分の所有者が，その共用部分である旨の登記がされたときから一月以内に，その変更登記を申請しなければならない（法51条③）。

たとえば図61のDが建物を増築して，その変更登記をしない場合には一棟の建物の床面積変更登記の申請の義務があるが，これらのその変更登記をしないうちに，Aが所有する建物をA棟及びB棟のために団地共用部分である旨の登記をした場合については，BCDはもちろんB棟のEFGHも，A棟の建物についての床面積の変更登記の申請義務を負うことになる（法51条①カッコ内）。

ところでA棟のBCDが，その一棟の建物の床面積の変更登記の申請をなし得るのは当然であるが，B棟のEFGHがA棟の床面積の変更登記の申請をなし得るのは，Aの所有建物を団地共用部分である建物としたためである。

ところが共用部分である旨の登記がなされると，所有権はおろか所有権以外の一切の権利，さらに表題部所有者の記載すらも職権で抹消されるので，だれが所有者であるかは登記記録上判明しない。しかし一月以内にその変更登記をする義務があるわけである。

そこで団地共用部分である旨の登記ある区分建物の所有者EFGHは，間違いなく実体上の所有者であることの所有者を証する情報（準則87条②）を提供して変更登記を申請しなければならない（登記令別表14項添付情報ニ，法51条④）。

なお，A棟のBCDが，その一棟の建物の床面積の変更登記の申請をする場合には，同一の棟の区分建物の所有者であっても，その所有者を証する情報を提供しなければならない。

また共用部分である旨の登記ある建物の実体の所有者が，その一棟の建物の変更登記を申請する場合に，必ずしも全員で申請しなくても，そのうちの一人から所有者を証する書面を添付して申請することができる。

さらに，この所有権を証する書面として，実体上共用部分である旨の登記の存する区分所有建物の所有者であることが，客観的に証明できるものであれば，その方式を問わないが，通常その区分建物を共用部分とする旨の共有者の規約証書がこれに充たる。他の区分所有者の証明情報（準則87条），そのほか売買契約書とか贈与契約書，あるいはその他当事者の取得原因証書，または共用部分たる建物を相続によって取得した場合は，相続を証する書面でもよいと考えられている。

（3） 区分建物の表題部の変更の登記の添付情報

なお，区分所有建物の床面積の変更登記には，変更後の建物図面，各階平面図を添付する。所在の変更については，各階平面図には変更がないから添付を要しないが，建物図面は変更になるので変更後の建物図面を添付する。

さらに，床面積の増加，附属建物の新築登記の申請書の場合には，所有権を証する情報を提供するが，床面積の減少による区分建物の床面積の変更登記の申請書には，所有権を証する情報の提供を要しない（登記令別表14項添付情報ロ(2)）。

3．敷地権の変更（更正）に伴う区分建物の表題部の変更登記

（1） 敷地権の変更に伴う区分建物の表題部の変更の登記の申請

たとえば，A市B町25番の土地に区分建物の属する一棟の建物があり，26番の駐車場が規約敷地であったとしよう（図62）。

この場合，この駐車場を他に売却することにし，規約を廃止したり，また25番の法定敷

地につき，分離処分ができる旨の規約を設定した場合，さらに27番の土地を新たに規約敷地として，25番の法定敷地につき分離処分ができる旨の規約を廃止した場合等，要するに規約敷地の設定，廃止，法定敷地の分離処分可能の設定，廃止があったときはその変更の登記をする必要がある（法51条⑤）。以下，場合を分けて説明する。

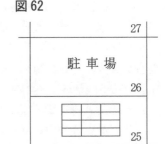

図62

(イ) 規約敷地を新たに定めたことにより敷地権が生じた場合。この表題部の変更の登記の申請書には，その規約を証する書面を添付する（登記令別表15項添付情報イ）。

(ロ) 規約廃止によって従来の敷地が敷地権でなくなった場合，その規約を廃止したことを証する書面を添付する（同ロ）。

この規約を証する書面は，①その規約が原始取得者等により公正証書で作成された場合はその謄本，②規約が区分所有者の集会の決議によって設定又は廃止された場合はその集会の議事録，規約が区分所有者全員の書面による合意があったことにより設定又は廃止されている場合はその合意書である。この議事録又は合意書には公証人の認証がある場合を除き，議事録又は合意書に署名押印した者の印鑑証明書を添付する（昭58年11月10日民三第6400号通達第二，五，4）。なお議事録が書面で作成しているときは署名すべき者としては，集会の議長の他2名の区分所有者である（区分所有法42条③）。

(ハ) 分離処分ができる旨の規約の設定，その他の事由によって法定敷地が敷地権でなくなった場合は，その規約を証する書面その他その変更が生じたことを証する書面を申請書に添付する（登記令別表15項添付情報ロハ）。

専有部分と敷地利用権の一体性を除外し，分離処分ができる旨の規約の設定以外で，敷地権でなくなった場合としては，従来敷地の所有権が敷地権であった場合，その所有者が第三者に地上権や賃借権を設定して，この地上権や賃借権を取得したため，この地上権や賃借権が敷地権となったため，その所有権が敷地権でなくなった場合である。

この証明書としては，地上権や賃借権が設定されたことを証する書面を添付することになる。

また所有権が敷地権の場合に，敷地権発生前に登記された抵当権の実行により，敷地の所有権が競売され第三者に競落された場合は，敷地権が消滅する。

この場合は，競落の許可決定書と代金の納付証明書を添付して，建物の表題部の変更の申請をしなければならない。なお敷地権発生前の原因により，土地につき収用の裁決があった旨の登記がある場合，収用委員会が定めた一定の期間内に補償金（憲法29条，土地収用法68条）を支払った時に，所有権は移転するから，この補償金を支払った事を証する書面（登記法では収用の裁決が失効しなかった事）を添付する事になる（民事執行法188条，79条）。

(ニ) 法定敷地について，専有部分と敷地権の一体性の適用除外により分離処分ができる旨の規約を設けた後，その規約を廃止して，敷地権の登記をする場合の建物の表題部の変更登記には，規約を廃止したことを証する書面を添付する（登記令別表15項添付

情報ニ)。
　規約廃止以外のその他の事由により，敷地権でなかった権利が敷地権となった場合としては，未登記の地上権または賃借権が敷地権利用権であったが，その地上権または賃借権が消滅し，その土地の登記した所有権が敷地権となった場合がある。
(ホ)　規約敷地の設定により敷地権が発生した場合又は分離処分ができる旨の規約の廃止によって敷地権が発生した場合において，敷地権の割合につき専有部分の床面積の割合によらず規約による割合の定めがあるときは，その規約を証する書面を添付し，また敷地権の目的となっている土地に他の登記所の管轄に属するものがあれば，その登記事項証明書を添付する（登記令別表15項添付情報ホ(1)(2)）。

(2)　敷地権でなくなった場合の登記

　規約敷地の廃止又は分離処分ができる旨の規約の設定によって，敷地権が敷地権でなくなった場合は，区分建物の表題部の変更の登記を申請しなければならない（法51条①）。その場合登記官は建物の表題部にされた敷地権の表示を抹消し，土地の登記記録中相当区事項欄になされた敷地権である旨の登記を抹消する（規則124条①）。これによって区分建物と敷地の権利は完全に一体化から解放され，それぞれ別個の権利となるから，区分建物の所有者は，土地の甲区に共有者の登記名義人として記録され（法124条②，図64参照）従来の建物に存した一般の先取特権，抵当権，質権は，土地の登記記録上に存する権利として転写される（規則124条②）。
　この結果，区分建物と敷地権の権利が一体化されていたときは一個の不動産とみなされていたものが，敷地権でなくなったことにより，土地と建物の数個の不動産に変更されたことになる。
　そこで，区分建物に登記されていた抵当権等は，建物と敷地の権利を共同担保とすることになり，登記官により共同担保目録が作成される（規則124条⑥）。

(3)　敷地権の更正に伴う区分建物の表題部の更正の登記の申請

　敷地権が錯誤等で誤って登記されたときは，表題部所有者又は所有権の登記名義人が建物の表題部の更正の登記を申請することができる。この場合は，敷地権の表題部の変更に準じて扱われる（法53条②，規則126条）。

4．敷地権に関する土地の登記手続

　敷地権の変更に伴う区分建物の表題部の変更登記の申請があった場合は，登記官はその変更の内容に従って，次の登記手続を行なうことになる。

(イ)　新しく敷地権が生じた場合

　区分建物の表題登記の場合と同様，区分建物の表題部に敷地権の表示がされる（法44条①9号）。土地の登記記録には，登記官は職権により甲区又は乙区の事項欄に敷地権である旨の登記をする（法46条，規則118条，同119条）（図64の順位番号3）。この場合，登記官は建物の登記記録に，敷地権の登記をする前からあった第三者の所有権に関する登記，つ

まり差押，仮差押，仮処分，所有権移転請求権仮登記，買戻しの登記等，又は特定担保権である一般の先取特権，抵当権，質権（「特定担保権」）の登記があるときは，それらの登記に「建物のみに関する旨」の付記登記をしなければならない（規則123条①）。

もっとも，区分建物と土地の特定担保権について，登記の目的，申請の受付年月日及び受付番号並びに登記原因及びその日付がすべて同一の担保権がある場合，つまり土地と建物が共同担保の関係にあるとき（登記の受付番号が異なる追加担保を除く）は，建物のみに関する旨の付記登記は要しない（規則123条①ただし書）。この共同担保の関係にある場合は土地の登記記録にされた当該担保権の登記は抹消される（規則123条②）（図63の順位番号130）。

これは，建物に抵当権等の担保権が設定されれば，その効力は当然に敷地権に及ぶのであるから，土地に同一の担保権を残して置く必要がないからである。

図63　敷地権の目的である土地となった土地についてされている同一の抵当権の登記の抹消

権利部（乙区） (所有権以外の権利に関する事項)			
順位番号	登記の目的	受付年月日・受付番号	権利者その他の事項
53	何某持分抵当権設定	（省略）	
（省略）			
130	53番抵当権抹消		不動産登記法規則第123条第2項の規定により平成何年何月何日登記

（注）抹消すべき登記が数個ある場合でも一個の登記で抹消することができる。

(ロ)　敷地権の抹消

敷地権が，敷地権でなくなったことにより表題部の変更の登記申請があったときは，登記官は区分建物の敷地権の登記を抹消し，土地の甲区又は乙区にされた敷地権である旨の登記を抹消しなければならない（規則124条）。また地上権や賃借権が敷地権であったところ，この地上権や賃借権が存続期間の満了，契約の解除によって消滅した場合も，同様の手続がとられる（規則124条①後段）。

敷地権が敷地権でなくなったことにより，土地と建物は一体化の拘束から解放され，別個独立した不動産に変ったのであるから，建物の登記記録によって効力を有していた権利を土地の登記記録に転写する必要が出てくる。

そこで，敷地権である旨の登記を抹消したときは，建物の登記記録にされた権利と権利者（所有者）を土地の登記記録中相当区事項欄に記録する（規則124条②）（図64順位番号5）。

図64で示すように，順位4番で敷地権を抹消し，順位5番で，建物の所有者が土地の共有者として登記される。なお，地上権敷地権であるときは，図65で示すように順位3番で地上権敷地権が抹消され，順位1番付記1号で，建物の所有者が地上権の準共有者として登記される。

図64　所有権が敷地権のとき

権利部（甲区）（所有権に関する事項）			
順位番号	登記の目的	受付年月日・受付番号	権利者その他の事項
2	所有権移転	（事項省略）	
3	所有権敷地権		建物の表示　何市何町何丁目何番地　一棟の建物の名称〇〇 平成何年何月何日登記
4	3番登記抹消		敷地権表題部変更登記により平成何年何月何日登記
5	所有権登記		共有者 何郡市区何町村大字何字何何番地 持分何分の1　何某 （省略） 3番登記により平成何年何月何日登記

(ハ)　特定登記の転写

　このようにして敷地権の権利者として転写されるのであるが，その他，特別の先取特権，賃借権等，建物のみに関する旨の付記登記がされているものを除いて，敷地権に対して効力を有する権利，所有権に関する仮登記，差押，仮差押，仮処分，一般の先取特権，抵当権，質権等が建物の登記記録にされている場合（特定登記という（法55条①））は，これらの権利をその相当区事項欄に転写しなければならない（規則124条③）。

　しかし建物の登記記録から転写されるべき権利につき，その権利者の建物又は敷地権であった土地について消滅の承諾書又はこれに対抗できる裁判の謄本を添付した場合は，その権利は建物の登記記録から転写されない。この場合は，建物の登記記録に権利の消滅した旨を付記登記によってすることになる（規則125条①，②）。これは法40条の抵当権のある土地を分筆して，分筆後の一筆又は数筆について抵当権者の消滅の承諾書又は裁判の謄本を添付した場合は，承諾した土地には抵当権が転写されないのと同じで，手続上の利便を計ったものといえる。

図65 地上権が敷地権のとき

権利部（乙区）（所有権以外の権利に関する事項）			
順位番号	登記の目的	受付年月日・受付番号	権利者その他の事項
1	地上権設定	（事項省略）	
付記1号	1番地上権者及び持分登記		地上権者 何郡市区何町村大字何字何何番地 持分何分の1　何某 （省略） 3番登記により平成何年何月何日登記
2	<u>1番地上権敷地権</u>		<u>建物の表示　何市何町何番地 一棟の建物の名称△△ 平成何年何月何日登記</u>
3	2番登記抹消		敷地権表題部変更登記により平成何年何月何日登記

（注）1　前（注）参照
　　　2　賃借権が敷地権のときも同様である

（二）　敷地権の抹消登記における転写

　さて建物の登記記録にされた登記と，敷地権の登記後に土地の登記記録にされた権利の優先順位は受付番号によるものとされている（規則2条②）。

　たとえば建物の登記記録にされた抵当権が受付番号2000号でされ，その効力が土地の敷地権に及んでいる場合に，土地につき第三者が賃借権を取得してその登記を受付番号2500号でした場合は，この賃借権は敷地権の登記後にされた賃借権であるため，建物の抵当権の受付番号が早い。したがって敷地権が敷地権でなくなったことにより，土地の登記記録に抵当権を転写するときは，この賃借権の後に順位が優先する抵当権を登記することになり不合理である。

　そこでこのように転写すべき登記に順位が後れたる登記あるときは，登記官は新しい登記記録を設けて，その権利の優先順位に従って登記をやり直さなければならない（規則124条④）。

　また敷地権でなくなったことによる登記をしたときに，敷地権の目的である土地が他の登記所の管轄に属する場合は，遅滞なくその登記所に一定の事項を通知し，その通知を受けた登記所は遅滞なく通知を受けた事項を登記しなければならない（規則124条⑧，⑨）。

5．敷地権に関する建物の表題部の更正登記

　敷地権でない権利が敷地権として誤って登記されたことにより，敷地権の登記を抹消した場合は，土地の登記記録中相当区事項欄にその旨を記録して，敷地権である旨の登記を抹消しなければならない（規則126条①）。

また敷地権の表示に関する建物の表題部の更正の登記を申請するには，申請書に建物の表題部の変更の登記を申請する場合と同様の書面を添付しなければならない（登記令別表15項添付情報）。

　なお敷地権でないのに敷地権である旨の登記がある場合，建物の所有権を移転したり，抵当権を設定したときは実体的に土地に効力は及ばなくとも，形式的には効力が及ぶことになる。したがって，錯誤により敷地権の抹消手続をしたときは，建物の登記記録にされている権利に関する登記で建物のみに関する旨の付記登記のないものは，すべて土地の相当区事項欄に転写される（規則126条②）。

　つまり，敷地権が誤って登記されたことによる更正登記は，変更の場合と異なり敷地権の登記をした後，更正するときまでに至る建物にある全ての登記を土地の登記記録に転写しなければならない。変更によって敷地権でなくなった場合は，中間の移転の経路は転写する必要はなく変更登記の時の権利を転写すれば足りるが，更正の場合は，もともと建物と土地の双方に登記すべき事項を土地につき省略したことになるからである。

　このように建物の登記が土地に効力を及ぼすすべての権利について転写をした後，土地の登記記録にそれらの権利について抹消の登記をしなければならない。その登記手続は，すべて建物の表題部の変更の登記の場合と同様である（規則126条③，124条③〜⑨）。

6．分離処分可能規約とその他の証明

（1）規約による分離処分が可能な場合

　区分建物と敷地権の一体性を，全ての区分建物に適用することは好ましくない場合も生ずる。

　ことに棟割長屋等の小規模な区分所有を目的とする場合は，敷地利用権と建物とを別個にして，土地は単純に共有にした方が権利関係がすっきりする。

　そこで敷地権として登記しなければならない場合であっても，区分建物と別個に処分できる旨の規約を設けることによって，両者を別個に処分することができる（区分所有法22条①項ただし書）。

（2）敷地権が当然消滅する場合

　区分建物が滅失したときは区分建物の滅失登記の申請をするが，敷地権が当然消滅し，敷地権が敷地権でなくなったものとして分離処分可能規約を添付するわけではない（登記令別表12項添付情報ホ）。

　そして，区分建物の敷地が登記ある所有権，地上権又は賃借権の場合，区分建物の存する一棟の建物の滅失によって，区分建物と敷地権との一体化は当然消滅する。したがって区分建物にあった抵当権等は敷地の持分に対する抵当権等に変わるから，敷地権の目的である土地が数筆の場合は共同担保目録が作成される。

（3）分離処分可能規約を添付する場合

　分離処分可能規約を添付するのは当事者の意思によって敷地権としない場合である。この場合の当事者とは敷地権を有する者の意思による事を意味する。

たとえば，土地が敷地権の目的となる前に（建物完成前の土地のみを目的とする売買契約）した売買契約により土地につきBの所有権移転請求権の仮登記があり，その後，土地の所有者Aが区分建物を完成させて敷地権の登記がされた場合，このBの仮登記を本登記にする場合は敷地権があるままではできない（基本通達第14，一，4）。そこでBが代位して区分建物の表題部の変更の申請によって，敷地権を抹消してから土地をBへ所有権移転登記をすることになる。

（4） その他の証明（当事者の意思によらない場合）

次に敷地権が当事者の意思表示によらず，その他の事実によって消滅する場合を考える。この場合は区分建物の表題部の変更の申請書に，その事実を証する書面を添付する（以下の場合も敷地権があるままでは土地の移転登記はできないから，区分建物の表題部の変更で敷地権をはずすことになる）。

① 登記ある敷地権が地上権又は賃借権の場合に，賃料等の不払により地主より契約の解除の通知を受けた場合→（契約の解除通知書の添付）。

② 登記ある所有権敷地権が敷地権発生前の抵当権の実行により差押競売され，土地の所有権が競落人に移転した場合→（裁判所の競落許可決定書と代金の納付証明書の添付）。

③ 所有権敷地権の目的である一筆の土地が，土地収用法による収用の裁決により，起業者へ所有権が移転する前提としての区分建物の表題部変更登記の場合→（土地収用委員会の裁決開始があった旨の書面と対価の補償をした事の書面）。土地収用の裁決の開始によって無条件で起業者に直ちに目的である土地の所有権が移転するのでなく，一定の補償金の支払いを一定期限までに支払う事を条件として起業者に移転する（憲法29条）。しかしこれは公共の利益のため収用の裁決をするのであるから当事者の意思に関係なく移転するから，起業者は土地の収用によって原始的に土地を取得する。

④ 所有権敷地権の目的である土地の全部又は一部が時効取得された場合→（占有の継続があった事を証する書面の添付）。

本来当事者の契約で土地が移転するわけではなく，長い間の占有の継続によって移転する。従って時効取得は原始取得であるが，登記法では所有権移転の形式によって時効取得者に移転登記をする事になる。この場合も敷地権があるままでは土地の所有権の移転登記はできない。その敷地権をはずすための区分建物の表題部変更登記の申請書には善意10年，悪意20年の占有の継続があった事を証する書面を添付する（民法162条①，②）。なお占有者は所有の意思をもって，善意平穏かつ公然に占有されたものと推定されるので原則としてこれを証する書面は不要である。

⑤ 区分建物と敷地権が別個に相続された場合→（相続を証する書面の添付）。

たとえば被相続人Aが区分建物と所有権の登記ある敷地を残して死亡したとしよう。いま被相続人Aには妻Bと長男Cがいる。この相続人B・Cが遺産分割協議をして妻Bが土地の共有持分を，長男Cが区分建物を相続することにした。

この場合の区分建物の表題登記をするとき，区分建物の所有者は敷地の権利を有しているとはいえ，敷地権とはならないが，添付書類とするのは，分離処分可能

規約ではなく，その他の証明として（登記令別表12項ホ），遺産分割協議書を添付することになる。

この⑤の遺産分割は被相続人死亡の時に遡るから（民法909条），被相続人Aから直接Bが土地の共有持分のみを，Cが区分建物のみを相続したことになる。

このように土地と建物の所有者が異なった相続により当然区分建物と敷地権の一体性は消滅する。

この事例では一見相続人の遺産分割協議という意思表示により土地の共有持分と区分建物が別個に相続された結果敷地権が消滅したようにみえるが，実はそうではないことに注意する。

これは，被相続人Aから相続人BCに相続の登記をした後の遺産分割であれば，原因は遺産分割で当事者名義人の意思により敷地権をはずすことになるが，本事例では被相続人名義のまま遺産分割をした場合である。

したがって，B，Cの遺産分割協議によって区分建物はC，土地の共有持分はBに移転することにした場合の登記原因は相続である。

そして遺産分割の効力は被相続人死亡の時に遡るから，被相続人よりBは土地のみを，Cは区分建物のみを各々相続により取得したことになる。

相続は意思表示によらない物権変動（時効と同じ）で，当然契約によって移転するわけではないため，敷地権は相続という事実によって原始的に消滅する。

したがって分離処分可能規約を添付するのではなく，相続を証する書面（勿論，被相続人の戸籍の謄本と遺産分割協議書）を添付することになる。

土地家屋調査士本試験
択一試験　過去問題チェック

〔問〕区分建物の表示に関する登記に関する次のアからオまでの記述のうち，**誤っているもの**の組合せは，後記1から5までのうちどれか。

ア　区分建物の表題登記の申請をする場合において，当該区分建物が属する一棟の建物に属さない区分建物を附属建物とするときは，当該附属建物とする区分建物が属する一棟の建物に属する他の区分建物の表題登記の申請を併せてしなければならない。

イ　三つの区分建物で構成される一棟の建物に属する区分建物についての表題登記を申請する場合において，一つの区分建物についてのみ専有部分とその専有部分に係る敷地利用権の分離処分を可能とする規約を設定したときは，他の二つの区分建物についてのみ敷地権に関する事項を申請情報とすることができる。

ウ　表題登記のある建物で当該建物の敷地である土地のみに抵当権の設定の登記があるものについて敷地権付きの建物の区分の登記を申請する場合において，抵当権者が抵当権の消滅を承諾したことを証する情報が提供されたときは，当該抵当権の登記が消滅した旨の登記がされる。

エ　抵当権の設定の登記がある建物を2個に区分する建物の区分の登記を申請する場合において，抵当権者が一方の区分建物についてのみ当該抵当権の消滅を承諾したことを証する情報が提供されたときは，もう一方の区分建物の登記記録にのみ抵当権の設定の登記が転写される。

オ　区分建物の表題登記の申請をする場合において，建築基準法に基づき交付された確認済証上，建築場所として一棟の建物が所在する土地の地番のほかその土地に隣接する土地の地番が記載されているときは，当該隣接する土地の地番も当該区分建物の所在地番として申請情報の内容としなければならない。

1　アエ　　　2　アオ　　　3　イウ　　　4　イエ　　　5　ウオ

〔正解　5〕

ア　主である建物，附属建物の別とを問わず，当該区分建物が属する一棟の建物に属する他の区分建物についての表題登記の申請を併せてしなければならない（法48条①）。正しい。

イ　規約の設定により，一棟の建物に属する区分建物において，敷地権のある区分建物と，敷地権のない区分建物が存在することはあり得る。正しい。

ウ　建物の区分登記の申請で，土地のみに設定された抵当権を抵当権者の消滅承諾によって，消滅させることはできない。誤り。

エ　記述のとおり（規則130条①，②，規則104条，法40条）。正しい。

オ　一棟の建物が所在する土地の地番を申請情報とすれば足り，隣接する土地の地番は不要である（法44条①）。誤り。

以上により，誤っているものはウオであり，5が正解。

第42講　区分建物の分割合併及び合体登記

1. 区分建物の分割の意義

まず**区分建物の分割**とは，主と附として登記されている区分建物の附属建物を別の登記記録に登記をなす場合である。その手続は通常の建物の場合と同様である。

つまり区分建物の分割登記は，通常の一棟の建物についての分割登記と同様に，いわゆる分割の登記，つまり附属建物を主である建物として登記をしたときに効力が生ずるものであるから，区分建物分割は形成登記ということができる。

これに対して**区分建物の分棟**は，区分建物として登記ある一棟の建物の中間壁を取除き，数個の区分建物またはそれぞれ一棟の建物に変更した場合についての登記である。

区分建物分棟は，一棟の建物の中に数個の区分建物が存するものを，その一部を取り壊すという事実行為によって数個の区分建物あるいは一棟の建物に変更するのであるから，これは表題部の変更登記の一種である。

さらに**建物区分登記**というのは，一棟の建物として登記ある建物を，数個の区分建物に変更していく登記である。このように建物区分は，通常の一棟の建物として登記ある建物を，数個の区分建物に変更していくものであり，区分建物区分登記というのは，区分建物として登記ある建物を，さらに数個の区分建物に変更していく登記である。

これら建物区分や区分建物区分登記は，建物分割登記と同様，いわゆる形成登記として登記簿に記録をして初めてその効力が生ずる。

2. 区分建物の分割登記

たとえば，図66に示すように，主である建物が区分建物で，附属建物が同様に区分建物としてすでに登記がある建物について，附属建物を独立した建物とするために，附属を主に変更する登記をする場合には，区分建物の分割登記として申請をなす。

同様に図67に示すように，主である建物が区分建物で附属建物が別棟に属する区分建物の場合にも，この附属を主に変更する場合については，区分建物の分割登記をなすわけである。

なおこの附属が区分建物でなく通常の一棟の建物の場合においても，主が区分建物の場合については区分建物の分割登記といっている。

このように区分建物の附属建物を主である建物に変更する場合については，当然その登記をなしたときに効力が生

図66
区分建物分割

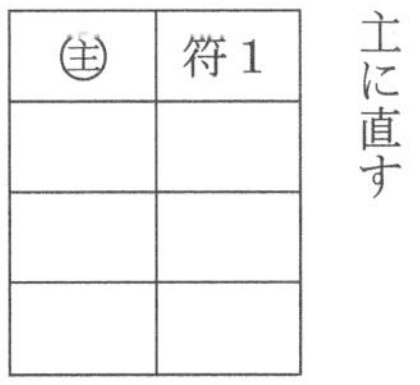

図67

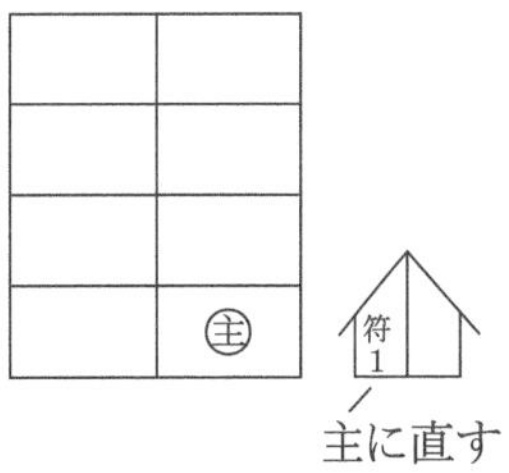

ずるものでその申請の段階では登記原因なるものは存しない。

なお，区分建物の分割登記においても，その建物に抵当権，先取特権，質権等の担保物権が存するときに，その分割後の双方の建物にこれら担保物権が存続する場合については，共同担保目録が作成される。

もっとも抵当権の登記が存する附属のある建物において，附属建物を主に変更するに当たって，抵当権者の消滅の承諾書を添付した場合については，当然変更後の附属建物については抵当権の登記は転写されない（規則139条）。

このときは残った従来の主である建物についてのみ抵当権が存続することになり，共同担保目録は作成されないことになる。

なお区分建物の分割登記によって附属建物が新しい登記記録に記録された場合においては，従来の附属建物の表示は職権で抹消される（規則132条）。

3．区分建物分棟登記

1） A及びB・Cに分棟

たとえば図68に示すように，ABC3個の区分建物からなる一棟の建物について，その中間壁を除去しA建物とBC区分建物の二個の建物に変更した場合には，BC建物については一棟の建物の表題部の変更，A建物については区分建物の表題部の変更登記の申請をそれぞれなすことになる。

つまりBC区分建物はなお分棟後も区分建物であるため，一棟の建物についてその表題部の変更をしなければならない。これに対してA建物は分棟後，通常の建物に変更になるから，一棟の建物の表題部が存しないことになる。

なおBC区分建物についても分棟によって各区分建物の床面積が変更になる場合については，さらに区分建物の表題部の変更登記をする必要が出てくる。もっともこの場合といえども，一棟の建物の表題部の変更と同時に区分建物の表題部の変更登記をなせばよい。

なお，登記目的は，BC区分建物についてその一棟の建物の表題部の変更登記をなす場合においても，区分建物の表題部の変更登記として申請する。

そのとき，A区分建物もBC区分建物も所有者が等しい場合については，その区分建物の表題部の変更及び一棟の建物の表題部の変更登記を一葉の申請でなし得るのである。この場合の登記目的は区分建物の表題部の変更登記である。

区分建物分棟

▨ の部分を取り壊した場合

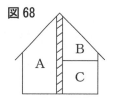
図68

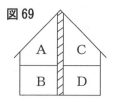
図69

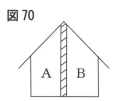
図70

2） A・B及びC・Dに分棟

　図69に示すようにＡＢＣＤ四個の区分建物からなる一棟の中間壁を除去し，ＡＢ及びＣＤの二個の区分建物に分棟した場合については，ＡＢ建物について一棟の建物の表題部の変更，ＣＤ建物について一棟の建物の表題部の変更登記を申請しなければならない。

　なお，一棟の建物の表題部の変更登記の申請の場合についても，その登記目的は区分建物の表題部の変更登記となるから，したがってＡＢＣＤ区分建物がそれぞれ所有者が同一人に属する場合については，一葉の申請で建物の分棟の登記の申請をなし得ることは当然である。この場合については，登記目的を区分建物の表題部の変更登記として，一棟の建物の表示欄には従来の分棟前の一棟の建物の表示をなし，しかる後に分棟後のＡＢ区分建物及びＣＤ区分建物のそれぞれ一棟の建物の表示をなすことになる。

3） A及びBに分棟

　さらに図70に示すように，一棟の建物にＡＢ二個の区分建物が存する場合において，いまその中間壁を除去し，ＡＢ二個の独立をした建物に変更した場合については，それぞれＡ建物及びＢ建物について通常の建物とする区分建物の表題部の変更登記の申請をなすことなる。

　この場合においても，当然Ａ区分建物，Ｂ区分建物についてそれぞれ所有者が同一人に属する場合については，一葉の申請で登記の申請をなし得ることは当然である。

4． 建物区分及び区分建物区分登記

（1） 建物区分

　建物区分には，従来の一棟の建物に間仕切りを設けて通常の建物から区分建物に変更する場合と，さらに建築当時より構造上，利用上独立した建物について一棟の建物の登記がある場合に，後で数個の区分建物に変更する場合についての二つの場合を考えることができる。

　このように建物区分というのは，通常の建物の登記がある場合について，これを区分建物の登記記録に変更をしていく場合をいう。

Ⓐ縦割区分

　縦割区分とは，従来の一棟の建物として登記ある建物を，その中間壁を設けて二個以上の区分建物に変更する場合をいう。いわば棟を割ることであり，一軒家として使用していた建物を2世代住宅として使用する場合である。

図71
建物区分
甲建物

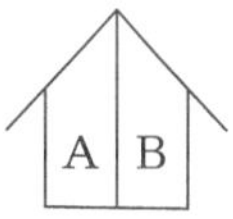

（縦割区分）

　たとえば図71に示すように，いま甲建物をＡが所有している場合に，その子Ｂに建物半分の所有権を移転したいときに，一軒の建物を共有にするよりも，その建物に中間壁を設けて二個の完全に独立した建物となった場合には，それぞれ二個の区分建物に変更し，その一個のＢ区分建物を子Ｂに所有権移転登記をすればよいわけである。

　このような場合について，まずＡは甲建物について建物区分登記をなし，しかる後にＢ区分建物について子Ｂに所有権移転登記をすればよいことになる。

　なお一棟の平家建を区分し，二個の区分建物に変更した場合についても，ＡＢ建物

の構造の記載についてはそれぞれ「平家建」と記載をし,「一階建」として記載をしない。

さらに縦割り区分の場合には,その区分した建物の構造欄には屋根の構造も記載をしなければならない。

又,建物区分登記の場合において,その一棟の建物の中間壁を設けた場合は,その工事人の引渡証明書等の所有権証明書の添付を要するかについて多少の疑問が残る。

これは建物増築等においては幾ら微細なる増築の場合においても,その床面積の変更登記の申請書には所有権証明書を添付しなければならないのに反し,一棟の建物の中間壁を造作して,区分建物に変更した場合については,同じく他人の工事が入るのであるから,その所有権の証明書の添付をすべきではないかという疑問が残るからである。

しかし建物の増築の場合には多少なりとも床面積が増加するのに反し,建物区分の場合については,他人が区分壁を設けた場合といえども床面積は増加をしない。一棟の建物の床面積からおのおの区分建物の床面積の登記に変更になるため,その床面積はかえって減ることになるのである。つまり区分建物の床面積を合計したとしても,一棟の建物の床面積にはならないのである。

Ⓑ横割区分

横割区分とは,一棟の建物として登記ある建物を階層的に区分し,区分建物に変更する場合である。

図72

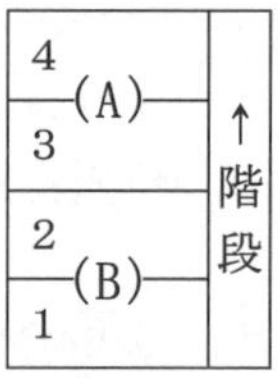

たとえば図72に示すように,1階から4階までの一棟の建物の登記がある場合について,1・2階の部分と3・4階の部分を区分して,2個の区分建物としてその階層的区分する場合には,建物区分登記をする。

図のように3・4階部分は(A),1・2階部分を(B)とした場合については,(A)区分建物は2階建,(B)区分建物も2階建ということになる。もちろん階層区分の場合に建物の構造を記載するときは,屋根の種類を記載することを要しない(準則81条③)。

さらに図の4階建の建物を,1階から4階までそれぞれ階層ごとに4個の区分建物に変更した場合については,各階層の建物は1階建という。

さらに建物区分登記の登記申請書には,一棟の建物の表示欄のほか,区分した建物の表示欄にも区分前の一棟の建物の所在,構造,床面積を記載し,しかる後に区分した建物の表示をすることになるので,最初の行には必ず構造欄に屋根の構造を記載することになる。

Ⓒ細区分

いわゆる分譲マンションのように,それぞれ一個の建物として独立性を有する共同住宅を,区分建物として登記をする場合については,縦割り区分と横割り区分を兼ねる場合であるから,これを細区分と呼んでいる。

図73

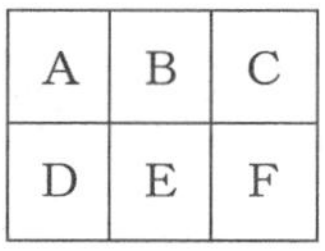

(細区分)

図73に示すように,いま通常の建物として登記されている建物を区分してABCDEFの各区分建物に変更する場合においても,その登記目的は建物区分登記である。

このような建物区分は，縦割区分，横割区分，細区分を含めて，すべてその区分登記をなしたときに効力が生ずる。したがってその申請段階においては，登記原因及びその日付なるものは存しない。
　なお区分後の各区分建物の床面積は内壁で計算される。
　一棟の建物に抵当権，質権，先取特権等の担保物権が登記ある場合については，区分後の各登記記録に登記官の職権で転写される。したがってこの場合には登記官によって共同担保目録が作成される。
　なお区分後の一個または数個の建物について，抵当権，質権，先取特権者等の権利の抹消の承諾書の添付がある場合については，その区分建物についてはこれらの担保権が転写されない。

（2）　区分建物区分登記

　区分建物として登記ある建物について，その中間壁を設け，さらに二個の区分建物に変更する場合，あるいは当初より区分建物の内部に区分壁が存し，これを二個の区分建物に変更する場合等，つまり区分建物として登記ある建物をさらに区分する場合を区分建物区分登記と呼んでいる。

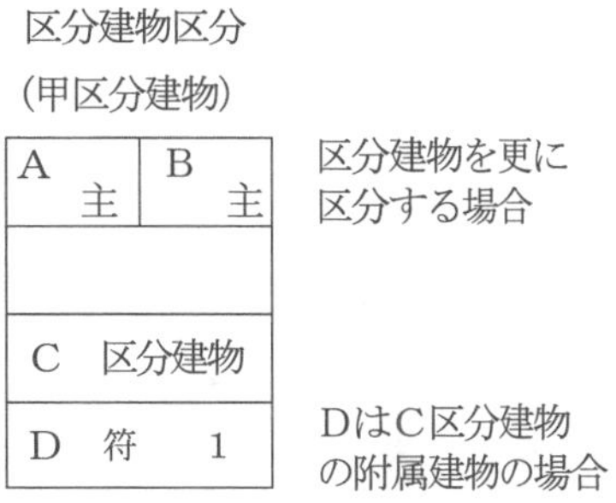

　たとえば図74に示すように，甲区分建物をさらにAB区分建物に変更する場合である。区分後のA建物もB建物も双方とも主である建物として区分する場合をいう。

　なお区分建物として登記ある甲建物を，区分後のA建物を主である建物，区分後のB建物を附属建物とする区分は許されない。

　またすでにA区分建物とB附属建物に登記があるものを，Bを主に変更する場合は，建物分割登記である。

図74

区分建物区分
（甲区分建物）

A 主	B 主

区分建物を更に区分する場合

C	区分建物
D	符　1

DはC区分建物の附属建物の場合

　さらに図74に示すように，C区分建物にD附属たる区分建物が存する場合において，いまD附属建物を区分することができるかという問題がある。

　附属建物の区分については，昭和38年の不動産登記法の改正以前においては，旧法94条第1項，第3項において，甲建物の附属建物を区分して，これを乙建物とする場合の登記手続が規定されていた。しかし昭和38年の改正においてこの条文が削除になった。そして平成17年の不登法の改正でまた附属の区分の登記をすることができるとされた（法54条2号）。

（3）　建物の区分の敷地権に関する手続

　表題部所有者又は所有権の登記名義人は，いつでも建物区分の登記申請をなし得る。通常の一棟の建物を区分して，区分建物になったことにより敷地権があるときは，敷地権を申請情報の内容としなければならない（登記令別表16項）。

　したがって，建物区分の登記の申請をする場合は，申請書に区分建物の表題登記の申請と同様な添付書面が必要である（登記令別表16項イロハ）。

つまり，敷地権の割合が床面積と異なる割合によるときは，その規約を証する書面を，さらに規約による敷地がある場合は，規約を証する書面を添付する（区分法22条②ただし書，5条①）。

登記官は通常の建物を区分したことにより，敷地権の登記をするとき，敷地権の目的である土地の登記記録に，敷地権である旨の登記をしなければならない。また，区分前の一棟の建物とその土地とが特定担保権（敷地の権利に効力が及んでいる担保権）であって登記の目的等（登記の目的，申請の受付年月日及び受付番号並びに登記原因及びその日付）が同一の場合は，土地についてなされた登記を抹消し，敷地権の変更の場合と同様な手続がなされる（規則123条①，②，130条③）。

なお既に区分建物となっている建物を再区分する場合は，再区分された区分建物の床面積の割合に応じて敷地権の持分が配分されるが（区分法22条②），これと異なった定めを規約で設定した場合は，その規約を証する書面を添付する。しかし，規約敷地に関する定めがあっても敷地の範囲に変りがないため，その規約を証する書面の添付を要さない。

また，区分前の区分建物に抵当権や仮差押等権利に関する登記があったときは，区分後の各建物に転写される（規則130条②）。なお敷地権の登記ある区分建物の再区分の場合は，敷地権である旨の登記は既にあるので，更にされることはない。

5．区分建物合併登記

（1）区分建物合併と区分合併登記の意義

区分建物の合併は，接続する二個の区分建物を主と主のままで合併（区分合併という，規則133条）し，一個の区分建物の床面積が増加する場合と，主と附の関係にある建物を合併（附属合併という，規則132条）する場合がある。

どちらの場合についても法上の合併であり，既存の建物については事実上何らの変更がない。ただ登記上では一個の建物として登記されるものである。

なお，区分建物の合体は，二個の接続する区分建物の区分壁を事実上除去して，一個の区分建物に変更した場合である。したがって区分建物の合体の場合については，事実上の行為が先行し，そのことによって一個の区分建物に変更する場合をいう（法49条）。

したがって，合併が法上の行為であるのに対し，合体は事実上の行為であるということが言える。

さらに，区分建物の区分合併登記は，甲区分建物を区分し，区分後の一個を乙区分建物あるいは，接続する乙区分建物の附属建物に合併する場合をいう。

区分建物区分合併の登記は，本来区分建物区分登記と合併登記の二個の行為を，区分建物区分合併登記として一個の行為で申請する場合である。

これは甲区分建物をＡＢ二個の区分建物に区分し，区分後新しく設けられたＢ区分建物の登記記録を乙区分建物に合併することによって，直ちに登記記録を閉鎖することは，登記の経済上，また登記官の記録上，錯誤が生じやすい。したがってこのように区分して直ちに合併するような運命にある区分建物については一個の区分合併登記によって，Ｂ区分建物について新しい登記記録を作成しないで済むようにしたものである。

(2) 区分建物合併登記

図75Ⓐに示すように，区分建物合併登記については，A区分建物を主である建物とし，隣接するB区分建物を附属建物とする場合の合併，さらにA区分建物を主である建物のままB区分建物に合併する場合がある。

B区分建物をA区分建物の附属として合併する場合については，A区分建物とB区分建物の関係が主と附の関係になければならず，A区分建物とB区分建物の床面積が等しく，種類が同じ場合については合併することができない。

しかし，区分建物が接続する場合には主と主のままの合併をなし得る。この場合には当然主と附の関係は問題にならない。

さらに区分建物を主である建物として，別棟の建物を附属建物とする場合を考えることができる。

図75Ⓑに示すように，甲棟のB区分建物を主である建物とし，別棟のE建物を附属建物とする場合の合併である。この場合には，B区分建物と別棟のE一棟の建物が主と附の関係になければならないことは当然である。

さらに甲棟のD区分建物を主である建物とし，F区分建物を附属建物とする場合が考えられる。この場合についても，D区分建物と乙棟のF区分建物が，いわゆる主と附の関係になければならない。

したがって主である建物と附属建物としての関係にあれば，附属建物は通常の一棟の建物であろうと，また区分建物であろうと差支えない。

このように区分建物は互いに接続をしていれば，主と附の関係になくとも主と主のままで合併することができるが，主と附の関係にあれば，必ずしも接続をしている必要はない（準則86条）。

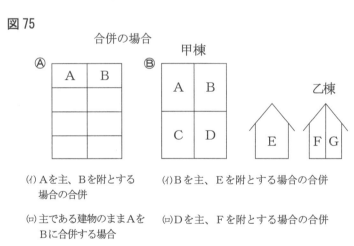

図75　合併の場合

Ⓐ
(イ) Aを主、Bを附とする場合の合併
(ロ) 主である建物のままAをBに合併する場合

Ⓑ 甲棟　乙棟
(イ) Bを主、Eを附とする場合の合併
(ロ) Dを主、Fを附とする場合の合併

(3) 区分建物の合併禁止

このほか区分建物合併においても，通常の建物の合併禁止（法56条）の適用があることはもちろんである。つまり所有権の登記以外の権利に関する登記が，合併するいずれか一個の区分建物に存する場合については合併ができない。所有権以外の権利に関する登記とは，抵当権，質権，先取特権，不動産賃借権，その他仮差押，仮処分の登記を意味する（法56

条5号)。

もちろん所有権の登記ある建物と所有権の登記のない建物は合併ができない（法56条4号）。

（4） 区分建物区分合併登記

甲区分建物の一部を区分して乙区分建物に合併する場合を，区分建物区分合併登記といい，一の申請情報によってすることができる（規則35条5号）。

図76に示すように，甲区分建物の一部を乙区分建物に合併する場合としては，二つの場合が考えられる。

その一つは，甲区分建物をAB区分建物に区分し，B区分建物を乙区分建物の附属建物として合併する場合である。この場合は区分建物区分登記と区分建物合併登記と，二個の登記申請でする必要はない（規則35条4号）。

これに対してもう一つは，区分後のB区分建物を乙区分建物の附属建物とせず，主である建物のまま乙建物に合併する場合である。この場合についても区分建物区分合併登記として申請をなし得る（規則35条5号）。

甲区分建物をAB二個の区分建物に区分し，そのB区分建物を乙区分建物に主である建物のまま合併できる場合は，甲区分建物も乙区分建物も双方とも区分建物で，接続をする場合に限る（準則86条(2)）。したがって甲区分建物と乙区分建物が接続をしない場合については，主である建物と附属建物の関係になければならない（準則86条(1)）。

同様に図77に示すように，甲区分建物を区分して，区分後の一部を乙の附属建物に合併する場合についても，甲区分建物と合併する乙の附属建物が双方とも区分建物で接続をしている場合については，一葉の申請で区分建物区分合併登記をなし得る（規則35条5号）。したがって合併すべき乙の附属建物が区分建物であれば，この主である建物である乙建物は通常の建物であっても，あるいは区分建物であっても，差支えない。

なお図77に示す事例で，乙の附属建物を区分して甲建物に合併することができるかについては，昭和38年の登記法の改正において附属の区分が禁止されたことにより，この場合は区分合併をなし得ないとしている。昭和38年の登記法の改正以前においては，附属建物を区分し合併する場合についての規定があった。しかし平成17年の不登法の改正では附属建物の区分登記が規定された（法54条①2号）。だが附属の区分合併についてはなし得ない（規則35条4号，5号）。

図76　　　　　図77　　　　　図78

甲区分建物の一部を区分して乙区分建物に合併する場合

（甲、乙双方とも主である建物）

なお図78に示すように，甲区分建物の一部を区分して別棟の丙建物の附属建物とするときは，区分建物の区分合併登記として一の申請でなし得る（規則35条4号）。

このとき登記官は，甲区分建物の登記記録の表題部に，残余部分の建物の表題部の登記事項，区分した一部を家屋番号何番に合併した旨及び従前の建物の表題部の登記事項の変更部分を抹消する記号を記録しなければならない（規則137条③）。

建物の区分合併の登記は表題部所有者又は所有権の登記名義人の申請によってなす（法54条）。

なお，区分建物の区分合併登記においても，その登記がなされることによって区分建物区分及び区分合併の効果が生ずることになるから，登記前の申請段階では登記原因なるものは存在しない。いわゆる形成登記である。

また登録免許税については，区分建物合併の場合については残った個数1個につき1,000円であり，したがって何個合併しても1,000円となる。区分建物区分合併の場合については，その残った個数は常に2個であるから，登録免許税は2,000円である。

（5） 合併後非区分建物となる場合（規則133条③）

建物の合併は所有権等の登記以外の権利に関する登記があるときは合併できない（法56条5号）。しかし抵当権，質権又は先取特権の登記があっても，登記の目的，申請の受付の年月日及び受付番号並びに登記原因及びその日付が同一のときは合併できる（規則131条）。

なお共同抵当の関係にあるA，B2個の区分建物からなる建物に敷地権の表示がある場合，この建物を合併して通常の建物とすることができる。この場合は敷地権が敷地権でなくなった場合の登記手続に準じてその変更の登記手続がなされる（規則134条③，同124条）。そして，区分建物と一体化されて効力を有していた抵当権が，建物と土地に対する抵当権に変わるため，登記官は共同担保目録を作成する（規則124条⑥）。

また敷地権の表示のある区分建物を合併して通常の建物となった場合は，通常の建物の登記記録に職権により抵当権が移記される（規則133条③，134条，107条，124条③）。

なお，建物の抵当権の登記には抵当権が合併後の建物の全部に及ぶ旨の付記登記がされる（規則107条⑥，134条①）。

6．区分建物合体登記

図79に示すように，ABCDの区分建物からなる一棟の建物が存する場合において，AB区分建物の区分壁を取り除いた場合には，A区分建物とB区分建物が合体をして，新たなAB一個の区分建物が生じたと扱う。

図79

A	B
C	D

合体によってA区分建物とB区分建物が消滅をして，一個の新しい区分建物が生じたのであるから，区分建物表題登記により，従来のA区分建物，B区分建物が重複をするため，AB区分建物については，その表題部の登記を抹消するわけである。

（1） 区分建物の合体登記の申請

結局のところ，合体登記の場合はそれぞれ従来の区分建物について「合体」を登記原因と

して表題登記と既存の区分建物の表題部の登記の抹消の申請をしなければならない（法49条）。

なお，合体する二個の区分建物の所有者が同一の場合についても異なる場合であっても，表題登記と表題登記の抹消の申請については同一の申請書でしなければならない（令5条①）。

また，表題登記と所有権の登記ある区分建物である場合も，所有権の保存の登記も同一の申請書で申請しなければならない。

（2） 添付図面等

合体による登記の添付情報として合体後の建物図面，各階平面図，住所証明書，所有権証明書を添付する。

図80

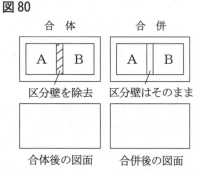

ところで，このAB区分建物を主である建物のまま合併した場合と合体の場合では，その各階平面図がどのように違うかを検討してみよう。

図80に示すA区分建物にB区分建物を合併した場合を考えてみると，作成する各階平面図は，従来のA区分建物とB区分建物の床面積に壁厚の部分を加えたものが床面積として出てくる。

つまり，区分建物合併の場合については区分壁を取り除かないが，合併によって法上区分壁がなくなるものとして考えていくからである。

これに対して合体の場合は，事実上壁厚の部分を取り去って，壁厚部分が床面積に当然加入されるから，区分建物合併の場合と合体の場合の各階平面図は全く同様な図面になるわけである。

区分建物合体の場合については，区分壁除去のための工事人の行為が加入するが，その所有権証明書等の添付は要しない。

なお登記原因・日付の欄には「令和何年何月何日3番の2と合体」として合体の事実を記載して区分所有が消滅した年月日を記載する。一般には区分壁除去の工事完了の日を記載することになる。

（3） 附属建物を他の建物に合体した場合

なお，図81に示すように，C区分建物と隣接して別棟に属するE一棟の建物の附属建物としてD区分建物がある場合，いまこのCDの区分壁を除去して合体した場合について，どのような登記をするかが問題になる。

図81

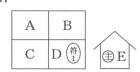

(イ) Eの附DとC主である建物の合体

(ロ) Eの附DにC主である建物を合併

この場合はまずD附属の区分建物を分割して主である建物に変更した上で，C及びD区分建物の合体後の建物につき区分建物表題登記と既存のC区分建物及びD区分建物の表題部の登記の抹消の申請をすることとされる。

(4) 合体前も合体後も敷地権がある場合

　合体後の建物がなお区分建物である場合，合体前の区分建物に敷地権があるため，申請書に敷地権の表示を記載するとき，その敷地権の割合は合体前の専有部分の有する敷地権を合計したものが，合体後の建物の敷地権となる（規則120条⑧）。

　合体前の建物に敷地権があり，合体後の建物に存続することにより，登記官は合体後の建物の登記記録に敷地権の表示をした場合，法46条の規定する敷地権の目的である土地の登記記録に敷地権である旨の記録を要するかが問題となる。

　合体前の建物に敷地権があり，ここで既に土地の登記記録にその旨の登記をしているため，敷地権である旨の記録は要しないことになる（規則120条⑧）。これは建物が合体されても，土地の敷地権の目的である権利の持分は，建物の表題部に併せて記録され，既に土地の登記記録に記録された敷地権である旨の登記は合体前のものと何等変更がないからである。

　なお，この場合の登記申請書には，規約敷地に関する規約（登記令別表13添付情報ヘ(1)），規約割合規約（同ヘ(2)），敷地権の目的である土地に他の管轄に属するものがある場合の登記事項証明書（登記簿の謄本）の書面の添付は不要である（登記令別表13項ヘ）。

　これは合体前の建物の申請の時に既に添付済であるからである。

(5) 敷地権の表示をしない場合

　問題は合体後の建物がなお区分建物であって，合体前の従来の建物に敷地権が登記されているが，合体後の建物に敷地権の表示をしない場合，登記令別表13添付情報ホに規定する，登記された敷地の権利が敷地権でない旨の書面（分離処分可能規約等）の添付を要するかである。

　つまり合体後の建物は表題登記と表題登記の抹消を併せて申請することになり本来新しい建物につき，その表題部の変更登記の申請（法51条①）をするわけではないが，従来建物の表題部にあった敷地権の登記が，敷地権でなくなるため，分離処分可能規約等「登記ある敷地権が敷地権でなくなる旨」に準じて規約を証する書面を添付する事になる。なおこの書面は合体後の登記申請が形式上表題登記となるため登記令別表13添付情報ホの規定が適用になる。

　なおこの場合，（イ）合体前の建物に抵当権，質権又は先取特権等の担保物権の登記があり，建物のみに関する旨の附記がない場合（特定登記），合体後の建物につき敷地権がないため，2個以上の不動産に対する担保となるため共同担保目録が作成されることになる（規則124条⑥）。

　（ロ）登記官は合体前の建物に敷地権の表示があり，合体後の建物に敷地権の表示をしないことになった場合，従来の職権でなした敷地権である旨の登記（規則124条①）は抹消することになる。又建物にあった抵当権や差押の登記等，土地の持分に及んでいる場合（建物に関する旨の附記がない場合等）は土地の登記記録の相当区事項欄に転写する等，規則124条3項の規定する事項につき登記をしなければならない。

(6) 合体前も合体後も敷地権の表示をしない場合

　しかし合体前の建物の敷地につき，登記された所有権，地上権又は賃借権の登記がある

にも拘らず，合体前のいずれの建物にも敷地権の登記がされていなかった場合には，いま合体後の建物の表題登記の申請書に敷地権の表示をしないときでも，登記令別表13添付情報ホに規定する「敷地の登記された権利が敷地権でない旨」の書面の添付は不要である。これは合体前の建物につき既に，その旨（分離処分可能規約等）の書面が添付されているからである（令別表13項（ホ）カッコ内，平5年7月30日民三第5320号通達第6，4，(8)）。

(7) 合体前の表題部の登記の抹消

合体前の建物の表題部の登記を抹消する場合の「登記原因及びその日付，並びに登記の年月日の記載」は，原則として合体前の建物の登記登録中，表題部の該当欄の次行にするものとされる。

なお合体前の建物の表示を抹消した上，その区分建物の登記記録は閉鎖される（規則120条⑨，同144条）。当然合体前の建物の所有権や抵当権等権利に関する登記は抹消されずに閉鎖される。

7．区分建物の滅失の登記

区分建物が滅失したときは，その表題部所有者又は所有権の登記名義人が滅失の登記を申請しなければならない。この場合，敷地権の表示をした区分建物と一体化した土地の敷地権は消滅する。したがって，敷地権の表示をした区分建物につき，建物のみに関する旨の附記のない，一般の先取特権，抵当権，質権の登記がある場合に，その敷地権が数筆の土地にわたっているときは，登記官は共同担保目録を作成しなければならない（規則145条，同124条⑥⑦）。

敷地権の登記がある建物の滅失の登記をした場合は，敷地権が敷地権でなくなったことによる建物の表題部の変更登記に準じて所要の手続をなす。この結果，専有部分の表題部にされた敷地権の表示は抹消される。その他土地の登記記録に記録した敷地権である旨の登記を抹消し，建物の登記記録と一体化されて効力を有した一般の先取特権，抵当権，質権等の権利及び権利者につき転写，移記等の手続がされる（規則124条①，③）。

第43講　区分所有法と共用部分である旨の登記

1．共用部分

（1）規約共用部分と構造上の共用部分

共用部分とは「専有部分以外の建物の部分，専有部分に属しない建物の附属物及び規約によって共用部分とされた附属の建物をいう」とされている（区分所有等に関する法律第2条第4項）。

つまり共用部分は，第一に規約によって共用部分とすることができるもの，つまり区分所有の専有部分として区分所有権の目的となる建物と附属の建物である。

第二に構造上の共用部分，つまり区分建物の属する一棟の建物において，数個の専有部分に通じる廊下，階段室，エレベーター室，屋上等，及び建物の附属物，たとえば電気の配線，ガス，水道の配管等の建物自体に従属するもの，いわゆる従物に区分することができる。

したがって第一の規約による共用部分は，共用部分である旨の登記をなし得ると同時に，その登記をしなければ第三者に対抗できない（区分所有法第4条②）。

たとえば，区分建物を何らの登記をせずに，事実上その一棟の建物に属する区分所有者全員が集会場に使用しているとすれば，本来共用部分である旨の登記をするかしないかは，その共同利用者の権利関係に属するので自由である。また仮りにその区分建物が甲のみの所有に属し，他の区分所有者の共同の利用のため便宜使用させているというものであれば，権利の主体は甲のみに属し，他の区分所有者が事実上共同で利用していても，共用部分である旨の登記をなし得ない。

したがって登記官は，一棟の建物の一部について，その専有部分を共用部分として数個の区分建物の所有者が現に利用しているからといって，その部分を現況に合わせて共用部分である旨の登記を職権でなすことができないことは言うまでもない。

（2）共用部分である旨の登記の対抗力

これに対して，図82の集会場たる区分建物が，本来甲の所有権の登記があるが，甲より一棟の建物に属する全員が集会場にするため買い取った場合は，これを登記しておかないと第三者にその取得を主張できないことになる。

図82

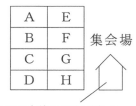

甲の所有権の登記があり、A～Hまでの区分建物の所有者が買い取って共用部分である旨の登記のない場合。

つまり甲が契約違反をして，第三者に金銭を借用してその集会場に抵当権を設定したとすれば，この抵当権は有効であって，第三者の善意，悪意を問わず抵当権の実行により，共用部分を買い取ったそれぞれの区分所有者は権利を失い，これら共用部分による取得を主張できない。

したがって規約による共用部分の場合については，登記をすることによって第三者に対

抗できるということが言える（区分法4条②）。

本来表示に関する登記は対抗力がないとされているが，区分所有等に関する法律のいわゆる共用部分というのは，本来共同所有であるものを共有という登記にすることは性質上好ましくないために，やむを得ず共用部分である旨の登記をするものである。

このような意味で，対抗力を取得させざるを得ないわけであるから，表題部に登記されても対抗力が存するということになる。

2. 規約と管理者及び集会

(1) 規約の設定

ここで共用部分に関する規約と管理者及び集会について述べておこう。

規約上の共用部分，つまり区分建物として登記をなし得る部分については，区分建物の登記上の所有者が規約を作成して，その規約に従って目的や内容を決めていくことになる。また，最初に建物の専有部分の全部を所有する者，つまり区分建物の属する一棟の建物の新築者で，各区分建物の原始取得者は公正証書によって規約を作成することができる（区分法32条）。

これに対して，法上あるいは構造上の共用部分，つまり階段や廊下等についても利用方法等について何らかの手段を講ずる必要がある。つまり法上の共用部分は，その権利関係を登記によって公示できない。

したがって共用部分の性質上多人数間の共同使用の形態になるのであるから，これらの維持管理上の規約が重大な役割を果たすことになってくる。

規約の設定や変更または廃止は，区分所有者及び議決権の各4分の3以上の多数による集会の決議によってなすが，この場合に，規約の設定，変更又は廃止が一部の区分所有者の権利に特別の影響を及ぼすべきとき（専用使用権の駐車場の権利を廃除する場合等）は，その利害関係人の承諾を得なければならない（区分法31条①）。もっとも，一部の区分所有者のみの共用部分は，それらの利用者のみで規約を定めることができる（区分法30条②）。しかし区分所有者全員でもそれに関する規約を定めるときは，この一部の区分所有者のみの共用すべき共用部分は，これらの者の4分の1を超える者，又はその議決権の4分の1を超える議決権を有する者が反対したときは，区分所有者全員による決議はできない（区分法31条②）。

規約は区分所有者が変わったたびに効力が失われるのでは意味がないので，これは債権契約ではあるが，特定承継人に対しても効力を有するということにした（同法46条）。

なお規約を保管する者は，利害関係人より請求があれば，規約を閲覧させるということになっている（同法33条②）。

(2) 管理者

区分所有者は，集会の決議によって管理者を選任し，又は解任することができる（区分法25条①）。しかし規約で別段の定めをしたときはその規定に従う。たとえば，当大倉山マンションの管理者はA株式会社とする等の定めをすることができる。

管理者に不正行為や，その他職務を行なうにつき適しない事情があるときは，各区分所

有者は，その解任を裁判所に請求することができる。

　管理者はその管理行為につき区分所有者を代理する。したがって，共用部分につき損害保険契約をなし，それに基づく保険金の請求等の行為も行なうことができる（区分法26条②）。管理者の職務行為は，基本的には共用部分や敷地及び附属施設を保存し，集会の決議を実行することである，同時に規約で定めた行為を実行する権利と義務を負う（同条①）。又は管理行為実行につき訴訟になったときは，原告，又は被告となる（同条④）。なお区分所有者と管理者との権利義務は委任の規定に従う（民法643条〜656条）。

　また管理者がその職務を行なうにつきなした，第三者との法律行為について，区分所有者が責任を負う場合は，その専有部分の床面積の割合に応じて負担する。ただし規約で別段の定めがあればそれに従う（区分法29条①）。なおこれらの責任は区分所有者の承継人に対しても行なうことができる（同条②）。

　このように，管理者は法上かなり広範囲に権利，義務を有するのであるが，管理者の代理権については，客観的代理事項中の一定事項，たとえば甲部分の保存行為については代理権を与えるが，乙部分の保存行為については代理権は与えない等の制限を加えても，これら代理権の制限については，そのことを知らない第三者に対しては対抗ができない（区分法26条③）。

　なお管理者は前述のごとく規約に定めれば共用部分の所有者となることもできる。これは法上の共用部分，つまり廊下，階段，ロビー等については，税金上の納入者の問題が出てくるから，つまり管理上の所有者として管理者を指定することができるわけである（同法27条）。

　もっとも，階段，ロビー，エレベーター等の構造上の共用部分については，一棟の建物の区分建物の所有者の一人について，管理上の所有権を与えることもできる。

　このように納税上の所有者としては，管理者または区分建物の所有者に限るのであって，全く関係のない他の一棟の建物の所有者を定めることはできない。

（3）集会

　区分所有者相互間を規律する規約の設定,変更,廃止は集会の決議でなす（区分法31条①）。

　集会は，管理者が招集する（同法34条①）。そして少なくとも年1回は集会を招集しなければならない（同条②）。もっとも区分所有者の5分の1以上で，議決権の5分の1以上を有する者は（数人でこの要件を満たしてもよい），管理者に対し，会議の目的である事項を示して集会の招集を請求することができる。なおこの定数は規約で減らすこともできる（同条③）。さらにこの請求を管理者にしたにも拘わらず，管理者が請求の時から2週間内に集会の招集通知をしないときは，招集の請求をした区分所有者が集会を招集できる。なお管理者が招集通知を出した場合でも，集会の会日がずっと後では困るため，区分所有者の請求の日から4週間内の日を会日とする招集通知を出さないときも同様である（同条④）。

　招集の通知は，会日より少なくとも1週間前に会議の目的である事項を示して各区分所有者に発しなければならない。もっともこの期間は規約で伸縮することができる（区分法35条①）。なおこの招集手続は区分所有者全員の同意があれば招集の手続を経ないで開くことができる（区分法36条）。

　また会議の目的が一定の重要な議題を目的とする場合は，その議案の要領を通知しなけ

ればならない。
　それは，①共用部分の変更（区分法17条①），②規約の設定，変更，廃止（区分法31条①），③建物の一部が滅失した場合の復旧に関する決議（区分法61条⑤），④建物の建替え決議（区分法62条①），⑤団地内の一棟の建物についての団地規約の設定（区分法68条①）等である。これらは全て集会の特別多数（区分所有者及び議決権の4分の3又は5分の4以上の多数）による決議の場合である。
　集会の議決権は，規約で別段の定めがない限り各区分所有者の床面積の割合による（区分法38条）。しかしこの議決権の行使は書面又は電磁的方法で行なってもよいし，また代理人によって行使することもできる（区分法39条②）。なお集会の議事は，通常は区分所有者及び議決権の各過半数で決する。区分所有に関する法律や規約で別段の定めがあれば，それによることは勿論である。また集会の議事については議長は議事録等を作成しなければならない（区分法42条）。この議事録には議事の経過の要領及びその結果を記載又は記録，議長及び集会に出席した区分所有者の二人がこれに署名しなければならない（区分法42条③）。
　なお区分所有者の承諾を得て専有部分を占有する者（賃借人等）が会議の目的につき利害関係を有する場合は，集会に出席して意見を述べることができる（区分法44条①）。
　さらに，区分所有法は規約により集会において決議すべきものとされた事項については，区分所有者全員の書面等による合意があったときは，集会の決議があったものとされる（区分法45条）。集会による決議の代りに書面決議を認める。

（4）　管理組合法人

　なお区分所有者の団体で，区分所有者及び議決権の各4分の3以上の多数による集会の決議で，管理組合法人を作ることができる。この集会の決議では，①法人となる旨，②その名称及び事務所を定め，③主である事務所の所在地で登記をすることにより法人となることができる（区分法47条①）。これは組合等登記令に従って登記される（組合等登記令5条）
　その設立登記の申請書には，⑴法人となる旨並びにその名称及び事務所を定めた集会の議事録，⑵目的及び業務，名称，事務所，代表権を有する者の氏名，住所及び資格，存立時期又は解散の事由を定めたときはその時期又は事由，共同代表の定めがあるときはその定め，⑶代表権を有する者の資格を証する書面，を添付しなければならない。
　なお組合法人の代表者は理事であり，さらにその監督機関は監事である（区分法50条③）。監事は理事又は管理組合の使用人を兼ねることができない（区分法50条②）。

（5）　義務違反者に対する措置
（イ）　共同の利益に反する行為の停止の請求

　　区分所有者は，もともと建物の保存に有害な行為，その他建物の管理や使用に関し区分所有者の共同の利益に反する行為をしてはならないのである（区分法6条①）。
　そこでこれに反する行為をした場合や，するおそれがある場合は，その違反行為をした者を除いた，他の区分所有者の全員又は管理組合法人は，区分所有者の共同の利益を守るため一定のことをすることができる。
　まず第1にその行為をやめさせることである。たとえば，夜中にエレキギターやピ

アノを弾く者に対して，その行為を止めるよう請求することができる。

第2は違反行為の結果を取り除くことである。これは，マンションのベランダで動物を飼い悪臭を放って平気な顔をしている者に対し，その動物を撤去させることができる。またベランダに温室を作り，階段に物置を置く等非常の際の避難行為を妨げるようなこれらの物を取り除くよう請求することである。

さらに第3には，違反行為を予防するため必要な措置をするよう請求できる。これは違反行為をするおそれのある場合，事前にチェックして，違反行為が起こらないよう予防することである。たとえば，エレキギターを夜中には弾かないよう，事前に請求することである。

なおここで区分所有者の共同の利益を害する者は，必ずしも区分所有者自体でなく，区分所有者からその部屋を借りている者（占有者）もあり得るから，これらの者も同様の規制を受けるものとした（区分法57条④）。

またこれらの請求をなし得る者は区分所有法57条の規定では「区分所有者の全員又は管理組合法人」となっているが，これらの被害者である各個人が区分所有法の義務違反や民法の不法行為により，侵害の排除を請求することは自由である。

なお区分所有法57条による共同利益に反する行為の差止めは「占有者」（借家人）はなし得ない。占有者は区分所有者に代位して請求することは差しつかえない。

なおこれらの請求をしても，一向に請求に応じない者がいる場合は訴訟を提起できる（区分法57条②）。この場合は集会の決議による（普通決議）訴を提起する者は管理者又は集会で指定された区分所有者である（区分法57条③）。

（ロ）　区分建物の使用禁止の請求（一時的追放請求）

区分所有者や賃借人が共同の利益に反する行為をしたため，その行為の差止め請求をしたが，一向にその行為を止めようとしない者に対しては，仮にその行為の禁止の判決があっても全く意味がないことになる（強制執行の手段がない）。そこでこのような者に対しては，一定の要件の下に区分建物（以下専有部分）の使用禁止の訴えを提起できる（区分法58条）。

その訴えは
① 専有部分の使用禁止は必ず裁判所に訴えを提起してなす。
② 違法行為の差止め請求をしても相手がこれに応じないこと。
③ その違法行為による被害が大きいこと。
④ その違法行為があるため共用部分の利用が妨げられ，共同生活の維持を図ることが困難であること。
⑤ 区分所有者及び議決権の各4分の3以上の多数による集会の決議があること。
⑥ 違法行為を止めない当該加害者に，弁明の機会を与えること。
⑦ 訴えの提起は管理者又は集会で指定された区分所有者がなすこと。管理組合法人の場合は集会の決議により法人がその名においてなす。

等の要件を充たすことを要する。

このように要件が厳しいのは区分建物の所有者を，いわゆる一時的追放をするわけであるから，濫用されないようにしたのである。

（ハ）　区分建物の競売請求（区分所有者の追い出し請求）

先に述べた区分建物の使用禁止（一時的追放）では，区分所有者の共同の利益を維持できないときは，区分所有者及び議決権の各4分の3以上の多数による特別決議に基づき，訴えをもって区分所有権及び敷地利用権の競売を請求することができる（区分法59条①，②）。なお要件は（ロ）の使用禁止の場合と同様の手続による。

　ただ勝訴判決による競売の申立ては，その判決が確定した日から6ヵ月内にしないとすることができなくなる（区分法59条③）。つまり裁判所への訴えの提起は，義務違反者の「区分所有権と敷地権につき競売せよ」との判決を求め，その判決を債務名義として執行裁判所に競売の申立てをしなければならない（民事執行法95条）。この申立ては判決の確定から6ヵ月を経過するとできなくなる。

　なおこの競売の場合，義務違反者やその者の代理人等は，その目的物の買受人にはなれない（区分法59条④）。義務違反者がまた買受けたのでは追い出しの目的が達成できないからである。

(ニ) 占有者に対する引渡し請求（賃借人の追い出し請求）

　区分所有者が共同の利益に反する行為をしなくても，それを借りて現に使用している占有者が義務違反をする場合がある。

　そこで法は占有者にも区分所有者の場合と同様な規定を設け，賃借人が共同利益に反する行為をした場合は，賃貸借の契約の解除と専有部分の引渡しを区分所有者の全員又は管理組合法人は請求できるものとした（区分法60条）。

① 契約の解除の請求は貸主（区分所有者）と借主（占有者）の双方を被告としてなす。

② 占有者には集会の決議をするさい弁明の機会を与えることを要する。

　　等，要件は使用禁止の請求の場合と同様である。

　　　なお判決により専有部分の引渡しを受けた者は，遅滞なく，その専有部分を占有する権原を有する区分所有者あるいは他の賃借人等に引き渡さなければならない（区分法60条③）。

3．共用部分である旨の登記

(1) 規約の作成

　登記をなし得る共用部分は，専有部分として登記をなし得る区分建物または附属の建物に限る（区分所有等に関する法律第4条②）。これは規約によって共用部分とすることができる建物である。

　共用部分である旨の登記をなすには，申請書にこの規約を証する書面を添付して，表題部所有者または所有権の登記名義人より申請する（法58条②）。

　したがってこの登記の申請人となるためには，共用部分とすべき建物につき少なくとも表題部所有者でなければならない。当然保存登記があれば登記名義人であるが，少なくとも表題部に登記があればよいわけである。

　また，添付すべき規約の作成については，たとえば鉄筋コンクリート造，陸屋根四階建の建物の新築者甲が，その未登記建物の各階を区分建物として分譲する場合に，四階部分の一区画を，一棟の建物に属する区分所有者全員の集会場とするために，分譲業者甲が規約を

作成する場合は、必ず公正証書によって作成しなければならない（区分法32条）。

これは分譲しようとする専有部分の全てを所有する、原始所有者のみが規約を設定できるのであって、この分譲業者から専有部分の全部を取得した者があっても、この者は「最初に建物の専有部分の全部を所有する者」にあたらないから、この者は規約を設定することはできない。なおこの規約の設定は、専有部分の全部の所有者とあるから、建物の建築中に規約を設定することは、原則として許されない。分譲業者がかりに建物の建築中に公正証書により規約を設定しても、建物が完成しない限り効力は生じない（建物として登記し得る状態になれば、専有部分の所有者になれるから、外壁の塗装等まで完成しなくてもよい）。

このように、共用部分に関する規約のない区分建物を買った者は、共用部分に関し集会を開いて規約により設定することができる（区分法31条）。

（2） 共用部分である旨の登記の申請人

いま図83に示すように、AからHまでの区分建物の所有者が、甲所有の未登記の一棟の建物を集会場にするために買取ったとしよう。

図83

この集会場を共用部分とする規約を作成して登記をする場合について、AからHが申請人として共用部分の登記の申請書をなし得るかというと、これはなし得ない。つまり共用部分である旨の登記の申請人は所有者ではなく、「共用部分とすべき建物」に所有権の登記があるか、少なくとも表題部所有者でなければならないからである（登記法58条②）。したがってAからHまでの者が、甲から所有権を取得したものであれば、その売買契約書を添付し、まず甲建物について表題登記をなし、しかる後にAからHまでが規約を作成して、共用部分である旨の登記の申請をしていくことになる。

もっとも共用部分である旨の登記の申請人は、表題部所有者か所有権の登記名義人であれば、実体上の所有権がない者でもよい。たとえば甲建物は、甲がAからHまでに売買契約をなし、その契約が成立をしたときからAからHまでの実体的な所有建物に移ったのである。したがって甲は従来の所有者ではあるが、その売買契約によって所有権を失ったことになる。

しかし甲がこの建物について表題登記をしているものであれば、AからHまでの作成した規約を添付して、甲からこの建物について共用部分である旨の登記をすることになる。

すなわち共用部分である旨の登記の申請人は、登記後その建物を共用部分として使用する者に限らない。従来の所有者でもその登記名義があれば、共用部分である旨の登記後、その建物を使用しない者であっても差支えない。

いずれにしても共用部分とすべき建物については、未登記のままでは共用部分である旨の登記をなし得ないのである。

（3） 所有者の抹消と承諾書

共用部分である旨の登記がされると、表題部所有者の記録は職権で抹消される（登記規則141条）。さらに所有権の登記、抵当権、質権、賃借権、所有権移転の仮登記、代物弁済の仮登記等、一切の権利に関する登記は登記官の職権で抹消される（登記規則141条後段、登記法58条③，④）。

したがって，所有権の登記名義人以外の者の，これらの抹消になる登記名義人の承諾書を添付しなければならない。もしこれらの登記名義人の承諾書を添付できない場合については，その抹消を対抗できる裁判の謄本を添付することになる。

たとえば，乙区欄に抵当権の登記があって，すでに抵当権の登記は弁済によって実質的には無効な登記となっている場合がある。このような無効な登記がある場合については，これらの者の承諾書の添付は不要ではないかという疑問が出てくる。

しかし，登記法では登記上の利害関係人の承諾書を添付することにしているから，たとえ実体的権利が消滅していたとしても，登記官は実質的審査権がない以上これらの権利消滅を推察する余地はない。

したがって，実体的に無効な権利が存したとしても，これらの権利者の抹消の承諾書を添付しなければならない。

ゆえに抵当権の登記があるが，実際は債権の弁済によって登記が無効になっているにもかかわらず，これら無権利者がその抹消の承諾をしない場合については，当然裁判所に訴えて，この実質的な権利が存しないということを証明し，その勝訴の判決の謄本を取得してこれを添付しなければならない。

権利に関する登記のうち，表題部所有者または所有権の登記名義人の承諾書はもちろん不要である。これらの申請人は，その登記されることによって当然自己の権利が抹消になることを承知して申請するからである。

なお，裁判所のなした処分禁止の仮処分や仮差押等の登記についても，これら権利者の抹消の承諾があれば消えるかについては多少の疑問の余地がある。

裁判所が加入してなしたこれらの処分を，当事者の承諾によって抹消してしまうと，裁判所の知らない範囲において事件が処理されることになるからである。

ゆえに，仮処分や仮差押等の登記がある場合は，裁判所の嘱託により抹消すべきものであって，その権利者の抹消の承諾があっても抹消されないことになる。

(4) 共用部分である旨の登記の対抗力

共用部分である旨の登記は登記簿の表題部になされる。

本来表題部になされる登記は，権利の登記と違って権利者，義務者と対立関係を有しないものであって，その本質は土地，建物の形状，性質を登記することを目的としたものである。したがって第三者に対する対抗力等の問題は生じないのが原則である。

しかし共用部分である旨の登記は，その登記をなすことによって第三者に対抗力を取得することになる（区分所有等に関する法律第4条②）。

民法の対抗力については，民法177条に「不動産に関する物権の得喪及び変更は登記法その他の法律の定めるところに従って登記をしなければ第三者に対抗できない」と規定し，この対抗力は，それぞれ権利者の名義を甲区，乙区に記録されて対抗力を取得するものである。

したがって共用部分である旨の登記は表題部にされるから，その権利取得を第三者に対抗させる場合といえども，民法177条の適用と同じように考えるわけにはいかない。それゆえ民法177条と違った意味での対抗力ということが言える。

結局のところ，共用部分は専有部分たる区分所有建物の従物としての存在意義があり，単

独で権利関係を主張できるものではなく，また処分もなし得ないものであり，従物たる目的の範囲内で対抗力を認めようという趣旨であろう。

つまり共用部分を独立した権利の目的とすることは，専有部分から独立して処分されるおそれがあり，共用部分の効用を補助するという目的の範囲内で効力を認めるという趣旨から離脱することになるので，民法177条と違った対抗力を認める必要が出てくる（区分法11条③）。

（5） 共用部分である建物の主体（団地共用部分を除く）

たとえば集会場について，全くその棟に関係のない者が集会場を利用するという形になった場合は，集会場だけ区分所有と分離して，全く関係のない者がその建物を取得するということでは共用部分の意味がない。

つまり専有部分たる区分建物の所有者以外の全く関係のない別の一棟の建物の所有者（区分建物の所有者でない者）が，共用部分として登記することは意味がなく，濫用されることになるので，これは許さないことにした。但しこの場合は後述の団地共用部分として登記することはできる（区分法67条）。

たとえば図84に示すように，AからHまでの共用部分とすべき建物について，これと同敷地または隣接地に所有権の登記ある一棟の建物の所有者甲，乙が，この共用部分をともに集会場として使用したい場合に，区分建物の所有者AからHまでとともに甲乙も規約を作成して，共用部分の主体になり得ないかという疑問が生ずる。

図84

AからHまでの区分建物の所有者と同敷地内にあるとか隣接地にあれば，この集会場をともに利用することは当然あり得ることである。

しかしこのように利用し得るからといって，一棟の建物の所有者を共用部分とすべき建物の主体として入れたならば，どの範囲まで加えるかについては疑問が残る。つまりその範囲が明確にならない。たとえば共用部分とすべき建物の利用者がさらにどんどんふえていく場合に，どこで区切りをつけるかが疑問になるからである。したがってこの場合は団地共用部分として登記をなすことになる。

通常の共用部分である旨の登記の範囲は区分建物の所有者に限るとしているのである。つまり一棟の非区分建物の所有者については，共用部分の登記の申請ができないように規定している（登記法58条①1号）。

そこで共用部分である建物の主体となる建物としては，その共用部分の存する一棟の建物に属する全部または一部の区分所有建物の所有者，またはこれと主である建物の関係にある別棟の建物の区分所有建物の全部または一部の所有者に限られる。

したがって共用部分と同一の区分建物の所有者か，または別の建物であれば共用部分たる建物がいわゆる主である建物の附属建物の関係にあるといわなければならない。

そこで共用部分が他の登記記録に記録した建物の区分所有者の共用すべきものであれば，当該区分所有者が所有する建物の家屋番号を共用部分である建物の登記記録に記録をしなければならない（登記令別表18項申請情報）（登記法58条①1号）。

（6）他の区分建物の所有者の共用すべき旨の記載

なおこの共用部分である旨の登記は表題部のどこに記載されるかについては，表題部中，原因及びその日付欄に記録することと規定する（準則103条）。

さらに共用部分である旨の登記を申請する場合において，その共用部分が他の登記記録に登記してある建物の区分所有者の共用すべきものである場合については，申請書にその旨の記録をして，その区分所有者の所有する建物の家屋番号を記録するということにしているのである（登記令別表18項イ）。

なお共用部分である旨の登記をする場合には，登記原因及びその日付として「平成何年何月何日規約設定」と記録する。さらに共用部分である旨の記載については，その登記原因及び日付欄に「共用部分」と記録される（準則103条）。

さらに共用部分が他の登記記録に登記したる建物の区分所有者の共用すべきものなる旨の記録をするについては「家屋番号何番，何番の共用部分」と記録するものとされている（登記令別表申請情報18項）。

（7）団地共用部分に関する登記

① 意義

規約上の共用部分は，区分建物の所有者のみが規約を作成して，建物の専有部分として登記をなし得る集会場や管理人室を登記することができた。

つまり，共用部分である旨の登記の主体は区分建物のみであり，その客体は建物に限られていた。

しかし，昭和58年5月21日法律51号で区分所有に関する法律の改正に伴い，団地共用部分が追加規定された（区分法67条）。

これは，集会場や管理人室を要するのは何もマンション等の区分建物に限らず，通常の建物の分譲住宅にも要求される処である。

当初，区分所有法の立法過程では，通常の建物における集会場や管理人室は適宜，団地内の建物所有者の共有として登記簿上処理することを考え，共用部分である旨の登記としては区分建物の所有者のみを対象とした（法4条②）。

しかし，団地内の建物の移転に伴う集会場や管理人室の共有持分の移転登記の煩雑さと，登記簿の膨大による取り扱いの不便とに鑑み，通常の建物の団地にも共用部分の適用に踏み切ったのである。特に，一団地内に区分建物を北側に設け，通常の建物を南側に建築した場合の集会場や管理人室の登記には，従来の共用部分の規定ではどうにも処理できなかった事情もあった。

② 団地共用部分の特質と登記

一団地内に数棟の建物があって，その団地内の土地又は附属施設がそれらの建物の所有者の共有に属する場合には，これらの団地建物所有者は全員でその団地内の土地・建物や附属施設の管理を行なうため団体を構成することができる（区分法65条）。

このうち団地共用部分として登記をなし得るのは，附属施設たる建物，つまり，集会場や管理人室とすべき建物として登記をなし得る建物である。

なお，団地共用部分である旨の登記を申請する場合には，申請書に共用部分を共用

すべき者の建物の所在及び家屋番号（通常の建物の場合）又は，区分建物の属する一棟の建物の所在・構造・床面積（区分建物の場合）を記載する。但し一棟の建物に建物の名称があるときは，建物の名称を記載すれば，構造・床面積を記載しなくてもよい（登記令別表19項イ，ロ）。

その他申請手続は，

① 表題部所有者又は所有権の登記名義人が規約を添付して申請する（登記令別表19項添付情報イ）。但し，一団地内の数棟の建物の全部を所有するものから申請する場合は，公正証書により作成した規約を添付しなければならない（区分法67条①，②）。

② 団地共用部分とすべき建物に第三者の権利の登記があったときは，これらの登記名義人が作成した承諾書又はこれに対抗できる裁判の謄本を添付する（登記令別表19項添付情報ロ）。

③ 団地共用部分である旨の登記は表題部中，登記原因及びその日付欄にされる（準則103条②）。団地共用部分とすべき建物が他の棟に登記した区分建物の所有者の共用すべきものであるとき，すなわち，マンションの所有者が他の棟の区分建物又は一棟の建物を共用すべきときは，その共用部分とする建物の登記原因及びその日付欄に一棟の建物を特定すべき事項として「平成2年4月1日団地規約設定，団地建物の表示，甲市乙町40番地，一棟の建物の名称ひばりが丘一号館の団地共用部分」の如く記載する。もっとも，建物の名称が存しないときは，一棟の建物の構造・床面積をも記載する（登記令別表19項申請情報ロ）。

また，共用部分の主体が通常の建物の場合は，その建物の表示として「甲市乙町39番地1,家屋番号39番1の団地共用部分」の如く記録される（図85参照）（同，イ）。

④ 団地共用部分である旨の登記がされると登記官の職権で表題部所有者の登記は抹消され，また，所有権その他の権利に関する登記も抹消される（法58条④）。

⑤ 表題部にされた団地共用部分の登記は，共用部分であることを第三者に対抗できる（区分法4条②）。

⑥ 団地共用部分の規約を廃止したときは，その建物につき，新たに表題登記の申請をしなければならない。その申請書には，一般の表題登記に要する添付書類の他（但し，建物図面，各階平面図を除く），規約を廃止したことを証する書面を添付する（法58条⑥，⑦，登記令別表21項添付情報）。

図 85

(専有部分の表題部)

表題部（専有部分の建物の表示）			不動産番号	
家屋番号	乙町 40 番の 2			
建物の名称				
①種類	②構造	③床面積 ㎡	原因及び日付〔登記の日付〕	
居宅	鉄筋コンクリート造1階建	1階部分　40:00	平成2年3月5日新築〔平成2年4月2日〕	
			平成2年4月1日団地規約設定団地建物の表示甲市乙町40番地一棟の建物の名称ひばりが丘一号館，同所同番地一棟の建物の名称ひばりが丘二号館，同所39番地1，家屋番号39番1の団地共用部分〔平成2年4月2日〕	
所有者	甲市乙町99番地　株式会社甲不動産			

4．共用部分である旨の規約の廃止

（1）規約廃止による建物の表題登記の申請

　規約によって共用部分としていた建物を，規約の廃止をすることによって共用部分としての共同の使用をやめた場合は，その建物は当然通常の区分所有建物の専有部分又は通常の一棟の建物としての機能を回復するわけであるから，所有者は規約廃止の日から一ヵ月内に，建物の新築の場合に準じて建物の表題登記を申請しなければならない（法58条⑥）。
　共用部分である旨の規約を廃止した場合には，その規約の廃止による共用部分である旨の登記の抹消登記ではない。規約を廃止した場合は，建物の表題登記を申請すればよい。この登記申請書には，所有権証明書，住所証明書，そのほか規約を廃止したことを証する書面を添付することになる（登記令別表21項申請情報イ）。

（2）規約廃止による登記手続

　この建物の表題部については，少なくとも共用部分である旨の登記の申請当時から，表題部があったわけであり，職権で抹消した所有者に関する記録が存しないだけであるので，共用部分の規約廃止による申請があった場合，登記官は表題部に所有者の氏名，住所を表示すれば足りることになる。
　もちろん新所有者の登記がされると，表題部の共用部分である旨の記録は職権で抹消さ

れる（規則143条）。

（3） 共用部分である旨の規約の廃止によって，新所有者から建物の表題登記をなす際に，建物図面，各階平面図の添付を要するかという疑問が残る。これは従来共用部分となっている建物については，建物図面，各階平面図の提出があり，その内容については変更がないからこれを利用できるので，当然建物図面，各階平面図は添付することを要しない（登記令別表21項添付情報）。

5．法定共用部分（構造上の共用部分）

法定共用部分，つまり構造上の共用部分は，建物の部分と建物の附属物及び備品に分れる。

（1） 区分所有権の目的とならない部分

（A） 数個の専有部分に通ずる廊下または階段室，その他構造上の区分所有者の全員またはその一部の共用に供されるべき建物の部分は，区分所有権の目的とはならない（区分所有等に関する法律第4条1項）。

（B） これらの廊下または階段等は，区分所有建物の利用上，当然不可欠のものであるから，各区分所有者単独の権利の目的とすることができないばかりでなく，その利用権の放棄もあり得ない。つまり法上当然の共用部分とされている。したがって登記が不要なばかりでなく，一歩進めて登記することもできない。

また規約による共用部分は，その専有部分から，従物としての範囲で多少の独立性を認めることができるのが，この構造上の共用部分は利用上の専属，主体関係を区別することができないので，一棟の建物に属する全部または一部の区分所有者の全体的あるいは総体的共有といえる。

同様にその利用関係においても，区分所有建物の床面積に応じて必要度をはかることができないので，その持分の広狭に関係なく公道を利用できる場合と類似することになる。

（C） したがって，区分所有建物の専有部分の床面積を200 ㎡所有する者も，また30 ㎡しか所有しない者でも，平等に廊下や階段を利用できるということは当然である。

構造上の建物の部分としての共用部分は，ロビー，玄関，屋上，エレベーター室，洗面所等，利用上建物自体の構成部分をなすものを含む。

（D） ここでは建物の構造上の共用部分という概念は利用上の概念であって，たとえば建物の土台，支柱，仕切り壁，外壁等は概念的所有権の対象とはなり得ても，構造上の共用部分とは個別のものである。つまり利用上の目的の範囲で共用部分とすることも，また専有部分とすることもでき，また同時にその両方の目的とすることができる。

たとえば区分所有建物の専有部分に損壊に対する損害賠償契約を締結すれば，その隣接する区分建物との中間壁あるいは支柱は，どこまでが専有部分かは，ひとえに利用上の建物としての効用にかかってくるのであって，どこまでが専有部分かは，その当事者の利用上の問題から判断すればよい。

また，この保険契約の存する中間壁を，電気の配線等のため利用するものとすれば，その中間壁は共同の利用の範囲で，共用部分として集会で協議，表決することができる。

(2) 建物の付属物及び備品

（A） 建物の付属物及び備品については，建物としての効用上必要な電気の配線とか，ガス，水道等の配管，廃棄物焼却炉，貯水槽，冷暖房設備及びダスト・シュート等をいい，これらは建物自体の構成部分というよりは，建物に添付されたものであるから，建物の付属物あるいは備品と呼ばれる。これら添付された付属物は建物の効用を増長させるもので，独立して価値を有しないため，建物の構造と一体として当然の共用部分としたわけである。

（B） しかし，たとえばダスト・シュート等が，ある区分所有建物のみの専用となっているものであれば，これは専有部分として考えるから共用部分とはならない。

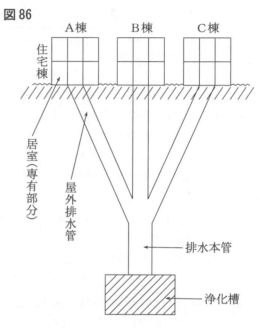

図86

なお区分所有建物の属する数棟の建物に付設された屋外排水管については，先例上「数棟の分譲住宅の付属施設としての屋外排水管が地中の一点で接合し，一個の排水本管となって一個の浄化槽に連結されている場合は，排水本管に至るまでの各棟の屋外排水管のみが，それぞれの棟の区分所有者の共用部分とされる」ということになっている（昭41年8月2日民甲第1927号民事局長回答），（図86参照）。

6．共用部分である建物の分割，区分，合併登記

(1) 意義

共用部分である旨の登記ある建物についても，その分割や区分をすることができる（法54条②）。

たとえば図87に示すように，鉄筋コンクリート造陸屋根4階建の4階部分の一専有部分について共用部分である主である建物として登記があり，さらに別棟の建物について，その共用部分の附属建物として登記がある。いまこれらの共用部分は，AからGまでの区分建物の所有者の集会所として利用している。

しかし区分建物の所有者が，これらの集会所のうち附属建物についてはもはや必要がなくなった場合に，第三者に売買しその代金を分配したい場合については，まず附属建物を分割をして，さらに共用部分である旨の規約の廃止をなし，第三者と売買契約をし，その第三

者が売買契約書を添付して表題登記をすればよいことになる。

さらに図88に示すように，共用部分である建物をＡＢ二個に区分し，その一個のＢ建物について共用部分である旨の規約を廃止，Ｂ建物を第三者に抵当に入れて，区分建物の一棟の建物の修繕補修費に当てることができる。

このように建物を分割や区分することによって，不必要になった共用部分について売買したり，あるいは抵当権を設定して，第三者から金銭を借用する金融や権利の目的として利用することができる。

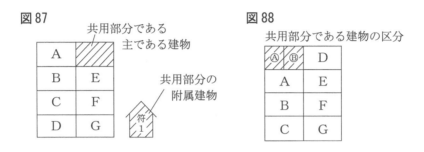

(2) 共用部分である旨の登記ある建物の合併

このように，共用部分である旨の登記ある建物についても，建物の分割や区分は意味があるのであるが，建物の合併については認められない（法56条1号）。

その理由であるが，共用部分の登記ある建物については，所有者に関する記載及び権利に関する登記一切が，登記官の職権で抹消になるわけである。したがって共用部分の登記ある建物は所有権の登記ある建物とはいえない。そこで所有者の登記のない建物は合併の申請が許されないから，共用部分である旨の登記ある建物の合併登記を許されないのは当然であろう。

しかし共用部分である旨の登記ある建物は，その専有部分の従属的範囲で一体の関係にあり，独立したものではなく，しかも共用部分の建物のみの処分をなし得ない点では，他の附属建物と同じように考えることができない。

また仮に他の建物との合併を認めたとして，合併後の建物全体について共用部分の効力が拡張されるものとすれば，一応問題ないが，そのような規定のない現行法のもとでは，建物の一部分は共用部分で所有者の登記がなく，他の建物の一部分は共用部分の適用がなく，所有者の登記が存することになってくる。この結果所有者の登記の存する部分のみに権利の登記も可能で，また差押その他の処分もできることになると，一個の建物の一部に権利が設定されたことになってくる。こういうことは公示制度としては認めるわけにはいかないので，法は明文をもって共用部分である旨の登記ある建物の合併は禁止している（法56条①）。

権利の設定に関しては，一筆の土地または一個の建物ごとに設定をなすのであって，特に例外的な土地に対する地役権の設定等を除けば，すべて一不動産に対して一個の権利が設定できるものである。したがって一不動産の一部に権利を設定することは，公示制度上繁雑になり，登記関係を不明確にし，錯誤に陥るおそれがあるので，これは禁止されている。

しかし共用部分である旨の建物を他の区分建物と合併する場合については，以上のような理由で禁止されるとしても，共用部分である旨の登記ある建物と共用部分である旨の登記

ある建物との合併は認めても，何ら差支えがないのではないかという疑問が出てくる。

たとえば共用部分である旨の登記ある建物が隣接して二個存する場合に，その主体関係，つまり区分建物の専有部分の所有者，持分，その他規約の内容が，その双方の共用部分に全く等しく適用されるという場合には，その合併は認めても何ら支障がないからである。このことは共用部分である旨の登記ある建物の区分をなし，しかる後また合併して前と同じ状態にしたい場合を考えると，一層明確になってくる。このように規約の内容によって，所有者や持分が同じである場合については単有の場合と全く同じように考えることができるからである。

しかし共用部分である旨の登記ある建物については，その登記上では，規約や所有者の持分等が等しいかどうかについては判定できない。つまり規約証書やその他の証明文書をもって，内容が等しいことを証明するほかはないわけである。このような場合については，登記官に実質的調査権を与えていない現在の登記制度において，共用部分である旨の登記ある建物を合併する場合，その内容にまで立ち至って審査をさせることは，他の登記との関係で一貫性を欠き，適当でないことになる。

これは，これらの権利関係が，合併によってさらに複雑な関係に陥るため，合併を法上許されないことにして解決したものである。

(3) 共用部分である旨の登記ある建物の分割・区分の申請

なお共用部分である旨の登記の存する建物の分割，区分の申請は，その所有者から申請することができる（法54条②）。

本来分割，区分の申請は，一般の申請と同様，表題部所有者または所有権の登記名義人であるが，共用部分である旨の登記と同時に，所有者に関する記録が一切職権で抹消されているから，登記上の所有者は存しないので，事実上の共用部分の所有者から申請するものとしたわけである。

この場合，登記の申請人が事実上の所有者であることを証するために，所有者証明書を添付させることにした（登記令別表16項添付情報ロ）。この所有権証明書は所有権を認定できるもので共用部分若しくは団地共用部分である旨を定めた規約を設定したことを証する情報又は登記した他の区分所有者若しくは建物の所有者の全部若しくは一部の者が証明する情報である（準則87条②）。

第6章 添付情報等

第44講 申請書の添付情報

1．申請書の写し

　法務大臣が電子情報処理組織を使用する方法によって登記の申請をなし得る日を指定していない登記所（オンライン未指定登記所）においては（不動産登記法附則第6条），登記の申請のさい，登記原因を証する情報を記載した書面であって不動産所在事項，登記の目的及び登記原因その他申請に係る登記を特定することができる事項を記載したものか，又は申請書と同一内容を記載した書面を提出することとされていた（規則附則15条）。

　この登記原因を証する情報を記載した書面を旧登記法60条第1項の登記原因を証する書面とし，申請書と同一内容を記載した書面を申請書副本とみなされていた（規則附則15条③）。

　そして未指定登記所に登記済証を添付して所有権の登記ある合筆の申請をした場合，登記官は申請書の写しに申請書受付の年月日，受付番号，順位番号及び登記済の旨を記載し登記所の印を押捺した登記済証が交付されていた。

　なお，表示に関する登記は土地や建物のすべての登記について登記原因を証する書面が存しないものとされている関係で，未指定登記所にはすべて，申請書の同一内容を記載した書面（申請書の写し）を添付したわけである。

　現在では，全ての登記所がオンライン庁の指定を受けており，書面で登記申請をする場合でも，申請書の写しを添付することがなく，登記完了後，登記済証が交付されることもなくなった。したがって，現在の登記の申請書に，「申請書の写し」の添付を要しないこととなった。

2．所有権証明書

　所有権証明書を添付しなければならない場合としては，次の登記がある。
　　①表題部所有者の更正登記（登記令別表2項）
　　②土地表題登記（同4項）
　　③建物表題登記（同12項）
　　④建物の合体による登記等（同13項）
　　⑤建物増加の床面積変更又は更正登記（同14項）
　　⑥附属建物新築登記（同14項）
　土地の表題登記の所有権証明書は，公有水面埋立法第22条の規定による竣功認可書，官

公署の証明書等のほか，申請人の所有権の取得を推認できる書面を添付する。

建物の合体の場合，所有者の異なるときは，全員で合体による登記等の申請をする場合を除いて，合体後の建物につき有する持分につき，所有権を証する書面を添付する。

また建物の場合の所有権証明書は，建築基準法第6条の規定による確認及び同法第7条の規定による検査のあったことを証する書面，建築請負人または敷地所有者の証明書，国有建物の払下の契約書，さらに固定資産税の納付証明書等で，その他申請人の所有権の取得を証するに足る書面を添付するものとされている（準則87条）。一般には建築確認済証のほか，建築請負人の引渡証明書あるいは代金の領収書等を添付する。

ただし所有権証明書は，その所有権の信憑性が明らかである場合，たとえば国または地方公共団体の所有する建物については，これらの者が建物の表題登記を嘱託する場合等は，便宜省略をしてよい（準則87条③）。

3．所有者証明書

また共用部分である旨の登記のされている建物については，その所在，種類，構造，床面積，建物の名称等の変更登記をする場合，あるいは建物の分割区分の登記の申請をする場合については，申請書に建物の所有者であることを証する情報として，規約を設定したことを証する情報または登記した他の区分所有者の全部もしくは一部の者が証明する情報を提供するものとされている（準則87条②，令別表14項添付情報ニ等）。

一般的には規約を設定したことを証する情報を提供することになるが，この規約を設定したことを証する情報を提供できないときは，納税証明書，その他官公署の証明書等，所有者を証明できるものであればよい。

4．印鑑証明書

（1）　申請人の3ヵ月内の印鑑証明書

書面申請の場合，申請人は申請情報を記載した書面に記名，押印するのが原則である。

そして申請書に記名，押印した者は，市区町村長又は登記官が作成した作成後3月以内の印鑑証明書を添付することを要する（登記令16条）。これは官，公署が嘱託する場合には適用されず，また申請情報の全部を記録した磁気ディスクを提出する方法により登記を申請する場合は，申請人又は会社の代表者は，申請情報に電子署名を行うと同時に併せて電子証明書が必要となる。

ただし表示に関する登記において，所有権の登記ある土地の合筆，建物の合体，合併の登記申請以外の申請の場合は，申請人につき押印や印鑑証明書の添付は不要である。

所有権の登記ある合筆，合体，合併の登記申請の場合でも以下の場合は印鑑証明書の添付を要しない。

　① 法人の代表者又は代理人が記名押印した者である場合において，その会社法人等番号を申請情報の内容としたとき。ただし，登記官が記名押印した者の印鑑に関する証明書を作成することが可能である場合に限る。

　② 記名，押印した申請書に公証人又はこれに準ずるもの（登記官，市区町村長）の

認証を受けた場合
③ 裁判所より選任された者（破産管財人，会社更生法の管財人又は保全管財人）がその職務上合筆，合体，合併の申請をなす場合に申請書に押印した印鑑につき，裁判所書記官が作成した本人のものであることの証明書が添付された場合である（規則48条）

（2） 承諾書に添付する印鑑証明書

　法令の規定により申請情報と併せて提供しなければならない利害関係人の同意，承諾を証する情報につき原則として，その利害関係人が作成した書面には作成者の記名，押印が必要となり，この利害関係人の承諾書等には，印鑑証明書を添付しなければならない（登記令19条①，②）。例えば土地分筆の場合に分筆後の土地の一筆又は数筆につき権利消滅の承諾書（法40条）。表題部所有者の更正の場合の表題部所有者の承諾書，建物合体の場合の第三者の権利消滅の承諾書，承役地分筆の場合の分筆後の一筆の一部又は合筆後の一部に地役権の存続する場合，地役権者の証明書（登記令別表2項ハ，法50条，登記令別表8項ロ，同9項）である。なおこの利害関係人の承諾書等に印鑑証明書の添付を要しない場合は，①官，公署が作成した承諾書等。②その他作成者の承諾書等の署名がある場合この署名について公証人等（登記官，これに準ずる者）等の認証を受けた場合（規則50条）等である。
　なお，ここでいう印鑑証明書は3ヶ月内である必要がない。

5．住所証明書

　土地もしくは建物の表題登記，または所有権の保存もしくは移転の登記を申請するときは，所有者または登記権利者は，申請書に掲げたる住所を証する市町村長もしくは区長の書面，またはこれを証するに足るべき書面を提出しなければならない（登記令別表4項，12項）。
　従来，土地または建物の表題登記の際には，住所証明書の添付を要しないものとされていたが，昭和52年の改正で，所有者の住所証明書の添付を要することになった。
　住所証明書の添付の必要性は，基本的には土地または建物の所有権を取得するのに，住民票基本台帳の住所において取得させて，形式的に権利者を確定するとともに，錯誤による無権利者の取得や虚偽名義による所有権の取得を防ぐ趣旨である。
　そうだとすれば，たとえば土地の埋立や建物の新築等によって，初めて不動産を取得したときになす土地または建物の表題登記においてこそ，形式的にその所有権を確定すべきものであると考えられる。従来の表示に関する登記は権利に関する登記から独立したものとされず，所有権の保存登記をした際に付随的に登記されたという登記法の立法経過であった。表題登記というものが保存登記と同時になされるものであれば，表題登記の際住所証明書を添付する等の問題を生じてこないことになる。
　しかし昭和35年の登記法の改正では，表題部も権利に関する甲区，乙区から独立したものとして成立させたのである。つまり，表示に関する登記をしてから，保存登記をせずにそのままほうっておくことが可能になったときから，むしろ表題登記に住所証明書を添付させるべき意味がでてきた。
　そしてこの表題登記の際の，登記簿の表題部の末尾になされた所有者の住所，氏名が所

有権保存の権利者として適正なことを，法は形式的に定めようとしたものである。

このことから不動産登記法74条1項第1号において，表題部所有者が所有権保存登記の申請人になる資格を有することを明記し，表題部所有者の住所，氏名と所有権保存登記の申請人の住所，氏名が一致しないとき却下されることになる。

なお，個人の場合には，住民基本台帳法による住民票コードを提供したとき，法人であるときは，会社法人等番号を提供したときは，住所を証する情報の提供を省略することができる（規則36条④）。

6．承諾書（承諾を証する情報）

（1） 土地の分筆の場合

たとえば図1に示すように，5番の土地を5番1，5番2，5番3に分筆する際に，この土地に抵当権，質権，先取特権，賃借権，地上権，地役権等の権利が存する場合において，いま5番2，5番3の土地について，これらの権利の消滅の承諾書を添付した場合には，当然分割後の5番2，5番3の土地については，これらの権利が転写されない（法40条，規則104条②）。

なお，幾ら消滅の承諾書を添付しても，分割後のすべての土地についてその権利を消滅させることができない。

たとえば5番1，5番2，5番3のすべての土地について消滅の承諾書を添付しても，それは効力がない。少なくとも分割する土地の一筆については権利を存続させなければならない。

（2） 建物の分割又は区分の場合

図2に示すように，抵当権，先取特権，不動産質権等の担保権の存する主である建物と附属建物を分割し，その附属建物につきこれら担保権の消滅の承諾書を添付した場合には，その新しい登記記録に担保権が転写されない（法54条③）。

もっともこれら担保権は，分割後の従来の附属建物につき担保権を存続させ，従来の主である建物に担保権の消滅の承諾書の添付があった場合は，従来の主である建物につき担保権が消滅をする。

このことは，担保権の存する一棟の建物を区分し，いずれか一個の建物につき担保権を存続させ，他は消滅の承諾書がある場合についても，さらに区分建物を区分する場合についても同様のことが言える（法54条③）。

（3） 共用部分である旨の登記をなすべき建物に担保権が存する場合

図3に示すように，AからGまでの者が，甲の専有部分につき共用部分である旨の規約を定めて共用部分とする場合において，この甲の建物に乙の抵当権があった場合については，これら抵当権者の消滅の承諾書を添付しなければならない（法58条③，登記令別表18項ロ）。

これは甲がAからGのために，共用部分である旨の登記の申請をなし，その登記がされると，登記官が一切権利に関する登記を抹消することになるからである（規則141条）。当然乙の抵当権も抹消されるから，したがってその消滅の承諾書を添付することになる。

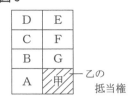

（4） 表題部所有者の更正登記の場合

図4に示すように，甲建物につき表題部所有者として甲の名義が登記されている。この場合に，事実の所有者が乙であったとすると，甲から乙に更正登記をする場合については，表題部所有者甲の承諾書を添付しなければならない（法33条②）。

この場合は，もちろん表題部所有者が甲から乙に更正されていくわけであるから，したがってその申請人は真実の所有者乙であるが，登記名義人たる甲の記録が抹消されるわけであるから，その承諾書を添付しなければならない（登記令別表2項ハ）。

（5） 表題部所有者の持分更正登記の場合

図5に示すように，乙建物の表題部の末尾に「持分3分の1甲，持分3分の2乙」と登記がある建物について，真実は持分3分の2甲，持分3分の1乙であった場合は，甲または乙は，他の共有者の承諾書を添付して，その持分の更正登記の申請をなし得る

（法33条③，④）。この場合は，持分が減る乙からその申請をしても差支えない。この場合にも他の共有者甲の承諾書を要する（登記令別表3項）。

なおこれらの承諾書を要する場合において，承諾書が添付されない場合は，法25条9号の「申請情報に必要なる添付情報が提供されないとき」に該当するものとして，その登記申請書は却下される。

なお，これらの承諾書はその者の印鑑証明書を添付しなければならない（登記令19条②）。

（6） 敷地権の登記を抹消する場合

図6のように，A区分建物にBの抵当権の設定登記があり，それが敷地権の目的である土地の持分の1000分の6にもその効力が及んでいるとしよう。いま，区分建物の表題部の変更登記により敷地権の登記を抹消する場合において，抵当権者の土地の持分又は建物について消滅承諾を証する情報の提供があったときは，消滅した旨が付記登記される（規則125条①1号，②，③）

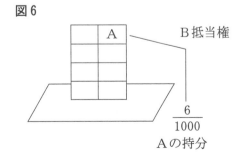

なお，土地の持分及び建物の双方の担保権の抹

消の承諾はなし得ない。またこの担保権に，転抵当権の登記があったときは，転抵当権の承諾情報の提供も必要となる（規則125条①2号）。さらに抵当権に抵当証券の発行があったときは，この抵当証券の提供も必要となる。

（7） 合体登記の承諾書と消滅承諾書

抵当権等の登記がある建物を合体し，合体後の持分に存続するときには，当該登記名義人の承諾書が必要である（登記令別表13項添付情報ト）。

また，表示に関する登記では，権利の全部を抹消できないのが原則であるが，抵当権の登記名義人が合体後の持分に存続させない消滅承諾書を添付することができる（法50条）。先の承諾書とは区別して消滅承諾書と記載する。

7．地役権証明書（地役権者が作成した情報）

図7に示すように，承役地の土地の一部について地役権の登記がある場合において，いま承役地をＡＢに分筆する際に，分割又は合筆後の一筆について地役権が存続する場合については，地役権図面及び地役権者の地役権証明書を添付しなければならない（登記令別表8項ロ）。

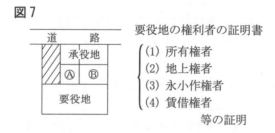

図7

ここにいう地役権者の書面とは，いわゆる要役地の権利者の地役権証明書である。要役地の権利者とは，要役地の所有権者，地上権者，永小作権者，賃借権者等の登記ある者をいう。要役地の権利者は，必ずしも所有権者とは限らない。

地役権の登記は，承役地の登記記録にも要役地の登記記録にも同じ事項が登記されるが，事実上地役権の存する土地は，もちろん承役地の土地であって，その承役地を分筆する場合は，分筆によって地役権の存する土地にどのように影響が生じたかを明確にし，あわせて地役権部分の真正な登記を確保するため，地役権者を関与させたわけである。

つまり地役権の存する土地がいかように分筆されるかは，地役権者にとっても利害の関係する場合が生じてくるので，以後どのような形で存続するかを分筆に当たって知らせておく必要があるからである。

さらに，地役権は，承役地の一定の部分を継続的に使用することを目的とするから（民法280条），長い間には，事実上地役権が消滅しているにもかかわらず地役権の登記がある場合も存する。したがってその地役権の存する土地を分筆するに当たって，地役権のその分筆時の存続する範囲を明確にすることも地役権証明書の目的の一つである。ただし，範囲を変更できるわけではない。

また，地役権図面には，申請人である承役地の権利者と地役権者たる要役地の権利者の申請人の氏名，又は名称が記録される。なお書面申請において提出する地役権図面は地役権者が署名又は記名押印することになる（規則79条①，④）。

　なお地役権証明書を添付する場合は，承役地の分筆又は合筆後の一筆の一部に地役権が存続する場合に限るのであって，分筆前の一筆の土地全部，または分筆後の一筆の土地全部について地役権が存する場合については，地役権図面も，さらに地役権証明書も，その添付を要しない。つまり地役権図面を添付しない場合については，地役権証明書も添付しない。この意味では，地役権図面と地役権証明書は一体となるべきものである。

8．所有者の表示変更証明書

　土地の表題登記及び建物の表題登記を登記官がする場合においては，その表題部の末尾余白に所有者の氏名，住所及び持分が記録される（規則別表一，二）。

　この表題部所有者の表示の変更登記（法31条）としては，法人にあっては本店もしくは商号の変更であり，自然人にあっては住所もしくは氏名の変更をいい，所有者の持分の変更や所有者の変更は，所有権の移転を意味するのであって，保存登記をしてからでなければ，その移転登記をなし得ない（法32条）。

　表題部所有者の表示の変更登記を申請する場合においては，申請書にその表示の変更を証する市町村長もしくは区長の書面，またはこれを証するに足るべき添付情報を提供（登記令別表一）しなければならない。

　所有者の住所あるいは本店の変更は，住所あるいは本店の事実上の移転による場合のほか，住所地，本店の所在地の行政区画の変更，住居表示の実施の場合が考えられる。

　商号の変更については，会社の定款の変更に当たるので総会の決議によってなされるが，法人の場合の変更証明書としては，当該法人の謄本もしくは抄本，あるいは登記事項証明書等が挙げられる。

　個人の氏名変更は，婚姻，養子縁組による改氏であって，戸籍謄本，抄本，不在籍証明書等を添付情報として提供すればよい。

9．代理権限証書（登記令3条3号，同7条①2号，規則36条②）

　代理人によって登記を申請するときは，その権限を証する情報（委任状）を提供しなければならない（登記令7条①2号，同18条）。

　代理は委任代理と法定代理に区別されるが，前者の場合は委任状を提出し，後者の場合は親権者，後見人等で法上当然の代理権を有する者とされる。したがって委任関係は生じないので，委任状を添付することはできない。そこで親権者，後見人たる身分を証する書面を添付することになるが，これは戸籍謄本または抄本を添付すれば足りる。

　なお，被保佐人を保佐する保佐人に代理権（民法876条）がない場合は，委任状の添付をしていくことになる。

　委任状には有効期間がないが，後見人あるいは親権者の代理権限証書は，官公署の発行する戸籍謄抄本になるから，その有効期間は作成後3ヵ月以内のものでなければならない（登

記令7条①2号，同17条）。

１０．法定相続情報一覧図

　表題部所有者又は所有権の登記名義人の相続人が登記の申請をする場合において，その相続に関して登記所から交付された法定相続情報一覧図の写しを提供したときは，その写しの提供をもって，相続があったことを証する市町村長その他の公務員が職務上作成した情報の提供に代えることができる（規則37条の3）。

　この，法定相続情報一覧図の制度は，平成29年5月から新設された相続登記の煩雑さを解消するための制度である。

（1）法定相続情報一覧図の保管と交付の申出

　　まず，表題部所有者，登記名義人又はその他の者について相続が開始した場合において，当該相続に起因する登記その他の手続きのために必要があるときは，相続人又は相続人の地位を承継した者が登記所に申し出る。その登記所は，被相続人の本籍地，最後の住所，申出人の住所又は被相続人を表題部所有者又は所有権の登記名義人とする不動産の住所地を管轄する登記所である。相続人等はその登記所の登記官に対して，法定相続情報を記載した書面（法定相続情報一覧図）の保管とその写しの交付の請求をすることができる（規則247条①）。

（2）法定相続情報一覧図の内容

　①被相続人の氏名，生年月日，最後の住所，死亡の年月日
　②相続開始の時における同順位の相続人の氏名，生年月日及び被相続人との続柄

（3）申出書の添付書類

　①法定相続情報一覧図
　②被相続人の出生時からの戸籍及び除籍謄本又は全部事項証明書
　③被相続人の最後の住所を証する情報
　④相続人の戸籍及び除籍謄本又は全部事項証明書
　⑤申出人が相続人の地位を承継した者であるときは，これを証する情報
　⑥申出人の氏名，住所と同一の氏名，住所が記載されている住所証明書
　⑦代理権限証書（代理人によるとき）

（4）法定相続情報一覧図に相続人の住所を記載したときは，住所証明書を添付する。

（5）登記官による確認

　　登記官は，法定相続情報の内容を確認し，かつ，その内容と法定相続情報一覧図に記載された内容が合致していることを確認したときは，法定相続情報一覧図の写しを交付する（規則247条⑤）。

　　この法定相続一覧図及びその保管の申出に関する書類は，法定相続情報一覧図つづり込み帳につづり込まれ（規則27条の6），作成の年の翌年から5年間保存される（規則28条の2第6号）。

第45講　原本還付と添付書類の援用及び書類の保存期間

1．原本還付

　書面申請をした申請人は，申請書に添付した書類の原本還付を請求することができる（規則55条①）。この場合，申請人は原本と共に原本に相違ない旨を記載した謄本を提出しなければならない（規則55条②）。

　たとえば，所有権証明書の売買契約書，又は領収書が必要である場合には，それを原本と共に写しを添付して，原本を還付してもらうことができる。

　なお，その申請のためにのみ作成された委任状，その他の書面（権利消滅の承諾書等）は原本還付ができない（規則55条①）。つまり，申請情報を記載した書面に添付する印鑑証明書（登記令16条②），委任による代理人によって登記の申請する場合の代理権限証書に添付する印鑑証明書（同18条②），利害関係人の権利消滅等の同意又は承諾を証する書面（例えば分筆のさい分筆後の一筆又は数筆について権利消滅の承諾書，合体の場合の持分割合の同意書等）に添付した印鑑証明書（登記令19条）は，原本還付はできない（規則55条①）。

　また，偽造された書面，その他不正な登記申請のために用いられた疑いのある書面は還付されない（同⑤）。当然登記の申請書等，あるいは登記の後登記所に備え付けられる書面や図面（土地所在図等）等は原本還付をなし得ない。

　なお登記官は原本の還付請求のあった場合には，提出された謄本と原本請求があった書面を照合し内容が同一であること確認し，謄本に原本還付の旨を記載し還付する。登記完了後この謄本は申請書類つづり込帳につづり込まれる（規則55条③，④）。

2．添付書類の援用

　同一の登記所に対して同時に2個以上の申請をなす場合においては，各申請書に添付すべき書類に内容の同一なるものがあるときは，一個の申請書のみに一通を提供するをもって足りる（規則37条）。

　この添付書類の援用というのは，まず第一に同一の登記所であるということが要件である。登記所の管轄が甲管轄と乙管轄に分かれている場合は，たとえ代理人が同一であっても，その委任状を援用することはできない。

　さらに「同時に数個の申請をなす場合」とあるから，たとえば同一登記所であっても，日にちが一日ずれるとか，あるいは午前中と午後に申請をするとかという場合については，同時申請の要件を満たさないから援用ができない。

　理論的には，午前中の10時に提出をし，さらに11時に申請書を提出して，前件の書類を援用することができるかという問題があるが，このように1時間違って申請をなす場合においても，同時申請の要件に該当せず，その添付書類を援用することはできない。

　つまり，同時に申請をするということは，数個の登記申請を同時に提出をして，その数

個の登記申請の受付が同時になされたという場合である。また申請書に添付すべき書類に内容の同一のものがなければ，当然援用できない。

そこで数個の表題登記をする場合に，たとえば売買契約書が一通で，その数個の土地や建物について所有権を証するというようなものであれば，その所有権証明書は，数個の表題登記のうち一通に添付すれば，他のものには添付しなくてもよい。もちろん内容が違うようなものは，援用ができないことは言うまでもない。

そして，一通のみに添付するという場合も，これはその旨，たとえば前件添付とか，あるいは後件添付と記載をして，添付書類を援用することを明らかにしなければならない。このことは，「当該添付情報をその一の申請の申請情報と併せて提出した旨を他の申請の申請情報の内容としなければならない」としている（規則37条②）。

なお，区分建物の表題登記は一棟の建物内にある区分建物の表題登記は一括申請しなければならないが，同時でなくてもよいとされる。このときの添付書類は援用することができるとされる。

3．書類の保存期間

表示に関する登記は原則5年，権利に関するものは10年であったが，平成20年の規則改正により，保存期間が伸長された。

（1）添付書類等

不動産の表示に関する登記の申請情報及び添付情報は，申請書受付の日より30年間これを保存される（規則28条9号）。

たとえば，表題部所有者またはその持分の更正の登記及び合体による登記の申請情報及びその添付情報は，申請書受付の日より30年間保存される。

表題部所有者や持分の更正登記も，申請書受付の日より30年間保存される。

不動産の権利に関する登記の申請書に添付した書類も，申請書受付の日より30年間保存される（同10号）。

つまり，表示，権利に区別なく，その申請情報及び添付情報は30年間保存される。

（2）登記所備え付書類等

共同担保目録は，共同担保目録に記録されているすべての事項を抹消した日から10年間保存される（同6号）。

信託目録は，信託登記の抹消をした日から20年間保存される（同7号）。

さらに，受付帳は受付の年の翌年から10年間保存され，決定原本つづり込み帳及び審査請求書類等つづり込み帳については5年間保存される（同8号，15号）。

不動産の表示に関する登記の申請書に添付した地積測量図，土地所在図，建物図面，各階平面図は閉鎖されない限り永久に保存される（同13号）。

土地もしくは建物の表題部の変更登記をした場合において，変更後の図面を添付するとき，または土地もしくは建物の滅失の登記をしたときは，従前の図面は，その閉鎖した日より30年間保存される（同13号カッコ内）。

たとえば，土地の地積変更や更正登記，あるいは建物の床面積変更，更正の登記の変更後の地積測量図，建物図面，各階平面図の添付があった場合については，従来の図面は，閉鎖した日より30年間保存されるわけである。

　地役権図面は閉鎖した日から30年間保存される（同14号）。

　さらに，各種通知簿は通知の年の翌年から1年間保存される。これも保存期間は当該年度の翌年から起算する（同16号）。

　登記識別情報の失効の申出に関する情報は当該申出の受付の日から10年（同17号）。

　なお，登記所において登記に関する電磁的記録，帳簿または書類を廃棄しようとするときは，法務局または地方法務局長の認可を受けなければならない（規則29条）。

土地家屋調査士本試験 択一試験 過去問題チェック

〔問〕登記等の申請における添付書面（磁気ディスクを除く。）の原本の還付請求に関する次のアからオまでの記述のうち，**誤っているもの**の組合せは，後記1から5までのうちどれか。

ア　表題部所有者についての更正の登記の申請をするに当たって添付する表題部所有者の当該更正についての承諾書は，原本の還付を請求することができない。

イ　建物を合体した場合において，登記の申請をするに当たって添付する存続登記に係る権利の登記名義人の当該合体についての承諾書は，原本の還付を請求することができない。

ウ　登記識別情報通知書をもって登記識別情報を提供する場合は，当該通知書の原本の還付を請求することができない。

エ　建物の表題登記の申請をするに当たって所有権証明書として添付する工事施工会社作成の工事完了引渡証明書の成立の真実性を担保するための当該工事施工会社の代表者の印鑑の証明書は，原本の還付を請求することができない。

オ　筆界特定の申請をするに当たって添付する書面は，原本の還付を請求することができない。

1　アイ　　　2　アウ　　　3　イエ　　　4　ウオ　　　5　エオ

〔正解　5〕

ア　規則55条により，承諾を証する情報について原本還付の請求をすることはできない（規則55条，令19条）。正しい。

イ　存続登記に係る登記名義人の承諾書は，還付請求できない（規則55条，令19条）。正しい。

ウ　登記官は，登記識別情報を提供した申請に基づく登記を完了したときは，速やかに，当該書面を廃棄するものとする（規則69条）。還付請求できない。正しい。

エ　工事人の印鑑証明書は，原本の還付を請求することができる（規則55条）。誤り。

オ　申請人は筆界特定添付書面の原本の還付を請求することができる（規則213条①）。誤り。

　　以上により，エオが誤っており，5が正解。

第7章　登記簿等の公開

第46講　登記簿等の公開

1．登記事項証明書等の請求

　現在は，登記事務を電子情報処理組織により登記をすることとなった（法11条）。従来の登記用紙による登記から，電子情報処理組織による登記になったわけである。

　電子情報処理組織による登記においては，従来の登記簿の謄本や閲覧に応じることができないために，登記簿謄本に代えて登記簿に記録した事項の全部または一部を「登記事項証明書」として請求することができる（法119条①）。この登記事項証明書は，従来の登記簿謄本と同等の効力を有する。

　また，閲覧の制度に代えて登記簿に記録した事項の摘要を記載した書面「登記事項要約書」を請求することができる（法119条②）。

　この登記事項証明書及び登記事項要約書は，誰でもその交付の請求をすることができる。登記事項証明書においては，不動産の所在地を管轄する登記所以外の登記所からも請求することができる（同⑤）。また，手数料の他送付に要する費用を納付して，送付の請求をすることができる（規則193条①7号）。なお，登記事項要約書は，閲覧に代わるものであり他の登記所からは請求や，送付の請求をすることはできない。

2．登記事項の証明等

（1）　請求手続

　登記事項証明書，登記事項要約書，地図等の全部若しくは一部の写し又は土地所在図等の全部若しくは一部の写しの交付の請求をするときは，請求事項を内容とする情報を提供しなければならない（規則193条）。

　この請求書を登記所に提出する方法の他，登記事項証明書の交付（送付の方法による交付を除く。）の請求は，法務大臣の定めるところにより，登記官が管理する入出力装置に請求情報を入力する方法によりすることができる（規則194条②）。

　これは，登記所の窓口に登記事項証明書等発行請求機を設置するものである。

　登記事項証明書の交付の請求は，これらの方法のほか，法務大臣の定めるところにより，請求情報を電子情報処理組織を使用して登記所に提供する方法によりすることができる。この場合において，登記事項証明書を登記所で受領しようとするときは，その旨を請求情報の内容としなければならない（規則194条③）。

図1

A市B町一丁目 3

全部事項証明書 （土地）

表題部 （土地の表示）		調整 平成11年9月22日	不動産番号	1234567890123
地図番号	A 11-1		筆界特定	余白
所　在	A市B町一丁目		余白	
① 地　番	② 地　目	③ 地　積　㎡	原因及びその日付［登記の日付］	
3番2	宅地	485｜13	3番から分筆 ［平成4年3月16日］	
余白	余白	余白	昭和63年法務省令第37号附則第2条第2項の規定により移記 ［平成11年9月22日］	

甲区 （所有権に関する事項）			
順位番号	登記の目的	受付年月日・受付番号	権利者その他の事項
1	所有権移転	平成12年9月12日 第57097号	原因　平成12年1月12日相続 共有者 　　A市B町一丁目2番3号　山　田　大　郎 　　持分5分の3 　　A市B町二丁目3番4号　山　田　一　郎 　　持分5分の2

乙区 （所有権以外の権利に関する事項）			
順位番号	登記の目的	受付年月日・受付番号	権利者その他の事項
1	根抵当権設定	平成12年9月28日 第60450号	原因　平成12年9月28日設定 極度額　金1億4,600万円 債権の範囲　銀行取引　手形債権 　　　　　　小切手債権 債務者　A市C町○丁目○番○号 　　　　　　○○○○株式会社 根抵当権者　中央区中央○丁目○番○号 　　　　　　リンゴ銀行株式会社

(2) 登記事項証明書の種類（規則196条）

登記事項証明の種類は次の形式に分類される。
- ① 全部事項証明書（図1）
  登記記録に登記されている事項の全部の証明請求の場合。
- ② 現在事項証明書
  登記記録が記録されている事項のうち現に効力を有するものの証明請求の場合。
- ③ 何区何番事項証明書
  権利部の相当区（甲区又は乙区）に記録されている事項のうち請求に係る部分の証明請求の場合。
- ④ 所有者証明書
  登記記録に記録されている現在の所有権の登記名義人の氏名又は名称（会社の商号）及び住所の証明請求の場合。
- ⑤ 一棟の建物全部事項証明書
  一棟の建物に属するすべての区分建物の登記記録の全部につき証明請求する場合（区分建物全部事項証明書）。
- ⑥ 一棟の建物現在事項証明書
  一棟の建物に属するすべての区分建物の記録のうち現に効力を有する事項の証明請求をする場合である。

なお①③⑤については閉鎖登記記録に係る，登記事項証明書の請求もなし得る（規則196条②）。

なお登記事項証明書の作成にあたって甲区があるか乙区の記録がないときは，登記官は認証文にその旨を付記する（規則197条①）。また登記事項証明書は郵送してもらうこともできる（同⑥）。

(3) 登記事項要約書の作成

登記事項要約書（規則別記第11号）は，不動産の表示に関する事項のほか，所有権の登記については，申請の受付の年月日及び受付番号，所有権の登記名義人の氏名又は名称及び住所と所有権の登記名義人が二人以上の場合は，その持分を記載する。また所有権登記以外の登記については現に効力を有するもののうち主要な事項を記載して作成される（規則198条①）。

なお請求人の申出により，登記官は不動産の表示に関する事項については現に効力を有しないものを省略することができる（同②）。また所有権の登記以外・登記については現に効力を有するものの個数のみ記載して登記事項要約書を作成することができる。なお登記官は請求人から別段の申出がない限り，一つの用紙で2以上の不動産に関する事項を記載した登記事項要約書を作成することができる（規則198条③）。

(4) 地図等の写しの交付請求

何人も，手数料を納付して，地図，建物所在図又は地図に準ずる図面全部又は一部の写しの交付を請求することができる（法120条）。なお地図等が電磁的記録に記録されているときは，当該記録された情報の内容を証明した書面の交付の請求となる。

登記官は，地図の全部又は一部の写しを作成するときはそれが地図の全部又は一部の写しである旨の認証文を付した上で作成の年月日及び押印をする（規則200条①）。
　同様に電磁的記録に記録された地図等の内容を証明した書面を作成する時は，地図と同一である旨の認証文を付すことになる。土地所在図等の写しの作成も同様な方法により作成し交付する（規則201条②）。なおこれ等地図等の写しの交付は手数料を納付して送付してもらうこともできる（規則200条③，197条⑥）。
　また，何人も登記官に手数料を納付して地図等の閲覧を請求することができる（法120条②）。地図などが電磁的記録に記録されたものであるときは，電磁的記録に記録された情報の内容を書面に出力して表示する方法によって閲覧することになる（規則202条②）。なお，地図や登記簿の附属書類の閲覧は登記官の面前ですることになる（規則202条①）。

（5）　登記簿の附属書類の写しの交付等

　まず，登記簿の附属書類を2つに分けることにする。
　第1項の政令で定める図面（登記令21条）は，土地所在図，地積測量図，地役権図面，建物図面及び各階平面図であり，何人もこれらの全部又は一部の写しの交付を請求することができる（法121条①）。これ等の図面の閲覧も請求できる（同条②）。
　次にこれ以外の登記簿の附属書類（たとえば，申請書や添付書類）について，正当な理由があるときは閲覧を請求することができる（法121条③）。
　ただし，申請をした者は，その登記簿の附属書類（添付書類等）を閲覧することができる（同条④）。
　土地所在図等の写しの請求は，不動産の所在地を管轄する登記所以外にもすることができる（同法⑤）。

3．　登記手数料

　登記事項証明書（法119条①）又は登記簿の謄本又は抄本の交付の手数料は一通について600円である（手数料令2条①）。ただしこれは一通の枚数が50枚までに限る。
　50枚を超える場合には，50枚までごとに100円が加算されることになる。
　土地所在図，地積測量図，地役権図面，建物図面又は各階平面図の全部または一部の写しの交付についての手数料は，一事件に関する図面につき450円とする（手数料令2条④）。
　さらに登記簿または附属書類で定める方法より表示したものの閲覧についての手数料は，一登記用紙，または一事件に関する書類について450円である（手数料令5条①）。
　地図または地図に準ずる図面，建物所在図の閲覧についての手数料は，地図または地図に準ずる図面，建物所在図一枚について450円である（手数料令5条②）。
　なお，登記手数料は，以前は登記印紙で収めていたが，法改正により，収入印紙で収めることになっている（不登法119条④）。
　国または地方公共団体の職員が職務上請求する場合については，手数料を納めることを要しない（手数料令18条）。

第8章　筆界特定

第47講　筆界特定

1．筆界特定の意義

　近時，隣人間の筆界の紛争については，深刻な問題を捉している。まず和解がむずかしく，裁判となれば，相互にしこりを残すことになる。そこで裁判によらずに代替紛争処理（Alternative Dispute Resolution）の一種として登記官による筆界特定制度が設けられた（平成17年4月13日公布）。
　この登記官による筆界特定制度は，最終的な筆界の確定を意味しない。これは登記官の筆界特定の申請に関しての却下処分に不服のある場合，審査請求することができるが，筆界特定がされた内容については，行政処分に該当せず，審査請求することはできない。そこで，筆界特定について不服あるときは，裁判所に境界確定の訴を提起できるのである。なお，筆界特定の申請をせず，当事者が直接裁判所に境界確定の訴を提起することができるが，この場合でも裁判所は，土地家屋調査士等の専門家の鑑定を基本として境界を確定することになる。
　更に，筆界特定後の訴の提起であれば裁判所は筆界特定手続の記録の送付を嘱託して（法147条）これを基本として裁判が行なわれることになる。登記官の筆界特定の結果と裁判所の境界確定の結果が抵触した場合はその範囲で筆界特定の効力はなくなる（法148条）。つまり裁判所の判断が優先することになる。境界確定の訴の判決は，確定する事により直ちに効力が生ずる。分筆等により公図（法14条の地図）に分割線の記入がされて境界が特定するのではない。
　筆界特定は登記官の職権によって行う事はできない。必ず，紛争当事者の申請によって開始する（法131条）。
　そして管轄違いや，登記名義人でない者からの申請等，一定の形式的要件を審査して，却下されない限り，筆界特定の申請について公告しかつ関係人に通知することになる。この場合，筆界特定の請求は，法務局又は地方法務局長に対して行う事になるから（法124条），法務局長等は筆界の特定を行う登記官を指定しなければならない（法125条）。
　同時に，筆界特定の専門的知識を有する者から筆界調査委員を任命することになる（法127条）。筆界特定登記官はこれ等調査委員の見解を前提として，地図，当事者より提出のあった筆界についての資料，参考人の意見等，総合的に判断して筆界を特定することになる。特定したときは，その旨を公告し，申請人や関係人に通知することになる（法144条）。

2．筆界特定の手続

（1） 要件
1筆の土地とこれに隣接する土地との間においてその土地が登記された時に境を構成するものとされた2以上の点及びこれらを結ぶ直線を筆界という（法123条）。「当該1筆の土地が登記された時」とは分筆または合筆が登記された土地は，最後の分筆又は合筆の登記がされた時をいい，分筆や合筆の登記がなければその土地が登記簿に最初に記録された時をいう。要は表題登記が1筆にあれば隣接する土地は表題登記があってもなくともよい。そしてこの筆界の現地における位置を特定することを筆界の特定という（同・2号）。もっとも位置を特定できないときは，位置の範囲を特定すればよい。

（2） 筆界特定の申請人適格（法131条）
筆界特定の申請人適格は，所有権の登記があるときは所有権の登記名義人，表題部所有者，表題登記のない土地にあっては土地の所有者である。また，所有権の登記名義人又は表題部所有者の相続人やその他一般承継人（合併会社等）を含む（同5号）。なお所有権の仮登記名義人はこれ等所有権登記名義人等には含まれず，申請適格は有しない。ただし1筆の土地の一部の所有権を取得した者も，当該土地を対象土地の1つとする筆界特定の申請をすることができる（規則207条②4号）。例えば，1筆の土地の一部を時効取得した者又は一部を売買によって取得した者である。又申請人が所有権を取得した土地の部分が筆界特定の対象となる筆界に接していることを要しない（平17年12月6日法務省民二第2760号通達14）（以下「基本通達」という）。

例えば図1で示すようにA名義の25番の土地と隣接するB名義の26番の土地がある。いまCがこの26番の土地の一部を売買により取得した場合，CはA・B間のア―イの筆界特定に関して申請人適格を有することになる。

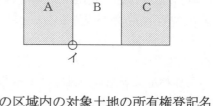

図1

なお登記名義人等が共有の場合は，共有者の1人から筆界特定の申請ができる。

なお，法14条の地図に筆界が表示されていない土地（筆界未定地）があるときは，地方公共団体は，その区域内の対象土地の所有権登記名義人等のうちいずれかの者の同意を得たときは，筆界特定登記官に対し，当該対象土地の筆界について，筆界特定の申請をすることができることとなった（法131条2項）。

（3） 筆界特定の事務
筆界特定の事務は法務局又は地方法務局が行い，その申請は，筆界特定登記官に対してなすことになる（法124条，132条1号）。また，法務局長等は筆界の特定を担当する筆界特定登記官を指定する（法125条）。

筆界特定登記官は公平な立場で筆界を特定する必要があることから，その申請人や利害関係人と一定の身分関係にある次のものは除斥される（法126条）。

これは，登記官が

① 対象土地又は関係土地（隣接地）の所有権名義人等のほか，関係土地の利害関係人として地上権・抵当権等の登記名義人である場合
② 登記官が①の利害関係人の配偶者又は4親等内の親族であった場合（かつて親族であった者を含む）
③ 登記官が①の場合の代理人や代表者（所有権者等の利害関係人が会社の場合）であった場合，又代理人や代表者の配偶者又は4親等内の親族であった場合である。

（4） 筆界調査委員

　法務局及び地方法務局には，筆界特定に必要な事実の調査を行って，筆界特定登記官に意見を提出させるための専門家からなる筆界調査委員を置く。この委員は筆界の特定に必要な専門的知識や経験を有する者のうちから若干名を任命する（法127条①，②）。筆界調査委員は非常勤で必要な時にその専門的知識をもって調査した結果を報告し合議体に参加することになる。なお任期は2年で，再任もできる（同③，④，⑤）。
　なお法務局長等は筆界調査委員を次の事由があれば解任することができる（法129条）。
① 心身の故障のため職務の執行に堪えないと認められるとき。
② 職務上の義務違反その他筆界調査委員たるに適しない非行があると認められるとき。
　なお筆界調査委員は次の事由があればなることができない（法128条欠格事由）。
① 禁錮（拘禁刑（令和7年6月1日施行）以下同じ。）以上の刑に処せられ，その執行を終わり又はその執行を受けることがなくなった日から5年を経過しない者。罰金拘留科料の場合は，入らない（刑法15，16，17条）。執行を受けることがなくなってから5年とは，執行の免除を受けた場合（刑法31条，恩赦法8条）を意味し，執行猶予の判決を受けた場合はこれに該当しない。つまり筆界調査委員が傷害の罪で懲役1年，執行猶予2年の判決があった場合は，猶予期間の2年の満了で刑の言渡しが効力を失う（刑法27条）結果，無罪となるため，この期間満了後は調査委員となることができる。
② 懲戒処分により弁護士会から除名，司法書士もしくは土地家屋調査士の業務の禁止の処分を受けた者で，これらの処分を受けた日から3年を経過しない者。これは各資格につき欠格事由にあたるから有資格者にして業務を行うことができないのであるから当然の欠格である。
③ 公務員で懲戒免職の処分を受け，その処分の日から3年を経過しない者。懲戒による停職は入らない。
　以上，該当すると当然に失職する。
　なお筆界特定の申請にさいしてその特定がいつなされるか，或る程度の期間がわからなければ，申請人は不安でならない。そこで，法務局又は地方法務局の長は，筆界特定に要する通常の標準的な期間を定め，法務局等の備付けの掲示板や，その他の適当な方法で公にしなければならない（法130条）。

（5） 筆界特定の申請の方法

　筆界特定の申請については不登法第18条の規定が準用されている（法131条⑤）。従って申請は，電子情報処理組織を使用する方法又は筆界特定申請情報を法務局又は地方法務局

にする方法によらなければならない。なお筆界特定申請書の提出の方法による場合は筆界特定申請情報（規則211条参照）を記載した書面を提出して行う（法131条⑤）。

　なお筆界特定申請情報とは，法131条第1号から4号まで及び規則207条第2項各別に掲げる事項に係る情報をいい，次の（6）に示す。これが明らかにされていない申請は却下される。これに対し規則第207条第3項の各号に掲げる情報（たとえば，連絡先の電話番号）が筆界特定の申請情報の内容として提供されていないときでも，それだけでは申請は却下されることはない（基本先例17）。ただし筆界特定の添付情報の提供（規則209条①，206条4号）又は筆界特定の添付書面（規則209条①5号（下の（6）の（ウ））の提供がないときは申請人の適格の判断ができないので却下される。

　また，登記手数料令8条で定める手数料の納付を要する（法131条③）。
　また申請人は，筆界特定の手続における測量に要する費用（手続費用）を予納する必要がある（法146条）。

(6)　**筆界特定の申請情報及び添付情報**
　① 申請の趣旨（法131条③1号）
　　筆界特定を求める旨の申請人の明確な意思表示である。
　　当事者間の所有権の範囲の特定を求めるものは却下される。
　② 筆界特定の申請人の氏名又は名称及び住所（法131条③2号）
　(ア)　筆界特定の申請人適格を判断するための必要な情報である，申請人の氏名，住所，法人の商号，本店等が登記名義人の登記記録と合致しない時は，添付情報として登記名義人等の変更・錯誤等があった事を証する市町村長，登記官，その他の公務員が職務上作成した情報の提供が必要となる（規則209条①6号）。たとえば戸籍の附票，住民票等である。
　(イ)　申請人が表題登記のない土地の所有者の場合は，その筆界特定の添付情報として所有権を有することを証する情報を提供することを要する（規則209①4号）。申請人が所有権，登記名義人の一般承継人の場合は，相続その他一般承継があることを証する市町村長，登記官，その他の公務員が職務上作成した情報（これがない場合はこれに代わるべき情報）の提供を要する（規則209①3号）。
　(ウ)　申請人が1筆の土地の一部の所有権を取得した者である場合は，申請人が1筆の土地の一部について所有権を取得したことを証する情報の提供が必要となる（規則209①5号）。一般には当該1筆の土地の所有権登記名義人が，売買によって1筆の一部を譲渡した事を証するもの（譲渡証書）であって売主の印鑑証明書の添付が必要となる。このほか，確定判決の謄本や，公証人作成の公文書がある。これ等の証明文書によって申請人が1筆の土地の一部を取得した土地の部分が具体的に明示されていることを要する（基本通達24）。
　(エ)　申請人が会社法人等番号を有する法人であるときは，当該会社法人等番号を提供しなければならない（規則209条①1号イ）。
　なお，代理人によって筆界特定の申請をする場合は，当該代理人の氏名又は名称，及び住所並びに代理人が法人であるときはその代表者の氏名が筆界特定の申請情報の内容とすることを要する（代理権限を証する情報，規則207②2号）。代理人が筆界特定の申請をする

ときには，代理人の代理権限証書の添付を要するが，支配人等が当該法人を代理して申請する場合において，会社法人等番号を提供しているときは，代理権を証する情報の提供を要しない（規則209条①2号）。なお土地家屋調査士は，資格者代理人として，筆界特定の手続を代理することができる。

③ 対象土地の不動産所在事項等（法131条③3号）

対象土地の不動産番号が筆界特定の申請情報の内容として提供されているときは，対象土地に係る法34条第1項第1号及び2号に掲げる事項が明らかにされたものとして扱ってよい。表題登記がない土地（未登記の土地）については，筆界特定の内容として，地番の提供はできない。しかし当該土地で特定することを要するから，特定するに足りる情報，例えば「何番地先」といった土地の表示のほか図面を利用する等の方法により具体的に明示された現地の状況によって確認することになる（規則207条④）。対象土地が明らかにされなければ，筆界特定の申請は却下される（法132条①3号）。

④ 対象土地について筆界特定を必要とする理由（法131条③4号）

その土地につき筆界特定を必要とする理由とは，筆界特定の申請にいたる経緯その他の具体的事情をいう（規則207条①）。例えば建物の新築・囲障の設置の際，隣地所有者と筆界の位置につき意見の対立が生じたことや，隣地所有者による筆界の確認や立会への協力が得られないこと等の具体的な事情がこれに該当する。この理由が明らかでないときは法第132条第1項3号により却下する。

⑤ その他法務省令で定める事項（法131条③5号）

この法務省令で定める事項は，規則207条第2項にある。それは申請人（法人，代理人，相続人又は地方公共団体等）を明らかにし（同項1～5号），筆界特定の情報の内容となる工作物・囲障，又は境界標の有無その他の対象土地の状況は，図面を利用する等の方法により具体的に明示された現地の状況により確認することになる（規則207条②7号）。対象土地の状況が明示されていない申請は却下される（法132条①3号）。

⑥ 申請人又は対象土地の所有権登記名義人等であって申請人以外の者が対象土地の筆界として特定の線を主張するときは，その線及びその根拠を図面を利用する等の方法により具体的に明示しなければならない（規則207条③6号）。

なおこの申請人以外の者の主張が申請情報の内容として提供されない場合でも申請を却下することができない（基本通達32）。

⑦ 申請に係る筆界について，民事訴訟の手続により筆界の確定を求める訴（境界確定の訴）が係属しているときはその旨及び事件の表示，その他これを特定するに足りる事項を申請情報の内容とすることを要する（規則207条③7号）。

この事項とはその訴訟の係属裁判所，事件番号，当事者の表示等をいう。なおその訴訟の判決が確定している時は筆界特定の申請は意味がないため，法132条第1項6号により却下される。なおその境界確定の訴訟が確定しているかどうかについては，適宜の方法で確認するものとする。判決が確定の情報が得られない間は筆界特定の手続を進めることになる。

また，筆界特定の添付情報の表示については（規則207条③8号），例えば代理権

限証書等，その情報の標題が示されていれば足りる。さらに法第139条第1項の規定により提出する意見又は資料があるときは，その表示（規則207条③9号）をすることになる。

（7） 筆界特定の申請の通知

筆界特定の申請があったときは申請を却下（法132条）すべき場合を除き，筆界特定登記官は遅滞なく，法務省令で定めるところによりその旨を公告し，かつその旨を次に掲げる関係人に通知する（法133条）。

① 対象土地の所有権登記名義人等であって筆界特定の申請人以外のもの
② 関係土地の所有権名義人等

関係人の所在が判明しないときは，この通知を関係人の氏名又は名称，通知すべき事項等を記載した書面をいつでも関係人に交付する旨を対象土地の所在地を管轄する法務局又は地方法務局の掲示板に掲示することによって行うことができる。この場合，掲示を始めた日から2週間を経過したときに関係人に到達したものとみなされる（法133条②）。

法務省令で定めるところとは，法務局等に掲示又はインターネットによる閲覧に供する方法をいう（規則217条①）。

3. 筆界の調査等

（1） 筆界調査委員による調査

① 筆界調査委員はその指定を受けたときは（法134条），対象土地のみならず，関係土地その他の土地の測量又は実地調査をしたり，筆界特定の申請人，関係人等の利害関係人から，その知っている事実を聴取したり，資料の提出を求めることができる。その他，筆界特定のために必要な事実の調査ができる。

特に注意を要することは筆界調査委員は筆界の特定が対象土地の所有権の境界の特定を目的とするものでないことに留意してしなければならない。それは単なる隣人間の所有権の境界ではなく，いわば公的筆界の特定を意味するからである（法135条②）。

② 筆界調査委員は，対象土地の測量又は実地調査を行うときは，あらかじめ，その旨ならびにその日時・場所を申請人及び関係人に通知し，立ち会う機会を与えなければならない（法136条）。

この実地調査における測量は，

ア．筆界を示す要素に関する測量

対象土地に関する筆界を示す要素に関する測量を実施する。この測量においては事前準備調査の結果及び論点整理の結果に照らし，筆界特定の対象となる筆界点となる可能性のある点のすべてについてその位置を測定するものとする。この場合原則として基本三角点等に基づいて測量を実施する（規則10条③）。

イ．復元測量

必要があると認める場合には，既存の地積測量図・申請人等が捏出した測量図に基づいて推定される筆界点について現地において復元測量を行う（基本先例92）。

③ 法務局又は地方法務局の長は筆界調査委員が対象土地又は関係土地等の測量，又は実地調査を行う場合に必要があるときは，その必要の限度において，筆界調査委員や法務局又は地方法務局の職員に他人の土地に立ち入らせることができる。この場合，あらかじめ，その旨ならびにその日時・場所を当該土地の占有者に通知しなければならない。この通知の方法は文書又は口頭のいずれでもよい（法137条①～②）。

ただし，当該占有者が立入りについて同意しているとき又は占有者が不明であるときは通知を要しない。

この立入権の行使によって，宅地又は垣，さく等で囲まれた他人の占有する土地に立ち入ろうとする場合その立入のさいあらかじめその旨を当該土地の占有者に告げなければならない。なおこの場合の手続は，測量又は実地調査を実施するさいに，口頭で告げることで足りる（占有者は実体的権利があるかどうかを問わない）。日出前及び日没後，占有者の承諾がない限り，立ち入ることはできない。筆界調査委員等は，その身分を示す証明書を携帯して関係者の請求があれば，これを提示しなければならない。国は他人が立入り調査によって損失を受けた時は，通常生ずべき損失を補償することになる（法137条⑦）。

（2） 意見又は資料の提出等

筆界特定の申請があったときは，筆界特定の申請人及び関係人は，筆界特定登記官に対し対象土地の筆界について，意見又は資料の提出ができる。この場合，筆界特定登記官が意見又は資料の提出すべき相当の期間を定めたときは，その期間内にこれを提出しなければならない。この意見又は資料の提出は電磁的方法（電子情報処理組織を使用する方法等）により行うことができる（法140条）。

対象土地の調査を適確に行うための資料として，次のものがある。

ア．管轄登記所に備え付け又は保管している登記記録，地図又は地図に準ずる図面，各種図面，旧土地台帳等。

イ．官庁又は公署に保管されている道路台帳，道路台帳附属図面，都市計画図，国土基本図，航空写真等。

ウ．民間分譲業者が保管している宅地開発に係る図面及び関係帳簿，対象土地もしくは関係土地の所有者又はそれ等の前所有者が現に保管している図面や測量図（基本通達87）。

なお筆界特定に必要な事実の調査において資料の提出を受けたときは，当該資料の概要を写真その他適宜の方法により明らかにした記録を作成し，当該資料を速やかに返還するものとする（基本先例103）。

申請人又は関係人から意見又は資料の提出があった場合には，原則としてその旨を対象土地の所有権名義人等に適宜の方法により通知する（提出者を除く）。

（3） 意見聴取等の期日

① 筆界特定の申請があったとき，筆界特定登記官は，筆界特定の申請があった旨の公告をした時から筆界特定までの間に，筆界特定の申請人及び関係人に対し，あらかじめ期日及び場所を通知して，対象土地の筆界について，意見を述べ又は資料（電

磁的記録を含む）を提出する機会を与えなければならない（法140条）。
　この意見聴取等の期日の日時を定めるに当たっては，申請人又は関係人が意見陳述又は資料の提出のための準備に要する期間等を勘案してすることになる。
② 筆界特定登記官は意見聴取等の期日において発言を許し又はその指示に従わない者の発言を禁ずることができる。意見聴取の期日において，筆界特定登記官は適当と認める者に参考人としてその知っている事実を陳述させることができる（法140条②）。又筆界調査委員は　この期日に立ち会い，筆界特定登記官の許可を得て申請人や関係人又は参考人に対し質問をすることができる（同③）。
③ 意見聴取の期日の後，筆界特定登記官は期日の経過を記載した調書を作成し，この調書に当該期日における申請人，関係人又は参考人の陳述の要旨を明らかにしておかなければならない（同④）。この調書は電磁的記録をもって作成することができる。
　なお，意見聴取の期日における申請人，関係人又は参考人の陳述は，ビデオテープ等の媒体に記録し調書の記録に代えることができる（規則226②）。
　意見聴取の期日の通知は，関係人の所在が不明のときは，関係人の氏名，通知すべき事項等の一定の事項を記載した書面をいつでも関係人に交付する旨を管轄する法務局又は地方法務局の掲示場に掲示することによって行うことができる。この場合，掲示を始めた日から2週間を経過したときに当該通知が関係人に到達したものとみなされる（法140条⑥，133条②）。

（4）　調書等の閲覧

　筆界特定の申請人及び関係人は，筆界特定の申請のあったときにその旨の公告があった時から（法133条①）筆界特定の内容を通知（法144条）されるまでの間，筆界特定登記官に対し筆界特定の手続において作成された調書及び提出された資料（電磁的記録にあっては，記録された情報の内容を書面に出力する方法（規則228条②））の閲覧を請求することができる。この場合筆界特定登記官は，第三者の利益を害するおそれがあるとき，その他正当な理由があるときを除き，その閲覧を拒むことができない。閲覧の日時及び場所を登記官は指定することができる（法141条）。

4．筆界特定

（1）　意見書の提出と筆界特定

　筆界調査委員は，筆界特定の申請人及び関係人に対する意見聴取の期日終了後，必要な事実の調査を終了したときは遅滞なく，筆界特定登記官に対し，対象土地の筆界の特定について意見を提出しなければならない（法142条）。
　現況等，把握調査における測量の結果を利用して意見書図面を作成し，又は申請人その他の者が提出した図面若しくは既存の測量図等を利用して意見書図面を作成することにより意見の内容を明らかにすることができるときは，これらの測量の結果又は図面を利用して意見書図面を作成することができる（基本通達123）。
　そして，筆界特定登記官はその意見を踏まえ対象土地及び関係土地「地形，地目，面積及

び形状並びに工作物，囲障又は境界標の有無その他の状況及びこれ等の設置の経緯，その他の事情」を総合的に考慮して対象土地を特定する。そしてその結論及び理由の要旨をした筆界特定書を作成しなければならない。その内容は，筆界調査委員の意見書によって明らかになった「図面及び基本三角点等に基づく測量の成果による座標値（基本三角点等に基づく測量ができない特別の事情がある場合にあっては，近傍の恒久的な地物に基づく測量の成果による座標値）により筆界特定の対象となる筆界に係る筆界点と認められる各点（筆界の位置の範囲を特定するときは，その範囲を構成する各点）の位置を明らかにするものとする。この筆界調査委員の意見書に添付する図面は，原則として法143条第2項の筆界特定図面に準じて作成される。従って筆界特定の対象となる筆界の係る筆界点の位置のほか，必要に応じ，対象土地の区画又は形状，工作物及び囲障の位置その他の現地における筆界の位置を特定するために参考となる事項を記録する。

なお筆界特定書は電磁的記録をもって作成することができる（法143条③）。

（2） 筆界特定の通知，公告等

筆界特定登記官は，筆界特定をしたときは，遅滞なくその申請人に対し「筆界特定書」の写しを交付する方法（筆界特定書が電磁的記録をもって作成されているときは法務省令で定める方法）により当該筆界特定書の内容を通知する（法144条）。さらに筆界を特定した旨を公告しかつ関係人に通知しなければならない。この通知・公告は筆界特定の申請のさいの法133条の規定によりなす（法144条②）。

なお筆界特定をしたときは，申請人及び関係人に対し，永続性のある境界標を設置する意義及び重要性を，適宜の方法により説明することを要する。

（3） 筆界特定手続記録の送付と登記記録への記録

まず，対象土地の所在地を管轄する法務局又は地方法務局に筆界特定の申請がされた場合において，法務局等から管轄登記所に対しその旨の通知がされるが，その場合，管轄登記所は「筆界特定関係簿」の該当欄に手続番号，申請の受付の年月日及び不動産所在その他所要の事項を記録する。

筆界特定登記官は，筆界特定の手続が終了したときは，遅滞なく，対象土地の所在地を管轄する登記所に筆界特定登記記録を送付しなければならない（規則233条①）。

なお対象土地が2以上の法務局又は地方法務局の管轄区域にまたがる場合は，法務大臣又は法務局の長が指定した法務局又は地方法務局の管轄区域内の対象土地の所在地を管轄する登記所に対して送付する。この場合，指定された登記所以外の法務局等の登記所に，筆界特定書の写し（筆界特定書が電磁的記録をもって作成されているときは，その内容を書面に出力したもの）を送付しなければならない（規則233条②）。

対象土地が2以上の登記所の管轄区域にまたがる場合は法務局又は地方法務局の長が指定した登記所に手続記録を送付し，指定外の登記所へは筆界特定書の写しを送付することになる（規則233条③）。

筆界特定がされた筆界特定手続記録又は筆界特定書等の写しの送付を受けた登記所の登記官は，対象土地の登記記録に筆界特定がされた旨を記録しなければならない（規則234条）。この記録は対象土地の登記記録の地図番号欄（規則別表1）に「令和何年何月何日，筆界特

定（手続番号平成何年第何号）」と表示する。

　また，甲土地から乙土地を分筆する登記をする場合において，元地の甲地に筆界特定がされた旨の記録があるときは，これを乙地の登記記録に転写するものとする。甲地を乙地に合筆する場合に，甲地に筆界特定がされた旨の記録があるときは，これを合筆後の乙地の登記記録に移記する（基本通達163）。

　筆界特定関係簿に記録された筆界特定の手続に係る対象土地及び関係土地の表題部所有者又は所有権の登記名義人に登記記録上異動が生じたとき（所有者の変更又は更正）は，登記所は筆界特定登記官に対し，その旨及び異動に係る情報を通知するものとされる。

　対象土地につき表示に関する登記の申請又は地図訂正の申出があった時も同様の手続をとることになる（基本通達154）。

5．公告及び通知

　筆界特定の手続において公告又は通知を要するものは次の場合がある。
　① 筆界特定の申請がされた旨の公告及び関係人に対する通知（法133条①）
　② 筆界特定の申請を却下した旨の公告及び関係人に対する通知（規則244条④，⑤）
　③ 筆界特定の申請が取り下げられた旨の公告及び関係人に対する通知（規則245条④，⑤）
　④ 対象土地の測量又は実地調査のための申請人及び関係人に対する通知（法136条①）
　⑤ 立入調査のための占有者に対する通知（法137条②）
　⑥ 意見聴取等の期日のための申請人及び関係人に対する通知（法140条①）
　⑦ 筆界特定した旨の公告並びに申請人及び関係人に対する通知（法144条①）
　⑧ 筆界特定書を更正した旨の公告並びに申請人及び関係人に対する通知（規則246条②）

　この通知は，原則として登記記録に記録された住所に対し行うものとする。ただし筆界特定申請情報の内容として提供された情報その他の情報から登記記録上の住所以外の場所に通知することが相当と認められる場合は，この限りではない。また申請人又は関係人が通知先を届け出たときは通知はその届出先に対してなすものとする（基本通達138）。

　なお筆界特定の申請人に対する通知がされた場合における筆界特定の手続の記録は，対象土地の所在地を管轄する登記所において保管される（法145条）。

6．その他（雑則）

（1）筆界確定訴訟の提起があった場合

　筆界が特定された場合に，その対象土地につき，民事訴訟法の手続により筆界の確定を求める訴が提起されたとき裁判所は，訴訟関係を明瞭にするため，登記官に対し，当該筆界特定に係る筆界特定手続記録の送付を嘱託することができる（法147条）。これは裁判所に対する筆界の確定を求める訴が提起された後，その対象土地につき筆界が特定された場合も，裁判所は同様の嘱託をすることができる。裁判所も当事者や利害関係人の陳述や，筆界調査委員の専門的知識を，矛盾なくその資料によって解決することができるからである。

筆界特定登記官により筆界が特定された場合でも，当該土地につき，筆界の確定を求める訴による判決が確定したときは，筆界特定登記官による筆界の特定は，その判決と抵触する範囲においてその効力を失う（法148条）。
　筆界の紛争について最終的判断は，憲法で保障する裁判を受ける権利（憲法32条）が優先し，行政官である登記官の判断は代替紛争処理の一つとして位置づけられている。

（2）　筆界特定書等の写しの交付
　何人といえども（特に利害関係を有しなくてもよい）登記官に対し，手数料を納付して筆界特定手続記録のうち筆界特定書又は図面（一部でもよい）の写しの交付を請求することができる（電磁的記録をもって作成されているときは，当該記録された情報の内容を証明した書面）（法149条①）。
　同様に何人も手数料を納付して筆界特定手続記録の閲覧の請求もできるが，筆界特定書等以外の閲覧は請求人が利害関係を有する部分に限る（同②）。

（3）　手続費用の負担
　筆界特定の申請の場合，測量，その他手続費用は筆界特定の申請人の負担となる（法146条①）。筆界特定の申請人が隣地の各々の所有権登記名義人の場合は，各筆界特定の申請人は，等しい割合で手続費用を負担する（同②）。
　共有土地の名義人がその持分の割合に応じて手続費用を負担する（同③）。
　筆界特定の申請人が3人以上であって，A地につき1人の所有名義人で隣地のB地が2人以上（又はその逆）である場合は，A地の単有者（甲）が2分の1，B地の共有者（乙，丙）が2分の1を持分に応じて分担する（同④）。そして，筆界特定の申請のさい，申請人は筆界特定登記官の定める手続費用の概算額を予納しなければならない（規則146⑤）。なお手数料の基本的計算方法は，基礎となる対象土地の価額により法務省令で定める方法により算出される（登記手数料令4条の3）。

土地家屋調査士本試験
択一試験　過去問題チェック

〔問〕 筆界特定の申請に関する次のアからオまでの記述のうち，**正しいもの**の組合せは，後記1から5までのうちどれか。

ア　甲土地の所有者は，甲土地と一点のみで接している乙土地を対象土地として筆界特定の申請をすることはできない。

イ　甲土地と隣接している乙土地のうち，甲土地と隣接していない部分を時効取得した者は，甲土地を対象土地として筆界特定の申請をすることはできない。

ウ　甲土地の所有権移転の仮登記の登記名義人は，隣接する乙土地を対象土地として筆界特定の申請をすることができる。

エ　甲土地と乙土地の筆界について既に甲土地の所有者を申請人とする筆界特定登記官による筆界特定がされていた場合であっても，その資料となった文書が偽造されたものであることが判明したときは，乙土地の所有者は，改めて甲土地を対象土地として筆界特定の申請をすることができる。

オ　甲土地と乙土地の筆界について，甲土地の所有者が民事訴訟の手続により筆界の確定を求める訴えを提起し，当該訴えが裁判所に係属しているときは，乙土地の所有は，筆界特定の申請をすることはできない。

1　アエ　　　　2　アオ　　　　3　イウ　　　　4　イエ　　　　5　ウオ

〔正解　1〕

ア　筆界は，2点以上の点及びこれを結ぶ線と定義され（法123条1号），1点の筆界特定の申請をすることはできない。正しい。

イ　筆界特定の対象とならない部分を取得した者も，筆界特定の申請をすることができる。時効取得も同様で，筆界特定を申請することができる。誤り。

ウ　所有権の仮登記名義人は，筆界特定の申請をすることができない（法131条①参照）。誤り。

エ　すでに筆界特定があった場合でも，特段の再度筆界特定をする必要があると認められるときは，却下されない（法132条①7号）。正しい。

オ　裁判が係属しているときは，筆界特定の申請書には，その旨の記載をして申請することができる（規則207条③7号）。誤り。

　　以上により，正しいものはアエであり，1が正解。

第9章　審査請求と登記官の通知

第48講　審査請求と罰則

1．審査請求

(1) 審査請求をなし得る者

登記官の処分に不服がある者又は登記官の不作為に係る処分を申請した者は，当該登記官を監督する法務局又は地方法務局長に審査請求することができる（法156条）。

そして審査請求をなし得る者については法上特別な規定がない。そこで解釈上登記官の不当な処分により直接不利益を受けるか，又登記官が是正処分をした事により直接不利益を受ける者に限られる。

したがって，登記申請行為が実行されるべきを不当に却下されたり，却下されるべき申請行為が実行された時に，争うことができる直接の法上の利害関係人のみが審査請求をなし得ることになる。

このように，登記官の処分に対し法上の直接の利害を有しない者がなした審査請求は，適格を有しないものとして却下される（長野地判決明44.2.27新聞703-24p，行政不服審査法45条①）。

たとえば，図1のように被相続人甲が死亡して，妻乙，実子A，養子縁組後の養子の子Cが，相続人として甲地につき相続登記がされ，これ等の者が全員で甲地を分割協議をして，単有にするため分筆登記をした。

この場合，養子Bが，養親甲乙と離縁をしていたため，養子の子Cが，相続の登記をしたものであることが判った。

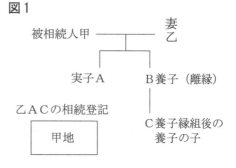

図1

そうすると養子Bが養親甲乙と離縁している限り，養子縁組後の養子の子と言えどもCには相続権がない。

この場合，Aの債権者は審査請求の適格があるか。

相続人Aの債権者は相続人ではない。相続人でない者はたとえ相続登記が違法であっても審査請求の利益を有しない（大判大5.5.31判例1巻民事141号）。

この場合，養子の子Cの相続登記の取消しによって直接利益を受けるのは登記上の相続人Aであって，相続人の債権者は，Aが審査請求をしない限り直接の利害関係人でないからなし得ないとされている。

なお，図2のように債権者Bが，自己が買った1筆の1部（100㎡）を所有権移転登記を

する前提として，債務者Aに代位して分筆登記をした時，債務者Aが所有権移転登記を妨害する意思で，その分筆登記を錯誤を理由に抹消した場合，この債権者Bは申請人であり直接の利害関係人として，審査請求をなし得る（大決大9.10.13民録26-1475号）。

図2　債権者代位権による分筆登記を
　　Aが抹消登記をした場合

所有者A ――――――― B債権者

300㎡　100㎡

（2）登記官の不当処分と表示に関する登記
①隣地所有者の承諾のない地積更正登記

審査請求は登記官の不当処分に対してである。図3のようにAがその所有する土地について，その地積を登記簿上300㎡とあるを350㎡と更正の申請をして登記された。

図3　隣地所有者の承諾のない
　　地積更正登記

300㎡を
350㎡と更正

A　　B

隣地所有者Bはその承諾のない事を理由に土地更正登記につき審査請求ができるか。

土地更正登記について登記法は隣地所有者の承諾書の添付を規定していない（法38条）。したがってその申請書に隣地所有者の承諾書の添付は不要とされている。

まず，地積更正は，地積が増加する更正登記でも所有権証明書の添付を要さない。

地積の更正は，その範囲の誤りというよりも，面積測定の誤差と考えているわけである。範囲が変らない以上，所有権証明書の添付を要しないことになる。

地積増加の更正登記に所有権証明書の添付を要しないのであればこれを補うものとして隣地所有者の承諾書の添付を要求することも不当である。

そこで地積更正登記はそれ自体，何等土地の所有権の範囲に変更をきたすものでない事を明記すべきである。

そして，もし地積が300㎡しかないものを誤って350㎡と更正登記をしても，その誤った事実を地積測量図で証明すれば，さらに更正登記をなし得る。

このようにAが地積更正登記をした結果，隣地所有者の地積に何等の影響も与えたとは言えない。

したがって地積更正登記そのものは，第三者（隣人）の権利を侵害したとはいえないから登記官の不当処分とならず，隣地所有者は直接法上の利害がないため地積更正登記の抹消を求めて審査請求をなし得ないことになる（福島地判昭54.12.17法務月報26-3-482p）。

②分筆登記と登記官の不当処分

分筆登記の申請によってなされる登記は，「客観的に存在する一筆の土地の物理的形状に何らの変動もないまま登記簿上細分化して数筆の土地とする所属籍の変更にすぎない」。

したがって当該土地の権利関係，物理的形状を何等変更するものでも確定するものでもない。したがって登記官の処分に該当しないとされている（千葉地裁昭52.12.21.23巻2317p）。

たとえば抵当権の登記の存する土地を所有権登記名義人が勝手に債権者に対するいやがらせの分筆登記をした場合（100㎡を100筆に分筆した）でもその分筆登記は有効で，抵当権者は分筆登記を不当としてその取消を求めて審査請求はできない。

　しかし，これに対しA名義の土地を第三者のBが勝手に分筆の申請をし分筆登記がされた場合，その分筆登記自体が無効であり，本来法25条13号の登記すべきものにあらざるものとして却下すべきものであるにも拘わらず登記したのであるから，これはAは審査請求をなし得ることは当然である。

　なおこの分筆登記は無効な登記として登記官職権で抹消登記をなし得る（法71条④）。

③地図に準ずる図面又は地図の訂正を求める審査請求（図4）

　図4のように土地の隣接所有者ABが合意に基づいて，境界をAの土地にずらして存するものとして，それに基づいてAが分筆の申請をなし，地図に分割線が記入されたとしよう。

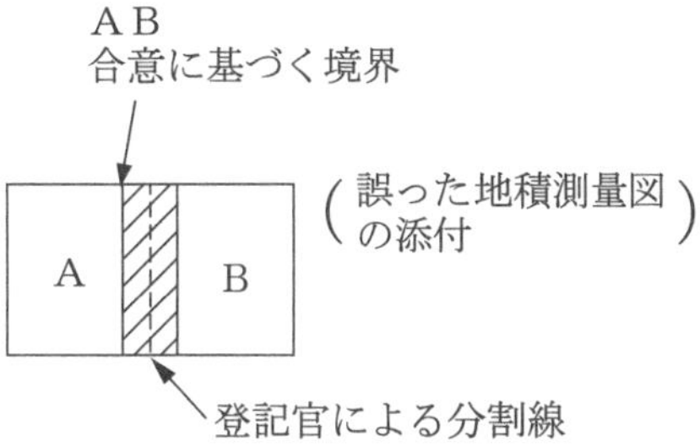

　しかしこの境界はAが誤った地積測量図を用いたため，誤った分割線が地図上に記入されたものである。そこでBは合意による分割線と異なる事を理由に，正当な地図訂正の申出をせず，単に登記官に地図の訂正を求めたが，登記官がこれに応じない時は，Bは審査請求をなし得るか。

図4　地図の訂正と審査請求

ＡＢ合意に基づく境界

（誤った地積測量図の添付）

登記官による分割線

　まず地図や地図に準ずる図面の分割線の記入は絶対的な権利の確定となるかであるが，公図は真正な当事者の意思に基づき，正しい地積測量図によって合意が実現された場合に有効なのであって，地図に分割線が記入されたからと言ってそれが，正当なものでない限り効力が生じない。

　したがって，地図上の誤った境界線は，正しい地積測量図，土地所在図を添付することによって訂正の申出ができる（規則16条）のである。

　このように地図の分割線と異なった場所での分割線の主張もなし得ることから，地図の分割線の記入は常に絶対的な権利の範囲の確定とはいえない（大阪地裁昭57.12.27判例タイムス496号147p）。

　登記官が地図や地図に準ずる図面の訂正に応じないのは，Bが当事者としてなし得る地図の訂正の申出をしないからであり，Bが地図の訂正の申出をなし得る限りは，登記官の地図の不訂正の行為は登記官の処分行為に該当しない（東京地判昭55.6.26法務月報26-11-2030）。

　勿論，Bが地積測量図と土地所在図を添付して地図訂正の申出をしたにも拘わらずこれに応じず，却下（規則16条13号）したときは，Bは審査請求をなし得る。

④合体による表題登記抹消と審査請求

　AとBの所有名義の建物の中間を増築して合体した場合（図5①），Bの建物に抵当権があるにも拘わらず，Bの持分につき，抵当権者の承諾書（登記令別表13項添付情報ト）の添付がされていない。

　申請人が合意したものとしてBの持分を5分の1とし，Aの持分を5分の4として

合体の登記がされた。

　この場合抵当権者は法上の直接の利害関係人としてその登記全体の取消を求めて審査請求をなし得るか。

　所有権の登記ある合体の登記申請は、合体後の建物の表題登記と既存のA，B建物の表題登記の抹消の登記を一の申請でするが、登記官が合体後の建物の表題登記をなすことは、職権でもなし得る有効な登記のはずである。

　問題は持分の合意は登記上の利害関係人たる抵当権者（又は抵当証券が発行された場合は、抵当証券の所持人）の承諾書がない限り、有効とならないことである。

図5

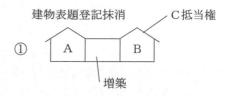

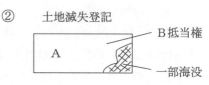

　したがって甲区にされた登記官の職権による共有の登記は持分につき無効で、抵当権者Cの審査請求は、その更正登記の請求であり、同時にそれは表題登記のさいの表題部所有者の持分の記載の更正を含むことになる。

　このように既存の建物の抵当権者は、審査請求により共有登記の持分につき不正にされた登記の更正を求める審査請求をなし得ることになる。

　このように合体による登記の全部が無効でなく、単なる「持分の記録」が無効の場合は、登記全部の取消ではなく、その持分の更正登記をせよとの審査請求となる。

　また、土地全部が滅失したのでもなく、一部の土地が海没したような場合は（図5②）、土地の地積の変更であるが、これを誤って土地滅失の登記として申請しその登記がされた場合は、その土地上の抵当権者は法上の利害関係人として、土地滅失登記の取消しを求めて、審査請求をなし得る（大阪高判昭48.6.28判時716-49）。

　これは、土地滅失がされても抵当権は正当な手続によらない以上、残存土地につき、いぜん対抗力を有するが、競売の申立てや優先弁済権の主張等をなし得なくなるなど、不利益な結果をまねくことになるからである。

(3) 審査請求をなし得る場合の登記官の処分
①申請が却下になった場合

　審査請求をなし得る登記官の処分は、その却下の場合に顕著に現われることになる。

　つまり、登記所という公的機関に法上なし得るとされる一切の行為について、却下された場合は、その全てについて審査請求ができる。

　不動産登記法第119条及び120条において何人といえども手数料を納付して登記事項証明書、登記事項要約書、又は地図もしくは建物所在図、地積測量図等の全部もしくは一部の写しの交付を請求できるし、正当な理由がある登記簿の附属書類の閲覧を請求することができるとある。

　これらの証明書や要約書の交付や、地図の一部の写しの請求した処、登記官が却下したときは、当然審査請求ができる。

　また、地積測量図や各階平面図、建物図面の閲覧の請求をしたときに、却下したときも同様に審査請求ができる。

これは，建物所在図のように法14条に規定するが現在ほとんど備えられていないものでも，法上認められるのであるからあるものとして写しの交付の請求ができ，これが存在しないものとして却下になれば当然審査請求をなし得るのである。
　当然，不動産登記法上認められた登記事項につき，権利に関する登記のみならず，表示に関する登記もすべて却下になったときは審査請求をなし得る。
　これは，不動産の表題登記，表題部の変更等の報告的登記のみならず，分筆登記や合筆登記，建物の分割，合併，区分建物の区分，合併等，形成登記の申請が却下になれば，理由のいかんを問わず（例えば添付書類が足りない，登記名義がない等）一切審査請求をなし得る。

②登記された事項の審査請求

　これは，却下の場合と異なり，判例，先例上次の3個の場合のみ審査請求をなし得る。
　すなわち，登記の申請を却下すべきであるにも拘わらず，登記官が誤って受理し登記がされた場合，その登記の抹消を求めて審査請求をなし得るのは，その登記が無効なものとして職権で抹消ができる場合に限ることになる。
　これは，法71条で，登記官が登記を完了した後に職権で抹消できるのは，法25条1号の管轄違背の場合と法25条2号の申請が登記事項以外の事項を目的とする場合，3号の既に登記されているときと13号の登記すべきものでない（法上登記ができない）にも拘わらず誤って登記した場合に限っているからである。
　たとえばA管轄登記所に表題登記の申請をすべきを，誤ってB管轄登記所に申請した場合，仮にその登記がされても管轄でない登記所での登記は当然無効となり，登記官の職権で抹消になる。
　建物の合併の場合は，主である建物とすべき登記所が管轄登記所となる（準則5条）。
　そこで甲管轄のA建物と乙管轄のB建物を合併する場合にB建物を主である建物とする場合は，乙管轄へ申請をして登記をすることになるが，これが誤って附属となるA建物を甲登記所に申請し登記になっても，この建物の合併登記は無効となる。
　この場合も登記官が職権で合併登記の抹消ができる。
　このように，登記官が誤って受理して登記されても管轄違背はすべて無効で職権で抹消できるから審査請求をなし得る。
　法25条の2号は，「申請が登記事項以外の事項の登記を目的とするとき。」とある。たとえば，民法で規定されている入会権の登記の申請があり受理登記されても，登記事項以外の事項であり無効な登記である。当然審査請求があれば，理由ありとして抹消される。
　法25条の3号は，「申請に係る登記が既に登記されているとき。」とある。たとえば，既に表題部所有者Aとして建物の表題登記があるにもかかわらず，建物の所有者Bが新たに表題登記の申請をした場合である。当然，既に登記ある建物として当該表題登記の申請は却下される。BはAの承諾書を添付して表題部所有者の更正を申請すべきである。
　法25条の13号は，「登記すべきものでないときとして政令で定めるとき。」とあり，当該政令の登記令20条一号から三号を次に掲げる。
　一　申請が不動産以外のものについての登記を目的とするとき。

二　申請に係る登記をすることによって表題部所有者又は登記名義人となる者（別表の12の項申請情報欄ロに規定する被承継人を除く。）が権利能力を有しないとき。
　三　申請が法第32条（表題部所有者の変更），第41条（土地の合筆制限），第56条（建物の合併制限）の規定により登記することができないとき。

　一号は，建物と認定できないような建造物の表題登記は，所有権保存がされたとしても無効であり，審査請求があれば，登記官は表題部を含めて抹消する。

　二号は，法人格のない法人を表題部所有者として申請し，登記された場合は無効である。なお，同二号の括弧内には，区分建物の表題登記の申請において，被承継人を除くとあり，区分建物の被相続人は，権利能力がなくても有効な登記である。

　三号は，表題部所有者の変更登記や，合併制限のある土地や建物の合併登記である。

　このように，所有権以外の権利の登記の存する土地（地役権を除く）は合筆ができないが（法41条），合筆すべき一方に地上権があり，これを無視して合筆の申請がされ，登記になっても，その登記は法上認められないから当然無効で，登記官の職権により合筆登記は抹消になる。

　このように無効登記は，登記官の職権で抹消できる場合であるから，審査請求をなし得る。

　なお，法25条4号～12号の事由（登記されると有効になる場合）で申請が却下される場合，その登記は無効と言えず，登記官職権でその登記を抹消することができないため，審査請求はできない。

　たとえば合体の登記を，表題登記と表題部の登記の抹消を一申請でせず，別個の二個の申請でして，誤って受理登記された場合は無効とはいえない（法25条5号却下の場合）。

　また，所有権の登記ある土地合筆の申請書に登記済証を添付しなかった場合や登録免許税を納付しなかった場合，いずれも合筆登記は無効とはいえず，合筆登記は職権抹消できないから審査請求はできない。

（4）　登記法上の審査請求の期間の適用除外と行政訴訟

　一般の行政処分については，原則として処分があったことを知った日の翌日から起算して3ヶ月内にしなければならない（行政不服審査法18条①）。

　また処分のあった日の翌日から起算して1年を経過したときは原則として審査請求はなし得ない（同法14条②）。やむを得ない場合や正当な理由があれば例外として認める。

　これに対し，不動産登記法ではこの審査請求の請求期間を制限する規定が適用除外とされている（法158条，行政不服審査法18条の排除）。

　その結果，登記官の処分についてその利益の存する限りはいつでも審査請求をなし得る。

　登記は，登記法という専門的知識を要し，登記官が却下したものについて，後になって不当処分に気がつくこともあり，行政処分の効果をすみやかに確定する必要はどこにもないからとされている。

　いずれにしても登記官の処分について不服のある者が，その監督機関たる法務局長や地方法務局長に審査請求しても言わば身内の審査であるから登記官の処分を妥当なものとして審査請求を却下する場合が多い。

そこでこの身内の審査の審査請求によらず，行政事件訴訟法によって，審査請求を経ずに直接司法機関たる裁判所に登記官の処分の取消しを求める訴を提起することができる（行政事件訴訟法3条①，②）。
　しかし，この行政事件訴訟法で登記官の不当処分を取消す訴を提起するには，処分のあったことを知った時から6ヶ月という制限がある。
　したがって審査請求を経ず，直接行政事件訴訟法で訴を提起するには原則として登記官の処分のあったことを知った時から起算される。
　ところが審査請求は請求期間がないから登記官の処分から5年後に審査請求をしたときは，その審査請求の却下の処分があれば，その裁決があったことを知った日から6ヶ月内にその処分の取消を求める行政事件訴訟法による訴を提起すればよい（行政事件訴訟法14条①）。
　つまり，審査請求を経ることにより本来，登記官の処分があったことを知った日から6ヶ月内に訴を提起しなければなし得ない行政訴訟が，審査請求を経ればこの提起の起算日が，審査請求の裁決があったことを知った時に伸び，たとえば10年後に審査請求すれば，その裁決があったことを知った日から6ヶ月内に訴を提起すればよく，10年後でも行政訴訟が提起できるということに注意をする必要がある。

（5）　その他行政不服審査法の適用除外（法158条）
①利害関係人の審査請求参加の適用除外（行政不服審査法13条）
　　一般の行政事件についての審査請求は，利害関係人は審査員の許可を受ければ，利害関係人としてその審査請求に参加ができる（行政不服審査法13条①）。
　　又審査庁の方から利害関係人に審査請求に参加するよう求めることもできる（同法13条②）。
　　しかし登記官の処分について審査請求は，限定された専門的資料で審査され申請当事者の行為を重点として書面審理する関係で，利害関係人は参加ができないし，法務局の長は参加を求めて審査をすることもできない。
　　したがって建物が滅失していないにも拘わらず他人が勝手に滅失登記を申請しその登記がされた場合，建物の所有者が審査請求をしたときはその建物の抵当権者は審査請求に参加できない。

②審査請求人の地位の承継の適用除外（行政不服審査法15条6項）
　　一般の行政処分では，審査請求の目的である権利を承継した場合，審査庁の許可を得て，その譲受人が審査請求人たる地位を承継する（行政不服審査法15条⑥）。
　　これに対し登記官の処分による審査請求は，登記官の処分による権利を譲り受けても，審査請求人たる地位の承継はない。
　　たとえば，建物の表題登記の申請が却下になった場合，建物の実質的所有者Aから審査請求が出されBが当該建物を買い受けた場合でも，BはAの審査請求人たる地位を承継できない。
　　Bから表題登記の申請をし，却下されたときはBが審査請求をなすことになる。いわば審査請求の手続の承継は排除されている。

③審査庁に直接提出することの適用除外（行政不服審査法21条）

審査請求をすべき行政庁（法務局又は地方法務局の長）と処分庁（登記官）が異なるときは，処分庁を経由してすることができるとされる（行政不服審査法21条①）。

しかし，不動産登記法の審査請求は，登記官を経由してしなければならないとされ，行政不服審査法21条の適用を除外した。

登記官に再検討を求め，登記官が審査請求をやはり理由がないとしたときは，3日内に意見を附して審査権を有する監督法務局の長又は地方法務局の長へ送付することになっている（法157条②）。このとき，当該意見を行政不服審査法の審査員にも送付することとされた。いずれにしろ直接審査権を有するいわゆる審査の名宛人に直接提出することなく，再検討を求めて処分権を有する登記所に提出するのであって，任意に法務局の長又は地方法務局の長へ先に提出することはできないということである（法156条）。

④審査機関による処分の執行停止の適用除外（行政不服審査法25条②～⑦）

一般の行政処分は，審査人の申立により，または職権で処分の執行の停止その他の処置をとることができる（行政不服審査法25条②，③，④）。

登記官の処分は，申請又は申立の受理又は却下で同時にその申請行為の執行は終了したものとされている。

したがって登記官の処分に対しては，わずかに権利に関する登記については，法務局又は地方法務局の長は審査請求の処分をなす前には登記官に仮登記を認めるに止まる（法157条④）。

表示に関する登記は仮登記はなし得ないから，全て登記申請の受理又は却下で終わり，法務局の長による処分の執行停止となる概念はないため排除される。

⑤申立人の口頭による意見陳述の適用除外（行政不服審査法31条）

一般の行政処分の審査請求は，原則は書面であるが，審査請求人の請求により，申立人が口頭で意見を述べる機会（弁明の機会）を与えている（行政不服審査法31条）。

しかし登記官の処分の審査請求には，審査請求人の請求があっても，審査請求の理由を直接，口頭で意見を述べることはできない。

つまり審査をする監督法務局の長等に直接，口頭による意見の陳述は認められないことになる。純然たる書面審理のみである。

⑥審査請求の理由がある場合，処分取消の裁決の適用除外（行政不服審査法46条）

一般の行政処分は審査請求の理由があるときは，審査庁が原則として裁決で処分の全部を取消す（行政不服審査法46条）。

又事実行為については，事実行為の全部又は一部を撤回し裁決でその旨を宣言する。いずれにしても「処分取消の裁決を宣言」する（同47条）。

これに対し登記官の処分に対しては，不登法では，審査庁である監督法務局の長又は地方法務局の長は審査請求を理由あるとするときは登記官に相当の処分を命じ，審査請求人の外，登記上の利害関係人に通知することになっている（法157条③）。

したがって審査請求を理由あるとする時に，「登記官の処分を取消す」旨の裁決をしない事にしたのである。

単に登記官に登記申請を却下した時は，却下処分の取消しを命ずるのではなく，却

下した登記をする事を命じれば足りるとした。
⑦裁決の拘束力に関する規定の適用除外（行政不服審査法５２条）
　一般の行政処分は，裁決は審査請求人ばかりでなく関係行政庁も拘束する（行政不服審査法52条①）。
　しかし登記官の処分に対し，理由がある時は相当の処分を命ずるだけで，「処分を取消す」旨の裁決は行わないから，裁決の拘束力の規定は排除したのである。

２．登記官の通知

　登記官は，登記完了後に申請人等に通知する。ここで以下のようにまとめる。

（１）　事前通知と前住所への通知
　登記識別情報が提供されないときは，登記義務者（申請人）に対し，当該申請があった旨及び当該申請の内容が真実であると思料するときはその旨の申出をすべき旨を通知しなければならないとした（法23条）。
　通知を発してから２週間以内（規則70条⑧）に，申出がない限り登記をすることができない。もっとも，義務者が外国に住所がある場合には，４週間とされる。
　ただし，次の場合には事前通知をすることなく登記される（法23条④）。
　①　登記の申請の代理を業とすることができる代理人によってされた場合であって，登記官が当該代理人から申請人が登記義務者であることを確認するために必要な情報の提供を受け，かつ，その内容を相当と認めるとき。
　②　申請に係る申請情報（委任による代理人によって申請する場合にあっては，その権限を証する情報）を記載し，又は記録した書面又は電磁的記録について，公証人（公証人法第8条の規定により公証人の職務を行う法務事務官を含む）から申請人が登記義務者であることを確認するために必要な認証がされ，かつ，登記官がその内容を相当と認めるとき。
　なお，登記の申請が所有権に関するものである場合，申請の受付の日から３ヶ月以内に（規則71条），登記義務者の住所について変更の登記がされているときは，原則登記をする前に，申請人の住所の通知のほか，当該登記義務者の登記記録上の前の住所にあてて，異義の申出をするように通知される（法23条②，規則71条）。
　当然，登記官が第25条の却下事由の規定により申請を却下すべき場合には，通知されない。

（２）　共有不動産の登記完了証の交付と登記をした旨の通知
　共有者の一人からの申請による登記が完了したときは，申請人には登記完了証をもって通知し，他の共有者には登記が完了した旨を通知する（規則181条①，同条183条①１号）。
　なお，共有名義人ＡＢＣの土地の一筆の一部が別地目（道路等）となったが，共有者がその地目変更の申請をしないため，登記官が職権で分筆地目変更の登記をしたときは，遅滞なく，その旨をＡＢＣ又はその１人に通知すれば足りる（規則183条②）。
　また，ＡＢＣが共同で建物を新築し，その表題登記の申請をＢからした時，登記官は表題登記完了後，申請人のＢに登記完了証を交付し，他の共有者ＡＣ又はその１人にその登記

が完了した旨の通知をする。

この登記完了証は，電子申請のときは，電子情報処理組織を使用して送信し，書面申請のときは，登記完了証が書面により交付される（規則182条①）。

なお，共有土地の分筆又は合筆の登記は，持分の過半数を有する者から申請することができるとされたが，登記官は登記完了後，申請人とならなかった共有者全員に対し，規則183条1項1号に基づき，登記が完了した旨を通知する（申請人とならなかった者全員に通知する。令5.3.28民二第533号通達）。

（3） 表題部所有者の更正登記と通知

表題部の所有者の更正又は持分の更正をしたときは，更正前の表題部所有者に登記が完了した旨が通知される（規則183条①1号）。

たとえば，建物の表題部所有者欄にABと記録があるが，真実の所有者はABCの共有であった場合，CがABの承諾書とCの所有権証明書を添付して表題部所有者の更正登記の申請をしてその登記がされた。この場合，表題部所有者AとBは，Cに対しABCの共有になることを承諾しているのだから，その更正登記がされても，登記官は登記上の所有者ABに通知をする必要があるか多少疑問である。

しかし，表題部所有者ABの承諾書が偽造されることもあり，所有者の更正登記は重要な事項でもあるので，法は登記官に登記完了後に表題部所有者にその旨の通知をさせることにした。

（4） 代位登記の通知

代位による登記をしたときは，登記官は代位者に登記完了証をもって通知し，所有者にも登記が完了した旨を通知する（規則181条，183条①2号）。

たとえば税務署が滞納処分による差押の登記を登記所に嘱託する場合，その不動産が未登記であれば，税務署は債権者として債務者に代位して表題登記,保存登記をすることができる（民法423条）（図6）。

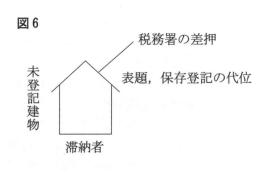

図6

これは未登記の土地や建物に対して，登記官が職権で表題登記や保存登記をするのは裁判所の判決や土地収用法の規定で所有権を取得し，その保存登記をなす場合（法75条），その他差押,仮差押,仮処分の嘱託のあった場合（法76条②）の各場合に限り，税務署（行政庁）の差押の場合は，登記官が職権で表題登記や保存登記をなし得ないから代位でなす事になる。

登記の申請書に基づいて登記が完了したときには登記完了証を交付して登記が完了したことを通知する（規則181条）。この完了証は，代位して申請した者に交付される。

そこで滞納者（所有者）の方には，登記完了後その登記が税務署の代位でされた旨を登記官が通知する（規則183条①2号）。

同様に土地の一筆の一部が河川区域となったことにより，河川管理者がなす代位による分筆の嘱託も（法43条④），登記完了証を，河川管理者に交付し，そしてその旨の通知が

土地の名義人にされる。

また，土地区画整理事業を施行する者は，所有者に代って，不動産の表題登記，表題部の変更登記を代位した場合，不動産登記法の規定が適用されるため（土地区画整理登記令第3条），その登記完了証は施行者に交付され，その旨の通知が所有者にされる。

その他一般の代位（民法423条）や法上の代位の場合も含めて，すべて登記法の規定の適用を受け，規則181条によりその登記完了後，登記完了証が債権者に交付され，その旨の通知が所有者にされる。

（5）登記完了証が交付されない場合

登記官は，次の場合は，登記完了証を交付する必要がない（規則18条の2）。
① 電子情報処理組織を利用して交付する場合に，30日を経過しこれを記録しないとき。
② 書面による登記完了証を3ヶ月を経過しても受領しないとき。

（6）区分建物の一棟の建物の表題部の変更と通知（図7）

区分建物の所有者から，一棟の建物に関する変更の登記を申請したときは，他の区分建物の一棟の建物の登記事項も登記官により変更されるが，登記官はその旨を通知することを要しない（規則183条③）。

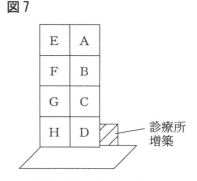

図7

たとえば，区分建物の専有部分Dの所有者が権原により診療所を増築したとしよう。この場合，D以外の専有部分の名義人にも，一棟の建物の表題部の変更登記の申請義務があり，Dは，区分建物の表題部の変更登記と一棟の建物の表題部の変更登記の義務がある。

そこで，Dが区分建物の表題部の変更登記の申請をした時，当然一棟の建物の表題部の変更登記がされるから，登記官はその登記の完了後，D申請人以外の区分建物の名義人にその旨の通知をする規定があった。

改正後は，通知しなくてもよいことになった。

3．罰則

（1）秘密を漏らした罪（法159条）

他人に知られたくない私生活上の秘密はプライバシーの保護として守られなければならない。これは一般には公にされる事により精神的苦痛を保護しようとするものである。これに対し，個人的に保護されるべき財産権を侵害する者に対する保護として不動産登記法では秘密を漏らした罪を規定する。

登記官はその取り扱う登記識別情報の漏えい滅失又はき損の防止その他の登記識別情報の安全管理のために必要かつ適切な措置で講じなければならない（法151条①）。登記識別情報はその登記をすることによって申請人自らが不動産上の登記名義人（登記権利者）となる場合において，登記完了後通知される（法21条前段）。

つまり登記権利者は取得した権利を有する事と同時に，処分する権利（権利の移転）を

有している。したがって登記権利者が取得した権利の処分の登記をするためには，原則として，この登記識別情報を提供しなければならない。したがって他人が登記識別情報を入手して不正に不動産を処分すること（所有権移転や抵当権設定等）があってはならない。

　登記完了後に登記識別情報を作成し，通知する職務を行う登記官，その他法務局，地方法務局に勤務する法務事務官あるいはかつてその職にあった者は公務員として他人の登記識別情報を容易に知り又情報をもらすことが容易である立場にあるから，法は特に強い守秘義務を課すことにした。一般の秘密漏示罪（刑法134条）の公証人，弁護人等がその職務上知り得た秘密を漏らした場合は6月以下の懲役（拘禁刑（令和7年6月1日施行），以下同じ）又は10万円以下の罰金に対し，登記官，法務事務官の登記識別情報に関する秘密漏えいは，2年以下の懲役又は百万円以下の罰金として特に重い規定となっている（法159条）。

（2）　虚偽の本人確認情報を提供した罪（法160条）

　登記名義人が登記識別情報の通知を希望しなかった場合や（法21条ただし書），登記識別情報の失効の申出をして（規則65条），登記識別情報を登記の申請の際提供できない場合に，その登記の申請を代理する資格者代理人（司法書士，土地家屋調査士等）の本人確認情報の提供があり，かつ相当と認めるときには登記官の事前通知がされず，これによって登記が実行される事になる（法23条④1号）。この場合，この資格者代理人が虚偽の確認情報を提供した場合は，虚偽の登記が実行されることになる。もちろん資格者代理人の確認情報は，本人の確認について，規則72条の情報を明らかにしなければならないが，これが虚偽であった場合は，結局虚偽登記が実行される事になるため，これを防止しなければならない。したがって登記官等の秘密を漏らした罪に近い，2年以下の懲役又は50万円以下の罰金として，罰金刑の額だけ多少軽くなっている（法160条）。

　なお公証人が本人について登記義務者であることを確認して認証（法23条④2号）した際は，虚偽確認があっても公証人には職権上虚偽確認がされることはないと考えられ，公証人については適用されない。

（3）　不正に登記識別情報を取得した罪（法161条）

　本条は目的犯であるから，犯人にその目的がなければ犯罪は成立しない。つまり他人の不動産を不実の登記をさせる目的で登記識別情報を取得することによって犯罪は成立する。従って他人の登記識別情報を不正に入手しても，その登記識別情報を使って，登記の申請をしたり，嘱託することの目的がなければ，本罪は成立しない。しかし，他人の不動産を勝手に所有権を移転する目的で，登記識別情報を入手した者が，実際に所有権移転の申請をしなくても，本罪の成立がある。

　目的をもって入手した場合は勿論未遂ではなく既遂となる。本罪も，資格者代理人の虚偽確認情報の提供と同じく2年以下の懲役（拘禁刑（令和7年6月1日施行），以下同じ）又は50万円以下の罪金となる（法161条）。なお自分は不実の登記をする目的がなく他人の登記識別情報を入手したが，この情報を，他人の不動産を不正に取得する目的を有する者に提供した場合は，その事情を知ってその情報を提供した事により，その者も本罪の適用がある。また直ちに不実の登記をする意思がないが，将来いつか，他人の識別情報を使って不実の登記をしようという目的で，登記識別情報を入手し，これを保管した者も，保管しただけ

で本罪の既遂となる（法161条②）。

（4）検査妨害罪（法162条）

登記官が表示に関する登記に関し法29条により実地調査に入る場合，この検査を拒み又は忌避した者は，30万円以下の罰金に処せられる（法162条）。ただし懲役に課せられることはない。

この実地調査のさい，不動産の所有者その他の利害関係人に文書又は電磁的記録に表示されたものの提示を求めたり，質問をすることができる（法29条②）。このさい検査を受ける所有者等が虚偽の文書や電磁的記録に表示されたものを提示した場合（虚偽の所有権証明文書，第三者の承諾書同意書等）も同様となる。又登記官の質問した事項について陳述をしなかったり，虚偽の陳述をした場合も同様の罪となる（法162条2号）。

（5）両罰規定

例えばA株式会社の代表者や，代理人，使用人等が，検査の妨害をした場合は，その妨害した代表者等のほか，A株式会社の法人もともに処罰されることになる。またB調査士法人の代表者，代理人が本人について正確な知識もないのに虚偽の本人確認情報を提供した場合は，虚偽の情報を提供した者のほか，調査士法人もともに処罰される（法163条）。

（6）表示に関する登記義務者の登記懈怠の過料

以下の表示に関する登記につき，1月内に登記の申請義務ある場合にその申請をしない者は10万円以下の過料となる（法164条）。

　　①土地の表題登記
　　②土地の地目又は地積の変更登記
　　③土地の滅失の登記
　　④建物の表題登記
　　⑤合体による登記
　　⑥建物の表題部の変更登記
　　⑦建物の滅失の登記
　　⑧共用部分の規約の廃止による表題登記等

土地家屋調査士本試験
択一試験　過去問題チェック

〔問〕登記申請の却下処分に対する審査請求に関する次のアからオまでの記述うち，**正しいもの**は幾つあるか。

ア　却下された登記申請の代理人は，登記申請人から改めて特別の授権がなくても，審査請求の代理人として，審査請求をすることができる。

イ　審査請求人は，却下処分をした登記官が所属する法務局又は地方法務局の長に対し，審査請求権を直接提出することができる。

ウ　審査請求の審理は，書面により行われるが，審査請求人は，審理に当たって，申立てにより口頭で意見を述べることができる。

エ　審査請求人は，却下処分につき取消しを求める利益が存する間は，いつでも審査請求をすることができる。

オ　審査請求人は，審査請求書に記載すべき事項を陳述することにより，口頭で審査請求をすることができる。

1　1個　　　2　2個　　　3　3個　　　4　4個　　　5　5個

〔正解　1〕

ア　誤り。審査請求をするための特別の授権が必要である。

イ　誤り。審査請求は，登記官を経由して法務局又は地方法務局の長にしなければならない（不登法156条②）。

ウ　誤り。不登法158条において，審査請求人に口頭による意見を述べる機会を与える行政不服審査法31条の規定は，その適用が除外されている。

エ　正しい。不登法158条において，審査請求は，処分があったことを知った日の翌日から3ヶ月以内にしなければならないとする行政不服審査法18条1項の適用を除外している。不登法における審査請求は，その利益が存する間は，いつでも審査請求することができる。

オ　誤り。審査請求人は，書面でのみ審査請求をすることができる。口頭で審査請求をすることはできない。

　以上により，正しいものはエの1個であり，正解は1。

第10章　土地家屋調査士法

第49講　登録及び業務

1. 調査士制度の目的と必要性

（1）土地家屋調査士の使命

　土地家屋調査士法の第1条で，土地家屋調査士は，不動産の表示に関する登記及び土地の筆界を明らかにする業務の専門家として，不動産に関する権利の明確化に寄与し，もって国民生活の安定と向上に資することを使命とする。つまり，一つは不動産にかかる国民の権利の明確化に寄与することを目的としている。表示に関する登記というのは，不動産の現況と登記簿を一致させることの他，筆界を明らかにすることを目的としている。しかし，その表示の手続が素人ではなかなか円滑にいかないし，またその権利を守ることもできない。したがって，そういった登記に関する専門の知識を有する者が必要になってくる。ここに土地家屋調査士が必要になるわけである。

　少なくとも表示に関する登記をしなければ，権利に関する登記ができない。つまり，だれが土地の所有権を持っているか，だれが抵当権を持っているかという，いわゆる甲区，乙区の登記をする前に，どのようなものに対して，どのような土地や建物に対する権利であるかを明らかにする必要がある。

　つまり，不動産の表示に関する登記については，少なくとも不動産の現況を正確に把握する必要がある。そして，それを登記記録に反映させるためには，まず不動産登記法の理解も必要になってくる。そこで初めて正確な登記が期待できることになるわけである。

　このように，登記法とか，あるいは申請人はだれかというような相続等の民法の規定の理解ができなければ，土地家屋調査士の使命は達成できない。

（2）不動産登記法の制度

　土地家屋調査士の制度は，昭和25年の土地家屋調査士法の制定によって成立した。従来表示に関する登記は，先に所有権の保存登記をして，その従として，ついでに表題部の登記をしたという経過をたどっている。

　従来の規定に従えば，表示に関する登記は，権利に関する登記から独立をしたものではない。つまり，権利に関する登記の，所有権の保存登記をしてから表示に関する登記をした。したがって，表題部の登記があって，所有権の保存登記がないということは絶対になかったわけである。その後，表示に関する登記が独立をしたことから，登記簿が表題部のみのものがあり，権利に関する保存登記がないということも現在では可能になった。

　さらに，表示に関する登記が独立をしたものでないということのもう一つの所以は，台

帳制度があったからである。この台帳制度というのは，固定資産税が国税であった当時，その固定資産の税金を確保するために，各市町村の役場に，土地台帳，家屋台帳を設けて，この台帳に記載された不動産の形状と性質の同じものを登記簿の表題部に規定していた。

しかし，固定資産税が国税から府県民税に変わり，さらに市町村民税に変わると，この台帳の必要性がなくなってしまい，そこで，この台帳を昭和40年に登記簿の表題部と一元化をして，台帳を廃止し，表題部のみにおいて不動産の明確化を図った。

この台帳制度があるころにおいては，台帳の記載と，不動産の登記簿に付された表題部の記載が食い違うと，所有権の保存登記ができない。もっとも台帳の記載と登記簿の表題部が違ったような表示に関する登記の申請そのものも却下をされた。したがって，常に，台帳と不動産の登記簿の表題部が一致しなければ，所有権の保存登記や抵当権の登記もできなかったわけである。

このような台帳制度の不都合を排除するために，不動産の登記簿の表題部を権利に関する登記から独立させて，昭和35年の登記法の改正で表示に関する登記というものを新しく規定したわけである。それからこの独立させた表示に関する登記を完全にするために40年に台帳制度が完全に廃止され，不動産の現況は表題部一本やりでいくようになった。

（3）　表示に関する登記

いわゆる表示に関する登記は，国が不動産の管理のために，どのくらいの宅地があり，どのくらいの山林があり，あるいは田畑があるか，どういった種類の建物がどの程度建っているかということを行政上把握する必要があるからである。したがって，完全に権利から表題部を独立させると同時に，その申請人に一定の場合には一月以内に登記をするということを義務づけた。

たとえば，建物を新築した場合，床面積を増加した場合，所在が変更になった場合等，一定の場合にはその登記の義務を課した。

表示に関する登記の基本は，まずだれから申請するか，どのような形でどのような添付書類を添付し，図面をどのように作成して申請をするか，いつまでに申請をするかということが基本である。

たとえば，甲が300㎡の土地を所有しており，その一部の150㎡を乙に売ったとしよう。いま甲がこの土地を分筆をして，甲と乙と共同で所有権の移転登記をすれば，登記は終わりである。しかし，売主の甲がこの契約の代金に異議を唱えて分筆をしない場合については，買主の乙は分筆の登記をすることがそのままではできないことになる。これは不動産登記法で，「分筆の登記の申請人は表題部所有者か所有権の登記名義人であることを要する」と規定してあるからである。

（4）　不動産登記法と民法

このような場合に，買主の乙が自己の権利を保全するために登記の申請をするには，どのような手続をすればよいか，という知識が要る。これは民法423条の規定によって，いわゆる債権者代位権によって分筆をするということになる。このように代位によって登記の申請をするということ，これはもちろん不動産登記法，民法等の知識がなくては，その申請はできない。

このようにして，だれが申請をなし得るかという問題については，当然登記法の規定から判断をしていく。ことに相続等においてはいろいろと民法に規定されている。

たとえば，代襲相続とか同時死亡とか，そういった相続に関する問題が出てくる。あるいは被相続人が死亡して，その登記をする場合に，遺産分割や相続放棄，廃除の問題があり，相続人が誰であるか判断をしなければならない。さらに養子の問題があり，たとえば養子縁組前の養子の連れ子は，養父母の相続分を取得できるか，あるいは養子が離縁した場合に，養子の子供，つまり養親の孫は養親の財産を相続をできるかという問題が出てくる。

こういったことは，民法の相続等に関する知識がなければ，その申請はできないわけである。

（5） 土地家屋調査士の必要性

またどのようにして登記するかについては，いろいろ困難な問題が出てくる。

たとえば，登記上は山林として登記になっている二筆の土地を合筆をしたいという場合に，現況が畑になっているという場合でも登記ができるのかという問題がある。現況が畑で，登記簿の記載よりも現況が優先するわけであるから，当然登記上の地目が一致していても，これは合筆ができないということになる。

また，建物についても，2個の主である建物の真ん中に増築をして連結をしたという場合（合体），どのようにして登記をするか，この場合には，「合体後の表題登記，合体前の表題登記の抹消」あるいは所有権の保存の登記を必要とする場合には，その保存の登記を一件の申請ですることとされている。調査士は権利の登記をすることはできないのが原則であるが，改正によって，この場合に限りすることができるようになった。調査士にとって業務が少し拡大した。

次に図面に関してもいろいろな知識が要求される。たとえば床面積は内壁で計算をするのか，あるいは壁芯で計算をするのか，あるいは柱の中心で計算をするのか，登記法の細かい規定によって判断するほかない。登記法では種々の規定をもうけているので，それらの違いを専門家として充分理解が必要である。

このように，表示に関する登記を正しく申請するためには，かなり専門的な知識や研究を要するわけである。ここに土地家屋調査士が存在する意義が出てくる。

さらに，土地家屋調査士が申請をする添付書類には，どのような書類が必要かということが問題になる。たとえば印鑑証明書とか登記識別情報の提供とか，あるいは所有権証明書とか，具体的には何か法律上の要件か等の知識が要求される。

このように，調査士の仕事はかなり法的，あるいは測量作図の面で専門的な知識が要求されるので，調査士法2条においても「業務に関する法令及び実務に精通して」と規定がある。つまり，調査士は常に品位を保持し，同時に業務に関しては法令や実務について精通をし，そして公正でかつ誠実にその業務を行わなければならないと定めている。

2．資格

（1） 試験の内容

土地家屋調査士になるには，毎年実施される試験に合格しなければならない。試験は，毎年1回以上実施しなければならないとされる（調査士法6条）が，現在では年1回実施されている。

試験は，筆記試験と口述試験によって行われる。

筆記試験は，不動産の表示に関する登記について必要な次に掲げる事項に関する知識及び技能について行われる。

　一　土地及び家屋の調査及び測量（午前試験）
　二　申請手続及び審査請求の手続（午後試験）

口述試験は，筆記試験に合格した者について，二の内容について行われる（調査士法（以下「士法」という）6条①，②，③，④）。

施行規則4条では，より具体的に，不動産の表示に関する登記について必要と認められる

　一　民法に関する知識（午後試験）
　二　登記に関する知識（午後試験）
　三　筆界に関する知識
　四　平面測量（トランシット及び平板を用いる図根測量を含む）に関する知識及び能力（午前試験）
　五　表示に関する登記及び筆界特定の手続について必要な書類の作成に関する知識及び能力（午後試験）
　六　その他業務を行うのに必要な知識及び能力

とされる。

（2） 試験の免除

測量士，測量士補，一級建築士，二級建築士となる資格を有するものは，筆記試験のうち午前試験が免除される（士法6条⑤）。

また，筆記試験に合格したがその年の口述試験が不合格となった者は，次回の筆記試験（午前・午後を含む）は免除され，口述試験のみ受験すれば足りる。

午前試験を受験した者が，筆記試験に合格した場合には，その後の午前試験は免除される。

午前試験を受験した者で，筆記試験には不合格であっても，午前試験のみ合格した者として認められた者は，以後の午前試験が免除される（士法6条⑤3号）。

つまり，口述試験に不合格でも，次の口述試験のチャンスがあるということになる。したがって，今後口述試験で不合格者がでるということかもしれない。

また，午前試験のみの合格を認めるということである。また，筆記試験に合格した者は，当然以後の午前試験を受験する必要がないということになる。

さらに法務局，または地方法務局において不動産の表示に関する登記の事務に従事した期間が通算して10年以上になる者であって，法務大臣が調査士の業務を行うのに必要な知識及び技能を有すると認めた者についても，土地家屋調査士の資格を与えることができる。これは俗に「特認」と言って，昭和54年の改正で追加になった（士法4条2号）。

（3） 欠格事由

次に掲げる者は調査士となる資格を有しない（士法5条）。

1）禁錮（懲役及び禁錮刑は拘禁刑に変更（令和7年6月1日施行），以下同じ）以上の刑に処せられ，その執行を終わり，または執行を受けることがなくなってから3年を経過しない者

① ここで「禁錮以上の刑に処せられ」というのは，わが国の刑法では第9条で次のように規定をしている。まず主刑としては死刑，懲役，禁錮，罰金，拘留及び科料を主刑とし，付加刑として没収がある。ここで言う「禁錮以上」というのは，本来死刑は入らないから，無期懲役，無期禁錮，有期懲役，有期禁錮である。そこで有期懲役は1月以上20年以下である。併合加重する場合については，最高30年とすることができる（刑法14条）。併合加重というのは，2個以上の罪を犯した場合である。士法5条1号の禁錮以上の刑に処せられて，その執行を終わったということは，有罪の判決を受けて，その執行を終わったという意味である。

② ここで問題になるのは「執行を受けることがなくなってから3年を経過しない者」において，「執行を受けることがなくなってから」の中に，いわゆる執行猶予を含めるかという問題がある。つまり，執行猶予というのは，刑法の27条で，その猶予の言い渡しを取り消されることなくその猶予の期間を経過すると，その刑の言渡し自体が効力を失うわけで，つまり何らの罪も犯していないという結果になる。執行猶予を言い渡すことができる場合としては，3年以下の懲役，禁錮，あるいは50万円以下の罰金の言い渡しを受けた場合において，情状によって裁判確定の日から1年以上5年以下の期間で執行の猶予ができる（刑法25条）。これは，その言い渡しのときに何らの罪も犯していないとか，あるいは一定の罪を犯しても一定の期間が過ぎたとか，いろいろ条件があるが，とにかく現在の言い渡しが3年以下の懲役，禁錮刑の言い渡し，あるいは50万円以下の罰金の言い渡しをする場合で，たとえば現在の言い渡しが懲役，禁錮の場合には，3年を少しでも過ぎた場合に執行猶予をつけることができない。懲役4年とか，あるいは禁錮5年とか，このように3年を超過した言い渡しをする場合については，執行猶予を付することができない。罰金も同様で，50万円を超えた場合については，執行の猶予をすることができない。

たとえば懲役3年，執行猶予4年の判決を受けた場合においては，この4年の期間を何らの罪を犯すことなく経過した場合については，その刑の言い渡しが効力を失うので，つまり懲役3年という言い渡しが効力を失うから，何らの罪も犯していないことになる。つまり執行猶予の期間を満了した場合には，直ちに調査士となる資格が与えられるので，それから3年を経過する必要はなく，期間満了の翌日から資格が与えられる。

③ このように考えると「執行を受けることがなくなってから3年を経過しない者」というのはどのように考えるか。まず一つは，刑の免除が考えられる。さらにもう一つは，刑の執行の免除が考えることができる。

（A） まず刑の免除については，たとえば刑法80条にあるように，内乱の予備又

は陰謀をした者が，いまだ暴動に至る前に自首をすると，その刑を免除するという規定がある。そのほか正当防衛の場合の，程度を超えた過剰防衛についても免除することができるし，あるいは過剰避難についても同様の規定がある。そのほか中止，未遂の場合も刑を免除するという規定があるが，こういった規定によって刑を免除する場合については，第5条の欠格事由における「刑の執行を受けることがなくなってから」に入るかという問題が残る。

　このような免除の事由があった場合には，刑は無罪ではないが，刑の言い渡しはしない。つまり免除の言い渡しをすることになる。これは刑事訴訟法の334条で「被告事件について刑を免除するときは，判決でその旨の言い渡しをしなければならない」と規定をしており，いわゆる刑の免除の言い渡しをする。したがって，第5条欠格事由の「禁錮（拘禁（令7年6月1日施行），以下同じ）以上の刑に処せられた」という要件に当てはまらないので，刑の免除の場合については，これは直ちに土地家屋調査士になる資格がある。

（B）　次に執行の免除の場合について考えてみよう。まず執行の免除は，一つは恩赦法による特定の刑を犯した者に対して行う執行の免除がある。これは恩赦法第8条に規定がある。そのほかには刑の時効による場合があるが，これは刑法第31条で「刑の言い渡しを受けた者が，時効においてその執行の免除を得ることができる」と規定をしている。その期間については，刑法の32条に細かい規定がある。

　このように執行の免除を受けた者は，刑の言い渡しがあって，つまり有罪の言い渡しがあり，その執行だけが免除されたわけである。したがって，刑の免除とは違う。刑の免除は，刑を免除するという言い渡しであるのに対して，執行の免除は，禁錮何年，あるいは懲役（拘禁刑（令7年6月1日施行）何年という有罪の言い渡しがあり，その執行のみが恩赦法，または時効によって免除されることになる。したがって，執行の免除の場合は，累犯の場合に関しても前科として取り扱われる。つまり，その執行の免除を受けてから5年内に，いわゆる有期懲役に当たる罪を犯すと，再犯の規定の適用を受ける。その結果，加重をされていく。

④　このような意味で，第5条第1号の「執行を受けることがなくなってから」という意味は，いわゆる執行の免除を意味する。

2）未成年者

まず第5条の第2号で，未成年者は欠格事由になっている。

未成年者というのは年齢18歳に満たない者という（民法4条，民法753条（婚姻による成年擬制）削除（令和4.4.1から施行））。

そのほか未成年者について問題があるのは，民法第6条の規定により，法定代理人より1種または数種の営業を認可された場合について成年の擬制があるかということである。たとえば土地家屋調査士試験に合格した未成年者が法定代理人からその営業の許可を受けた場合には，土地家屋調査士となる資格を有するかということである。

試験を受けることは未成年者であっても，これは差し支えない。ただ登録ができない。試験に合格をした未成年者が，法定代理人から土地家屋調査士の業務について許可を

受けた場合，成年が擬制になるかという問題がある。しかし，これは成年が擬制になるわけではないから，したがって，法定代理人から許可を受けても，これは土地家屋調査士の欠格事由に該当する。

なお，成年被後見人（旧禁治産者）は，精神上の障害によって事理を弁識する能力を欠く常況にある者で，家庭裁判所から，後見開始の審判を受けた者をいう（民法7条）。この成年被後見人は，日常生活用品等の購入をすることはできるが（民法9条），法律行為をなした場合，取消すことができる。

被保佐人（旧準禁治産者）は，精神上の障害によって事理を弁識する能力が著しく不十分な者をいい，家庭裁判所から保佐開始の審判を受けた者をいう。

旧準禁治産者には，浪費者をも含まれていたが，改正後は浪費者の規定は除かれている。

これらの成年被後見人及び被保佐人は欠格事由に該当するものとされていたが，削除された。また，被補助人は，もともと欠格事由には該当しない。

3）破産者で復権を得ない者

破産者というのは，自己の債務を弁済できないために債権者あるいは債務者が，その破産宣告の申し立てを裁判所になし，そして裁判所より破産手続開始の決定をされた者がいわゆる破産者である（破産法2条④，30条）。破産者が復権をする場合については，申し立てによる復権と当然の復権との二つがある。

まず申し立てによる復権（破産法256条参照）については破産者が弁済その他の方法によって破産債権者に対する債務の全部につき，その責任を免れた場合である。その場合は，破産裁判所は破産者の申し立てによって復権の決定をしなければならない。

なお当然の復権については，1. 免責の決定が確定した場合　2. 破産法218条第1項条の規定により，破産手続廃止の決定が確認したとき　3. 更生計画認可の決定が確定した場合　4. 破産者が破産宣告後，詐欺破産の罪につき有罪の確定判決を受けることなくして10年を経過した場合である（破産法255条）。

なお復権の決定は，確定の後でないとその効力が生じない。

このように経済的破綻者で，その復権を得ない者は，土地家屋調査士の資格がないわけである。

4）懲戒免職による欠格

公務員であって懲戒免職の処分を受け，その処分の日から3年を経過しない者も欠格事由である。公務員の中には特別公務員たる国会議員も当然入り，地方公務員には地方議会の職員や教育委員会の委員も含まれる。

それで，これらの者が懲戒免職の処分を受けた場合とは，それぞれの懲戒のため，つまり不法行為等によって懲戒処分になった場合でも，停職処分はもちろん含まない。そしてその処分の日から3年を経過しない者は調査士になれないというわけであるから，逆に3年を経過すれば調査士となる資格を有することになるわけである。

なおここでいう公務員には，雇われたアルバイト学生等が公務に従事する場合は入らない。

5）懲戒による業務の禁止等

① 調査士法42条3号の規定により業務の禁止の処分を受け，その処分の日から3

年を経過しない者は資格がない。42条というのは「調査士が法律，またはこの法律に基づく命令に違反した場合に，法務大臣が業務の禁止の処分ができる」という規定であるが，その業務の禁止の処分をした日から3年を経過しない者は調査士となる資格を有しない。

② そのほか測量法，建築士法，司法書士法により，それぞれ抹消の処分，免許の取り消しの処分の，業務の禁止の処分があった日から3年を経過しない者は，当然欠格事由である。したがって，測量士，あるいは建築士，司法書士が調査士と業務を兼業している場合に，それらの資格，つまり測量士，建築士，司法書士の資格が抹消され免許の取り消しがあり，あるいは業務の禁止があったという場合は，調査士の欠格事由に該当し登録が抹消される。

なお不動産鑑定士や，あるいは公認会計士等を兼業している調査士がその登録を抹消されたり，または弁理士とか税理士，行政書士の業務が禁止されたとしても，調査士の欠格事由となるわけではない。測量法，建築士法，司法書士法の三つの場合だけに限られる。

3．登録

（1）登録の申請手続

① 調査士となる資格を有する者が調査士となるには，日本土地家屋調査士会連合会（「調査士会連合会」という。）に備える土地家屋調査士名簿に一定事項の登録を受けなければならない（士法8条①）。

この調査士名簿には，調査士となるべき者の氏名，生年月日，事務所の所在地，所属する土地家屋調査士会のほか，本籍（外国人にあっては国籍），住所，男女の別，調査士となる資格の取得の事由と年月日，及び登録番号である（調査士法施行規則（以下「士規則」という）14条②1号，2号）。資格取得の事由は法4条1号の試験に合格した者か，同条2号の法務大臣が調査士の業務を行うのに必要な知識及び技能を有すると認めた，いわゆる特認の区別を記載する。

② 登録の申請については，調査士となる資格を有することを証する書類を添えて，その事務所を設けようとする地を管轄する法務局又は地方法務局の管轄区域内に設立された，土地家屋調査士会（「調査士会」という。）を経由して，調査士会連合会にしなければならない。従来は法務局又は地方法務局の長に対してなされていたが，昭和60年の改正で調査士会連合会にするよう変更になった。

（2）登録の拒否

登録の申請をした者が，調査士となる資格を有しないか又は次の各号の一つに該当する場合には，調査士会連合会は，その登録を拒否しなければならない（士法10条①）。

① 調査士法52条第1項の規定による入会の手続をとらないとき，② 心身の故障により調査士の業務を行うことができないとき，③ 調査士の信用又は品位を害するおそれがあるとき，その他調査士の職責に照して調査士としての適格性を欠くとき，である。この場合において当該申請者が②又は③に該当することを理由にその登録を拒否しようとするとき

は，法62条に規定する登録審査会の議決に基づいてしなければならない。またこれ等の理由により登録を拒否されるときは，あらかじめ，当該申請者にその旨を通知して，相当の期間内に自ら又はその代理人を通じて弁明する機会を与えなければならない（士法10条②）。これは身体の衰弱はともかく，精神的衰弱については思想的偏見によって判断される脅れがあり，又信用や品位を害するという基準があいまいのため，第三者の機関による審査が望ましいからである。

登録を拒否された者は，当該処分に不服があるときは，法務大臣に対して審査請求をすることができる。なお調査士会連合会に登録の申請をした者は，その申請の日から3月を経過してもその申請に付，何らの処分もされない時は，その登録を拒否されたものとして，法務大臣に対し審査請求ができる（士法12条①・②）。

この場合，法務大臣は，行政不服審査法の適用については，調査士会連合会の上級行政庁とみなされ（士法12条③），そして審査請求が理由あるときは，法務大臣は調査士会連合会に対し相当の処分をすべき旨を命ずることができる（行政不服審査法46条②1号）。

調査士会連合会は，土地家屋調査士名簿に登録をしたときは登録事項を遅滞なくその調査士の事務所の所在地を管轄する法務局又は地方法務局の長に通知しなければならない。また登録を取消した場合も同様である（士規則17条①）。

(3) 登録の変更

① 土地家屋調査士名簿に登録を受けた事項について変更があった場合については，遅滞なく所属する調査士会を経由して調査士会連合会にその旨を届け出なければならない（士法14条）。

たとえば調査士の氏名が養子縁組や婚姻によって変更になったり，本籍や住所を移転したり，その管内で事務所を変更した場合である。

調査士会連合会は，変更の登録をしたときは，その旨を遅滞なく，その調査士の事務所の所在地を管轄する法務局又は地方法務局の長に通知しなければならない（士規則17条③）。

② 調査士は所属する調査士会の変更をする事ができる。すなわち調査士が他の法務局又は地方法務局の管轄区域内に事務所を移転しようとするときは，移転先の調査士会を経由して，調査士会連合会に所属する調査士会の変更の登録の申請をしなければならない（士法13条①）。

この事務所移転による変更の登録の申請をする場合には，現在所属する調査士会に，事務所変更の旨の届け出をしなければならない（士法13条②）。

このように調査士が他の法務局又は地方法務局の管轄に事務所を移転しようとする場合は，移転先の調査士会を経由する関係で，当然その調査士会に入会手続をとる事になる。そこで移転先の調査士会に入会手続をとっていなければ，調査士会連合会は変更の登記を拒否する事になる（士法13条③）。なおこの変更の登録をしたときは，連合会はその旨を，直接申請者に書面で通知する。又申請を拒否したときはその旨と理由を通知する（士法13条④，11条）。登録を拒否された場合は，事務所移転よる変更の登録の申請をした者は法務大臣に対して審査請求をすることができる（士法13条④，法12条）。

その他調査士会連合会は所属する調査士会の変更の登録をしたときは，まず①従前の事務所の所在地を管轄する法務局又は地方法務局の長に，所属の調査士会が変わりその登録をした旨を通知する。さらに②新たに事務所の所在地を管轄する法務局又は地方法務局の長に登録事項（士法8条①，士規則14条②3号）を遅滞なく通知する（士規則17条①）。なお管轄区域内の事務所の移転は，登録事項の変更の届出（士法14条）になる。

③ 調査士の登録，または事務所移転による調査士会の変更の登録の申請をする者は，その申請と同時に申請を経由すべき調査士会に入会手続をとらなければならないが，この入会の手続をとった者は，当該登録又は変更の登録の時に，当該調査士会の会員となり，従前の調査士会を退会する（士法52条③）。

（4） 登録の取消し

調査士が一定事項に該当すると登録の取消しということがある。登録の取消しには，必ず取消さなければならない「必要的取消し事由」と，取消すか取消さないかは調査士会連合会の任意の判断にゆだねる場合の「任意的取消し事由」がある。

A．必要的取消し事由（士法15条）

（1） 調査士が次の各号の一に該当する場合には調査士会連合会は，その登録を取消さなければならない（士法15条）。

① その業務を廃止したとき
② 死亡したとき
③ 調査士となる資格を有しないことが判明したとき
④ 第5条各号（欠格事由）の一に該当するに至ったとき

③の調査士となる資格を有しないことが判明した場合とは，本来その登録の時点では資格があるものと考えて登録をしたが後になって資格を有しないことが明らかになった場合である。たとえば調査士法第5条の欠格事由について，当初登録のときには公務員であったが，懲戒免職の処分を受けて3年を経過したものとして登録をしたが，実は懲戒免職の処分からまだ3年を経過していないことがわかったというような場合には，登録の取消しになる。なおその資格を有しないことが判明した場合に，すでに3年を経過していた場合には，取消しの事由が3年の経過によって消滅するので，一応取消しの事由は消滅したとして取り扱う。

同様に登録のときに判明しなかった建築士が，その後建築士の取消し処分を受けていたことがわかったとか，あるいは登録した後に，その者が禁錮（拘禁刑に変更（令和7年6月1日施行））以上の刑に処せられたということが判明し，しかもまだ3年を経過していないことがわかったという場合も含めて，この「調査士になる資格を有しないことが判明したとき」に該当するわけである。したがって，欠格事由等が登録の当時わからず，後から判明したという場合である。

なお不正試験で合格した者が，後から不正試験が発覚したという場合も含まれる。これについては法務大臣は不正の手段によって試験を受けようとし，また受けた者に対し，その試験を受けることを禁止し，また合格の決定を取消すことができるの

である（士規則6条）。
　④の第5条の各号に該当するに至ったときとは，登録の時には，調査士法第5条のような欠格事由がなかったが，登録後調査士法第5条に該当するに至ったという場合である。
　したがって，調査士法第15条第3号が登録のときにもともと欠格事由があったにもかかわらず誤って登録をし，後からその事由が判明したという場合であるのに対し，第4号は，登録の時は正当な資格があったにも拘わらず，登録の後に第4号の欠格事由に至った場合である。
　たとえば登録のときは破産者でなかった者が，登録の後に破産手続開始の決定があった場合である。あるいは公務員が土地家屋調査士を兼業している場合に，登録後公務員を懲戒免職になった場合も同様である。
　そのほか，調査士を兼業している測量士，建築士，司法書士が登録後に測量士法，建築士法，司法書士法によって，登録の抹消や免許の取消し，あるいは業務の禁止処分を受けた場合も登録は当然取消される。

（2）　調査士が以上の①〜④まで（士法15条1号から4号）に該当することとなったときは，原則として本人から遅滞なく所属する調査士会を経由して，調査士会連合会にその旨の届け出をしなければならない（士法15条②）。
　なお本人が死亡したときはその相続人から届け出る事を要し，また本人が成年被後見人になって業務を廃止したときは，その法定代理人（後見人）から届け出なければならない。本人が被保佐人になった場合は，保佐人が付くが，保佐人は法定代理人でないから，この届け出は本人がすることになる。

B．任意的取消し事由（士法16条）

　調査士が次の各号の一に該当する場合には，調査士会連合会は，その登録を取消すことができる（士法16条）。

（1）　まず一つは「引き続き二年以上業務を行わないとき」である（同①1号）。
　つまり調査士が登録をして2年以上業務を行わないときである。登録を取り消すか，取り消さないかは，その調査士の事情も考慮するのが原則であるが，少なくとも2年以上業務を行わなければ，調査士会連合会は一定の条件（士法16条④）のもとに登録を取り消すことができる。また「引き続き」ということは，2年間全く業務を行わない場合であり，1年8ヵ月目に業務を行ってまた休むということであれば「引き続き」にあたらない。したがって本来この規定がどれほど価値があるか疑問である。というのは土地家屋調査士の場合は法務大臣が行う国家試験による資格であるから登録が取り消されても，3年の経過を待たず，またすぐ登録することができるから，単に引き続き2年以上業務を行わないからといって登録を取り消されても，さして意味がない。あえていえば業務をしない調査士を認めないことぐらいである。

（2）　その二つは「心身の故障により業務を行うことができないとき」である（士法16条①2号）。

（3）　調査士会連合会は，これ等（1）と（2）（士法16条①1号，2号）の事由により登録を取り消したときは，その旨及びその理由を当該調査士に書面により通知しな

ければならない（同③）。

なお，調査士会連合会が法16条第1項の事由により登録の取り消しをしようとする場合は，登録審査会の議決に基づいてしなければならない。

（5）登録が取消された場合の措置，その他

① 調査士法15条第1項（必要的取消し事由）又は法16条第1項（任意的取消し事由）によって登録を取消された者は，当該処分に不服があれば，法務大臣に対して審査請求をすることができる。また，その審査請求の理由があるときは，法務大臣は調査士会連合会に対し，相当の処分をすべき旨を命じなければならない（士法17条，同12条①及び③準用）。

② 調査士会連合会は，調査士の登録をしたとき，及びその登録の取消しをしたときは，遅滞なく，その旨を官報をもって公告しなければならない（士法18条）。

③ 法務大臣は必要があるときは，調査士会連合会に対し，その登録事務に関し，報告もしくは資料の提出を求め又は勧告をすることができる（士法19条）。

これは登録事務が法務局又は地方法務局の管轄から調査士会連合会に移転された事に対する措置である。

4．業務

（1）業務

調査士は他人の依頼を受けて，次に掲げる事務を行うことを業とする（士法3条）。

① 不動産の表示に関する登記について必要な土地又は家屋に関する調査又は測量（同①1号）。

② 不動産の表示に関する登記の申請手続又はこれに関する審査請求の手続についての代理（同2号）。

③ 不動産の表示に関する登記の申請手続又はこれに関する審査請求の手続について法務局又は地方法務局に提出し又は提供する書類又は電磁的記録の作成（同3号）。

要は不動産の表示に関する登記のため土地又は家屋につき（ア）調査，測量，（イ）申請手続と審査請求，（ウ）申請手続のための法務局等に提出する書類又は電磁的記録の作成が基本的業務となる。

④ 筆界特定の手続についての代理。（不動産登記法第6章第2節の規定による筆界特定の手続又はその申請の却下に関する審査請求の手続）（同4号）。

⑤ 筆界特定の手続について，法務局又は地方法務局に提出し，又は提出する書類又は電磁的記録の作成（同5号）。

つまり第3条第1項4号は筆界特定の手続の代理があるのに対し，同5号は，単に書類又は電磁的記録の作成であって，申請手続の代理までを含まない。

⑥ そして第3条1項1号～6号まで業務に関しての相談（同6号）。

従来業務に関する相談は，業務の中に入っていなかったが平成17年の改正で，相談も主要な業務の1つとなった。

⑦ 土地の筆界が現地において明らかでないことを原因とする民事に関する紛争に係

る民間紛争解決手続であって当該紛争の解決の業務を公正かつ適確に行うことができると認められる団体として法務大臣が指定するものが行うものについての代理と相談（同7号，8号）。

　なお，調査士は，不動産の表示に関する登記について申請手続をするわけであるから，権利に関する登記，たとえば所有権の保存，所有権の移転登記，抵当権の設定等の登記はなし得ない。ただ表題部にするが，その内容は権利に関する登記と言われる規約による共用部分である旨の登記については，表示に関する登記として登記の申請を代理することができる。合体の登記における所有権の保存の登記には調査士の業務としてこれをなし得るようになった。

（2）ＡＤＲ

　隣接土地の所有者間において，筆界につき紛争が生じた場合，公法上の境界の確定については，境界確定の訴による裁判所の判決により確定することが原則であった。しかし裁判の長期化や費用の面もあり，行政による公法上の確定が望まれた。これに応じて平成17年の不動産登記法の改正で筆界特定制度が規定された。しかしこれ等，裁判や行政によらず私人間の所有権の範囲を確定する民間による紛争の解決（ＡＤＲ）の手段が望まれた。そこで各調査士会が弁護士会と共同して「境界紛争解決センター」なる団体を設立し，境界について公正かつ適確に紛争を解決することになった。この法務大臣が指定する団体の代理人として土地家屋調査士が行うのが，「民間紛争解決手続」の代理義務となる。これ等の代理及び相談業務については，その紛争の原因が複雑でかなり専門的法律知識（契約の成立，占有権，時効，界標の設置，慣習等）が必要なことから調査士が弁護士と共同で行う場合に限り認められることになった（士法3条②）。

　筆界につきこれ等民間紛争解決手続代理関係業務を行う調査士は，①法務大臣が指定する一定の研修を修了した者，②紛争解決手続代理を業務とするための必要な能力があること，③土地家屋調査士の会員であること，の要件が必要となる。

　法務大臣は民間紛争解決手続代理業務を行うために，必要な研修は，イ．紛争解決手続における主張及び立証活動，ロ．代理人としての倫理，ハ．その他，代理業務を行うのに必要な法的知識，を行うものとしている（士規則9条）。

　なお研修実施法人は研修による考査の成績証明書，及び修了証明書を交付しなければならない。また法務大臣の民間紛争解決手続代理義務に関する認定を受けようとするものは研修の成績証明書及び修了証明書を添えて，事務所の所在地を管轄する法務局又は地方法務局の長に認定申請書を提出することになる（士規則12条①）。そして法務大臣はこの代理業務に関し必要な能力を有すると認定した時は，認定書を交付し，その氏名を官報をもって公告することになる（士規則13条）。認定を受けるときは，手数料を納める必要がある（士法3条⑤）。

　なお法務大臣は研修を実施する法人に対して，研修に関して必要な報告もしくは資料の提出を求め，必要な命令を下すことができる（士法3条④）。

（3）依頼誘致

　そのほか，その依頼については調査士法規則第24条において「調査士は不当な手段で依

頼を誘致するような行為をしてはならない」という規定がある。つまり，依頼の誘致は正当な手段であれば許されるが，不当な手段で依頼の誘致はできない。

この場合，一体のどのような場合が不当で，どこまでが正当かということが問題になる。

調査士が開業のときに，自分の事務所がどこにあるかというようなことを一般に公知せしめるために葉書で案内状を出す場合については，これは事務所の存在を知らせるということであるから，不当な手段の依頼誘致にはならない。また地方の村落において，どこに調査士事務所があるかわからない場合に，たとえば駅の近くに看板で図示する等，つまり，その事務所の所在地を示すという場合には当然許される，雑誌とか電車の中の公告類も業務の内容を表示するものであればある程度許されると考えられる。

問題になるのは，銀行等金融機関に対して，仕事を取るために自己の多額の預金をして，「表示に関する登記がある場合に，依頼を頼む」というような行為が許されるか，である。

もちろん資本主義社会における営業は，当然自由競争を前提としているが，普通の商社のように公に誘致合戦をするようなことは，公の利益を主眼とする表題登記の代理行為については好ましくない。そこで不当な競争による誘致を禁止しているわけであるが，自己の資金を預金にして，その見返りとして表題登記の依頼を誘致する行為は，正当なものと言わざるを得ない。これが他人の資金まで集めて依頼を誘致するということになると，これは正当な行為とは言えない。

（4） 調査・測量と申請手続

① ここで問題になるのは，調査士法第3条に「土地又は家屋に関する調査又は測量，申請手続又はこれに関する審査請求の手続についての代理」をすることを業とするとあるが，土地家屋に関する調査，測量のほかに，申請手続だけをする者がいるのではないかということである。

たとえば甲という調査士が現場に行き建物の寸法をはかり，あるいは建物の内容を調査し，あるいは土地の測量をなして境界石を入れ，そして図面を作成する。これに対して，この甲という調査士のつくった図面に基づいて，乙という別の調査士が申請書を作成して，表題登記，あるいは土地分筆登記の申請をするということが許されるかという問題がある。端的に言えば，ある調査士が図面のみを作成し，そしてこの調査士の作成した図面に基づいて別の調査士が申請手続のみをすることができるかという問題がある。

② 調査士の依頼業務については，他の調査士の作成した図面に基づいて，他の調査士が申請行為をするということは認められないというのが原則である。これは調査士の作成した図面は永久保存であり，これに対して，その申請書は30年間保存をされる（登記法規則第28条9号）。つまり，図面の作成者と，それから申請書の作成者が違うということは，後の調査士の責任問題に絡むわけであり，そういった責任の分担が不明になるような場合は許されないと言わなければならない。

③ しかし，他面，依頼者の経済的な利点を考えると，これを認めてもよさそうな疑問が生じる。

たとえば地主の甲が，A市D町405番の一筆の土地を持っており，これを将来売るときのためにまず測量しておこうというので，乙という土地家屋調査士に測量を

依頼したとしよう。そして乙が作成した図面を甲が持っており，その後何年かたったときに，たとえば分筆の申請をしたという場合に，すでに全体の土地は，測ってあるわけであるが，それを別の丙という土地家屋調査士に分筆の依頼をし，丙が前に乙の作成した図面に基づいて図上分筆をして申請ができるかという問題が出てくる。

　　　前の分筆図面，つまり同じ資格のある調査士が作成したものであれば，この図面は信用がおけるわけである。したがって，新しく依頼された調査士の丙は，その図上で分筆することも可能ではないかという疑問がある。もしそれが可能であれば，依頼者にとってもかなり経済的な利点がある。

④　しかし，こういうことを許すと，責任の分担の問題に，前に指摘したような不明が残るので，現在では他人の作成した図面に基づく申請をするのであれば，再調査後に申請する調査士の責任において申請することになろう。したがって，調査士法第3条各号の後段にある規定は，不動産の表示に関する登記につき必要な土地，または家屋に関する調査，測量だけをする調査士と，または申請手続だけをすることを業とする調査士がいるようには考えるわけにはいかない。

⑤　したがって，ここは土地家屋に関する調査，測量だけして，いま例を挙げた甲のように，申請手続をしない場合がある。さらにそれに基づいて，今度は申請手続をする場合もある。申請手続の場合は，調査，測量を当然含んで申請手続というように考えていい。したがって，ここは当然再度調査，測量を行い，申請手続を行なわなければならない。

5．調査士の義務

(1) 事務所

調査士は，法務省令に定める基準に従い，事務所を設けなければならない（士法20条）。事務所は二ヵ所以上設けることができない(士規則18条)。「二ヵ所以上」とあるが，これは「以上」であるから，当然二ヵ所も入る。したがって一ヵ所しか事務所を設けることができないわけである。もちろん出張所等の現場事務所も設けることはできない。あくまでも事務所は一ヵ所に限られる。

調査士は，調査士会に入会したときは，その調査士会の会則の定めるところにより，事務所に調査士の事務所である旨の表示をしなければならない。なお調査士会に入会していない調査士は，その表示，またはこれに類する表示をすることができない（士規則19条①,②）。

しかし，調査士が登録をする場合については，その登録の申請と同時に，申請を経由すべき調査士会に入会する手続を取らなければ，その申請ができない。したがって，調査士会を経由するということは，少なくとも調査士会に入会手続を終わった後でなければ，その土地家屋調査士の登録がなし得ないわけであるから，調査士の登録があるということは，調査士会に入会していることが原則である（士法52条）。

そこで，ここに言う調査士会に入会していない調査士というのは，つまり一旦登録をする際に入会した者が，後から退会した場合を考えることができる。

なお調査士は，業務の停止の処分を受けたときは，その停止の期間中，その表示，また

はこれに類する表示をすることができない（士規則19条③）。

なお調査士は，会則の定めるところにより業務上使用する職印を定めなければならない（士規則20条）。一般的には「土地家屋調査士何某」というような彫刻をしたものを用いる。

（2） 帳簿及び書類

調査士は，法務省令の定めるところより，業務に関する帳簿を備え，かつ関係書類を保存しなければならない（士法21条参照）。

これは調査士は事件簿を調製しなければならないということである（士規則28条）。事件簿にはナンバーを入れて，そしてその事件の内容を細かく記載をしていくわけである。これは調査士会連合会の定める様式によって調製をしていく。事件簿は，その閉鎖後7年間保存しなければならない。あくまでも閉鎖後7年間保存するのであって，作成後7年間というわけではない（士規則28条）。なお事件簿については原則として毎年調製をされるので，その「閉鎖後7年間」というのは，いわゆる閉鎖してから7年の間はなお廃棄処分ができないという意味である。

また，調査士は，依頼者に交付したり，あるいは官庁に提出すべき書類を作成したときは，（民間紛争解決手続代理業務に関するものを除く）その書類の末尾，または欄外に記名し押印をしなければならない（士規則26条参照）。当然依頼者に交付したり官庁に提出をしない書類については，その必要がない。

その他，調査士は依頼者又は官庁に提出する電磁的記録を作成したときは，当該電磁的記録に職名及び氏名を記録し，かつ，電子署名を行わなければならない（同②）。

また，依頼者から報酬を受けると，領収証を正副二通作成して，正本に記名，職印を押して，これを依頼者に交付する。これは依頼者から請求があって初めて領収証を出すわけではない。相手から請求がなくても交付する必要がある。なお正本を交付するわけで，副本ではない。副本は作成の日から3年間保存する必要がある（士規則27条①）。

その領収証の記載の方式については，受理をした報酬額の内訳をできるだけ詳細に記載をする（士規則27条②）。調査料とか実費の交通費とか図面の作成料とか，かなり詳細に記載をする必要がある。様式は便宜でよい。

なお，調査士会は，毎年3月末日までに所属の調査士の前年に処理した事件の総件数や報酬の総額を，法務局，または地方法務局の長に報告をしていたが法改正によって，現在では，その規定は削除され，各調査士会の会則で定められているようである。

（3） 補助者

① 調査士は業務の補助をさせるため補助者を置くことができる（士規則23条①）。

補助者の人数は，管轄の法務局長又は地方法務局長の定めた人数を超えるときはその許可を要したが，平成10年10月1日の改正で，この員数制限の規定が撤廃され，現在では自由になった。

ただし，調査士が補助者を置いた時又は置かなくなった時は，遅滞なくその旨を所属する調査士会に届け出なければならない（士規則23条②）。

補助者を置かなくなった場合とは，広く補助者が事務所よりいなくなった場合で，補助者の解雇，辞任，死亡等を云う。

なお調査士会は，調査士から補助者に関する届出があった時は，その旨を調査士会の事務所の所在地を管轄する法務局又は地方法務局の長に通知しなければならない（士規則23条③）。

② また「調査士は，他人をしてその業務を取り扱わせてはならない」という規定がある（士規則22条参照）。つまり，調査士は，業務をみずから行わなければならない。

しかし，その「他人」というのは，補助者は業務を扱うわけであり，他人には含まないのではないかという疑問があるが，調査士の業務の最終的な責任者として行為を行うことは補助者には許されないという意味であって，補助者も含めてその業務を取り扱わせてはならない。もちろん調査士本人とともに補助者が業務の手助けをするということは，当然補助者の業務に入っているので，これは差し支えがない。

③ なお，調査士は，他の資格のある調査士とか司法書士を補助者として届け出ることはできない。これら登録のある有資格者は，補助者として使えないわけである。

（4） 依頼に応じる義務等

調査士は正当な事由がなければ，次の業務を除いて依頼を拒んではならない（士法22条）。これに違反すると，100万円以下の罰金である（士法70条①）。

なお，依頼に応ずる義務がある業務に関し，調査士が依頼を拒む場合は，依頼者の請求があれば理由書を交付することになる（士規則25条①）。

また，依頼に応じる義務のない業務については，一般の人は依頼に応じる義務のない業務かどうか判断ができないため，依頼を受けることができない旨を速やかに通知しなければならない（士規則25条②）。

また，依頼を拒む正当な理由は，本人の病気等の身体的理由のほか，調査士として研修を受ける必要がある場合や家族の介護，調査士として品位保持に必要な社会的義務の履行（例えば登記制度の研究や，測量技術の修得のための研修）があげられる。

応じる必要がないのは次の（イ）（ロ）であり，（ハ）は認定調査士でなければ応じることができない。

（イ）筆界特定の手続についての代理
（ロ）筆界特定の手続についての相談
（ハ）土地の筆界に関する民間紛争解決手続代理関係業務

（イ）（ロ）は筆界の特定に関し，単なる書類の作成ではなく，代理人として積極的に自己の意思によって解決したり相談に応じるには，特別な知識と責任が必要となることから，相当な負担となるため，必ずしもこれに応じる義務はないものとした。

（ハ）の民間紛争解決手続代理関係業務は一定の研修を受け法務大臣の認定した調査士（認定調査士）が弁護士と共同で紛争の当事者双方からの依頼を受け，和解の仲介を行なう裁判外紛争解決手続であるから，特定の資格と能力を有するため，これ以外の調査士が依頼に応じることはできない。

（5） 虚偽の調査測量等

また，その業務に関して虚偽の調査又は測量をしてはならない（士法23条）。

この依頼拒否，虚偽調査測量に関しては，罰則規定（1年以下の懲役（拘禁刑（令和7年

6月1日施行））又は100万円以下の罰金（士法71条））の他，法令違反であるので懲戒処分の対象となることがある。

　調査士は，その所属する調査士会及び調査士会連合会が実施する研修を受け，その資質の向上を図るように務めなければならない。研修受講義務が法令化された。その業務を行う地域における土地の境界を明らかにするための方法に関する慣習その他の調査士の業務についての知識を深めるよう務めなければならない（士法25条）。

　今までの研修は任意で受講していたが，今後は受講しない場合は，この法令違反ということで，懲戒処分の対象となる。

　また，調査士は，その所属する調査士会及び調査士会連合会の会則を守らなければならない（士法24条）。業務に関する年計報告の規定がなくなったが，各調査士会の会則で年計報告義務が課せられている場合には，これを遵守しなければならない。これを提出しない場合は，懲戒処分の対象になることがある。

(6) 調査士が業務を行い得ない事件（士法22条の2①, ②）

① 調査士は，公務員として職務上取り扱った事件及び仲裁手続により仲裁人として取り扱った事件については，業務の公平を期待できないため，その業務を行うことはできない（士法22条の2①）。つまり以前公平な第三者機関として取り扱った筆界紛争事件について，調査士となって同一事件について一方の当事者のため事件に関与することは，公平な結果を期待できないからである。

② 調査士は筆界特定の手続の代理（不動産登記法の規定による筆界特定の手続又は筆界特定の申請の却下に関する審査請求の手続をいう），筆界特定の手続について，法務局又は地方法務局に提出し又提供する書類又は電磁的記録の作成，及び筆界特定に関する事務手続の相談については，次に掲げる場合は行うことができない（士法22条の2②）。

(1) 筆界特定手続代理関係業務又は民間紛争解決手続代理関係業務に関するものとして，相手方の協議を受けて賛助し，又は依頼を承諾した事件（同法②1号）。

　これは民法108条の依頼主と相手方の双方代理の禁止と同じ意味で，紛争の当事者の双方の相談や代理業務は公平な結果を期待できないため禁止されている。但し相手方との協議をしたことはあるが，相手方が主張を拒否した場合はさしつかえない。

(2) 筆界特定手続代理関係業務又は民間紛争解決手続代理関係業務に関するものとして相手方の協議を受けた事件で，その協議の程度及び方法が信頼関係に基づくと認められるもの（士法22条の2②2号）。

　筆界の紛争に関係して相手方の協議に応じ，相手方の主張にそって処理するような信頼関係ができている場合で，双方代理とはいかなくとも，相手方の主張を相当程度認められている場合である。

(3) 筆界特定手続代理関係業務又は民間紛争解決手続代理関係業務に関するものとして受任している事件の相手方からの依頼による他の事件（同3号）。

　ただし，受任している依頼者が同意している場合はこの限りではない（同条②のただし書）。

すでに筆界特定手続代理関係業務又は民間紛争解決手続代理業務に関して受任している事件の相手方から，他の事件について依頼を受けることは禁止である。当該受任している事件でなくとも，すでに敵対関係に入っている相手方の利益のため，他の事件を受けることは，現在受任している事件の公平な扱いができないことになるからである。

(4) 調査士法人の社員又は使用人である調査士として，その業務に従事していた期間内に，当該調査士法人が筆界特定手続代理関係業務又は民間紛争解決手続代理関係業務に関するものとして，相手方の協議を受けて賛助し又はその依頼を承諾した事件であって，自らこれに関与したもの（同4号）。

これはA調査士法人の社員又は使用人である調査士Bが，A調査士法人が受けた筆界特定等の手続に関して，相手方Cから協議を受けてその主張を認め，又はその依頼を承諾した事件で担当した調査士が，事件を担当することは現在の依頼人との関係で双方代理となるため禁止される。

(5) 調査士法人の社員又は使用人である調査士として，その業務に従事していた期間内に，当該調査士法人が筆界特定手続代理関係業務又は民間紛争解決手続代理関係業務に関するものとして相手方の協議を受けた事件で，その協議の程度及び方法が信頼関係に基づくと認められるものであって，自らこれに関与したもの（同5号）。

調査士が，調査士法人の社員や使用人として担当した事件で，相手方と協議をしたさい，相手方の主張にそって処理するような信頼関係ができている場合，その調査士は現在依頼を受けた者との関係では双方代理でなくとも，それと近い関係を構築するものである関係なので，双方に関与した調査士として業務が禁止されている。

(6) 調査士法人の使用人である場合に，当該調査士法人が相手方から筆界特定手続代理関係業務又は，民間紛争解決手続代理関係業務に関するものとして受任している事件（同6号）。

調査士法人がすでに筆界特定手続代理関係業務又は民間紛争解決手続代理関係業務に関するものとして受託している場合に，調査士法人の使用人である調査士は，調査士個人として業務を受任することはできない。

(7) 調査士法人の使用人である場合に，当該調査士法人が筆界特定手続代理関係業務又は民間紛争解決手続代理関係業務に関するものとして受託している事件の相手方からの依頼による他の事件（同7号）。

ただし，受任している依頼者が同意している場合はこの限りではない（同条②のただし書き）。

調査士法人が，筆界特定手続代理関係業務又は民間紛争解決手続代理関係業務に関するものとして受任している事件の相手方から，調査士法人の使用人である調査士は，他の事件について依頼があっても，業務を行うことができない。これは第22条の2第2項3号と同じ趣旨で，調査士法人の使用人も，相手方から他の事件について依頼があっても，業務を行うことができない。

ただし，受任している事件の依頼者が同意している場合は，相手方の他の事件

の代理が認められている（士法22条の2②ただし書）。

（7） 認定調査士が業務を行い得ない事件（士法２２条の２③）

土地の筆界の民間紛争解決手続代理関係業務及びその相談業務を行う認定調査士は，前の（6）の外，次の事件については民間紛争解決手続代理関係業務を行ってはならない（士法22条の2③）。

(1) 調査士法人の社員である場合に，当該調査士法人が相手方から筆界特定手続代理関係業務に関するものとして受任している事件は民間紛争解決手続関係業務を行ってはならない（士法22条の2③1号）。

　これは調査士法人が事件の相手方から，すでに筆界特定手続代理関係業務によって紛争を解決するための依頼を受けているものを，民間紛争解決手続によって事件を処理するすることは認めないという事である。但し当該調査士法人が，民間紛争解決手続代理関係業務を行うことを目的とする法人の場合はさしつかえない。

(2) 認定調査士が調査士法人の社員である場合に，当該調査士法人が筆界特定手続代理関係業務に関するものとして受任している事件に関して，相手方から他の事件の依頼を受けることは禁止されている。但し，当該調査士が自ら関与している筆界特定の手続について法務局又は地方法務局に提出し，又は提供する書類又は電磁的記録の作成を受任している場合は，単なる書類又は電磁的記録の作成であるから許される（同③2号の例外）。

第50講　土地家屋調査士法人及び調査士会等

1. 土地家屋調査士法人

1. 業務の範囲

　調査士法人は調査士が定款を作成し，登記をすること（組合等登記令）によって成立する（士法32条）。

　そのメリットは業務の専門家が多数集合することにより業務の分業化と安定化が計られる。調査士法人の業務は，調査士の業務（士法3条①1号～6号）の他，定款で定める業務を行うことができる（士法29条）。これは調査士個人の場合は業務の目的が　①　不動産の表示に関する登記について必要な土地又は家屋に関する調査又は測量，②　不動産の表示に関する登記の申請手続，③　申請手続に関する審査請求，④　筆界特定手続の代理，⑤　筆界特定の書類又は電磁的記録の作成，⑥　相談業務，⑦　紛争解決手続の代理と相談（士法3条①）に限られる。しかし調査士法人の場合は，これに加えて　①　土地の境界に関する鑑定人としての鑑定業務　②　土地の境界の資料や境界標の管理業務　③　業務に関連する講演会の開催・出版物の刊行　④　土地・家屋の業務に関連する教育・研究と普及の業務等，広範囲にわたり単なる土地家屋の調査・測量等の技術面だけでなく文化的，教育・出版までその知的な普及を目的とした業務を行えることになる（士規則29条）。

2. 調査士法人の特質と設立
（1）　特質

　調査士法人は株式会社のような有限責任と異なり，社員（全員が調査士）が法人の債務について無限の連帯責任を負う（士法35条の3）。つまり法人が高額の測量機器を購入したり，出版などの事業のため多額の借財をした場合や，境界の管理上のミスにより他人の権利を侵害したことに対し損害を賠償する場合などの責任は法人が当事者となるが，当然構成員たる社員が直接無限の責任を負うことになる。その形態は営利法人ではないが，会社法の合名会社（会社法580条①）に類似する。

　法人の構成は調査士の登録を受けた者少なくとも2名以上で構成され，1名の調査士では法人を作ることはできないとされていたが，1名でもよいことに改正された。そして調査士法人はその名称の中に必ず土地家屋調査士法人という文字を使用しなければならない（士法27条）。

　調査士法人の複数の社員は各自持分を有するため（士法31条③5号）社員が死亡した時は，持分権は財産権として相続の対象となる。社員の死亡は法人の法定脱退（士法38条）の事由にならない。したがって，相続人はその持分の払戻し請求権を他の土地家屋調査士に譲渡し，出資金を取り戻すことができる。

（2）　調査士法人の設立と社員
①　設立と登記

　調査士法人の設立には社員となろうとする調査士が定款を作成し，公証人の認証を受けなければならない。この公証人の認証が定款の効力要件となる（士法31条②）。この定款には必要的記載事項として　①　目的　②　名称　③　主たる事務所及び従たる事務所の所在地　④　社員の氏名及び住所　⑤　社員の出資に関する事項を記載しなければならない。③の事務所の所在地は最小限の行政区画すなわち市区町村を記載すれば足り地番まで記載する必要はない。⑤の出資に関しては後日脱退の場合の持分取戻権にもつながるため各自の出資した金額と持分の比率を記載する。

　法人はその主たる事務所の所在地で設立の登記をした時に成立する。すなわち登記は法人格の取得と同時に第三者に対する対抗要件でもある（士法32条，30条）。

　調査士法人の登記は政令で定めるところにより，登記をするが，この政令は組合等登記令によって行う。定款の必要的記載事項と登記事項が異なることに注意をしなければならない。

　この登記事項は　①　目的及び業務　②　名称　③　事務所　④　代表権を有する者の氏名・住所及び資格　⑤　存続時期又は解散の事由を定めたときは，その時期又は事由　⑥　社員の氏名，住所，（組合等登記令2条，及び別表一）である。

　調査士法人の事務所の登記は主たる事務所も従たる事務所も登記される。たとえば東京に主たる事務所を設け，大阪と高知に従たる事務所を設けた場合，主たる事務所で登記した後，同じ事項を2週間以内に従たる事務所で登記しなければならない（登記令3条③）。なお法人の設立登記のさいの登録免許税は課税されない。

　調査士法人は登記が終わり，法人格を取得した時は，その登記の日（成立の日）から2週間以内に登記事項証明書及び定款の写しを添えて主たる事務所の管轄する調査士会及び調査士会連合会に法人の設立を届け出なければならない（士法33条）。

　なお，調査士法人は定款に別段の定めがある場合を除き総社員の同意によって定款の変更をすることができる（士法34条①）。調査士法人の定款を変更した場合も変更の日から2週間以内に成立のときと同様の届出をしなければならない（士法34条②）。この届出はいずれも連合会の定める様式でなすことになる（士規則32条，同33条）。

②　社員

　調査士法人の社員はすべて業務を執行する権利と義務がある（士法35条）。

　調査士法人の事務所には主たる事務所にも従たる事務所にも各々の所在地に設立された調査士会に入会している社員を常駐させる必要がある（士法36条）。また調査士法人の社員は，競合避止義務があるから，自己又は第三者のためにその調査士法人の業務の範囲に属する業務を行なったり，他の調査士法人の社員となることは禁止されている（士法37条）。

　調査士法人の社員は調査士に限るが次の者は法人の社員となることができない（士法28条②）。

　　①　調査士が懲戒処分として法務大臣より業務の停止（士法42条2号）の処分を受けその停止期間が終了しない者

② 調査士法人が懲戒処分として，業務の全部停止（一部の停止は含まれない）か又解散命令を受けた場合に，その処分を受けた日を含めて30日内に社員であった者が
　Ⓐ 解散命令の場合は，その解散命令の処分の日から3年を経過しない者
　Ⓑ 業務の全部停止の場合は，業務の全部の停止期間を経過しない者
③ 調査士会の会員でない者

③ 法定脱退

法人の社員は次に掲げる理由に該当するにいたった時は脱退することになる（士法38条）。

① 調査士の登録の取消し
② 定款に定める理由の発生。解散事由は定款で絶対的に記載しなければならない事項ではないが，任意的に定めることができ，例えば「社員は満75歳で脱退する」等を定めた場合である。
③ 総社員の同意。法人の債務について無限の連帯責任があるから法人が負債が多いからと云って勝手な脱退は認められない（会社法606条）。
④ 法第28条第2項の社員の欠格事由に該当した場合である。社員となれないのであるから当然脱退することになる。
⑤ 除名。法人の社員に次の事由があるときは法人は他の社員の過半数の決議を以って除名又は代表権の喪失の宣告を裁判所に請求することができる（士法41条②，会社法859条）。Ⓐ 出資の義務を履行しないこと。Ⓑ 調査士法37条に定める社員の競業の禁止の規定に違反したこと。Ⓒ 業務を執行するに当たり不正の行為をなしたこと。Ⓓ 会社を代表するに当たり不正の行為をなし又は権利なくして会社を代表したこと。Ⓔ その他重要な義務をつくさなかったこと。

なおこの他の脱退は，定款をもって会社の存立時期を定めなかったとき又は或る社員の終身間会社（生存している限り存続する）が存続すべきことを定めたときは，各社員は営業年度の終わりにおいて退社ができるが6月前にはその予告をしなければならない（会社法606条，士法41条②）。また法人の存立時期を定めたか否かを問わず止むを得ない事由があれば（病気等）何時でも脱退ができることになる。

3. 法人の解散と合併（士法39条等）

（1） 法人の解散

調査士法人の解散事由は次の通りである（士法39条①）。

① 定款に定める理由の発生。定款で解散事由を定めるかどうかは任意であるが，定めた場合（例えば一定額以上の債務が発生した場合）はこの事由の発生で解散する。
② 総社員の同意。社員の一人でも反対するときは解散できない。
③ 他の調査士法人との合併。他の調査士法人に吸収合併されるか，新しい法人に合併するための解散する場合であるから解散しても法人格は合併する会社に承継される。
④ 破産手続の開始の決定。法人がその財産で債務を完済できないときは破産手続開始ができるのが原則であるが，調査士法人は合名会社とみなされるので，その社員

が連帯無限の責任を負う結果，法人の存立中は法人の財産で債務が完済できなくとも破産手続開始はされない（破産法16条②）。この破産は調査士法人が債務者たる法人の破産手続開始の申立による破産となる（破産法18条，士法39条①4号）。

⑤ 解散を命じる裁判。裁判所は以下の理由があるときは公益を維持するため調査士法人の存立を許すべきでないと認めるときは法務大臣又は社員，債権者，その他の利害関係人の申立てにより法人の解散を命ずることができる（会社法824条①，士法41条④）。

　　A．法人の設立が不法の目的を以ってなされたとき
　　B．法人が正当の事由なくしてその成立後1年内に開業をせず，1年以上業務を休止したとき
　　C．法人の業務を執行する社員が法務大臣より書面による警告を受けたにも拘らず法令又は定款に定めた権限を越える行為をしたり又は乱用する行為があったとき，又は刑罰法令に違反する行為を継続又は反覆したとき

　法人の解散申立てがあったとき裁判所は解散の命令前といえども，請求又は職権をもって管理人の選任その他財産の保全に必要な処分を命ずることができる（会社法825条）。なお社員や債権者その他の利害関係人が解散申立てをしたときは，裁判所は法人の申立てにより相当の担保を供すべきことを命ずることができるが，調査士法人は，これ等の請求が法人を傷つける等の目的があったときの悪意疎明をしなければならない（士法41条④，会社法824条②，③）。

　その他，調査士法人の社員は会社法824条第1項の事由がなくともやむを得ない事由があるときは法人の解散を裁判所に請求することができる（士法41条⑥，会社法833条②）。

⑥ 調査士法第43条第1項3号の規定による解散処分。
　これは調査士法人の懲戒による解散処分になる。

⑦ 社員の欠亡。
　なお，調査士法人の清算人は，社員の死亡により社員が欠亡し調査士法人を解散するに至った場合に限り，当該社員の相続人の同意を得て，新たな社員を加入させて調査士法人を継続することができる（士法39条の2）。

　調査士法人が合併以外の事由で解散した場合。解散の日から二週間以内にその旨を主たる事務所の所在地の調査士会及び調査士会連合会に届け出る事になる（同②）。なお合併以外で解散する場合，清算が始まるが，清算人は調査士がなる（同③）。なお清算に関しては種々会社法の合名会社の規定が準用されている（士法41条③）。

（2） 調査士法人の合併

　調査士法人は総社員の同意があるときは，他の調査士法人と合併することができる（士法40条①）。合併は吸収合併と新設合併があり，例えばA法人とB法人を合併して，A法人を存続させて，B法人を吸収合併する場合は，A法人の変更登記，B法人の解散登記をすることになる。

　この場合はA法人が存続する調査士法人となる。又A法人とB法人を解散し，C法人を設立する場合の新設合併は，C法人が設立する調査士法人となる。これ等合併の登記をする

ことによって調査士法人の法人格を取得することになる（士法40条②）。

調査士法人は合併したときは，合併の登記の日から2週間以内に登記事項証明書，新設合併の場合は登記事項証明書及び定款の写しを添えて，その旨を主たる事務所の所在地の調査士会及び調査士会連合会に届け出なければならない（士法40条③）。そして当然合併は法人の一般承継にあたるため，存続法人又は新設法人は消滅法人の権利義務を承継することになる（士法40条④）。

また合併は法人の債権者にとって重大な影響をもたらすため，合併をする調査士法人の債権者は，当該法人に対し合併について異議を述べることができる（士法40の2①）。そのために合併する調査士法人は，法人の債権者に異議を述べる機会を与えるため，一定事項を官報で公告しかつ知れている債権者には各別にこれを催告しなければならない。その内容は①合併する旨，②合併により消滅する調査士法人及び合併後存続する調査士法人又は合併により設立する調査士法人の名称など主たる事務所の所在地，③債権者が1ヶ月以上の期間内に異議を述べることができる旨（士法40条の2②）である。

なお法人が官報で公告をするほか，定款の定めに従い時事に関する事項を掲載する日刊新聞紙に掲載するか又は電子公告を併せてしたときは，法人の債権者に各別の催告をすることを要しない（士法40条の2③，会社法939条①）。つまり会社債権者に各別に催告することは，催告もれもあり，法人の負担が重いので，法人の定款で定めた公告の方法を併用することにより，簡略化を認めることにしている。

法人が定めた一定の期間内に債権者が異議を述べなかった場合は，その債権者は合併を承認したものとされる（同④）。

債権者がその期間内に異議を述べた時は，合併する調査士法人は①当該債権者に弁済をするか，②相当の担保を提供するか，③当該債権者に弁済を受けさせることを目的として信託会社等に相当の財産を信託するか，を選択して実行することを要す。しかし当該合併をしても当該債権者を害するおそれがないときは（合併によって資産が増加する等）これ等の弁済や担保の提供は要さない（士法40条の2⑤）。なお電子公告の期間，電子公告の調査等に関し会社法の規定を準用している（同⑥）。

(3) 合併無効の訴（士法40条の3）

A．法人合併の無効の主張は訴をもってのみ主張できる（会社法828条①）。訴の管轄は被告となる会社の本店所在地の地方裁判所の専属となる（会社法835条①）。

B．原告は，社員，清算人，破産管財人又は合併を承認しない債権者に限る（会社法828条②7号，8号）。

C．この訴は合併の登記の日より6ヶ月内に提起しなければならない（会社法828条①7号，8号）。そして口頭弁論は6ヶ月を過した後に開始する。これは民訴上類似必要的共同訴訟と云って原告が多数いる事を考慮し訴の提起は各々バラバラになされるが，弁論の開始及び判決は画一的になされることが要求される。従って弁論は併合してなされ（会社法837条），法人は訴の提起あった時は遅帯なくその旨を官報で公告して，多数の法人の債権者に参加を求めることになる。

D．訴の原告が債権者である場合，法人を傷つける目的で訴を提起する場合もあるため，法人の請求があれば，裁判所はその損害を担保するため相当の担保を提供すること

を命ずることができる。この場合法人は原告の悪意を疎明する必要がある（会社法836条②，③）。被告は吸収合併の場合は存続会社，新設合併の場合は新設会社である（会社法834条7号，8号）。

E．合併無効の判決は対世的効力を有し第三者にも効力が生ずる（会社法838条）。又原告が敗訴した時は，原告が悪意又は重大な過失があった時に限り，連帯して法人に損害を賠償しなければならない（会社法846条）。なおこの場合の判決の効力は当事者しか及ばない。なお合併無効の判決があった場合でも，存続法人又は新設法人は合併後第三者と契約した事項は有効になる。つまり合併無効の判決は遡及せず，判決前になした行為は全て有効となる（会社法839条）。この結果無効判決があった時は，存続法人又は新設法人は合併後に負担した債務を連帯して弁済する責任が生ずる。合併後の財産の権利関係は合併をなした法人の共有となる。これ等債務の負担部分や財産の共有の持分は合併した法人の協議で決めるが協議が調わないとき裁判所で決めてもらうことになる（会社法843条）。

4．調査士法人の入会及び退会

調査士法人は，その成立の時に，その主たる事務所の所在地の調査士会の会員となる（士法53条①）。

なお，退会については，清算の結了又は破産手続開始の決定を受けた時に，所属する主たる事務所及び従たる事務所のすべての調査士会を退会することになる（同②）。又調査士法人の清算人（調査士がなる）は，清算結了の登記後すみやかに，登記事項証明書を添えてその旨を主たる事務所の調査士会及び調査士会連合会に届け出る必要がある（同③）。調査士法人が管轄区域外に事務所移転したり，新しい事務所を設置した時は，事務所設置の登記をした時に，その管轄区域内に設立された調査士会の会員となる（同④）。調査士法人がその事務所の移転や廃止によってその管轄区域内の法務局又は地方法務局内に事務所を有しなくなったときはその登記の時にその属した調査士会を退会する（同⑤）。なお，従たる事務所を設け，又は移転したときは，主たる事務所の所在地においてその旨の登記をした時に，従たる事務所の所在地を管轄する調査士会の会員となり，旧所在地の調査士会を退会することになる（改正調査士法同④⑤，令和元年12月11日から3年6月を超えない範囲におい

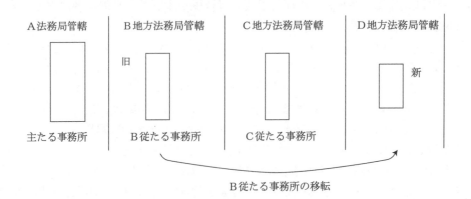

図・調査士法人の事務所

て政令で定める日から施行)。したがって，下図のB従たる事務所をD地方法務局管内に移転したときは，A法務局においてその旨の登記をした時に，B地方法務局の調査士を退会し，D地方法務局の調査士会の会員となる。

なお，調査士法人は事務所設置により新たな調査士会の会員となった時は，会員となった日より2週間以内に登記事項証明書及び定款の写しを添えて，その旨を新しい調査士会及び連合会に届け出る事になる。退会した場合同様の届け出をすることになる（士法53条⑥，⑦）。

5. 土地家屋調査士法人名簿

調査士会連合会は土地家屋調査士法人名簿を備え一定の事項の登録を行う（士規則30条）。法人名簿は連合会の定める様式により次に掲げる事項を記載又は記録する（士規則31条）。

① 目的，名称，成立年月日及び登録番号

目的は法人の定款に掲げる事項である。名称には何々土地家屋調査士法人という文字を使用する（士法27条）。成立年月日は法人登記の日である（士法32条）。

② 社員の氏名，住所，登録番号，事務所の所在地及び所属する調査士会

社員は調査士（士法28条）に限るから，調査士の氏名と住所である。登録番号は調査士個人の登録の時の番号である。事務所の所在地は最少限の行政区画，すなわち市区町村までである。

③ 主たる事務所の所在地及び当該事務所に常駐する社員の氏名並びに所属する調査士会

所属する調査士会が入っているのは調査士会に入っていない者は業務を行えないからである。

④ 従たる事務所を設けた調査士法人は，その従たる事務所の所在地及びその従たる事務所に常駐する社員の氏名。

従って主たる事務所と従たる事務所に同一人の調査士が常駐することはできない。

なお，連合会は，調査士法人名簿に登録したときは，登録事項を，登録を取り消したときはその旨を当該法人の事務所の管轄する法務局又は地方法務局の長に通知しなければならない（士規則34条①）。

また，連合会は調査士法人が主たる事務所の移転等で所属する調査士会の変更の登録をしたときは，当該調査士法人の従前の主たる事務所の所在地を管轄する法務局又は地方法務局の長に事務所移転により所属する調査士会が変更になった旨の通知をなし，新たな主たる事務所の法務局又は地方法務局の長には登録事項を通知しなければならない（士規則34条①，②）。

連合会は調査士法人名簿に変更の登録をしたときは，所属する調査士会の変更を除き，その旨を遅帯なく当該調査士法人の事務所の所在地を管轄する法務局又は地方法務局の長に通知をしなければならない（士規則34条③）。

6. その他の準用
(1) 調査士の業務の準用

その他，調査士法人は調査士法の①使命（士法1条），職責（士法2条），②事務所設置

義務（士法 20 条），③帳簿及び書類の保存（士法 21 条），④依頼に応ずる義務（士法 22 条），⑤会則の遵守義務（士法 24 条）の規定が準用されている（士法 41 条①）。

また，調査士法人も調査士の業務に関する規定の適用を受けるため　① 調査士法人の事務所の表示　② 職印の使用　③ 報酬の基準を明示する義務　④ 調査士以外の他人の業務の取扱いの禁止　⑤ 補助者　⑥ 依頼の不当誘致の禁止　⑦ 依頼の拒否　⑧ 書類の作成　⑨ 領収証に関する事項　⑩ 事件簿等　規則 19 条〜28 条の規定がすべて準用されている（士規則 35 条）。

（2）　一般社団法人法及び会社法等の準用（士法41条第2項）

そのほか，調査士法人の住所は主たる事務所にあること（一般社団及び一般財団法 4 条）になっているが（士法 41 条②），これは訴訟上の管轄裁判所を意味する。ちなみに調査士法人の合併無効の訴は主たる事務所の地方裁判所の専属管轄となっている（会社法 835 条①）。

また，次の事項について，
- A．①調査士法人の社員の責任，②社員の除名，③業務を執行する社員の権利及び代表権の消滅，④会計帳簿（（3）で説明する）（士法 41 条②）
- B．法人の解散と，清算（士法 41 条③）
- C．法人の設立無効の訴（士法 41 条⑤）
- D．法人の解散の件（士法 41 条⑥）

各々会社法の規定が準用されている。

なお，破産法の規定の適用については調査士法人は合名会社とみなされている（士法 41 条⑦）。

（3）　商業帳簿の準用（士法41条第3項）

A．会計帳簿（士規則35条の2）

会計帳簿は書面又は電磁的記録をもって作成及び保存しなければならない（士規則 35 条の 2 ②）。土地家屋調査士法人の資産は原則として取得価額を付すことになる。ただし取得価額を付すことが適切でない資産（時価より著しく低価額で取得した場合等）については事業年度の末日における時価又は適正な価格を付すことができる（同③）。なお償却すべき資産については原則として事業年度の末日において相当の償却をしなければならない（同④）。価値が減損した資産は一定の年月内において償却することになる。

事業年度の末日には次の価格を付すことになる（同⑤）。
① 事業年度の末日における時価がその時の取得原価より著しく低い資産は，事業年度の末日における時価を付さなければならない。ただし当該資産の時価がその時の取得価格まで回復すると認められるものは除かれる。
② 事業年度の末日において予測することができない減損が生じた場合又は減損を認識すべき資産はその時の取得原価から相当の減損した価格を付すことになる。
　なお取立不能のおそれのある債権については，事業年度の末日において，その時の取り立てることができないと見込まれる額を控除しなければならない（同⑥）。

法人の会計帳簿に計上すべき負債については，原則として債務額を付すことになるが，債務額が減少する可能性が見込まれる等の場合は，時価又は適正な価格を付してもよい（同⑦）。

のれんを資産として計上することができる場合は，有償で譲り受けた場合か合併の場合に限る（同⑧）。いずれにしても会計帳簿の資産の計上は，一般に公正妥当と認められる会計の基準（企業会計原則）その他の会計の慣行を斟酌してなすことになる（同⑨）。

B．貸借対照表（士規則35条の3）

この貸借対照表は法人成立の日（設立の登記の日）における会計帳簿に基づき作成しなければならない（会社法617条①，士法35の3④）。なお調査士法人は各事業年度ごとに，その年度ごとの会計帳簿に基づき貸借対照表を作成することになる（会社法617条②，士規則35条の3⑤）。

この各事業年度ごとの貸借対照表の作成の期間は，前事業年度の末日の翌日から，当該事業年度の末日までとなる（例えば事業年度が8月31日の場合，9月1日から翌年8月31日までの期間）。この期間は1年を超えることができない。事業年度を変更する場合も最高1年6月を超えることができない。このことから調査士法人は必ず年1回は会計上決算をすることになる（同⑥）。

貸借対照表の区分は，①資産，②負債，③総資産とし，各項目ごとに細分することができる（流動資産，固定資産等）。

なお，清算開始時の貸借対照表は財産目録に基づいて作成される（士規則35条の6②）。その区分は年度ごとの貸借対照表と同じく①資産，②負債，③総資産に区分して作成される。

また，電磁的記録に記録された事項の表示は，紙面又は映像面に表示してなすことになる（会社法618条①2号，士規則35条の4）。

C．財産目録（士規則35条の5）

財産目録に計上すべき財産については，その処分価格を付すことが困難な場合を除き，法人の解散事由の発生の日（士法39条①）又は法人の社員が1人となった日における処分価格を付さなければならない。この場合においては，調査士法人の会計帳簿については，財産目録に付された価格を取得価額とみなされる（士規則35条の5②）。

なお，財産目録は①資産，②負債，③正味資産に区分し，資産，負債について適当な名称を付した項目に細分することができる（長期負債，短期負債等）（士規則35条の5③）。

その他，法人の解散，清算の場合裁判所の監督は法人の主たる事務所の地方裁判所の管轄となる（士法39条の4）。

2．懲戒

(1) 違反事実の告発

何人も，調査士又は調査士法人にこの法律又はこの法律に基づく命令に違反する事実があると思われるときは，法務大臣に対して，その事実を通知し，適当な措置をとることを求めることができる。この通知があったときは，法務大臣は，通知された事実について必要な調査をしなければならない（士法44条①，②）。これらの調査を調査士会に委嘱することができる（士規則40条②）。

(2) 調査士に対する懲戒

登録の抹消は連合会が行うが，懲戒処分は法務大臣がこれをおこなう。

調査士がこの法律又はこの法律に基づく命令に違反したときに，法務大臣がおこなう当該調査士に対する懲戒処分（士法42条）は，次のとおり。
1．戒告
2．2年以内の業務の停止
3．業務の禁止

2年以内の業務の停止の処分を受けたときは，その停止の期間中は，調査士の事務所である旨の表示又はこれに類する表示をしてはならない（士規則19条③）。

業務の禁止の処分を受けたときは，欠格事由に該当し（士法5条5号），調査士会連合会は，業務の禁止処分を受けた調査士の登録を取り消さなければならない（士法15条①4号）。

（3） 調査士法人に対する懲戒

調査士法人がこの法律又はこの法律に基づく命令に違反したときは，法務大臣は，当該調査士法人に対し，次に掲げる処分をすることができる（士法43条①）。
1．戒告
2．2年以内の業務の全部又は一部の停止
3．解散

なお，懲戒処分の手続に付された調査士法人は，精算が結了した後においても，懲戒処分の規定の適用については，当該手続が結了するまで，なお存続するものとみなされる（士法43条②）

この場合，法務大臣は遅滞なく，その旨を官報をもって公告しなければならない（士法46条）。

この戒告処分をするにあたっては，聴聞が行われないとされていたが，行うことに改正された。

行政手続法13条では，行政庁が不利益処分をする場合には，その名あて人となるべき者に，その理由の区分によって聴聞か弁明あるいはいずれも与えないことができるが，調査士に対する戒告，2年以内の業務停止，調査士法人に対する2年以内の業務の停止あるいは一部停止であっても，その区分にかかわらず聴聞を行わなければならない（士法44条③）。

当然，調査士の業務の禁止，調査士法人の解散については，不利益処分であるから聴聞をしなければならない。

なお通知は，聴聞の期日の1週間前までにしなければならない（同④）。聴聞の期日における審理は，当該調査士又は当該調査士法人から請求があったときは，公開により行わなければならない（同⑤）。

（4） 登録取消しの制限等

法務大臣は調査士法42条各号に掲げる処分をしようとする場合においては，行政手続法第15条第1項の通知を発送し，又は同条第3項前段の掲示をした後直ちに調査士会連合会にその旨を通告しなければならない（士法45条①）。

また，調査士会連合会は，調査士についてこの通告を受けた場合においては，法務大臣から調査士法42条各号に掲げる処分の手続が結了した旨の通知を受けるまでは，当該調査士について，調査士法15条第1項第1号又は法16条第1項各号の規定による登録の取消

しをすることができない（士法45条②）。

　また，懲戒の事由があったときから7年を経過したときは，調査士法42条又は43条第1項の規定による処分の手続きを開始することができないこととされた（士法45条の2）。

3．調査士会による監督

(1) 調査士の違法行為等についての第一次的監督は，いわゆる自主監督として土地家屋調査士会で監督をする。内部監督という形をとるわけであるが，最終的には，法務大臣が監督を行うことになる。したがって，一定の場合には，調査士の保存する書類とか執務状況を調査するということがあり得るわけである。

　調査士法42条の，いわゆる懲戒処分の場合，法務大臣がつまり戒告とか2年内の業務停止とか業務の禁止の処分をしようとする場合には，調査士の保存する事件簿とか，その他関係資料や執務状況を調査することができる（士規則40条①）。

(2) この調査士法42条の処分に関する執務状況の調査については，戒告をしようとする場合も含めて，当然執務状況の調査ができるわけである。これは戒告のための証拠書類を前もって調べる必要から認められている。

　そのほかに業務停止の場合も含めて，どのくらいの業務停止をするかということは，関係資料や執務状況から判断をすることになる。

　そういった調査の結果，最も厳しい法令違反が明確になった場合には，業務の禁止ということがある。

(3) ただ，これらの調査をいきなり法務大臣（懲戒の手続き権限の委任を受けた監督法務局の長を含む）が行うのではなく，第一次的に，いわゆる自主監督として土地家屋調査士会がある。この会に委嘱をして行うのが原則である。もし調査士会がその調査の委嘱を受けると，直ちに調査をして，その結果を意見を付して法務局の長に報告をする。もちろん調査士は，こういった執務状況や，あるいは関係書類の調査に対し，当然妨害するような行為を行ってはならない（士規則40条④）。

(4) そのほか，監督については，いわゆる調査士は，その登録及び業務を行う前提として，調査士会に入会するということが必要である。したがって，調査士会に入会しないで業務を行うということ，あるいは登録をするということは禁止されている（士法10条①1号）。これを取り締るということも監督機関の役目である。そしてこれらの監督として，第一次的には調査士会が自主監督をし，第二次的には監督機関の法務大臣（委任を受けた法務局の長）が行うことになる。

(5) なお，調査士会は，所属の会員がこの法律，またはこの法律に基づく命令に違反すると思料するときは，法務大臣に報告し（士法55条）違反するおそれがあると認めるときは，会則の定めるところによって，当該調査士に対して注意を促し，または必要な措置を講ずることを勧告することができる。さらに注意勧告をした場合には，その旨を調査士会の事務所の所在地を管轄する法務局，または地方法務局の長に報告をしなければならない（士法56条，士規則39条）。

(6) 調査士でない者が登記の代行をしていることを調査する調査士法規則39条の2がある。つまり，法務局又は地方法務局の保有する登記申請書その他の関係資料の調

査を調査士会に委嘱することができる（士規則39条の2①）。

4．調査士会及び調査士会連合会

（1）　調査士会の目的
　まず，調査士は，その事務所の所在地を管轄する法務局，または地方法務局の管轄区域ごとに会則を定めて，一個の土地家屋調査士会を設立しなければならない（士法47条①）。
　いずれにしても各調査士会は，その所在地を管轄する法務局，または地方法務局の管轄ごとに一個の調査士会を設立するということであり，その調査士会の目的は，会員の品位を保持し，その業務の改善進歩を図るため，会員の指導及び連絡に関する事務を行うことである。つまり，その基本とするところは，第一に品位の保持であり，第二は業務の改善進歩を図るための，会員の指導及び連絡に関する事務を行うことである（士法47条②）。
　また，所属の会員の業務に関する紛議につき，当該会員又は当事者その他関係人の請求によって調停をすることができる（士法54条）。

（2）　調査士会の法人性
　調査士会の法人性が問題になる。「調査士会は法人とする」という規定が調査士法47条第3項にあるが，調査士会は，組合等登記令によって登記をした法人であり，もちろん株式会社や，合名，合資会社と違い，いわゆる営利法人ではない。これは調査士法で設立させられた特殊法人である。
　調査士会の法人が不法行為能力を有するかどうかについては，調査士法の第47条第4項で一般社団法人及び一般財団法人に関する法律第4条及び78条の規定が準用になっている。つまりその4条は住所に関する規定で，78条は代表者の行為についての損害賠償責任が準用になっている。

（3）　法人の権利能力
　(1)　法人の権利能力については，本来権利の主体となり得るものは自然人に限るべきだというのが法人擬制説の立場であり，したがって，法人は，特に法律が自然人に擬制して権利能力を認めたということになるわけである。そういう意味では，特に法律が法人に対して認めた，つまり法律で規定のある場合だけ権利能力を認めるということになる。
　　　ゆえに，法人自体の行為はなく，法人の行為は自然人がかわってやるという意味で，法人というのはそれ自体，権利の主体となり得ないというのが原則である。したがって，法人の権利義務の取得というのは，代理人たる理事の行為によって権利義務を取得するという考えである。
　　　そうすると，代理人たる行為によって権利能力を取得するものであれば，法人自体が不法な行為を行うということはあり得ないので，不法行為能力もないというのが基本的考え方である。こういった考え方を「法人擬制説」と呼んでおり，それは法人の否認説につながっている。
　(2)　これに対して法人実在説があり，これは法人は，社会生活においては単に個とし

てではなく，多くの団体活動によって法律関係の主体たる地位を与える必要が出てくるわけである。したがって，法人というのは社会的に機能して，その機能する団体に対する活動を認めるというので，有機的組織体として見ていこう，というわけである。これを「法人有機体説」とよぶ。

そのほかに法人の社会的作用としての団体，つまり組織体としての活動に価値を認めるというように，その組織に基本的な価値を与える「組織体説」というのがある。

いずれにしても，法人の基本を有機体的な能力として見るか，あるいは団体としての価値，つまり組織体としての価値を法人の主体と見るかによって考え方が違うが，いずれも法人それ自体として自然人と同様に存在をするんだという考えは変わりない。こういった考え方を「法人実在説」と呼んでいる。

(4) 法人の不法行為能力

(1) 調査士法の中で一般社団及び一般財団法の78条が準用されているということを考えてみると，法人自体の行為を否定する擬制説の立場からいうと，法人の不法行為能力は当然否定されるはずである。しかし，78条では「一般社団法人は，代表理事その他の代表者が，その職務を行うについて第三者に加えた損害を賠償する責任を負う」という規定があり，法人は他人の行為について負担する責任，つまり理事の行う行為について法人が責任を負うということにしているわけである。政策上，本来他人の行為に対して法人が責任を負うことと規定した。

(2) これに対して法人実在説では，法人自体の行為なるものを認めるわけで，つまり法人が行う行為は理事の行為ではなく，当然法人自体の行為であり，他人に損害を加えた場合には法人自体が責任を負うというのが当然である。したがって，この78条の規定は，法人実在説からいうと，当然の規定をしたというわけである。もっとも78条では「一般社団法人は，代表理事その他の代表者が」と言っているから，一見擬制説によるような規定をしているが，これは「代表理事その他の代表機関が」と考えて，いわゆる代理人ではなくして，代表機関と読みかえていくのである。

(3) 法人の代表機関の行為が不法行為となるのは，法人の目的の範囲内の行為に限る。78条においても「その職務を行うについて第三者に加えた損害」と規定があり，第2項でも，法人の目的の範囲内にあらざる行為については，法人は責任を負わない。つまり，それをなした理事とか，賛成をした代理人とかが連帯をして責任を負うという規定があり，法人が理事のなした不法行為につき直接責任を負うというのは，あくまでも法人の目的の範囲内の行為に限る。その目的の範囲内というのは，調査士法で言えば，調査士法上の概念上，これと牽連関係に立つ一切の行為を含むというように考えられる。

(4) たとえば調査士会が，測量に要する光学器機，トランシット等を一手に仕入れ，そして会員等に販売するという行為をする場合に，その売った代金を，その係の者が横領したと仮定して，その責任はだれが負うかというと，これは調査士会自体が責任を負う。もちろんこの光学器機を仕入れて販売するという行為は，当然理事が決定することであるから，したがって理事の企画に基づく行為であり，理事の行為となる。したがって，これはあくまでも法人自体の行為とみるから，その代金の横

領に対する責任は，当然調査士会が負って支払うということになる。
　　このように，調査士会が負う不法行為は，当然民法709条の「故意または過失に基づく行為」に限る。つまり，代表機関たる理事が不法に相手の権利を侵害する，つまり故意に侵害し，あるいは過失によって不注意にも侵害したという場合に限り，故意，または過失のない場合については，法人自体は責任を負わない。こういったことは，もちろん法人の目的の範囲内だけであって，目的の範囲外の行為については，その行為をした者が責任を負うわけである。あるいはその行為に賛成した理事や役員が責任を負うことになる。

(5)　上例における横領する行為は，調査士会の目的の範囲内に入るかということは，もちろん調査会の目的に横領行為が入るわけではない。当然横領自体は目的に入らないけれども，調査士会が器機を購入して会員に少しでも便宜を図るために販売をするということであれば，これはあくまでも調査士会の目的と牽連する行為というわけであり，そういった目的と牽連する行為によって，たまたま不法行為が生じたという場合には法人が責任を負うというわけである。

(6)　またもう一つは，理事の行為に対して法人が責任を負うとすれば，いまの係の者が代金を横領する行為は，理事の行為ではないのではないかというような疑問が生ずるが，これは，あくまでも理事の一つの補助機関として，法人の行為の補助として代金を領収し，そしてこれを法人に納入するわけであるから，したがって，これは全体として，もちろん法人の理事が決議した事項の一つの実行行為であり，理事の行為の一つとして考えて差し支えない。したがって，この場合は法人が責任を負わなければならない。

（5）　調査士会の住所（裁判籍）

　一般社団及び一般財団法4条の規定は「一般社団法人の住所は，その主たる事務所の所在地にあるものとする」とある。要するに，法人の住所はその本部にあるということである。したがって調査士会の裁判籍は，その主たる事務所がその普通裁判籍となり，たとえば，調査士会を告訴する場合については，その主たる事務所の所在地の裁判所に訴えを提起することになる。
　このように裁判籍を定めるという意味で，法人の住所はその本部にあるというように規定している。そこで，調査士会には支部を設けることが一般に認められているが，支部の行為についても，最終的にはその訴訟を提起するという場合には，当然この本部の裁判所が裁判籍になるというのが原則である。もっともそのほか土地家屋調査士会の行為の本拠地としての意義があることは当然である。

（6）　調査士会連合会の設立

　日本土地家屋調査士会連合会の設立については，全国の調査士会，つまり法人会員が会則を定めて，日本土地家屋調査士会連合会を設立するということになっている（士法57条①）。つまり，調査士会連合会というのは，各管轄法務局管内の調査士会という法人が集まって，連合会を設立する。したがって，その会員はすべて法人会員となり，個人会員は入らない。
　もちろんその目的として，調査士会の会員の品位を保持し，その業務の改善進歩を図り，

調査士会や，その会員の指導や連絡に関する事務を目的としているので，本来調査士会とあまり変わらない。最も重要な目的は昭和60年の改正で追加になった調査士の登録に関する事務を行うことである（士法57条②）。

(7) **調査士会と連合会の会則**
　A　調査士会の会則及び連合会の会則には，次に掲げる事項を記載しなければならない(士法48条, 58条)。共通事項と法務大臣の認可を要するものを掲げた(士法59条)。
　　調査士会会則　　　　　　　　　連合会会則
　　1．名称及び事務所の所在地　　（連合会共通）
　　2．役員に関する規定　　　　　（連合会共通）　　（認可要）
　　3．会議に関する規定　　　　　（連合会共通）　　（認可要）
　　4．会員の品位保持に関する規定　　　　　　　　　（認可要）
　　5．会員の執務に関する規定　　　　　　　　　　　（認可要）
　　6．入会及び退会に関する規定（入会金その他の入会についての特別の負担に関するものを含む。）　　　　　　　　　　　　　　　　　　　　（認可要）
　　7．調査士の研修に関する規定　（連合会共通）
　　8．会員の業務に関する紛議の調停に関する規定
　　9．調査士会及び会員に関する情報の公開に関する規定
　　10．資産及び会計に関する規定　（連合会共通）
　　11．会費に関する規定　　　　　（連合会共通）
　　12．その他調査士会の目的を達成するために必要な規定　（認可要）
　B　調査士会連合会の会則（士法58条）。
　　1．法48条（調査士会会則）第1号，第7号，第10号及び第11号に掲げる事項
　　2．法48条第2号及び第3号に掲げる事項
　　3．調査士の登録に関する規定
　　4．調査士連合会に関する情報の公開に関する規定
　　5．その他調査士会連合会の目的を達成するために必要な規定
　C　いずれの会則でも定めているものは，「1．名称及び事務所の所在地」「2．役員に関する規定」「3．会議に関する規定」「7．調査士の研修に関する規定」「10．資産及び会計に関する規定」「11．会費に関する規定」である。
　　調査士会のみ定めている規定には，「4．会員の品位保持に関する規定」「5．会員の執務に関する規定」「6．入会及び退会に関する規定（入会金その他の入会についての特別の負担に関するものを含む。）」「8．会員の業務に関する紛議の調停に関する規定」「9．調査士会及び会員に関する情報の公開に関する規定」「12．その他調査士会の目的を達成するために必要な規定」である。
　　平成15年の改正で，報酬基準に関する規定が削除された。平成13年の閣議決定による規制改革推進3ヵ年計画によるものである。これにより自由に報酬額を算定し，業務の合理化を求められたものであるが，価格破壊にならないようにしなければならない。
　　また，国民にたいして調査士会，連合会の業務や財務の情報の公開しなければな

らないとされる。
　なお，調査士は，その所属する調査士会及び調査士会連合会の会則を守らなければならない（士法24条）。

（8）調査士会の会則の認可

　調査士会の会則を定め，又はこれを変更するには，法務大臣の認可を受けなければならない。ただし，調査士法48条第1号及び第7号から第11号までに掲げる事項に係る会則の変更については，法務大臣の認可は必要ない（士法49条）。
　（士法48条の変更の認可を必要とする規定）
　2号　役員に関する規定
　3号　会議に関する規定
　4号　会員の品位保持に関する規定
　5号　会員の執務に関する規定
　6号　入会及び退会に関する規定（入会金その他の入会についての特別の負担に関するものを含む。）
　12号　その他調査士会の目的を達成するために必要な規定

　なお，調査士会連合会の会則を定め，又はこれを変更するには，法務大臣の認可を受けなければならない。ただし，調査士法58条第1号及び第4号に掲げる事項に係る会則の変更については，この限りでない（士法59条）。

（9）調査士会の登記

⑴　調査士会は政令で定めるところにより登記をしなければならない（士法50条①）。これは連合会も同じである。この政令というのは，組合等登記令であり，これによって登記をしなければならない（組合等登記令別表Ⅰ）。
　その登記事項については，登記をしなければ，これをもって第三者に対抗することができない（士法50条②）。これは当事者，つまり調査士会の内部関係では登記は問題ではなく，第三者，つまり外部的関係に対して対抗ができないという意味である。この第三者とは，登記事項を知っている悪意の第三者とか，知らなかった善意の第三者とかという区別がない。単に第三者とあって，第三者がある事項を知っていたか知らないかに関係がなく，登記事項をもって第三者に対して主張ができないという意味である。

⑵　その登記事項については，組合等登記令第2条で「目的及び業務，名称，事務所，代表権を有する者の住所，氏名，住所及び資格，存立時期または解散の事由を定めたときはその時期または事由」というような事項を登記する必要がある。したがって，土地家屋調査士会，あるいは連合会の登記は，設立の認可があってから，2週間内に登記をするということになる（組合等登記令第3条）。

（10）調査士会の役員

　調査士会には会長，副会長及び会則で定めるその他の役員を置く（士法51条）。
　調査士会を代表するのはもちろん会長であり，「調査士会には会長，副会長を置く」とあ

るから，したがって調査士会の会則で，副会長を置かないということはできない。これは，より上位の法律を，より下位の規則で規制ができないということと，それから会長，副会長を置くということは，一つの強制的な規定であると見てよいからである。また「その他の役員」とはどういう役員を置くかということは，調査士会の会則で自由定めてよいというわけである。

　もちろん副会長は会長を補佐し，会長に事故があれば，その職務を代理し，会長が欠員になると，その職務を行う。

　この役員に関する規定は，調査士会連合会でも準用される（士法61条）。

（11）　調査士会の報告義務

⑴　調査士に対する監督機関とは，その事務所の所在地の管轄法務局長，又は地方法務局長あるいは，法務大臣であるが，その前に自主監督として，いわゆる所属の調査士会が監督をするという形をとっている。そこで調査士会は，所属の会員が，この法律，もしくはこの法律に基づく命令に違反したと考えるときは，その旨を法務大臣に報告をしなければならない（士法55条）。

　ここに言う「この法律違反」というのは，土地家屋調査士法違反であるが，「この法律に基づく命令に反し」とあるのは，規則違反である。

　そのほか調査士法56条の規定によって注意勧告をなした場合，その旨をその調査士会の事務所の所在地を管轄する法務局，または地方法務局の長に報告義務がある（士規則39条参照）。

⑵　したがって，「この法律に基づく命令違反」というのは，調査士法規則違反という場合であるが，法務局等の長がする懲戒に当たる戒告とか，2年以内の業務停止とか，業務の禁止処分をするかどうかといった不法行為に当たる行為があるかどうか判断するための調査である。それはすでに説明したように，虚偽の測量，依頼に応ずる義務違反，不当な誘致行為，あるいは調査士会に入会していないで業務を行うか，あるいは報告事項を報告しない，あるいは届出事項を届け出ない，そういった違反行為をすべて含むわけである。

　同じように，その法令違反に対して確証をつかむために，どのくらいの業務停止，あるいは戒告にするか，業務の禁止にするかといった判断の資料にするために，調査士の保存する事件簿とか，関係書類とか執務状況を調査するわけであって，こういう調査の第一次的な機関として土地家屋調査士会が，その自主監督の前提として実行をすることになっている。

（12）　登録審査会

　心身の故障により調査士の業務を行うことができないとき，もしくは調査士の信用又は品位を害するおそれがあるときその他調査士の職責に照し調査士としての適格性を欠くときに該当するものとして，登録を拒否するか又は登録を取消す場合には，その公正を期すため，登録審査会の審議を経て行われる（士法62条②）。

　この登録審査会は調査士会連合会に置かれる（同条①）。

　登録審査会の会長は，調査士会連合会の会長をもって充てられ（同条④），会長のほか委

員4人をもって組織される（同条③）。また委員は会長が法務大臣の承認を受けて，調査士，法務省の職員及び学識経験者のうちから委嘱する（同条⑤）。そして委員の任期は2年とし，欠員が生じた場合の補充の委員の任期は，前任者の残任期間とされる（同条⑥）。

5. 非調査士の取締りと罰則

（1） 非調査士等の取締り

調査士会に入会している調査士又は調査士法人でない者（協会を除く）は調査士の業務を行うことができない（士法68条①）。ただし，次の者は一定の業務を行うことができる。

① 弁護士等又は弁護士法人

弁護士又は弁護士法人は，表示に関する申請手続きに関する審査請求及び筆界特定の手続き（審査請求を含む）の代理及び提出をすることができる。

② 簡裁訴訟代理等関係業務を行うことができる司法書士等

司法書士のうち，訴額が140万円以下であるときに簡裁訴訟代理関係業務を行うのに必要な能力を有すると法務大臣が認定した者として，簡易裁判所において一定の訴訟代理行為等を行うことができることとされる（「認定司法書士」という）。

この認定司法書士は，筆界特定の手続き（審査請求を含む）についての代理及び提出をすることができる。

また調査士でない者が土地家屋調査士とか，これに紛らわしい名称を用いることはできない（士法68条③）。特に土地家屋調査士補というような資格で業務を行うことは，当然紛らわしい名称であり，業務を行えない。測量士補のように，そういった資格が国家試験として認められていないからである。つまり，土地家屋調査士補という国家試験はない。届出をした補助者といえども，調査士補という名称を用いるわけにはいかない。調査士補という資格がないからである。

（2） 罰則（協会に関するものを除く）

(1) 調査士となる資格を有しない者が，調査士会連合会に対して，その資格につき虚偽の申請をして，土地家屋調査士名簿に登録をさせたときに，1年以下の懲役（拘禁刑(令和7年6月1日施行)以下同じ)，または100万円以下の罰金となる(士法69条)。

罰則については，憲法の31条で「何人も法律の定める手続によらなければ，その生命，もしくは自由を奪われ，またはその他の刑罰を科せられない」とある。つまり罰則のそのものを設ける規定としては，法律によるというのが原則である。一部については，法律の委任があって条例等でもつくることができるが，法律が原則である。したがって，調査士法の中で規定をしているものである。

(2) 次に依頼に応ずる義務（士法22条），つまり正当な事由がないのに依頼を拒んだ場合には100万円以下の罰金となる(調査士法人も含む。士法70条①)。虚偽の調査，あるいは測量をした場合（士法23条）は1年以下の懲役，または100万円以下の罰金となる（士法71条）。また調査士会に入会しないで，土地家屋に関する調査，測量，またはこれらを必要とする申請手続を業とした場合には1年以下の懲役，または100万円以下の罰金となる（士法73条①）。これは非調査士の取り締まりに関する調査

士法68条1項に「調査士会に入会している調査士でない者は」と規定があり，「調査士会に入会している調査士以外の者」は1年以下の懲役，または100万円以下の罰金であって，かなり重い。これについては，多少重過ぎるというような批判がある。

(3) 秘密保持の義務違反（士法24条の2）に違反した者は，6月以下の懲役又は50万円以下の罰金となる（士法71条の2①）。これは親告罪であって告訴がなければ検察官は公訴を提起できない。

(4) なお調査士でない者は，土地家屋調査士，またはこれに類する紛らわしい名称を用いてはならないという規定（士法68条③）に反した場合には，100万円以下の罰金になる（士法74条①1号）。

(5) 調査士法76条で「調査士会，または調査士会連合会が，調査士法50条第1項の規定に基づく政令に違反して，登記をすることを怠ったときは，その調査士会，または調査士会連合会の代表者は，30万円以下の過料に処す」とある。この規定は，つまり調査士会，または連合会の代表者が，組合等登記令に基づいてその登記をしなければ，いわゆる過ち料を処すというわけであり，したがって，登記を怠った場合に対しては刑法の科料，つまりとが料ではない。これは前科の対象にはならない。過ち料は行政罰である。

(6)① 調査士法人が，公告方法として電子公告を定款で定めた場合に，公告内容が不特定多数の者が提供を受けることができる状態か調査機関に求めることとされる（会社法941条）。調査機関は法務大臣に，その法人の商号等を報告しなければならないが，その調査機関が報告せず，又は虚偽の報告をした場合（会社法946条，士法40条の2⑥）。

② 正当な理由がないのに，財務諸表等の閲覧又は謄本の請求等（会社法951条②）又は調査機関の備える調査記録等の写しの請求（会社法955条②）を拒んだ者は100万円以下の過料になる（士法77条）。

(7) 最後に調査士法78条で，調査士法人の社員又は清算人に対して次の場合，30万円以下の過料に処する規定がある。

① この法律に基づく政令の規定に違反して登記をすることを怠ったとき。

② 第40条の2第2項（債権者異議の申立の公告及び催告）又は（債権者が異議を述べた場合の措置）の規定に違反して合併したとき。

③ 第40条の2第6項において準用する会社法941条の規定（電子公告をする場合に公告の内容が，不特定多数の者が提供を受ける状態におかれているかの調査）に違反して，同条の調査を求めなかったとき。

④ 定款又は第41条第2項において準用する会社法第615条第1項の会計帳簿もしくは第41条第2項において準用する会社法617条第1項もしくは第2項の貸借対照表に記載し，もしくは記載すべき事項を記載せず，もしくは記録せず又は虚偽の記載もしくは記録をしたとき。

⑤ 第41条第3項において準用する会社法656条第1項の規定（調査士法人の財産が債務を完済するのに足りないことが明らかになった場合の破産手続開始の申立義務）に違反して破産手続開始の申立てを怠ったとき。

⑥ 第41条第3項において準用する会社法664条の規定（清算法人の債務の弁済前

における残余財産の社員への分配の制限）に違反して財産を社員に分配したとき。
⑦　第41条第3項において準用する会社法670条第2項（法人が任意清算によって財産を処分する場合の債権者への公告）又は第5項（債権者が異議を述べた場合の弁済，担保の提供等）の規定に違反して財産を処分したとき。

6．公共嘱託登記土地家屋調査士協会

（1）　公共嘱託登記土地家屋調査士協会の設立

　調査士及び調査士法人は，官庁，公署その他政令で定める公共の利益となる事業を行う者（官公署等）の嘱託を受けてそれ等の者が行う不動産の表示に関する登記に必要な調査・測量，又は登記の嘱託もしくは申請の適正かつ迅速な実地に寄与することを目的として，公共嘱託登記土地家屋調査士協会（「協会」という。）と称する一般社団法人を設立することができる（士法63条①）。

　この協会を成立したときは，成立の日から2週間以内に，登記事項証明書及び定款の写しを添えて，その旨を，主たる事務所の所在地を管轄する法務局又は地方法務局の長及びその管轄区域内に設立された調査士会に届け出なければならない（士法63条の2）。

　従来，官公署による嘱託登記は，官公署の担当者による書類の作成のほかを，個々の調査士に直接請負わせていたが，昭和47年から公共嘱託登記受託組織が作られ，各都道府県ごとに一つの嘱託登記委員会と地区ごとの受託団から成っていた。しかし，これら嘱託登記委員会や受託団はなんらの権利能力もない組織団体であり，嘱託登記はその数も膨大なため，法人格を有する社団形態の法人の設立が望まれてきた。そこで昭和60年，公正な嘱託を目的として民法の公益社団法人としての協会の設立を実現することになった。その後の民法改正により，民法法人の規定が削除され，協会は一般社団法人に移行することとなり，そのうち，公益性が認められた協会は公益社団法人となっている。

（2）　協会の社員等

　まず協会の社員は，同一の法務局又は地方法務局の管轄区域内に事務所を有する調査士及び調査士法人でなければならない（士法63条①1号）。このことから協会は，法務局又は地方法務局の管轄ごとに，たとえば「一般社団法人東京公共嘱託登記土地家屋調査士協会」の如く，都・道・府・県ごとに設立される。なお社団法人たる協会の必要的機関は理事である。

　協会の理事の定数の過半数は当該協会の社員（当該協会の社員たる調査士法人の社員を含む。）でなければならない（士法63条①3号）。理事の選任機関は社員総会である。したがって定款に別段の規定がない限り総会で社員以外の者を理事とする決議ができる。しかし社員以外の者があまり多く理事に就任する事は，協会の目的からいって好ましくないため，少なくとも過半数は協会の社員をあてる事にした。一般には定款で理事は全員社員をもってあてるのが普通である。

　協会は管轄区域内の調査士又は調査士法人が協会に加入しようとするときは，正当な理由がなければ，その加入を拒むことができない（士法63条①2号）。調査士として資格を有する者に対し，正当な理由によって入会を拒否する場合はまれであろう。たとえば，協会の名誉を傷つけたり，協会の定款に違反して除名された者が，時を経ずして再び協会に加入

手続を行った場合又精神，身体の衰弱で業務を行えない者が加入する場合等，ごく限られる。

（3） 協会の業務

協会の業務は，協会の目的を達成するため官公署の依頼を受けて，法第3条に規定する不動産の表示に関する登記について必要な土地又は家屋に関する調査又は測量，不動産の表示に関する登記の申請手続，この手続に関する審査請求の手続をその業務とする（士法64条①）。

これは調査士の業務が他人の依頼を受けて，これ等の業務を行うのに対し，協会は官公署等の依頼を受けるだけの相異である。勿論協会が，土地家屋に関する調査・測量，その申請手続又はこれに係る審査請求を行わせる調査士は，調査士会に入会している調査士又調査士法人に限る（同②）。社員であるかどうかは定めていないことに注意する。

協会も社団法人であるから，人である。したがって調査士と同様正当な事由がなければ，官公署の依頼を拒めない（士法65条，22条の準用）。

協会は官公署の依頼を拒んだ場合は，官公署の請求があるときは，その理由書を交付しなければならない（士規則49条，25条の準用）。又協会は不当な手段で依頼を誘致するような行為をしてはならない（士規則49条，24条）。

協会は，嘱託人から報酬を受けたときは，その年月日，件名，並びに報酬額及びその内訳を記載した領収証正副二通を作成し，正本は嘱託人に交付し，副本は作成の日から3年間保存しなければならない（士規則46条）。

また，協会も調査士同様事件簿を備えることを要する。すなわち，協会は事件簿を調整し，嘱託を受けた事件について，件名，嘱託人，受託年月日及び事件を取り扱う調査士を記載する（士規則47条①）。そして事件簿は，その閉鎖後5年間保存する（同②）。

（4） 協会の業務の監督

協会は，法務局又は地方法務局の監督を受ける（士法64条の2①）。

協会についても，法務局又は地方法務局の長は，その管轄区域内に設立された協会の業務の適正を確保するため必要があると認めるときは，協会の保存する事件簿その他の関係資料もしくは業務状況を調査し又はその職員に調査をさせることができる（士規則48条④）。

調査士会は，所属の調査士が社員である協会に対し，その業務の執行に関し，必要な助言をすることができる（士法66条）。

また，協会がその業務の範囲を超えて，法第3条に規定する不動産の表示に関する登記について必要な土地又は家屋に関する調査又は測量，不動産の表示に関する登記の申請手続，この手続に関する審査請求の手続を業とすることができないことも当然である（士法68条②）。

なお，協会以外の者が，公共嘱託登記土地家屋調査士協会又はこれら紛らわしい名称を用いる事はできない（同⑤）。

なお，調査士法人等の懲戒権者は，法務大臣に変更されたが，協会の懲戒権者は，管轄の法務局又は地方法務局の長である（士法65条）。

（5） 協会関係の罰則
① 協会が正当な事由がないのに公共嘱託の依頼を拒んだときは，その違反行為をした協会の理事又は職員は100万円以下の罰金である（士法70条②）。協会の職員のみが依頼を拒んで理事が知らないときは，職員のみが罰金に処せられる。理事と職員が共同して拒んだ時は双方に適用される。
② 土地又は家屋に関する調査・測量，これらを必要とする申請手続又はこれに係る審査請求の手続を，調査士会に入会していない調査士に取り扱わせた場合は，理事又は職員は，6月以下の懲役（拘禁刑（令和7年6月1日施行）以下同じ）又は50万円以下の罰金である（士法72条）。
③ 協会が，その業務の範囲を超えて不動産の表示に関する登記について必要な土地又は家屋に関する調査又は測量，不動産の表示に関する登記の申請手続，この手続に関する審査請求の手続をすることを業とした場合は，その違反行為をした協会の理事又は職員は，1年以下の懲役又は100万円以下の罰金である（士法73条②）。
④ 協会以外の者が，公共嘱託登記土地家屋調査士協会又はこれに紛らわしい名称を用いた場合は100万円以下の罰金である（士法74条3号）。
⑤ 協会又は調査士の業務に関し，協会の代表者，協会もしくは調査士の代理人，使用人その他の従業者が，協会の依頼に応じる義務違反の場合（士法70条③），調査士会に入会しない調査士に業務を行わせた場合（士法72条），業務の範囲を超えて業務を行った場合（士法73条②），協会でない者が，公共嘱託登記土地家屋調査士協会又はこれに紛らわしい名称を用いた（士法74条3号）等の違反行為をしたときは，その行為者を罰するほか，その協会又は調査士に対しても各本条の罰金刑を科すことになった（士法75条）。

```
土地家屋調査士本試験
択一試験　過去問題チェック
```

〔問〕土地家屋調査士の登録に関する次のアからオまでの記述のうち，**正しいもの**の組合せは，後記1から5までのうちどれか。

ア　土地家屋調査士となる資格を有する者が，土地家屋調査士となるため日本土地家屋調査士会連合会に登録申請書を提出するときは，その事務所を設けようとする地を管轄する法務局又は地方法務局を経由してしなければならない。

イ　土地家屋調査士が死亡したときは，その相続人は，遅滞なく，その旨を日本土地家屋調査士会連合会に届け出なければならない。

ウ　土地家屋調査士が他の法務局又は地方法務局の管轄区域内に事務所を移転しようとするときは，現に所属している土地家屋調査士会を経由して，日本土地家屋調査士会連合会に，所属する土地家屋調査士会の変更の登録の申請をしなければならない。

エ　所属する土地家屋調査士会の変更の登録の申請をした土地家屋調査士は，その申請の日から3か月を経過しても当該申請に対して何らの処分がされないときは，当該申請が認められたものとみなすことができる。

オ　日本土地家屋調査士会連合会により心身の故障により業務を行うことができないことを理由に土地家屋調査士の登録を取り消された者は，当該処分に不服があるときは，法務大臣に対して審査請求をすることができる。

1　アイ　　　　2　アエ　　　　3　イオ　　　　4　ウエ　　　　5　ウオ

〔正解　3〕

ア　有資格者が，調査士会連合会に登録申請するときは，その事務所を設けようとする地の調査士会を経由して，申請する（士法9条）。誤り。

イ　調査士が死亡したときは，その相続人は調査士会を経由して，その旨を調査士会連合会に届出る（士法15条②）。正しい。

ウ　調査士が，事務所を他の管轄区域内に移転しようとするときは，移転先の調査士会を経由して，その変更の登録申請をする（士法13条①）。誤り。

エ　所属する調査士会の変更の登録申請が，その申請から3ヶ月を経過しても当該申請に対し何らの処分がされないときは，当該申請は拒否されたものとして法務大臣に対し，審査請求ができる（士法12条②）。誤り。

オ　調査士会連合会より，心身の故障により業務を行うことができないことを理由に登録が取り消された者は，当該処分に不服があるときは，法務大臣に対して審査請求をすることができる（士法16条①2号，17条（12条準用））。正しい。

　　以上により，正しいものはイオであり，3が正解。

■ 著者略歴

深田　静夫

早稲田大学大学院法学研究科卒
早稲田法科専門学院理事長・学院長
公証法学会会員

土地家屋調査士 受験100講〔I〕理論編 ［不動産表示登記法と調査士法］

昭和56年 1 月10日　初版発行
平成22年12月 1 日　改訂3版　第1刷発行
平成25年 9 月 1 日　改訂3版　第2刷発行
平成29年10月20日　改訂4版　第1刷発行
令和 4 年 1 月20日　改訂5版　第1刷発行
令和 7 年 1 月25日　改訂6版　第1刷発行

著　者　　深田静夫
発行者　　深田四郎
発行所　　株式会社　早　研
　　　　　東京都新宿区高田馬場2丁目19番7号
　　　　　　　　　　　　タックイレブンビル610
　　　　　TEL. 03-3200-7118（代表）

印　刷　　株式会社　東京プリント印刷

本書の一部または全部を著作権法で定められている範囲を超え，無断で複製，転載，配布，データファイル化することを禁じます。
特に営利目的での講座，セミナー，ワークショップなどでの使用及び本書の内容をもとにした二次的な資料の作成および配布についても同様に禁じられており，著作権者及び出版社の許諾が必要です。

落丁・乱丁本はお取り替えいたします。

ISBN978-4-903013-16-9　C2032

土地家屋調査士合格体験記17

『早稲田法科なら通信でも一年で合格！』

早稲田法科専門学院
通信講座　入門総合 DVD コース受講
　　　　全国答案練習コース受講

藤澤　則子
（東京都）

■私が早稲田法科を選んだ訳
　子供が小さく（当時2歳と1歳）通学は無理だったので、はじめから通信講座を探していました。その当時は、不動産登記法改正のため、どの学校の通信講座も中断していましたが、一番早く開講していたのが早稲田法科でした。また比較的価格が安かったのも大きな理由です。書店で手にとった「調査士受験100講」も最初は全く内容はわからなかったものの、厚いけれどB5判の大きさが持ち運びやすそうだったのも選んだ理由のひとつです。
　勉強をすすめていく上でパートナーとなるべき予備校選びは重要です。早稲田法科は、とても親身になってサポートしてくださいました。たった一年間の勉強で合格できたのは予備校選びを間違っていなかったからだと思っています。

■私のバックグラウンド
　第二子出産を機に退職したものの、何か仕事をしたくて、夫が薦めてくれたのが土地家屋調査士でした。ちなみに夫も私も全くの畑違いで最初は土地家屋調査士の仕事は何なのかも知らない状態でした。前年に測量士補の試験を受け（これも通信で勉強）、その年の8月から調査士の講座を受講しました。測量士補のときも？？？でしたが、調査士の勉強はさらに輪をかけて？？？でした。何しろ読めない用語が多かったですから。学生時代も文系でしたが、法律のことなど学んだことは一切ありませんでした。ただ、数学は好きで得意なほうでした。

■受講講座と使用教材
　終わってみれば、受講したのは「入門総合ビデオコース」と「全国答案練習コース」だけです。勉強を始める前に書式の練習講座もいくつか考えていたのですが、早稲田法科のスタッフの方に「初学者はまずは入門総合ビデオコースからです」といわれ、実際それだけで手一杯で書式練習講座までいきませんでした。全国答練では，講義中の講師の方々のお話の中

に試験での重要な情報（「これはできなきゃいけない問題ですよ」「これは過去にも類似問題がでてますよ」「今年はこれがでますよ」など）がたくさんもりこまれていました。それに、あまりのできなさに、講師の方々のフォロー（「まだできなくてもいいです。本番でできればいいんです」など）がなかったらきっと最後まで全部やりとおせなかったことでしょう。

使用教材は入門総合ビデオコースと、「受験100講（1）理論編」「受験100講（3）書式編」です。過去の合格体験談に全国答練が始まる前に過去問を一通りやったほうがいいとあり、「調査士本試験問題と詳細解説」という過去問をやりました。

私が失敗したのは、民法等周辺法への対応です。入門総合ビデオコースでは民法の基礎知識のみの学習でしたので、全国答練に入ってそれに気づき、あわてて「受験100講（2）理論編　民法とその判例」を購入しました。「六法」も軽視していたつけが全国答練であらわれました。六法はそれまでほとんど開いたことがなく、その習慣もついていませんでした。入門総合ビデオコースでの学習のときから条文をチェックすべきだと思います。解説書に、出題に関連する条文番号が書かれているので、その条文を読んでチェック印をするだけでいいのです。するといろんな問題を解くうちにポイントとなる条文がわかってきます。また法律の独特の言い回しにも慣れてきます。

■時間の使い方

過去の合格体験談を読むと、一回で合格されているのは皆さん会社を退職して時間がある程度確保できる方ばかりでした。私の場合、子供が小さく、昼間は全く時間がとれません。お勤めに出ている方なら通勤途中でテキストを読めたりするのでしょうが、それもできません。下手に昼間勉強しようとすると、子供が邪魔になってイライラするだけなので、昼間は勉強しない！と決め、子供を寝かしつけてから集中してやりました。それでも夜中子供が泣いて起きて中断されることもしばしばでした。「ママ、勉強しないで～」と泣かれたことも多々ありました。まだ私が横にずっといないと不安になるようで、結局机を寝室に持ち込み、子供といっしょに９時に就寝し、私だけ３時に起きて７時すぎまで勉強しました（朝方は子供が起きることが少なかったので）人それぞれ状況は違うでしょうが、だれでも一日は２４時間で平等です。人をうらやんでもしょうがないので、与えられた状況の中でやりくりするしかないのでしょうね。私の場合、あまりに子供や主人に負担を強いて申し訳ないという気持ちが強かったので、絶対一発合格しなきゃと切羽詰って勉強していたように思います。

■早稲田法科の有効な活用方法

早稲田法科のパンフレットに「早稲田法科なら一年で合格うかる」というコピーが載っていました。さらにいうなら「早稲田法科なら通信でも一年で合格うかる」と付け加えたいと思います。ただ、そのためには、通信教材と一緒に送られてくる学習のしおりや学習計画表のとおりに学習をすすめることが必要です。たとえば100講の通読、熟読、再読などは文字に書いてしまうと簡単そうですが実際やろうとするとかなり厳しいものがあります。でも信じてコツコツそのとおりに勉強すれば必ず合格レベルまで到達できます。通信の場合、質問票が10枚までに限られていますが、逆に限られている分、大事に使おうと思いますから、なるべく自分で理解するよう頭を使うようになってきます。私の場合、質問票というより相談票で「今、このような勉強をしているが、これでいいか」だとか「試験まで２ヶ月をきっ

たが、効果的な学習方法は？」「試験当日の心構えを教えてください」などなど、最後はお悩み相談でした。それでも親身になってご回答いただき、ずいぶん励まされました。また，電卓の使い方を質問したときには，講師の松元先生ご自身から直接お電話をいただき、いたく感動しました。こんな学校はほかにないのではないでしょうか。

みなさん，どうぞ自分と早稲田法科を信じてがんばってください。そして、みごと栄冠を手にしてください。

※この体験記は、ご本人の体験に基づきご本人が後学者のために感想を述べたものです。
又，紙面の都合等により一部内容を編集し，抜粋して掲載をしております。

土地家屋調査士合格体験記18

『自分のやってきたことを最後まで信じぬく！』

和田 小弥太
（京都府）

早稲田法科専門学院
通信講座
調査士総合Aパーフェクトコース、項目別答練コース等受講

　私は以前、土地家屋調査士事務所で補助者として仕事をしていました。その頃はいつかは資格を取れるだろうと漠然とした気持ちで受験に望んでいました。もちろん、試験の結果は散々たるものでこのままでは駄目だと思いつつダラダラと時間を費やしてきました。私も年が34歳になろうとしている時、このままでは駄目だと危機感を感じる様になり、何か自信をつけたい、胸を張って仕事に取り組みたい、社会から信頼されたいという気持ちから「土地家屋調査士」を取ろうと心に堅く決めました。

　そして、6月に受験100講を手にとり早稲田法科専門学院へ問い合わせ、教材が届くまでに受験100講を一通り読みましたが、法律や民法の事は今まで勉強した事が無かったので意味も分からず曖昧なまま読み進めていました。しかし、手元に通信講座の教材が届き、DVDと併せて学習する事によって受験100講が読みやすくなり、理解が徐々に深まっていくのを感じました。この時の感動は今でも忘れられません。

　私の受験生活は、仕事をしながらの勉強でしたので、とにかく時間をどの様に使うかが重要なポイントでした。朝は通勤電車の中で30分、喫茶店の中で30分、理論を通読してから出勤していました。お昼はファミレスで40分ほど書式を書いて、お客が少ない時には4人席の所で机一杯使って図面を作成していました。ほぼ毎日通っていたので、店員さんにも顔を覚えて頂いて4人席に案内される様になっていました…。また車での移動中にCDにダビングした講義（通信教材）を聴くようにしていました。仕事上、車での移動が多かった事もあり、仕事の合間の時間も合わせて1時間ほど聴いていたと思います。帰りの電車ではヘトヘトでしたので無理に勉強をせずに睡眠をとることにしていました。家路につく時にはポストに教材が届いていないか楽しみにしていたものです。それからは書式の土地と建物を1問ずつやり、平日は、平均4時間程だったと思います。　また、勉強時間のノルマを意識づける為にストップウォッチで時間を計っていました。逆に限られた時間だからこそ勉強時間を無駄にせず有効に使おうという意識があったと思います。

　1年間のスケジュールとしては、早稲田法科のカリキュラムをベースにしていました。と

は言っても、私の場合は通信教育の殆どを受講していたので、それをこなしていくので精一杯でした。ただ毎週といっていいほど教材や答案練習問題などが届いていた事もあり、試験当日まで緊張が途切れることなく続けることができました。理論に関しては受験100講と講義の読み聴きを繰り返し、書式に関しては基礎、実力、応用書式の講座を繰り返していました。私はそれ以外の教材は一切使っていません。またそれ以外に費やす時間と余裕が私にはありませんでした。ただ分からない所があれば質問券で充分補っていけるので問題ない様に思います。また質問券に関しては最初どの様に使って良いか分からず、みんなが当然分かっているんだろうなという質問がなかなかできずにいました。ただ恥ずかしくても質問しない事には前には進めないので思い切って質問（電卓の使い方や六法の引き方など）をすると、丁寧に受け答えて頂いたので今まで悩んでいた自分が恥ずかしくなりました。また、この質問券の活用によって受験１００講の理解がより一層深まったものと思います。

　試験当日では緊張のあまり、手が震えるどころか体全体が震える程緊張していましたが、「これまで精一杯やって来たんだから駄目だとしても悔いなんかないじゃないか。とにかく今までやってきた事を全部ここにぶつけよう！」という気持ちで挑みました。

　やはり根本的には今年で合格するという気持ちが一番大切であり、仕事があっても通信教育であっても、最後まで早稲田法科を信じて、自分を信じて頑張れば合格を手にするものと思います。最後に深田先生、松元先生の講義やアドバイス、そして事務の方々のサポートに助けられ、この１年間は、とても充実した日々を過ごさせて頂きました。今まで届けられてきた教材は私の宝物です。本当に有難うございました。

※この体験記は、ご本人の体験に基づきご本人が後学者のために感想を述べたものです。
　又，紙面の都合等により一部内容を編集し，抜粋して掲載をしております。